Cartas y documentos

コルテス報告書簡

エルナン・コルテス 著　伊藤昌輝 訳

法政大学出版局

コルテス報告書簡◉目次

凡例

一、本書は、Hernán Cortés, *Cartas y documentos*, México, Porrúa, 1963 を底本とし、適宜スペイン版 *Cartas de relación de la conquista de México*, Madrid, Espasa-Calpe, 1961 並びに英訳版 *Letters from Mexico*, trans. Anthony R. Pagden, New Haven, Yale University Press, 1986 および *Letters of Cortes: five letters of relation to the Emperor Charles V*, trans. Francis Augustus MacNutt, New York, Putnam, 1908 を参照した。なお、第二書簡および第三書簡は『征服者と新世界』（「大航海時代叢書」第Ⅱ期12巻、岩波書店、一九八〇年）に収録された拙訳を改訂したものである。

二、各書簡中の小見出しは、後者の英訳版に倣い訳者が挿入した。

三、訳者による補足は〔 〕で括り訳文中に挿入した。

四、訳者註は番号を（ ）で括り傍註とした。

五、原文における人名・地名表記のゆれ、および誤記はそのまま片仮名に転記し、訳者註で指摘した。なお、コルテスの地名・人名表記は必ずしも現在における一般的な呼称と一致しないが、訳者註では原則としてコルテスの表記に従った。

コルテス報告書簡

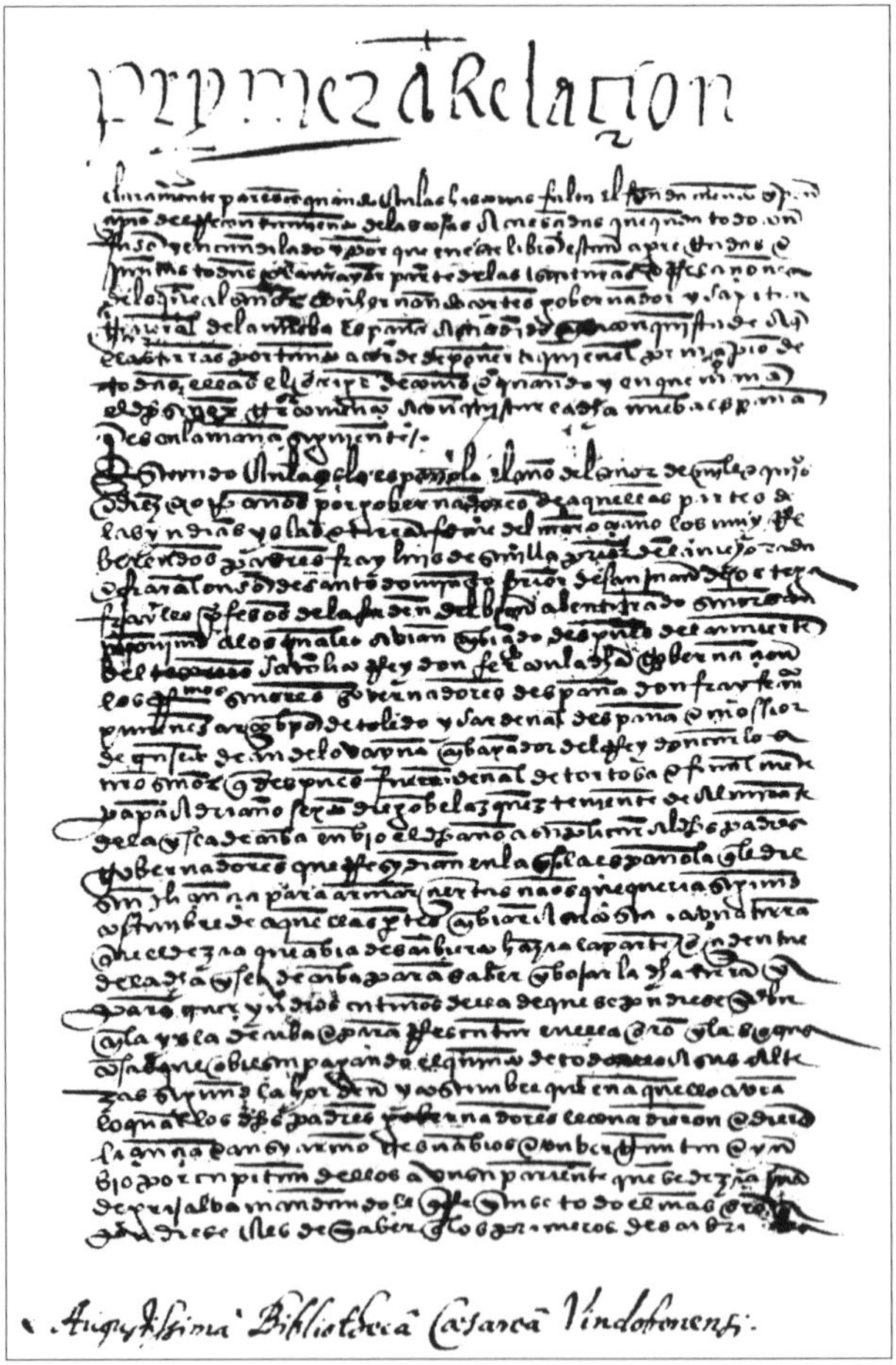
Primera Relacion
Augustissimae Bibliothecae Caesareae Vindobonensi

第一書簡の写し

第一書簡

リカ・ビリャ・デ・ラ・ベラ・クルスの裁判所・市会からファナ女王と
その子カール五世皇帝に宛てた一五一九年七月十日付け

いと高く、いと強大なる君主、カトリックの信仰あつく、いと偉大なる国王陛下、主君よ。

両陛下は、ほぼ二年前に当地において新しい陸地が発見されたということを、フェルナンディナ〔キューバ〕島のディエゴ・ベラスケス提督代理[1]の書簡により、すでにご承知かと存じます。そこは当初コスメルと名づけられ、その後ユカタン[2]と命名されましたが、実はそのいずれでもないことがこのわれわれのご報告によりお分かりいただけるでありましょう。これまでこの地について両陛下になされた報告は、この地の風俗習慣や富につきましても、あるいはどのように発見されたのかということやその他のことにつきましても正しくなく、また正しいはずもありません。と申しますのは、われわれがここで両陛下にしたためますようなことはこれまで誰も知らなかったからでございます。われわれはそもそもこの土地が発見された最初から現在の状況にいたるまでをここに両陛下にご報告申し上げたく、それはこの地とそれを所有する人びと、彼らの生活および儀式や儀礼、その宗教ならびに法律、さらには両陛下がこの地で得られるでありましょう利益、およびこの地で誰が両陛下にお仕え申し上

（1）一四六五年スペインのクエリャルに生まれ、一四九三年、コロンブスの第二回航海に参加。一五一一年、コロンブスの息子ディエゴ・コロンブス（当時副王）からキューバ征服の指揮官、その後同島の総督に任命される。彼はディエゴ・コロンブス副王に恩を仇で返したといわれるが、彼自身もコルテスに裏切られることとなった。一五二二年、同島で没。

（2）コスメル（**Cozumel**）ないしアクサミル（ツバメの意）はユカタン半島の現カンクンから五〇キロメートル沖合いの島で、グリハルバ（註13参照）が十字架の日（五月三日）に発見したので、彼は同島をサンタ・クルス（聖なる十字架）と命名した（註14参照）。スペイン人到来前、同島には月と肥沃と誕生の女神イス・チェル（**Ixchel**）の神殿があり、重要な巡礼地であった。ユカタン半島の海岸はコロンブスによって目撃されたが、彼は上陸せず、最初の発見者はフェルナンデス・デ・コルドバ。モトリニアによれば、ユカタンの名は先住民がここはどこだとのスペイン人の問いに「テクテタン、テクテタン（分からない、分からない）」と答えたため、それをユカタンと聞き違えて命名したという（*Historia.* -Trat. iii. cap. 8）。スペイン人は永らくユカタン半島を島であると信じ、大陸の一部であることを示す最初の地図はようやく一五二七年に作成された（ランダ『ユカタン事物記』、「大航海時代叢書」第II期一三巻、所収）。

フェルナンデス・デ・コルドバ像
(ベラクルス市海軍歴史博物館)

げているかといったことについてご承知いただき、両陛下がご自身の御ために最もかなうようにしていただくためであります。そしてその正しい、真実の報告は以下のとおりでございます。

フェルナンデス・デ・コルドバの遠征隊　かれこれ二年前、われわれの住んでおりましたフェルナンディナ島にあるサンティァゴ市[3]に同島の住民三人が集まりました。彼らの名はフランシスコ・フェルナンデス・デ・コルドバ、ロペ・オチョア・デ・カイセドおよびクリストバル・モランテです。両陛下の御名においてスペイン人が居住しておりますこれらの島々では、スペイン人の居住していない島々へインディオを探しに出かけ、連れ帰って使役するという習慣がありますが、三人はそれらの島々からフェルナンディナ島へインディオを連れてきて使おうと、二隻の船《ナビオ》〔大型船〕と一隻のベルガンティン船〔二本マストの帆船〕を派遣いたしました。[4]確かには承知しませんが、かのディエゴ・ベラスケス提督代理は艦隊の四分の一を所有していたと思います。[5]フランシスコ・フェルナンデス・デ・コルドバと呼ばれる同艦隊の所有者の一人が隊長《カピタン》になり、パロスの町出身のアントン・デ・アラミノス[6]という者を水先案内人として同行させました。そしてわれわれも今回このアントン・デ・アラミノスを水先案内人として帯同しましたので、彼から直接報告をお受け願いたく、同人を両陛下のもとに派遣いたしました。

ユカタンの発見　艦隊は航海を続け、ユカタンと呼ばれる土地の先端に到達しました。そこはフェルナンディナ島からも、またわれわれが両陛下の御名において滞在しておりますこのリカ・ビリャ・デ・ラ・ベラ・クルス〔真実の十字架の富める町〕からも、ほぼ六〇ないし七〇レグア〔三三四〜三九〇㎞。一レグアは約五・五七㎞〕あります。彼らはカンペチェという村に上陸し、そこの首長をラサロと名づけ、(7) 彼に二つの紡錘とベッド用の黄金の布地およびその他のささやかな金《きん》の品を与えました。しかし、その地の先住民たちが彼らにその村、すなわちその地に留まることを認めなかったものですから、そこを発って、海岸沿いに一〇レグア〔五六㎞〕ほど下り、ノチョポボンという別の村に上陸しました。そこの首長はチャンポトンと申します。(8) そこでは先住民たちが丁重に迎えてくれましたが、やはり村に入ることは認められず、その夜、スペイン人たちは船上ではなく、陸地で休みました。これを目にしたその地の先住民たちが、翌朝、果敢に攻めて来ましたため、二六人のスペイン人が命を落とし、その

（3）サンティアゴは当時の総督ならびに初代司教及び司教座聖堂の所在地。

（4）同遠征隊については H. R. Wagner, *The discovery of Yucatan by Francisco Hernández de Córdoba*, Kraus Reprint, 1969 参照。

（5）一四九二年コロンブスが出帆した小さな港町。

（6）アントン・デ・アラミノスは一五〇二年のコロンブスの最後の航海で水先案内人を務め、その後ポンセ・デ・レオンとフロリダへ、またコルドバ、グリハルバおよびコルテスとともにユカタンへ航海した。

（7）初期の記録者の間で先住民の名前の表記にかなりの混乱がみられた。カンペチェはカトチェと混同されている。彼らが五月五日に上陸したのはユカタン半島最東北端のカトチェ岬で、カンペチェは同半島のはるか南西にある。ベルナル・ディアスは先住民がマヤ語で「コネス・カトチェ（こちらへ、私の家へおいで）」と言ったことからカトチェ岬と命名されたとし（*Historia verdadera*, cap. 2）、またスペイン人は聖ラサロの日曜日に上陸したのでその村をラサロと名づけたが、先住民はカンペチェと呼んでいるとしている（*H. V.* cap. 3）。オロスコ・イ・ベラによれば、ラサロは場所の名で、カンペチェは河の名（*Historia antigua*, tom. iv., cap. i, nota）。

（8）村の名がチャンポトン（Champotón）で、首長の名がノチョポボン（Nochopobóm）である。チャンポトンはチャムポトンないしポトンチャン（タバスコ河流域にも同じ名の町がある）と呼ばれることもある。

他の全員が傷を負いました。これを見たフランシスコ・フェルナンデス・デ・コルドバ隊長はついに残った者たちとともに退散し、船《ナオ》に引き揚げました。

遠征隊の帰還　隊員の四分の一が死に、残った者も全員けがをしていること、また隊長自身も三〇か所以上傷を負い、半死半生であるため、逃げるほかないと考え、隊員とともに船《ナビオ》でフェルナンディナ島に戻りました。(9)そして、そこで目にした先住民たちはみな鼻か、耳かあるいはその他の部分に黄金をぶら下げており、黄金のきわめて豊富な土地を発見したこと、またその地には石とモルタルでできた建物があること、さらにそこでの統治や富のこと、その他種々の事柄についてディエゴ・ベラスケスに報告し、もし船《ナビオ》を派遣して交易をすれば、大量の黄金を手に入れることができるであろうと述べました。

　それを聞いたディエゴ・ベラスケスは、他のいかなる熱意よりもむしろ欲に駆られ、すぐさま代理人に報告書を持たせ、インディアスの執政官としてエスパニョラ島〔現在のハイチとドミニカ共和国〕に駐在しているヘロニモ会修道士(10)のもとへ派遣いたしました。同修道士たちは両陛下から探検隊を派遣する権限を与えられていますので、両陛下の御名においてその許可を得ようと、〔ベラスケスは〕かの地の先住民との間で黄金、真珠、宝石、あるいはその他の品と物々交換する許可が与えられれば、両陛下にご奉仕できるところ大なるものがあろう、両陛下に五分の一税(11)をお支払いし、残りを自分が受け取ることとしたいと伝えました。そして執政官を務めるヘロニモ会修道士はその許可を与えたのであります。と申しますのも、ベラスケスは自分の費用でその地を発見したうえ、その地の事情に通じているので、両陛下のご都合にもっとも適うように取り計らう用意があると伝えたからであります。他方、彼はヘロニモ会修道士には知らせないで、委任状と両陛下あての報告書を持たせてゴンサロ・デ・グスマン(12)なる人物を派遣し、あの土地は彼が自費で発見し両陛下にご奉仕申し上げたものである旨、そしてその地をさらに自分の費用で征服したく、しかるべき特典とともに同地の地方長官《アデランタード》兼執政官《ゴベルナドール》に任命いただきたい旨両陛下に嘆願しましたが、そのことは彼の報告書によりすでにご承知かと存じますので、ここでは申し述べないでおきます。

グリハルバの遠征隊　その間に執政官であるヘロニモ会修道士が両陛下の御名において下した許可書が届きましたので、彼は急いで三隻の船《ナビオ》と一隻のベルガンティン船を用意しました。ゴンサロ・デ・グスマンを派遣し

（9）水先案内人アラミノスはポンセ・デ・レオンのフロリダ遠征に加わった経験もあるのでキューバへ戻る最上の航路としてフロリダ経由を選んだ。四日かけてフロリダに着き、給水のため上陸したところをふたたび先住民に襲撃され、アラミノスもベルナル・ディアスも傷を負った。種々の災難を経てキューバに帰還したが、フェルナンデス・デ・コルドバは一〇日後に傷が悪化して死んだ。第三書簡註67参照。

（10）一五一六年、ヒメネス・デ・シスネロス枢機卿はラス・カサスら教会改革論者の圧力のもとにインディアスにおける問題を徹底的に調査するため三人のヘロニモ会修道士、ルイス・デ・フィゲロア、ベルナルディノ・デ・マンサネドおよびアロンソ・デ・サント・ドミンゴを派遣した。彼らはエンコミエンダ制（註47参照）と先住民の分配を廃止するとともに、先住民による自治の可能性を調査する任務を帯びていた。しかしシスネロスの訓令は、もしそれができない場合には、現行の規定（ブルゴス法）を改正し、植民者の怒りを買わないで先住民の扱いを改善する代替案の検討を求めていた。ヘロニモ会修道士に同行したアロンソ・デ・スアソ査察使はすべて修道士と相談するよう指示されてはいたが、事実上修道士たち（その後すぐにラス・カサスと仲違いした）は王室の代理であった。

（11）十三世紀のカスティーリャの重要な法典であるアルフォンソ十世の「七部法典」はすべての戦利品の五分の一の権利を国王に付与していた。隊長は生来の領主であれば七分の一を与えられるが、そうでない場合は十分の一と規定されていた。しかしコルテスは一五一九年八月五日ベラ・クルス市会との間で国王の五分の一を差し引いた残額の五分の一を彼が取得することを取り決めた（Hernán Cortés, *Documentos Cortesianos* I, Edición de J. L. Martínez, p. 86）。これは王室の権利を侵害するものとして後に査察使から非難された（Bernal Díaz, cap. 105）。

（12）ゴンサロ・デ・グスマンは王室の財務官であった。

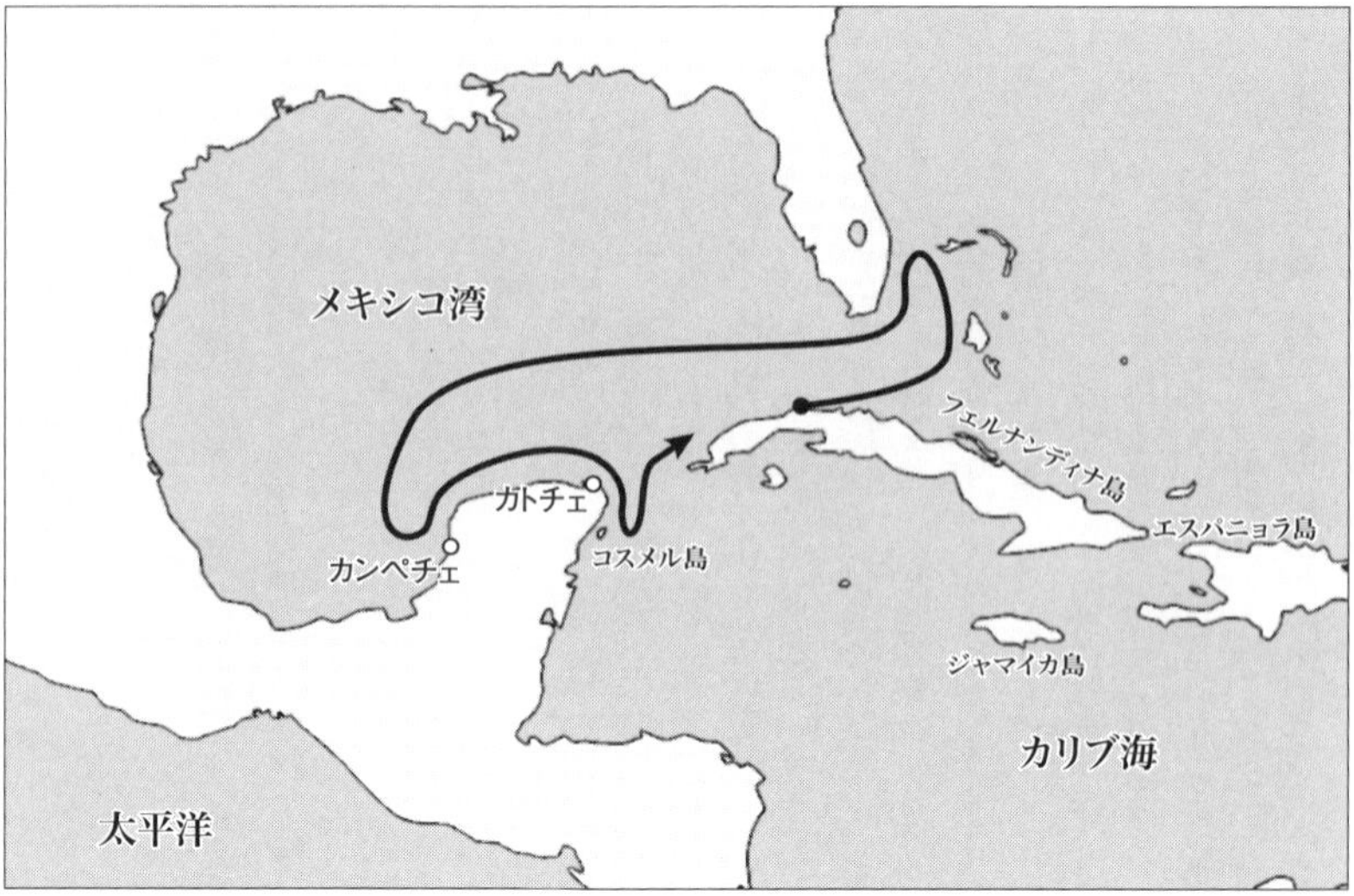

フランシスコ・フェルナンデス・デ・コルドバの探検経路（1517）

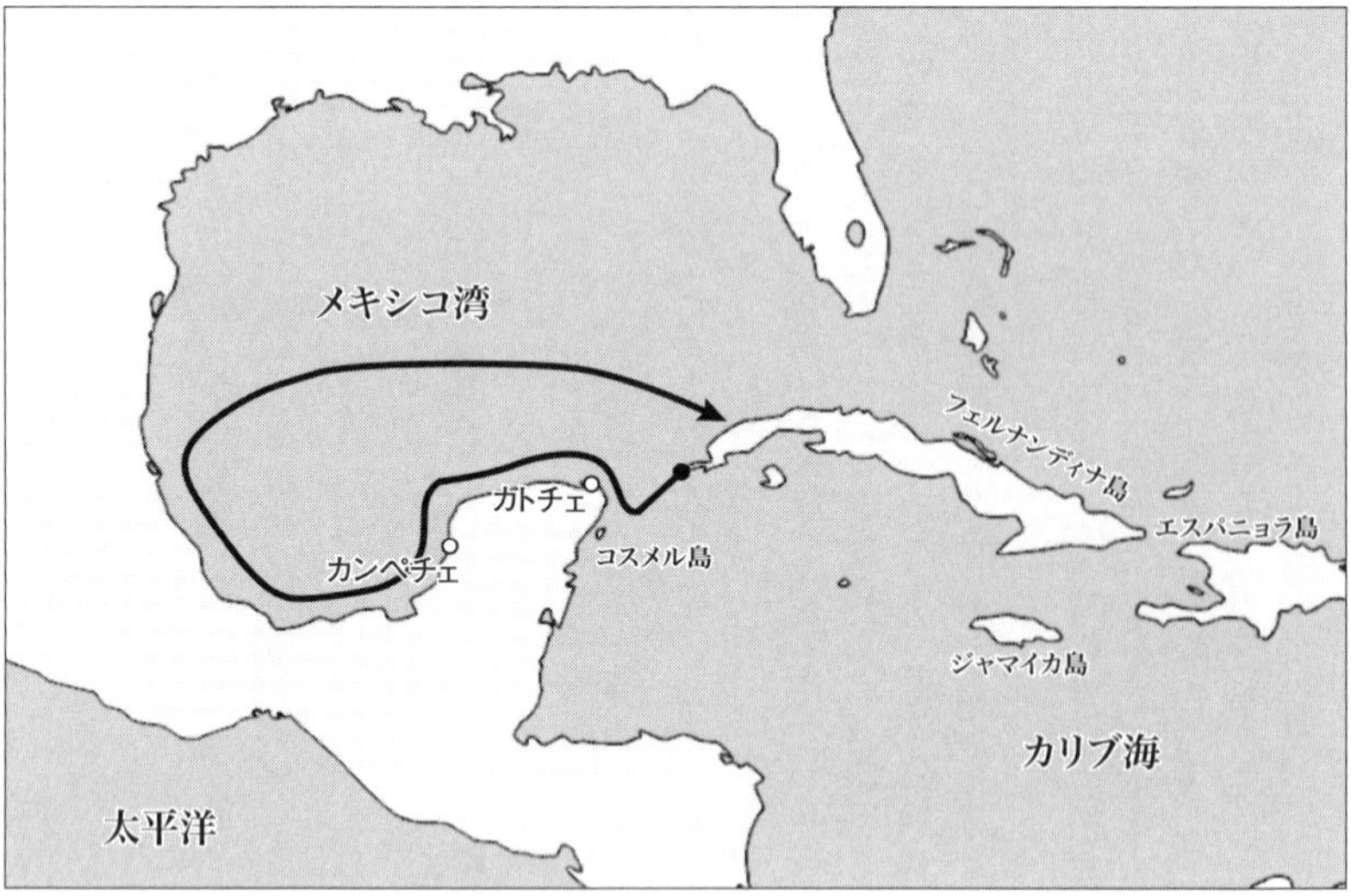

フアン・デ・グリハルバの探検経路（1518）

て行った嘆願がもし両陛下によってお認めいただけなかった場合には、ヘロニモ会修道士の許可をもって出発してしまおうと考えたからであります。船が用意されますと、彼の親戚であるファン・デ・グリハルバ[13]なる者を隊長《カピタン》に任命し、同島に住む一六〇人とともに送り出しました。われわれ〔コルテスの遠征隊〕のうちの何人かも両陛下にご奉仕申し上げるため船長としてその隊に加わりました。われわれもそうですが、その艦隊の者たちも、生命を賭けていただけではなく、艦隊のほとんどすべての装備を自ら負担し、それに財産のほとんどを費やしていました。艦隊の水先案内人は、先にフランシスコ・フェルナンデス・デ・コルドバに同行してかの地を発見した例のアントン・デ・アラミノスであります。この航海でも前と同じ航路をたどり、かの地に到達する前にその地の南方にコスメルと呼ばれる周囲三〇レグア〔一六七㎞〕ほどの小さな島を発見しました[14]。そしてその島のとある村に着き、その村をサン・ファン・デ・ポルタ・ラティナと名づけ、またその島をサンタ・クルスと命名しました。

到着したその日には村のインディオが一五〇人ほど彼らを見にやってきましたが、どうやら翌日には村を去り、山に避難したようです。隊長は水を補給する必要があるため、帆を揚げ、別の方に移動しました。その日、航行

(13) クエリャル（セゴビア）出身で少年時代にキューバへ渡った。ラス・カサスは彼を「立派な隊長で、人格に欠けるところなく、指揮をとれる人物」と評し（*Historia de las Indias*, cap. 19）、ゴマラは彼を同じ町の出身であるベラスケスの甥であるとしている（cap. 5）。グリハルバの遠征隊はカラベラ船（三本マストの小型帆船）四隻からなり、他の三人の船長はフランシスコ・デ・モンテホ、ペドロ・デ・アルバラードおよびアロンソ・デ・アビラ。オビエドによれば、彼らは一五一七年五月一日出帆（*His. gen.* lib. xvii, cap. 8）、ベルナル・ディアスによれば四月八日に出帆した（cap. 8）。

(14) エレラ（*His. gen. de los hechos*, dec. iv, lib. 10, cap. iv）によれば、スペイン人はコスメル島で二つの塔からなる石造の寺院を見つけた。基壇の周囲が約五五メートル、外側に一八段の階段があり、中に偶像、ヤシの枝および骨があった。頂上にやや小さな四角の小塔があり、グリハルバはその小塔にスペイン国旗を掲げ、そこをサン・ファン・デ・ポルタ・ラティナと名づけた。また同行したファン・ディアス司祭がミサを上げた。註2参照。

を続けながら、やはりサンタ・クルスの港ないし島にもどることに決め、そこに投錨し、上陸しました。村には人影がなく、まるでこれまで人が住んでいなかったようでした。水を補給し終えますと、そのままその土地を探査したり、その土地について知ろうとしないで船に引き返しました。本来であれば島の実情について両陛下にご報告申し上げるためそこを探査し、よく知るべきでした。彼は帆を揚げ、島を後にして航行を続け、フランシスコ・フェルナンデス・デ・コルドバが発見した地に着きました。その周囲をめぐり、交易をしようと考えたのです。そこに到着しますと、海岸に沿って南から西へ航行し、グリハルバ隊長と水先案内長のアントン・デ・アラミノスがアスンシオン湾(15)と命名した湾に到達しました。水先案内人たちによりますと、そこはビセンテ・ヤニェス・ピンソンが発見し、書き記したラス・ベラス岬(16)のごく近くだそうで、その岬は湾の中ほどまで延びています。その湾はきわめて大きく、北の海(17)に通じていると考えられています。

グリハルバの出合い

そこから来たときと同じ海岸線沿いにもどり、かの岬をまわり、北の方に航行して、カンポチェ〔現カンペチェ〕の港に着きました。そこの首長はラサロと呼ばれ、フランシスコ・フェルナンデス・デ・コルドバがディエゴ・ベラスケスの命により交易を行うためと、水を補給する必要に迫られたために上陸したところです。その地の先住民たちは彼らがやって来るのを目にしますと、彼らの侵入を防ごうと村の外で戦闘態勢をとりました。隊長が同行していた通訳(18)を通して彼らに呼びかけますと、なん人かのインディオがやって来ましたので、彼は自分たちの目的は彼らの持っている物と交易をすることと水を汲むことだけであるということを分からせました。そこで彼らといっしょに村の近くにある泉へ行きました。そこで水を汲んでいる間に、彼は通訳を介して、もし黄金をくれれば代りに自分の持ってきた宝石を上げたい、と告げました。それを理解したインディオたちは、与えられるような黄金は持ちあわせなかったので、彼にそこを立ち去るようにと言いました。彼は、水を汲み終えればすぐに立ち去るのでしばらく待ってほしいと懇願しましたが、それ以上どうすることもできず、翌朝、ミサの時間に、インディオたちは弓矢、槍、盾をもって攻め寄せて来ました。そしてスペイン人が一人殺され、グリハルバ隊長をはじめ多くの者が傷を負いました。そこで、そのインディオの村に入ることなく、両陛下にご報告できるような正確な消息を得ることもなく、その日の午後、全員カラベラ船〔小型帆船〕に乗り込みました。

そこから海岸線に沿って航行し、グリハルバ河と名づけられた河[19]に到達し、日没前後にそこに停泊しました。翌朝、河の両岸に弓矢、槍、盾を持った大勢のインディオの戦士たちが、自分たちの土地への進入を阻止しようとして集結いたしました。一部の隊員によれば、インディオの数は五〇〇〇人に上ったとのことであります。これを見た隊長は、隊員に上陸しないよう命じ、船上から通訳を介してインディオに話しかけ、訪問の目的を説明したいので近くに来てほしいと頼みました。二〇人のインディオがカヌーに乗り、いかにも用心深げに船に近づいて来ました。そこでグリハルバ隊長は、帯同していた通訳を介して、自分はただ交易のためにやって来たに過

(15) 彼らは五月十三日木曜日、アセンシオンの祭日に到着し、偵察のために日曜日まで滞在した。おそらく筆耕人の誤りと思われるが、アセンシオン Ascensión（キリストの昇天）をアスンシオン Asunción（聖母マリアの昇天）と混同しているのであろう（アスンシオンの祭日は八月十五日）。第四書簡では正しくアセンシオンと呼んでいるが、第五書簡では再びアスンシオンと誤記している。第五書簡註10参照。

(16) ビセンテ・ヤニェス・ピンソンは一四九二年コロンブスの最初の航海に参加したピンソン三兄弟の一人。ラス・ベラス岬は一五〇〇年一月に発見された。

(17) 当時太平洋の存在がパナマ地峡地域でスペイン人に知られ、同地方では地峡がほぼ東西に走っているので、大西洋が「北の海」で太平洋が「南の海」として認識された。

(18) 前の遠征で二人の先住民が捕えられ、それぞれフリアンおよびメルチョルという洗礼名を与えられた。二人は通訳としてスペイン人に仕えた。

(19) 先住民はこの河をタバスコと呼んでいた。

グリハルバとマヤの酋長のポトンチャンでの会見（エクトル・キンターナ作壁画）

ぎず、あなたたちの友人になりたいと望んでいる、あなたたちが所有している黄金を持ってきてくれれば、代わりに宝石を上げようと述べました。翌日、彼らはそのとおりにし、みごとな金《きん》の装身具を持って参りました。そこで隊長が適当な見返りの品を与えますと、彼らは村へ帰っていきました。隊長はその日はそこに留まり、翌日、その土地についてそれ以上なにも調べないまま出帆しました。そして沿岸に沿って航行を続けますと、ある湾に着きましたので、そこをサン・ファン湾と名づけました。そこで隊長は何人かの隊員とともに人気のない砂浜に上陸しました。

沿岸に船隊がやって来るのを見て、先住民たちが集まって来ました。隊長は通訳を通して彼らに話しかけ、テーブルを出して、その上にいくつかの宝石類をおき、彼は交易をし、彼らの友人になるために来たのだということを理解させました。インディオたちはそれを見て、納得すると、衣類やいくつかの金の装身具を持参し、隊長と物々交換をしました。グリハルバ隊長はディエゴ・ベラスケスにカラベラ船を一隻派遣し、これまでに交易で得た品をすべて送りました。[20] カラベラ船がディエゴ・ベラスケスのいるフェルナンディナ島に向け出発しますと、グリハルバ隊長は残りの船とともに沿岸を下りました。どこにも上陸せず、海上から目に入るもの以外はなにも見ないで四五レグア〔二五〇km〕ほど進みました。そして、同地の注目に値するものはなにも見ないまま、そこからフェルナンディナ島へ引き返しはじめました。従いまして、この地についてこれまで両陛下に対してなされた報告はすべて正しくないということがお分かりいただけるかと存じます。土地の内情を知らないまま、想像によって書かれていたのであります。

サン・フアン湾からグリハルバ隊長の派遣したカラベラ船がフェルナンディナ島に着きますと、ディエゴ・ベラスケスは船が金《きん》を載せていたのを目にしていましたが、グリハルバの手紙で、引き換えに衣類や宝石を与えられたと知り、また同船で戻ってきた者たちの話を聞くにつけても、そもそも彼は金を渇望していましたので交易は甚だ不利であった、と考えたようであります。そこで、彼はこれでは艦隊に要した費用すら賄えず、遺憾であると吹聴し、グリハルバ隊長がかの地で行ったことはきわめて不十分であったと不快感を示しました。しかし、ディエゴ・ベラスケスが不平を鳴らすいわれはないのです。と申しますのは、彼が艦隊のために使った経費は、同艦隊に積み込まれた革袋や樽入りのワインと何箱かのシャツおよび交易用のビーズで賄われているのであります。彼はワインを金《きん》四ペソ、つまりアロバ〔一一・五キログラム〕当たり二〇〇〇マラベディ(21)、シャツを金二ペソ、緑色ビーズ一束を二ペソでわれわれに売りつけましたので、艦隊のための彼の経費はそれですべて賄われたうえ、さらに利益を得ているのです。両陛下にこのような瑣末事をご報告申し上げますのは、これまでディエゴ・ベラスケスによって派遣された艦隊の艤装は船主としての当然の責務のほかに商品の取引によっても賄われていたのだということ、他方われわれは幾多の困難にもかかわらず、身を挺し、自らの財産を投じて両陛下にお仕えし、これからも命のつづく限りお仕えする所存であるということをお分かりいただくためでございます。

ディエゴ・ベラスケスはもたらされた金の量がわずかであることに立腹し、もっと手に入れようと考え、執政

(20) 同カラベラ船の船長はペドロ・デ・アルバラード（第二書簡註96参照）。送られた品目のリストはゴマラの『メキシコ征服史』第六章に列挙されており、彼はその価値を金一万五〇〇〇ペソないし二万ペソと見積もっている。

(21) マラベディ（maravedi）は当時のスペインの通貨の基本単位。純銀四二・二九グラムに相当する四五〇マラベディが金一ペソないしカスティリャーノ。一アロバは約一四・七六リットルだが、地域および液体により異なる。

エルナン・コルテス（作者不詳）

官であるヘロニモ会修道士にも報告しないまま、ふたたび艦隊を編成して、親戚のファン・デ・グリハルバ隊長を探させることに決めたのであります。そして、できるだけ彼自身の出費を減らすため、サンティアゴ市の住民で、両陛下の名代として同市の市長《アルカルデ》をつとめるフェルナンド・コルテス[22]と話し、二人で八隻ないし一〇隻の船を艤装しようと持ちかけました。と申しますのも、そのころ、フェルナンド・コルテスは自分の船を三隻所有し、現金もあり、島の誰よりも準備が整っておりましたし、人望も集めていたからです。彼のもとには他の誰よりも人が集まるだろうと思われ、事実そうなりました。ディエゴ・ベラスケスの提案を聞いたフェルナンド・コルテスは、両陛下にお仕えしたいと熱望し、その艦隊の艤装に全財産を費やす決心をしました。そして、船や糧食など、艦隊の費用のおよそ三分の二を自ら負担し、さらには艦隊の乗組員で航海に必要な物資を調達できない者に現金を供与したのであります。[23]

コルテス、艦隊の隊長に任命される

艦隊の準備が整いますと、ディエゴ・ベラスケスは、この地において交易を行い、グリハルバができなかったことを成しとげるため、両陛下の御名において、コルテスを隊長に任命いたしました。しかしながら、ディエゴ・ベラスケスは全費用の三分の一も出していないにもかかわらず、同艦隊の編成はすべて同人の意向に従って行われました。そのことはフェルナンド・コルテスが両陛下の御名においてディエゴ・ベラスケスから受けた指示および権限をご覧願えれば、お分かりいただけるでしょう。それはわれわれの代理人《プロクラドール》をもってここに両陛下にお送りいたします。また、ディエゴ・ベラスケスが負担した三分の一のほとんどはワインや衣服やその他あまり価値のない品を調達するためで、それも彼が支払った金額よりはるかに高い値段でわれわれに売りつけたのだということを、両陛下にご承知いただきたいと存じます。従いまして、ディエゴ・ベラスケスは両陛下の臣下であるわれわれスペイン人を相手に商売をし、大儲けをしたと申せるでしょう。

艦隊の用意が整いますと、両陛下の隊長フェルナンド・コルテスは、一〇隻のカラベラ船に四〇〇人の兵士、そのなかには大勢の騎士や郷士〔貴族の称号を持たない小貴族〕がいましたが、それに一六頭の馬をともない、フェルナンディナ島を出帆しました。航行をつづけ最初に到着した土地は、前に申し述べましたとおり現在サンタ・クルス島と呼ばれるコスメル島で、そこのサン・フアン・デ・ポルタ・ラティナという港でした。上陸しますと、村にはこれまで誰も住んでいなかったかのように人影がありませんでした。フェルナンド・コルテス隊長はその村に人がいない理由を知りたいと思い、隊員に船から降り、その村に宿営するよう命じました。そして先に海をカヌー(24)でユカタン島に向かっていたインディオ三人を捕えましたが、そのインディオたちから聞き出したところによりますと、島の酋長《カシーケ》たちはスペイン人が上陸するのを見て、彼らがいかなる意図をもってやって来たのか分からず、彼らを怖れてインディオ全員を引き連れて村を去り、山に入ったとのことでした。フェルナンド・コルテスは、帯同していた通訳を介して、あなたたちに悪事を働いたり、危害を加えるつもりはまったくなく、あな

(22) コルテスの洗礼名は今日ではエルナンが一般的であるが、当時はフェルナンドないしエルナンドと呼ばれた。
(23) ゴマラ（cap. 7）によると、ベラスケスは「商人アンドレス・デ・ドゥエロと合わせ金二〇〇〇カステリャーノ」しか持ち合わせないので、コルテスにも艦隊の準備に参画するよう持ちかけた。コルテスは不足額を借金したらしいが、ベラスケスとコルテスのほかにも数名の金持ちの植民者が艦隊の編成に出資したとみられる。
(24) 彼らのカヌーは木の幹をくり抜いて作ったものだが、優に四〇人が乗れる大きなものも少なくなかったという（Bernal Díaz, cap. 2）。

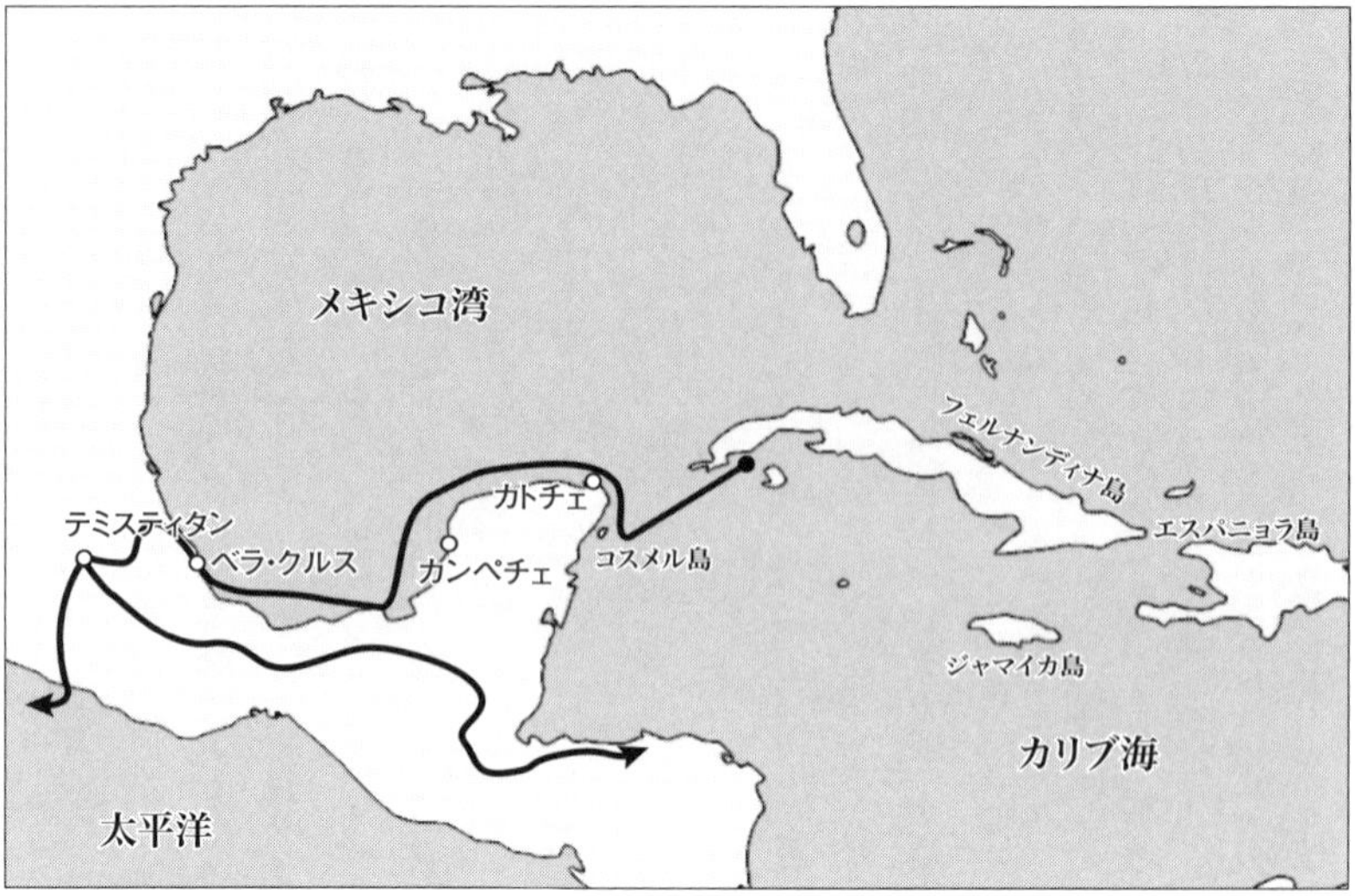

コルテスの探検経路（1519 ～ 1535）

たたちをわれわれの聖なるカトリックの信仰に導き、両陛下の臣下であるスペイン人が住むこの地のすべてのインディオと同様に、あなたたちが両陛下の臣下となり、両陛下にお仕えし、従うよう勧めるためである、と述べました。隊長がこうして彼らを安心させましたので、彼らの不安はほとんどなくなりました。そして、内陸の山のなかにいる酋長たちを呼びに行きたいと言いましたので、隊長は酋長たちの安全を保証する手紙を持たせてやりました。こうして彼らはその手紙を携えて出かけ、隊長は彼らに五日以内にもどるようにと伝えました。インディオの持ち帰る返事を待っていましたが、期限の五日間を三、四日過ぎてももどって来ないものですから、隊長は島から住民がいなくならないようにと海岸線に沿って別の隊を派遣することにしました。

そこで、二人の隊長にそれぞれ一〇〇人の部下をつけ、それぞれ島の別々の先端まで行くよう命じました。そして酋長に出合ったならば、隊長が両陛下の名代として彼らと話をするためにサン・フアン・デ・ポルタ・ラティナの村ないし港で待っていると伝えるように、また彼らにサン・フアンの港へ来るように依頼し、できるだけうまく説得するように、そしてこれ以上彼らを動揺させたり、遠ざけたりしないために、彼らの身体や家屋や財産に害を及ぼすことのないようにと言いつけました。二人の隊長は、フェルナンド・コルテス隊長の命に従って出発し、四日後にもどって参りましたが、途中見かけた村はどこも人気がなかったとのことでした。彼らは捕まえた一〇人ないし一二人の者を連れて参り、そのうちに身分の高い者が一人いましたので、フェルナンド・コルテス隊長は両陛下の名代として通訳を通して彼と話し、他の酋長たちを呼びに行くように、自分は彼らと会って話をするまでは絶対にこの島を離れないだろう、と伝えました。彼はそのようにしたいと述べ、他の酋長あての隊長の手紙を携えて出発しました。それから二日後に彼は別の要人とともにもどって来て、その要人は、自分はこの島の首長である、いかなる用件からかがいに来た、と述べました。

コスメルでの交渉　隊長は通訳を介して彼と話し、自分はあなたたちに害悪を及ぼすことを望まず、またそのために来たのでもない、われわれの聖なる信仰について伝え、またわれわれは世界で最も強大な君主をいただき、その君主もより偉大な君主に仕えているということを知らせに来たのだ、と申し渡しました。そして、フェルナンド・コルテスがあなたたちに望むことは、他でもない、この島の酋長とインディオたちも両陛下に従ってほしいということであり、そうすれば大いに引き立てられ、あなたたちの邪魔をする者はいなくなるだろう、と述べました。かの首長は、喜んでそのようにしたいと答え、島のすべての酋長を呼びにやりました。すると酋長たちがやって来て、フェルナンド・コルテス隊長がこの島の首長に述べたすべてのことにつき、大いなる満足の意を表しました。そこで彼が皆に帰ってくるよう命じますと、みな喜んでもどって参り、また安全が保証されたこともあり、数日のうちに村々は以前と同じように人びとで溢れました。すべてのインディオがなにも怖れずわれわれと交わりましたので、われわれはあたかも昔からの知り合いのようでした。

ユカタンのスペイン人捕虜

そのころ、隊長はユカタンの酋長たちのもとで七年間も捕虜になっているスペイン人がなん人かいることを知りました。彼らはティエラ・フィルメ[25]からカラベラ船[26]でやって来ましたが、ジャマイカ[27]沖の浅瀬で難破したため、同船に備えつけられた小舟で脱出してその地にたどり着き、そこでインディオに囚われたのであります。フェルナンド・コルテス隊長は、フェルナンディナ島を発つときにそれらのスペイン人について調べるようにとの指示を受けていましたが、いま彼らの消息やその居場所が分かりましたので、もし彼らを囚われの身から解放することに努めれば、神と陛下にご奉仕できるところが大きいのではないかと思いました。そこでただちにすべての艦隊を率いて自ら彼らの救出に出かけようとしましたが、水先案内人たちが、それは絶対にしないように、沿岸の波はきわめて荒く、しかも投錨できる港も入江もないので、艦隊も乗組員も失うことになるだろうと述べて制しました。そこで彼はその考えをあきらめ、代わりに何人かのインディオをカヌーで行かせることにしました。そのインディオたちはスペイン人が囚われているところの酋長が誰であるか承知しているとのことでした。彼は囚われているスペイン人たちに手紙をしたため、自分が自ら艦隊を率いて救出に赴かないのは、ひとえに上陸が困難かつ危険であるためである、ついてはぜひカヌーで脱出を図ってほしい、われわれはサンタ・クルス島で待っているから、と書き送りました。

インディオに手紙を持たせて送りだしてから三日後、隊長は、どうやらあのインディオたちは自分が望んでいたほど首尾よくことを運べていないようであり、この計画はよくなかったと考えました。そこで、二隻のベルガンティン船と一艘の小舟《バテル》に四〇人のスペイン人隊員を乗せてその海岸に派遣し、馳せつけたスペイン人捕虜たちを保護することにしました。そしてスペイン人の隊員とともに三人のインディオも派遣し、彼らに上陸させ、スペイン人捕虜たちを探して呼び寄せるよう、隊長の別の手紙も持たせました。[28]二隻のベルガンティン船と小舟がその海岸に着きますと、隊長の命令どおり、三人のインディオを上陸させ、スペイン人を探させました。隊員たちは沖合で難儀をしながら六日間待機しましたが、水先案内人が申したとおり、その辺りの海は波がすこぶる荒く、もう少しのところで難破し、すべてが失われるところでした。

囚われているスペイン人も彼らを探しに行ったインディオも姿を見せないため、隊員たちはフェルナンド・コルテス隊長が待っているサンタ・クルス島へ戻ることに決めました。彼らが島に着き、悪い知らせを聞いた隊長はひどく残念がり、翌日すぐさま船に乗り込み、たとえ全艦隊が壊滅しようともその地へ赴くという強い決意を示しました。そして、ファン・デ・グリハルバ隊長がフェルナンディナ島に伝えてきたこと、すなわちスペイン人が捕えられているというのは作り話であり、その海岸にスペイン人が上陸したことも、行方不明になったこともないという報告が真実かどうかを確かめようとしました。

ヘロニモ・デ・アギラルの到着

そのような決意を抱いてすべての隊員を乗船させ、陸に残っているのは隊長自身と他の二〇名のスペイン人だけになりました。天候は出帆にまことに好都合であると見えましたが、突然、逆

(25) ティエラ・フィルメは大陸・陸地などの意味だが、この場合、十六世紀の初年にエスパニョラ島から進出したスペイン人が植民を試みた、コロンビア北部のウラバ湾ダリエン（パナマ）あたりからパナマ地峡にかけての地方をさす。

(26) 一五一一年、バルボアとニクエサの間の争いにつき総督に報告するためダリエンからサント・ドミンゴに派遣されたバルディビアのカラベラ船。ジャマイカの約八四キロメートル南方のラス・ビボラスと呼ばれる島で座礁。生存者二〇名がボートで一三日間漂流後マヤの海岸に到達。途中七、八人が疲労により死亡、バルディビアとその他の五人は上陸時にマヤの先住民に捕まり、生け贄にされた。ヘロニモ・デ・アギラルとゴンサロ・ゲレロの二名のみが島の内陸部へ逃げ、彼らはふたたび捕まったが、死は免れた。

(27) 一四九四年、コロンブスの第二回航海で発見され、サンティアゴと命名された。息子ディエゴが同島を征服し、サント・ドミンゴからフランシスコ・デ・ガライ等の指揮官を通して統治した。

(28) ベルガンティン船と小舟はディエゴ・デ・オルダスの指揮下にあった。このコルテスの手紙についてはベルナル・ディアス（cap. 27）もランダ（『ユカタン事物記』第四章）もその内容を紹介している。

風が起こったかと思うと、激しいにわか雨が降りはじめ、水先案内人が出帆にはきわめて不向きにつき乗船しないようにと隊長に忠告しましたので、隊長はすべての隊員に下船を命じました。翌日の正午ごろ、帆を揚げた一艘のカヌーが島のほうにやって来るのが見えました。われわれのいるところまでやって来ますと、スペイン人の一人で囚われの身であったヘロニモ・デ・アギラル(29)という者の乗っていることが分かりました。彼はいかにして行方不明になったのか、どれほどの期間囚われていたのかについてわれわれに語りました。それは前に両陛下にご報告申し上げたとおりであります。あの突然の天候の変化をわれわれはまことに不思議な、神が起こされた奇蹟であると考えました。それゆえ、両陛下の御ために行われることは最後には必ずうまくいくものであると信ずるに至りました。ヘロニモ・デ・アギラルから受けた報告によりますと、あのカラベラ船の難破により行方不明となった他のスペイン人はあちこちに散らばっており、またこの土地はとても広いため、膨大な時間を費やさずに彼らを探し出すのは不可能であるとのことでした(30)。

フェルナンド・コルテス隊長は艦隊の糧食が底をつきつつあり、そこでの滞在をこれ以上引き延ばせば、隊員が深刻な飢えに瀕することになり、それは航海の目的にそわないと考え、隊員の意見も徴したうえで、出帆することに決めました。そこでただちに、いまではサンタ・クルスと呼ばれるそのコスメル島を出発しましたが、同島はたいそう平穏になりましたので、もしここに入植しますと、インディオたちがこころよく奉仕してくれるでありましょう。酋長たちは隊長が両陛下に代わって述べたこと、および彼らに与えた装飾品にいたく喜び、満足いたしました。今後この島にやって来るスペイン人は、他のすでに永らく定住している島へ来たのと同じように丁重に迎え入れられるに違いないと思います。その島は小さく、川らしいものは小川もなく、インディオが飲む水はすべて井戸水であります。島には石と岩と山林しかなく、そこのインディオたちの生業は養蜂です。われわれの代理人がその養蜂場でできた蜂蜜と蜜ろうの見本を両陛下にお届けいたしますので、〔家臣に命じて〕吟味させていただければと存じます(31)。

また、両陛下にご承知いただきたく存じますのは、隊長がその島の酋長たちにこれまでのような異教に帰依することを止めるようにと諭しますと、彼らはそれでは今後生活するうえで守るべき掟を示してほしいと懇請しましたので、隊長はカトリックの信仰について知るかぎりのことを彼らに教えたとのことであります。そして、高い建物のうえに木の十字架を据え、彼らに聖母マリアの像を与え、よきキリスト教徒となるためになすべきことについて十分に理解させました。彼らはすべてを心から受け入れるとの意思を示し、大いに喜び、満足いたしました。

(29) カスティーリャのエシハ出身で、南米北部ダリエン地方の植民に加わったが、エスパニョラ島に渡るときに難破して、何人かの仲間とともに、ユカタン半島に上陸した。アギラルとゴンサロ・ゲレロという者だけが生きのびて、マヤの先住民の間に住んだが、ゲレロはマヤ人と結婚して子供をもうけ、土着化して、それ以後スペイン人と接触しなかった。アギラルは聖職者で、一五一七年のフェルナンデス・デ・コルドバのユカタン地方探検を知ってスペイン社会への復帰を希望し、ついに一五一九年、コルテスの船隊とコスメル島で出合うことができたのである。チョンタル・マヤ語を話し、コルテスにとってかけがえのない通訳になった。征服後、一五二六年にモランゴ、ショチクワウトラ、ミリラン等のエンコミエンダを受領し、一五三一年ごろ没した(Bernal Diaz, cap. 29)。

(30) 難破船の生き残り二名のうちのもう一人がゲレロ。ベルナル・ディアスはゲレロがアギラルのいるところから五レグア(二八㎞)離れた村に住んでおり、アギラルは彼に会いに行ったと記しているが(cap. 27)、それはどうやら誤りで、約四四六キロメートル以上離れたチェトゥマルに住んでいた(Landa, cap. 3)。

(31) クラビヘロによれば、メキシコには六種類の異なる蜂がおり、ヨーロッパと同種の蜂もあれば、「エスタベンツン(estabentun)」と呼ばれる蜜(最も透明かつ甘く、香りのよい蜜)をつくる針のない蜂もあった。後者の蜂はユカタンおよびチアパスでみられ、ここで言及されている蜂はそれであろう。年六回、二か月ごとに採集され、九月に花の咲く「エスタベンツン」と呼ばれるとても甘い花から採られる十一月の蜜が最上である。蜜の名はこの花の名に由来する(Clavijero: *Historia Antigua de México*, Libro I, 16)。

コルテス、グリハルバ河に

この島を出発し、われわれはユカタンへ向かいました。北の海岸に沿って進み、グリハルバと呼ばれる大きな河に到達しました。そこは両陛下にご報告申し上げましたとおり、ディエゴ・ベラスケスの親戚であるフアン・デ・グリハルバ隊長が上陸したところです。河口がひじょうに浅く、大きな船はいずれも入ることができませんでした。しかし、フェルナンド・コルテス隊長は陛下にお仕えすることにとりわけ献身的で、その地のすべてについて真実をご報告したいと願い、その河と、そして豊かな資源で知られている河畔の村々の実情について知るまでは先に進まないと決心したのであります。そこで、全隊員を小さなベルガンティン船と小舟に乗せ、その地の村々が見えるところまで河を上りました。最初の村[32]に着きますと、そこのインディオたちが河岸に集まってきました。そこで隊長は帯同していた通訳と、それにユカタンで捕虜になっていた例のヘロニモ・デ・アギラルがその土地の言葉をよく理解し、かつ話せましたので両者を通して、彼らに話しかけました。そして、自分は悪事を働いたり、危害を加えるためではなく、両陛下に代わって彼らと話すためにやってきたのだということを理解させました。また、そのためにはその地に上陸することを認めてほしいこと、その夜寝るところは海上のベルガンティン船と小舟しかなく、そこでは立ったままでも立錐の余地がないほどであり、また沖合に停泊している艦隊まで戻るにはもう遅すぎることを説明し、懇請しました。これを聞いたインディオたちは、話したいことがあればなんでもそこから話してほしい、しかし隊長も隊員も決して上陸しないように、もし上陸を企てれば阻止するであろう、と答えました。そう言うが早いか、弓を引く姿勢をして威嚇し、われわれにそこから立ち去るように言いました。その日はもう遅く、日も暮れそうでしたので、隊長はその村の向かいにある砂浜へ行くことにし、われわれはそこに上陸し、その夜はそこで休みました。

翌朝、なん人かのインディオがカヌーで何羽かの鶏と少量のトウモロコシを持ってわれわれのところにやって来ました。それは〔数字欠落〕人の食事一回分でした。彼らは、それを食べて彼らの土地から立ち去るよう求めました。隊長は、通訳を介して、この地について両陛下に真実の報告をしたためられるよう、同地の実情を知るまでは決してそこを離れるつもりはないということを理解させ、思い違いをしたり、村へ入るのを妨げたりしないでほしい、あなたたちも両陛下の臣下なのだから、と改めて要請しました。しかし、それでもなお、彼らはわれわれに村には入らず、彼らの土地から立ち去るよう訴え、帰って行きました。

タバスコでの戦闘　彼らが去ってから、隊長は彼らの村に出向く決意を固め、一人の隊長に二〇〇名の隊員を率い、前の夜見つけた村へ通じる道を辿って行くようにと命じました。フェルナンド・コルテス隊長自身は約八〇名の部下とともに小舟とベルガンティン船に乗り込み、村の向かいに停泊して、もし認められればいつでも上陸できる態勢をとりました。隊長が到着しますと、インディオたちはすでに戦闘の用意を整え、弓矢に槍と盾で身を固めていました。そして、われわれの土地から立ち去るように、もし戦闘を望むのであればすぐにでも攻撃すればよい、われわれは自分たちの村を守るすべを心得ている、と叫びました。隊長は催告《レケリミエント》を三度読み上げてから、自分はあなたたちとの戦闘は望まないと述べたが、われわれの上陸を阻止しようとするインディオたちの意思は固く、実際にわれわれに矢を射はじめたため、彼らに銃を発砲し、攻撃するように命じたのだということにつき、同行している両陛下の公証人に証人として立ち会うよう依頼しました。[33] 発砲し、上陸を試みておりますうちに、なん人かの隊員が傷を負いました。しかし、われわれの行動が素早かったことと、道を行った者たちが背後から彼らを襲いましたので、ついに彼らは村を明け渡して逃走しました。こうしてわれわれはその村を占拠し、村のなかで最も守りが固いと思われるところに陣をとりました。

　翌日の日没ごろ、酋長に代わって二人のインディオがあまり価値のなさそうなごく薄い金《きん》でできた装身具をいくつか持ってやって来ました。そして〔コルテス〕隊長に、それを持参したのは、あなたたちがそこを立ち退

(32) ポトンチャン（註8参照）。スペイン人はサンタ・マリア・デ・ラ・ビクトリアと名付けたが、原名で呼ばれる方が多い。

き、われわれの土地を元どおりわれわれに返してほしいから、そして、われわれに悪いことをしたり、危害を加えたりしてほしくないからである、と申しました。これに対して隊長はこう答えました。あなたたちに悪いことをしたり、危害を加えたりしないということについては全く異存はない、土地をあなたたちに返すことについては、これからあなたたちは世界で最も偉大な君主を主君としていただき、その臣下となってお仕えするのであるということを忘れないように、そしてそうすれば両陛下はあなたたちに大いなる慈悲と恩恵を施され、また庇護し、敵からお護り下さるであろう、と。彼らは喜んでそのようにしたいと答えつつ、それでもなお彼らの土地は彼らに残すよう求めました。こうして結局われわれは互いに友人になりました。友誼を結びましてから、隊長は、自分とともにいるスペイン人たちは食べる物がなく、船から食料を持ってこなかった、ついてはわれわれがこの地にいるあいだ食べ物を支給してもらえないか、と懇請しました。彼らは翌日持参すると答えて去りましたが、翌日もその次の日も食べ物を持って来ませんので、われわれはみな食料に窮しました。そして三日目になん人かのスペイン人が近くの農場に食べ物を探しに行くことにつき隊長の許可を求めました。隊長はインディオたちが約束どおりにもどってこないので、四人の隊長と二〇〇人以上の隊員を派遣し、村のまわりに食べ物がないか探させることにしました。探しているうちに大勢のインディオに出くわし、彼らがやにわに矢を射はじめたため、二〇人のスペイン人が傷を負いました。もし隊長がただちに知らせを受け、救援に駆けつけていなければ、キリスト教徒の半分以上が殺されただろうと思われます。そこでわれわれは全員野営に引き揚げ、負傷者は傷の手当てを受け、戦いに加わった者たちは疲れを癒しました。隊長は、インディオたちが約束どおり食べ物を持ってくるかわりに、弓矢で戦争をしかけ、いかに被害を及ぼしたかをみて、船で運んできた一〇頭の馬を陸に上げ、隊員も全員戦闘の準備を整えるように命じました。インディオたちは前日の戦果に勢いを得て、われわれにさらに危害を加えるために野営地に攻め寄せてくるであろうと考えたからです。翌日、全員の用意が整いますと、前日に戦闘のあった場所へ、インディオたちがまだそこにいないか、彼らがどうしているかを探るため、なん人かの小隊長と三〇〇名の隊員を派遣いたしました。すぐその後、別の二人の小隊長と一〇〇名の隊員を後衛として派遣しました。フェルナンド・コルテス隊長自身は一〇〇名の騎兵とともに密かにもう一方の側を行きました。

そのような隊形で進んでおりますと、前衛はおびただしい数のインディオの戦士に遭遇しました。彼らは全員われわれの野営を襲おうとしてやって来ましたので、もしその日われわれの方から出向いていなければ、ひじょうな危険にさらされていたでしょう。前方にいた砲兵隊長が、出くわしたインディオの戦士たちに対し、公証人の前で催告《レケリミエント》を読み上げ、われわれは彼らと戦闘ではなく、平和と愛を望んでいたが、彼らは言葉ではなく、矢を一斉に浴びせることで答えたということを、通訳を通して、彼らに理解させました。前衛がインディオと闘っているうちに、後衛の二人の小隊長が着き、全隊員が二時間ほどインディオと闘っておりますと、インディオがスペイン人を包囲しはじめた山林の一角からフェルナンド・コルテス隊長が騎兵とともに到着しました。そして、そこで一時間ほど戦いました。インディオの数が余りにもおびただしいため、スペイン人の歩兵と闘っていた者は騎兵が目に入らないのか、どこにいるのか分からず、騎兵たちもインディオの間で進撃と後退を繰り返し、互いが見えないほどでした。しかし、歩兵が騎兵の到着したのを見てにわかに攻勢に転じますと、インディオは

（33）公証人はディエゴ・デ・ゴドイ。催告（レケリミエント）とは布告文を意味するが、ここではスペイン人のアメリカ征服を法的に正統化するために作られた特定の布告文をさす。同布告文はスペインの最も偉大な法学者の一人、パラシオス・ルビオスによって作られたとされる。その内容は、ローマ教皇権の成立を述べ、アレクサンデル六世教皇から新大陸の布教・領有権を与えられたスペイン王を承認しキリスト教を認めるよう要求するもので、征服に先だって公証人の立ち会いのもとにスペイン人がインディオにこれを読み上げたのである。ラス・カサスはこの布告文につき、「樹木に向かって読む」ようなものであり、泣くべきか笑うべきか知らないと軽蔑的に述べているが、スペイン王室は大まじめだった（チュルルテカル〔現チョルラ〕の大虐殺の前にコルテスがこの儀式を省略したとして後に査察使が彼を非難している）。レケリミエントはフェルナンド王の命令によって作られ、ペドロ・アリアス・ダビラのティエラ・フィルメ地方征服（一五一四年六月）においてはじめて用いられた（Lewis Hanke, *The Spanish Struggle for Justice in the Conquest of America*, 1979, pp. 46-55）。

ただちに逃走しはじめましたので、半レグア〔二・八㎞〕ほど彼らを追いました。隊長はインディオが敗走するのを目にし、それ以上することもないうえ、隊員がとても疲れていましたので、近くの農家に引き揚げるよう命じました。そこに集まりますと、二〇名の隊員が負傷していることが分かりましたが、前日に傷を負った者も含め、死者は皆無でした。(34)

タバスコでの交戦の結果

こうして一旦引き揚げ、負傷者の手当てを済ませてから、野営にもどりました。われわれは捕まえた二人のインディオを連れてきましたが、〔コルテス〕隊長は彼らを釈放するよう命じました。そして、二人を酋長たちのもとに遣り、もし彼らが自分のいるところに来れば、これまでの過ちを許し、友人と認めるであろうと述べた書状を持たせました。その日の午後、要人と見られる二人のインディオがやって参り、これまでのことをまことに申し訳なく思っている、酋長がお許し願いたいと申し出ているので、これ以上の危害は加えないでほしい、すでに二二〇人が死んだが、これ以上殺さないでほしい、過ぎたことは過ぎたのであり、これからはあなた方の言われる君主の臣下になりたい、そして両陛下の御名において命じられることはなにごとにつけ臣下として忠実にお仕えしたい、と述べました。こうして合意が成立し、和睦が結ばれました。隊長は、通訳を介して、そのインディオたちに、戦闘で戦ったのはどういう者たちだったのかと尋ねますと、八つの地方から集まった者たちで、彼らの計算によれば合計四万人であると答え、彼らはそれ位の数字は十分に数えられるとのことです。両陛下におかれては、この戦闘はわれわれの力によってではなく、神のご意思によって勝利したのだということをお信じいただきたく存じます。と申しますのも、四万人の戦士を相手にわれわれはたった四〇〇人で防戦したからでございます。(35)

皆がたいそう親しくなりましてから、そこに滞在している四日ないし五日間のうちに、彼らは全部で一四〇ペソ相当の金《きん》をくれましたが、どれも薄片で、それを彼らは珍重していましたので、彼らの土地は金に乏しいものと思われます。と申しますのも、そのわずかの金も交易によって他の地方から持ってきたに違いないと思われたからです。この土地は肥沃で、しかもトウモロコシ、果物、魚、あるいはその他の彼らの食するもの等、食べ物が実に豊富です。この村は先に申し上げました河の畔にあり、そこから平野が広がり、彼らの耕す農園や畑が数多くあります。隊長は彼らの偶像や神々を礼拝する悪習をとがめ、いと聖なるわれらの信仰について知るべきであるということを理解させました。そして丘のうえに大きな木の十字架を据えますと、彼らはたいそう喜び、それをあつく敬い、礼拝したい、と述べました。こうしてインディオたちはわれわれの友人となり、両陛下の臣下となりました。

フェルナンド・コルテス隊長はそこを発って航行をつづけ、先に両陛下に詳しくご報告申し上げました例のファン・デ・グリハルバ隊長が交易を行ったサン・ファン[36]と呼ばれる港および湾に到着しました。そこに着くが早いか、土地のインディオたちが自分たちの海岸に着いたカラベラ船が何であるかを調べにやって来ました。しかし、その日はもうひじょうに遅く、ほとんど夜になっていましたので、隊長は静かにカラベラ船に留まり、隊員

(34) シントラ（現セントラ Centla）の闘いと呼ばれ、三月二十五日にあった。ベルナル・ディアス（cap. 33）は一三騎であったとして騎兵の名を列挙している。コルテスは死傷者の数を常に少なく見積もる傾向があり、セルバンテス・デ・サラサールによれば負傷者は六〇名に上り（*Crónica de la Nueva España*, Libro II, cap. 33）、ゴマラによれば七〇名以上に上った（*La Conquista de México*, "Batalla de Cintla"）。

(35) 戦場にいたスペイン人はスペインの守護聖人サンティアゴ（十二使徒の一人聖ヤコブ）が三度現れ、インディオを相手に馬上で戦う姿を見たという（López de Gómara, *Conquista de México*, cap. xx）。ベルナル・ディアスはユーモアを交え、自分は罪深い人間であり、聖人の姿は目にできなかったが、コルテスの脇に馬上のフランシスコ・デ・モルラの姿を見た、と述べている（cap. xxxiv）。セルバンテス・デ・サラサール（*Crónica de la Nueva España*, Libro II, cap. 33）は、コルテスは自分の守護聖人である聖ペドロに身を任せたと言っており、あれがサンティアゴ（聖ヤコブ）であったか、サン・ペドロであったか不明であるが、いずれにしても普通の人間でなかったことは確かだ、と述べている（Libro II, cap. 33）。

にも上陸はしないようにと命じました。翌朝、隊長が大半の隊員を伴って上陸しますと、そこに二人のインディオの要人がいましたので、自分の衣服につけている装身具を彼らに与えるとともに、自分は両陛下の命により、彼らが両陛下にお仕えするためになにをすべきかを伝えるためにやって来たということを分からせようと、通訳を介して、彼らに話しかけました。そして、彼らにすぐに村へ戻り、酋長に自分と話すためこちらへ来るように伝えるよう要請しました。酋長たちがまちがいなく来るように、酋長のためのシャツを二着、金の帯、胴着二着(一着はサテン、もう一着はビロード)、それに各々にえんじ色の帽子と半ズボンを持たせました。こうして彼らはこれらの贈答品をもって出発いたしました。

翌日の正午まえに、一人の酋長がその村の者たちとともにやって来ました。隊長は彼に話しかけ、自分はあなたたちに悪事を働いたり、危害を加えるためにやって来たのではなく、あなたたちが両陛下の臣下となって、両陛下にお仕えし、すべての臣下がそうするように、あなたたちの土地にあるものを差し出すべきであるということを知らせるために来たのだ、と通訳を通して理解させました。酋長は、臣下として従うことに満足していると答え、あなたが述べられたごとく、両陛下のようなご身分の高い君主を主君としていただき、お仕えできるのは大いなる喜びである、と述べました。そこで隊長は、国王および主君に対しそのような善意を示したからには、両陛下は今後あなたたちに恩恵を施されるであろう、と述べました。そう述べてから、オランダ亜麻のシャツ、ビロードの長衣および金の帯を彼の身に着けさせますと、酋長はたいそう満足し、喜んで、両陛下にお仕えしたいという自分の気持ちを十分に知っていただくために、村に戻り、翌日、自分の持物を持参するので、そこで待っていてほしい、と述べました。こうして、彼は暇乞いをして、去って行きました。そして翌日、その酋長は約束どおりにもどって来て、隊長の目のまえで白い毛布を拡げさせました。そしてその上にみごとな金の装身具を置き、隊長に献上しました。これらの品およびその後手に入れましたその他の品々につきましては、その目録を付した特別の報告書を作成し、われわれの代表者が両陛下にお届けいたします。

植民の決断　この船隊[37]には、われわれと同様に、われらの主ならびに両陛下にお仕えすることに熱心であり、かつ王位をたたえ、その領土をひろめ、歳入をふやすことを望む貴族ないし騎士あるいは郷士がいましたので、かの酋長が別れを告げ、大いに満足して自分の家に帰りましてから、われわれは集まって、フェルナンド・コルテス隊長と話し合いました。当地は土地が肥沃であり、また酋長が持参した金の見本から察するにきわめて豊かであると思われ、さらに酋長が差し出した品々にかんがみ、酋長はじめこの地のインディオは皆われわれに好意を寄せていると見られますので、ディエゴ・ベラスケスがフェルナンド・コルテス隊長に命じたことをこの地において実行すること、すなわち交易によってできる限りの金を獲得し、それをフェルナンディナ島に持ち帰り、ディエゴ・ベラスケスと隊長のみが裨益するということは両陛下の御ためにふさわしくないと考えました。われわれ全員が最良であると考えましたのは、両陛下の御名においてこの地が植民され、ここに裁判所をそなえた町が築かれるべきであるということでした。そうすれば、両陛下は他の王国および支配地と同様に、この地においても支配権を得られるでしょうし、この地がスペイン人によって植民されれば、両陛下の王国および支配地ならびに歳入がいや増すのみならず、われわれならびにこれから先やって来ます植民者もその恩恵に浴するでありま

(36) ベルナル・ディアス (cap. 38) によれば、艦隊は聖木曜日（四月二十一日）、サン・フアン・デ・ウルアに投錨し、翌日下船した。コルテスが言及している二人の要人の一人は、ベルナル・ディアスによればテンディレ (Tendile) と呼ばれ、今日では彼はその名で最も知られている。サアグン (*Historia General.* Libro Doce, Cap. II, 1) によれば、この酋長（カシケ）はテントリルないしテントリトルと呼ばれ、ピノトルと呼ばれるコタストラの首長とともにやって来た。

(37) 正確な船の隻数および兵士の人数は不明であるが、ゴマラ (cap. 8) はキューバ出発の際の点呼では五五〇名、うち五〇名は船員としている。ベルナル・ディアスは、コスメルでの点呼の際、五〇八名の兵士と一〇〇名の船員がいたとしている。また船は一一隻とベルガンティン船が一隻と述べている (cap. 26)。

しょう。

意見が一致しますと、われわれは心を一つにして集まり、隊長に対し次のように願い出ました。すなわち、この地が植民されることがいかにわれらの主なる神ならびに両陛下の御ためにふさわしいかにつき、先に両陛下に申し上げた理由をあげつつ、隊長に理解を求め、これまで行ってきたような交易はこの地を破滅に追いやることとなり、両陛下に仇をなすことになるので、ただちに止めるよう提言しました。また、われわれが創設しようとしている町に両陛下の御名において市長《アルカルデ》および市会議員《レヒドール》を速やかに任命するよう要請しました。そして、もし履行されなければ、われわれが彼に異議申し立てを行うであろうことをほのめかしました。

ベラ・クルスの建設

この要請が行われますと、隊長は翌日に回答したいと述べました。われわれの懇請していることがいかに両陛下の御ためにふさわしいかを悟った隊長は、翌日早々に、自分は他のなによりも両陛下へのご奉仕に一身を捧げたい、と述べました。彼は船隊を準備するためにディエゴ・ベラスケスとともに自らの財産を投じ、莫大な支出をしましたが、交易を続けてそれを回収するという個人的な利害を無視し、むしろ喜んであなたたちから要請されたことを行おう、それが両陛下の御ためであるから、と答えました。彼はただちに町の建設と植民の仕事にきわめて熱心に取り組みはじめ、その町をリカ・ビリャ・デ・ラ・ベラ・クルス〔真の十字架の富める町〕と名づけました。そして本書簡に署名したわれわれをその町の市長および市会議員に任命し、そういう場合の慣習に従い、両陛下の御名においてわれわれの厳粛な宣誓を受けました[38]。

その翌日、われわれは市議会兼市庁舎に集まりましてから、フェルナンド・コルテス隊長を呼びにやりました。そして、彼がこの地に来るに当たってかのディエゴ・ベラスケスから与えられた権限付与と指令の文書[39]を見せてほしい、と両陛下の御名において要請いたしました。彼はすぐさまそれを持って来させ、われわれに見せました。それをよく読み、内容を子細に吟味しました結果、われわれが理解し得るかぎり、その権限付与と指令の文書によれば、フェルナンド・コルテス隊長はもはや権限を有さず、それはすでに失効しているので、今後は判事としても隊長としても職権を行使できないと思われました。

いと優れた君主。われわれの間で秩序と融和を保ち、またわれわれ自身を管理するためには、両陛下に事情をご報告申し上げ、両陛下がご自身のために最もふさわしいことをご指示なさるまでの間、両陛下の御名においてこの町〔ベラ・クルス〕および地方に滞在し、主席判事と隊長を兼ね、かつわれわれが敬意を払えるような指揮官を一人選ぶ必要があると思われました。そして、そのような職責を果たせる者はフェルナンド・コルテスの他にはいないとみられました。と申しますのも、その職務に最も適しているだけではなく、両陛下のご奉仕に彼が最も熱心であり、また両陛下より与えられた任務を通じ、この地方および島々における経験が最も豊富であり、しかもこれまでもその職務を立派に果たしてきたからであります。彼は両陛下へのご奉公としてこの船隊を率いてくるために所持していたすべてのものを使い果たし、また先にご報告申し上げましたとおり、当初の約束どおりに交易を続けていれば得られたであろうすべての利益をも意に介しませんでした。そこで、われわれは両陛下の御名において彼を主席判事《フスティシア・マヨール》および市長《アルカルデ・マヨール》に任命し、彼はそういう場合に求められる宣誓を行いました。こうして両陛下の御ためにふさわしいことを執り行いましてから、王室の名において、彼を市庁舎兼市議会に招き、

(38) コルテスがベラスケスから与えられた任務は交易により金（きん）を持ち帰ること、そして「征服」ではなく「探検」であった。しかし彼はここで完全にベラスケスと決別し、隊員の総意を止むを得ず受け入れたという形をとりつつ、単なる交易ではない植民と征服に乗り出すことに転向する。そして法的体裁を整えるため、新たに王室に直属した市会を創設し、キューバ総督から独立した王室直属の臣下として征服、植民活動を行うこととなる。ベラスケス派の隊員は少数ながらこれに反対したが、コルテスは先住民の改宗と国王陛下の領土拡張という大義名分でこれを押し切った。リカ・ビリャ・デ・ラ・ベラ・クルス（真の十字架の富める町）と名付けたのは、十字架が特に重んじられる聖金曜日（キリストの受難記念日）に上陸したことによる。

(39) *Documentos Cortesianos* I-1, Edición de José Luis Martínez, UNAM-Fondo de Cultura Económica.

主席判事および国王軍の司令官《カピタン》として受け入れました。従いまして、両陛下がご自身のためよりふさわしいと思われることをお命じになるまで、彼はその任に当たるでありましょう。われわれはこれらすべてについて両陛下にご報告申し上げ、当地で行われたことならびに現在のわれわれの状況につき両陛下にご承知おき願いたいと存じる次第です。

以上のことが執り行われましてから、われわれは市会に集まり、両陛下に書状をしたためますとともに、法律に基づき王室に帰属すべき五分の一に加え、この地で得た金、銀および宝石は、これが初めてでありますので、すべてを両陛下にお送りし、われわれの取り分はなしとすることに決めました。そうすることによって両陛下にご奉仕申し上げるとともに、これまでにも一身と財産を投げうって尽くして参りましたとおり、両陛下にお仕えしたいというわれわれの固い意志をお示し申し上げたく存じます。前述の決議がなされましてから、われわれはアルフォンソ〔アロンソ〕・フェルナンデス・ポルトカレロ〔プエルト・カレロ〕およびフランシスコ・モンテホをわれわれの代表者に選び、彼らにすべてを携行させ、両陛下のもとに派遣いたします。そして、彼らに持たせました指示書にさらに詳しく記述されておりますとおり、われわれに代わって両陛下の御手に接吻し、われわれ並びにこの町および市会の名において、神および両陛下へのご奉仕ならびにこの町の一般の公益のために必要なことがらについて恩顧を施していただけますよう両陛下に懇願申し上げるようにと伝えました。

両陛下におかれましては、彼らをご引見のうえ、われわれに代わって行う接吻に御手をお貸し賜りたく、また市会およびわれわれの名においてお願い申し上げることをお聞き届けいただきたく、謹んで、伏してお願い申し上げます。と申しますのも、それによって、両陛下はわれらが主にお仕えされるのみならず、この町と市会が日々両陛下より賜ることを期待しております特別な恩恵を施されることになるからでございます。

このくにの描写　先にこの書簡におきまして、われわれはこの地に関するすべてのこと、当地の様子、富、そこに住む人びと、法律や信仰、彼らの生活を律する祭式や儀礼などについて両陛下によりよくご承知いただくためにご報告したいと申し上げました。いと強大なる主君。両陛下の御名において現在われわれが滞在しておりますこの地は、この町の両側にそれぞれ五〇レグア〔二七九㎞〕の海岸があります。海岸地帯はきわめて平坦で、砂浜が多く、ところによっては二レグア〔一一㎞〕ないしそれ以上続いています。砂浜から離れた内陸部もひじょうに平坦で、実に美しい沃野や河畔があります。あまりにも美しく、スペインのいずこにもこれ以上のところはないでしょう。目に心地よく、種を播けば収穫が豊かであり、よく手入れされており、あらゆる家畜を放牧するにも適しています。

この地にはすべての種類の獲物があり、シカ、ノロジカ、オジカ、オオカミ、キツネ、ヤマウズラ、ハト、二、三種類のキジバト、ウズラ、野ウサギ、ウサギ等、われわれにもなじみ深い動物や鳥がいます。従いまして、鳥と動物に関しては当地とスペインの間に違いはありません。ライオンやトラもいます。ところによっては海から五レグア〔二八㎞〕、ところによってはそれ以上、あるいはそれ以下の距離にとても美しい山脈があります。その中のいくつかの山岳はひじょうに高く、そのうちの一つは他のすべての山岳をはるかに凌駕しています。そして、そこから海や陸の大部分が見渡せます。あまりにも高く、また中腹から上はすべて雲に覆われているものですから、よく晴れた日でなければ山の頂は見えません。時折、ひじょうによく晴れた日にはその雲の上から頂上が見え、それが真っ白ですので、雪であろうと思われます。土地の者もそれは雪だと申します。しかし、われわれはその近くまで参りましたが、はっきりとは見ておりませんし、この地方はとても暑いものですから、それが雪であるとは断定できません。(40)

（40）メキシコの最も大きな猛獣はピューマ、ジャガーおよびオセロットで、ライオンやトラはいない。

インディオについての描写

われわれはそれについて、またその他われわれが耳にしたことについて目で確かめ、さらには金、銀、宝石等の富についても両陛下に真実のご報告を行うよう努めたいと思います。そして、これらにつきましては、われわれがお送りする見本を通して両陛下にご判断いただけるかと存じます。われわれの考えでは、ソロモンが金を神殿に持ち帰ったという土地と同じくらいの金がこの地にあることはほぼ疑う余地がありません。しかしながら、われわれがこの地に入りましてからまだそれほどの月日は経っておらず、この地に上陸して以来、海岸線から内陸部へ五レグア以上、また海岸線に沿っていずれの側にも一〇ないし一二レグア〔五六〜六七km〕以上の探査は行っておりません。もっとも、海上からはさらに広い範囲が見え、じっさい航海中にはより多くを眺めはいたしました。

　コスメル島およびユカタンの岬から現在われわれのおりますところまで、この地に住む人びとは身長が中くらいで、身体も顔立ちも整っています。しかし、それぞれの地方によって習慣が異なり、耳朶に穴をあけ、そこにひじょうに大きくて醜悪な物をつけるところもあれば、鼻孔から口まで穴をあけ、鏡のようなきわめて大きな石の輪[41]をつけるところもあり、また下唇から歯茎まで穴をあけ、そこに大きな石ないし金の輪をぶら下げ、それが余りにも重いため、下唇が垂れ下がり、変形しているところもあります。彼らが身につける衣服は色彩に富んだベールを長くしたようなものです。男性は恥部を覆い、モーロ〔ムーア〕風の彩色を施した生地のひじょうに薄いマントを着ています。一般の女性は腰から足まで豊富な色彩の布をまとっていますが、乳房だけ覆い、その他はなにもつけていない女性もいます。身分の高い女性は、半袖の短い白衣のような、ひじょうに薄くてゆったりした木綿のシャツを着ています。

　彼らの食物はトウモロコシ、それに他の島と同じようなトウガラシおよびキューバ[42]島で食べるのと同じようなパタタユカ[43]、これはパンにしないので焼いて食べます。彼らは魚を釣り、猟をし、ティエラ・フィルメ〔註25参照〕と同様に鶏をたくさん飼っていますが、それらは七面鳥のように大きいです。

いくつかの町は大きく、整然としています。石がある地域の家は石としっくいでできており、部屋はモーロ風に狭くて低いです。石のない地域では、アドベ〔日干しレンガ〕にしっくいを上塗りし、屋根は藁ぶきです。身分の高い者の家はとても涼しく、部屋の数も多いです。一軒に五つの中庭がある家も目にしました。そして各部屋がひじょうにうまく配置され、各自が個室をもっています。敷地内には井戸と水槽があり、大勢の奴隷や使用人がいて、彼らのための部屋もあります。そのような身分の高い者はいずれも家の入口の外側にとても広い庭をもっています。なかには高く盛られ、そこへ登るのに階段を用いる、ひじょうによくできた庭を二つ、三つないし四つもつ者もいます。そこに寺院ないし神殿があり、その外側は四方にとても幅の広い回廊が巡らされています。彼らの礼拝する偶像もあり、それは石でできているものも、粘土でできているものも、木でできているものもあります。そして、彼らはそれらの偶像を敬い、それに仕えるのですが、そのやり方も祭式も実に多様ですので、多くの紙幅を用いても、それらのすべてについて詳細に両陛下にご報告申し上げることは至難の業でありましょう。

(41) 円盤状をした黒曜石。ガラスのような光沢のある火山岩で、アメリカ大陸の先住民は種々の用途に利用した。ここで述べられているのはトトナカ族。北方からやって来た遊牧民族で、最終的には現在のベラクルス州に定着し、エル・タヒン（El Tajin）等の高度の都市文明を築いたが、十四世紀半ばにメシカ族（第二書簡註2参照）によって征服された。

(42) キューバ島はクリストバル・コロンブスによって発見、命名されたが、一五一五年二月二十八日付の王令によりフェルナンディナ島とその名を改められた。一五五五年頃からフェルナンディナの名は衰退し、キューバの呼称が確立し現在に至る。なお、コルテスは書簡中で両方の呼称を用いているが、訳註ではキューバと記述する。

(43) ポトゥユカ（Potuyuca）ともいう。ユカはジャガイモのように食べるでんぷん質のイトラン。マンジョカとかキャッサバともいわれる。

人身御供　偶像が安置されているこれらの神殿は町中で最も大きく、最上で、かつ精巧に造られた建物であり、羽飾りやみごとな意匠の織物やその他の華美な装飾品で飾られています。そして、毎日、その日の日課をはじめるまえに神殿で香をたき、ときには人間を生け贄として捧げます。舌を切りとったり、あるいは耳を切りとったり、ナイフで胴体を刺したりします。流れ出る血をすべて偶像に捧げたり、神殿の至るところに撒いたり、たまには空にむかって注ぎかけたり、その他種々の祭式があり、まず生け贄を捧げないうちはなにごとも始まりません。もう一つこれまでどこでも見たことのない、彼らの恐ろしく、忌まわしい、罰せられてしかるべき習慣があります。それは、偶像になにかぜひ聞き届けてほしい願いごとをするたびに、多数の女子や男子、あるいは大人の男女を捕え、その偶像のまえで生きたままの彼らの胸を開き、心臓と臓器を取り出して燃やし、その煙を生け贄として捧げるのです。われわれのうちの何人かはそれを目撃しましたが、これを実際に目にした者たちは、かつて見たことのない残酷で、ぞっとする光景であったと言います(44)。

インディオたちはたびたびそれを行いますので、われわれが聞いたり、あるいはここへ着きましてからのわずかの期間に実際に見て経験したことから察しますに、神殿ごとに五〇人を殺して、生け贄にしない年はないでしょう。これはコスメル島から現在われわれが居住しているこの地まで一様に行われている習慣です。この地は広大であるとみられ、そこに多数の神殿がありますので、これまでに判明した限りでも、三千ないし四千人の人をこのようにして生け贄にしない年はないと申し上げても差し支えないでしょう。このような邪悪な慣行は止めさせるべきであるということを両陛下にお分かりいただきたく、また両陛下のお力添えによりこれらの人びとがわれらのいと聖なるカトリックの信仰に導かれ、その教えを受け、これらの偶像に対する祈禱、信仰および希望を全能なる神へのそれに替えることができれば、われらの主なる神にお仕えするところまことに大なるものがありましょう。と申しますのは、もし彼らが同じ信念と熱意と勤勉さで真の神にお仕えすれば、間違いなく多くの奇蹟を起こすであろうからでございます。この地域が両陛下の御名において発見され、これらの野蛮な人たちが両陛下のお力添えにより正しい教えを受け、真正の信仰に導かれることにより、両陛下が神の御前において多大の成果と功績をあげられることをわれらの主なる神がお認めになったということは理由のないことではないと考えます。彼らについてわれわれが知る限り、真の信仰と彼らの誤りについて理解させることのできる通訳と人さえいれば、彼らの多くが、あるいはすべての者がすぐにでも誤った信仰を捨て、真実に目覚めるでしょう。と申しますのも、彼らはこれまでこの地方でわれわれが目にしたどの人びとよりも文明的に、道理をわきまえて生きているからです。

この地とそこに住む人びとのすべてについて詳細に両陛下にご報告申し上げようにも、その多くはわれわれが実際に目にしたことではなく、先住民から耳にしたことですので、間違いを犯しかねません。従いまして、両陛下に疑う余地のない真実であるとお認めいただけること以外は申し述べないでおきます。両陛下がこの報告を真実であるとお認めのうえ、いと聖なる教皇にもこれをお伝え下さり、当地の人びとを改宗させる決意と体制さえ

(44) 人身供犠はメシカ族(第二書簡註2参照)によって始められたが、スペイン人が到着した頃にはメソアメリカ一般の風習になっていた。最初の人身供犠は一四八三年、メシカ族に反抗したチナカンテペカに対して行われたとされる(Códice Telleriano-Remensis)。それ以前は鳥や小さな動物のみが生け贄として捧げられた。人身供犠にはいくつかの方式があったが、最も一般的なのはここで述べられているように生け贄の心臓が取り出されるものであった。生け贄はまず彼が捧げられる神に扮した衣裳を着せられてからテウカリ(神殿)の頂上に連れて行かれる。そこで五人の神官が素裸にされた生け贄を石台の上にあおむけに倒し、二人の神官が両手を、別の二人が両足を抑える。五人目の神官は木製のくびきに生け贄の頭を固定して悲鳴を上げられないようにする。そこで祭官が石製ナイフ(通常は黒曜石)で胸を切り開いて心臓を取り出し、クアウシカリ(鷲の皿)と呼ばれる木製の皿にのせる。これは鷲がサボテンの実を糧にするように太陽は人間の心臓を糧にしているとの信仰による。死体は脚下に投げられ、生皮が剝がれ、肉は細かく切断された。頭蓋骨は所定の棚に納め、もも肉は皇帝に渡され、残りの肉は生け贄を捕えた者がうやうやしく食べた(Códice Mendoza, I: 17, 38)。メシカ族においては子供は雨の神トラロックに捧げられた。生け贄を生きたまま焼き殺したり(Gómara, cap. 233)、弓矢で殺す(Landa, cap. 28)場合もあったらしい。

整えられれば、多大なる成果が期待されるでしょう。また、邪悪な者や反抗する者はわれわれの聖なるカトリック信仰の敵であるとして、まずは諭し、その後に懲らしめることを教皇が良しとしてお認め下さればと存じます。それは真実を理解することに抵抗する者たちに罰と畏れを与え、悪魔に仕える者たちの害悪を防止する機会となるでありましょう。と申しますのは、彼らが大人の男女や子供を殺して生け贄にすることにつきましては先に両陛下にご報告申し上げましたが、それに加え、われわれは彼らが皆男色で、そのような忌まわしい罪の習わしがあることを知り、またそれが本当であることを知らされたからでございます[45]。この点に関し、われわれは両陛下が神ならびにご自身の御ために最もふさわしい措置を講じられ、当地において両陛下にお仕えするわれわれが恵みを受け、報いられますようお願い申し上げます。

ディエゴ・ベラスケスに不利な情報

両陛下に対して派遣いたしますわれわれの代表者がわれわれから得ております指示の一つは、フェルナンディナ島の提督代理ディエゴ・ベラスケスに、この地方の終身の、あるいはその他の性質の地方長官《アデランタミエント》や総督《ゴベルナシオン》、あるいは判事《フスティシア》の地位を譲与されることが断じてありませんように、もしすでに与えられていますれば、それをお取り消しいただきますよう、両陛下にお願い申し上げるということでございます。と申しますのは、この地はきわめて豊かであると判断され、またそう期待されますので、かのディエゴ・ベラスケスないしその他の者が、この両陛下の土地に関し終身の、あるいはその他の資格のなんらかの権限ないし特権を与えられますと、それが両陛下の明白なご意思でない限り、王室の御ためにならないからであります。さらに、かのディエゴ・ベラスケスになんらかの官職が与えられますと、両陛下の御ためにふさわしくないのみならず、そうなりますと、この土地に定住しはじめましたわれわれ両陛下の臣下は彼によって虐待されるでありましょう。われわれが両陛下の御ために行いましたこと、すなわちこの地で手に入れた金、銀および宝石を両陛下にお送りするということは、当地にやって来ました彼の四人の使用人によって明らかにされましたとおり、彼の意思に反することであったと思われるからでございます。彼らは、われわれが両陛下になにもかもお送りしようとしていることを知り、また実際にそうしたのですが、それはディエゴ・ベラスケスに送るほうがよいと公言し、両陛下にそれをお送りすることを阻止しようとしてその他にも言辞を弄したのであります。そこでわれわれは彼らを捕えさせ、判決が下るまで拘置しておりますが、後ほど彼らに対して取られた措置につき両陛下にご報告申し上げます。(46) ディエゴ・ベラスケスのこれまでの行いとわれわれ自身の経験にかんがみ、もし彼がなんらかの職権をもって当地に参りますれば、フェルナンディナ島において執政官の地位にあったころに行ったように、われわれを虐待し、誰に対しても正義を行わず、気ままにふるまい、正義と理性によらず怒りや激情に駆られて人を罰するであろうことを恐れるからでございます。

彼はこうして多くの善良な人たちにインディオを与えず、自分が一人占めし、また手に入れたすべての金も一人占めして彼らにまったく分け前を与えなかったため、彼らを困窮に陥れ、破滅させたのであります。そのために彼は自分の意のままに動かせる無法者の集団をもっております。また、彼は執政官兼インディオの分配者《レパルティドール》(47)でしたので、破滅させられることを怖れ、彼に異を唱える者はいませんでした。このことにつき両陛下はご存知なく、また両陛下にご報告がなされたこともありません。と申しますのは、あの島から両陛下の宮殿に赴いた代表

(45) 男色の風習が一般的であったという証拠はない。もっともトルケマーダは、父親が若い息子に配偶者代わりに少年を与えることがあったとしている（*Monarquía Indiana*, Libro doce, cap. 11）。

(46) 共謀者は船を盗んでキューバへ戻り、プエルト・カレロとモンテホがスペインに着くのを阻止するため事前にベラスケスに知らせようとしたが、共謀者の一人ベルナルディノ・デ・コリアが思い直してこの陰謀をコルテスに伝えた。ファン・エスクデロとディエゴ・セルメーニョはただちに絞首刑に処せられ、水先案内人のゴンサロ・デ・ウングリーアは足を切断された。他の二人の船員は鞭打ちの刑を受けたが、聖職者であるファン・ディアスは罰を免れた（Bernal Díaz, cap. 57）。トルケマーダの説明は若干異なる（Libro cuarto, cap. 25）。

者はいずれも彼の手先ないし召使で、彼は彼らの望むままにインディオを分け与えて彼らを満足させるからです。また自分たちの共同体について交渉するためそれぞれの町から彼のもとにやって来た代表者もインディオの分配を受けると、彼の望みどおりにするのであります。代表者たちが町に戻り報告を求められますと、ディエゴ・ベラスケスから酋長を一人与えられるだけで彼の言うとおりになるものですから、町では貧しい者を送るべきではないと話しています。また、インディオを所有している市会議員や市長も、ディエゴ・ベラスケスからインディオを取り上げられないよう、またディエゴ・ベラスケスを喜ばせるため、為すべきでないことをした代表者たちに敢えて意見をしたり、叱ろうともしません。この点につき、またその他の点につきましても、彼は実に抜け目がありません。これをもってもお分かりいただけると存じますが、フェルナンディナ島がこれまでディエゴ・ベラスケスに関して行ったすべての報告ならびに彼のために願い出ている恩顧は、彼が代表者たちにインディオを与えているせいであり、共同体が満足しているわけでも、またそう望んでいるわけでもありません。〔共同体の人びとは〕むしろ、そのような代表者たちが罰せられることをこそ望んでいるのであります。

上に述べましたことは、このビリャ・デ・ラ・ベラ・クルス〔真実の十字架の町〕のすべての市民および住民の承知するところです。彼らはこの顧問会議の代表者と会合し、ディエゴ・ベラスケスには前述の職権もその他のいかなる任務も与えず、むしろ査察使を派遣して、フェルナンディナ島の執政官の地位も剝奪願いたい、査察使を派遣されれば、前述のことが明白な真実であるということがお分かりいただけるであろう、両陛下に対してわれわれ全員の名においてお願いしてほしい、と彼らの署名入りの嘆願書をもってわれわれに要請越しました。従いまして、われわれが両陛下にご報告申し上げましたすべてのことについて、フェルナンディナ島のみならず、その他の地域についても調査するための査察使をご派遣いただきたくお願い申し上げます。そうすることにより、この訴えを証明することができ、この地方、あるいは現在彼が駐在しているところで、彼が王室の任務を授かることが正しく、道義にかなうことであるかどうかを両陛下にご判断いただけるであろうと信じます。

また、この町の代表者、市民および住民は、この土地が征服され、平穏になるまでの間、また両陛下がフェルナンド・コルテスについてお知りになり、彼がその任にふさわしいとお認めになるまでの間、正義に基づいてわれわれを統治するために彼を両陛下の総司令官兼主席判事に任命するとの王令を発出していただきますよう、彼らの名において両陛下に懇請願いたい旨、例の嘆願書においてわれわれに要請越しました。その嘆願書は、われわれの代表者に携行させ、両陛下にお届けいたします。このことにつきましても、またわれわれの代表者がこの顧問会議および町の名において両陛下にお願い申し上げるその他すべての恩恵につきましてもお聞き届け賜わりたく、さらにわれわれはこれまでと同じく今後も両陛下の忠実な臣下でありたいと願っておりますので、そのようにお認めいただきたく、伏してお願い申し上げます。

われわれの代表者に託して、両陛下に帰属する五分の一税に加え、金、銀、宝石、円形盾および衣類をお送りしますが、これはフェルナンド・コルテスおよびこの町の顧問会議が両陛下の御ために捧げる品々であり、両陛下にご高覧いただけますよう同代表者によって署名された明細書も同封申し上げます。

(47) ディエゴ・ベラスケスはエンコミエンダ制下にあるスペイン人入植者に対する先住民割り当ての責任者であった。この強制労働の制度はもともと奴隷廃止の法律を逃れるための手段で、キリスト教徒としての良心と経済的利益の板挟みになった王室の苦肉の策であった。エンコミエンダはスペイン王室がスペイン人入植者に与えていた先住民支配の信託（エンコミエンダ）制度であり、征服者や入植者にその功績や身分に応じて一定数の先住民を割り当て、一定期間その労働力として使役する権利を与えるとともに、彼らを保護しキリスト教徒に改宗させることを義務づけた。植民地時代の初期にはエンコミエンダとレパルティミエントは同義語であったが、その後先住民に強制労働を強いるエンコミエンダ制が禁止されるとともに、各村が入植者に毎週一定数の労働者を与える別の制度としてレパルティミエント制が導入された。この制度の下では先住民の労働者は一定の賃金を得て働き、そのために任命された判事がそれを監督した。

一五一九年七月十日、リカ・ビリャ・デ・ラ・ベラ・クルスより。

明細書　この新たに発見された土地においてわれわれが到着後手に入れた金、宝石、貴石、羽飾りで、このたびビリャ・リカ・デ・ラ・ベラ・クルスの代表として、いと高き君主にしてカトリックの信仰あつく、いと偉大なる国王陛下および主君、フアナ女王ならびにそのご子息カルロス国王、われらが主君のもとに赴く汝らアロンソ・フェルナンデス・プエルトカレロおよびフランシスコ・デ・モンテホが携行する品々は以下のとおりである。[48]

まず、怪物の像と一面に葉飾り模様が施された大きな金の輪。その重量は金貨三八〇〇ペソに相当する。この輪は当地で手に入れた最上の品かつ最良の金であるため、五分の一が両陛下のために差し引かれた。その額は二〇〇〇ペソで、これはフェルナンド・コルテス総司令官とエスパニョラ島およびその他の島に在住するヘロニモ会士との間で結ばれた協約に従い、王室に帰属する五分の一相当分である。残りの一八〇〇ペソおよびその他の合計一二〇〇ペソは、この町の顧問会議が、明細書に記載され、この町の住民に帰属するその他のすべての品とともに両陛下にお譲りするものである。

同じく、金および宝石の首飾り二点。一つは八本の糸に二三二個の赤い宝石と一六三個の緑の宝石が付いている。首飾りの縁から二六個の黄金の鈴が垂れ、その真中に四つの大きな石の像が黄金にはめ込まれている。真中の二つのそれぞれから一本の垂れ飾りが下がり、端の二つから対になった四本の垂れ飾りが下がっている。もう一つの首飾りには四本の糸に一〇二個の赤い宝石と一七二個の緑がかった色の宝石がある。これらの石の周りに二六個の黄金の鈴がある。この首飾りには黄金にはめ込まれた一〇個の大きな石があり、そこから一四二本の垂れ飾りが下がっている。

同じく、四対のついたて屏風。二対は黄色の鹿皮で縁飾りされた金箔のもの。もう二対は白の鹿皮で縁飾りが施された銀箔のもの。その他は様々な色彩の実に巧みに細工された羽飾りで、それぞれから一六個の黄金の鈴が垂れ、すべて赤色の鹿皮で縁飾りが施されている。

同じく、両陛下に当地においていかに金が採掘されるかをご覧いただくために、溶解用の金一〇〇ペソ。

同じく、色がテンのような動物の皮で裏打ちされた大きな羽飾りが一点入った箱一つ。羽飾りの真中に重さ六〇ペソの大きな円盤状の金および輪の形をした赤みがかった青色の石があり、その端から色のついた羽飾りが垂れている。

同じく、三七本の金箔の骨をもつ、色とりどりの羽飾りが付いた扇子一本。

同じく、頭に被せる色とりどりの大きな羽飾り一点。その周りにクアルト〔小さな銅貨〕の半分の大きさの小さな金塊が六八個ついており、その下に二〇個の小さな塔状の金がある。

同じく、真中に怪物の像がある司教冠のような青色の石一点。色がテンのような動物の皮で裏打ちされ、小さな羽飾りがついている。これも前述の品も同様に司教冠に似ている。

同じく、先端の石が金の糸で結ばれ、羽飾りをつけた銛《もり》四点および金の輪と羽飾りをつけた石の杓《しゃく》一点。

同じく、宝石入りのブレスレット一点ならびに黒およびその他の色の小さな羽飾り一点。

同じく、大きな皮のサンダル一足。色はテンのそれに似ており、底は白で、金の糸で縫われている。さらに、青と赤の宝石に据え付けられた鏡一つ。そこに羽飾りと赤い皮紐およびあのテンのものと思われる皮が付いてい

（48）現存するこの品目表は「ウィーン写本」とセビリャのインディアス古文書館にある"Manuel del Tesoro"の二つであるが、両者にほとんど相違はなく、違いは筆耕人の単純ミスによると見られる。

る。

同じく、ワニのものと見られる大きな金の頭につけられた色とりどりの羽飾り三点。

同じく、色がテンのような皮で表装された青い宝石のついたて屏風。一五個の金の鈴が垂れている。

同じく、オオカミの皮でできた帯一点。テンの皮らしきものが四本付いている。

同じく、様々の色の羽飾りに付けられた繊維。髪の毛に似て白い。

同じく、下に述べる二つの兜のための様々の色の羽飾り二点。および大きなカタツムリと似た、頭に被せる二つの金の品のための色とりどりの羽飾り二点。

および足と口ばしと目が金でできた緑の羽の小鳥二点。これらはカタツムリに似た金の品の一つに置かれる。

さらに、青の宝石の大きな耳飾り二点。これはワニの大きな頭に置かれる。

また、四角の箱に金製の大きなワニの頭。この上に上述の品が置かれる。

さらに、二〇の金の鈴が垂れた青い石の兜一点。それぞれの鈴の上に二本の数珠繋ぎのビーズがついている。

および二つの黄金の板の付いた木製耳飾り二点。

さらに、足と口ばしと目が金で羽が緑の小鳥一点。

同じく、青い石の兜一点。これにはそれぞれに二個の金のビーズの付いた二五個の金の鈴が垂れ、金の板のついた木製の耳飾りおよび足と口ばしと目が金で羽が緑の小鳥が付いている。

同じく、木製の耳飾りと金の板のついた、金のカタツムリに似た作りの、頭にのせる大きな金製の品二点。および足と口ばしと目が金で羽が緑の小鳥二点。

さらに、色とりどりの羽毛が垂れた石の円形盾一六点および色とりどりの羽毛の付いた大きな角のある石板一点。同石板の真中に同じ石で作られた輪の中に十字形があり、テンのような色の皮で裏打ちされている。

さらに、頭と歯と目が螺鈿《らでん》でできた蛇のような形の、赤い石の杓一点。握りの部分は斑点のある動物の皮で装飾されており、握りの下に六つの小さな羽飾りが垂れている。

同じく、斑点のある動物の皮で飾られたアシに風見鶏のように置かれた羽飾りをつけた扇子一点。上に羽飾りの冠があり、下に多数の緑色の長い羽がある。

同じく、糸と羽毛でできた鳥二点。羽軸、尻尾、足の爪、目および口ばしの先が金でできており、それぞれ金箔のアシに置かれている。下に白と黄色の羽毛の塊、羽毛の間に金糸の刺繡があり、それぞれから七つの羽毛の糸よりが垂れている。

同じく、それぞれ金箔のアシに置かれたエイのような作りの品四点。尻尾、えら、目および口は金。下方の尻尾には緑の羽でできた羽飾り。エイの口には色とりどりの羽毛の冠が繫がれている。白い羽のいくつかには金糸の刺繡が施されている。それぞれ柄の下から種々の色彩の七つの羽毛の糸よりが垂れている。

同じく、羽飾りのような金の一片が付けられた皮に裏打ちされた銅棒一点。上下に様々な色彩の羽飾りが付いている。

さらに、種々の色彩の羽飾りをつけた扇子五点。うち四点は金箔の骨一〇本、一点は一三本。

同じく、羽飾りのついた四本の棒に繫がれた白い火打石の銛《もり》四点。

同じく、裏が羽飾りと斑点のある動物の皮で装飾された大きな円形盾一点。円形盾の面の真中にインディオが作る模様の一つが描かれた黄金の板、縁にその半分の寸法の黄金の板があり、全部を合わせると一つの十字形になる。

さらに、斑点のある動物の皮に裏打ちされた、ミサの式服を半分にしたような種々の色彩の羽飾り一点。それは、これまでわれわれが見た当地の首長たちが首から下げているもので、胸にはぴったりと合った一三個の金片が付いている。

同じく、当地の首長たちが頭につける様々な色彩の羽飾り一点。馬上槍試合の際の兜の前立てのような作りで、二つの鈴と二つの金の数珠玉の付いた石の耳飾りがぶら下っている。上方に幅の広い緑の羽の羽飾りが一つ、下方に何本かの白い毛が垂れている。

さらに、動物の頭が四点。二つはオオカミのもの、他の二つは皮に斑点のあるトラのものと見られ、青銅の鈴がぶら下っている。

同じく、木綿の毛布で裏打ちされた斑点のある動物の皮二点。ヤマネコの皮と見られる。

同じく、ライオンのような動物の朱色と褐色の皮一点およびシカの皮二点。

同じく、浮き彫り細工の施されたシカの皮四点。当地ではなめし皮で小さな手袋をつくる。

さらに当地でインディオが持っている本のうちの二冊[49]。および色とりどりの羽飾りのある扇子半ダース。および種々の色彩の羽飾りのついた香水入れ一点。

さらに、重量四八マルコ〔一一kg。一マルコは半ポンドないし二三〇g〕の大きな銀の輪一点、およびいくつかのブレスレットならびに打ち延ばされた銀の薄片、および一マルコ五オンス四アダルメ〔一アダルメは一七九センチグラム〕の銀、および大きな銀の円形盾一点と小さな銀の円形盾一点、両方合わせた重量は四マルコ二オンス、銀製と見られる別の円形盾二点、その重量は六マルコ二オンス、およびやはり銀製と見られるもう一つの円形盾、その重量は一マルコ七オンス。合計六二マルコの銀。

木綿の衣服[50]。

さらに、白、黒および黄褐色の贅沢に織られた大きな木綿の衣裳二点。

同じく、羽毛で織られたもの二点および様々な色彩の織物一点。赤、黒および白の刺繍が施され、裏面に刺繍が見られない織物一点。

同じく、刺繍が施され、真中に羽毛の黒い輪のある織物一点。

同じく、羽飾りのついた白の織物二点。

同じく、いくつかの小さな宝石がつき彩色の施された布地一点。

農夫の上っ張り一点。

真中に白い羽でできた大きな輪のある白い布地一点。

いくつかの羽毛の輪がついた褐色の紐二点および黄褐色の紐二点。

彩色を施された布地六点、いくつかの輪のついた赤い布地一点、青色の布地二点および女性用シャツ二点。

ベール一二点。(51)

同じく、金の薄板が全面に張られた円形盾六点。

さらに、司教冠半分の金。


上に記載されているすべての品それぞれにつき、前述の代表者であるわれわれフランシスコ・プエルト・カレロおよびフランシスコ・デ・モンテホは、両陛下のための当地における主席判事《フスティシア・マヨール》である貴殿フェルナンド・コルテスならびに当地における両陛下の財務官《テソレロ》および検査官《ベエドール》である貴殿アロンソ・デ・アビラおよびアロンソ・デ・グラドより両陛下にお渡しするようそれらを委託され、かつ受領したことは真実である。それが真実であるので、われわれの名をもって署名する。(52)

(49) エリック・トンプソンによればこれらはマヤの写本で (*A Maya Hieroglyphic Book*, American Philosophical Society, Filadelfia, 1972, pp. 3-5)、ベルナル・ディアス (cap. 44) によればベラ・クルスとセンポアル (現センポアラ) の間にある偶像の館で見つかったものだという。
(50) ウイーン写本にはない。
(51) ウイーン写本にはない。
(52) 四四頁に述べられているアロンソ・フェルナンデス・プエルト・カレロの誤記と思われる。

一五一九年七月六日

プエルト・カレロ

フランシスコ・モンテホ

ベラ・クルスの市会より送付された前述の報告書簡に添付の前述の明細書にある品々は、一五二〇年四月初めの聖週間にバリャドリードにおいてわれらが主君カルロス国王によって受領された。

第二書簡

セグラ・デ・ラ・フロンテラ(1)

一五二〇年十月三十日

ドン・フェルナンド・コルテスと呼ばれるヌエバ・エスパニャ〔新スペイン〕の総司令官《カピタン・ヘネラル》より、われらの君主、聖皇帝陛下に宛てて送られた書簡。この書簡で、彼が一五一九年よりこれまでユカタンにおいて発見し、陛下に委ねた無数のくにや地方についての報告を行っている。とりわけ、きわめて大きな市々《まちまち》〔原文は ciudades（cities）〕と驚嘆すべき建物があり、そして大規模な取引が行われ、富をたくわえた、クルア(2)と呼ばれるきわめて広大で豊かな地方について報告している。それらすべての市々《まちまち》の中でも、もっともすばらしくかつ豊かな、テヌスティトラン(3)という市があり、それは大きな湖の上に、驚くべき技術によって、建設されている。その市とその地方の王は、ムテスマ(4)と呼ばれるきわめて強大な首長である。その地で、聞くも恐ろしいことどもが、総司令官《カピタン・ヘネラル》とスペイン人の身に起こった。広大なムテスマの支配地、そこでの習慣や儀礼およびそれらがどのように行われていたかについて、ここにくわしく述べられている。

いと高く、強大にして、カトリックの信仰あつき君主、無敵の皇帝、われらの主君よ。

聖なる陛下の領有になるこのヌエバ・エスパニャの地より、一五一九年七月十六日に派遣しました船《ナオ》に託して、私は、当地に参って以来そのときまでに起こったもろもろの事柄に関し、陛下に長文の詳細な報告書をお送り申し上げました。その報告書は、私が陛下の御名において建設しました、リカ・ビリャ・デ・ラ・ベラ・クルス〔真実の十字架の富める町〕の代表者《プロクラドール》、アロンソ・エルナンデス・ポルトカレロ〔プエルト・カレロ〕およびフランシスコ・デ・モンテホが携行いたしました。それ以来、船がなく、また私自身、当地の征服と平定に追われておりましたし、機会がありませんでしたうえ、また、さきに派遣した船《ナオ》と代表者《プロクラドール》に関し、なんら消息が得られなかったために、その後行われたことにつきましては、これまで陛下にご報告申し上げずにおりました。このことを私

（1）現在のプエブラ州テペアカ市。海岸のベラクルスと内陸のテミスティタン（註3参照）の間の往来にとって重要な戦略的位置を占めるので、コルテスはそこを征服し、一五二〇年九月四日、ベラ・クルスにつぐ二つ目のスペイン人の町を建設、セグラ・デ・ラ・フロンテラ（辺境の安全）と名づけた。建設の事情については一八三頁以下参照。

（2）クルアカンは紀元十二世紀中頃トルテカ帝国の崩壊後メキシコ盆地に起こった都市国家の一つ。一三七五年、メシカ人は古い文化との絆を築こうとしてクルアカンの支配者の息子であるアカマピチトリを彼らの王に選び、以来彼らは自らをクルア・メシカと称した（一般に知られるアステカとはメシカ人の伝説上の起源の地を意味する）。コルテスは書簡中で彼らをクルアと呼んだりメヒコないしメシコと呼んだりしているが、訳註においては特に民族はメシカ、都市国家はメヒコとし、文脈上メキシコを用いることもある。なお、メキシコとはメヒコの英語読みであり、スペイン語では現在の国名もメヒコである。

（3）クルア・メシカ（メヒコ）の首都。一般的にはテノチティトラン（Tenochtitlán）として知られるが、ここではテヌスティトラン（Tenustitlan）と綴られ、書簡中では主にテミスティタン（Temixtitan）と呼ばれる。名前の由来については議論があり、「岩（tetl）の上に育つウチワサボテン（nochitli）の近く（titlan）」との説や「テノッチカ族（Tenoch）の住むところ（titlan）」との説がある。メシカ族は北方からきた遊牧民で、アナーワックすなわちメキシコ渓谷に到達したのは西暦一一六八年とされる。メシカ族の伝承によると、彼らの主神ウィチロポチトリがある神官のまえに現れ、鷲が蛇をくわえてサボテンから飛び立つところを見つければそこを定住の地にするようにとのお告げがあった。

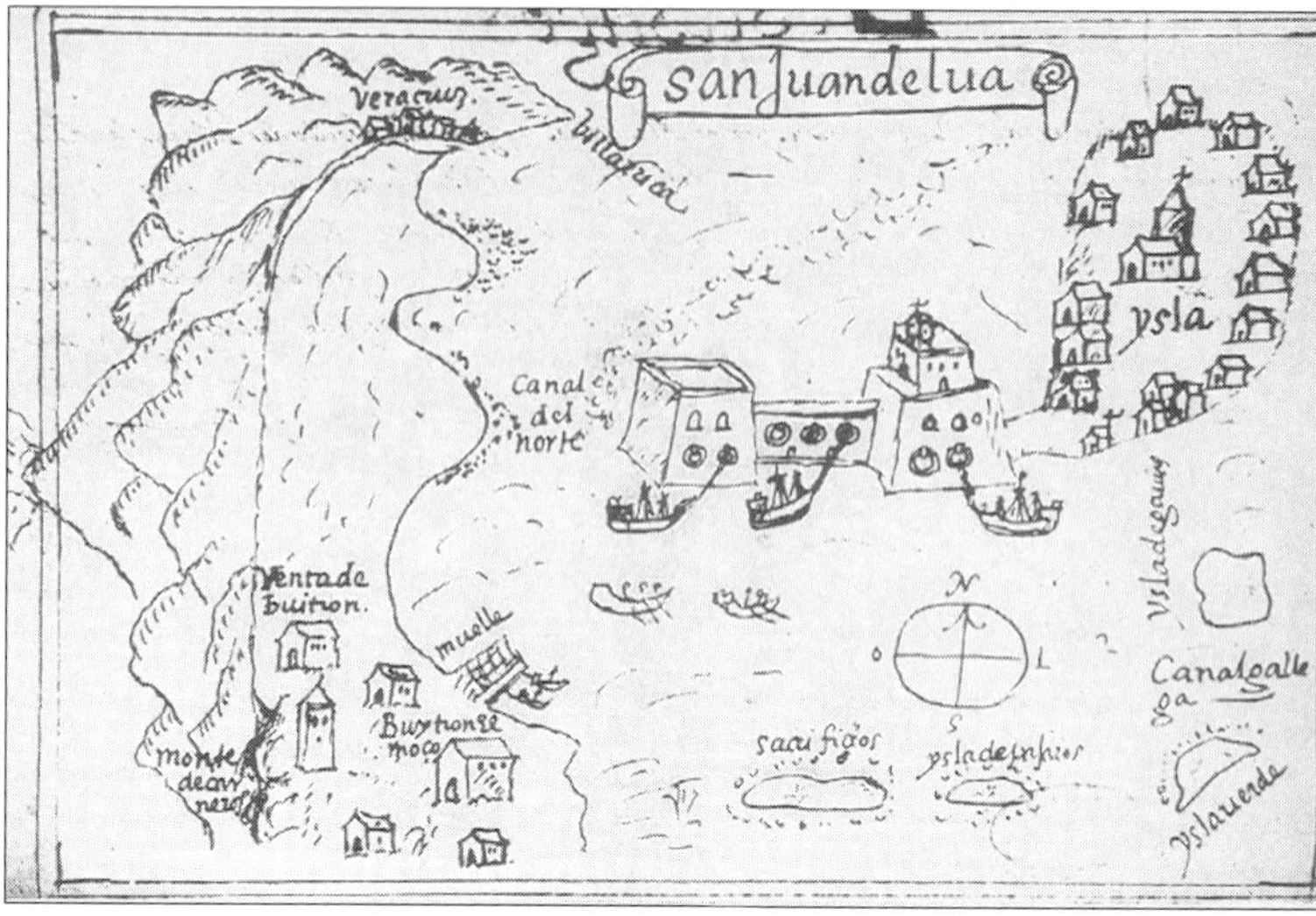

16 世紀のベラクルス（銅版画）

がいかに心苦しく感じておりましたかは、神のみが知ろしめすところであります。と申しますのも、私が陛下に当地の事物についてお知りいただきたいと願っていたからでありますが、それはあまりにも数多く、かつ途方もないことばかりでありますゆえ、前回の報告でも申し述べましたとおり、陛下は新たに当地の皇帝と名乗られてしかるべきであると存じます。それは、陛下が神の恩寵により所有しておられます、アレマーニャ〔ドイツ〕の皇位と比べましても、なお優るとも劣らぬほどのものであると申せましょう。陛下の新王国である当地のすべての事物のうち陛下にお伝えすべきことのみをことごとくご報告しようといたしましても、ほとんど際限がありません。

　私の能力も私の時間も思うにまかせませんので、もし十分なご報告ができませずとも、なにとぞご容赦のほど、陛下にお願い申し上げます。しかしながら私は、真実で、かつ現在陛下にご承知おきいただく必要のあることを、できるかぎり誤りなく、ご報告申し上げるよう努力いたします。また必要なことをすべて記述しなかったり、いつ、どのようにということが不確実でありましても、あるいはまた、陛下にお仕えしたいと申し出、陛下の臣下となりました都市や町やそれらが有する支配地《セニョリーオ》の名前を誤り申し伝えましても、どうかご容赦下さいますようお願いいたします。と申しますのは、のちほど一部始終を陛下にご報告申し上げますが、私は、最近、不運に遭遇し、当地の住民との間で作成しましたすべての書類や証書、およびその他多くのものを紛失してしまったのであります。

いと優れたる君主。私は、前回の報告書において、そのときまでにすでに陛下にお仕えしたいと申し出た都市と町、また陛下の御ために私が制圧し征服した都市と町につき、ご報告申し上げました。そして、当地の住民が語るところによりますと、当地にはムテスマと呼ばれる君主がおり、彼らの示す行程に従えば、彼は、私の上陸した海岸ないし港から、九〇ないし一〇〇レグア〔五〇一～五五七km〕離れたところにいる、と申し上げました。そこで私は、神の偉大さを信じ、陛下の御名に励まされ、かの君主に会うためにはどこへでも行くつもりであり、この君主を生死を問わず捕えるか、あるいは王室の臣下とする所存である旨、陛下にお誓い申し上げました。それゆえ私は、彼を追い求めるためには、私の力の及ばぬことにまで身を投じる所存である、と申し上げたのを憶えております。

コルテス、大都へ向け出発

そのような目的で、私は、八月十六日、時間のゆるす範囲でできるかぎりの装備を整えた一五騎と三〇〇名の歩兵を引き連れて、私がセビリャと命名した、センポアル(5)の市《まち》を出発いたしました。

(4) 一般にモクテスマとして知られるが、コルテスは書簡中でムテスマと呼んでいる。姓はショコヨツィン。アシャヤカトル王（一四六九～八一）の六人の息子の一人。王位継承権のある一三名の中から選出され、第九代の王として一五〇三年に王位についた。彼はウイチロポチトリの神官出身で、領土を拡張し、神官職の地位を高め、中央集権を強化したが、それがコルテスの成功を助ける結果となった。

センポアルの肥った酋長（ミゲル・コバルビアス）

ベラ・クルスの町に二騎と一五〇名の兵士を残し、そこに要塞を築かせましたが、それはもうほとんど完成しております。そして、五万の兵力と五〇の町や砦を擁するセンポアル地方全域、ならびにベラ・クルスの町周辺の山地一帯を、きわめて安全かつ平穏な地にし、信頼のおける忠実な陛下の臣下といたしました。以来、いまもなお、それは変わることがありません。と申しますのは、彼らは、かの首長ムテスマの臣下でありましたが、私の聞いたところによりますと、それは力ずくでそうされていたのであり、しかも臣下となっていまだ日が浅かったとのことです。そして、彼らは、私を通して、陛下の御名と、陛下の偉大な王としての権力を知るにおよび、陛下の臣下ならびに私の友人になることを願い出ました。そして、力と圧政によって支配し、彼らの子供を捕えて殺し、人身御供として偶像に捧げるかの強力な首長から、彼らを守るよう懇願いたしました。彼らは、そのほかにも、彼に対する数多くの恨みを私に訴えました。それゆえ彼らは、これまでも、いまも、陛下にご奉仕するにまことに忠実で信頼がおけますし、またかの君主の横暴から逃れるために、今後も常にそうであろうと思います。

それというのも、彼らは、これまでいつも、私からは丁重な扱いと庇護を受けてきたからであります。私は、ベラ・クルスに残った者たちの安全をさらに図るため、土地の主だった者を幾人か、その家来とともに私に随行させましたが、それが道中少なからず役立ちました。

退路を断つ　最初の報告書で陛下に申し上げたと存じますが、私に同行いたしましたディエゴ・ベラスケスの仲間や下僕のなかには、私が陛下へのご奉公として行っていることを、不愉快に思う者がいました。そのうちには、私に背き、この地から逃げ去ろうとする者すらいました。なかでもファン・エスクデロ、水先案内人のディエゴ・セルメーニョ、同じく水先案内人のゴンサロ・デ・ウングリーア、およびアロンソ・ペニャという四名のスペイン人は、彼らが自ら白状したところによりますと、港に碇泊中の、パンとベーコンを積載したベルガンティン船を乗っ取り、船長を殺して、フェルナンディナ〔キューバ〕島へ赴こうとしておりました。そして私が陛下に船《ナオ》を急派したことや、その船で運ばれている品と船の航路をディエゴ・ベラスケスに知らせ、彼が待ち伏せの船を用意して、その船を拿捕できるようにしようと企んでいたのです。ディエゴ・ベラスケスは、後でそのことを知ってこれを実行に移したのですが、私が聞いたところによりますと、彼はカラベラ船〔三本マストの船〕を出して、例の船《ナオ》を追跡させた由で、もし船が通り過ぎていなければ、拿捕されていたであろうとのことです。彼らはまた、ディエゴ・ベラスケスに密告しようともくろむ者がほかにもいると自供いたしました。これらの反逆者の

（5）現在のセンポアラ（**Zempoala**）。スペイン人が到来した頃はトトナカ族の首都で、人口二〜三万、当時最大の商業および祭祀の中心の一つであった。センポアルはナワトル語で「二〇の水」の意で、これは同地で河が合流し、また灌漑用水路や水道が多かったことによると思われる。コルテスはベラ・クルスでセンポアルから来た五人の使者に会い、招待をうけたので、そこへ行き「肥った酋長」（トルケマーダによればその首長の名はクアウトラエバナ）からムテスマに関する訴えを聞き、センポアルの同盟者になることを約した（**Bernal Díaz, cap. 44-45**）。

船を壊して退路を断つ（ラファエル・モンレオン）

自白を得ましたので、私は法にのっとり、また時期からみて必要であると考え、陛下の御ためになると思料するところに従い、彼らを処罰いたしました〔第一書簡註46参照〕。

ディエゴ・ベラスケスの仲間や下僕であるがゆえに当地から脱出したいと考えていた者のほかにも、この地があまりに広大で、あまりに人口が多いのに引き替え、われわれスペイン人があまりに少数であるのをみて、同じことをもくろむ者もいました。そこで私は、もし船をそのままにしておけば、彼らは私に逆らってそれを乗っ取り、そういう考えを抱いている者たちはみな帰ってしまうであろう、そしてほとんど私ひとりだけとなり、当地においてこれまで神および陛下の御ために行ってきたご奉公が挫折するであろうと考え、船はもはや航海に耐えないとの口実のもとに、これを岸に乗り上げさせました(6)。これで、皆は当地から脱出する望みを失い、私は行く手をより安全にし、うしろを振り向いたときには、ベラ・クルスの町に残した者たちがいなくなっているという心配もなくなりました。

ガライ事件　船を浜に座礁させてから八日ないし一〇日たち、すでにベラ・クルスを出発して、四レグア〔二二km〕はなれたセンポアルの市《まち》に着き、そこからさらに旅を続けようとしておりましたところ、ベラ・クルスから、その海岸付近を四隻の大型船《ナビーオ》が航行中であると知らせてきました。そして、ベラ・クルスに残した隊長が、(7)小舟《バルカ》を出して彼らのもとへ赴いたところ、彼らはジャマイカ島の総督代理《テニエンテ・イ・ゴベルナドール》フランシスコ・デ・ガライの手の者で、新しい土地の発見のために来たと述べた由であります。そこで〔ベラ・クルスの〕隊長は、いかにして司令官〔コルテス〕が陛下の御名において当地に植民し、彼らの船から一レグアのところに町〔ベラ・クルス〕を築いたかを述べるとともに、その町までいっしょに行き、当地に来たことを司令官に知らせるがよい、そしてもしなにか必要なものがあれば、そこで調達できるであろう、と伝えた由であります。そして隊長が、ベラ・クルスの港の方角を指し示しながら、港まで自分の小舟《バルカ》で案内するからと言ったのに対し、彼らは、その港のことはすでにその正面を通ったので見知っており、あなたの言う通りにしよう、と答えた由であります。そこで隊長は、自分の小舟《バルカ》で引き返しましたが、彼らの船はそのあとを追って来ず、港にも入らないで、依然として海岸近くをさまよい、とうとう港へは来ようとしませんでしたので、彼らの意図が分からなかったとのことであります。

　この隊長の知らせを耳にしますと、ただちに私はベラ・クルスへ向けて発ち、そこで例の船が海岸に沿って三レグア〔一七㎞〕下ったところに碇泊しており、まだだれも上陸していないことを知りました。私は様子をうかがうため、部下を帯同して、海岸沿いに彼らに近づき、彼らから一レグアのところまで参りますと、その船に乗

---

(6) ベルナル・ディアス（cap. 58）は、これはコルテスの支持者が一致してコルテスにそうするよう助言したためであるが、実はコルテスは船舶の補償問題等の可能性にも配慮し、皆にそう言わせ、全体責任にするよう画策した結果だという。セルバンテス・デ・サラサール（*Crónica de la Nueva España*, Libro III, cap. 22）は、コルテスが船長と水先案内人を密かに説得し、船に孔を開けさせ、船は航海に耐えないと宣言させたとしている。まず五隻が、その後に四隻が浜に打ち上げられた。コルテスは残った一隻で帰りたい者は帰るよう申し渡したが誰も受けず、最後の一隻も浜に上げられた。伝説は船を焼いたとしているが、焼かれてはいない。

(7) ファン・デ・エスカランテ。ベラ・クルスの警吏長兼副官。

り組んでいた三人の男と出合いました。そのうちの一人は公証人《エスクリバノ》であると言い、他の二名は彼が隊長〔フランシスコ・デ・ガライ〕の命により持参した催告書を私に伝達する際の証人として同行しているとのことでした。催告書は、その地がかの隊長の発見し、かつ植民しようとしている土地であることを私に伝え、私とかの隊長との間で境界線を定めることを要請しておりました。彼らは、ベラ・クルスから一二レグア〔六七km〕離れた、いまはアルメリーアと呼ばれる市《まち》ナウテカル(8)を越え、海岸沿いに五レグア〔二八km〕下ったところを彼らの入植地としたいということでした。私は、隊長自らが船でベラ・クルス港へ来るように、そしてそこで話し合えば、来訪の目的が私にも分かるであろう、と答えました。もし船舶または乗組員になにか必要なものでもあれば、私のできる範囲で援助するつもりである、とも述べました。また、隊長は陛下に対するご奉公としてやって来たとのことであるが、私も、陛下にご奉公申し上げる機会を得ることのほかになにも望むものではなく、隊長を援助することがすなわちご奉公だと思っている、と伝えました。

彼らは、ガライ隊長もその他の隊員も、上陸するつもりはまったくなく、また私のところへ来るつもりもないと答えました。私のもとへ来るのを恐れているところをみると、彼らは当地でなにか悪いことをしたに相違ないと思いました。そこで、日がもう暮れていましたので、私は、碇泊している彼らの船《ナビーオ》の正面の海岸近くに、密かに陣を取りました。そして、隊長かあるいは水先案内人が陸に上がってくるだろうと思い、翌日のほとんど正午ごろまで、そこに隠れておりました。彼らがなにをしたのか、これまでどこにいたのかを知り、もし当地になんらかの害を及ぼしていれば、彼らを陛下のもとに送還しようと考えたのですが、彼らもその他の誰も姿を現しませんでした。彼らが出て来ないのをみて、私は催告書を私に伝達するためにやってきた者たちの服を脱がせ、それを私に同行しているスペイン人に着せ、海辺へ行かせて、船隊の者たちに合図をさせました。これを見て、大弓《バリエスタ》や小銃《エスコペタ》をもった一〇人ないし一二人の男が、一艘の小舟《バルカ》に乗り、陸へ向けてやって来ました。そこで、陸から彼らに合図をしたスペイン人たちは浜を離れ、近くの草むらの陰に身を隠しました。二名の射手《バリェステロ》と二名の小銃手《エスコペテロ》の四名が上陸しましたが、彼らは浜辺に配置しておいた私の部下に包囲され、捕えられました。そのなかに船の指揮官がいて、彼は小銃の火縄に点火して、私がベラ・クルスに残したかの隊長〔ファン・デ・エスカランテ〕を殺そうとしましたが、われらの主の思し召しにより、火縄は点火しませんでした。

パヌコの首長との交渉

小舟《バルカ》の者たちは沖へ引き返しましたが、船隊は彼らを待たず、彼らから話を聞こうともしないで、そのまま出帆してしまいました。私は捕えた者たちから、彼らがアルメリーアを過ぎて海岸沿いに三〇レグア〔一六七㎞〕下ったところにある河(9)まで到達したことを聞き、またそこで彼らが先住民から歓迎を受けたこと、物々交換で食べ物を得たこと、量はわずかであったがインディオの持っている黄金を目にしたこと、物々交換によって約三〇〇〇カステリャーノの黄金を手に入れたことを知りました。また、彼らは上陸はしなかったものの河岸にいくつかの村落を見かけ、すぐ近くだったため船からもよく見えたとのことであります。石造の建物は見当たらず、家屋はすべて藁づくりで、床はすこし高く、とてもよくできていたとのことです。これらのことはすべて、私はのちほどあの大首長《グラン・セニョール》ムテスマおよび彼が手もとにおいていたその地方の通訳たちから、さらに詳しく聞きました。私は、その通訳たちとこのスペイン人たちが例の河から連れてきたひとりのインディオを捕えました。そして彼らをムテスマの使者といっしょに、パヌコと呼ばれるその河の首長《セニョール》のもとへ派遣して、首長を説得させ、聖陛下の臣下にさせようとしました。(10) 首長はひとりの重きをなす者を私のもとに派遣しま

---

(8) 現ナウトラ（Nautla）のこと。コルテスはベラ・クルスから一二レグア（約六七キロメートル）と書いているが、実際には同市の北一三〇キロメートル（国道では一八〇キロメートル）のところにある。
(9) パヌコ河のこと。ベラ・クルスから北に三〇五キロメートル（国道では五四〇キロメートル）のところにある。コルテスはその地の首長もパヌコと呼んでいる。
(10) これは、コルテスがセンポアルを出発し、テミスティタンに入ってのちに行ったことである。

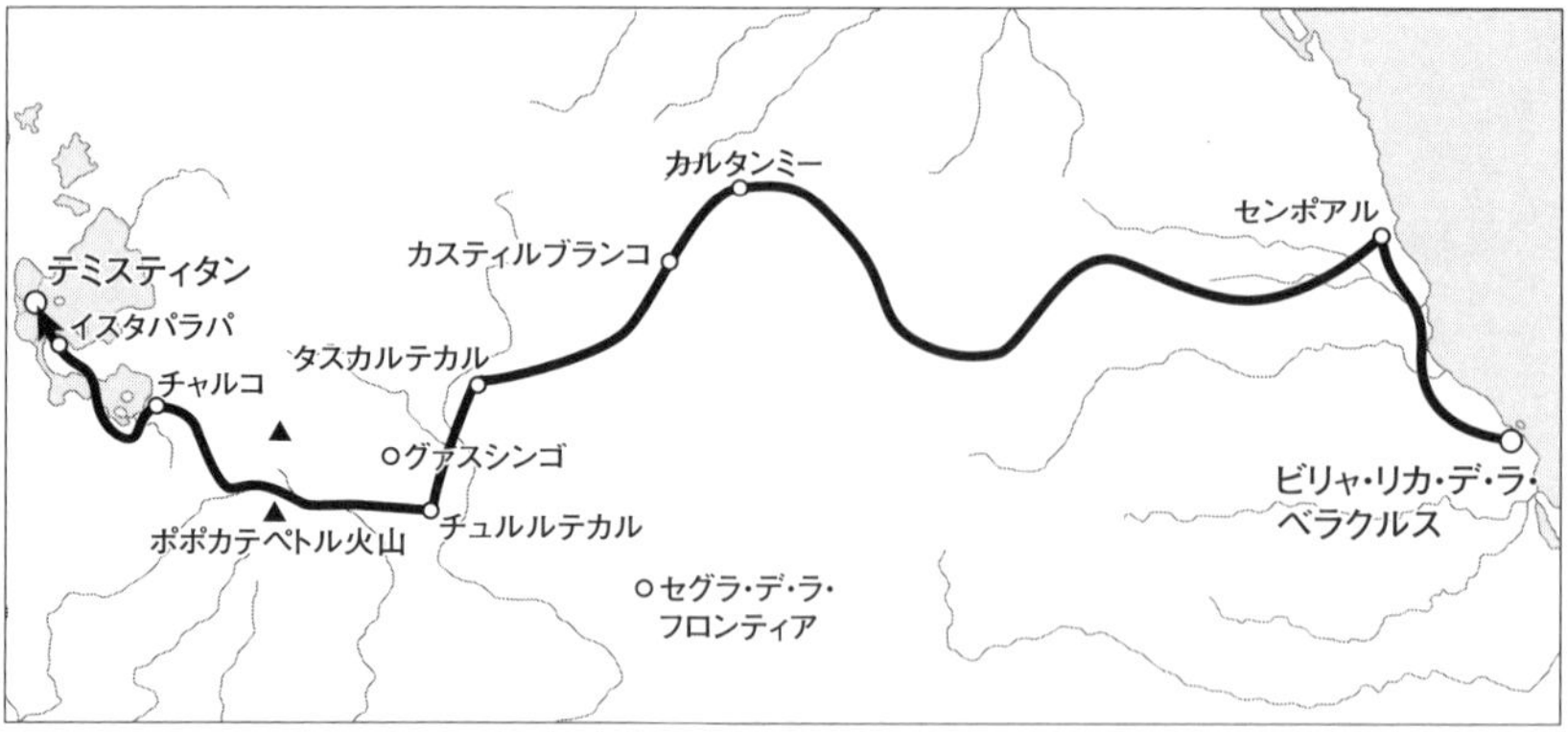

ベラ・クルスから大都テミスティタンまでのコルテス軍の道程

したが、その者はある町の首長《セニョール》とのことで、私にパヌコの首長からの贈り物として衣服・宝石および羽毛の飾りをくれました。そして、彼をはじめその他の者はみな、陛下の臣下となり、私の友人となることに、たいそう満足していると申しました。私は彼らにスペインから持参した別の贈り物を与えましたところ、彼はいたく喜びました。かのフランシスコ・デ・ガライの船隊がふたたび姿を現したことは、のちほど陛下にご報告申し上げますが、そのときパヌコの首長は、そこから五、六日分の行程のところにあるもう一つの河に船隊がいると私に伝えてよこし、その船隊が私の仲間であるかどうか知りたい、もしそうであれば必要なものを進呈したく、すでに、女と鶏とその他の食べ物は提供した、と言ってよこしたほどであります。

いと強大なる主君。私は三日間センポアルの支配地を行進し、すべての先住民から手厚くもてなされ、宿を与えられました。(11)そして四日目には、シエンチマレム(12)と呼ばれる地方へはいりました。そこには、険阻な場所に、とても堅固な町があります。と申しますのは、町はきわめて険しい山岳の中腹にあり、そこへはいるには階段状の一本道しかなく、徒歩でなければ通ることができません。それでも、先住民に道をふさがれれば、町にはいるのは至難の業でしょう。平野には、五〇〇人、三〇〇人、あるいは二〇〇人くらいの農夫が住む村落や耕作小屋がたくさんあります。ここでも私は丁重に迎えられ、道中必要な糧食をとどこおりなく供給されました。彼らは、あなたがわれわれの主君ムテスマに会いに行くのだということはよく承知している、ムテスマは間違いなくあなたの友人である、と述べ、いかなる場合にもあなたを手厚くもてなすように、そうすることが彼に奉仕する道であると指示されている、と話しました。私は、彼らの丁重さに報いるため、陛下は彼のことをご存知であり、彼に面会させるべく私をお遣わしになったもので、私は彼に面会すること以外に他意はない、と答えました。この地方が終わるところで、峠を一つ越えました。当地に来てはじめて越えた峠でありますので、私はこれをプエルト・デ・ノンブレ・デ・ディオス〔神の御名の峠〕と名づけました。そこはとても険しくて高く、これほどの難所はスペインにもありませんが、私はこれを無事に、なんらの支障もなく越えました。その峠を下ったところに、セイスナカン(13)と呼ばれる要塞のある町の耕作小屋がありました。ここもムテスマの支配地で、私はシエンチマレムの者たちに優るとも劣らないくらい丁重に迎えられました。そしてここでもムテスマの意向につき、前の地の者たちと同じことを述べましたので、私も同じように答えて彼らを満足させました。

そこから、私は三日間、人影のないところを歩きました。荒涼として、水がないうえに、寒さがひじょうに厳しく、人も住めない土地です。兵士たちが、そこで飢えと渇きのためにどれほど苦しんだかは、神のみが知ろしめすところであります。ことに、人家のないところでわれわれを襲った雹と驟雨は凄まじく、私は部下の多くが凍死するのではないかと思いました。事実、十分な服装をしていなかったフェルナンディナ島の先住民の幾人

(11) ここで、コルテスがベラ・クルスからセンポアルに来たところまで話が戻り、いよいよメキシコ市、すなわちテミスティタンに向かう旅について報告される。
(12) ベルナル・ディアスはソコチマと表記している(cap. 61)が、古シコチマルコ(Xicochimalco)のこと。現在のヒコ(Xico または Jico)はすこし離れた場所にあり、ハラパ(Jalapa)の南西一八キロメートル。
(13) 現在のイシュアカン(Ixhuacan)。ヒコ(Xico)よりさらに南西に入った僻地にある。

かは死にました。三日目の行程が終わるころ、われわれはもう一つの峠を越えましたが、前の峠ほど険しくはありませんでした。頂上には祠《ほこら》のような小さな塔があり、中に偶像がいくつかありました。そしてその塔の周囲には、大量の薪が整然と置かれてあり、われわれはそれにちなんで、そこをプエルト・デ・ラ・レーニャ〔薪峠〕と名づけました。この峠を下りますと、ひじょうに険しい山岳の間に、見たところ貧しそうな住民が密集している盆地があります。その町についてなにも分からないまま、二レグア〔一一㎞〕ばかり行きますと、その盆地の首長が住んでいるとおぼしい、もうすこし平坦な場所に出ました。そこの家々は、われわれが当地へ参ってから目にした家のなかでは、最も大きく、最も念入りに造られていました。どの家も石造りで、きわめて新しく、広々とした美しい広間がいくつもあり、また実によく造作された部屋がたくさんあります。この盆地の町はカルタンミー(14)と呼ばれ、私はそこの首長ならびに住民からいとも丁重に迎えられ、宿を与えられました。

私は陛下に代わってそこの首長と話し、私の当地来訪の理由を述べましてから、彼がムテスマの家来なのか、それとも別の主人に仕えているのかを尋ねました。すると、彼は私の質問に驚き、ムテスマの家来でない者がおりましょうかと答え、ムテスマは世界の君主であるといわんばかりでした。私はこれに反論して、ふたたび陛下の偉大な権力について語りました。そして、陛下はムテスマより遥かに多くの、またもっと強大な領主を家臣として擁しておられるが、彼らは陛下にお仕えできることを少なからざる恩恵であるとさえ考えている、ムテスマをはじめ当地のすべての先住民も同じようになるべきであると話しました。私は彼に、陛下の臣下となるよう求め、そうすれば大いに尊重され、恩恵を施されるが、逆にこれに従わなければ罰せられるであろう、と申し渡しました。また、私は陛下に彼を臣下としてお受け入れ願うため、陛下へお送りするための黄金を渡すよう要求いたしました。彼は、黄金は持っているがムテスマの命令がないかぎり渡したくない、しかし彼の命令があれば、黄金も自分の身柄も、自分の所有しているものもすべて与えるつもりであると答えました。私は彼を憤慨させないように、また私の計画およびゆくての妨げとならないようにと、できる限り平静を装いました。そして私は、ムテスマは間もなくあなたに、黄金やその他の品々を私に与えるよう命令してよこすであろう、と述べました。

そこへ、その盆地に土地を所有している他の首長が二人、私に会いにやって参りました。ひとりは盆地の四レグア〔二二km〕ほど下手《しもて》に住み、もうひとりは二レグアほど上手《かみて》に住んでいます。彼らは私に、重量も値打もたいしたことのない金の小さな首飾りをいくつかと、七、八人の奴隷の娘をくれました。私は四、五日そこに滞在し、みなの者を十分に満足させてから出発いたしました。そして、盆地の二レグアほど上手《かみて》にあるというイスタクマスティタン(15)と呼ばれる首長を訪ねました。彼の支配地は、盆地を流れる小さな川に沿って三ないし四レグアある居住地で、盆地が平らであるため、家並みにでこぼこがなく整然としております。首長の家はひじょうに高い丘の上にあって、砦を備えていますが、その砦はスペインの真中にあるいずれのものよりも優れており、塀・楼門および堀により巧みに囲まれております。この丘の上には人口五〇〇〇ないし六〇〇〇人ほどの町があり、住居はたいそう立派で、住民も盆地の下手《しもて》の町よりすこし裕福そうです。私は、ここでもきわめて丁重に迎えられ、ここの首長もムテスマの配下であると述べました。荒野でなめた労苦をいやすためにも、また同行したセンポアルの先住民の使者四名をカタルミ〔カルタンミー〕からタスカルテカ(16)〔タスカルテカル〕と呼ばれる非常に広大な地方へ派遣しましたので、彼らの帰還を待つためにも、私はこの町に三日間滞在いたしました。タスカルテカはそこ

(14) 現在のサウトラ(Zautla)。ベルナル・ディアスはソコトラン(Zocotlan)と書いているが、ツァオクトラン(Tzaoctlan)が正しい。ゴマラ(cap. 44)はサクロタン(Zaclotan)と呼んでいる。首長は図体が極端に大きかったオリンテトル(Olintetl)。メヒコは敵のタスカルテカル(現トラスカラ)と国境を接するこの地に大規模な駐屯部隊をおいていた。

(15) 現在のプエブラ州イスタカマシュティトラン(Ixtacamaxtitlan)。コルテスに同行したポルトガル人隊員はあまりにも故郷の町と似ているのでこの町を故郷と同じカスティルブランコと名づけた(Cervantes de Salazar, Crónica, Libro III, 26)。セルバンテス・デ・サラサールによれば、ゴマラはカスティルブランコをカルタンミー(現サウトラ)と混同している(cap. 44)が、カスティルブランコはイスタカマシュティトランの旧名であると訂正している。

タスカルテカルの城壁（Clavigero, *Storia antica del Messico*）

から目と鼻の先にあると聞き、実際すぐ近くにあるように思えたからです。彼ら〔センポアルの先住民〕は、その地方の住民は自分たちの友人で、ムテスマの不倶戴天の敵であると語り、私に彼ら〔タスカルテカルの先住民〕と同盟を結ぶよう懇請しました。(17) 彼らの人口は多く、きわめて強力で、支配地は四方がムテスマの土地と境を接しており、ムテスマとの戦闘は絶えることがないとのことです。そして、彼らは私の来訪を喜び、もしムテスマが私に敵対するようなことがあれば、私を支援するであろう、と申しました。

私は、のべ八日間その盆地に滞在しましたが、その間この使者たちは戻って参りませんでした。そこで、私に同行してきたセンポアルの重きをなす者たちに、例の使者たちがいまだに帰ってこないのはどうしたわけであろう、と尋ねましたところ、道のりが遠いので、そう早くは戻れないだろうと申しました。彼らの帰りが遅いし、センポアルの重きをなす者たちが、その地方〔タスカルテカル〕の人びとの友誼と誠実さについては絶対に間違いないと申しますので、私はそこへ向かって出発いたしました。この盆地を出るとき、私は漆喰を用いずに石だけで作られた大きな城壁を見ました。高さは身の丈の一倍半ほどあり、盆地の一方の峰から反対の峰まで横切っています。城壁の上からも戦えるように、壁の幅は二〇ピエ〔約五・六m。一ピエは約二八cm〕もあり、また、一ピエ半くらいの胸壁が城壁の端から端まで設けてあります。入口は、幅一〇歩くらいのものが一つあるだけで、レベリン〔城壁の外にめぐらされた跳ね橋などを保護する土手〕のように壁が二重になっており、その端から端まで四〇歩ほどで、まっすぐには入れず、廻りながら入るようにできています。どういうわけでそのような壁をつくったのかと尋ねましたところ、彼らはムテスマの敵であるあのタスカルテカ地方と隣接していて、戦争が絶えないからであると申しました。この盆地の住民たちは、私が彼らの首長ムテスマに会いに行くならば、敵地を通らずに行くよう懇願いたしました。そして、タスカルテカ〔タスカルテカル〕の者はきっと悪だくみをし、あなたに危害を加えるであろうから、ムテスマの支配地内のみを通り、そこから出ないようにあなたを道案内しよう、そうすればどこでも手厚く迎えられるであろう、と申しました。しかしセンポアルの者たちは、そのようなことはしないで、タスカルテカを通って行くようにすすめ、彼ら〔イスタクマスティタンの者たち〕は私に、〔センポアルの者と〕タスカルテカ地方との仲を裂こうとしてそう言っているのだ、と述べました。私は、誰よりもセンポアルの者を信頼しておりましたので、彼らの助言に従ってタスカルテカへの道を行くことにし、部下には警戒をできるかぎり厳重にさせました。私は六騎ほど引き連れて、隊列の半レグアあまり前を進みました。後で起こったことを予期していたわけではありませんが、その地方を偵察し、もしなにかあれば自分が真っ先にそれを知り、隊列を整え、戦闘準備に入れるようにと考えたからです。

(16) 現在のトラスカラ（Tlaxcala）。書簡中では主にタスカルテカルと綴られている。紀元十三世紀ごろオルメカ文明の末裔として成立した一地方で、ナワ語族が人口の大部分を占め、そのほか辺境戦士の役割を果たしたオトミー語族や少数のピノメ語族も含み、メシカ族に対抗する政治領域をつくっていた。タスカルテカルはテペティクパク（Tepeticpac）、オコテルルコ（Ocotelulco）、ティサトラン（tizatlan）およびキアウィストラン（Quiahuixtlan）という四つの部族連合体で、国家の重要事項については四者が協議して決定されたが、その他の事項についてはそれぞれが自治権をもっていた。ヨーロッパ的王権の概念をもつスペイン人は当初このシステムの理解に苦しんだようだ（Charles Gibson, *Tlaxcala in the Sixteenth Century*）。

(17) センポアルも本来はムテスマの敵であるが、心ならずもムテスマに服している心境を表している。

四レグア〔二二㎞〕ほど進み、山を登っておりましたとき、私の前を進んでおりました二騎が、戦闘の際に身につける羽飾りをつけ、剣と円盾を手にしたいく人かのインディオを見つけました。インディオは騎兵を見て逃げ出しましたが、ちょうどそのとき私がその場に着きましたので、こわがらずこちらへ来るようにと、彼らを呼びにやりました。インディオは一五人ほどで、彼らの方に近づいて行きますと、彼らは一団となり、剣を振り回しはじめるとともに、盆地にいる仲間に向かって喚声をあげました。彼らのはげしい攻撃を受けて、われわれの馬が二頭殺され、また馬三頭と騎兵二名が傷つきました。そうこうしておりますうちに、その数四〇〇〇ないし五〇〇〇に上るであろうと思われるインディオが姿を見せました。すでに私のもとには、馬を殺された者を除いて八騎が集まっていましたので、別の一騎で呼びにやったスペイン人が到着するまでの間、われわれはなんどか突撃を繰り返しながら、彼らと戦いました。この戦闘で彼らに多少の被害を与え、五〇人ないし六〇人を殺しましたが、われわれの側には損傷はありませんでした。彼らはきわめて勇猛果敢に戦ったのでありますが、われわれは全員馬に乗っておりましたため、無傷で彼らを襲撃し、また退却できたわけです。

彼らは少数でしたので、われわれの援軍が近づいていることを知ると、われわれを戦場に残したまま退散してしまいました。彼らの退散後、その地方の首長の使いを名のる使者がなん人か、先に私が派遣した使者のうちの二人を伴ってやって来ました。そして、首長はあの者たちの行ったことにはまったく関知しておらず、彼らは首長の配下に属さず、首長の許可なしに行われたことである、と弁解しました。しかし首長はこれをきわめて遺憾に思い、殺された馬は弁償し、あなたの友人になりたいと願っている、あなたに来ていただければいつでも首長から手厚く迎えられるであろう、と申しました。私は、その申し出には感謝する、あなた方を友人と思い、あなた方の言うとおりにしよう、と答えました。もう時刻も遅くなっていましたし、みな疲れておりましたので、その夜はこのできごとのあったところから一レグア先にある小川のほとりで眠らざるを得ませんでした。

タスカルテカルでの交戦　そこで夜が明けるまで騎兵と歩兵を見張りに立て、できるだけ警戒しておりました。明け方、前衛と荷役部隊の隊形を整え、斥候を先に立てて出発いたしました。日の出ころ、一つの小さな村に着きますと、残り二人の使者が泣きながらやって来て、縛られて殺されようとしたのを、その夜逃げ出してきたのだと申しました。すると、そこから石を投げれば届く距離の二倍もないところに、完全に武装したおびただしい数のインディオが、けたたましい叫び声をあげながら姿を現し、次々に槍を投げ矢を射かけて、攻撃してきました。そこで私は、帯同していた通訳を通し、公証人を前にして、所定の催告《レケリミエント》〔第一書簡註33参照〕をとり行いはじめました。しかし、彼らを諫め、和睦を求めようとすればするほど、彼らはあらん限りの勢いで攻撃して来ました。催告《レケリミエント》も抗議も聞き入れようとしないのをみて、われわれはできる限り防禦に努めましたが、戦っておりますうちに、一〇万を超える軍勢の直中に引きこまれ、彼らに八方を塞がれてしまいました。このようにして、攻防戦は一日中続き、彼らは日没の一時間まえに、やっと退却いたしました。私は、残された六門の火砲《ティロ・デ・フエゴ》と五、六挺の小銃《エスコペタ》、それに四〇名の射手と一三騎をもって、多大の被害を彼らに与えましたが、戦闘による労苦と疲労と飢えのほか、彼らからはいかなる損害も蒙りませんでした。まったく、神がわれわれの代りに戦って下さったように思えます。あれほど果敢で、戦闘に長け、かつ種々の武器を駆使して攻撃する、(18)あのような大軍の直中にあって、無傷でいられたのでありますから。

その夜は、彼らの偶像が安置された、丘の上の小さな塔に立てこもりました。そして夜が明けますと、二〇〇

(18) 白兵戦の際の武器は鋭い黒曜石の刃に縁どられた堅い木製の棒でマカウィトルと呼ばれ、この一振りで馬の首をはねたという。先が黒曜石の矢を射る弓（トラウィトリ）は殺傷力が高く、その技量もきわめて優れていた。また卵の大きさの石を投げる投石器を用いたり、先が黒曜石の槍をものすごい勢いで投げ、ベルナル・ディアスによれば、海岸地方での戦闘で、「槍が鳥の大群のように飛んできて、七〇人が傷を負った」と記している。

タスカルテカル人との戦闘（ミゲル・コバルビアス）

名の歩兵とすべての大砲を野営地に残し、こんどはこちらが先手を打とうと、騎兵隊と一〇〇名の歩兵、それにセンポアルから連れてきたインディオ四〇〇名とイスタメスティタン[19]のインディオ三〇〇名を従え、彼らに向かって進撃いたしました。そして彼らが集結できないでいるうちに、人口一〇〇人ほどの小部落を五つ六つ焼き払い、男女あわせて四〇〇人近くを、捕虜として連れ帰りました。野営地まで彼らと戦いながら戻って来ましたが、私にはなんの被害もありませんでした。翌日、夜が明けるが早いか、大地を埋めつくした一四万九〇〇〇人をこえる大軍が、われわれの野営地めがけて果敢に攻撃してきて、野営地の中まで侵入しスペイン人とわたりあう者もありました。われわれも彼らに立ち向かい、われらの主がわれわれを助けようと強く望まれましたため、四時間ばかりで、野営地に対する彼らの攻撃を止めさせることができました。とはいうものの、彼らの襲撃はその後も続き、遅くまで戦った末、やっと彼らは退却いたしました。

その次の日、夜明け前に、私は騎兵と一〇〇名の歩兵および味方のインディオを率いて、敵に気づかれないようにして、別の方角に向けふたたび出撃いたしました。そして一〇以上の村を焼き払いましたが、そのうちには戸数三〇〇〇を超える村もありました。そこではこの村々の者だけが戦い、援軍はいなかったようです。われわれは十字の旗をたずさえ、信仰と、聖陛下のご繁栄のためのご奉仕として戦いましたので、神はわれわれにこのような勝利をお授けになったのでありましょう。われわれは彼らを大勢殺しましたが、彼らからはまったく被害を受けませんでした。昼下がり、彼らはあちこちから兵力を結集しておりましたが、われわれは勝利をおさめたこともあり、野営地に引き籠っておりました。

その翌日、首長たちの使者が参り、陛下の臣下ならびに私の友人になりたい、過去のあやまちは許してほしいと懇願いたしました。私は、あなた方の行いは良くなかったが、喜んで友人となり、あなた方のしたことは許そう、と答えました。次の日、五〇人ばかりのインディオがやって来ました。見たところ、彼らの間では重んじられている者たちらしく、食べ物を持参したと言って、野営地の入口や出口、それにわれわれが寝泊まりしていたいくつかの小屋を見廻しはじめました。すると、センポアルのインディオが私のもとへ参り、見なさい、彼らは悪者です、どうすればわれわれに被害を与えられるかを窺いに来たのです、そのために来たのに違いありません、と述べました。私は、彼らの一人を他の者に気づかれずにそっと捕えさせ、彼を通訳といっしょに別の離れた場所へ連れて行き、真実を述べるようにと恫喝いたしました。すると、その者が告白いたしますには、この地方の軍団司令官であるシンテンガル[20]が、その夜われわれを攻撃するため、この野営地の正面にある山のむこう側に、大軍を率いて控えているとのことでした。昼間、われわれを相手に戦ってみたが思わしくなかったので、こんどは兵士たちが馬や銃砲や剣を恐れないよう、夜間に試みようとしているのだと述べました。そして彼らは、われ

---

(19) この地名は不詳。おそらくセンポアルとともにコルテスに服したトトナカ族の町キアウィストラン(Quiauiztlan)のことであろう(Bernal Díaz, cap. 46)。ただし、ゴマラによればアキアウィストラン(Aquiauiztlan)である(cap. 34)。

われの野営地を観察して、どこから侵入し、またどうすればこの藁小屋に火をつけられるかを調べるために派遣されたのだ、と申しました。私はすぐにもうひとり別のインディオを捕えさせ、同じように問い質したところ、先の者と口をそろえて同じことを告白いたしました。そこで彼らのうち五、六人を捕えましたが、みなの話すことが一致しましたので、私は五〇人全員を捕えさせ、その手を切断させました。そして彼らを送り返し、夜でも昼でも来るがよい、いつ来てもわれわれが誰であるかを教えてやろう、と伝えさせました。

私はできるかぎり野営地の守りを固めさせ、適当と思われる部屋に部下を配置し、日が暮れるまで警戒しておりました。夜になると、敵兵は二つの谷を下りはじめました。彼らは、目的を果たそうとわれわれに接近し、ひそかにわれわれを包囲しているつもりでした。しかし私は用心していましたので、彼らに気づき、彼らを野営地の近くまで来させるのはきわめて危険であると思いました。夜はわれわれが彼らに与えた被害が見えないので、彼らは恐れずに接近してくるでしょうし、スペイン人も彼らが見えないため、戦闘中に油断する者が出てくるからです。また、私は彼らに火をつけられることを恐れました。もしそうなれば被害は甚大であり、われわれの誰ひとりとして逃げおおせる者はいないでしょう。私は、彼らをわれわれの野営地に近づかせないよう、全騎兵隊を伴ってうって出、彼らに奇襲をかけ、粉砕しようと決意いたしました。そこで、われわれが彼ら目がけて馬を駆りますと、彼らはそれに気づき、大急ぎで、声を立てずにとうもろこし畑のなかへ潜り込みました。その地方は、ほとんど一面がとうもろこし畑でした。そして彼らは、もし今回われわれを完全に打ち破ることができれば、勝利を祝うつもりで持参していた食料の一部を置き去りにしました。こうしてその夜は彼らは退散し、われわれも危険を免れました。このことがありましてから数日間は、喚声をあげて小競り合いを仕掛けてくる少数のインディオの侵入を防禦するため、わずかに門を出る以外には、私は野営地を離れませんでした。

少し疲れを癒しましてから、ある夜、宵晩の巡回が終わった後、私は一〇〇名の歩兵、味方のインディオおよび騎兵隊を引き連れて出陣いたしました。そして野営地を出て一レグア参りましたころ、率いていました馬のうち五頭が倒れ、そこから先は一歩も進みませんので、それらの馬は引き返させました。私の伴の者はみな、これは不吉なしるしであるから戻ったほうがよいと述べましたが、私は神は超自然的存在であると考え、そのまま進軍いたしました。そして夜が明けないうちに二つの町を襲い、大勢を殺しました。隣接している他の町の者に感づかれないよう、民家に火をつけることはいたしませんでした。夜が明けるころ、私はもう一つの大きな町を襲撃しました。巡視させましたところ、民家の数は二万戸以上にも上りました。不意に襲ったものですから、彼らはまったく無防備で飛び出し、女や子供も裸で街路に出て参りました。彼らに少しばかり攻撃を加えはじめますと、抵抗できないことを知った町の主だった者たちが数人私のもとへ来て、これ以上の被害は与えないでほしいと嘆願いたしました。彼らは、陛下の臣下ならびにあなたの友人になりたい、あなたに仕えようとしなかったのが悪かったということがよく分かった、これからは陛下の御名においてあなたが命ずることを行い、陛下の臣下となるであろう、と申しました。まもなく、彼らのほうから四〇〇〇人以上が和平を求めて私のもとへ参り、私を泉へ案内して美味な食事をふるまいました。このようにして私は彼らを平定し、野営地に帰還いたしましたが、野営地に残っていた私の部下は、前夜馬が戻ってきたのをみて、私になにか危険なことがあったものと思い、ひどくおびえておりました。

しかし、神がわれわれに勝利をお授け下さったこと、またあの町々が平定されたことを知り、彼らはたいそう喜びました。陛下に申し上げますが、どこからも援軍の来る望みがなく、これほど大勢の敵に囲まれて、こんなにもこのくにの奥深くまで踏み入ったものですから、われわれのうち誰ひとりとして強い恐怖感に襲われない者はいなかったのであります。それゆえ、私は二度と抜け出せないところへ彼らを引き入れた張本人でペドロ・

(20) ないしシコテンカトル (Xicotencatl)。ティツァトラン (Tizatlan) の首長の息子で勇敢かつ有能な司令官。父親と同じ名をもつ。

タスカルテカルに入ったコルテス（トラスカラ写本）

カルボネロ(21)のようだという話が、ひそかにあるいは公然と私の耳にはいって参りました。そればかりではありません。私が、狂ったあげく二度と脱出できないところへ足を踏み入れているのなら、自分たちはそれにならわず海へ戻ろう、私もいっしょに戻るつもりならそれでよし、もしそうでなければ置き去りにして行こうと、私の仲間たちが数人、小屋で話し合っているのを彼らからは見えないところで耳にいたしました。彼らからなんども引き返すよう求められましたが、私は、諸君は陛下の臣下であり、スペイン人はいずこにおいても決して任務を怠ることはなく、しかもわれわれは陛下のためにこの世にある最大の王国と領地を勝ちとろうとしているのだということをよく考えるがよい、と述べ彼らを励ましました。われわれの信仰の敵と戦うことにより、キリスト教徒としての義務を果たすのみならず、これによってわれわれは天上の栄光を得、また現世においてもこれまでいかなる時代にも与えられたことのない最高の栄誉を勝ちとるのであると説き聞かせました。神はわれわれの側についておられ、神に不可能なことはないということを忘れてはならない、その証拠に敵軍はあれほどの死者を出したにもかかわらず、わが軍は死者もなく、数々の勝利を納めたではないか、とも述べました。その他、部下に言い聞かせたほうがよいと思われるこのたぐいのことを話しました。これらの言葉と陛下のご庇護に励まされ、彼らは大いに元気を取り戻し、私は始めた事業を完遂するという私の目的と希望に彼らを従わせることができました。

タスカルテカルとの和平

その次の日の一〇時ごろ、この地方の軍司令官であるシンテンガルが、五〇人ばかりの重きをなす者を伴って私のところにやって参りました。そしてシンテンガル自身およびこの地方全体で最も重要な人物であるマヒスカシン[22]ならびにその他多くの首長からの願いだとして、陛下の臣下およびあなたの友人となることを認めてほしい、また過去の誤りは許していただきたい、われわれはあなた方が誰であるかを知らなかった、と釈明しました。彼らは、誰にも臣服、隷属しないために、昼も夜も力の限りを尽くしたのであり、それはこの地方はこれまで一度も誰かの臣下になったことも、主君というものを戴いたこともなく、またいまもそのようなものはなく、むしろ大昔から自由に自分たちの力で生きてきたからである、と述べました。そして、この国の全土を征服したムテスマとその父および祖父たちの強大な勢力に対しても、常に自分たちを守り通したのであり、彼らに四方を取り囲まれ、この地方から一歩も外へは出られないが、彼らはいまだ自分たちを征服できないのだ、と語りました。支配地内に塩はなく、他の地方へ買いに出かけることもできないので、塩は口にして

(21) 国土回復戦争時のスペインの将官。モーロ（ムーア）人を追放しようと敵陣の奥深くまで攻め入り、彼の部隊は彼を含め全員がモーロ人に殺された。以来、〝ペドロ・カルボネロ〟はスペインの兵士にとって無謀な武勇を発揮しようとして悲劇に終わった兵士の象徴。

(22) マヒスカシン（マシシュカツィン Maxixcatzin）はオコテルルコの首長で、シンテンガル（ないしシコテンカトル）はティサトランの首長であった。タスカルテカルの四人の首長のうちマヒスカシンが最も影響力があったらしい。コルテスは他の二名の首長とは交際がなかったようでなんら言及していない。タスカルテカルの政治組織については註16参照。

タスカルテカルの首長たちの洗礼（トラスカラ写本）

いない、またこの地方は寒冷のため綿花を栽培できないので、綿製の衣類は着ておらず、こうして閉じ込められているがゆえに、欠乏している品は他にもたくさんある、と話しました。[23]

そして、これをすべて耐え忍んできたのは、自由でいるほうが誰かに従属するよりもよいと考えたからであり、あなたに対しても同じように考えたのだ、と述べました。そのために、前述のとおり力の限りを尽くしたのであるが、力をもってしても、また術策を用いても無益であることがはっきり分かったので、ここで討ち死にして住居が破壊され、妻や子が殺されるより、陛下の臣下になることを望む、と申し出ました。私は、あなたたちが受けた被害の責任はあなたたち自身にあることを認めるようにと述べ、センポアルの者たちから、あなたたちは私の友人であり、友人になることを望んでいると明言されたので、私は友人のもとへ赴くつもりで当地にやって来たのだと述べ、彼らを満足させました。また私は、当地を訪れ、あなたたちと友人になることを望んでいる旨を伝えるため、前もって使者を派遣したにもかかわらず、それには返答せず、私が安心してやって来たところ、途中で奇襲をかけ、馬を二頭殺し、他の馬にも傷を負わせたではないか、と詰責しました。そればかりか、私と戦闘を交えたすえ使者をよこして、あれは自分たちの許可や同意なく、また報告もなくある別の地域の者たちが行ったことである、しかしその者たちを戒めておいた、自分たちはあなたの友人になりたい、と述べたではないか。そして私はその言葉を信用し、よく分かった、明日は必ず友人の家へ赴くつもりであなたたちの家へ行こう、と言ったが、そのときもやはり道中私を襲い、私から和平を求められていたにもかかわらず、日が暮れるまで丸一日私を相手に戦ったではないか、と彼らを責めました。その他、彼らが私に敵対して行ったあらゆることを彼らに思い出させましたが、陛下をお煩わせしないため、それについては申し述べないでおきます。結局、彼らは進んで陛下の臣下となり、陛下にご奉仕したい、また身柄と財産を差し出したい、と申し出ました。彼らはそのとおり実行し、以来今日までそうして参りましたので、のちほど陛下にもお分かりいただけると存じますが、彼らは今後ともいつまでもそうするであろうと思います。

タスカルテカルの描写　私は野営地を離れず、そこに六日ないし七日間逗留いたしました。彼らは、この地方のすべての首長が住んでいる大きな市《まち》があるので、そこへ来てほしいと懇願しましたが、私は彼らをあえて信用しようとはしませんでした。そのうち、首長一同が私のところへ来て、市では手厚くもてなし野営地にはない品々も用意できるから、ぜひ市へきてほしいと懇請いたしました。彼らは、私が友人であり、彼らも私も陛下の臣下であるというのに、私をそのようなみすぼらしいところに寝泊まりさせておくのは恥ずかしいと思ったのです。彼らの懇請に従い、私は野営地から六レグア〔三三㎞〕のところにある市へやって来ました。

（23）塩は中央高原における重要な交易の品で、ほとんどはイスタパルカ（ixtapaluca）およびイスタパラパ（Ixtapalapa）に近い硝石鉱山で産した。

この市《まち》は、とても壮大ですばらしく、それについて述べ得る多くのことを省き、ここではほんの一端をご報告するに過ぎませんが、それでもほとんど信じ難いことのように思えるでしょう。と申しますのも、この市はグラナダよりも遥かに大きく、奪回されたときのグラナダよりもずっと堅固で、美しい建物があり、人口も多いからです。(24) また、パン・鳥・動物・川魚・野菜、その他おいしい土地の食物が一段と豊富にあります。(25) この市には大市場が一つあり、毎日三万人以上の人びとが集まり、ものを売り買いしていますが、その他、この市のいたるところに小市場があります。この大市場には、食物でも、衣料でも、履物でも、あらゆるものがあって取引され、手に入れることができます。金・銀・宝石の細工物があるかと思うと、羽毛の装身具などがあり、世界中のすべての広場や市場におけるように、実によくなにもかも揃っています。スペインの最上の品に匹敵するような良質の土器のかずかずもあります。たくさんの薪や炭や食用の草や薬草も売っています。(26) 床屋のように、頭を洗って剃る店もあり、浴場もあります。要するに、彼らの間には立派な法と秩序があり、彼らは理性と分別のある人びとです。それゆえ、アフリカの最良の者ですら彼らに及びません。

この地方には平坦で美しい盆地が多く、どの盆地も種がまかれ、耕作されており、休閑地はありません。この地方の統治の仕方は、これまでに判明したところによりますと、ベネシア〔ヴェネツィア〕、ヘノバ〔ジェノヴァ〕およびピサのそれとほぼ同様であり、全体の首長というものは存在しません。首長は大勢おり、みなこの市に住んでいます。住民は農夫で、これら首長の家来ですが、それぞれ自分の土地を持っております。もっとも、人によりその土地の広さは異なります。戦争をはじめるときには、すべての首長が集まり、全員で協議して決めます。

悪人を罰するにも、一定の裁判の方法があるように思われます。と申しますのは、この地方のひとりの住民が、スペイン人の黄金を盗みましたので、私はそれを最高位の首長であるあのマヒスカシンに話しましたところ、捜査の後そこから近いチュルルテカル〔現プエブラ州チョルラ、タスカルテカルの南約三〇㎞〕という別の市まで追跡して犯人を捕え、黄金といっしょに犯人を私に引き渡したうえ、私に彼を処罰するよう求めました。私は、彼らが骨を折ってくれたことに対して感謝し、ここはあなた方の土地であるので、この男はあなた方の慣習に従って罰してほしい、私はあなた方の土地へ来てあなた方の家来の処罰には介入したくない、と答えました。彼らは、私に感謝の意を表してから、彼を捕え、その犯した罪を大声でふれ歩きながら、あの大市場へ連れて行きました。市場の真中には舞台のようなものがあり、男をその傍に立たせ、ふれ役が舞台の上に登って、ふたたび彼の罪状を大声で公表いたしました。するとこれを見て、みなが棍棒で彼の頭をたたき、とうとう彼を殺してしまいました。われわれはこのほかにも、盗みやその他の罪を犯したとのことで投獄されている者を多数見かけました。[27] 私が巡察させたところによりますと、この地方は人口が一五万です。また、この地方に隣接したグァシンカンゴ[28]と呼ばれる小さな地方でも、ここと同じような生活が営まれ、もともと首長というものをもっておりません。彼らも、陛下の臣下として、このタスカルテカ〔タスカルテカル〕の者に優るとも劣りません。

(24) タスカルテカルには四つの首邑によって治められる大小の町や村のほかに、自立性をもった多くのコミュニティが存在したといわれ（Gibson, 1952, p. 10）、一五一九年当時、人口二五万人、面積四五〇〇平方キロメートルだったと推定されている。グラナダを併合し、再征服運動が終了した頃のスペインの都市は比較的小さく、最も大きなトレド、セビーリャ、グラナダの人口が五万人そこそこであった。

(25) パンはトルティーリャ、鳥はシチメンチョウのこと。飼育されたガチョウやカモ（アヒル）もいたが、ほとんどは野生であった。魚釣りには網、つり針、もり、棒などが使われた（Clavijero, Libro VII, 33-34）。

(26) 商取引はすべて物々交換であった。通貨は存在せず、物々交換による差額の支払いはココア豆が使われた。マヤ人の間では赤い貝ないしビーズが使われた（Landa, 23）。

(27) メキシコは監獄というものを持たない社会だったので、彼らは生け贄にされるのを待っていたのであろう。盗みは盗品が持ち主へ返却されるまで奴隷にされるか、盗まれた金額の二倍の罰金を支払うという罰を課された。街道や市場における盗みおよび宗教祭式に使われる材料としての金、銀、ひすい等の盗みは死刑に処せられた（Pagden, Hernan Cortes, *Letters from Mexico*, p. 464, n. 23）。

カトリックの信仰あつき君主。いまだあの戦場の野営地で、私がこの地方の者たちと闘っておりましたころ、ムテスマの主だった家来である六名の首長が、二〇〇人の従者を伴って私のところへ参り、彼らはムテスマから派遣され、ムテスマが陛下の臣下となり、私の友人となることを希望している旨を伝えるためにやって来たと申し出ました。そして、金・銀・宝石・奴隷・綿の衣類、あるいはその他なんなりと、年貢として陛下に毎年献呈すべきものを教えてほしい、あなたがムテスマの地へ行かないということであれば、なにもかも献上したい、そこ〔ムテスマの地〕はきわめて不毛の地で、あらゆる糧食が不足しているため、あなたとあなたの従者が不自由するのは心苦しいから、と述べました。そして、一〇〇〇ペソもの金と、彼らが着ているのと同じ綿の衣服をたくさん私に送り届けてきました。彼らは、戦闘が終わるまでほとんど私といっしょにいましたので、スペイン人の力を目のあたりにし、またわれわれとこの地方の者が和睦したことや、この地方の全首長が陛下の臣下になりたいと申し出たのを見ていたのです。そして、彼らの態度からして、彼らはそれをあまり快く思っていなかったようであります。彼らは、この地方の者たちが言ったことは嘘で、彼らの誓った友情も本物ではない、それは、彼らがあなたを安心させ、自分の身の安全を図りつつあなたを裏切ることができるようにしていることである、と述べ、八方手をつくして、私と彼らの仲を裂こうと試みました。一方この地方の者たちは、あのムテスマの家臣らを信用しないように、彼らは裏切者で、常に背信と奸計によって事をなし、それによってこれまであらゆる地方を征服してきたのだ、となんども私に忠告してきました。そして、これは真の友人として、また彼らを昔からよく知る者として注意するのである、と付言しました。両者の間に不和と対立があることが分かり、私はその方が自分の目的にとって都合よく、よりたやすく彼らを征服できるであろうと思い、少なからず喜びました。あの〝山〟についてのことわざもありますし(29)、また私は聖書にも「自ら分裂する国はくずれ(30)」とあるのを思い起こしました。そこで私は両方をうまくつなぎとめ、ひそかにおのおのに対して忠告を感謝し、どちらにも、自分たちの方によりいっそう私が友情を抱いているように思わせました。

この市《まち》に滞在して二〇日あまりたちましたころ、ずっと私のもとにいた、ムテスマの使者であるあの首長たちが私に、このタスカルテカ〔タスカルテカル〕から六レグア〔三三㎞〕のところにあるチュルルテカル(31)という市へ行ってほしい、そこの住民はわれらの主君ムテスマの味方だから、と申しました。そして、ムテスマの地をあなたが訪れることがムテスマの意に沿うことかどうかがそこで分かるであろう、またわれわれのうちの誰かがムテスマのところへ赴き、あなたが話したことを伝え、彼の返答をもち帰ることにしたい、と述べました。彼らは、私に会いに来た別のムテスマの使者がそこに居ることを知りながらそう述べました。私はそこへ行こうと言い、いついつに出発しよう、とその日を指定しました。すると、ここのタスカルテカ〔タスカルテカル〕の者たちは、彼らが私と話をつけ、私が彼らとともにその市へ行くことに応じたのを知り、首長たちがたいそう残念そうに私のところへ来て、決して行かないように、あの市であなたとあなたの仲間を殺そうという陰謀がたくらまれているから、と述べました。彼らの述べるところによりますと、ムテスマの支配地の一部とその町は隣接しているので、彼はそのために自分の支配地からすでに五万の兵を派遣し、その市から二レグアのところに駐屯させているとのことでした。そして彼らは、ふだん使用している街道はふさいで別の道をつくり、そこには馬が転んで足が不自由に

(28) ないしグァスシンゴ、グァホシンゴ。現在のウェホツィンゴ（Huejotzingo）。タスカルテカルの南西約二八キロメートル。

(29)「山を焼いた者は山の中からあらわれる」（Del monte sale quien el monte quema）ということわざのことを指している。「害はふつう身内や味方から発するものだ」との意味。

(30) この一句はラテン語で引用されている。マテオ福音書第一二章二五節。

(31) 現在のチョルラ（Cholula）。メキシコ市から一二〇キロメートル。アナワックの聖地で、トラロック（雨の神）の神殿、ケツアルコアトル（翼蛇の神）の神殿等の大ピラミッドがあった。神権政治が行われ、軍を指揮する総司令官は神官によって選ばれた。一般の市民生活に係わる事項は六人の貴族によって構成された評議会が執行した（MacNutt, *Letters of Cortes*, p. 212）。スペイン人はその後土と草で覆われたピラミッドの上にカトリック教会を建てた。

なるように、落とし穴をたくさん掘って、中に先の尖った棒を立てて被い隠してある、と述べました。また、あなた方が市に入ったら、確実にあなた方を捕捉し、彼らの意のままにできるよう、多くの街路に防壁を設け、建物の屋上にはたくさんの石を用意している、いま言ったことが本当であるということを確かめたければ、あの市の首長たちがここから目と鼻の先に住みながら、一向にあなたに会いにも話しにもやって来ないのを見ればわかるであろう、彼らより遠くに住むグァシンカンゴの者たちですら会いに来たのに、と語りました。そしてまた、もし彼らを呼びにやれば、彼らがあなたのもとへ来たがらないということが分かるだろう、とも付言しました。私はこの忠告に礼を述べ、私の使いとして彼らを呼びにやるための人を貸してほしいと頼みました。さっそく人を用意してくれましたので、私は彼らを派遣して、陛下に代わって話したいことがあり、また私の当地来訪の理由も伝えたいので、私に会いに来てほしい、と伝えさせることにしました。

使者は、その市《まち》の首長のところへ赴き、私の伝言を伝えました。するとこの使者といっしょに、あまり地位の高くない者が二、三名やって参り、首長たちは病気で来られないので、自分たちが名代として参上した、話は自分たちに聞かせてほしい、と述べました。この市の者は、それはうそで、これらの使者は身分の卑しい者である、あの市の首長たちがここへ来ない限り、どんなことがあっても出発しない方がよい、と申しました。そこで私は使者に向かって、聖陛下のごときかくも高貴な君主のことばをお前たちのような者に伝えるわけにはいかない、お前たちの首長ですらそれを耳にするにふさわしくないほどである、それゆえ三日以内に首長が私のまえに出頭し、陛下への服従を誓い、陛下の臣下となることを申し出るべきである、と述べ、もし与えられた期限がすぎても現れない場合には、こちらより攻撃してお前たちを粉砕し、陛下の統治下に属することを拒んだ反逆者として処置するつもりである、と警告いたしました。また私は、この地はもちろん、その他さらに広大なくにと支配地が陛下に帰属しており、陛下の臣下となる者は厚遇され、庇護されるが、逆に陛下に背く者は、正義にのっとり罰せられるであろうと述べ、陛下のご身分ならびに私の来訪に関する詳細な説明を付し、私と公証人が署名した令状を彼らに送り届けました。

チュルルテカルの使者、コルテスを訪問

翌日、その市《まち》の首長が何人かやって来ましたが、それは首長の全員といってもよいでしょう。そして、これまで参上しなかったのは、この地方の者がわれわれの敵であるため、無事にはこの地方へ入れないと思い、あえて来なかったのである、この地方の者はわれわれのことをあなたになにか言ったことと思うが、それは彼らが敵として言ったことで、本当はそうではないから信用しないでほしい、と申しました。われわれの市へくれば、当地の者が語ったことは偽りで、われわれの明言したことが真実であるということが分かるであろう、われわれはこれからは陛下の臣下となり、末永くお仕えするであろう、そして陛下の御名においてわれわれに命ぜられるあらゆることに従い、協力しよう、と申しました。これを、公証人が、私の帯同しておりました通訳をとおして記録いたしました。私は、彼らに弱みを見せないため、またそこでムテスマと交渉を行おうと考え、やはり彼らといっしょにその市《まち》へ行くことに決めました。先に申し上げましたように、この市《まち》とムテスマの支配地は隣接しておりますうえに、道にはなんの障害もなく、どちらからも頻繁に往き来しているからであります。

タスカルテカルの者は、私の決定を知るとたいそう残念がり、あなたは間違っている、といくども繰り返して諫めてきました。しかし、すでに聖陛下の臣下ならびにあなたの友人となることを約束したからには、いつでもあなたを助けられるようにお伴をしたい、と申しました。(32) 私はそれを差し止め、その必要はないから来ないようにと申し付けました。それでもなお、完全に武装した一〇万の兵が私のあとに従い、その市《まち》の二レグア手前までついて来ました。そこからは、私が執拗に主張したため、引き返しましたが、なお彼らのうち五、六〇〇〇人が私のもとに居残りました。私は彼らが市で騒ぎを起こすといけないので彼らから離れたほうがよいと思い、またもう時刻も遅く、市へあまり遅くに入りたくなかったものですから、市から二レグアのところにある小川のほと

コルテスの通訳を務めるマリーナ（トラスカラ写本）

りで眠りました。翌朝、市の者がラッパと太鼓をたくさんさげて、途中まで私を出迎えにやって来ました。彼らの寺院《メスキータ》で聖職者の役割を果たす者たちも大勢、その寺院で着る衣装を身につけ、寺院でうたうのとまったく同じ調子でうたいながら、同行して参りました。こうして厳かにわれわれを市の中まで案内して、とても立派な宿舎に招き入れ、私の供の者もみな泊まることができましたので私は安心いたしました。そこへ、十分ではありませんが、食事も持って来てくれました。道中、この地方の住民〔タスカルテカル人〕が私に予告しておりました数々の徴候に遭遇しました。街道は封鎖され、別の道ができており、数はそれほど多くはありませんが落とし穴があり、市のいくつかの街路には防壁が築かれ、どの屋上にも石がたくさん積んでありました。そこでわれわれは、いっそう注意し、警戒を厳重にせざるを得ませんでした。

そこには、ムテスマの使者が、私に同行していた者と話すためになん人か来ておりました。これらの使者は、私とは一言もしゃべらず、私となにをし、どんな約束を結んだのかを彼らから聞き、主君に報告するために来ていたのです。そして、彼らは話が終わると帰って行き、それまで私といっしょにいたうちのひとりで最も身分の高い者も去ってしまいました。私はそこに三日間滞在しましたが、待遇はきわめて悪く、それも日ましにひどくなり、市《まち》の首長たちや主だった者はほとんど会いに参りませんでした。私がこれにいささか当惑しておりましたところ、最初の書簡ですでに陛下にご報告申し上げましたあの大きな河、ポトンチャンの地方で手に入れたインディオ娘である私の通訳(33)に、この市の娘が次のように話したそうです。ここからすぐ近くにムテスマの兵士が大勢集結していて、この市の住民は、市の外へ女と子供を連れ出し、衣服もすべて運び出し、あなた方を襲撃して皆殺しにしようとしている、だからもし助かりたければ自分といっしょに来るように、私がかくまってあげるから、と。彼女はこれをあのヘロニモ・デ・アギラル(34)に話

(32) タスカルテカル人の真の目的はコルテスにチュルルテカルと戦わせ、無敵のスペイン人の助けを借りて宿敵を潰滅することにあった（MacNutt, p. 216)。

(33) ドニャ・マリーナの名で知られている女性。俗称ラ・マリンチェ。コルテスは「ポトンチャンの地方で手に入れた」と言っているが、実際は彼がタバスコ（グリハルバ河流域）のマヤ系先住民と戦って（シントラの闘い、第一書簡註34参照）勝ったのち、相手の首長から贈られた二〇人の女性のうちの一人だった。ベルナル・ディアス（cap. 37）によれば、ドニャ・マリーナはベラ・クルスのある首長の娘で、父の死後、母が別の首長と結婚して彼との間に生まれた弟（ラサロ）に相続権を与えるため彼女を密かにシカランゴの商人に売り、そこからさらにタバスコの首長に売られたという。彼女の出身地は明らかではない。ハルティパン（Jaltipan）との説もあり、またのちにコルテスによって結婚させられた彼女の夫ファン・ハラミリョによれば、彼女はベラ・クルスのオルータ（Oluta）の首長の娘であるとしている。メヒコの言語であるナワトル語が彼女の母語であり、またタバスコ地方でマヤ語を覚えたので、コルテスの通訳をつとめ、彼女がナワトル語からマヤ語に訳し、それをアギラル（第一書簡註29参照）がスペイン語に訳していたが、そのうちにスペイン語をよくするようになり、彼女が直接ナワ語からスペイン語に訳すようになった。コルテスとの間にマルティンという子をもうけているが、コルテスはのちに彼女を征服者のひとりファン・ハラミリョと結婚させた。彼女のナワトル語名はマリナル（Malinal またはマリナリ Malinalli, メキシコの月の一二日目の意）で、マリンチェはその敬語であるマリナルツィン（Malinaltzin）が訛ったもので、マリナ（Marina）はカトリックの洗礼名である。

チュルルテカルの大虐殺（トラスカラ写本）

しました。彼も、先に陛下にご報告いたしましたとおり、ユカタンで見つけた通訳ですが、彼がそれを私に知らせてくれたのです。そこで、私は、通りかかったこの市の住民をひとり、誰にも見られずに、別の場所へひそかに連れて行き、訊問しましたところ、インディオ娘およびタスカルテカルの住民たちが言ったことと符合いたしました。

チュルルテカルの大虐殺　この話を聞き、これを裏づける証拠が見受けられましたので、私は襲われるまえに先手を打つことに決め、話したいことがあるからと言って、この市《まち》の首長たちを何人か召喚し、一つの部屋に閉じ込めました。その間、兵士に戦闘の準備をさせ、小銃《エスコペタ》を一つ発射すれば宿舎の傍や中にいるおびただしい数のインディオに命中するようにしました。そして、これはそのとおり実行されました。私は首長を前述の部屋に入れ、縛り上げてから、馬に乗り、小銃を発射するよう命じました。このことをわれわれは実に手際よく行いましたので、二、三時間のうちに三〇〇〇人以上が死にました。彼らがいかに戦闘準備を整えていたかを陛下にご理解いただくために申し上げますが、私が宿舎を出る前に、彼らはすでにあらゆる街路を占拠し、みなそれぞれの位置についていたのです。しかしわれわれの方から奇襲をかけましたし、それになによりも彼らは、指揮官がすでに捕えられて欠けていたものですから、あっけなく敗れたのです。私は、彼らの攻防の拠点となっていた堅固な塔や建物に火をつけさせました。われわれの宿舎は、きわめて牢固にできていましたが、ここをなお厳重に警戒させ、私は市のなかを五時間あまりも戦い続け、市のいたるところから、敵をひとり残らず追い出しました。これも、タスカルテカのインディオ五〇〇〇名とセンポアルのインディオ四〇〇名が、私をよく助けてくれたお蔭でございます(35)。

私は宿舎へ戻り、さきに捕えておいたあの首長たちに、私を裏切って殺そうとした理由を問い質しました。すると彼らは、あれはわれわれの責任ではない、ムテスマの配下にあるクルアの者たちが自分たちをそそのかしたのだ、ムテスマは計画を実行に移すため、これこれの場所に五万の兵を待機させていた、と答えました。その後分かったところによりますと、その場所はこの市《まち》から一レグア半ほどあるように思われました。しかし、彼らは、これまでいかに〔ムテスマに〕だまされていたかがよく分かった、ついては市の者を集め、市の外にいるすべての女・子供や衣類を市へもどしたいので、自分たちのうちの一人か二人を自由にしてほしい、と申しました。そして、犯したあやまちは許してほしいと懇願し、これからは誰にもだまされず、陛下の忠実にして信頼のおける臣下およびあなたの友人となる、と約束いたしました。私は、彼らのあやまちにつき種々述べ立ててから、そのうちの二人を放してやりました。翌日、市全体が女や子供で満ちあふれ、先の出来ごとはまったくなかったかのように平和になりました。そこで、監禁しておいた他の首長も、すぐに全員釈放してやりましたが、彼らは陛下にきわめて忠実にご奉仕することを誓いました。ここに一五日ないし二〇日ばかり滞在しておりますうちに、この

(34) 第一書簡註29参照。

地も市《まち》もまったく平穏になり、人の数もふえ、住民の数はすっかり元どおりになったようにさえ思われました。市の市場や商取引ももとの状態にもどりました。また、私はこのチュルルテカルの市の者とタスカルテカルの者を和睦させました。元来彼らは親しい間柄にあったのですが、ごく最近になって、ムテスマが一方に贈り物を与えてこれを味方に引き入れ、他方と敵対させたのであります(36)。

チュルルテカルの描写

このチュルルテカルの市《まち》は平原にあり、市のなかに二万戸、市はずれにさらに同数の家があります。そして一つの独立した領域をなし、隣国との境界線もはっきりしております。いかなる主人にも服属せず、タスカルテカルの者と同様に自立しています。この市の人びとはタスカルテカルの者よりいくぶん立派な衣服を着ております。すなわち、ここでは折り目正しい住民はみな、他の衣服の上にアラビア・マントのようなものを着用しているのです。もっとも、ポケットがついていますので、アフリカ人が着るものとは異なりますが、仕立てや布地やふち飾りはとても似かよっています。あの出来ごとがありましてから、いまも、この市の者はみな陛下のきわめて忠実な臣下となり、陛下の御名により私が要請し命令いたしますことには、まことに従順であります。そしてそれは今後も変わらないであろうと思います。この市は、耕作に適した実に肥沃な地にあります。広大な土地をもち、その大部分は灌漑されております。また塔がとても多く、かつ平坦なところにありますので、遠くから眺めた姿は、スペインにあるどの市よりも美しいのです。陛下にご証言申し上げますが、寺院の上からこの市にある塔の数を数えましたところ、なんと四三〇いくつもあり、それがすべて寺院の塔なのであります。ここには家畜を飼育するための未開墾地と水がありますので、海岸を後にして以来私が見ましたうちでは、ここがスペイン人の住むのに最も適した市であります。これまで見て参りましたうちで、これほどのところは他にありません。と申しますのも当地に住む人の数はおびただしく、耕されていない土地は少しもないからでございます。それにもかかわらず、どこでも人びとは食糧不足に苦しんでおり、貧しい者が多く、彼らは街頭で、あるいは家々や市場で、金持ちに施しを乞うております。ちょうど、スペインその他分別ある人間(37)が住んでいる土地で、貧しい者がしているのと同様であります。

チュルルテカル人の陰謀について　私は、私のもとにいたあのムテスマの使者に対して、彼らがこの市《まち》で行おうとした私への反逆行為について話し、この市の首長は、ムテスマの勧めに従って行われたものであると断言して

（35）チュルルテカル（現チョルラ）の大虐殺はスペイン人の征服の歴史の中でも最も大規模なものであった。その非難の先頭に立ったラス・カサスはコルテスがメキシコの首都に恐怖心を植えつけ帰順させるためにチュルルテカルの無辜の民を虐殺したと厳しく断じている（『インディアスの破壊についての簡潔な報告』岩波文庫、六二頁）。コルテスが主張するムテスマによる陰謀説はベルナル・ディアス（cap. 83）およびその他の記録者によって支持されてはいるものの、やや弁解じみている。チュルルテカルは宗教の中心地であり、住民はほとんど商人であった。もちろん、だからといってスペイン人の追い出しを企てないとは限らないが、ムテスマがそのような聖地を待ち伏せの場所に使うとは考えにくい。しかもチュルルテカルがメヒコの配下に属したのはかなり最近であり、彼らをそれほど信用していたとも考え難い。コルテスはムテスマの兵士が大勢集結していたと述べているが、殺りくのあと彼らについてはなんら言及していない。オロスコ・イ・ベラは、この陰謀説はタスカルテカル人が、おそらくドニャ・マリーナの協力を得て、仇敵に復讐するため捏造したものではないかとしている（*Historia antigua*, IV, 252）。その可能性もあるが、コルテスが海岸地帯とのコミュニケーションの確保になによりも意を用いていたということも大きいと思われる。死者の数については、コルテスは二時間で三〇〇〇人としているが、バスケス・デ・タピアは二万人としている。おそらく五〇〇〇人と一万人の間であろう（Pagden, n. 27）。

（36）タスカルテカルとチュルルテカルはメヒコ、テスイコおよびタクバ（ないしトラコパン）の三国同盟に対抗して共に戦った仲であったが、その後の両者間のいさかいをムテスマが巧みに利用して助長し、両者間の戦争に導いた。その際チュルルテカルはメヒコの援助を求め、それを機に独立を失った（MacNutt, p. 220）。

（37）**gente de razón** の訳。ことの理非をわきまえた文明人の意味。都会を形成して、整然と、秩序正しく清潔に生活する人びとをさす。一三四頁参照。

いるではないか、と問い詰めました。また、あなた方のような高位の人びとを使者として派遣し、私の友人であると言いながら、一方では計画どおりにいかなかった場合の言い逃れのため、第三者の手で私を攻撃するような術策を弄するとは、ムテスマのごとき偉大な君主のなすこととは思えない、しかし事実はそうであった、ムテスマは私との約束を守らず、私に真実を述べなかった、従って私も考えを変えよう、これまで私は、彼と会って話し、彼の友人となるために彼の地へ赴き、ムテスマと親しく語り合い、和親を結ぶつもりであったが、これからは戦闘のために彼の地にはいり、敵として思う存分の攻撃を彼に加えるつもりである、これは私としてはきわめて残念なことである、私はいつも彼が私の友人であることを望み、またこの土地で私が行うべきことについては常に彼の意向を尊重したいと思っていたから、と申し渡しました。

すると彼らは、このところ永らくあなたのもとにいたため、このたびの策謀については、この市へ来て事件の後に知ったことを除いて、なにも承知していない、われわれにはそれがムテスマの意見および命令によって行われたとは信じられない、と答えました。そして、私が先に述べたように、彼への友情を捨て、戦いを挑もうと決心する前に、真実をよく確かめてほしい、そのためにわれわれのうちのひとりが彼のところへ赴き、話すことを認めていただきたい、すぐに戻るから、と懇願いたしました。この市からムテスマが住んでいるところまで、二〇レグア〔一一一㎞〕あります。私は、それは結構なことだと言い、彼らのうちのひとりを行かせてやりました。それから六日たって、その使者と先に立ち去ったもうひとりの使者が戻って来て、金の皿を一〇枚、衣類を一五〇〇着のほか、鶏やパンや彼らが飲む飲み物の一種であるカカオ(38)をたくさん持ち帰りました。そして、ムテスマは、チュルルテカルで騒動を起こそうという企てがあったことをきわめて遺憾に思っている、なぜならあなた方があれは彼の意見と命令によるものだと思うに違いないから、しかしムテスマは、事実はそうではないと保証している、あそこにいた守備隊は確かに彼の配下の者ではあるが、彼らは彼の命令もないまま、チュルルテカルの者の誘いにのって動いたのである、というのは、彼らはいずれもムテスマの地であるアカンシンゴ〔現プエブラ州アカツィンゴ〕というところと、チュルルテカルの地に隣接するイスカカン〔ないしイスクカン、現プエブラ州イスカル〕というところの二地方から来ており、彼らの間には相互に助け合うための同盟が存在するからである、だから彼らはチュルルテカルへやって来たのであり、ムテスマの命令によるものではない、ムテスマの伝えてよこしたことが本当かどうかは、今後の彼の行動を見ていただければ分かるであろう、と語りました。そしてなおも、私にムテスマの地へ行こうとはしないでほしいと懇願し、そこは土地がやせており、あなた方は食糧不足に苦しむであろう、あなたがどこにいようとも、あなたの望みのものを彼に伝えてよこせば、間違いなくそれを届けるから、と付言しました。

　私は、彼の地へ行くことをやめるわけにはいかない、それは彼と彼の地について陛下にご報告申し上げねばならないからである、彼が伝えてよこしたことを信用するが、だからといって私が彼に会いに行くのをやめる必要はないであろう、彼もこれを快く認め、反対しないでほしい、さもなければ彼に甚大な害が及ぶこととなろう、私としてはあなたたちを少しでも傷つけることは心苦しい、と答えました。ムテスマの地を訪れ彼に会いたいという私の意志が固いことを知り、彼は私に、いつでも来るように、自分の住む大都《グラン・シウダ》であなたを迎えたい、と言ってよこしました。そして、私はすでに彼の地に入ろうとしておりましたので、彼は、私に同行するようにと家来を大勢派遣して参りました。ところが、のちほど分かったところによりますと、彼らはわれわれを襲う手はずが整っていたらしい道へ誘導しようとしておりました。と申しますのは、私がのちにその地へ派遣いたしました多くのスペイン人がそれを眼にしたのであります。その道には橋や難所がいたるところにありましたので、もしそこを通っておれば、彼らは難なく目的を果たし得たことでありましょう。しかしながら、神は、聖陛下ご幼少のころより、常に陛下のご公務をお導きになっておられますが、私も私の仲間も陛下へのご奉仕として参りま

(38) カカオはメソアメリカの原産で、飲料として用いられるほか、一種の通貨の役割も果たした（註26参照）。

ポポカテペトル火山

したゆえ、神はもう一つの道をわれわれにお示し下さったのであります。それはやや険しい道ではありましたが、彼らが誘導しようとした道ほど危険ではありませんでした。そのいきさつは次のとおりでございます。

ポポカテペトル火山　チュルルテカルの市《まち》から八レグア〔四五㎞〕のところに、たいそう高い、実に不思議な山が二つあります[39]。八月の末というのにたくさんの雪をいただき、頂上は雪のほかなにも見えません。二つのうちの高いほうの山からは、昼も夜も、幾度となく、巨大な建物のような煙のかたまりが噴き出しております。そして山の上のほう、雲のあるところまで、征矢《そや》のように真直ぐに登って行きます。その勢いが非常に強いのでしょう、山の上ではいつもたいそう強い風が吹いておりますのに、煙は風になびきません。私はつねづね、当地の諸事情につき、陛下にきわめて克明にご報告申し上げたいと念じておりましたが、この山は私にはいささか不思議に思えましたので、その秘密を探りたいと思い、このような仕事に適した私の部下を一〇名、および道案内のため当地の先住民を幾人か派遣いたしました[40]。そして山に登り、その煙がどこからどういう風に出ているのか、その秘密を調べるようにと、とくに念を押しました。彼らは出発し、頂上まで登ろうと力の限りを尽くしましたが、山はとても雪が深く、灰の旋風が吹き荒れているうえ、山頂の厳しい寒さには耐え難く、どうしても頂上に達することはできませんでした。しかし、頂上のごく近くまで辿り着き、あまり近くまで行ったものですから、ちょうど上であの煙が凄まじい勢いで轟音とともに噴き出し始めたときには、あたかも山そのものが崩壊するかのようであったと申します。そこで彼らは山を下り、われわれに見せるために、雪や氷柱をたくさん持ち帰りました。これまで水先案内人《ピロト》たちから、当地は暑さの厳しい地域と聞いておりましたので、とても不思議に思われたのです。当地は、いつも暑さの厳しいエスパニョラ島と同緯度の二〇度に位置していると申しますゆえ、なおさらのことです。この山を見に行く途中、彼らは一本の道に出くわし、同行している先住民に、それはどこへ行く道なのかと尋ねましたところ、クルアだと答え、それがよい道で、クルアの者がわれわれを案内しようとしている別の道はよくない道であると申しました。道は山と山の間を走っており、スペイン人たちはその道を通って山を登りました。そして、クルアの平野やテミスティタンの大都、それにのちほどお話ししますその地方の湖などが見え、彼らはそんなよい道を発見できたことに大喜びで帰って来ました。これを聞いて、私もどれほど喜びましたか、神のみの知ろしめすところでございます。

山を見に行ったスペイン人たちが帰って来て、彼らからも先住民からも例の途中で見つけた道について話を聞

(39) メキシコとプエブラの間にある二つの活火山、ポポカテペトル（**Popocatépetl**, ナワトル語で「煙を出す山」の意味。海抜五五〇〇メートルで、メキシコ第二の高山）とイスタクシワトル（**Iztacchuatl**,「白い女性」の意味。仰向けに眠る女性の姿をしている。海抜五二二〇メートル）のこと。両山は夫婦として尊ばれてきた。

(40) この登山隊を率いたのは、ディエゴ・デ・オルダスである。ベルナル・ディアスによれば、彼はふたりのスペイン人兵士とグァスシンゴ（現ウェホツィンゴ）の重鎮たち何人かを率いて行った。オルダスはスペインへ帰国後「煙を出す火山」の紋章を授かったという（Bernal Díaz, cap. 78）。

いた後、私は、ムテスマの地へ案内するために私に同行しているあのムテスマの使者たちに、あなたたちの言う道よりも、こちらの道を通って行きたい、その方が近いから、と告げました。すると彼らは、あなたの言うとおりである、確かにそちらの方が近道であり、平坦でもあるが、その道を案内しないのは、それを行くとわれわれの敵であるグァスシンゴ[41]の支配地内を丸一日通過せねばならず、そこではムテスマの支配地内のようには必要なものを十分手に入れることができないからである、しかしそちらの道を通りたいとのことであれば、その道へ別のところから糧食が届くよう取り計らおう、と申し出ました。そこでわれわれは、彼らがなおも執拗にわれわれを騙そうとするのではないかという強い惧れを抱きながら出発いたしました。すでにそちらの道にするとおおやけにしていましたので、これを中止したり、あと戻りしたりしますと、われわれに勇気がないためであると思われ、好ましくないと考えたからでございます。

チュルルテカルの市《まち》を出発しました日は、グァスシンゴの市の村落まで、四レグア〔二二km〕進みました。そこで、住民から手厚く迎えられ、女奴隷や衣類や幾片かの黄金を贈られました。もっとも、黄金はごくわずかしかありませんでした。と申しますのは、彼らはタスカルテカルの者に与し、これと同盟を結んでおり、ムテスマが彼らの地を包囲していますので、他の地方との交易ができず、彼らの域内だけで取引しているため、きわめて貧しい生活を営み、黄金はもっていないのです。翌日、前に申し上げました二つの山の間にある峠を登りました。すると、ムテスマの地に属するチャルコ[42]という地方が見えましたので、峠を下りて行きますと、町々の二レグア手前に、建てられて間もないひじょうに立派な宿舎が見つかりました。とても大きく、タスカルテカル、グァスシンゴ、チュルルテカルおよびセンポアルの各地方の住民を四〇〇〇人以上も従えておりましたのに、私も伴の者もみなゆったりと泊れたほどであります。食べ物も全員に十分行き渡りました。また、雪深い二つの山に囲まれ、とても寒かったものですから、どの部屋も赤々と火が焚かれ、薪もたくさん用意されていました。

そこへ、重きをなすと思われる者が幾人か、私に話したいことがあるといってやって来て、そのうちのひとりにムテスマのきょうだいだという者がいました。彼らはムテスマからの贈り物であるとして、私に三〇〇〇ペソの黄金を持って来て、ムテスマの都へ行くことはあきらめて、帰ってほしい、なぜならそこは食べ物のひじょうに乏しいところで、そこへ行く道もきわめて悪く、また、都は水のなかにあるためカヌーを使わなければ入れないから、とムテスマの代理として懇願いたしました。そのほか、彼らはそこを訪れる場合の不都合をいろいろ並べ立てました。また、あなたの望むものをなんなりと申しつければ、われわれの主君ムテスマは、あなたになんでも与えるよう命ずるであろう、また毎年「なにかしかるべき物《セルトゥム・キード》」を贈ることを約束し、それを海岸でもどこでもあなたが望むところまで届けるであろう、と述べました。私は彼らを丁重に迎え、彼らが珍重するわれらのスペインの品をいくつか与えてやり、ムテスマのきょうだいと名のる者を、とくに手厚くもてなしました。そして私はこの使者に対し、私の一存で引き返すことができるのであれば、私はムテスマを満足させるためにそうするであろう、しかし私は陛下の命を受けて当地へ来たのであり、当地について陛下にご報告するよう命ぜられたことのうちでも、かのムテスマと彼の大都に関することが最も大切なのである、陛下はかねてより彼と彼の都について耳にしておられるのだ、と答えました。そして、私の訪問によって、彼も彼の地もなんら被害を蒙るものではなく、むしろ利益を受けるであろうから私の訪問を認めてくれるよう私が懇請している旨彼に伝えてほしい、そして私と会った後、やはり私が傍にいてほしくないとの趣きであれば私は帰ろう、あなた方は全幅の信頼をおかれてしかるべき人たちではあるが、陛下にご奉仕申し上げる方法については、第三者を介さずに、彼と私の間

(41) ないしグァシンカンゴ、グァホシンゴ（註28参照）。ベルナル・ディアス（cap. 86）はグァホシンゴ（Guaxocingo）と述べている。地形上征服の難しい地であったため、メヒコからの独立を保っていた。
(42) チャルコ地方はメヒコとの長期間にわたる戦闘の末に征服されたため、メヒコに対する忠誠心はなく、スペイン人の到来を歓迎した（MacNutt, p. 226）。なお、第三書簡ではカルコと表記されている。

で決めた方がよかろう、と申し渡しました。

この返答を聞いて、彼らは帰って行きました。前述いたしましたこの宿舎では、外の気配や中での準備の様子からみて、インディオたちが、その夜、われわれを襲おうともくろんでいるようでした。私がそれに気づいて、警戒を厳重にしますと、彼らはそれを知って計画を変更し、宿舎の傍の山々に集結していた大軍を、その夜ひそかに退却させました。これは私の夜間歩哨の多くが目撃しました。夜が明けますと、私はそこから二レグア〔一一㎞〕離れたところにあるチャルコ地方のアメカメカ[43]と呼ばれる町へ出発いたしました。この町とそこから二レグアのところにある村々を合わせますと、住民は二万を超えるでありましょう。その町では、ひじょうに立派な首長の邸宅にわれわれを泊めてくれました。そこへ重きをなすとおぼしい者が大勢私に会いにやって来て、そこで私を待ち、私の必要な品はなんでも用意するようにと、主君ムテスマから派遣されて来たと述べました。この地方と町の首長[44]は、私に四〇人の女奴隷と三〇〇〇カステリャーノの黄金をくれました。そこに二日間滞在しましたが、必要な食事はすべて、十分に用意してくれました。その翌日、私は、ムテスマの命を受けて私を待っていたという例の主だった者たちといっしょに出発し、そこから四レグア離れた小さな町まで行き、そこで宿をとることにしました。その町は大きな湖のほとりに位置し、町の半分は水の上にあります[45]。そして陸の方には、岩だらけのとても険阻な山があります。ここでもわれわれは立派な宿舎に案内されました。そして彼らは、またしても、われわれを相手に力を競おうとしたのです。それも、彼ら自身は危険を冒さないで、われわれが油断している夜間に襲うつもりでいたようです。しかし、私はひじょうに警戒しておりましたので、彼らの計画の先回りをしました。またその夜は、見張りをきわめて厳重にしていましたので、計画を実行に移せるかどうかを確かめようと、カヌーに乗って湖からやって来た彼らの偵察隊や、山から下りてきた偵察隊を捕えて殺しましたが、夜が明けますと、その数は全部で一五ないし二〇人であることが分かりました。かくして、得ようとした情報を持ち帰った者はごくわずかしかなく、われわれが常にぬかりないのをみて、彼らは計画をあきらめ、われわれをおとなしく迎えることにしました。

メキシコ渓谷へ　翌朝その町を発とうとしておりますと、一〇人から一二人の首長がやって参りました。のちほど分かったところによりますと、彼らはとくに重きをなす首長で、そのうちのひとりに二十五歳くらいの若い大首長《グラン・セニョール》がいました。(46) 彼には誰もがひじょうな敬意を払っており、乗っていた輿から彼が降りますと、他の者はみな、彼の前の地面の石ころや藁を掃き清めるほどです。彼らは、私のいるところまで来て、主君ムテスマの名代として、あなた方に同行するために派遣されてやって来た、と申しました。そして、ムテスマは、身体の調子がすぐれないため、自らあなたを迎えに出られないのを許してほしいと懇願している、しかしもう彼の都は近い、あなた方がなおも都へ行くと決心しているのであれば、そこでムテスマと会って、陛下へのご奉仕に対する彼の意志を彼の口から聞くのがよかろう、と申しました。しかし、不便も多いことだろうから、できることなら都へは来ないでほしいと、ムテスマはいまでも嘆願している、都では思うようにあなたをもてなすことができないのを、彼はとても恥ずかしく思っているのだ、と申しました。この首長たちが、迫るように、あまりにも執拗に懇

(43) ポポカテペトルの麓にあり、トラルマナルコ（ベルナル・ディアスによればタマナルコ）から約一一㎞のところにある。

(44) チマルパインによれば、アメカメカの首長カカマツィン（Cacamatzin）ないしカカマツィン・テオウアテウテウクトリ（Cacamatzin Teohuateuctli）。テスイコの首長カカマツィン（コルテスはカカマシンと表記）とは別人物である。このときパノワヤン、イストラコカウカンの首長もいっしょにコルテスを迎えたという（Chimalpahin, p. 234）。

(45) ベルナル・ディアスはこの町をイスタパラテンゴ（Iztapalatengo）と呼んでいるが、この名の町は不明。彼はその数行あとにトラルマナルコ（Tlalmanalco）からミスキック（Mizquic）、クイトラワク（Cuitlahuac, 現トラワク Tlahuac）およびイスタパラパ（Iztapalapa）への道を辿ったと書いたあと、消している（n. 63）。パグデンはこの町をアヨツィンコ（Ayotzinco）としている（n. 34）。

(46) ムテスマの甥で、テスイコの首長であるカカマシンである（Bernal Diaz, cap. 87）。

0 (km) 25
0 (mi) 15
スンパンゴ湖
シャルトカ
シャルトカン湖
ゴアティタン
アクルマン
テスイコ
テナインカ
コアティンチャン
テペヤカク
テスイコ湖
アカプサルコ
グァフタ
トラテロルコ
タクバ
テミスティタン
チャプルテペク
ウチロプスコ
イスタパラパ
タサパン
クヨアカン
メシカルシンゴ
クルアカン
スチミルコ湖
チャルコ湖
クイトラワク
スチミルコ
チャルコ
ミスキック

メキシコ渓谷

願するさまは、それでも来ようとするならば私の行く手を遮らざるを得ないと言わんばかりでした。私はできるかぎり穏やかな言葉で答え、私の訪問は彼らに害を及ぼすものではなく、むしろ多くの利益をもたらすものだということを理解させて彼らを納得させ、なだめました。そこで、私の持参していたものを少し彼らに与えますと、彼らは別れを告げて去りました。私もすぐ彼らのあとから出発し、大勢の者が私に同行いたしました。その後分かったところによりますと、彼らはきわめて重要な人物だったようであります。あの大きな湖の沿岸ぞいに道を進み、宿舎を出て一レグア進みましたとき、大弓《バリエスタ》が届く距離の二倍ほど離れた湖岸に、人口一〇〇〇ないし二〇〇〇の小さな市《まち》(47)が見えました。市全体が水上にあって自然の砦をなし、外から見たところ、市へはいる入口はなく、塔がたくさんありました。そこからさらに一レグア進みましてから、堤道に入りました。それは幅が一本の騎兵槍ほどあり、そこを通って、湖の中へ三分の二レグア進みますと、小さな、しかしこれまでわれわれが見たなかではもっとも美しい市《まち》(48)に着きました。家々や塔は実に念入りに造られており、市全体が水の上に築かれておりますのに、基礎がきわめてしっかりとしているのであります。人口二〇〇〇人ほどのこの市《まち》ではわれわれをたいそう丁重に迎え入れ、食事も十分に提供してくれました。そこへこの市の主だった者たちが私に会いに来て、ここで泊ってほしいと懇請いたしました。しかし、私に同行しているあのムテスマの使者は、ここで留まらずにここから三レグア〔一七km〕のところにあるイスタパラパという別の市《まち》まで行ったほうがよい、そこはムテスマのきょうだいが治めている市だからと勧めましたので、私はそのようにいたしました(49)。

(47) チャルコ湖南岸の町ミスキック（Mixquic）をさす。チャルコ湖は現在埋め立てられてなくなっているが、当時はスチミルコ（現ショチミルコ）湖と隣接して、雨期の水量が多いときにはつながっていた。

(48) チャルコ湖上の島にあったクイトラワク（現トラワク）のこと。

イスタパラパの描写

われわれが食事をした市《まち》——その名前はいま思い出せませんが——を出ますときには、湖岸まで優に一レグアあるもう一つ別の堤道を通りました。イスタパラパの市《まち》(50)へ着きますと、その市の首長とそこから三レグアばかり離れたカルアナルカン〔ないしクヨアカン、現イスタパラパ対岸のコヨアカン〕と呼ばれる別の大きな市の首長、およびその他そこで私を待っていた数多くの首長が、市のすこし外まで私を出迎えに来て、三〇〇〇ないし四〇〇〇カステリャーノの黄金と女奴隷や衣類を差し出したうえ、とても手厚く歓迎してくれました。このイスタパラパの市は、人口一万二〇〇〇ないし一万五〇〇〇で、大きな塩水湖(51)のほとりに位置しており、市の半分は湖上に、半分は陸地にあります。この市の首長は、新しい家を建築中ですが、それはスペインの最上のものに優るとも劣りません。すなわち、規模も大きく、石細工も木細工も床も実によくできており、住宅としてのあらゆる便がととのっています。もっとも、スペインの住宅で用いられる浮彫細工やその他豪華なものはここにはありません。家の階上と階下に数多くの部屋があり、たくさんの木とかぐわしいばらの花のあるすがすがしい庭や、水底まで下りる階段を備えた見事なつくりの淡水池があります。また、その家の傍には、とても大きな庭園があり、屋上にはたいそう美しい回廊と広間のついた見晴らし台があります。そして庭園の中には、非常に大きな真四角の淡水池があり、池のふちは上品な石造りで、池の周囲は歩廊になっており、レンガが綺麗に敷き詰められています。その幅は四人が並んで散歩できるほどで、一辺が四〇〇歩あり、一周しますと一六〇〇歩あります。歩廊の外側は、庭園の壁に向かって籐の柵がしつらえてあり、そのうしろ側はかぐわしい草木で満ちています。池には、魚のほか、野鴨《ラバンコ》やひどり鴨《サルセタ》やその他の小鳥など水禽がたくさんいます。そのあまりにもおびただしい数に、水面はたびたび覆い隠されるほどでございます。

コルテス、テミスティタンの大都に入る

私はこの市《まち》へ着いた翌日出発し、半レグア歩いて例の湖の中に渡された堤道にさしかかりました。この堤道を二レグア〔一一km〕行きますと、湖の真中に築かれたテミスティタンの大都に着きます。堤道は槍二本分の幅があり、とてもよくできておりますので、端から端まで八人の騎乗兵が並んで通ることができます。全長二レグアの堤道の途中には、市が三つあります。一つはミシカルシンゴ〔メシカルシンゴ〕と呼ばれ、市の大部分が湖の中に築かれています。ニシアカおよびウチロウチコという名の他の二つの市は、いずれも岸辺にありますが、水上にも数多くの家があります。(52) そのうちの最初の市は人口三〇〇〇人、二番目の市は六〇〇〇人以上、そして三番目の市は人口四〇〇〇ないし五〇〇〇人であります。いずれの市にも、住宅や塔、とりわけ首長と主だった人たちの邸宅や、偶像が安置してある寺院《メスキータ》と礼拝堂など、実にすばらしい建物があります。これらの市《まち》では、塩の取引が盛んです。塩は湖水からとるか、あるいは湖水に洗われた地表からとりますが、これを火にかけて塊にし、土地の人にも、それ以外へも売ります。この堤道を進み、テミスティタ

(49) ムテスマのきょうだいとはアシャヤカトル（Axayacatl）の一一番目の息子クイトラバシン（ないしクイトラワク）のことである。ムテスマの死去にともない王位を継いだが、天然痘のため八〇日後の一五二〇年十一月二十五日に死んだ（Pagden, n. 38）。

(50) クイトラワクから堤道で対岸のトラルテナンゴに出、テスイコとスチミルコの間にある地峡を横断してイスタパラパの市に出た。この堤道を渡るとき、ベルナル・ディアスは、湖岸と湖上に大きな市々（まちまち）の神殿や塔や多くの建物を見て、スペイン人たちは、「それらの光景がアマディスの物語〔十六世紀に流行した騎士道小説〕に語られた夢幻の世界のもののよう」だと考え、「夢を見ているのではあるまいか、と言う者すらいた」と述べている（Bernal Díaz, cap. 87）。

(51) メキシコ盆地最大の湖テスイコ（現テスココ）をさす。南北約六五キロメートルにわたる大きな塩水湖であった。北端にスンパンゴとシャルトカンという同じく塩水の二つの湖があり、南にスチミルコとチャルコの二つの淡水湖があった。雨期にはこれらの五つの湖は繋がっていた。メヒコの首都テミスティタンはこの湖の西岸近くの島に築かれ、北の島にはトラテロルコがあった。

(52) ミシカルシンゴないしメシカルシンゴは現在のメヒカルツィンゴ（Mexicaltzingo）、ウチロウチコはウイツィロポチコ（Huitzilopochco）で、現在のチュルブスコ（Churubusco）。ニシアカは不明だが、オロスコ・イ・ベラはコヨアカン（Coyouhuacan または Coyoacan）としている（Orozco y Berra, IV: 270）。

ンの都の主要部へ着く半レグア手前まで参りますと、この堤道に本土から来ているもう一本の堤道が合流しており、そこに二つの塔をもち、身の丈の二倍の高さの壁に囲まれた、きわめて堅固な要塞がありました。壁の上の胸壁には鋸堞《きょだ》があり、両方の堤道に見晴らしがききます。また、門は二つしかなく、一つは入り口で、もう一つは出口です。そこへ、この都の住民である一〇〇〇人もの主だった人たちが、私に会って話すために出て来ました。みな一様に、彼らの風習に従って、華美な衣装を身につけていました。ひとりずつ私にあいさつにやって来て、私のところへ来ますと、地面に手をつき、地に接吻するという、彼らの間で慣わしとなっている儀式を行いました。ひとりひとりがこの儀式をし終えるまで、私はかれこれ一時間ばかり待ちました。

　市のすぐ近くに、堤道が幅一〇歩ほど途切れているところがあり、そこに木造りの橋が渡されていました。これは湖に潮の満ち引きがありますので、水を出入りさせるためと、もう一つは市の防衛のためであります。橋は、長くて幅の広い横げたをいくつか並べてつくられており、いつでも必要に応じて、これを外したり取りつけたりいたします。のちほどこの市についてご報告申し上げます際、お分かりいただけるかと存じますが、このような橋が、この市のいたるところにたくさんあります。この橋を渡りますと、かの首長ムテスマが、二〇〇人の首長たちとともにわれわれを出迎えに来ました。首長たちはみな素足で、彼らの風習に従い、先の者たちとは別のさらに豪奢な盛装で、街路の両側の壁寄りに二列になってやって来ました。街路は広々としてとても美しく、また真直ぐですので、通りの長さは三分の二レグアありますが、端から端まで見通すことができます。そして両側には、住宅や寺院《メスキータ》など、まことにすばらしく壮大な建物があります。ムテスマは、右手にひとり左手にひとりと、首長を二人従えて、街路の真中をやって来ました。そのうちのひとりは、先に輿に乗って私に話しに来たと申し上げました、あの身分の高い首長で、もうひとりはムテスマのきょうだいで、その日出発しましたイスタパラパの市の首長です。[53] 三人とも同じ衣装を着ていましたが、ムテスマだけは履物をはき、他の二人は裸足で、それぞれ彼の腕を支えておりました。こうしてわれわれは接近いたしましたので、私は馬から下り、彼を抱擁しようとひとりで進み出ました。すると彼に付き添っていたあの二人の首長は、彼に触れさせまいと、手で私を制し、彼らもムテスマも、大地に接吻する儀式を行いました。それが終わると、彼は、伴をしている自分のきょうだいに向かって、私につき添い私の腕をとって案内するように命じ、彼はもうひとりの伴といっしょに、私のすこし前を進みました。

彼が私にあいさつのことばを述べ終えますと、二列に並んだ首長たちも、全員ひとりずつ順に私のところへあいさつに来て、また自分の列へ戻って行きました。ムテスマにことばをかけるため彼のそばまで行きましたとき、私は自分のつけておりました、真珠とダイヤモンドに似せてつくられたガラス玉の首飾りを外し、それを彼の首にかけてやりました。街路をかなり前進しましたころ、彼の召使が、えび形の玉の首飾りを二つ、布に包んで持って来ました。玉は色のついた巻貝の殻でできており、彼らの珍重する品です。それぞれの首飾りに、人差指と親指を拡げたほどの長さの、完全な作りのえび形の金《きん》が八つついています。ムテスマは首飾りを受け取ると、私のところへ来て、それを私の首にかけてくれました。そしてその街路を、先に申しましたような列を組んでふたたび行進し続けましてから、彼がわれわれを泊めるため綺麗に整え、用意した、たいそう大きな、美しい邸宅に着きました。[54] 彼はそこで私の手をとって中庭へ入り、中庭に隣接している大広間へ私を案内いたしました。そして、彼のためにつくらせたきわめて豪華な玉座に私を坐らせ、そこで待ってほしいと言い残して、出て行きました。

しばらくして、私の伴の者たちがみな部屋に落ち着きましたころ、彼は、種々たくさんの金や銀や羽毛の装身

(53)「身分の高い首長」とは、註46で述べたテスイコの首長カカマシン、「イスタパラパの市の首長」とは註49のクイトラバシン(ないしクイトラワク)のことである。

(54) ムテスマの父のアシャヤカトル王の宮殿である (Bernal Díaz, cap. 88)。

ムテスマとコルテスの会見（トラスカラ写本）

具と、さまざまな意匠で織られ、ししゅうを施された、とても華やかな綿の衣服を五、六〇〇〇着持って戻って参りました。それを私に贈呈してから、私の座のかたわらにわかに設けられたもう一つの玉座に腰を下ろしました。そして、腰を下ろすと、次のように語りました。

ムテスマのコルテスに対する最初の弁　「私たちは昔から、祖先の記録《エスクリトゥーラ》により、この地に住む者は私をはじめみな元来この土地の者ではなく、異邦人であり、はるか遠くの地方から来た者であるということをよく承知しています。また、私たちの祖先は、ひとりの首長（みな彼の臣下でした）に率いられて当地へ来たが、首長は生地へ帰ったということも知っています。長い年月を経て首長はふたたび当地へやって来ましたが、それがあまりにも長い年月を経た後のことであったため、当地に残った者たちはすでに土地の女をめとり、子孫も増やし、立派な町々を築いて生活していました。首長は、彼らを連れて帰ろうとしましたが、彼らはそれに従うことはおろか、もはや彼を首長として迎えようともしなかったため、彼は立ち去りました。そこで、私たちはいつも、彼の子孫がこの地を征服し、私たちを家来にするためにやって来るに違いない、と信じてきました。あなたが言われるには、あなたは太陽の昇る方向から来られたとのこと、またあなたを当地に派遣された大君主である国王についてあなたが申されることども、ことにその方がかねてより私たちのことをご存知である由を承り、私たちはその方こそ私たちの本来の主君であることを信じて、疑いません。それゆえ私たちは、あなたの言われる大君主の代理者であるあなたに服従し、あなたを首長として仰ぐ所存です。これに背いたり、偽ったりはいたしません。全土にわたって、つまり私の支配地においては、あなたの意のままにご下命なされて結構です。ご命令は服従され、実行されるでありましょう。そして、私たちが所有している物はすべてあなたのご裁量にお任せします。ここはあなたのくにであり、あなたの家ですから、ここで休んで、旅と戦闘の疲れをお癒し下さい。プントゥンチャン(55)からここまでの間にあなたに起こったあらゆることについて、私はよく承知しています。また、センポアルの者やタスカルテカルの者が、あなたにいろいろと私の悪口を告げたことも知っています。あなたご自身の目でお確かめになったこと以外、ことに私の敵である彼らの言うことは信じないで下さい。彼らのうちには私の配下にあった者もいますが、あなたがお越しになるや反乱を起こし、あなたの庇護を受けようとしてそう述べているのです。彼らはまた、私が黄金の壁でできた家をもち、私の玉座のござやその他私の使う物はすべて黄金でできており、私は神であるとか、神を装っているとか、そのほかいろいろなことをあなたに話したことも承知しています。家はご覧のとおり、石と石灰と土でできています」。そして衣服をもち上げ、自分の身体を私に示して、こう続けました。「ご覧のとおり、私はあなたや余人と同じく、手で触れことのできる生身の体をもち、死すべき運命にある者です」。彼は手で自分の腕や体を触りながら、「彼らがいかにあなたをたぶらかしていたか、お分かりで

(55) 原文は Puntunchán. プトゥンチャン、現在のポトンチャンのこと。タバスコ地方、グリハルバ河流域にあり、「コルテスが武力で勝ちとった最初の町」(Gómara, cap. 18)。

ケツァルコアトル（ボルボン写本）

しょう。私が、祖父の時代から受け継いだ黄金の品をいくつか所有しているのは事実です。私の所有している物はすべて、あなたがお望みのときにいつでも差し上げます。私は自分の住んでいる別の家へ帰りますが、あなた並びにお伴の方に必要なものはなんでもここに用意いたします。ここはあなたの家、あなたのくにですから、どうかご遠慮なさらないで下さい[56]」と付け加えました。私は彼の述べたことに一つ一つ答え、そのうちで都合のよいと思われることは認め、とくに陛下こそ彼らが待っていたお方であるということを信じさせようとしました。彼が帰ってから、われわれは鶏・パン・果物、そのほかとくに宿泊に必要なものを十分に供給されました。このようにして、私は六日間滞在し、必要なものはすべて与えられ、多くの首長たちの訪問を受けました。

カトリックの信仰あつき主君。この書簡の冒頭において、私は首長ムテスマを求めてベラ・クルスの町を発ちます際、そこで造りかけた要塞を完成するために、一五〇名の部下を残したと申し上げました。そしてまた、その町の周辺にある多くの町や要塞を、陛下の支配下におき、そこの先住民を信頼できる臣下とした旨申し上げました。

クアルポポカの裏切り

チュルルテカルの市《まち》におりましたとき、私は陛下の臣下となった者を介し、ベラ・クルスの町に私の代理として残した隊長からの書簡を受け取りました。その書簡で彼は次のように知らせて来ました。すなわち、アルメリーアという市の首長クアルポポカ[57]が彼に使者を派遣して、自分は陛下の臣下になりたいと考え、そうしなければならなかったにもかかわらず、これまでくにをあげて陛下への服従を誓うということをせず、陛下の臣下となるために馳せ参じなかったのは、途中敵地を通らねばならず、彼らから攻撃されるのを恐れたためである、しかし自分に同行してくれるスペイン人を四名派遣してもらえれば、彼らの地を通っても、自分がなんのために通るのかが分かり、彼らから嫌がらせを受けないであろう、そうすれば自分はすぐにでも参上したい、と伝えてよこしたそうです。そのようなことはたびたびありますので、かの隊長は、クアルポポカが伝えてよこしたことを信用して、四人のスペイン人を派遣しました。ところが、その首長は、四人を自分の家に招

（56）このムテスマの発言にはいくつかの理解しにくい点がある。テソソモクはメシカ族がチコモストクと呼ばれた「七つの洞窟の家」および湖のあるアストラン、すなわち「鷺のいるところ」から出発し、放浪の末メキシコ盆地にはいったという伝説を記録している（Tezozómoc, Crónica Mexicana cap. 1）が、そこにはムテスマのいう祖先の首長が一度帰ってきたという点にはまったく触れられていない。サアグンもこのムテスマとコルテスのやりとりにつき詳細に記述しているが（cap. 16）、ムテスマが「帰ってきた首長」について述べたとは言っていない。一方、サアグンによれば、ムテスマはコルテスをケツァルコアトルの再来であると考えたというが（cap. 3-4）、軍神テスカトリポカを信奉するグループの圧力に負けて首都トゥーラを去って東方の海に消えたトルテカ王トピルツィン＝ケツァルコアトルの伝説を、メシカ族の始祖伝説と結びつけるのは無理があろう。むしろムテスマは、自分はメシカ族の守護神ウイチロポチトリの生きた化身であると信じていた（Pagden, n. 42）。このムテスマの発言のコルテス・バージョンにはコルテス自身の見方が反映されている可能性がある（パグデンによれば、中世の「七部法典」や聖書のスタイルとの類似性を指摘する論者もいる）。コルテスはメシカ族の伝説に着目し、ムテスマ自身このくにの正統な支配者ではないと主張する論拠を得たと考えた節がある（Pagden, n. 42）。なお、ベルナル・ディアスは、ムテスマがコルテスに対し「あなた方はわれわれの祖先が太陽の昇るところから来るであろうと予言した人びとであることにまちがいない」と述べた旨を記している（Bernal Díaz, cap. 90）。

（57）クアルポポカはナウトラ（Nautla, スペイン人はアルメリーアと命名）とトスパン（Tochpan, 現トゥスパン）の駐屯部隊を指揮していた（MacNutt, p. 236）。ベルナル・ディアス（cap. 95）はケツァルポポカと書き、オロスコ・イ・ベラ（T. IV. p. 317）はクアウポポカと書いている。

き入れたあと、彼の仕業とは分からないやり方で、彼らを殺すよう命じました。彼らのうち二人は死にましたが、他の二人は、傷を負いながら山へ逃げ込みました。そこで隊長は、五〇名のスペイン人および二名の騎兵とともに、二門の野砲《ティロ・デ・ポルボラ》を携え、われわれの味方のインディオを八〇〇〇人ないし一万人率いて、アルメリーアの市を攻撃しました。その市の住民と戦い、六、七人のスペイン人が殺されましたが、その市を占領して、市の住民を多数殺し、他の者は市から追い出したうえ、市を焼き払い、破壊いたしました。それは、同行したインディオたちが、彼らの仇敵であるため、とくに熱心に働いたからです。その市の首長クアルポポカは、彼を助けるためにやって来た盟友である他の首長たちといっしょに逃走しましたため、隊長は、その市で捕えた捕虜から、市の防戦にあたった者たちは誰の配下にあり、また彼が派遣したスペイン人を、いかなる理由で殺したのかを聞き出しました。それによりますと、かのムテスマが、彼を裏切り陛下に忠誠を誓った者たちを、私がベラ・クルスの町を発った後で襲撃するように、またベラ・クルスに残留したスペイン人が謀反人たちを援助したり、彼らに有利なように働いたりしないように、あらゆる手段に訴えても殺すようにと、クアルポポカおよび彼の救援に来たその他の彼〔ムテスマ〕の家来たちに対して命じ由であり、彼ら〔クアルポポカら〕があのようなことをしたのはそのためであるとのことでございます。

コルテス、ムテスマの監禁を決意

無敵の君主。テミスティタンの大都《グラン・シウダ》へ入って六日過ぎました。監察し、注目すべきことはまだまだたくさんありますが、すこし市《まち》の様子をながめ、この地を見ました結果、私は陛下の御ためにも、またわれわれの安全のためにも、かの首長を私の手もとにおき、完全には自由にしておかないほうが都合がよいと考えました。とくにわれわれスペイン人は、少々厄介な、扱いにくい人種ですので、陛下にご奉仕しようとのムテスマの意思が変わってはいけないと思ったからであります。また、もし彼が怒れば、その強大な兵力により、われわれの痕跡すら残らないほどの甚大な損害をわれわれに与えることもできるでしょうし、さらに、彼を私のもとに留めておけば、彼の配下にある他の地方の者もみな、より速やかに陛下の臣下になるであろうと考えたのでございます。そしてその後、事実そのとおりになりました。私は、彼を捕え、私の住んでおりますきわめて牢固なつくりの宿舎に幽閉することに意を決しました。そして彼を逮捕するにあたり、騒動や混乱を起こさないで行える方法をあれこれと思案しました末、ベラ・クルスに残した隊長が、前段で申し上げましたとおり、あのアルメリーアの市の事件について私に書簡をよこし、そこで起こったことはすべてムテスマの命令によって行われたことが判明した旨伝えてきたのを想い起こしました。私は彼と冗談を交えつつ歓談し、彼は金の装身具と自分の娘をひとり私にくれ、私の仲間の幾人かにも首長たちの娘をくれましたが、その後、私は彼に対して、ナウテカルの市すなわちアルメリーアで起こった事件と、そこでスペイン人が殺されたことを私はすでに承知している、クアルポポカは、自分がしたことはすべてムテスマの命令によることで、あなたの家来としてそうせざるを得なかったと言い訳をしている、と伝えました。また私は、クアルポポカの言うことは事実に反しており、ただ言い訳のために言っているに過ぎないと思う、ついては、真相が判明し、彼らが処罰され、陛下にあなたの善意をはっきりとご理解いただくために、そして陛下があなたに恩恵を施すおつもりでおられたにもかかわらず、あの悪人たちの証言が陛下のお怒りを買い、逆にあなたが被害を蒙るということがないようにするために、クアルポポカおよびあのスペイン人たちの殺害に関与した他の領主たちを呼びにやるべきであると考える、私は真実は彼らの言うところの逆であると信じ、あなたについては申し分ないと思っている、と申しました。

すると彼は、即座に家来を何人か呼びにやり、自分の腕につけていた印版のような、石製の小さな像を彼らに渡して、テミスティタンから六〇ないし七〇レグア〔三三四～三九〇km〕のところにあるアルメリーアの市へ行き、クアルポポカを連れてくるように、そしてスペイン人の殺害に関与した他の者についても調査し、彼らをいっしょに連れてくるようにと命じました。また、もし自ら出頭しようとしない場合には、召し捕ってでも連れてくるように、もし捕縛にも抵抗するならば、ここに示したその市周辺の村々に対し、彼らを捕えるために武装して集まるよう要請し、いかなることがあっても、彼らを連れずに帰ってきてはならない、と命じました。彼らはただちに出発し、彼らが立ちましてから、私はムテスマに、あの〔殺された〕スペイン人たちについて陛下にご報告申し上げねばならないが、あなたがあの者たちの逮捕に尽力してくれていることに感謝している、と申しました。私は、ただ、陛下にご報告申し上げるためには、真実がなおいっそう明らかとなり、あなたに責任はないということが分かるまでの間、私の宿舎にいてもらう必要があると述べ、しかし捕虜になるのではなく、完全に自由の身であるから、それを苦痛に思わないでほしい、と熱心に懇請しました。また私は、あなたの支配地内においてあなたが奉仕され、支配することを、なんら妨げるものではない、私のいる宿舎の中の好きな部屋を一つ選んでほしい、そこであなたは意のままに気持ちよく住めるであろう、決してあなたに迷惑をかけたり、苦痛を強いたりしないことを保証する、それどころか、あなたの家来はいうに及ばず、私の伴の者もあなたのすべての命令に従うだろう、と申しました。このことにつき、われわれはいろいろと話し合い、議論いたしました。(58) しかしそれをここに記すと長くなりますし、陛下にご報告申し上げるにはやや冗漫でありますうえ、あまり本質的でもありませんので、結局彼が私に同行することに応ずると答え、ただちに自分の入る部屋を用意するよう〔家臣に〕命じ、部屋は立派に準備され、整頓された、とのみ申し上げるにとどめます。

それが終わると、首長が大勢やって参りました。彼らは衣服を脱いでこれを腕にかかえ、素足で、あまり装飾のない輿をもって来ました。そして涙を流しながら、黙って、彼を輿にのせました。こうして市《まち》に騒ぎが起こることもなく、彼は私の泊っている宿舎まで参りました。もっとも、市に動揺の色がみえましたが、ムテスマはそれを知って人をやり、騒がないよう命じました。そこで、市はこれまでと同様、まったく平静を保ち、私がムテスマを監禁している間、ずっと平穏でした。と申しますのも、彼はそこでなに不自由なく暮らし、自分の屋敷——それはのちほど申し上げますが、実に大きく、驚嘆すべきものです——にいたときと同じように、なにくれとなく世話をやかれていたからでございます。また、私も、私の伴の者も、彼を喜ばせるため、及ぶかぎりのことをいたしました。

ムテスマを鎖で縛る　彼を捕えてから一五日ないし二〇日ほどたち、クアルポポカならびにスペイン人を殺したその他の連中を探しに行った者たちが帰って来ました。そしてクアルポポカとその息子、それにスペイン人の死に関与した者で、重きをなすといわれる者一五名も、いっしょに連れて来ました。クアルポポカは実際に首長でありますが、いかにも首長といったいでたちで、輿に乗ってやって参りました。彼らを連れて来て私に引き渡しましたので、私は彼らを監禁いたしました。そして彼らがスペイン人を殺したことを白状しましてから、私は彼らがムテスマの家来であるかどうかを尋ねさせました。するとクアルポポカは、家来として仕え得る主君が——他にはいないといわんばかりに——他にいるでしょうかと申し、しかり、彼の家来であると申しました。また、あそこでなされたことは彼の命令によるものかと尋ねましたところ、彼らは、そうではないと答えました。ところが、その後彼らは、火あぶりの刑を宣告されますと、口をそろえて、本当はムテスマが彼らに命じたことで、彼の命令に従って行ったのだ、と自白しました。彼らは、結局、広場において公衆の面前で火あぶりにされましたが、騒動は起こりませんでした。ムテスマがあのスペイン人たちを殺すように命じたのであると彼らが白状いたしましたので、火あぶりの日、私はムテスマに足かせをはめさせましたところ、彼は少なからず驚きの色を見せました。[59]もっとも、その日彼と話をした後、足かせをはずしてやりますと、彼はたいそう満足気でした。

(58) ベルナル・ディアスによれば、ムテスマ王は、コルテスの申し出にたいして強硬に抵抗し、三〇分以上彼と議論したという。最後にそばにいたコルテスの部下（フアン・ベラスケス・デ・レオン）が激昂して大声をあげ、ドニャ・マリーナが生命の危険を警告したときにも、息子と娘を人質にせよと頑張って、最後まで監禁されることを免れようとした（Bernal Díaz, cap. 95）。

それ以後、いつも私はできるだけ彼を喜ばせ、満足させるように努めました。とくに、首長やその他私のところへ来る当地のあらゆる住民に向かって、私は、陛下のムテスマに対する支配権を認めたうえで、ムテスマがこのくにを治めることを陛下は許しておられる、それゆえ私が当地へ来る前にしていたと同じように、彼に服従し、彼を主人と仰ぐことがすなわち陛下にお仕えする道である、といつも皆に話しました。

私は彼をきわめて丁重に扱い、彼も私にたいそう満足しておりましたので、私は彼を解放してやろうと思い、いく度となく、もう自分の屋敷へもどるよう申し渡しましたが、彼はその都度次のように答えるのでした。自分はここで満足しており、帰りたくはない、ここでは自分の家にいるのと同じで、なにも不足していない、もし自分の屋敷へもどれば、家来である首長たちにせがまれ、自分の意思に反して、陛下の御ためにならぬことをさせられる惧れがある、自分としてはできる限り陛下にお仕えしたい所存である、これまでも自分のしたいことを彼らに知らせることができたし、喜んでここにいたい、ここにいれば、もし彼らからなにか言われても、自分は自由の身ではないのだと答えることによって、言い訳がたつであろう、と。彼は、市の中にも外にも別荘をもっており、そこで気晴らしをして、時を過ごすために出かけたいと、たびたび許可を求めましたが、私はこれを断ったことがありません。彼は、五、六人のスペイン人といっしょに、市から一レグアないし二レグアの場所へ、しばしば遊びに出かけましたが、そのたびに満足そうに、上機嫌で、定められた宿舎へ帰って来ました。そして出かけるたびに、同行したスペイン人にも先住民にも、宝石や衣服をたくさん贈り物として与えるのでした。先住民の伴はいつも大勢従えて行き、その数は少なくとも三〇〇〇人を超え、そのほとんどが首長や重きをなす人たちでした。また、彼はいつも彼らのためにたびたび饗宴を催しましたので、彼に随行した者は、話しの種も豊富でした。

コルテス、メキシコの金鉱につき調査

陛下にご奉仕したいとのムテスマの意思が固いことを十分に見きわめま

してから、私は当地の事情をさらに詳細に陛下にご報告できますよう、金を採掘する場所を見せてほしいと彼に頼みましたところ、彼は、いかにも心から言っているという表情で、喜んでお見せしようと答えました。彼はすぐさま何人かの召使を呼びつけ、金が採掘されるという四地方のそれぞれに二人ずつ割り当てました。そして、金の採掘の様子を視察するスペイン人を選んでほしいと申しましたので、私は彼の家来が二人一組であるのに合わせ、スペイン人もそれぞれ二名ずつ選びました。一組は、テミスティタンの大都から八〇レグア離れたクスラ(60)と呼ばれる地方へ向かいました。その地方の先住民はムテスマの家来ですが、彼らはそこで川を三つ見せられ、おのおのの川から金の見本を持ち帰りました。インディオはごくわずかな道具しか持たずに採掘するのですが、金はとても立派なものでした。彼らは、途中三つの地方を通過した由で、スペイン人の語ったところによりますと、いずれもまことに美しい土地で、町や村の数も多いうえに、建物が実にすばらしく、スペインにもこれほどの建物はないであろうとのことでございます。彼らは、とりわけブルゴスの城よりも大きく堅固でもっと立派な造りの、要塞を兼ねた邸宅を見たとのことです。また、これらの地方の内の一つ、タマスラパ(61)というところの住民は、われわれがこれまで目にしたどの地方の住民よりも服装が整っており、彼らの印象では、理解力も一段とすぐれている、と私に報告しました。また、マリナルテペケ(62)と呼ばれる別の地方へ出かけた者もいました。そこは大都から七〇レグア行ったところにあり、より海岸の方に寄っています。彼らも、そこを貫流する大きな川か

(59) ベルナル・ディアスは、「足かせをかけられたとき、モンテスマ〔ムテスマ〕は怒号した」と書いている（cap. 95）。ディアスはムテスマをモンテスマと綴っている。

(60) 現在のソソラ（Sosola）のことであろう。オアハカ盆地にあってムテスマに貢を納めていた（Paddock, 1970）。ススラとも呼ばれた。

(61) 現在のタマスラパン（Tamazulapan）。プエブラ市からオアハカ市に向かう国道一九〇号線上にある。スペイン人たちは、ほぼ現在の国道にそってタマスラパン、ソソラを訪れたらしい（Spores, 1967, pp. 68-69）。

ら金の見本を持参いたしました。また他の者は、その川の上流にある別の地方へ出かけて行きました。そこの住民はクルアの者とはまた異なった言葉をしゃべり、その地方はテニス(63)と呼ばれています。首長の名はコアテリカマと言いますが、その支配地は非常に高くて険しい山岳にありますゆえ、ムテスマに服してはおりません。それはまた、この地方の者がきわめて好戦的で、二五パルモから三〇パルモ〔五・二〜六・三m。一パルモは約二一cm〕の槍を用いて戦うからでもあります。彼らはムテスマの配下ではないため、スペイン人に同行した案内役たちは、その地に足を踏み入れる前に、まずそこの首長にその旨を通知して、許可を求めました。そして彼らは、この地にある金鉱を見るために、スペイン人を連れてやって来た旨述べ、これを認めてほしいと、私ならびに彼らの主君ムテスマの名において懇願いたしました。するとかのコアテリカマは、スペイン人が彼の地に入り、金鉱その他なんなりと好きなところを見るのは大いに結構である、しかしクルアの者は、ムテスマの家来であり彼の敵であるから、彼の地へ入ってはならない、と答えました。

　スペイン人は、果たして自分たちだけで行くべきか否か、いささか戸惑いました。それは、彼らに同行した者たちが、行かない方がよい、行けば殺されるであろう、クルア人がいっしょに行くことを認めないのは、あなた方を殺そうとしているからだ、と述べたからであります。結局、彼らは自分たちだけで入ることに決め、かの首長およびその土地の者たちからたいそう丁重に迎えられました。そしてインディオは、金を採るところだという七つか八つの川を彼らに見せ、彼らの目の前で金を採取しましたが、彼らはそのすべての実物を私のところへ持ち帰りました。コアテリカマは、このスペイン人たちといっしょに彼の使者を同行させ、自分の身柄も土地も聖陛下へのご奉仕のために差し出したい、と伝えてよこしました。そして彼は、金の装身具や彼らのもっている衣服を私に送り届けてきました。また、他の者はトゥチテベケ〔トゥステペケ、現オアハカ州北端のトゥステペク〕と呼ばれるもう一つ別の地方へ出かけました。そこは、前に金が見つかったと申し上げましたマリナルテベケ〔ないしマリナルテペケ〕地方から、海岸へ向かってほとんど真直ぐ一二レグア〔六七km〕行ったところにあります。そこでも川を二つ見せられ、やはり金の見本を採取して参りました。

　これらの地方へ出かけたスペイン人たちの報告によりますと、そこは農園をつくるにも金を採掘するにも条件が整っているとのことでしたが、なかでもマリナルテペケ地方がより適していましたので、私はそこに陛下のための農園をつくるようムテスマに依頼いたしました。彼もこれにはとても熱心でしたので、これを頼んでから二か月後には、六〇ファネガ〔三・三kℓ。一ファネガは五五・五ℓ〕のトウモロコシ、一〇ファネガのインゲン豆および二〇〇〇本分のカカオの種が蒔かれました。このカカオと申しますものは、巴旦杏のような果物で、粉にして売られ、彼らがたいそう珍重しております。それゆえ、当地ではあまねく貨幣の役割を果たし、市場でもそのほかの場所でも、必要なものはすべてこれで買うことができます。彼はとても立派な館を四つ造り、そのうちの一つには部屋のほかに池も設け、そこに五〇〇羽の鴨を入れました。鴨はその羽毛が利用できますので、当地では珍重され、毎年その羽毛をむしりとり、これで衣服をつくります。また雌鶏も一五〇〇羽入れました。それを見たスペイン人は、しばしば農場のその他の資産は別にしても金二万ペソの価値があると評価いたしました。

　私は、また、船が入って安全に碇泊できるような河か入江が海岸にあれば教えてほしい、とムテスマに頼みました。すると彼は、それは知らないが、海岸線ならびに入江と河口の図を描かせるから、スペイン人を視察のため派遣してほしい、彼らに同行し案内する者をつけるからと答え、そのとおり実行いたしました。翌日、海岸の図を描いた一枚の布地が私のもとに届けられました。図面によりますと、そこに他の河よりも河口の幅の広い河

（62）ないしマリナルテペケ。現在のマリナルテペク（Malinaltepec）。ゲレロ州東部の山中にある。

（63）テニスはテニメ（Tenime 蛮人）の地の意。この地方の首都はチナントラ（Chinantla）で、チナンテカ語を話していた。コルテスはナワトル語をしゃべらない語族としてテニスしか挙げていないが、ここで述べられている町々ではすべてミステカ語ないしサポテカ語の方言が話されていた（Pagden, n. 47）。

が海に注いでおり、その河はサン・マルティン(64)と呼ばれる山岳の間を貫流しているようでした。その山々はたいそう高くて入江を形づくっており、水先案内人《ピロト》たちは、それまでマサマルコという地方はその入江を境に二つに分かれていると思っていました。ムテスマは私に、誰を派遣するか決めてほしい、なんでも視察できるように人を用意し、手はずを整えるからと申しました。私はただちに一〇名の部下を指名しました(65)。そのなかに、幾人かの水先案内人と海に詳しい者を含めました。彼に周到な手はずを整えてもらってから彼らは出発し、私が上陸しましたあのサン・ファンと呼ばれるチャルチルメカ(66)の港から海岸に沿って進みました。そして六〇幾レグアも進みましたが、大きな河や入江はどこにも見つかりませんでした。そこでみなカヌーに乗って探査し、こうして例の河があるクアカルカルコ〔現コアツァコアルコス〕地方に到達いたしました。

トゥチンテクラと呼ばれるその地方の首長は、彼らをいとも丁重に迎え入れ、その河を調べるためのカヌーを提供してくれました。河口のもっとも浅いところは二ブラサ半〔四・三m。一ブラサは一・六七m〕でした。彼らはこの河を一二レグア上りましたが、そこでは一番深いところは五ないし六ブラサでした。彼らの見たところによりますと、その深さがさらに三〇レグア〔一六七km〕以上上流まで続いていると思われます。河岸には大きな町がたくさんあり、その地方は全体にとても平坦でかつ守りが固く、土地のあらゆる産物がふんだんにあります。人口も多く、ほとんど無数ともいえるほどです。この地方の住民はムテスマの臣下ではなく、むしろ仇敵であります。この地方の首長は、スペイン人が到着しますと、クルアの者は敵であるから自分たちの土地には入らないように、と伝えてよこした由であります。スペイン人たちは、私のもとへ戻って来てこの話をしたのですが、彼らといっしょに首長に派遣された使者もなん人かやって来て、首長からの贈り物として金の装身具、虎の皮、羽毛の飾り、宝石、それに衣類を私に届けてくれました。そして彼らは、首長に代わってこう述べました。首長トゥチンテクラはかねてからあなたのうわさを聞いている、というのは、グリハルバ河があるあのプトゥンチャン〔註55参照〕の者たちは彼の友人であり、かつてあなたが彼の地を通過しようとして町へ入れてもらえず彼らと戦ったが、その後彼らはあなたの友人および陛下の臣下となったと聞いているからである、彼も全土をあげて陛下にお仕えしたいと望んでいる、また彼は、自分を友人と見なしてほしいが、そのためにはクルアの者たちを彼の地に入れないと約束してほしいと懇願している、彼の土地に陛下のお役に立つ品があるかどうか見ていただきたい、首長はその中から毎年あなたの指示する品をお贈りするであろう、と。

その地方から戻って来たスペイン人から、そこは入植するのに恰好の場所であること、そして港がその地方に見つかったことを知らされ、私は大いに喜びました。と申しますのも、当地に上陸以来、私は入植に適した港を見つけようと努力して参りましたが、グリハルバ河の近くにあるサン・アントン河[67]からパヌコ河[68]にいたる海岸には、適当な港はまったく見当たらなかったからであります。パヌコ河は海岸に沿って進んだところにあり、のちほどご報告申し上げますが、フランシスコ・デ・ガライの命令により、幾人かのスペイン人が入植に赴いたところでございます。

その地方と港の事情、同地の原住民の意向、その他入植に当たって必要なことをいま一度確かめるため、こういうことにいささか経験のある私の部下を、ふたたび同地へ派遣いたしました。彼らは、かの首長トゥチンテクラが私によこした使者といっしょに、彼宛てにことづけた私の贈り物を携えて出発いたしました。彼らは、到着

(64) サン・マルティンはメキシコ湾沿岸近くにつらなる小さな山脈。その間を流れる河はコアツァコアルコス（Coatzacoalcos）河（Bernal Díaz, cap. 12, 102, 103）。
(65) このとき指揮をとったのは、ポポカテペトル火山に登ったディエゴ・デ・オルダスである（Bernal Díaz, cap. 102）。
(66) チャルチウクエカン（Chalchiuhcuecan）をさす。現ベラクルス市付近を流れるハマパ河流域および河口の地方（Bernal Díaz, cap. 160）。
(67) 現トナラ河（Bernal Díaz, cap. 16）。コアツァコアルコス河の東を流れる。
(68) メキシコ高原に発し、現タンピコ市の南でメキシコ湾に流入する河。

すると、首長からすこぶる歓待されました。そして、もう一度港と河を見て、探査し、どこに町をつくればよいかを調べ、そのすべてについて、正確で詳細な報告を持ち帰りました。彼らは、その地方には入植のために必要なものはすべて揃っており、その地方の首長は陛下にお仕えできることを心から喜び、かつそれを強く希望している、と申しました。この報告を受け取りましてから、すぐさま私は、町を設計・建設し、さらに要塞を築くために、隊長[69]と一五〇名の隊員を派遣いたしました。その地方の首長が自らそうするよう申し出、その他必要なものがあればなんなりとご下命願いたい、と述べたからであります。さらに彼は、町をつくるところとして指定された場所に、六戸の家屋まで築きました。そして、われわれがそこへ入植に赴き、彼の地に留まるならば、彼としても非常にうれしい、と述べました。

いと強大なる主君よ。私がテミスティタンの大都に向かっておりましたとき、ムテスマの命を受けた大首長《グラン・セニョール》が私を出迎えに姿を見せたことにつきましては、前に申し上げました。のちに彼について分かったところによりますと、彼はムテスマの近親に当たり〔註46参照〕、ムテスマの支配地と隣接したアクルアカンと呼ばれる支配地を有しておりました。この首都は、この塩水湖のほとりにある大都市で、そこからテミスティタンの都《まち》まで湖をカヌーで参りますと六レグア〔三三km〕、陸づたいに参りますと一〇〔五六km〕レグアあります。この市はテスクコ〔ないしテスイコ、現テスココ〕と呼ばれ、人口は三万人に達するでありましょう[70]。主君よ。この市には、まことにすばらしい家や寺院《メスキータ》や礼拝堂《オラトリオ》があり、いずれも壮大で、非常に立派なつくりでございます。きわめて大きな市場もあります。アクルアカンにはこの市《まち》のほかにも町が二つあり、一つはアクルマン[71]と呼ばれ、このテスクコから三レグア離れており、いま一つはオトゥンパ[72]と呼ばれ、六レグア離れたところにあります。二つの町は、いずれも人口三〇〇〇ないし四〇〇〇でありましょう。このアクルアカン地方ないし支配地には、そのほかにも村や耕作小屋がたくさんあり、非常によい土地と農地があります。この支配地の一方は、すでに陛下に申し上げましたあのタスカルテカル地方と、完全に隣接しております。

カカマシンの捕捉を画策

カカマシンと呼ばれるそこの首長は、ムテスマが監禁されると、一旦ご奉仕を申し出た陛下に対しても、ムテスマに対しても謀反を起こしたのであります。彼は、陛下の御勅令に従うため出頭するようにとなんども要請され、私が人を派遣して要請したほかにも、ムテスマが使いを遣ってその旨命じたのでありますが、従おうとはしませんでした。それどころか、彼は、もし自分になにか望むことがあるのであれば自分のところへ来るように、そうすれば自分がいかに手強い相手であるか、また自分の奉仕がどれほど高くつ

(69) フアン・ベラスケス・デ・レオン。コルテスの腹心のひとりで、友人でもあった。キューバ総督ベラスケスの親戚(Bernal Díaz, cap. 119)。一四四頁参照。

(70) テスイコはテスイコ湖の東岸にあったアコルア人の国アクルアカンの首都。もともとトルテカ人の地に侵入したチチメカ人により十二世紀に建設された都市国家であるが、規模においても重要性においてもメシカ人のライバルで、ナワ文化の中心であった。メキシコ渓谷においてメヒコおよびタクバ(トラコパン)と三者同盟を形成した。戦争の場合や重要な統治事項については、テスイコとタクバの王はメヒコの王を大君主と認めていたが、その他の事項に関してはそれぞれが完全に独立した同等の王国であった。一五一五年、ネサワルピリ王が没したとき、その三人の嫡子の中からメヒコのムテスマ王が自分の妹の子であるカカマシンを選んで王位につけたため、事実上メヒコに従属することになった(MacNutt, pp. 247-248)。サアグン(lib. o 8, cap. 3)によればその後、グァナカシン(ないしコアナコチュツィン、一五二一〜二四)、フェルナンド・テココルツィン(ないしドン・フェルナンド、一五二四〜二五)およびフェルナンド・デ・コルテス・イシュトリルショチトル(一五二六〜三一、コルテスから名を譲り受けた)が王位を継いだ。クカスカシン(ないしクイクイツカツィン)およびフェルナンド・アウァシュピツァツィンも王位についているが、サアグンはこの二人をスペインの傀儡とみなし王と認めていない。カカマシン以下、彼らはみな兄弟であり、フェルナンド・デ・コルテス・イシュトリルショチトルは歴史家フェルナンド・デ・アルバ・イシュトリルショチトル(一五六八〜一六四八)の曾祖父にあたる。

(71) 現在のアコルマン(Acolman)。現テスココ市の北約一五キロメートルにある。

(72) 現在のオトゥンバ(Otumba)。アクルアカン北部の中心地であった。

くかが分かるであろう、と答えたのであります。私の受けた報告によりますと、彼はおびただしい数の戦士を集結させ、全員戦闘の準備を整えていました。私は、忠告によっても命令によっても、彼を説得することができなかったものですから、ムテスマに話し、彼の反逆を罰せずに済まさないためにはどうすればよかろうかと、彼の意見を求めましたところ、彼はこう答えました。戦をもって彼を捕えようとするのはきわめて危険である、彼は大首長《グラン・セニョール》で、強大な兵力を有しているので、多くの者を死なせる危険を冒さずに捕えることは不可能であろう、しかし自分は、カカマシンの地に、彼とともに住む大勢の重臣を有しており、彼らに報酬を支払っているから、彼らに話してカカマシンの家臣を何人か自分の味方に引き入れよう、それがうまくいって、彼らがわれわれに与することが確実となれば、まちがいなく彼を捕えることができるであろう、と。そこで、ムテスマはその者たちに話をつけましたところ、彼らは、重きをなす者としての身分にふさわしい事柄について相談したいので、テスクコの市でわれわれに会ってほしい、あなたが自らの身を滅ぼすようなことをしているので心を痛めている、と言ってかのカカマシンを誘き出したのであります。こうして、彼らはカカマシンのとても美しい館に集合いたしました。それは湖のほとりにあり、カヌーが館の下を通って、湖へ出られるように造られています。カカマシンが逮捕に抵抗したときのために、そこに武装兵を大勢乗せたカヌーがひそかに用意されました。そしてくだんの重臣たちは、会談の途中、カカマシンの部下に気づかれないうちに、みなで彼を捕え、カヌーに乗せて湖へ出、すでに申し上げましたとおり、そこから六レグア離れた大都へ連れて参りました。私は彼を鎖につなぎ、警戒を十分にさせました。そしてムテスマの意見を容れ、私は、陛下の御名において、ククスカシン(73)と呼ばれる彼の息子をその支配地の首長に任じ、陛下が他のことをご下命になるまでの間、その地方および支配地のすべての住民および首長は彼を主君として彼に服従するように、と命じました。そしてそのとおり実行され、それ以後はみな、かのカカマシンに対すると同じく、彼を首長とみなして彼に従い、彼も、陛下の御名において私が命令するすべてのことに従順でありました。

ムテスマ、首長たちの前で弁じる

カカマシンを逮捕しましてから数日後、ムテスマは近隣の市々《まちまち》や支配地の首長を全員召集し、みなが集まりますと、みなといっしょにいる場所に私も同席してほしいと言ってよこしました。私が着きますと、彼はこう彼らに語りました。「私の兄弟および友人諸君。諸君も知ってのとおり、諸君と諸君の父や祖父は、その昔から私の祖先および私の臣下であったし、いまもそうである。諸君は私の祖先からも私からも、常に厚遇を受け、重んじられてきたし、諸君も、善良で忠実な家臣が真の主君に対して為さねばならぬことを果たしてきた。また諸君は、われわれが元来この土地の者ではないということを、祖先から伝え聞き記憶していることと思う。われわれの祖先は、はるか遠くのくにから当地へやって来た。すべての者が従っていたひとりの首長が、彼らをここへ連れてきたのであるが、彼はそのままひとりで去って行った。彼は、永い歳月を経て、当地へ戻って来たが、われわれの祖先は、すでにこの土地に住みつき、根を下ろし、土地の女を妻取《めと》り、多くの子供をもうけていたので、彼といっしょにこの地を去ろうとはせず、まして彼をこのくにの首長として迎えようとはしなかった。そこで彼は帰って行ったが、もう一度やって来るか、あるいは大軍を送り、力で服属させるであろう、と言い残した。諸君も知ってのとおり、われわれはかねがねその人を待ち受けていた。この隊長をここへお遣わしになった国王・君主に関する隊長の話、また隊長がどこから来られたかということ、そしてことにわれわれの噂がかの地に伝わっていた由を聞くにつけても、私はその御方こそわれわれがお待ちしていた首長であると確信する。また、諸君もそう信ずるべきであろう。われわれの祖先は、主君に対して為すべきことを果たさなかったが、われわれはそれを果たそう。そして、われわれの祖先があれほど待望してきたことが、われわれ

(73) ないしクカスカシン、クイクイツカツィン（Cuicuitzcatzin, ツバメの意）。彼はカカマシンの息子ではなく、弟だった。第三書簡註15参照。

の代に実現したことを神々に感謝しよう。諸君にとって、この話は周知のことではあるが、私は心から諸君にお願いしたい。諸君は今日まで、私を主君として服従してきたように、これからはかの偉大なる国王を主君と仰ぎ、その御方に服従してほしい。その御方こそ、諸君の本当の主君なのだ。またその御方の代理者として、ここにこの隊長がおられる。諸君の、これまで私に対して捧げてきた貢物や私に対する奉仕を、その御方に捧げてほしい。私も、同じように、その御方のあらゆるご命令に従って貢物を納め、ご奉仕申し上げる所存である。諸君は、そうすることによって、諸君のなすべき義務を果たすとともに、それによって私をも大いに喜ばせることになるのだ」。彼は、流せる限りの涙を流し、深い溜め息をつきながら、そう語ったのであります。彼の話に耳を傾けていた首長たちもみな袖を絞り、しばし答えを返すこともできませんでした。確かに陛下に申し上げますが、彼の話を聞いたスペイン人のうちで、深い同情の念を抱かなかった者は誰一人としてありませんでした。

彼らは、涙がややおさまってから、これまで彼を主君と仰ぎ、彼の命令にはすべて従うことを誓ってきた、それゆえ、またいま彼からわけを聞いたので、われわれは喜んで言われるとおりにしよう、これからはいつまでも陛下の臣下としてご奉公したい、と答えました。そして、これからは国王陛下の御名において命ぜられることはすべて、善良・忠実なる臣下の務めとして果たし、これまで義務としてムテスマに対して納めてきた貢物を捧げ、ムテスマに対して行ってきた奉仕を行い、陛下の御名において命ぜられるその他すべてのことを行うために馳せ参ずる所存である旨、一同口をそろえ、またelいめいがそれぞれに約束いたしました。これは、すべて公証人の前で行われましたので、公証人はそれを私の依頼にもとづき、証人として多くのスペイン人立ち会いのもとに、正式に記録に留めました。

スペイン人の集めた財宝　これらの首長が陛下へのご奉仕を申し出、その旨記録されましてから、ある日、私はムテスマに向かって、陛下はご自分のお命じになったある事業のために、金《きん》を必要としておられる、と伝えました。そして、私もスペイン人をいっしょに遣るから、彼の家来を何人か、忠誠を誓ったあの首長たちの土地へ派遣し、首長の家々を訪ね、彼らの所有する金の一部を陛下に献上するよう頼んでほしい、と懇請いたしました。また、それは陛下が必要とされているからばかりではなく、彼らがご奉公をはじめたことの証ともなり、陛下は彼らが示したご奉公の意思を一層よく評価されることであろう、さらに、彼らが持っているものの一部も出してほしい、以前に金やその他の品を陛下にお送りしたように、こんども陛下にお送りしたいのだ、と申しました。そこで彼は、派遣するスペイン人を選んでほしいと申し、これを二人ずつ、五人ずつと、あちらこちらの地方や市にふり分けました。それらの地方や市の名につきましては、記録書類を紛失しましたため記憶しておりません。なにしろその数も多く、いろいろと異なっておりますうえ、テミスティタンの大都からは八〇レグア、一〇〇レグア〔四四六～五五七㎞〕と離れているところもあるのでございます。彼は、自分の家来を彼らに同行させ、それらの地方や市の首長のもとへ行かせて、彼〔ムテスマ〕の分け与えた金の一部を献上するよう私が命じていることを伝えさせました。そして、そのとおり実行され、彼から使者を送られた首長たちはみな、宝石類や金銀の座金《ざがね》や箔を、求められるままに献呈いたしました。そのほか彼らが所有しているもののうち、溶かしうるものを全部溶かしましたところ、陛下のための五分の一税として三万二四〇〇ペソあまりの金〔一四四・五㎏。一ペソは四・四六ｇ〕になりました。このほかにも、聖陛下に献上申し上げるため、とくに指定いたしました金・銀の装身具、羽毛飾り、宝石、その他高価なものがたくさんあり、その値打は一〇万ドゥカード以上に上るでありましょう。[74] それらはあまりにも見事であり、その本来の価値に加え、その珍しさと特異さを考えますと、まったく値のつけようがありません。また、世界中の音に聞く君主を訪ねましても、これほどの宝物をもっている君主はいないだろうと思われます。どうか私の申しますことを、荒唐無稽だとお思いにならないで下さい。まったく、ムテスマの耳にはいったものはすべて、陸の産物でも海の産物でも、金・銀・宝石・羽毛を使い、実物に似せて完全に模造され、それはほとんど実物そのもののように見えるのであります。彼はそれらすべてのうちの大部分を、陛下の御ためにと私に進呈してくれました。そのほかにも、私が彼に絵図を渡し、彼がその品を金でつくらせたものもあり、御像、キリスト受難の十字架、記章、装身具、首飾り、その他われわれが使うさまざまな品の模造品をつくらせました。また、陛下のための五分の一税の銀は一〇〇マルコ以上〔二三㎏。一マルコは二三〇・〇三g〕にも達し、それは先住民に命じて、大皿・小皿・鉢・茶碗・匙などをつくらせましたが、彼らはわれわれが説明したとおりのものを、そのまま完全につくってみせました。

　そのほか、ムテスマは自分の衣裳をたくさん私にくれました。それが絹ではなく、すべて綿でできていることを考えますと、これほどさまざまな、天然の色彩の、手細工のものを、こんなに大量に作り、織れるところは、世界中を探しても見当たらないでしょう。中には、男ものや女ものの、まことにすばらしい衣装もあります。寝衣もあり、これは絹製のものも比べものになりません。応接間や教会で使えるつづれ織りの布地もあります。羽根や綿を使った毛布とかけ布団もあり、その種々の色彩はまたまことに見事であります。そのほかにも、たくさんの品がありますが、あまりに数が多く、すばらしいものばかりですので、私はそれらを一つ一つ陛下にご説明申し上げるすべを知りません。彼はまた、自分の用いている吹き玉筒《セルバターナ》[75]を一ダース私にくれました。その申し分のなさにつきましても、陛下にご説明のしようがございません。どれもこれも、完璧な色調の見事な絵が描かれ、さまざまな姿の鳥、動物、木、花、その他いろいろのもので意匠がこらされています。そして吹き口と筒先は、五寸《ヘメ》大の金で飾られ、中間部も同様に、きわめて精緻な金細工が施されています。それといっしょに、玉を入れる金製の網袋も私にくれ、玉も金でできたものを進呈すると申しました。また、玉をつくる金製の鋳型やその他たくさんの品をくれましたが、数え上げれば際限がないくらいであります。

　強大なる主君。このテミスティタンの大都の壮大さ、めずらしく驚嘆すべき品々、大都の首長であるムテスマの支配地および彼の受ける奉仕、当地の人びとの祭式や習俗、この都をはじめこの首長の配下にある市々《まちまち》の統治に見られる秩序などについて陛下にご報告申し上げますには、多くの時間と専門の語り手を多数必要とするでありましょう。私には、それらについて語るべきことの百分の一もご報告できません。しかし、私の目にいたしましたことを、できる限りお伝え申し上げたいと存じます。それらは、不十分な説明をもってしましても、あまりにも驚嘆すべきことですので信じていただけないであろうということを、私は承知しております。当地へ参り、この目で確かめているわれわれ自身ですら、理解に苦しむのでありますから。いずれにいたしましても、それらの事がらに限らず、私の陛下に対するご報告全体を通じまして、もしなんらかの欠陥がありますれば、それは私の説明が冗長に過ぎるせいではなく、むしろ舌足らずのせいであるとお信じ下さい。私は、自分の王であり主君である方に対しましては、事実を誇張したり矮小化するような言葉は挟まず、きわめて明確にお伝えするのが正しいことであると考えております。

メヒコについての描写　この大都のことどもならびにここで申し上げましたその他のことどもについてお話し申し上げる前に、それらをよりよくご理解いただきますためには、この大都や先にご報告申し上げましたいくつかの市《まち》およびムテスマの主な支配地が存在するメヒコについて、お話し申し上げるべきであろうと存じます。この地方は円形をなし、四方をきわめて峻険な山々に囲まれています。平野の周囲は七〇レグア〔三九〇㎞〕ほども

(74) ベルナル・ディアス (cap. 104) は、銀および宝石を除いて六〇万ペソと見積もっている。ゴマラ (cap. 93) は黄金のみで一六万ペソ以上であったとしている。ヌエバ・エスパニャ最初の町ベラ・クルスが建設されたとき、コルテスは隊員の総意により主席判事兼国王軍司令官に選出された〔三三頁以下参照〕が、その際王室の五分の一税を差し引いた残りの五分の一はコルテスに支払われ、その残りを隊員の間で分ける旨合意された (Bernal Díaz, cap. 105)。コルテスはこの点についてなんら言及していない。

(75) 今日でも使われており、全長一～二メートルで粘土の小球を発射する。小鳥にはきわめて効果的だが、それより大きなものには役に立たない (Pagden, n. 58)。

大都テミスティタン（ルイス・コバルビアスの油絵、メキシコ市博物館所蔵）

あるでしょう。その平野には湖が二つあり[76]、それがほとんど平野全体を占めています。カヌーで湖を廻りますと、五〇レグア〔二七九km〕以上もあります。これら二つの湖のうち、一つは淡水で、もう一つの大きい方は塩水です。二つの湖は、平野の真中を走る小さな一連の高い丘陵によって分離されていますが、その丘陵と峻険な山岳の合間のくびれたところが低地になっており、そこで二つの湖がつながっています。このくびれたところの幅は、ちょうど大弓《バリエスタ》の矢が届くほどの距離でしょう。そして二つの湖の間の往来や、湖の中にある市々や町々の間の連絡は、カヌーを使って行うことができ、陸上を行く必要はありません。この大きな塩水湖は、海と同じように潮の干満があり、その水は、満潮になると、水量の多い川のように激しく淡水湖の方へ流れ、干潮時には、淡水湖から塩水湖の方へ流れます[77]。

　このテミスティタンの大都は、この塩水湖〔テスイコ湖〕の中に築かれており、陸地から市までは、どの方角からはいっても、二レグア〔一一km〕あります。そこに到る道は四本あり、いずれも人工の堤道で、その幅は短槍を二本合わせたほどでございます。市は、セビリャやコルドバのように大きく、主要な街路は、ひじょうに広く、真直ぐであります。そのうちの何本かと、それ以外の街路はすべて、半分が地面で半分が水路になっており、後者を彼らはカヌーで往来しております。そして、あらゆる道路はところどころで水路と水路がつながるように切れ目があり、その切れ目の幅は、ある場所では非常に広く、大きな梁《はり》をしっかりと結び、立派に建造されたたいそう幅のひろい橋がかけ渡してあります。その多くは、一〇人の騎乗兵が並んで渡れるくらい大きなものであります。この市は、そのように築かれておりますので、市の住民たちが、もしわれわれを裏切ろうと思えばその機会は十分にあり、出入り口の橋を取り払われてしまえば、われわれは本土の岸へ辿り着くことができず、飢え死にしてしまうであろうということが分かりました。そこで、この市へ入りますとすぐ、私は大急ぎで四隻のベルガンティン船をつくることにし、三〇〇名の兵士と馬をいつでも陸へ運ぶことができるよう、非常に短期間でつくりました。

この都には、広場がたくさんあり、そこではたえず市が立ち、売り買いの取引が行われています。サラマンカ市の広場の二倍もあろうという大きな広場もあります。[78] そのまわりは軒廊《ポルタル》で完全にとりかこまれています。毎日そこには六万人以上の人が集まって売り買いし、食料品をはじめ金・銀・鉛・真鍮・銅・錫・石・骨・貝・羽毛の装身具など、国中で産するあらゆる種類の商品があります。石灰、加工された石や加工されていない石、アドベ〔日干しレンガ〕、加工された木や加工されていない木など、さまざまのものが売られています。鶏・しゃこ・うずら・野鴨・蜂雀・小鴨・白子鳩・鳩・米食鳥・いんこ・ふくろう・鷲・鷹・このり・長元坊など、国中にあるあらゆる種類の鳥を売っている猟の獲物通りもあります。ある種の猛禽の皮は、羽毛や頭や嘴や爪をつけたまま売っています。

---

(76) 塩水のテスイコ（現テスココ）湖と淡水のスチミルコ（現ショチミルコ）湖をさす。

(77) 潮の干満ではなく、雨期・乾期の水量の増減によってテスイコ湖の水が移動した。註51参照。

(78) テミスティタンの北にある商業都市トラテロルコの広場に立つ市のことを説明している。ベルナル・ディアスは、スペインのメディナ・デル・カンポの市場のように整然としていた、と述べている（cap. 92）。

テミスティタンの大都（部分，ディエゴ・リベラのメキシコ政庁壁画，1945 年）

兎・鹿、それに去勢され食用に供するために育てられた子犬も売っています。[79] 国中のあらゆる薬用の根や薬草が手に入る薬種屋通りもあります。薬剤師の店のようなものもあり、飲用剤・軟膏・膏薬などの調合剤を売っています。頭を洗って剃る床屋のような店もあります。代金を払えば、食べ物や飲み物を出す店もあります。カスティーリャで言う人足《ガナパン》のように、荷物を運ぶ者もいます。[80] 薪や炭もたくさんあり、土で作った火鉢、寝床用につくられたさまざまのござ、および座布団として、あるいは客間や寝室に敷くために使うもっと薄いござもあります。あらゆる種類の野菜がありますが、とりわけ玉ねぎ・ねぎ・にんにく・胡椒草・クレソン・るりぢしゃ・すいば・あざみ・菊芋があります。果物もさまざまの種類があり、なかでもさくらんぼと梅はスペインのものに似ております。蜂蜜や蜜ろう、それに砂糖きびと同じようにとても甘いとうもろこしの蜜も売っています。他の島々〔カリブ海の大小アンティール諸島〕でマゲイと呼ばれている植物からとった蜜も売っており、シロップよりはるかに味が優れています。この植物からは砂糖や酒もつくられ、同じように売られております。あらゆる色のさまざまな綿糸も、束にして売られており、さながらグラナダ市の絹屋街のようですが、品物はこちらのほうがずっと豊富です。画家のための絵具も売っていますが、スペインにある色はなんでもあり、その色調はスペインの最上のものにも劣らぬくらいです。鹿の皮も、毛のついたものとついてないものを売っており、白色やその他さまざまの色の染色が施されています。土器も、きわめてすぐれたものをたくさん売っています。大小いろいろな甕・壺・鍋・タイル、その他無数の容器類を売っております。いずれも独特の土でできており、その全部ないしほとんどはうわ薬がかけられ、絵が描かれています。

とうもろこしも、粒のままのものとパンにしたものを大量に売っていますが、粒の外観も味も、他の島々やティエラ・フィルメ〔第一書簡註25参照〕のいずれのものよりもすぐれています。鳥の団子や魚のパイも売っています。魚は、新鮮なもの、塩漬けにしたもの、生魚・煮魚などたくさん売っています。鶏《ガリーナ》やがちょうの卵をはじめ、先に述べましたその他の鳥の卵も大量に売っています。要するに、市場では国中にあるあらゆるものが売られており、私がここに申し上げましたもののほかにもまだたくさんありますが、あまり種類が多すぎますので、冗長になりますし、またぜんぶ記憶しているわけでもなく、そのうえ、その呼び名も存じませんので、ここでは申し述べません。商品の種類によって、それを売る通りが決まっており、同じ通りで別の商品を売るということはしておりません。その点、非常に秩序が保たれています。あらゆるものが数と寸法によって売られており、目方によって売られるものは、これまで見たことがありません。

この大広場には、法廷らしい大きな館があり、そこにはいつも一〇ないし一二人の人が坐っています。彼らは裁判官であり、この市場で起こるあらゆる事件について判決を下し、罪人を罰するように命じます。またこの広

(79) イスクイントリス（itzcuintlis）と呼ばれる犬で、現在は絶滅している。主にアコルマンで売られていた重要な商取引の品で、メキシコ西部コリマ州の出土品によく描かれており、チワワ犬と似ている（Pagden, n. 63）。
(80) ナワトル語でタメメと呼ばれる荷物の運び屋。ミゲル・レオン・ポルティィリャによれば、荷物の運び屋は幼年時代から訓練され、平均二三キログラムの荷物を二一から二五キロメートル運んでバトンタッチしたという。

場には、売られている品物や売り物をはかる計量器を監視しながら、始終、人びとの間を歩き廻っている人もおり、彼らが不正な計りを壊すところを見かけたことがあります。

この大都には、あちらこちらに非常に美しい造りの寺院《メスキータ》と申しましょうか、偶像を安置した建物がたくさんあります。そのうちの主な建物には彼らの宗派の聖職者がおり、そこに住み込んでいます。それゆえ、偶像を安置した建物のほかにも、彼らのための立派な住宅がついています。これらの聖職者はみな、黒衣をまとい、宗教生活に入ってからそれを離れるまで、決して髪を切ったり、梳ったりしません。首長や市の名士のような重きをなす人たちの息子はすべて、七歳ないし八歳から、結婚のために連れもどされるまで、宗教生活に入り、僧服をまといます。そして、家を継ぐ長男のほうが、それ以外の息子よりも宗教生活に入ることが多いのであります。彼らは女に近づくことができず、女も寺院内に入ることができません。彼らは一定の食物を断っておりますが、一年のうちのある時期は、他の時期にくらべてそれがいっそう厳しいものとなります。これらの寺院の一つに、全体の中心となる寺院がありますが、その壮大さや特徴を口で表現し得る人はいないでしょう。とてつもなく大きく、まわりを非常に高い壁で囲まれたその境内には、優に人口五〇〇人の村をつくることができます。境内の周囲にとても大きな部屋と廊下のついた、きわめて上品な建物があり、ここにいる聖職者たちはそこで起居しています。非常に高くて立派な造りの塔が四〇はあり、もっとも大きな塔は、てっぺんへ登るまで五〇段あります。中心をなす塔は、セビリャの大教会のそれよりも高いのであります[81]。石造りの部分も、木造りの部分も、実に見事に造作されており、これ以上の細工も建築もありえないと思われるほどです。偶像を安置した礼拝堂の内部の石造りの部分には、一面に種々の像が彫刻されています。木造りの部分には、怪物やその他の像が浮彫細工されています。これらの塔はすべて首長の墓になっており、塔の中にある礼拝堂は、それぞれ、彼らの帰依する偶像に捧げられています。

この大寺院の中には広間が三つあり、主な偶像はそこにあります。偶像は、石のものも木のものもありますが、どれも目を見張るばかりの大きさと高さで、いろいろな模様が彫られています。これらの広間にも礼拝堂があり、そこへ入る入口はとても狭く、中は明かりがまったくありません。ここへ入れるのはあの聖職者たちだけで、だれでもというわけではありません。その中には大小の偶像がありますが、先に申し上げましたように、外にも偶像はたくさんあります。私は、彼らが最も篤く信仰している一番大事な偶像を台座から引き倒し、階段の上から投げ落とさせました。そして、偶像を安置してあった礼拝堂は、どれもこれも生け贄の血で満ちていましたので、全部きれいに洗わせ、そこにわれらの聖母や聖人の像を配置いたしました。これにはムテスマもその他の先住民も少なからず悲しみました。彼らは最初、それはやめてほしい、もしこのことが市中に知れわたれば、住民は蜂起してあなたに立ち向かうであろう、なぜならあの偶像はこの世のあらゆる富を恵んでくれており、それを粗末に扱わせたとなれば、必ずやその怒りにふれ、もはやなんの恵みも与えられず、土地の産物も取り上げられ、飢え死にするであろうと信じているからである、と述べました。私は、不浄なものを用いて、彼ら自らの手で作った偶像に願をかけることがいかに間違っているかということを、通訳をとおして彼らに理解させました。そして、宇宙のすべてのものの主である唯一の神しか存在せず、その神が天と地とすべてのものを創造し給い、彼らやわれわれをも創り給うたのであるということ、また、神にははじめがなく不滅であるということ、神をこそ崇拝し、信仰すべきであり、その他のいかなる被造物をも信仰してはならないということを、彼らに理解させました。その他、彼らに偶像崇拝を改めさせ、われらの主なる神についての知識を授けるため、私の心得ておりますことを

(81) ここで塔と言っているのは、高い基壇のうえに乗った神殿建造物のことであろう。テミスティタン中心部の神域で最大の建物は、メシカ族の主神であり軍神であるウイツィロポチトリと、水神トラロクに捧げられた双子神殿およびそれを支える大ピラミッドであったが、原文中に「中心をなす塔」と書かれているのがそれであろう。ベルナル・ディアスは「ウイチロボの大神殿」と呼んでいる。コルテスは階段の数を五〇と書いているが、ベルナル・ディアスによれば一一四段で、彼はこれと比較しながらチュルルテカルの神殿の階段の数は一二〇段あり、テスイコのそれは一一七段であると付け加えている (cap. 92)。

すべて話しました。すると、ムテスマをはじめ皆は、われわれは前にも述べたとおり、元来この土地の者ではなく、昔祖先がこの土地へ移って来たのであり、故郷を離れてすでに久しいため、われわれの信仰にどこか間違ったところがあるかもしれないとは思っている、あなたは最近来たばかりゆえ、なにを信仰すべきかにつき、われわれよりもよく承知されているだろう、それを教え、理解させてほしい、われわれはあなたがもっとも良いと言うことを実行するつもりである、と答えました。そして、ムテスマと都の主だった者の多くは、偶像を取り払い、礼拝堂を浄め、聖像を配置するまで、私のもとに留まりましたが、みなうれしそうな顔つきをしておりました。私は、偶像に捧げるために人を殺す彼らの習慣は、神の忌み嫌われるところであるのみならず、陛下が法律をもってお禁じになり、人を殺した者は死罪を受けるべしと命じておられることを説き、これを止めさせました。それ以来、彼らはこの習慣から遠ざかり、私が都に滞在しておりました間、人を殺したり、生け贄に供したりする光景は、まったく見られなくなりました。

当地の者が信仰しております偶像は、大男の背丈をはるかに凌ぐ大きさであります。これらの偶像は、彼らが食べるあらゆる種子や豆類を粉にして混ぜ合わせ、それを人間の心臓からとった血でこね合わせてできたかたまりで作ります。生きた人間の胸を切り開き、心臓を取り出して、そこから流れ出る血で粉をこねます。このようにして、あの大きな像をつくるために十分な分量を用意するのであります。また偶像ができてからも、それに対しさらに生け贄の心臓を捧げ、顔面に血を塗りたくるのであります。神々を崇拝していた昔の異教徒と同じように、彼らはいろいろなものにそれぞれの偶像を捧げています。たとえば戦争の際の加護を祈願するために一つの偶像があり、農耕のためにはまた別の偶像があります。このように、彼らがうまくゆくことを願うものそれぞれに一つずつ偶像があり、彼らはこの偶像を拝し、これに仕えるのであります。

この大都には、きわめて立派で壮大な邸宅がたくさんあります。ここにこんなにたくさんの大邸宅がありますのは、ムテスマの家来であるこのくにの首長たちがみなこの都に自分の邸をかまえ、一年のうちのある期間をそこで過ごすからでございます。[82] そのうえ、この都には、とても立派な邸宅をもっている富裕な市民が大勢いるからでもあります。彼らはみな、とても大きくて立派な部屋のほかに、階上にも階下にも、さまざまのまことに上品な花園をもっています。この大都へ通じる堤道の一つに沿って、漆喰造りの水道が二本引かれており、どちらも幅は歩幅にして二歩くらいで、高さは身の丈ほどであります。そのうちの一本の水道は人間の胴体ほどの太さがあり、その中をきわめて良質の淡水が勢いよく流れています。これは市の中心まで通じており、みなこの水を使い、これを飲んでいます。もう一本の水道は空になっており、これは一方を掃除するときのためで、一方を掃除する間、こちらの水道に水を流します。堤道の切れ目を塩水が流れていますので、そこを横切る橋を渡し、牛の胴ほどの太さで橋と同じ長さの水道を渡して淡水を通しています。こうして、市全体に水が供給されているのであります。[83]

市《まち》のどの通りへも、カヌーで水を売りにやって参ります。水道から水を汲みとるには、カヌーでまず水道が引かれている橋の下まで行きます。そして、橋の上に人がいますので、その者に労賃を支払って、カヌーが一杯になるまで水を補給して貰います。市のすべての入口と、市へはいる糧食の大半が着くカヌーの荷揚げ場には、小屋が設けられており、そこに監視人がいて、市へ運び込まれる一つ一つの品物について「なにかしかるべき物《セルトゥム・キード》」を受け取っています。これは首長のものになるのか、それとも市のものになるのか、これまで確かめることがで

(82) ムテスマに服属する地方の領主は一年の一定の期間をテミスティタンで過ごすことを義務づけられていた。彼ら六〇〇人の領主はムテスマの儀礼的な護衛であるとともに、事実上の人質であり、大君主はこうして遠隔の地方を支配した(Pagden, n. 67)。

(83) テミスティタンの西の対岸の本土にあるチャプルテペクの丘の泉から引かれた水道。一四六六年ごろ、水不足に悩むテミスティタンから相談を受けたテスイコ王(詩人)ネサワルコヨトルが考案し、つくったとされる。テミスティタンには、南のコヨアカンから引かれたもう一本の水道があり、これはムテスマの父王アウィツォトル(Ahuitzotl またはアウツォル Autzol)の時代につくられたという(Acosta, *Historia natural y moral*, LibroVII, cap. 19)。

献納物の登記簿（メシカ写本）

きなかったものですから、よくは存じませんが、私は首長のものになるのだと思います。と申しますのは、他の地方の市場で、そういう貢物がその地方の首長に支払われるのを見たことがあるからです。この都の市場や公共の場には、どこも、毎日、あらゆる職種の労働者や職人が大勢集まり、買ってくれる人を待ち受けております。

この都に住む人びとは、服装にしましても仕事ぶりにしましても、他の地方や市《まち》の住民に比べはるかに礼儀正しく、洗練されています。ここには、いつもかの君主ムテスマがおりますうえに、彼の家来の首長たちもみなしょっちゅうやって参りますため、なにごとにおきましても、他の市に比べずっと礼儀と秩序が保たれているのです。この大都の諸事情につき、まだまだお話し申し上げたいことはたくさんありますが、これ以上冗長にならないため、最後に一言だけ申し述べますならば、この都に住む人びとの仕事ぶりや振る舞い方には、スペイン人の生活のしかたとほとんど変わるところがなく、同じような秩序と調和があるということです。これらの人びとが、神をまったく知らない野蛮の民であり、理知ある国民たちとなんの接触もなく生きてきたことを考えますと、これら一切のものを見て、驚きを禁じ得ないのでございます。

ムテスマの受ける奉仕ならびに彼の驚くべき権勢や権威につきましては、書くことが山ほどあり、本当になにから始めればそのうちの一部なりとも陛下にお伝えできるのか、私には分かりません。彼のような蛮地の君主が、先に申し上げましたように、およそ自分の支配地内にあるあらゆるものを模写した作品を金・銀・宝石・羽毛を使って作らせておりますとは、まったくこれに勝る権勢がございましょうか。金や銀で作られたものは本物そっくりで、世界中の銀細工師を訪ねても、これより上手に作れる者はいないでしょう。石でつくられた品は、一体どんな道具を用いてあれほど完全な細工を施したのか、頭では理解できません。羽毛細工にしましても、こんなに素晴らしい模造品は、ろうや刺繍を用いてもできないであろうと思われます。このムテスマの支配地の広さがどれほどなのか判然としませんが、この大都の端から二〇〇レグア〔一一一四km〕までは、使者をどこへ遣っても、彼の命令の及ばぬところはありません。もっとも、その支配地内にもムテスマと戦いを交えている地方もあります。これまでに分かったことと私が彼から聞いたことなどから判断いたしますと、彼の支配地は、ほぼスペインと同じくらいでありましょう。と申しますのは、彼は、グリハルバ河の向うのプトゥンチャンから六〇レグア〔三三四km〕のところまで使者を送り、クマタン(84)と呼ばれる市《まち》の住民に、陛下の臣下となることを命じたほどであり、そこはこの大都から二二〇レグア〔一二二五km〕離れているからであります。私も、一五〇レグア〔八三六km〕まではスペイン人を派遣したことがあります。このくにのほとんどの首長、とくに大都周辺の首長たちは、前にも申しましたように、一年の大半をこの大都で暮らします。そして、すべての首長、あるいはほとんどすべての首長が、その長男をムテスマに仕えさせております。

　この首長たちのすべての支配地に、ムテスマは要塞をもち、そこへ自分の部下を司令官として、また各地方から納められる献上品や年貢の取立人として送り込んでおりました。彼らは、各地方から納められるべき品々の目録をもっております。これは、彼らが作った紙に文字や図で記されており、彼らの間ではよく理解されるのであります。各地方とも、その土地の事情に応じて、それぞれの貢物を献上いたしますので、彼のもとへは各地方にあるあらゆる品が届きます。彼は、その場にいあわす者からも、その場にいあわせない者からも、とても畏怖さ

(84) オアハカとチャパスの間にあるコミタンのことか。メキシコで刊行された『コルテス報告書簡』初版（一七七二年、ロレンサナ版）ではフマトラン（Jumathlan）。

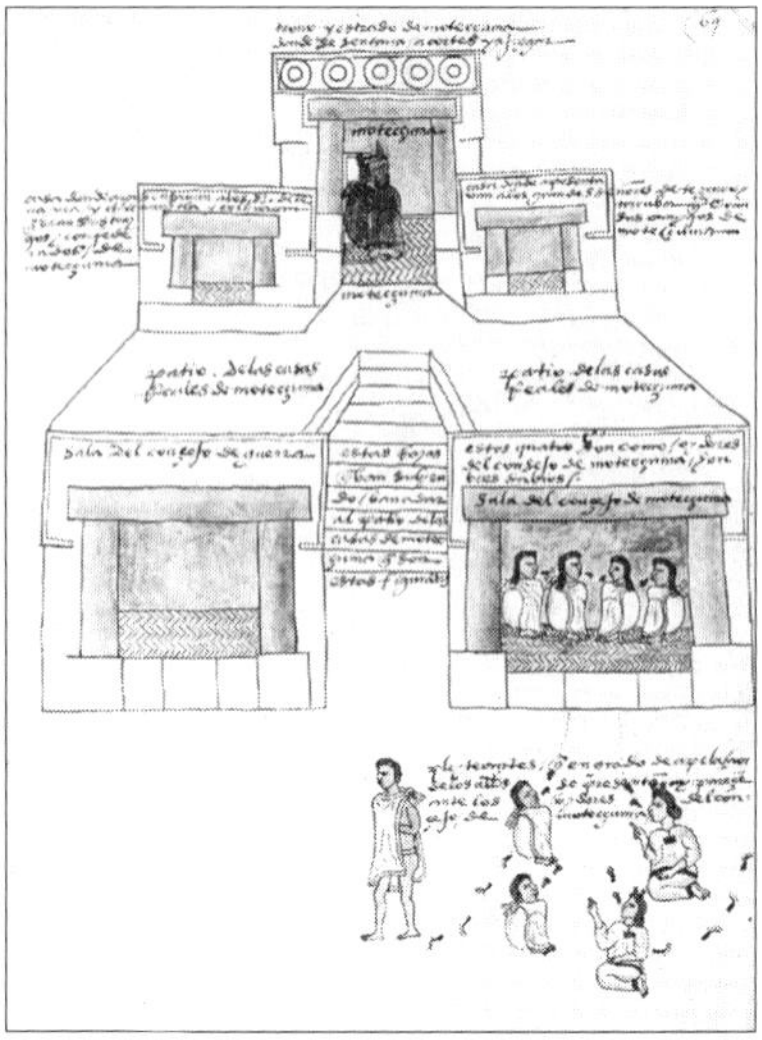

ムテスマの館（メンドーサ写本）

れており、世の中にこれほど恐れられた君主はいないであろうと思われます。彼は都の外にも内にも、別荘をたくさんもっています。その一つ一つが別々の楽しみのために、ことばで表わせないほど巧みに、また偉大な君主のためにふさわしく造られています。都には、彼の邸宅がいくつかありますが、どれも実に見事で、そのすばらしさと壮大さをご説明申し上げることは、私にはほとんど不可能と思われます。それゆえ、私は、これと比べうるものはスペインにはない、と申し述べるにとどめます。

彼はこの邸宅にも劣らないような館を一軒もっていましたが、そこには見晴らし台の張り出した、とても美しい庭園がありました。見晴らし台の大理石や敷石は斑入りで、見事に細工されていました。この館には、強大な君主が二人とその召使全員が泊れるような部屋がありました。また、この館には池が一〇もあり、そこに当地のあらゆる種類の水鳥がおり、その数も種類も実に豊富で、みな飼い慣らされていました。海で育った鳥のためには塩水の池が、また川の鳥には淡水の池があり、掃除のために池を定期的に空にし、水道管を使って水を入れ替えておりました。鳥の種類に応じて、おのおのに適した、野生のときと同じ食物が与えられました。そこで、魚を食べていた鳥にはそれが与えられ、虫を食べていた鳥には虫が、トウモロコシを食べていた鳥にはトウモロコシが、その他のもっと小さな種子を食べていた鳥にはそれが与えられました。陛下にご証言申し上げますが、魚しか食べない鳥には、塩水でとった魚を、毎日一〇アローバ〔約二五kg。一アローバは二・五〇二kg〕も与えていたのであります。これらの鳥の世話には三〇〇人の男が当たっており、彼らはそれ以外のことには一切携わりません。もっぱら、病気にかかった鳥の治療にのみ従事する者もいました。これらの鳥が飼われている池には、趣向を凝らした展望廊があり、ムテスマはそこへ来て、鳥を眺めては楽しんでいました。この館には、生まれつき顔・体・髪・眉・まつげまで真白な男女や子供のいる部屋がありました。また、チェス盤のように、一面に綺麗な石が敷き詰められた、大きな庭のあるたいそう美しい屋敷もありました。さらに、高さが身の丈の一倍半ほどで、広さが六歩《パソ》平方ばかりの屋舎もありました。どの屋舎も、半分は瓦葺きの屋根をもち、あとの半分は屋根がなく、上に丈夫な木の格子が組まれており、猛禽が一羽いました。長元坊から鷲まで、スペインにいる鳥はすべてあり、そちらでは見たこともないもっといろいろな種類の鳥が、しかもどの種類もたくさんいました。各屋舎の屋根に止まり木のような棒が一本、格子天井の下にもう一本ありました。夜間や雨が降っているときには一方の木に止まり、日に当たったり、外の空気を吸うときには、もう一方の止まり木に移ることができます。これらの鳥の餌には、毎日、鶏をやり、それ以外のものは与えていませんでした。この屋敷には、とても頑丈な木材で見事に組み立てられた大きな檻が所狭しと置かれている、ひじょうに広い部屋がいくつかありました。ほとんどすべての檻には、ライオン・虎《ティグレ》・狼・きつね、それにさまざまな種類の猫が数多くおり、餌としてはやはり十分な分量の鶏が与えられていました。これらの動物や鳥の飼育のために、さらにもう三〇〇人の者が従事していました。

　奇形の男女が大勢いる家もありました。小人やせむしや不具者やその他の奇形者がおり、奇形の種類に従ってそれぞれ別々の部屋に入れられておりました。やはり、彼らの世話のみに従事する者もいました。ムテスマがこの都に所有していましたその他の楽しみの種につきましては、その数も種類もとても多いものですから、ここでは申し述べないでおきます。

ムテスマへの家来の伺候ぶり　彼が家来から受けていました伺候ぶりはと申しますと、まず、毎日夜明けとともに、六〇〇人を超える首長や主だった者たちが彼の邸に集まって来ます。坐る者もいれば、部屋や廊下を歩き廻る者もいますが、彼の部屋には入らずに、おしゃべりをして時を過ごします。二つか三つほどある中庭や外の広い街路は、これら伺候の者の召使や家来で一杯になります。みな、夜になるまで、一日中そこを動かずに待っています。ムテスマに食事が運ばれるときには、首長たち全員に対して同じように丁重に食事が出され、彼らの家来や召使にも食事が配られました。飲み食いしたい人のためには、毎日、食料および飲料の貯蔵室が開かれていました。ムテスマに食事を供する方法は、まず三〇〇人から四〇〇人の若者が、数え切れないくらいの料理を運んで来るのでした。夕食にはいつも、肉・魚・果物・野菜など国中のあらゆる料理が出されました。ここは寒冷の地でありますゆえ、料理が冷えないために、どの皿や椀にも、下に小さな火ばちがついていました。料理はすべて、彼が食事する大広間に並べられ、ほとんど部屋いっぱいを埋めつくしました。大広間の床は一面にござが敷かれ、きわめて清潔です。そして彼は、皮製の小さな、実にすばらしい作りの座蒲団に坐りました。食事中は、長老格の首長が五、六人、彼から少し離れたところに侍り、ムテスマは彼らに自分の食事を分けてやっていました。また、召使のひとりが傍に立って、料理を差し出したり下げたりし、用があるときには、さらに離れたところに控えている別の召使を呼ぶのでした。食事の始めと終りには、必ず手を洗うための水が用意され、一度使ったタオルは二度と用いませんでした。また、一度料理を盛った皿や椀も、二度用いられることはなく、いつも新しいものを使っていました。火ばちについても同じであります。(85)

彼は、毎日四回、四種類の異なった着物に着替え、どれも新しいものばかりで、同じ着物を二度身につけることがありませんでした。彼の邸を訪れる首長で、履物をはいたまま敷居をまたぐ者はいませんでした。召し出されて彼のまえに出た者は、たいそうへりくだった姿勢で、頭も目も下に向け、彼にひじょうな敬意を表し、彼と話をするときも、彼の顔を見ないで話します。敬意を表するためにそうするのだということが分かりますのは、首長のなかに、スペイン人が私と話をするときいとも気やすく私の顔を見たまま話すことを非難する者がいたからでございます。彼らには、そうすることが不遜で恥知らずに思えたのであります。まれにムテスマが外へ出ますときには、お伴の者も、道中彼に出合った者も、顔をそらし、決して彼を見ることはいたしませんでした。他の者はみな、彼が通り過ぎるまで、跪いていました。そして三本の細長い杖をもったひとりの首長が、いつも彼のまえを先導していましたが、これは、ムテスマがそこを通るということを知らせるためにしていたのだと思います。彼は、輿から降りると、三本の杖のうち一本を自らの手にとり、それを携えて行きました。この君主に対する奉公の仕方や儀礼につきましては、それがあまりにも多種多様でありますので、ここでご報告申し上げるにはもっと時間が必要でありますし、それらを記憶にとどめるだけでも、より優れた記憶力が必要でしょう。まったく、いかなるスルタンといえども、またこれまでに知られているいかなる異教の君主といえども、これほどまで儀礼を尽くして伺候された君主はいないと思います。

私はこの大都で、聖陛下の御ために ふさわしいと思われることに精を出し、大きな市や町や要塞の数多く存在するあちらこちらの地方を平定して、陛下の臣下とし、また鉱山を発見したり、ムテスマの支配地およびこれと隣接した地方で彼の知っているいろいろの内情について聞き出したり、調べたりいたしました。それは、あまりにも多く、驚嘆すべきことばかりですので、ほとんど信じられないくらいです。これらはすべて、ムテスマおよび当地の全住民の自発的な意思にもとづき、彼らを満足させながら行ったのですが、彼らは、最初から、陛下を自分たちの本来の王および主君であると認めていたかのようでございます。彼らは、陛下の御名において私が命じましたことを、それまで以上の意欲をもって実行いたしました。

ナルバエス到来の知らせ　私は、上に申し述べましたことや、その他それに劣らず陛下の御ために有益なことを行いながら、一五一九年十一月八日から本年〔一五二〇年〕五月初めまでを過ごしました。この都も完全に平穏

（85）ムテスマの食事のときの様子については、ベルナル・ディアスもほぼ似たようなことを述べている（cap. 91）。

無事となり、多くのスペイン人を各地に分遣して全土を平定し、植民をすすめましたが、私は、以前に当地から陛下に宛ててお送りしました報告書簡に対する御返書をのせた船が到着するのを待ちわびておりました。できればその船で、本書簡ならびに陛下のために集めました黄金の品々や宝石類をお送りしたいと思ったのであります。そのとき、ムテスマの家来で海岸地方に住む住民が私のところへ馳せ参じ、その海岸べりにあるサン・マルティン山脈〔註64参照〕のすぐ近く、サン・フアン〔・デ・ウルア〕港の手前に、一八隻の船が到着した、もっとも一行が何者であるかは分からないが、海上に船を見つけたのでとりあえず知らせにやって来た、と申しました。これらのインディオの後から、もうひとりのフェルナンディナ島の先住民がやって来て、海岸に私が駐屯させておいたスペイン人の手紙を持って来ました。このスペイン人は、船が着いた場合に、私の消息と港の近くに築いたあの町〔ベラ・クルス〕のことを船に伝えて、船の者たちが方向を見失わないようにするために配置しておいたのでございます。手紙にはこう認めてありました。某日、サン・フアン湾の沖合いに船が一隻だけ姿を現した、そこで海岸の端から端まで、目の届く限り見やったが、どうしても一隻しか見えないし、あなたが陛下に対して派遣した船が帰るころなので、これはその船に違いないと思う、しかしさらによく確かめるために、船が港に入るのを待ち、事情を調べてからただちにあなたに報告する、と。[86]

　この手紙をみて、私はそこへ二人のスペイン人を派遣いたしました。船から使いの者が来て、途中行き違いにならないように、ひとりずつ別々の道を行かせました。二人には、港まで行って、何隻の船が到着したのか、どこから来て、なにを積んでいるのかを調べ、できる限り速やかに戻って私に報告するよう、申し付けました。また、もうひとりをベラ・クルスの町へ遣り、その船のことを伝えさせ、そこでも同じように調査して私に報告するよう命じました。クアクカルコ〔現コアツァコアルコス〕の港に町をつくるため、先に一五〇人の部下をつけて隊長《カピタン》をひとり派遣しましたが〔註69参照〕、そこへもうひとり別の者を遣りました。この隊長へは、港に船が着いたようだから、この使いの者が彼に追いついた地点で止まり、次の手紙を受け取るまで先へは進まないように、と書いてやりました。もっとも、のちほど分かったことでありますが、彼は、すでに私の手紙を受け取ったときには船が来たことを知っていたようであります。これらの使者を送り出してから一五日たちましたが、なんの知らせもなく、使者の誰からも返事が届きませんので、私は少なからず気をもみました。しかし、一五日たちましたころ、同じくムテスマの家来である別のインディオたちがやって来て、彼らから船隊はすでにサン・フアンの港に錨を下ろし、乗員は上陸しているということを聞きました。そして、なんと八〇頭の馬、八〇〇人の兵および一〇ないし一二門の火砲《ティロ・デ・フエゴ》をのせてきたことを知りました。(87) 彼らは、ムテスマに見せるために、それらをすべてこのくにの紙に描いて持参しました。(88) また、私が海岸に駐屯させたスペイン人も、派遣した使いの者も船隊のもとにいるが、船隊の隊長が彼らを帰らせてくれないので、その旨私に伝えるよう言い付かったとのことです。

---

(86) このとき、サン・フアン・デ・ウルアに到着したのは、サント・ドミンゴの聴訴官（オイドール）であるルカス・バスケス・デ・アイリョン（Lucas Vázquez de Ayllón）の船である。コルテスを派遣したキューバ総督ディエゴ・ベラスケス（第一書簡註1参照）が、発見されたメキシコに、腹心のパンフィロ・デ・ナルバエス（註87・91参照）を派遣したいと一五一九年十一月十七日付けでサント・ドミンゴのアウディエンシアに通知したので、アウディエンシアが両者間にあつれきが起こることを憂慮して派遣したのがバスケス・デ・アイリョンである（Wagner, chap. 18）。ナルバエスの到着の日付けは不明である。コルテスの言に従えば五月となるが、コルテスの四人の部下がナルバエスとベラスケスに関して行った不服書によれば、ナルバエスは四月に到着したことになる（G. R. G. Conway, *La Noche Triste*）。

(87) コルテスはナルバエスが一八隻の船に八〇〇人の兵、八〇頭の馬、一〇ないし一二門の火砲を乗せてきたとしているが、ベルナル・ディアス（cap. 109）は一九隻に九〇〇人の射手、七〇人の小銃手、八〇頭の馬および二〇門の大砲を含む一四〇〇人の兵を乗せて来たと述べ、アンドレス・デ・タピア（p. 89）は一八隻の船に「一〇〇〇人以上の兵および相当の大砲」、それに九〇頭の馬、一五〇人以上の射手と小銃手を乗せてきたと言っている。またゴマラは一一隻の船と七隻のベルガンティン船に九〇〇人のスペイン人と八〇頭の馬を乗せてきたと述べ（cap. 96）、さらにその中にいた一人の黒人がヌエバ・エスパニャに天然痘を持ち込み、伝染病はセンポアルで始まったが瞬く間にインディオの間に広まり、多くの犠牲者を出したと書いている（cap. 102）。

これを知って私は、われわれの隊にいるひとりの聖職者(89)を送り、私の手紙を一通と、私といっしょに大都にいるベラ・クルスの市長《アルカルデ》ならびに市会議員《レヒドール》の手紙を一通持たせることにしました。それらの手紙は、港に到着した船隊の隊長および隊員に宛てたもので、このくにで私に起こったことをつぶさに彼らに伝え、私が多くの都市や町や要塞を征服・平定し、陛下の臣下としたこと、この地方全域の君主を捕虜にし、いまはこの大都に滞在していること、そしてその大都の様子および陛下の御ために私が集めた金や宝石のこと、などを知らせました。また、このくにに関する報告書簡を陛下にお送りしたことも知らせ、彼らが何者なのか、陛下の王国および領土に属するまことの臣下であるのかどうか、国王陛下のご命令により植民のためにこのくにへやって来たのか、これからさらに前進するつもりなのか、あるいは引き返すのかを訊き、またなにか入用なものでもあれば、自分のできる限りのものは融通すること、陛下の王国の者でなくともできる範囲の援助をすることを伝え、なにか入用のものがあるなら知らせてほしい、と書きました。そして、用事がないのであれば、即座にこの陛下の領土を離れ、陸には上がらぬよう、陛下の御名において要請し、これに従わないときには、私が保有しているスペイン人とこのくにの先住民からなる全兵力をもって攻撃し、逮捕して、私の国王であり主君である方の王国および領土に侵入を企てた外国人として死刑に処す、と書き加えました。

前述の聖職者がこの手紙を携えて出発してから五日後、ベラ・クルスの町に残留したスペイン人のうち二〇人が、テミスティタンの都へやって参りました。彼らは、その町で捕えたというひとりの神父と二人の男を連れて来ました(90)。私は、その者たちの口から、港に着いた艦隊とその乗員はディエゴ・ベラスケスの支配下にあり、彼の命を受けて来たもので、隊長はフェルナンディナ島に住むパンフィロ・デ・ナルバエス(91)なる者であるということを知りました。八〇頭の馬と八〇〇名の歩兵、うち小銃手《エスコペテロ》八〇名および射手《バリェステロ》一二〇名を率い、たくさんの火砲《ティロ・デ・ポルボラ》を携えており、彼はディエゴ・ベラスケスからこの地方全体の総司令官兼総督代理《カピタン・ヘネラル・イ・テニエンテ・デ・ゴベルナドール》に任命されて来ていること、それゆえ陛下よりの勅令を携行しており、私の派遣した使者も海岸に駐屯させておいた部下も、パンフィロ・デ・ナルバエスのもとにおり、そこを離れられずにいることを知りました。またナルバエスは、私が港から一二レグア〔六七km〕のところにベラ・クルスの町を築き、その町に私の部下がいること、港から三〇レグア〔一六七km〕のトゥチテベケ〔トゥステペケ〕と呼ばれる地方のクアクカルコに私が部下を送ったこと、その他このくにで私が陛下の御ために行ったもろもろのことや、私が征服し平定した都市や町、それにあの大テミスティタンの都やこの地で集めた金や宝石のことなどをはじめ、私に起こったことをことごとく彼らから聞いて知っていることが分かりました。ナルバエスは、この神父と二人の男をベラ・クルスの町へ遣り、そこにいる者たちに話を持ちかけ、できれば彼らを自分の味方につけ、私に反逆させようとした由であります。捕えた三人といっしょに、彼らはナルバエスならびに彼の部下がベラ・クルスの私の部下に宛てた一〇〇通以上の手紙を持参していました。それには、神父とその伴の者たちの言うことを信用するように、そうすればディエゴ・ベラスケスなら

(88) 紙（amatl）は貢物の一つであった。イチジクの木の一種（Ficus Petiolaris）の樹皮をはがし、それを槌で叩いて薄くし、乾燥させた。マヤ人の間では紀元前一〇〇〇年頃から使われていたらしい（Wolfgang von Hagen, Los Aztecas, cap. 36）。

(89) バルトロメ・デ・オルメード（Bartolomé de Olmedo）神父。コルテスの隊の司祭かつ彼の助言者であり、インディオの改宗に努めたメルセデス会の修道士。一五二四年のペドロ・デ・アルバラードのグァテマラ遠征にも従った。同年ごろメキシコ市で没。

(90) ナルバエスがベラ・クルス市に派遣したフアン・ルイス・デ・ゲバラ神父、アントニオ・デ・アマヤ、および公証人アロンソ・デ・ベルガラのこと（Bernal Díaz, cap. 111）。

(91) ベルナル・ディアス（cap. 55）もラス・カサス（Lib. III cap. 26）もナルバエスはバリャドリード生まれと述べているが、ナバルマンサーノ（セゴビア）生まれとする説が有力。一四九八年ごろフアン・デ・エスキベルに従ってジャマイカ島に渡った。一五一一年のキューバ征服に参加して、その残忍さで知られたが、ベラスケス総督の信頼を得た。コルテスとメキシコで戦って負け、二年近く収監されたのちスペインに戻り、国王からフロリダ征服の許可を得て一五二七年に出発したが、洋上で嵐にあい行方不明になった。

びに同人の名においてナルバエスより大いに報いられることを約束するが、逆らえば辛い仕打ちにあうであろう、と書かれていました。そのほか手紙に記されたさまざまのことについて、私はこの神父とその件の者から話を聞きました。彼らとほとんど時を同じくして、先にクアクカルコへ行ったスペイン人のうちのひとりが、隊長《カピタン》であるファン・ベラスケス・デ・レオン[92]なる者の書簡を携えて戻って来ました。それには、港へ着いたのはパンフィロ・デ・ナルバエスが指揮する遠征隊で、ディエゴ・ベラスケスの命を受け部下を率いて来ている、と記されていました。レオンはディエゴ・ベラスケスの親戚で、ナルバエスの義兄弟に当たりますが、彼は、ナルバエスがインディオに持たせてよこした彼あての手紙を私に届けてくれました。ナルバエスは、その中で、私の使者からレオンもいっしょにいると聞いたこと、すぐさま部下を連れて彼のもとへ来てほしいこと、それが親戚に対する義理でもあること、彼は私に無理強いされているに違いないと思うこと等、その他もろもろのことを書いていました。

この隊長〔レオン〕は、陛下にお仕えするこころざしのほうがまさっていましたゆえ、ナルバエスが書簡で言ってよこしたことを容れなかったばかりか、その書簡を私に送り届けるとともに、ただちに全部隊を率いてそこを出発し、私のもとに馳せ参じたのであります。私は、例の神父〔ゲバラ〕および彼と一緒に来た二人から、ディエゴ・ベラスケスならびにナルバエスの意図するところをつぶさに聞き、またどうして私を攻めるための艦隊が派遣されたのかも知りました。それは、私が当地に関する報告書と献上の品をディエゴ・ベラスケスに送る代わりに、陛下にお送り申し上げたからであります。そして、彼らがいかによこしまなこころざしを抱き、私をはじめ、多くの私の仲間を殺そうとあらかじめ計画してきているかを知りました。また、エスパニョラ島在住のフィゲロア査察使[93]および同島に在住する陛下の判事ならびに官吏は、ディエゴ・ベラスケスが艦隊を準備しており、その意図がなにであるかを知り、このような艦隊が派遣されることはきわめて有害であり、陛下の御ためにならないとして、艦隊の派遣を中止するよう要請するため、判事のひとりルカス・バスケス・デ・アイリョン〔註86参照〕

に委任状をもたせて彼をディエゴ・ベラスケスのもとへ送った、ということも知りました。アイリョンが着いたときには、ベラスケスは武装した部下全員を引きつれてフェルナンディナ島の岬に来ており、やがて出帆しようとしておりましたので、アイリョンは陛下にお仕えする者としての道に反することだから出帆をとり止めるようにと、彼と全隊員に要請した由であります。彼はいろいろな刑罰をたてに彼らをおどした由ですが、それにもかかわらず、また判事のあらゆる要請や命令にもかかわらず、ベラスケスは敢えて艦隊を派遣したのでございます。アイリョン判事は、もしこの艦隊が着けばかならず災いが起こるであろうと考え、これを未然に防ぐために、艦隊とともに海を渡り、いまは例の港に来ているとのことです。彼にも、また誰の目にも、この艦隊の抱いていた邪悪なもくろみは明白であったわけであります。

コルテス、ナルバエスに手紙を書く　私は、例の神父に一通の手紙を託して、ナルバエスのもとへ送りました[94]。その手紙には、神父とその連れの者から、私は艦隊の隊長があなたであることを聞いた、あなたであることを知って喜んでいる、実は私の派遣した使者が戻らないので別のことを想像していた、それにしても私が陛下の御た

(92)　註69で言及されている、一五〇人の部下をつけてクアカルカルコ（コアツァコアルコス）に派遣された隊長のこと。

(93)　ロドリゴ・デ・フィゲロアは、査察使（juez de residencia）および主席判事（justicia mayor）として、一五一九年七月サント・ドミンゴに着任し、翌年ディエゴ・コロンブスが副王として赴任するまで、アウディエンシア議長として、同島の責任をになった。インディアス枢機会議が、トリニダード島の住民がスペイン人の言うように食人種であるならば彼らを捕えて奴隷にすべしと唱えたため、フィゲロアは現地調査を行い、それが事実に反することを立証した（Las Casas, III, 186）。

(94)　ベルナル・ディアス（cap. 112）によれば、コルテスはゲバラに手紙を託したのではなく、ゲバラの到着を待たずインディオの伝書使にもたせ、ナルバエスに騒ぎを起こさないよう要請した。またコルテスはゲバラ神父とベルガラ公証人からナルバエスは必ずしも部下から気に入られていないと聞いていたので、彼らに贈り物を送って味方につけようとした。

めに当地に来ていることを知りながら、手紙も使いもよこさず、到着したことも知らせてくれなかったのには驚いた、あなたは私の友人であるし、私の最も望むところである陛下へのご奉仕のために当地へやって来たのだと思うので、あなたの来訪を私が喜ぶであろうということはあなたも知っているはずである、にもかかわらずあなたは陛下にお仕えする私の伴の者たちのところへ贈賄者やそそのかしの手紙を送り、あたかも一方が異教徒で他方がキリスト教徒であるかのごとく、また一方が陛下の臣下で他方が反逆者であるかのように、私に背きあなたにつくことを勧めている、と書きました。そして、今後このような方法は用いないで貰いたいが、ともかくも当地来訪の理由を知らせてほしいと要求しました。また、聞くところによればあなたは総司令官《カピタン・ヘネラル》兼ディエゴ・ベラスケスの総督代理《テニエンテ・デ・ゴベルナドール》と名乗り、これを当地で吹聴し、市長《アルカルデ》や市会議員《レヒドール》を任命したり、裁判権を行使しているとのことであるが、これは陛下の御意に背き、かつすべての法に反することである、この地は陛下のものであり、すでに陛下の臣下が居住し、法廷《フスティシア》や市会《カビルド》もあるのだから、そのような称号はその地位に迎え入れられてはじめて用いるべきであり、それ以外の者が称えるべきものではない、かかる称号を用いるからには陛下の勅令を携えていなければならないが、もし持参しているのであれば見せていただきたい、と述べるとともにその勅令を私およびベラ・クルス市会《カビルド》に提示するよう要請いたしました。そして、われらの国王、すなわち真の主君の勅令には、市会も私も従い、陛下の御ためにふさわしいことはすべて履行するつもりである、と書きました。また、私は大都に居り、かの君主を捕えたうえ、陛下をはじめ私の伴の者や私のための大量の金と宝石を手に入れていること、彼を釈放しないのは、私が都を離れた際に反乱が起き、この莫大な量の金や宝石のほか、大都まで失う惧れがあるためで、この都を失うことはこのくに全体を失うことになるからだと書きました。私は、アイリョン判事に宛てた手紙も例の神父に託しましたが、あとで分かったところによりますと、彼は神父が着いたときにはすでにナルバエスに捕まり、二隻の船とともに囚人として送還されてしまっていた由であります。[95]

神父が出発しました日、ベラ・クルスの町に残留している者たちのところから、使者がひとりやって来て、センポアルの市《まち》の住民とその味方のインディオが中心となり、先住民がみな謀反を起こしてナルバエスの側についた、と知らせてよこしました。もはや要塞勤務のためや、その他これまで従事してきた仕事のために、ベラ・クルスの町へ出仕する者はいなくなったとのことでした。それは、ナルバエスが彼らに私のことを裏切者だと言い、私と私の部下全員を逮捕して、このくにから連れ出すためにやってきたと語ったからであるとのことです。ナルバエスの率いる隊員の数はおびただしく、私の兵力はわずかであり、さらに彼は多数の馬と火砲を携えていますが、私はそれらをわずかしか有していませんので、インディオたちは勝利する側につくことを望んだのでありまず。ナルバエスはベラ・クルスのすぐ近くにセンポアルの市があることを知っており、その市に駐屯しようとしている旨、インディオから聞いたとも伝えてよこしました。そして、彼ら〔ベラ・クルスに残留した者たち〕は、これらの話から、ナルバエスがあらゆる者に悪意を抱いており、センポアルのインディオを味方につけ、そこから彼らに攻撃を加えようとしているに相違ないと考えました。そこで、彼ら〔ナルバエスたち〕と一戦を交えて騒動を引き起こすことを避けるため、ベラ・クルスの町を去って山に登り、陛下の臣下でありわれわれの友人である首長の家に身を寄せており、私の命令があるまでそこに留まろうと考えている、と知らせてよこしたのであります。

コルテス、ナルバエスとの面会に出発　私は、ナルバエスのために当地全体が騒然とし、たいへんな害悪が生じ始めていることを知り、ナルバエスのところへ私が行けば、騒ぎも大分おさまるだろうと思いました。インディ

---

(95) バスケス・デ・アイリョンは、ナルバエスが上陸後、町を新たに建設し、コルテスと対決する姿勢を示すので、両者間に介入しようとしたが、一五二〇年四月二十三日ナルバエスに逮捕され、数日後船で送還された。もう一隻の船は彼の警吏および秘書を乗せて数か月後にサント・ドミンゴに着いた。ゴマラ（p. 179）によれば、アイリョンは一五二四年「特に記憶に留められるべきなにごともなし得ないまま」奴隷狩りの遠征の途中で溺死した。

オたちも、私の姿を見ればあえて謀反を起こそうとはしないでしょうし、またこれ以上のわざわいを阻止するためナルバエスと協定を結ぼうと考えたのであります。そこで私は、〔テミスティタンの〕要塞に十分なトウモロコシと水、それに五〇〇人の兵士と若干の火砲を残して、その日のうちに出発し、他の七〇名ばかりの兵士とムテスマの重臣何人かを従えて道を進みました。(96) 私は、出発に先立ち、ムテスマを懇懇と諭して、あなたは陛下の臣下であり、これまでのあなたの奉仕に対し、近く陛下より恩寵を賜らんとしていることを忘れないでほしい、陛下と私のためにあなたが差し出した黄金や宝石のこと、それにあのスペイン人たちのことをよろしく頼む、私は、港に着いた者たちがまだ何者であるかを知らないので、それを確かめるために彼らのところへ赴く、どうやら彼らは悪人で、陛下の臣下ではないように思えるから、と述べました。するとムテスマは、後に残るスペイン人には必要なものはなんでも提供し、陛下に献上する品であなたより託されたものはすべて大切に保管する、またあなたに同行する私の家来には、私の支配地外に出ない道を選んで案内させ、道中入用なものはなんなりと供給させる、と約束いたしました。そして、もし彼らが悪人であれば、これを討伐してこの地から追い出すため、ただちに大軍を差し向けるので、自分に知らせてほしいと懇願いたしました。私は、彼のこの申し出に感謝し、陛下もこのことに対しあなたに大いなる恩賞をお取らせになるに違いない、と申しました。そして、ムテスマをはじめ、彼の息子およびそのとき彼といっしょにいた多数の首長たちに、たくさんの宝石や衣類を分け与えてやりました。

チュルルテカル〔現チョルラ〕という市《まち》で、前にクアクカルコへ派遣したと申し上げました隊長フアン・ベラスケス〔註69参照〕が全隊員を率いて戻ってくるのに出合いました。その中には体の具合の悪い者がいましたので、彼らは市へやり、私はフアン・デ・ベラスケスおよびその他の者とともに前進を続けました。そして、このチュルルテカルの市を出て一五レグア〔八四km〕ほど参りましたとき、港へ着いた艦隊が何者であるかを確かめるために先に派遣しました私の隊の神父〔オルメード〕と行き合いました。彼は私に宛てたナルバエスの手紙を携えており、それには、ナルバエスはディエゴ・ベラスケスに代わりこの地を占領するための勅令を持参している、とありました。従って、あなたはただちに自分のところへ出頭して自分に服従すべきである、自分はすでに町を一つ建設し、市長《アルカルデ》と市会議員《レヒドール》も任命してある、(97)としたためられていました。また、その神父から、アイリョン判事とその書記および警吏《アルグァシル》が捕えられ、二隻の船で送り返されたことを知りました。ナルバエスたちは、神父につめより、彼らの味方となって私の仲間に働きかけ、ナルバエスの味方につけさせるよう迫ったとのことであります。そして、神父と彼に同行したインディオたちの前で、歩兵や騎兵など全兵力を誇示し、艦上や陸上にある大砲を発して威嚇し、「われわれの言うとおりにしないでわれわれから身を守れるかどうか、よく見るがよい」と神父に申した由であります。また神父は、ムテスマの家来でこの地の首長である者が一人ナルバエスのもとにいた、と私に話しました。この首長は、山岳地帯から海岸線まで広がるこの地方一帯を治めるムテスマの執政官《ゴベルナドール》とされており、ムテスマの代理としてナルバエスに口上を述べたうえ、彼に金の装身具を贈り、ナルバエスもな

---

(96) あとに残された兵士の隊長はペドロ・デ・アルバラードであった。ベルナル・ディアスは、「われわれと意見を同じくしない聖職者ファン・ディアスおよび疑わしい者たちが残された」(Bernal Díaz, cap. 115) と書いているので、コルテスは少数ながら信頼のできる精鋭を率いて出発したとみられる。アルバラードは一四八五年バダホスで生まれ、一五一〇年にインディアスに渡った。サント・ドミンゴで八年間過ごしてから一五一八年にグリハルバの遠征に加わった。翌年、コルテスの隊に加わり、テミスティタンの虐殺まで副司令官を務めた。勇敢だが向こう見ずな性格と言われる。金髪のため、インディオからトナティウ（太陽）と呼ばれた。一五二四年にグァテマラの征服者となり、さらにペルー征服に乗り出そうとしたが途中で断念した。一五四一年ノチストランで馬の下敷きとなって間もなくグァダラハラで死去した（アルバラードについては J. E. Kelly, *Pedro de Alvarado, Conquistador* 参照）。なお、コルテスが首都に五〇〇人を残留させたとしているのは明らかにまちがいであり、三人の証人の言によれば一二〇人を超えず、そのほとんどは手足のきかない者か信頼できない者であったという。

(97) ナルバエスは、サン・ファン・デ・ウルア島に上陸後、ただちに本土にサン・サルバドールという名の町をつくらせ、市長（アルカルデ）や市会議員（レヒドール）を任命している (Wagner, p. 270)。

にか安物の品を彼に与えたとのことであります。またナルバエスは、ムテスマのところへ使者を派遣し、彼はムテスマを釈放して、私と私の仲間全員を捕えるためにやってきたのであり、それが終わりしだいこの土地から立ち去るつもりである旨伝えさせた由であります。最後に、彼は誰かに迎え入れられようとするのではなく、自身でこの地を奪い取ろうと企んでおり、もし私や私の仲間が彼をディエゴ・ベラスケスの名において任じられた司令官兼判事として認めないならば、われわれを攻撃し、武力でわれわれを捕えるつもりであり、そのためにこの地の住民、とくにムテスマと、使者を介して結託していることを知りました。私は、このままにしておけば陛下の御ために害になるのは明らかであると思いましたので、ナルバエスの兵力は強大であり、そのうえ彼は私と一部の私の部下を捕えたならただちに絞首刑にするようにとのディエゴ・ベラスケスの命を受けているということを聞いておりましたが、私はあえて彼のもとに赴くことにいたしました。私は、彼が陛下に不義を働いているのだということを悟らせ、その悪だくみとよこしまなこころざしを捨てさせるのがよかろうと判断したのであります。そこで私は前進を続けました。

ナルバエスが駐屯しているセンポアルの町から一五レグア〔八四km〕手前まで参りましたとき、例のベラ・クルスに残留するスペイン人に捕えられ、私からナルバエス宛てとアイリョン判事宛ての書簡を託されたナルバエス軍の神父およびもう一人別の神父ならびにフェルナンディナ島の在住者で同じくナルバエスに随伴したアンドレス・デ・ドゥエロという者がやって参りました。(98) 彼らは、私の書簡に対するナルバエスの回答であるとして、あくまでも彼に従い、彼を私の隊長と認め、この地を彼に譲渡するようにと申しました。もしそうしなければ、あなたはひどい目に遭わされるであろう、ナルバエスは大軍を擁しているがあなたの兵力は微々たるものであり、彼は大勢のスペイン人を率いているほか、住民の大半も彼の味方であるから、というのでした。そして、もし彼にこの地を引き渡すのであれば、彼がもっている船と糧食をあなたのほしいだけ与えるから、あなたとあなたに同行したい者はその船で好きなものを積んで出て行くがよい、邪魔だては一切しないから、とのことでした。

ディエゴ・ベラスケスからそのような恩顧を私に施すよう指示されており、ナルバエスと二人の神父がそのための権限を与えられているので、私の要望するあらゆる便宜をはかると、そのうちの一人の神父が述べました。そこで私は、この地をナルバエスに引き渡すようにとの陛下の勅令にいまだ接していないが、もしこれを持参しているのであれば、スペインの規則と習慣に従い私ならびにベラ・クルス市会に対し提示していただきたい、と応じました。そして、私はそれに従い、遵守するつもりであるが、それまではいかなる利益や恩恵が与えられようとも、ナルバエスのいうことに従うわけにはゆかない、私ならびに私の伴の者は陛下の御ためにこの地を征服・平定したのであり、われらの国王に対し裏切りや不忠を働くくらいならむしろこの地を守って死する所存である、と答えました。

ナルバエスとの交渉　彼らはそのほかいろいろな話をもちかけ、私を彼らの計画に従わせようとしましたが、それそうするようにとの陛下の勅令を見るまでは、私は彼らの話を一切受け入れませんでした。そして彼らは、それを私に示そうとはしませんでした。結局、二人の神父とアンドレス・デ・ドゥエロおよび私は、ナルバエスと私がそれぞれ一〇名ずつ部下を連れて双方の安全を保証するという約束のもとに会合する、ということで合意いたしました。もし彼が勅令を携えているのであれば私にそれを示し、私はこれに回答するということにしました。そこで私は、自分の署名入りの安全通行証をナルバエスに送り届け、彼もまた、彼の署名入りの安全通行証を私

(98) 最初の神父はルイス・デ・ゲバラ（註90参照）、「別の神父」はファン・デ・レオン。ベルナル・ディアスによれば、もうひとりアグスティン・ベルムーデスというナルバエスの駐屯地の警吏長がいた。また彼によれば、ベラスケスにごく近いアンドレス・デ・ドゥエロ（ナルバエスの秘書官）はアマドール・デ・ラレス（王室会計官）とともにキューバにおいて新しい遠征の司令官にコルテスを推奨し、遠征の利益を三人で山分けする陰謀をたくらんだ仲であるとしている（cap. 19, 119）。

に送って参りましたが、彼には約束を守る意思がないように見受けられました。それどころか、会見の際、不意をついて私を殺すよう手はずを整え、彼の随行者一〇名のうちの二人を私を殺す役に指名し、残りの者には私の随伴者と闘わせようとしていたのであります。彼らは、私さえ死ねば彼らの仕事は終わったも同然だと語っていた由であります。このようなときに救いの手を差しのべて下さる神は、ある警告をもって私をお助け下さったのですが、もしそれがなければ本当に彼らの言うとおりになっていたでありましょう。その警告は、彼らの反逆者のうちのひとりが、安全通行書を持参したさい私に伝えてくれたのでございます。それを知って、私はナルバエスとその代理人〔二人の神父およびアンドレス・デ・ドゥエロ〕にそれぞれ手紙を書き、私は彼らのよこしまなもくろみを知っている、そのようなはかりごとがある限り会見に臨むわけにはいかない、と伝えました。

そして、私はすぐさま彼らに令状を送り、ナルバエスに対しては、もし陛下の勅令を携えているのであればそれを私に示すように、それがなされるまでは司令官《カピタン》や判事《フスティシア》を名乗ってはならず、そのいずれの職務にも携わってはならない、これに反した場合には所定の懲罰に処す、と通告いたしました。またその令状において、ナルバエスの随行者全員に対し、ナルバエスを司令官ないし判事として認めたり、彼に服従したりしてはならない、陛下の御ためになにをなすべきかを教えるから、令状に指定された期限内に私のもとへ出頭するように、と命じました。そして、もしこれに従わなければ、国王に反逆し、国王の領地を略奪したうえ、その所有者でもなくその資格も権利もない者に分け与えようとする、不忠な裏切者および邪臣として、処分するであろう、そしてもし私のもとに出頭しなかったり、私の令状に服さない場合には、この命令を執行するために、私の方から、法にもとづき、逮捕に赴くであろう、と宣言いたしました。ところがナルバエスは、私の委任状を携えて命令の通告に赴いた公証人とその同行者(99)を捕え、彼らが連れていたインディオをも捕えるという行為でこれに応え、彼らの消息を知るため私の派遣しましたもうひとりの使者(100)が着くまで、彼らは拘束されていました。ナルバエスは、彼らのまえでふたたび彼の全兵力を誇示し、もしこの地を引き渡さなければこの兵力で攻撃するといわんばかりに、彼らと私を威嚇したのであります。いかに手をつくしてもこの大きな害悪を阻止することはできず、住民の騒動と反乱が日増しにはげしくなるのをみて、私は神に身をゆだね、自分に及ぶかもしれないわざわいは顧みず、わが国王の御ために、その領地をお守りし略奪を防いで命を落すことは、私にも私の伴の者にとっても大いなる栄光であると考え、ナルバエスならびに市長《アルカルデ》や市会議員《レヒドール》と称する者たち[101]を逮捕するよう警吏長《アルグァシル・マヨール》ゴンサロ・デ・サンドバル[102]に命令いたしました。そして彼に八〇名の部下をつけ、ともに彼らの逮捕に出かけるよう命じました。私も別に一七〇名の部下を従え、もしナルバエスとその仲間が逮捕に抵抗した場合に援護するため、総勢二五〇名で、鉄砲も携えず、馬にものらず、歩いて、警吏長の後につづきました。

　警吏長と私が部下をつれて、ナルバエスとその部下の駐屯しているセンポアルの市《まち》へ到着しました日、ナルバエスは、われわれが来たことを知るが早いか、八〇名の騎兵と五〇〇名の歩兵を率い、その他は兵舎に残して出陣して参りました。守りの極めて堅固なその市の大寺院《メスキタ・マヨール》が彼の兵舎になっていました。彼は私のいるところからおよそ一レグアの地点までやって参りましたが、私が見つからぬうえ、私が来たということもインディオの口から聞いたことゆえ、一杯食わされたと思い込み、全隊員に戦闘準備をさせ、市から一レグアのところに二名の

(99) ロドリゴ・アルバレス・チコと公証人ペドロ・エルナンデス。ただし、コルテスとアンドレス・デ・ドゥエロおよび二人の神父の会合はセンポアルから一二レグア（六七㎞）離れたタンパニキタ（テパニキタ）で行われたらしいが、コルテスはその前にこのふたりをナルバエスのもとに派遣していたとみられる（Bernal Díaz, cap. 115）。

(100) ファン・ベラスケス・デ・レオン（註69参照）。コルテスの友人で、キューバ総督ベラスケスの親戚（Bernal Díaz, cap. 119）。

(101) 市長はフランシスコ・ベルドゥゴおよびファン・ユステ。市会議員はファン・デ・ガマラ、ヘロニモ・マルティネス・デ・サルバティエラ、ディエゴ・ベラスケスおよびペドロ・ベラスケス。

(102) コルテスがベラ・クルス市を建設したとき、市の警吏長に任命されたが、ナルバエス上陸当時、市の指揮官として留守をあずかっていた（Bernal Díaz, cap. 111）。

コルテス、ナルバエスを打ち破り捕える。（トラスカラ写本）

歩哨を立てたまま、兵舎に引き返してしまいました。私は騒動をいっさい避けたいと願っていましたので、できれば感づかれないよう、夜中に、私も私の仲間もみなよく知っているナルバエスの兵舎へまっすぐ行き、彼を逮捕するのがもっとも穏便な方法だと考えました。ナルバエスさえ捕まれば、大騒動は起こらずにすむだろうと思ったのであります。と申しますのも、彼以外の者たちは、法に従うことを望んでおり、ほとんどがディエゴ・ベラスケスから強制され、フェルナンディナ島に所有しているインディオを彼に取り上げられるのがこわくて、当地へやってきたに過ぎないからであります[103]。

コルテス、ナルバエスを打ち負かす　そこで、聖霊降臨の祝日[104]の真夜中をすこし廻ったころ、私はナルバエスの兵舎を襲いました。途中、彼が立てた二人の歩哨に出合い、そのうちの一人を尖兵が捕えましたので、その者から兵営内の様子を聞き出しましたが、もう一人の歩哨はとり逃がしてしまいました。私は、逃げた歩哨に先を越され私が来たことを知らされてはいけないと思い、できる限り急ぎましたが、それも及ばず、歩哨のほうがほとんど半時間ばかり先に着いてしまいました。そして、私がナルバエスのところに到着しましたときには、彼の部隊はすでに全員武装し、馬に鞍を置いて、各隊二〇〇名からなる四個隊が用意万端整えておりました。が、われわれは物音一つ立てずに忍びよりましたので、彼らがわれわれに気づいて武器をとったときには、私はもう彼ら全員が宿営している兵舎の中庭に入り込んでいました。彼らは、そこにある三つないし四つの塔とその他のあらゆる要所を占拠しておりました。ナルバエスが宿営している塔の階段には一九挺の銃が備えてありましたが、われわれは大急ぎで塔を登りましたので、彼らは一挺の銃にしか点火することができませんでした。そして神の思し召しにより、その銃も火を吹かず、なんの害も及ぼしませんでした。そこで、塔を登ってナルバエスの寝床まで行きましたところ、ナルバエスならびに彼と一緒にいた五〇人ばかりの者が、わが方の警吏長および彼とともに塔に登ってきた者たちに抵抗を示しました。陛下に服して捕虜となるようなんども要請したのでありますが、彼らは一向に聞き入れようとはせず、塔に火をつけられてやっと降参いたしました。警吏長がナルバエスを取り押さえている間、私は傍に残った仲間といっしょに、他の者がナルバエスを助けるために塔を登ってくるのを食い止めました。そしてすべての銃砲を取り上げるよう命じ、その銃砲で、私は自分の守りを固めました。そのようなわけで、射殺された二名のほかは死者を出すこともなく、一時間のうちに逮捕すべき者はすべて逮捕し、残り全員からも武器を取り上げました。彼らは陛下の御掟に従うことを誓い、これまで自分たちは騙されていた、なぜならナルバエスは陛下の勅令を携えており、あなたはこの地で蜂起した陛下に対する謀反人であると聞かさ

(103) これはかなりの真実を含んでいるらしい。サント・ドミンゴのアウディエンシアにおける七人の証言によれば、ナルバエスの隊に兵員を供給するためにキューバ島が空っぽになり、病弱者と老人のみが残ったという。一部の者は志願兵だったが、コルテスに従うために参加した者もおり、多くは脅されたか、甘言でつられたようだ(Wagner, pp. 267-268)。

(104) この年の聖霊降臨の日は五月二十七日。ただし、この日付けは信用できず、五月二十七日から六月十八日までの間のある日であろうという説もある(Pagden, n. 83)。

れ、そのほかいろいろなことを教え込まれていたからだ、と述べました。

みな真実を知り、ディエゴ・ベラスケスならびにナルバエスの悪だくみと野望、およびそのような意図をもって彼らが行動したことを知るにつけ、神がこのようにとりなされ、ご処置されたことに対して、たいそう喜びました。もし神がこのような神秘的なおとりなしをなされず、ナルバエスの勝利に終わっておりましたならば、スペイン人がその昔から同胞に与えてきたわざわいのうちでも、もっとも大きなものになっていたであろう、と確信をもって陛下に申し上げることができます。と申しますのは、彼は、事実を報告できる者がいないように私と私の仲間の多くを絞首刑にするという、ディエゴ・ベラスケスから命ぜられ来た計画を実行に移したでありましょうから。また、私がインディオから聞いたところによりますと、インディオたちは、もしナルバエスのいうとおり彼が私を捕えたとしても、彼やその部下にも被害が及ばぬはずはなく、彼の部下も私の仲間も大勢死ぬにちがいない、と考えていた由であります。そこでインディオたちは、その間に、私が大都に残してきた者たちを殺せるだろうと考え、実際にその実行を試みたのであります。その後彼らは兵力を結集して、ここ〔センポアル〕にいる者を襲い、彼らと彼らの地を解放し、スペイン人の記憶すら残らぬようにしようと考えていた由であります。もしそのとおりになり、彼らの計画が成功していましたならば、せっかく征服し平定したこの地も、今後二〇年以内にふたたびこれを征服し平定することは、決してできなくなっていたでありましょう。

この市《まち》〔センポアル〕はすでにほとんど破壊されておりますうえ、ナルバエスの部下たちがこの市を略奪し、住民は姿を消して民家だけが残っているというありさまで、こんなに大勢の者がこの市に集まっていては必要な糧食を得ることもできませんので、ナルバエスを捕縛してから二日後、私は二人の隊長にそれぞれ二〇〇人ずつの部下をつけ、一人は前に申し上げましたとおり、クシカカルコの港に町をつくるため、またもう一人は、フランシスコ・デ・ガライの船が目撃したというあの河はその存在がはっきりしておりましたので、そこへ派遣いたしました[105]。さらにもう二〇〇名をベラ・クルスの町へ遣り、ナルバエスが率いて来た船をもって来させました。私はその他の者とともに、陛下の御ためにふさわしい仕事を行うため、センポアルの市にとどまりました。そしてテミスティタンの都へ使者を一名派遣して、そこに残したスペイン人たちに、私に起こったことを知らせせました。その使者は、それから一二日経って戻り、そこの市長《アルカルデ》から私宛ての書簡を携えて来ました。

大都残留部隊からの知らせ

その書簡には、インディオが要塞のいたるところを攻撃し、あちこちに火をつけ、穴を掘ったため、彼らは非常な困難と危険に陥っており、もしムテスマが戦闘をやめるよう命じなかったなら殺されていたであろう、またいまは攻撃は止んでいるが、完全に包囲されているため、要塞から外へは一歩も出られない、と記されていました。

さらに、戦闘の際、私が残してきました糧食の大半をインディオに奪われたほか、四隻のベルガンティン船も焼き払われ、このうえない窮地に陥っているとのことので、ぜひとも大急ぎで救援に駆けつけてほしい、と伝えてきました。(106) スペイン人たちの窮状が分かり、もし彼らを助けなければ、彼らはインディオに殺され、陛下をはじめ私の仲間のスペイン人や私のためにこの地で手に入れた金・銀・宝石を失うばかりでなく、最近世界で発見された最もすばらしくかつ高貴な都が失われることになり、また、この都市はすべての者を従えているこのくにの首都ですので、その都を失えば、これまで獲得したものをすべて失うことになる、と思いました。そこですぐさま、私は先に派遣した遠征隊の隊長に使者を送り、大都から届いた書簡の内容を伝えるとともに、使者と出合

(105) クシカカルコは現在のコアツァコアルコス（註64参照）であろう。「あの河」とはパヌコ河のこと（註68参照）。ベルナル・ディアスによれば、ディエゴ・デ・オルダス（註40参照）がグアサクアルコ（Guazaqualco）に、フアン・ベラスケス・デ・レオンがパヌコ河地方に派遣された。またコアツァコアルコスで飼育する馬、山羊、羊、豚、鶏等を持ち込むためジャマイカへ二隻の船が派遣された（Bernal Díaz, cap. 124）。

いしだいただちにその地点から引き返し、もっとも近い道を通ってタスカルテカル地方へ行くよう命じました。そして、私も彼らに合流するため、できる限りの銃砲を用意し、残った隊員と七〇騎を率いてそこへ向かうことにしました。全部隊がそろい、点呼をとりましたところ、七〇騎と五〇〇名の歩兵が集まりました。私はできるだけ急ぎ、彼らとともに大都に向け出発いたしました。が、以前と異なり、道中、ムテスマの家来は誰も私を出迎えに出ては参りませんでした。全土が謀反を起こし、ほとんど人影はありませんでした。私は悪い予感がし、もしや大都に残したスペイン人たちはすでに殺され、この地の住民がみないっしょになって、どこか私を襲うのにもっとも都合のよいところで待ち伏せしているのではあるまいか、と思いました。

このような惧れを抱きながら細心の注意を払って進みますうちに、テスクカン〔ないしテスイコ、現テスココ〕の市《まち》に到着いたしました。この市は、すでに陛下にご報告申し上げましたとおり、あの大きな湖のほとりにあります。そこで、大都に留まったスペイン人の消息をその市の住民にたずねましたところ、彼らは生きているとのことでした。私は、事情を調べるためにスペイン人をひとり派遣したいから、カヌーを持ってくるようにと言いました。そして、首長とおぼしいその市の住民に対し、彼が帰ってくるまでのあいだ私の傍にいるようにと申しました。実は、私の知っている首長や主だった者たちは、ひとりも顔を見せなかったのであります。首長はカヌーを用意させ、私の派遣したスペイン人に何人かのインディオを同行させて、自身は私のもとにとどまりました。このスペイン人がテミスティタンの都へ向けて舟を出そうとしておりますと、湖のむこうから一艘のカヌーがやってくるのが見えましたので、それが港に着くのを待ちました。それには、大都に残留したスペイン人のひとりが乗っており、私はその者から、インディオに殺された五、六名を除いて全員無事であること、また他の者はいまだ包囲されていて要塞から出られず、法外な代価を支払わないかぎり必要品も支給されないでいることを知りました。もっとも、私が帰ってきたことを知ってからは、彼らに対する態度も幾分よくなったようであります。ムテスマは、また以前のように彼らが市中を歩き廻れるように、私が帰ってくることをなにによりも心待ちにしていると話していた由であります。ムテスマは、このスペイン人といっしょに彼の使者を私に送ってよこし、大都で起こったことはすでにご承知のことと思う、そしてそのことで立腹し、自分への復讐を決意されているに違いないと思う、しかしどうか怒りを捨ててほしい、なぜなら私もあなたと同じようにこのたびのことをきわめて遺憾に思っており、なにもかも私の意思ないし同意によって行われたことではないのだから、と伝えて参りました。彼は、私がこの事件で怒っていると考え、私の怒りを和らげようと、そのほかにもいろいろ言ってよこしました。大都へ帰ってきてかつてのようにそこに住んでほしい、あなたが命ずることにはすべて、以前にも劣らず服すから、とも申しました。私は、あなたの善意はよく承知しており、あなたには少しも怒りを抱いていない、私はあなたが望むとおりにするつもりである、と伝えてやりました。

コルテス大都に戻る

私は、翌日、すなわち洗者聖ヨハネの日の前日に出発し、その夜は大都から三レグアの

(106) これはペドロ・デ・アルバラードの率いる残留部隊が神殿（テオカリ）の境内で行った大虐殺と、その後に起こったメシカ人の蜂起をさしている。コルテスはアルバラードを庇っているのか、このメシカ人蜂起の原因についてはなにも述べていない。ゴマラ（cap. 104）およびベルナル・ディアス（cap. 125-126）によれば、メシカ人はトシュカトル（五月）にウイツィロポチトリとテスカトリポカの大祭を行いたいとしてその許可を求め、アルバラードがそれを認め、約六〇〇人の先住民の首長や司令官が武器を持たずに大神殿に集まったところで、スペイン人はチュルルテカル（現チョルラ）のときと同じような大虐殺を行ったため、先住民が蜂起したと書いている。大虐殺の模様については作者不明の先住民によるラミレス写本が生き生きと描写している。しかしディエゴ・ドゥラン（cap. 75）によれば、コルテスはその時すでに首都に戻っており、コルテスはアルバラードの提案を受け、自分もこのトシュカトルの大祭を見学し、楽しみたいのですべての領主や主だった貴族に参加してほしいとムテスマに依頼し、ムテスマはその罠にはまったという。この説はコルテスが本件につき沈黙を守る理由を説明しているように思われる。アルバ・イシュトリルショチトルは、タスカルテカ（現トラステカ）人が仇敵に対する恨みを晴らすためメシカ人蜂起の陰謀があるというウソをアルバラードに流したという（Alva Ixtlilxochitl, *Historia de la nación chichimeca*, cap. 88）。

ところで休みました。聖ヨハネの日〔六月二十四日〕はミサにあずかってから出かけ、正午ごろ大都に入りました。市《まち》にはほとんど人影がなく、十字路の門のうちいくつかは取りはずされており、気味悪く思いました。しかし、彼らは自分たちのしたことに恐れを抱いてそうしたのであり、私が市へ戻れば、彼らを安心させることができるだろうと考えました。そこで私は要塞へ行き、そことそのすぐ傍にあるあの大寺院に、全隊員を宿営させました。要塞にいた者たちは、もう自分たちの命はないものと思っていましたので、落とした命をふたたび授けに来てくれたといわんばかりに、欣喜してわれわれを迎え入れました。すべてがもとどおり平和になったと信じ、その日は昼も夜も、われわれは上機嫌でした。

翌日、ミサを終えましてから、私は、キリスト教徒は無事であり、私も大都にはいったが安全であるというよい知らせを伝えるため、ベラ・クルスの町に使者をひとり派遣いたしました。ところが、三〇分もたたないうちに、その使者は頭を割られ、全身傷だらけになって、市じゅうのインディオが攻めてくる、橋はぜんぶ取りはずされた、と叫びながら帰って参りました。彼のすぐ後に続いて、おびただしい群衆がいたるところからわれわれ目がけて攻めて来て、あまりの群衆に街路も屋根も見えなくなるほどでした。群衆は、およそこの世のものとは思えないような、凄まじい声と雄叫びをあげながら、やって参りました。彼らが投石器《オンダ》を使って要塞内に打ちかけてくる石の数はおびただしく、まるで天が石の雨を降らせているかのようでした。また、矢や槍の飛来も激しく、壁と中庭はいたるところ矢と槍があふれ、ほとんど歩くこともできないほどでした。そこで、われわれは二、三手に分かれ、彼ら目がけてうって出ましたが、彼らは猛然と攻めて来ました。一方から、ひとりの隊長が二〇〇名の隊員を従えて突撃しましたが、退却するうちに四名が殺され、隊長とその他多くの隊員が傷つきました。私のうって出たところでも、私をはじめ大勢のスペイン人が傷を負いました。われわれが殺した敵の数はごくわずかでした。と申しますのも、彼らは橋のむこう側に退避し、屋上やテラスから石を射てわれわれを苦しめたからであります。われわれも屋上をいくつか占領し、そこを焼き払いましたが、家屋はきわめて堅固で、無数にありますうえ、敵が密集しており、彼らはたくさんの石やその他の武器を備えておりますので、彼らの家屋すべてを占領することはもとより、彼らから意のままに攻撃されるのを防ぐことすら、われわれの兵力では不十分でした。

彼らは要塞にも烈しい攻撃を加え、そのあちこちに火をつけました。手を打つすべもないままに、要塞の一方は大半が焼け、壁を一か所切り崩してやっと消しとめることができました。もしそこに、多数の小銃手《エスコペテロ》と射手《バリエステロ》を見張り番として残し、火砲を備えていなければ、われわれの抵抗も及ばず、彼らは易々と要塞をよじ登って、なかに入り込んだことでしょう。こうして、われわれはその日一日中、夜がふけるまで戦い続けました。彼らの喚声と雄叫びは、明け方まで一晩中止みませんでした。その夜、私は焼け落ちた壁や、そのほか要塞の弱い個所と思われるところを修復させました。そして、各部屋の見張りに当たる者と翌日戦闘に出かける者を決め、さらに八〇名以上に上る負傷者の手当てをさせました。

夜が明けるが早いか、敵は前日をはるかに凌ぐ勢いで、われわれに攻撃を加え始めました。彼らの数はあまりにも多いものですから、銃砲の狙いを定める必要はなく、インディオの大軍の直中に撃ち込むだけで十分でした。小銃《エスコペタ》と大弓《バリエスタ》のほかに一三挺の火縄銃《アルカブス》を使いましたので、敵にかなりの損傷を与えたのですが、それでもほとんど効果がなく、彼らには痛くも痒くもないようでした。と申しますのは、発砲して一〇人か一二人を倒しましても、すぐに別の者がその場を埋め、彼らにはまったくなんの被害もなかったかのように見えるからです。見張りとして必要であり、かつ割くことのできる人員を要塞に残し、私はふたたび出撃しました。そして橋をいくつか占領し、家屋を数戸焼き払い、その中で防禦に当たっていた数多くの敵を殺しました。しかし彼らの数はあまりにも多いため、いくら損害を与えても一向にききめがありませんでした。われわれは一日中戦わねばなりませんでしたが、彼らは数時間ずつ交代で戦い、それでもなお人がありあまっていたのであります。

その日も五〇名から六〇名のスペイン人が負傷しましたが、死者は出ませんでした。日が暮れるまで戦い、疲

ムテスマの死（モクテスマ写本）

れ果てて要塞に引き返しました。敵は傷つかぬまま、われわれは傷つけられ、殺され、甚大な被害をこうむるのですが、われわれが敵に損害を与えましても、彼らは数があまりに多いため、ほとんどそれに気がつかないほどでした。そこでわれわれは、その夜一晩と次の日を費やして、二〇人ずつ中にはいれる木製の装置を三台つくり、敵に屋上から石を射かけられても傷を負わぬようにしました。この装置は板で蔽われ、中に射手と小銃手がはいり、その他の者は家屋に突破口をあけたり、街路に築かれたバリケードを壊すため、つるはし《ピコ》や大鍬《アサドン》や鉄棒《バラ・デ・イエロ》を手にしました。この装置をつくっている間も敵の攻撃は止まず、それどころか、われわれが少しでも要塞の外へ出ようとしますと、彼らは中へはいり込もうとし、彼らを撃退するのはとても骨が折れました。

ムテスマの死　ところで、かのムテスマは、はじめに捕縛された彼の息子や多くの首長たちとともに、いまだ囚われの身でありましたが[107]、彼は、自分を要塞の屋上に連れて行ってほしい、そうすればあの大軍の隊長たちに呼びかけ、戦闘を止めさせるから、と申しました。要塞から突き出たテラスに彼が姿をあらわし、戦っている民衆に向かって話しかけようとしますと、民衆は彼に石をうち、その大きな石が頭に当たって、彼はそれから三日目に亡くなりました。私は捕虜にしていた二人のインディオに彼の死体を運び出させました。二人は彼を肩に担いで民衆のところへ運んで行きましたが、彼らがムテスマをどのように処置したかは存じません。ただ一つ確かなことは、それでも戦闘は止まず、むしろ日ごとにはげしさと苛酷さを増していったということであります。(108)

その同じ日、インディオたちはムテスマを負傷させた場所から私を呼び、隊長たちがあなたに話をしたいといっているので来てほしい、と申しました。そこで私はそのとおりにし、彼らといろいろ議論し、われわれが戦い

(107) テミスティタン、テスイコおよびタクバの首長たちは皆、おそらくコルテスが首都に戻るが早いか彼によって逮捕され、ムテスマの家族も彼らと一緒であった（Pagden, n. 88）。

(108) ムテスマの死については大きく分けて二説ある。一つはコルテスをはじめ主としてスペイン人が記述するところで、現場の目撃者であるベルナル・ディアスは、「モクテスマ〔ムテスマ〕は彼を護衛していた多数のスペイン人兵士とともに屋上の欄干により、そこから民衆に語りかけた……首長たちがそれにこたえて、クイトラワク〔クイトラバシン〕を新しい王に選んだむねを告げたあとで、石や棒が激しく飛びはじめ、それがモクテスマの頭と腕と脚に当った」と述べており、そうであればメシカ人はムテスマではなくスペイン人に対して石を投げた可能性もある（Pagden, n. 89）。ベルナル・ディアスはさらにスペイン人たちが傷の手当てをして、食事をとるように言い、やさしいことばをかけてやったが、ムテスマはそれを拒んで死んだ、としている（cap. 126）。ゴマラは、ムテスマがスペイン人の盾のかげにいたのでメシカ人には彼が見えなかったと記している（cap. 107）。もう一つの説は主として先住民の記録者によるもので、ムテスマはスペイン人に剣で刺し殺されたと述べ、たとえばディエゴ・ドゥランは、ムテスマが石で傷を受けたのは事実だが致命傷ではなく、胸を五回刺されて死んだとしている（cap. 76）。スペイン人に好意的なアルバ・イシュトリルショチトル（I: 341）は、スペイン人側の説をくり返しつつも、「自分の家来はスペイン人がモクテスマの腹部を刺して殺したと言っている」と付言している。なお、ムテスマは家臣の信頼を失っており、公衆のまえに姿を現せば危害を加えられる可能性があったと述べるインディオ側記録者もおり、オロスコ・イ・ベラ（IV: 425）に引用された「トルテカ・チチメカ年代記」によれば、石を投げたのはグァティムシンだったとしている。

合わなければならぬ理由はないのだから、戦闘は止めるようにと要請しました。そして、私から得た恩恵と私から受けた待遇がいかに良かったかを思い出してほしい、と申しました。しかし、彼らの答えは、私がこのくにを彼らに引き渡して立ち去るのであれば戦争を止めよう、しかしそうでなければ、彼らが一人残らず死ぬか、あるいはわれわれを皆殺しにするかのいずれかであると思ってほしい、というものでした。どうやら彼らは、私が要塞を出て都から離れるときに、橋と橋の間で首尾よく私を捕えようと企んでいるように見受けられました。私は、自分が和平を願うのは彼らを怖がっているからだとは思わないで貰いたい、それはひとえに、これまで自分が彼らに被害を及ぼし、これからも及ぼさねばならぬことを残念に思うからであり、またこのような立派な都を破壊したくないからである、と答えました。それでもなお、彼らは、私が都から出て行かない限り、戦闘は止めないと応酬しました。あの木製装置ができ上がった次の日、私はある平屋根の建物の屋上と橋を占拠しようと出かけました。木製装置が先頭に立ち、その後から四門の大砲、大勢の射手《バリエステロ》および盾をもった兵士、それに私に従いスペイン人に奉仕している三〇〇〇人以上のタスカルテカルのインディオが続きました。橋のたもとまで参りますと、平屋根の建物の壁に木製装置を寄せて置き、壁を登るための梯子をかけました。しかし、おびただしい数の敵がその橋と屋上の防禦にあたり、無数の、すこぶる大きな石を上の方から投げかけて参りましたため、木製装置はこわれ、仲間のスペイン人のうちの一人が殺され、多くが傷を負いました。われわれは朝から正午まで戦い、奮闘しましたが、一歩も前進することができず、深い悲しみを抱きつつ要塞へ引き揚げました。これをみて、敵はいよいよ勢いづき、ほとんど要塞の戸口までやってきたのであります。

そして、彼らはあの大寺院[109]を占領し、そのもっとも高い主塔に、重きをなすとおぼしい五〇〇人ほどのインディオが登りました。そこへ大量のパン、水、その他の食料、それにたくさんの石を運び上げました。ほとんどの者がたいそう長い槍をもち、石でつくった穂先はわれわれの槍よりも幅が広く、尖っていました。そしてそこから、すぐ傍の要塞にいるわれわれを痛めつけました。スペイン人は、二、三度その塔に攻めより、塔の上に登ろうとこころみましたが、その階段は百何段もあり、とても高く、急勾配なのであります。それに、上にいる者たちは石やその他の武器を備えており、またわれわれが他の屋上を占領できなかったことに気を強くしているため、塔に登ろうとするスペイン人は、登りはじめるが早いか、次々と転がり落ちてきました。そして、多くの者が傷を負いました。別の場所からこれをみていた敵も大いに勇気づき、要塞にいるわれわれ目がけて、大胆に攻撃して参りました。

コルテス大寺院を占拠

もしその塔が彼らの手に落ちれば、そこから甚大な被害をわれわれに及ぼしうるのはもとより、一層彼らの意気を鼓舞することになると考え、私は最初の日に受けた傷で左手がきかなくなってはいましたが、要塞を出で立ち、腕に盾を縛りつけ、幾人かのスペイン人を伴って、塔へ向かいました。そして首尾よく塔のまわりを包囲させることに成功しました。もちろん、包囲に当たった者たちは、安閑としていられたわけではなく、いたるところで敵と戦わなければなりませんでした。そのうえ、敵には大勢の援軍が加わったのであります。私は、幾人かのスペイン人を後に従え、塔の階段を登りはじめました。彼らは、われわれが登るのを頑強に阻み、三、四名のスペイン人を転落させました。しかし、神と聖母のお力により、われわれは塔に登ることができました。この塔は聖母の館として選ばれ、そこに御像が安置されていたのであります。頂上でも、われわれは果敢に戦いましたので、彼らは周囲に歩幅一つほど張り出したテラスへ飛び降りざるを得ませんでした。この塔には、そういうテラスが三つ四つあり、テラスとテラスの間は身の丈の三倍ほどの高さがあります。そこ

(109) テミスティタンの中心部にあった主神殿のことであろう。註81参照。しかし、パグデン (n. 90) によれば、この神殿はコルテスのいうウイチロポチトリの神殿ではなく、アシャヤカトルの宮殿近くにあるシッペ・トテック（生皮を剥がれた神）に捧げられたヨピコ神殿ではないかとしている。

を頂上から下まで転落した者も幾人かおり、彼らは落ちて傷を負ったうえ、下で塔の周囲を取り巻いていたスペイン人に殺されたのであります。テラスに留まった者たちは、その場からなおも激しく攻めたて、彼らを全滅させるのに、われわれは三時間以上もかかりました。こうして彼らはみな死に、誰ひとりとして逃げおおせた者はいませんでした。陛下に申し上げますが、この塔に登るのはなみ大抵のことではなく、もし神が彼らの気勢をそいで下さらなければ、一〇〇〇人を防ぐのに彼ら二〇人をもってしても十分だったでありましょう。ともかく彼らは、死ぬまで、きわめて勇敢に戦ったのであります。私はその塔にも、寺院《メスキタ》の他の塔にも、火をつけさせました。われわれがそこに安置しておいた御像は、すでに取り外され、持ち去られていました。

このようにわれわれの方が優勢になりましたため、彼らはいささか自尊心を傷つけられ、いたるところで、彼らの戦力がかなり低下しました。私は例の屋上へもどり、前に私に話しかけた隊長たちに向かって声をかけました。彼らは、自分たちの目にした光景にやや茫然自失していましたが、すぐにやって参りました。そこで、私は彼らに、〔都を〕守り通せぬことが分かったであろう、われわれは毎日あなた方に甚大な被害を与え、あなた方には多数の死者が出ている、またあなた方の都を焼き払い、破壊している、都もあなた方も跡形なく姿を消すまで、われわれはそれを止めないであろう、と申し渡しました。すると彼らは、大きな被害を受け多くの仲間が命を落したことはよく承知している、しかしあなた方を殲滅させるためにはひとり残らず死ぬこともすでに覚悟している、街も広場も屋上も、いかにわれわれの兵で満ちているかを見るがよい、と応じました。そして、あなた方は少数で、われわれは大勢ゆえ、あなた方一人につきわれわれが二万五〇〇〇人死んだとしても、あなた方の方が先に全滅する勘定である、と申しました。さらに彼らは、都へはいる堤道はすべて壊されていると告げました。事実、一つを除いていずれの堤道もすべて壊されており、水上を行くほか市から出るすべはありませんでした。われわれには、糧食も飲み水もわずかしか残されていないため、永くはもたないだろうということ、それゆえたとえ彼らに殺されなくても、餓死するであろうということを、彼らはよく承知していました。

まさしく彼らの言うとおりでした。たとえ飢えと食料不足のほかに戦う相手がないとしましても、それだけでやがてわれわれは全滅したでありましょう。われわれはほかにも互いに自分の側が有利であることを示すためいろいろな理屈を述べあいました。夜にはいり、私は幾人かのスペイン人を伴って出陣いたしました。彼らの不意をつきましたため、街路を一つ占領することができ、三〇〇戸以上の家屋を焼き払いました。そしてすぐさま、彼らが集まっている別の街路へとって返し、そこでもわれわれを攻撃するのに使われていた、要塞の傍のいくつかの平屋根の建物をはじめ、たくさんの家屋を焼き払いました。彼らは、その夜のわれわれの行動にたいそう怖じ気づきました。私は、前日破損した木製装置をその夜のうちに元どおりに修繕させました。

　神より賜わった勝利をふたたび得ようと、私は夜が明けるが早いか、その前の日に敗退した街路へ赴きましたが、そこでは敵は前にも劣らぬ抵抗を示しました。本土《ティエラ・フィルメ》へ着くまでには、八つのとても大きな高い橋を渡らねばならないうえ、街路に沿ってたくさんの高い平屋根の建物と塔が立ち並んでいたのですが、われわれには生命と名誉がかかっていましたし、本土に通ずるただ一つの無傷の堤道へ出るためには、その街路を行かねばなりませんので、われわれは意を決し、勇気を奮い起こしました。お蔭で、われらの主のお力添えがあり、その日は四つの橋を占領することができました。そして、四番目の橋まで行く途中にある平屋根の建物や家屋や塔を、すべて焼き払いました。もっとも、前夜のことに懲り、彼らはどの橋にも、アドベと泥でできたたくさんの極めて堅固な防壁をつくっていましたので、鉄砲でも大弓でも彼らを傷つけることはできませんでした。われわれはその防壁のアドベや土、それに焼き払った家屋から集めた大量の石や木を使って、四つの橋を埋め立てました。これは、もちろん危険を伴わずにできたことではなく、多数のスペイン人が傷を負ったのであります。その夜は、占領した橋を奪回されないよう、とくに橋の守りを厳重にしました。翌朝もまた出陣いたしましたが、神はふたたびわれわれに僥倖と勝利をお与え下さいました。敵は夜のうちに防壁や覗き穴をつくり、無数のインディオが橋を防禦していましたが、われわれはそのすべてを占領し、埋め立てることができました。

そうして、幾人かの騎兵は、敵の後を追って勝ち進むうちに、本土[110]にまで到達しました。私が橋を修復しそこを埋めておりますと、大急ぎで私を呼びにくるものがいました。そして、インディオたちは要塞を攻撃しているが、同時に和平を求めており、インディオの隊長たちが要塞で私の来るのを待っていると告げました。私は自分の部下と幾門かの火砲をそこへ残し、首長たちがなにを望んでいるのかを知るため、二騎だけを従え、彼らのところへ向かいました。首長たちは、もし今度のことでわれわれを罰さないと約束してくれるならば、包囲を解き、橋をもとどおりにかけ渡し、以前のように陛下にお仕えするつもりである、と申し出ました。そして、われわれの仲間であなたの捕虜となっている聖職者を連れてきてほしい、と懇請しました。その聖職者は、彼らの宗教の長に当たるようでした。彼はそこへ連れてこられますと、彼らと話して、私と彼らの間の折り合いをつけました。彼らの言うところによりますと、野営地に使いを遣り、そこにいる隊長たちと兵士に対し、要塞への攻撃やその他あらゆる戦闘をやめるよう命じたとのことであります。そこで、われわれは別れを告げ、私は食事をするため要塞に入りました。すると食事を始めるが早いか、大急ぎで人がやって参り、その日われわれの占領した橋はインディオたちに奪回され、スペイン人が何人か殺された、と申しました。私は、もう退路はすっかり確保できたものと考えていましたので、これを聞いていかに気が転倒しましたか、神のみの知り給うところでございます。私は大急ぎで馬に跨り、幾人かの騎兵を従えて街路をまっすぐに駆け、どこにも立ち止まらずにもう一度インディオめがけて突進し、橋を奪い返しました。そしてインディオたちの後を追って、本土にまで達しました。

コルテス辛うじて逃れる

歩兵たちは疲れはて、怖じ気づいていましたし、私が目前に非常な危険を覚悟していましたので、誰も私についていては参りませんでした。そのため、橋をすべて渡り終え、いざ帰ろうとしますと、またも橋は占領され、われわれが埋め立てたよりもはるかに深く掘られていました。堤道の端から端まで、陸の上はもとより、水上にもカヌーに乗った敵兵が密集していました。そして、突き棒と石ではげしくわれわれを攻め立てましたので、もし神が超自然の御力をもってわれわれをお救い下さらなければ、そこから逃げ出すことは不可能であったでしょう。都に残った者たちの間では、私はすでに死んだと伝えられていたほどであります。都へ入る最後の橋まで来ますと、私に従った騎兵が皆そこに倒れており、馬が一頭ぶらぶらしていました。そこで、私は橋を渡ることができず、敵を相手にひとりで戦わざるを得ませんでした。しかし、私は馬が通れるだけの場所をつくり、支障なく橋を渡れるようにしました。それでも幅が人の身の丈ほどあるところを馬に乗って飛び越えねばなりませんので、とても苦労して渡りました。もっとも、私も馬も防備を十分にしておりましたので、少し身体を痛めつけられましたが、重傷は負わずにすみました。

　こうしてその夜は彼らの勝利に終わり、四つの橋をとり返されました。私は他の四つの橋の警戒を厳重にさせ、要塞へ行って、四〇人で持ち運びのできる木の橋をつくらせました。われわれは、インディオから毎日大きな痛手を受け、非常な危険に曝されておりましたが、他の堤道と同じようにあの最後の堤道も破壊されるのではないか、もしそうなれば全員死ぬほかないと考えました。さらに、仲間の皆から、もうここを脱出しよう、われわれのほとんどが深手を負っており戦うことはできないのだから、となんどもせがまれましたので、私はその夜のうちに脱出することに決心しました。そこで、陛下のための黄金や宝石のうち持ち出せるものをすべて一室に集め、それをいくつかの包みに分け、先に私が国王の御名において任命いたしました陛下の官吏に渡しました(111)。そして〔ベラ・クルスの〕市長《アルカルデ》、市会議員《レヒドール》およびそこに居合わせた者みなに対し、その持ち出しを手伝うように頼みました。私も自分の馬を一頭提供し、それに運べるだけ運ばせました。そうして、私の従者だけではなく、他の従者のうちからも、その黄金を載せた馬に付き添うスペイン人を指名いたしました。また陛下の官吏、市長、市会議員そ

(110) テミスティタンの西にあるタクバのこと。ここに通ずる道は主神殿のある大広場から発し、まっすぐに堤道につながっていた。
(111) ベルナル・ディアスによれば、アロンソ・デ・アビラ（Alonso de Avila）とゴンサロ・メヒア（Gonzalo Mexia）（cap. 128）。

悲しき夜（トラスカラ写本）

れに私は、残りの黄金もスペイン人の間で分担して運び出させました。

悲しき夜　私は、陛下をはじめ他のスペイン人や私の莫大な財宝を要塞に残したまま、できる限り秘密裡に出発いたしました。私といっしょに、ムテスマの息子一人と娘を二人、アクルアカンの首長カカマシン、それにカカマシンに代えて私がアクルアカンの首長にした彼の弟、その他、捕虜として要塞に留めおいた各地方や市々《まちまち》の首長を同行させました。インディオによって橋が取り払われているところまで行き着くと、まず一番目の橋に、作って持ってきた橋をかけ渡しました。見張人が幾人かいましたが、そのほかには抵抗する者はいなかったものですから、さしたる苦労はありませんでした。

しかし、見張人があまりにも大声で叫んだものですから、二番目の橋へ着くまでに無数の敵兵が押し寄せ、水上と陸上のいたるところからわれわれを攻撃してきました。私は五騎と一〇〇名の歩兵を伴って急いで前進し、橋の取り壊されたところは泳いで渡り、本土まで到達しました。そして、いっしょに来た前衛部隊はそこへ残し、ふたたび後衛のいるところまで引き返しましたところ、彼らは激しく戦っていました。スペイン人といわず、われわれに従ったタスカルテカルのインディオといわず、わが軍の受けた被害はたとえようもなく大きく、ほとんどみな殺されました。スペイン人も多くの住民を殺しましたが、同時に多数のスペイン人と馬が殺されたのであります。そのうえ、要塞から持ち出したすべての黄金や宝石や衣服、その他あまたのものを失い、火砲もすべて失いました。

生き残った者を集めて先に行かせ、私は、敢えて私の傍にいようと申し出た三、四騎と二〇名ばかりの歩兵を連れて、後衛につきました。そしてインディオと戦いながら、堤道を渡りきったところにあるタクバという市《まち》に着きました。その際に私がなめた辛酸と危険のほどは、神のみの知り給うところであります。敵軍に立ち向かうたびに、無数の矢と投げ槍と石を浴びせられました。両側が水のため、彼らは自分の身に危険はなく、なにも恐れずにわれわれを攻撃することができたのであります。われわれは陸にいる者に向かって攻撃を加えましたが、彼らは水に飛び込み、ほとんど傷を負いませんでした。もっとも、彼らはあまりに大勢でしたので、互いにぶつかりあって転落し、死ぬ者もいました。こうして疲労困憊のすえ、私は皆をタクバの市まで連れて行きました。私は殺されることもなく、また私とともに護衛部隊にいたひとりの騎兵を除いて、スペイン人もインディオも傷を受けませんでした。前衛も側衛も、いずれ劣らぬ戦いぶりを見せましたが、もっとも奮闘したのはやはり大都の軍に追い討ちをかけられた後衛部隊でした(112)。

タクバの市《まち》に着いてみますと、みな広場に集まって、どちらへ行けばよいのか分からず狼狽していました。私は、敵軍がその市に駆けつけ屋上を占領するまえに市のはずれに出ようと考え、皆を急がせました。屋上から攻

(112) スペイン軍が首都を撤退した日、有名な「悲しき夜」は、ゴマラ(cap. 110)およびベルナル・ディアス(cap. 128)によれば、七月十日である。コルテスの記録が正しいとすれば、スペイン人は洗者聖ヨハネの日(六月二十四日)から六日間抵抗を続け、六月三十日の夜、首都を離れたことになる。さらにコルテス自身は撤退後タスカルテカルに着いたのが七月八日だと言っている(一七六頁参照)。

撃されると大きな痛手を受けるからです。前衛部隊が、どう行けば市から出られるか分からないと言いましたので、彼らを後衛につかせ、市を出るまでは私が前衛を率いました。そして農地で後衛部隊を待ちました。後衛が到着しますと、彼らも被害を受け、幾人かのスペイン人とインディオが殺されたこと、大量の黄金が路上に置き去りにされて失われ、それをインディオたちが拾い集めている、ということが分かりました。私は、インディオと戦いながら全部隊が通過するまでそこに居残り、そこで敵軍を喰い止めて、歩兵たちに堅固な塔と建物のある丘[113]を占領させました。私はそこを動かず、歩兵がその丘を占拠するまで敵を通させなかったものですから、彼らは傷を負うこともなく丘を占領することができました。われわれがそこでいかに苦労し疲れ果てましたかは神のみ知ろしめすところであります。と申しますのは、残った二四頭の馬のうち、走れる馬は一頭もなく、また腕をあげることのできる騎兵も、身軽に動ける健康な歩兵もいなかったのでございます。その建物に辿り着きますと、われわれはそこで防備を固めました。彼らはわれわれを包囲し、夜になるまで包囲されたまま、われわれは一時間も休むことができませんでした。このときの敗退で、一五〇〇人のスペイン人と四五頭の馬、それにスペイン人に仕えていた二〇〇〇人以上のインディオが命を落としました。そしてわれわれが捕虜にしていたムテスマの息子と娘をはじめ首長全員が殺されました[114]。

その夜、真夜中に、われわれは〔敵に〕気づかれないだろうと考え、建物内にたくさんの火を焚いたまま、ごく静かにそこを出ました。われわれは道も分からず、自分たちがどこへ向かっているのかも分かりませんでした。ただ、ひとりのタスカルテカル〔現トラスカラ〕のインディオが、もし途中で道を妨げられなければ自分たちの地まで連れて行ってやろうと言って、われわれを案内してくれたのであります。すると、すぐ近くに見張りの者がいて、われわれに気づき、大急ぎで周辺の多くの町々に触れてまわりました。そしてそれらの町々から大勢の者が集まり、夜が明けるまでわれわれのあとを追って来ました。夜も明けたころ、斥候として先頭に立っていた五名の騎兵が、道で敵の部隊に出合い、そのうちの幾人かを殺しました。敵は、さらに大勢の騎兵や歩兵がくるものと思い気が転倒したのであります。

いたるところから敵兵が集まって参りましたので、私はそこでわが方の隊列を整え、少しでも身体の使える者で戦闘部隊を組みました。彼らを前衛・後衛および側衛におき、負傷者を真中におきました。騎兵も配置しました。こうして、その日あちこちで一日中戦い続けましたので、昼夜あわせて三レグア〔一七㎞〕しか進めませんでした。夜にはいり、われらの主は、丘の上に塔と恰好の宿営があることをわれわれにお示し下さいました(115)。われわれは、またそこに立て籠もりました。その夜は、敵はわれわれを休ませてくれました。もっとも、夜明けごろにまた一度非常招集がかけられました。まったくその必要はなかったのですが、われわれ全員がいつも敵の大軍に追われているという恐怖心から出たことでした。翌日、夜が明けてから一時間後に、先に申し上げました隊列で、前衛と後衛に警戒を厳重にさせて出発いたしました。敵は喚声をあげ、人口の密集しているその地方一帯に召集をかけながら、あちらこちらからわれわれを追って来ました。われわれ騎兵は少数ながら、敵に急襲をここ

---

(113) サアグンはこの場所をスペイン語ではオトンテオカルコ（Otonteocalco）（cap. 24）、ナワトル語ではオトンカルプルコ（Otoncalpulco）（cap. 24）と呼んでいる。ベルナル・ディアスはその後この地にサンタ・マリア・デ・ロス・レメディオスの教会が建てられたと書いている。

(114) スペイン人の撤退に際し、運んでいた黄金が足手まといになったが、殺された者のほとんどは元ナルバエスの配下の者たちで、経験不足によるものであったらしい（Pagden, n. 94）。「悲しき夜」の死者の数は、コルテスによればスペイン人一五〇人、インディオ二〇〇〇人および馬四五頭であるが、これは少な過ぎるようであり、ゴマラによればスペイン人四五〇人、インディオ四〇〇〇人、（馬四六頭）、ベルナル・ディアスによればスペイン人八七〇人、サアグンによれば、スペイン人三〇〇人、インディオ二〇〇〇人とされている。殺された者の中には洗礼名アナというムテスマの娘がおり、彼女はコルテスの子を身ごもっていたらしい。少なくともムテスマの他の二人の娘（洗礼名イサベル及びマリナ）は生き残った（Pagden, n. 94）。

(115) サアグンによれば、オトミー語族であるテウカルウエヤカン（ないしテウカルウイカン）の者たちが首長オトコアトルとともにオトンカルプルコまでコルテスを迎えにきたという（Sahagún, cap. 24-26）。

ろみましたが、その辺りの地勢はやや険しく、敵は山陰に避難しますので、ほとんど損害を与えることができませんでした。こうして、その日はいくつかの湖の近くを通って進み、ある大きな町(116)に到着いたしました。そこでもその町の者と衝突があるだろうと思っていたのですが、われわれが着きますと、彼らはその町を離れ、周辺にある他の町へ去ってしまいました。

　傷を負った者もそうでない者も疲労困憊し、ひじょうに飢え、渇いていましたので、その日とその次の日はそこに留まりました。馬もたいそう疲れておりましたし、そこでトウモロコシが見つかったからでもあります。トウモロコシは煮たり焼いたりして食べましたが、道中のためにも携行いたしました。われわれはその翌日出発しましたが、たえず敵軍が追って来て、喚声をあげながら、前衛にも後衛にも襲いかかりました。われわれはタスカルテカルのインディオに案内されて進みましたが、なんども脇道に入らざるを得なかったものですから、とても苦労し、疲れました。その日遅く、小さな家が何軒かある平原(117)に着きました。そしてその夜はそこに宿営しましたが、食糧が不足し飢えに苦しみました。

　翌朝早くわれわれは歩き始めました。しかし、まだ道に出ないうちに、敵軍はもう後衛のあとを追って来ました。そして彼らと小競合いを交えながら、二レグア〔一一km〕先にある大きな町(118)に到着いたしました。町の右手の丘の上に、インディオが何人かいました。彼らは道からごくわずかしか離れていないところにいましたので私は彼らを捕えようと思い、また丘のむこう側にもっと敵兵がいるかどうかを調べるため、五名の騎兵と一〇名ないし一二名の歩兵を連れて丘をめぐりました。丘のむこう側には人口稠密な大きな市《まち》(119)があり、われわれは彼らと激しく戦いました。しかしその辺りは岩石の多いやや険しい土地であるうえ、敵兵は大勢で、わが軍は少数でありましたので、結局われわれは仲間の待っている町へ撤退せざるを得ませんでした。その戦闘で私は頭に二つの石を受け、重傷を負いました。われわれにとってそこは安全な宿営所ではないと思いましたので、私は傷口を縛ってから、スペイン人たちをその町から出させました。そして道をさらに進みましたが、なおもインディオの大軍が追って来て、われわれをはげしく攻撃しましたので、四、五名のスペイン人とほぼ同数の馬が負傷いたしました。そのうえ馬が一頭殺されました。馬がどれほど貴重なものであり、われわれがいかにその馬の死を悲しみましたかは、神のみの知り給うところであります。われわれにとって頼れるものは、神のほかには馬しかなかったからでございます。それでも馬の肉がわれわれを慰めてくれました。われわれはひどく飢えておりましたので、皮もなにも残さずに食べました。大都を出て以来煮たり焼いたりしたトウモロコシと、野原でとった草のほかにはなにも食べておらず、そのトウモロコシも常に十分あるというわけではなかったのであります。

オトゥンバの戦い　敵は日ごとにその数を増し、〔攻撃は〕はげしさを加えるのにひきかえ、われわれは痩せ衰える一方であるのを目にして、私はその夜、馬に乗せたり背負ったりして連れていた負傷者と病人がひとりで立って歩けるように、松葉杖やその他の道具をつくらせました。そして馬も健康なスペイン人も自由に戦闘にのぞめるようにしました。その次の日に起こったことを考え合わせますと、これは私に聖霊のお告げがあったからではないかと思われました。朝、宿営を発って一レグア半ばかり行きますと、おびただしい数のインディオが出て来ました。そのあまりの数に辺りは隙間もなく埋めつくされ、前後左右を見渡しても地面は見えませんでした。彼らは到るところからわれわれ目がけて猛然と攻めたて、敵と味方がすっかり入り乱れ、互いに見分けがつかないほどでした。(120) われわれは、こんどこそ本当に最後だと思いました。インディオの兵力は強大でしたが、われわれ

(116) 湖はスンパンゴ（Zumpango）、シャルトカン（Xaltocan）およびサン・クリストバル（San Cristóbal）。町はテポツォトラン。
(117) シトラルテペク（Citlaltepec）の村落（Pagden, n. 97）。
(118) ショロク（Xoloc）をさすのであろう（Pagden, n. 98）。
(119) ここで言う丘はアスタケメカン（Aztaquemecan）、「大きな市」はサカムルコ（Zacamulco）（Pagden, n. 99-100）。

は疲れ果て、大方全員が負傷しているうえ、気が遠くなるほど飢えていましたので、ほとんど抵抗する力もなかったのです。しかしながらわれらの主は、その偉大なお力とご哀憐をわれわれにお示し下さいました。そして、われわれは衰弱しきっていたにもかかわらず、彼らの高慢さと尊大さを打ち砕くことができました。彼らは大勢死に、重きをなす者たちも多数が死にました。彼らはあまりにもその数が多かったため、互いに邪魔しあって戦うことも逃げることもできなかったのであります。われわれは一日の大半をこの戦いに費やしましたが、神の御心によりついに彼らのうちのきわめて重要な人物が死に、その人物の死とともにすべての戦闘が止みました。

そこで、われわれはやや落ち着いて道を進みましたが、平原にある小さな家に辿り着くまで、敵はなおもわれわれを苦しめました。その夜はその小さな家で宿泊しました。そこから、もう平原のかなたにはタスカルテカル地方の山々が望まれ、われわれの心は大いなる喜びに満たされました。われわれはその土地に明るく、どの道を行けばよいか知っていたからであります。もっとも、その地方の住民が信用のおける、われわれの味方であるかどうかについては、さほど自信はありませんでした。われわれの惨敗ぶりを目のあたりにして、彼らはかつての自由を取り戻すため、われわれの命を奪おうとするかもしれないと思いました。この疑念は、クルア人との戦闘と同じくらいわれわれを苦しめました。

翌日夜が明けますと、まっすぐタスカルテカル地方に通じる平坦な道を進みはじめました。敵兵はごくわずかしかわれわれの後を追って来ませんでした。しかし、道のすぐ近くに人口稠密な大きな町々があり、遠くではありますが、後方の丘からなおもわれわれに向かって喚声をあげておりました。こうしてその日、七月八日日曜日に、われわれは完全にクルアの地を脱出して、タスカルテカル地方に入り、そこのグァリパン[121]と呼ばれる人口三〇〇〇ないし四〇〇〇人ほどの町に着きました。そこでは町の住民から大いに歓待され、われわれは激しい飢えと疲労を少しは癒すことができました。もっとも、彼らから与えられる糧食の多くは代金と引き換えであり、彼らは黄金のほかは受け取ろうとしませんでした。そこで必要に迫られ、われわれは仕方なくそれを支払いました。その町には三日間滞在し、その間にマヒスカシンおよびシングテカル〔シンテンガル〕のほか、その地方の首長全員ならびにグァスシンゴ地方の首長が何人か、私に会い、話をするためにやって来ました。彼らは、われわれの身に起こったことを聞いてたいそう悲しみ、私を慰めようと努めました。そして、クルア人は裏切り者だから注意するようにとなんども言ったのに、信じようとしなかったではないかと述べ、しかしいまとなっては、生きて逃げおおせたことを喜ぶがよい、クルア人から受けた被害の仕返しをするのであれば、われわれは命を賭してもあなたを助けるつもりである、と申しました。それは、陛下の臣下としてのわれわれの義務であるとともに、あなたに同行して命を落とした多くの息子や兄弟たちのこと、またわれわれが過去にクルア人から受けたその他種々の侮辱を無念に思うからである、と語りました。さらに、われわれは死ぬまであなたのきわめて忠実な、真の友人であることを忘れないでほしい、あなたは傷を負っているし、他の隊員もみなひどく疲れているので、この町から四レグア〔二二km〕のところにある市《まち》〔タスカルテカル〕まで行き、そこで休息して傷を治し、苦労と疲れを癒すがよい、と進言しました。私は感謝のことばを述べて、彼らの申し出を受け入れました。そして手もとに残った宝物のうちのごくわずかを彼らに分け与えましたところ、彼らはたいそう喜びました。私は彼らとともにその市へ赴き、そこでも歓待されました。マヒスカシンは、綺麗に仕上げられた木製の寝台といっしょに、彼らの

（120）この戦いは、ベルナル・ディアス（cap. 128）によれば現オトゥンバ（Otumba）の近くで行われた。ゴマラ（cap. 111）によればオトゥンパン（Otumpan）。先住民はテスイコの支配下にあったオトミー族（Pagden, n. 101）。オロスコ・イ・ベラは、メヒコとトラテロルコの先住民が「悲しき夜」のあとスペイン人を追跡し、全滅させることは可能であったと思われるにもかかわらず、そうしなかったのは戦術的誤りであったとしている（lib. II, cap. xi, n. 15）。サアグンによれば、彼らはそうする代わりに、死体を片づけたり、スペイン人が置き去りにした金を回収したりした（lib. XII, cap. 25）。

（121）ウエヨトリパン（Hueyotlipan）をさす。ベルナル・ディアスはグァオリパル（Guaolipar）と呼び（cap. 128）、ゴマラ（cap. 112）はウァシリパン（Huacilipan）と呼んでいる。

敗北したコルテスを迎えるタスカルテカル人（トラスカラ写本）

使っているのと同じ寝衣を私のために持ってきてくれました。われわれは寝衣を一枚も持ち合わせていなかったのでございます。彼らはまた、自分たちの持っているあらゆるものを提供し、われわれ全員の回復を助けるためにできるだけのことをしてくれました[122]。

　私は、この市《まち》からテミスティタンへ向かいましたとき、もしなにか起これば身軽なほうがよいと思い、病人や幾人かの私の召使といっしょに、私の銀や衣服、それにその他の日常用品や糧食をここに残して行きました。しかしこの地方の住民との間で作成した文書類はすべて失われていました。私に同行したスペイン人も、身につけているもののほか、衣服はいっさい携行せず、マントもすべて置いて行ったのであります。私は、ベラ・クルスの町から私の召使が、五騎と四五名の歩兵に伴われ、糧食や物資をもってここに来たことを知りました。彼は、私がベラ・クルスに残しておいた他の者たちをも連れ、私と私の仲間の所有になるあらゆる銀・衣服およびその他の品を〔ベラ・クルスから〕運び出した由でございます[123]。宝石のほかに、二つの箱に入れてベラ・クルスに残しておきました七〇〇〇ペソの溶解金や、さらに、クアクアカルコ〔現コアツァコアルコス〕の町を建設させるために派遣したあの隊長〔ファン・ベラスケス・デ・レオン〕が、トゥチテペケ地方〔トゥステペケ、現オアハカ州トゥステペク、一一四頁参照〕で徴収した一万四〇〇〇ペソの金貨、およびそのほか金三万ペソ以上の値打がある種々の品も持ち出した由であります。しかし彼らはみな、旅の途中でクルアのインディオに殺され、運んでいた品もすべて奪われたとのことであります。また私が無事テミスティタンに居り、街道もかつて私が平定していたころと同様に安全であると思った多くのスペイン人が、テミスティタンへ向かう途中で殺されたということも知りました。陛下に申し上げますが、この話を聞いて、われわれはみなこれ以上の悲しみはないだろうと思われるほどいたく悲しみました。それは、このスペイン人たちを殺され、財宝を失ったからだけではなく、都やその橋において、あるいは街道において殺されたスペイン人の死と敗北の記憶がよみがえったからであります。とりわけ私は、ベラ・クルスに残った者たちも同じように襲撃されたのではないか、そしてわれわれが味方だと思っていた者たちもわれわれの敗走を知って反乱を起こしたのではないか、という強い疑惑を抱いたからでもあります。そこですぐさま私は、真相を知るために、案内のインディオをつけて使者を送りました。街道を通らずにベラ・クルスまで行き、ただちにそこで起こっていることを報告するようにと命じました。われわれの主の思し召しにより、スペイン人はすこぶる元気であり、その地方の住民もスペイン人に対してきわめて忠実であるということが分かりました。それを知り、われわれの敗北感と悲しみは大いに癒されました。もっとも、彼らにとってはわれわれの災難と敗退を告げるまことに悪い知らせとなりました。

タスカルテカルでの出来事

私は傷を治しながら、このタスカルテカル地方に二〇日間滞在いたしました。道

(122) コルテスはマヒスカシン（マシュシカツィン）とシングテカル（ないしシンテンガル、シコテンカトル）がスペイン軍を歓迎したように書いているが、若いシングテカルは父親の再三にわたる諫めにもかかわらず終始スペイン人に公然と敵意を示していた（Bernal Díaz, cap. 129）。

(123) ベルナル・ディアス（cap. 129）によれば、フアン・デ・アルカンタラ（Juan de Alcántara）とふたりのベラ・クルス市民が、コルテスの手紙を持ってやってきて品物の引き渡しを要求した。

中手当てが行き届かなかったので傷がたいそう悪化し、とくに頭の傷がひどかったのでございます。[124]負傷している私の隊員にもそこで手当てをさせました。傷や疲労で幾人かの死者がでました。私も左手の指を二本失いました。治療の手立てもほとんどないまま、片腕になったり、びっこになった者もいました。

大勢の仲間が死に、生き残った者も憔悴し、傷を負い、これまでの危難と労苦に怖じ気づいているのを目にし、また身に迫っている危難と労苦に恐れをなし、私の隊員たちはなんどもベラ・クルスへもどるようにと私に懇願いたしました。そして、味方だと思っている先住民らが、われわれの敗走と兵力の減退をみて敵と結託し、われわれが通る峠を先取して一方ではわれわれを攻撃し、他方ではベラ・クルスの者たちを襲うかもしれないから、その前にベラ・クルスでわれわれの兵力を強化するのがよい、と申し出ました。ベラ・クルスには船もあるので、みなそこに集まればわれわれはより強力となり、島嶼[125]に救援を求めている間に攻撃を受けても、よりよい条件で防禦できるだろうと申しました。私は、先住民とくにわれわれの味方の者たちに意気地のないところを見せると、彼らをして早々にわれわれを見捨てさせ、敵側につかせることになると考えました。運命の女神は常に大胆な者をお助けになるということ、そしてわれわれはキリスト教徒であり、大いなる神のご慈悲におすがりすれば、神はわれわれが死滅するのをお見過ごしになるはずがないということを想い起こしました。また、陛下の御ために平定し、いままさに平定されようとしていた、かくも広大で立派な土地が失われるのを、お認めになることはないと思いました。この地をかつてのように平定するために戦争を続けるという、このような大切なご奉公を神がお差し止めになるはずがないと考えました。そこで私は、なんとしても峠から海岸へ下りないことに決心いたしました。むしろ、われわれを待ちかまえているかもしれない苦難と危険を無視し、私は部下にこう申し渡しました。私はこの地を去るつもりはない、そうすることは私にとって不面目であり、また皆にとってもきわめて危険であるのみならず、陛下に対するはなはだしい反逆行為になると思うからである、と。そして私は、どこからでも、できる地点から敵のところへ引き返し、あらゆる策を講じて敵を攻撃することを決断いたしました。

テペアカ遠征 私の傷はいまだ十分には癒えず、仲間もまだ憔悴していましたが、この地方に二〇日間逗留しましてから、そこを発って別のテペアカという地方へ向かいました。[126] テペアカは、われわれの敵であるクルア人と同盟を結んでおりました。ベラ・クルスから大都へ向かっていた一〇名ないし一二名のスペイン人が、途中の通り道であるこの地方で殺されたということを聞きました。テペアカ地方は非常に広大で、タスカルテカル地方およびチュルルテカル地方と境を接しています。この地方に足を踏み入れますと、大勢の先住民がわれわれに立ち向かって参り、堅固な場所に拠って、われわれが入るのを妨げようと、力の限りをつくして攻撃してきました。この戦闘で起こったことをことごとく詳細にご報告申し上げますと冗長になりますので、次のことを申し述べるにとどめます。すなわち、われわれは陛下の御名において和平に応じるよう要請したのでありますが、彼らはこれに従いませんでした。そこでわれわれは戦端を開き、いくどとなく彼らに攻撃されましたが、神のご加護と陛下のご幸運により、そのつど彼らを打ち負かし、彼らを大勢殺しました。この戦闘では、スペイン人はひとりも殺されず、傷すら負いませんでした。この地方は、先に申し上げましたとおり、とても広大でありますが、二〇

(124) コルテスはその後ホンジュラス遠征の際にも頭に傷を受けた。彼の頭蓋骨は現在メキシコ市のヘスス病院に保存されているが、左側下部に明らかな骨折の痕がある(Pagden, n. 105)。

(125) 大アンティール諸島の、すでにスペイン化された島々をさすが、この場合は特にエスパニョラ(サント・ドミンゴ)島をさしている。

(126) コルテスは、タスカルテカルから三三ないし三九キロメートルのところにあるテペアカ攻撃を何組かのスペイン人が襲われて殺されたことにたいする報復として行った(Bernal Díaz, cap. 130)が、そのほかに、二〇日間の滞在でタスカルテカル人に過大な食料供給の負担をかけたこと、部下とタスカルテカル人の軋轢を避けるために軍事行動を必要としていたこと、などの事情があったと推察される(Wagner, 1944, p. 314)。

日ばかりの間に、私はこの地方にある多くの町や村を平定いたしました。そしてその町村の首長や重きをなす者たちがやって参り、陛下の臣下になりたいと申し出ました。そればかりではなく、私はこれらすべての町や村から多くのクルア人を追い出しました。クルア人は、この地方の住民がわれわれと闘うのを助け、彼らが自発的であろうと強制されようと、とにかくわれわれの味方になるのを妨げるために来ていたのです。こうして、私はこれまでこの戦闘に忙殺されて参りましたが、それはいまだに終わらず、平定すべき町や村がまだいくつか残されています。しかしそれらも、われらの主のご援護を得て、すぐに他の町や村とおなじく、陛下の支配下に服するでありましょう。

この地方のとある場所[127]で、あの一〇名のスペイン人が殺されたのでありますが、ここの住民はいつもきわめて戦闘的で、非常に扱いにくいものですから、武力に訴えて鎮圧し、幾人かを奴隷にいたしました。そして、そのうちの五分の一を陛下の官吏に与えました。それは、彼らがスペイン人を殺し、陛下に反逆したばかりではなく、人間の肉を食べるからであります。このことは周知の事実でありますので、その証拠を陛下にお送りするのは差し控えます[128]。私が彼らを奴隷にしようと思い立ちましたのは、すこしクルア人を脅すためでもありました。それに、刑罰を重く、残酷にしない限り、態度を改めない者が大勢いたからであります。この闘いでは、われわれはタスカルテカル、チュルルテカルおよびグァスシンゴ〔註41参照〕地方の住民の助けをかりました。これにより、彼らのわれわれに対する友情は確認されました。われわれは、彼らが陛下の忠実な臣下として、いつまでも陛下にご奉仕するであろうと確信する次第でございます。

テペアカ地方でこの戦闘にたずさわっておりましたとき、私はベラ・クルスから、フランシスコ・デ・ガライの船が二隻敗走して港に到着したことを告げる書簡を受け取りました。フランシスコ・デ・ガライは、先に陛下にご報告申し上げましたあの大きな河〔パヌコ〕へ向け、ふたたび人を送ったようでありますが、そこの住民の攻撃を受け、一七名ないし一八名のキリスト教徒が殺され、その他多くの者が負傷した由であります。また、馬も七頭殺されましたが、残ったスペイン人は泳いで船に辿りつき、丈夫な脚のおかげで逃げおおせた由でございます。隊長をはじめ彼らはみな打ちひしがれ、傷ついて戻って参りました。そこで、ベラ・クルスに残した私の代理は、彼らを暖かく迎え、治療を施してやったとのことです。そして早く回復するようにと、そのスペイン人たちの幾人かは、そこから近いわれわれの味方の首長の地へ送られ、そこで必要なものを十分にあてがわれた由です。この話はすべて、過ぎ去ったわれわれ自身の苦労を想い出させ、われわれをいたく悲しませました。前に陛下にご報告申し上げましたとおり、もし彼らがはじめからわれわれの側についていましたならば、恐らくそのような惨敗は喫さなかったでありましょう。私はその地域の事情によく通じていましたので、彼らにふりかかったようなことが起こらずに済むよう、あらかじめ忠告することができたと思われるからです。ちなみに、あのパヌコと呼ばれる河とその土地の首長は、聖陛下の臣下となることを約し、そのしるしとして、先に申し上げましたように、テミスティタンの都まで使者を出し、私に贈り物を届けてよこしたほどであります。私はベラ・クルス宛ての書簡をしたため、もしフランシスコ・デ・ガライ隊長とその部下が、当地から立ち去ることを望むのであれば、彼らに便宜を与え、彼らと彼らの船が出発するのを助けてやるように、と伝えました。(129)

セグラ・デ・ラ・フロンテラの建設

このテペアカ地方一帯を平定し、陛下の支配下におきましてから、陛下の

(127) 現在のサウトラ(Zautla)の近く。ベルナル・ディアス(cap. 134)によれば、ファン・デ・アルカンタラおよびベラ・クルスから来たふたりも殺された。註123参照。

(128) 生け贄の一部が象徴的な儀式として食べられたのは事実であるが、インディオが一般的に食人種であったわけではない。コルテスおよびその他のスペイン人が彼らを食人種として非難しているのは、おそらく住民を奴隷化するための口実であろう。アンティール諸島の住民に食人種がいたためその先入観もあったかもしれない。食人種だけは奴隷化してかまわないというのが、イサベル女王以来の方針であった。

官吏と私は、この地方の治安のためにとるべき方策につき、なんども話し合いました。この地方の住民たちは、陛下の臣下となりながら謀反を起こし、スペイン人を殺したこと、そして、いずれの海港からも内陸との往来には彼らのいるところを通過せねばならぬこと、に思いをいたしました。また、前のように彼らをそのまま放置しておけば、ふたたび近くにいるクルアの地の住民に唆され、反旗を翻すかもしれず、それはこの地方の平定のためにも、陛下の御ためにも、きわめて有害であり、不都合である、と考えました。また、海岸へ出るには、この地方に隣接しているとても険阻で難儀な二つの峠を通らなければならず、この地方の住民は容易にそこを防禦することができますので、港と内陸の往来は途絶えるであろう、と考えました。そういった配慮とその他のきわめて妥当な理由により、われわれはこれらの事態を避けるため、このテペアカ地方内の最適地に、植民者にとって必要な条件を備えた町を一つ建設すべきであると判断いたしました。そしてそれを実行に移し、私は陛下の御名においてその町をセグラ・デ・ラ・フロンテラと名づけるとともに、慣習に従って、市長《アルカルデ》、市会議員《レヒドール》およびその他の役員《オフィシアル》を任命いたしました[130]。また、この町の居住者のいっそうの安全を図るため、私が指定したところに要塞を築くこととし、そのための資材を搬入し始めました。ここには良質の資材があり、できるかぎり急ぐ所存でございます。

ちょうどこの報告書をしたためておりましたとき、この地方から五レグア〔二八km〕離れた市《まち》の首長より派遣された使者が、私のもとへやって来ました。その市はグァカチュラ[131]と呼ばれ、メヒコ地方へはいるときに通る峠の入口にあります。使者は、首長の名において私にこう話しました。数日前、われわれは聖陛下に対して服従を誓い、陛下の臣下となるために、あなたのもとへ来ようとしたが果たせなかった。しかし、それをわれわれの意思によるものだとして責めないでほしい。グァカチュラの市にはクルアの隊長が何人か宿泊しており、その市とそこから一レグアのところには、三万の兵が配置されている。そしてこれらの兵は、あの峠を監視して、あなた方が通れないようにしている、また、その市と近隣の住民たちが陛下にご奉仕し、あなた方の味方になるのを妨げようとしている、もし彼らが邪魔をしなければ陛下にご奉仕するためにすでに参上していたであろう、と。また、このことを知らせに来たのは、あなたに助けて貰いたいためである、なぜなら、クルアの者たちは善意の者にとって妨げになるばかりではなく、この市とその周辺の住民のすべてが、彼らから甚大な被害をこうむっているからである、すなわち、多数の兵が集まって重税をかけ、虐待し、女や財産やその他の物を奪うからである、と申しました。そしてもしあなたの助けが得られるのであれば、あなたの命ずることはなんでもするつもりだ、と申しました。私は、彼らの報告と申し出に礼を述べ、すぐさま一三騎と二〇〇名の歩兵ならびに約三万人の味方のインディオを与え、彼らに同行させました。(132) そして敵に気づかれない道を案内させ、市の近くに着けば、ただちにそこの首長と住民およびその首長の他の家来や仲間がそれを知るようにとりはからい、ついで敵の隊長たちの泊っている宿営を包囲して、彼らの配下が救援に来るまえに、彼らを捕えて殺すよう、段取りを整えました。そして、隊長たちの配下が馳せ参じたときには、すでにスペイン人が市の中にいて、彼らを襲い、打ち負かすとい

(129) ガライの遠征隊は三隻からなり、一隻は沈没した。ディエゴ・デ・カマルゴおよびミゲル・ディアス・デ・アウスの指揮下にあった他の二隻の隊員はテペアカでコルテス軍に加わった (Bernal Díaz, cap. 133)。その頃、ベラスケスからナルバエス向けの糧食を積んだ船が二隻着いたが、彼らもコルテスに合流した。さらにベルナル・ディアスによれば、カスティーリャからファン・デ・ブルゴス所属の船が一隻、取り締まりを避けてカナリア諸島経由で到着、武器や弾薬を運んできた。これらすべてを合わせ、兵士約一七一名、馬五〇頭およびかなりの装備が補強された (Pagden, n. 108)。

(130) ベルナル・ディアスは、テペアカの町はベラ・クルスへ行く街道にあるので、そこに町を建設し、セグラ・デ・ラ・フロンテラと名づけた、と述べている (cap. 130)。

(131) 現プエブラ州ワケチュラ (Huaquechula)。ポポカテペトル火山の近くに位置する。

(132) 彼らを指揮したのはクリストバル・デ・オリード (Cristóbal de Olid) だった。ベルナル・ディアス (cap. 132) は、オリードは三〇〇人以上の兵士と「我々がもっていた最上の馬」を率いていたと述べ、またこのとき「味方のインディオ」すなわちタスカルテカル人が三万人も加わったのはテペアカ攻撃のときの略奪に味をしめたからだ、と言っている。

う算段でした。

彼らとスペイン人は、チュルルテカル〔現チョルラ〕の市《まち》を通り、グァカチュラの市から四レグア〔二二km〕のところでこの地方〔グァカチュラ〕と隣接しているグァスシンゴ〔現ウェホツィンゴ〕地方の一部を通って行きました。すると、グァスシンゴ地方のある町で、スペイン人たちは、この地方の住民がグァカチュラおよびクルアの住民と結託し、スペイン人をその市まで誘き出しておいてそこで合流し、スペイン人を攻撃して殺そうとしている、という話を聞いた由であります。われわれは、クルア人の都と彼らの地において受けた恐怖の念からまだ完全に抜け切ってはいなかったものですから、この報せはスペイン人を震え上がらせました。そこで、私が派遣しました隊長は、できる限りの調査を行い、同行していたグァスシンゴの首長全員とグァカチュラの市の使者を捕えました。そして彼らを連れて、そこから四レグアのところにあるチュルルテカルの市へもどりました。その市から、幾人かの騎兵と歩兵を差し向け、隊長の得た情報とともに、捕虜を全員私のもとへ送り届けて来ました。また彼は、われわれの兵士たちはおびえており、この遠征はきわめて困難だと思う、と書いてよこしました。捕虜が着くと、私は自分の通訳を介して彼らと話しました。できる限り念を入れて真相を知ることに努めましたところ、どうやら隊長は、彼らを十分に理解していなかったようであります。そこでただちに彼らを釈放し、私は、彼らが聖陛下の忠実な臣下であることを信じ、クルア人を打ち破るために私自ら出かけたいと思うと述べ、彼らを満足させました。味方にしろ敵にしろ、当地の住民たちに対して弱味や恐怖心を見せないため、私は一度はじめた遠征を途中で止めるべきではないと考えました。スペイン人の恐怖心を少しでも和らげるため、私はそのほかの仕事やちょうどそのとき陛下宛てにしたためておりました書簡を中断することに決め、その場でできる限り急いで出発いたしました。そしてその日のうちに、この町から八レグア〔四五km〕離れているチュルルテカルの市に到着しました。そこのスペイン人たちは、まだ例の裏切りの話は本当であると断言しておりました。

グァカチュラの確保　翌日、私は首長たちが逮捕されたグァスシンゴの町に泊りました。その次の日、グァカチュラの使者たちと、どこからどのようにして市《まち》へ入るかを打ち合わせましてから、私は夜が明ける一時間まえに出発し、朝一〇時ごろ、市の近くに着きました。半レグア手前で、市から使者がやって来て、私にこう告げました。用意万端整っており、クルア人はあなた方が来ることをまったく知らない、街道にいたクルア人の密偵は、すでに市の住民が捕まえた、また市の外を見張るためクルアの隊長に命ぜられて城壁や塔に立っていた者も捕まえた、敵軍はみな、見張人と密偵がいるから安心だと思い込み、大いに気をゆるしている、いまなら気づかれないから来るように、と。そこで私は、さとられずに市へ入ろうと、大急ぎで向かいました。そこは平原で、市からもわれわれがよく見えるからでございます。

この市《まち》の者は、われわれがすぐ近くまで来たのを見て、ただちに例の隊長たちのいる宿営を包囲し、市のあちこちに配置されていたその他の者たちにも攻撃を開始したようであります。市から大弓《バリエスタ》の矢が届くほどのところまで参りますと、四〇人ばかりの捕虜が私のもとに届けられました。そこで、急いで市に入りました。市の中は、どの街路もすこぶる騒然としていました。敵軍と戦いながら、この市のひとりの住民に案内されて、私は敵の隊長たちのいる宿営に着きました。宿営は、三〇〇〇以上の兵に囲まれていました。彼らは、入り口から中へ入ろうと奮闘し、階上とテラスをすべて占拠しておりました。しかし、隊長たちもその部下も、人数はわずかではありましたが、実に巧みに、かつ勇敢に戦っていましたので、彼らは宿営内に入ることができませんでした。また、隊長たちの戦いぶりが勇ましかったばかりではなく、宿営もきわめて牢固であったのであります。私がそこへ着きましてから、われわれはやっと中に入ることができましたが、この市の住民たちがあまりに大勢はいりましたので、たちまちのうちにこの味方の者たちが殺されてゆくのを、どうしても防ぐことができませんでした。

私は大都の様子やムテスマの死後だれが首長になったかということやその他のことを聞くため、何人かを生け捕りにしようと思いました。しかし、生け捕りにできたのはただのひとりで、それも、生きているというより死んでいるといったほうがよいくらいでしたが、それでも、その者からのちほどご報告申し上げますようなことを聴取いたしました。

市《まち》では、そこに宿営していた敵の多くが殺されました。私が市へ入ったときに生き残っていた者は、私の来たことを知って守備隊のいる方へ逃げ出しましたが、追跡をうけ、大勢が死にました。守備隊は、市全体とその周囲の平地を一望のもとに見渡せる小高いところにいましたので、この騒動はすぐに彼らの耳にはいり、気づかれてしまいました。そこで、町から逃げてきた兵と、なにが起こったのかと救援に馳せ参じた守備隊が行き合いました。守備隊は、その数三万を超え、これまでわれわれが見たうちでももっとも立派に着飾った兵士たちであります。金や銀や羽毛の装飾品をたくさん身につけていました。この市は大きいものですから、彼らは、まず市の入口から火をつけ始めました。市の住民は、すぐさまそれに気づきました。歩兵はひどく疲れていましたので、私は騎兵のみを連れて出かけ、敵陣を突破いたしました。彼らは間道に避難しましたが、われわれはそこも占拠いたしました。そして彼らの後を追い、とても険阻な登り坂で、大勢の敵に追いつきました。その険しさのあまり、山を登りつめたときには、敵もわれわれも、前へ進むことも後へ戻ることもできませんでした。彼らの多くは、暑さに喘ぎながら、傷を受けることもなく死にました。こちらも、馬が二頭動けなくなり、そのうちの一頭は死にました。このようにして、われわれは敵に甚大な被害を与えました。と申しますのも、味方のインディオが大挙して駆けつけてくれたからであります。彼らは元気よく、敵はもうほとんど死にかかっていましたため多くの敵を殺せたのです。そこで、しばらくするうちに、戦場は生き残った者がいなくなり、死人で埋まりました。われわれは、この戦場につくられたばかりの営舎に着きました。そこは三区画からなり、それぞれがかなりの大きさの町のように思われました。戦士のほかに、おびただしい数の召使がおり、多くの補給品が用意され、また、あとで知ったことですが、そこには身分の高い人びともいたのであります。しかし、なにもかも、われわれの味方のインディオによって略奪され、焼き払われてしまいました。陛下にご証言申し上げますが、味方のインディオは一〇万以上も集まったのでございます。われわれはこうして勝利をおさめ、敵をことごとく当地から追い出し、彼らのつくった橋や難路の向こうに追いやってから、市へ帰りました。市では住民から歓迎を受け、宿を提供されました。われわれは、休息をとくに必要としていましたので、三日間その市で休みました。

そのころ、あの山の頂にある大きな町の住民たちが、陛下へのご奉仕を申し出るためやって来ました。その町はオクパトゥーヨ(133)と呼ばれ、敵の軍営のあったところから二レグアあり、例の煙が出ると申し上げました山のふもとに当たります。彼らは次のように述べました。あなた方が自分たちを追撃したとき、首長は彼の町まで追いつめられると思い、クルア人といっしょに逃げてしまった、自分たちは幾日も前から、あなたとの友誼をこいねがい、陛下の臣下になりたいと申し出るため参上しようと思っていた、その旨なんども首長に願い出たが、首長はそれを好まず、認めてくれなかった、しかし、いまこそ陛下にご奉仕申し上げたい、町には首長の弟君が残っており、彼はこれまで常に自分たちと意見をともにし、意志を同じくしてきたし、いまでもそうである、ついては、その弟君がこの支配地を受け継ぐことを承諾してほしい、そしてたとえ兄が戻ってきても、首長として迎えることを認めないでほしい、自分たちも兄を迎え入れないつもりだから、と懇願しました。私は、いままであなた方がクルア人と同盟を結び、徒党を組んで陛下に反逆したのだから、重い刑を受けてしかるべきであり、あなた方の身体と財産に対し刑罰を加えようと思っていた、と述べました。しかし、あなた方が来て反逆の原因はあの首長であることが分かったので、私は、陛下の御名において過去の罪を許し、陛下の臣下として迎え入れよう、と告げました。もしふたたび同じような過ちを犯したならば、厳しく処罰されるであろうと警告し、もし陛下に忠実な臣下となるならば、陛下の御名において、私の大いなる庇護と援助を受けるであろう、と言い渡しました。

(133) モトリニア (*Memoriales*, p. 205) はアカペトラウアカン (Acapetlahuacan) と表記しているが、オロスコ・イ・ベラによれば、オクイトゥコ (Ocuituco) (Orosco y Berra, 1960, tomo 4, p. 418)。

そして、彼らはそのようにすることを約束いたしました。

城塞の町グァカチュラ

このグァカチュラの市《まち》は平地にあり、片側はとても高くて険しい山に囲まれています。反対側は大弓《バリエスタ》の矢が届く距離の二倍ほどの間隔をおいて、二本の川が平地をめぐり、いずれも非常に高くて大きな断崖の間を流れています。それゆえ、市への入口はごく限られた箇所しかなく、それらの入口も勾配が急で、馬にまたがったままそこを登り降りすることはほとんどできません。また、市全体が石としっくいで造ったきわめて堅固な壁に囲まれており、壁の高さは、市の外側が身の丈の四倍ほどあり、内側が地面とほぼ同じ高さであります[134]。壁の上には、身の丈の半分ばかりの高さの胸壁がめぐらされています。また、戦闘のときのために、人が馬に乗って入れるくらいの広さの入口が四つあります。その入口は、それぞれ壁が三、四か所折れ曲がり、重なり合っています。そして壁が折れ曲がった部分も、その上には戦闘用の胸壁があります。壁の上はどこも戦闘に使う大小あらゆる種類の石が大量に用意されています。この市は人口五、六〇〇〇人ほどでしょう。また、この市に服属している村々も、合わせればこれと同じかあるいはそれ以上の人口を有するでありましょう。この市はたいそう面積が広く、市のなかには、彼らの習慣に従って、果物や草花を植えた庭園がたくさんあります。

この市《まち》で三日間休息した後、われわれはこのグァカチュラの市から四レグア〔二二km〕離れたイスクカン[135]と呼ばれる別の市へ行きました。その市にも大勢のクルア兵が駐屯しており、その市の者も、これに服属する他の村落の者も、まったくクルア人の味方らしくふるまい、また実際にそうであると聞いたからです。それも、その市の首長がクルアの生まれで、おまけにムテスマの親戚であるからとのことでございます[136]。陛下の臣下である当地の住民があまりにも大勢私に同行しましたので、野も山も、ほとんど見渡すかぎり彼らで埋まりました。その数は確実に一二万を超えていました。イスクカンの市には、われわれは一〇時に到着しましたが、女や子供の姿はなく、市には五〇〇〇人から六〇〇〇人の用意万端整えた兵士たちがいました。先にスペイン人が着きますと、彼らは市を防禦しにかかりましたが、まもなくそこから退散いたしました。それはわれわれの案内されてはいった入口が適切であったからであります。彼らのあとを市中追いかけますと、とうとう彼らは壁の上から、その外側を取り巻いている川の中へ飛び込みました。橋は壊されていましたので、われわれは川を渡るのにやや手間どりました。しかし、さらに一レグア半ほど彼らのあとを追いました。川に飛び込んだ者のうち逃げおおせた者はほとんどいないだろうと思います。

市《まち》へ戻りましてから、私はその市の重きをなす者たちに言葉をかけようと、囚われている市の住民のうち二人にあとを追わせました。その市の首長も、そこに駐屯していたクルア人といっしょに逃げてしまったので、彼らを市へ戻らせようと思ったのです。私は、彼らが陛下の忠実な臣下となるのであれば、以後私からきわめて丁重に扱われ、彼らの起こした謀叛や過去の誤りは許される旨、陛下の御名において約束いたしました。住民たちが出発し、三日たって幾人かの身分の高い者たちがやって来ました。彼らは首長が命じたことを行ったのであり、そうするほか仕方がなかったと述べ、彼らの過ちに対する許しを求めました。また、首長が彼らを置いて逃げてしまったので、今後は陛下に対しきわめて忠実にご奉仕する旨約束いたしました。私は、彼らにそれぞれの家へ戻るように、そして彼らの味方の村や町にいる妻や子供も連れて帰るよう命じ、彼らを安心させてやりました。また、その村や町の住民にも、過ぎ去ったことは許すから私のもとへ来るよう話してほしい、と伝えました。さらに私が彼らを捕えに行くことは、彼らとしても多大の被害を蒙ることゆえ望まぬところであろうし、私にとっ

(134) 自然の高台に町をつくり、周囲に壁をめぐらせた。すばらしいピラミッドをつくる民族なので土木工事はお手のものだった。

(135) 現名は、プエブラ州のイスーカル・デ・マタモロス(**Izúcar de Matamoros**)。ベルナル・ディアス(**cap. 134**)はオスカル(**Ozucar**)、ゴマラ(**cap. 117**)はイスクサン(**Izcuzan**)と表記している。

(136) ベルナル・ディアスは、「モクテスマ〔ムテスマ〕の近親の女性がその町の首長と結婚しており、ひとり息子がいるが、それはモクテスマの甥であり、重臣であると言われている」と記している(**cap. 134**)。

てもそれはまことに心苦しいことだから、と付け加えました。そして、彼らは私の言ったとおりにしました。

イスクカンの継承権争い

それから三日後、イスクカンの市《まち》にはふたたび住民が戻って来て、この市の支配下にある村々の者たちもみな、陛下の臣下になりたいと申し出るためにやって来ました。そしてこの地方は一様にきわめて安定し、われわれの友人、またグァカチュラの者たちの同盟者となりました。ところで、首長がメシコ〔メヒコ〕へ行ってしまって不在のため、イスクカンの市とその地方が誰に属するかについて、意見の相違が生じました。当地の正統の首長は、ムテスマによって殺され、代わりにいまの首長が据えられて、ムテスマの姪と結婚させられたわけですが、その正統の首長の庶子にするか、あるいは正統の首長の孫、すなわちグァカチュラの首長に嫁いでいる彼の嫡出の娘の息子にするかで論争がありました。しかし結局、この地方の首長の正系であるグァカチュラの首長の息子がこの支配地を継ぐということで、彼らの間に合意ができました。もうひとりの方は、息子ではあるが嫡出ではないため、首長になるべきではないということになりました。彼らは私の目のまえで、十歳くらいのその少年に服従を誓ったのであります。彼はまだ政務を執る年齢に達していませんので、例の嫡出子でない彼の叔父、およびほかにグァカチュラの市から一名、イスクカンの市から二名、合わせて三名の重きをなす者が当地の執政官となり、少年が政務を掌る年齢に達するまでの間、彼らが少年を補佐することになりました。

このイスクカンの市《まち》は、人口三、四〇〇〇人でありましょう。街路も市場も、たいそうよく整っています。塔のあるとても堅固な寺院《メスキタ》や礼拝堂が一〇〇棟ありましたが、すべて焼けてしまいました。この市は、中規模の丘のふもとにある平地に位置しており、丘の上にはすこぶる立派な要塞があります。その反対側の平地の方は、市壁の傍を流れる深い川に取り巻かれており、川から市壁までがとても高い断崖になっています。そして崖の縁には、市の周囲に沿って、身の丈ほどの高さの胸壁が築かれています。その胸壁の上には、どこにもたくさんの石が置いてあります。この平地は円形の盆地になっており、果物や綿花がたいそう豊富です。山岳地帯では寒さが厳しいため綿花はとれませんが、ここは山岳に囲まれておりますので、温暖の地となっています。この盆地はどこも、整然と、見事に引かれた立派な掘割によって灌漑されています。

私は、この市《まち》に住民がふえ、市が平穏となるまで、ここに滞在いたしました。この市へ、グァホシンゴ(137)という市の首長と、このイスクカンから一〇レグア〔五六km〕のところにあるもう一つの市の首長が、陛下の臣下となることを申し出るためにやって来ました。それらの市はメシコ〔メヒコ〕との国境にあります。また、コアストアカ(138)地方の八つの町からも人が参りました。そこは、先にご報告申し上げましたように、黄金を探すためススラ〔ないしクスラ、註60参照〕地方へ派遣しましたスペイン人たちが目にした地方でございます。その地方とその隣のタマスラ地方(139)には、たいそう大きな町々があり、そこには他で見受けられないような立派な石材で、きわめて巧みに造られた建物がある旨申し上げました。コアストアカ地方は、イスクカンから四〇レグア〔二二二・八km〕のところにあり、その八つの町々の住民が陛下の臣下となることを申し出たのであります。彼らは、その地方にあるもう四つの町からも、まもなく人がやって来るだろうと述べました。そして、これまで参上しなかったことを許していただきたい、クルア人を恐れるがゆえにあえてそうしなかったのである、しかし、われわれはこれまであなたに向かって武器をとったこともなく、いかなるスペイン人の殺害にもかかわったことがない、そして、陛下にご奉仕することを前に申し出て以来、われわれは心の中ではいつも陛下のよき、忠実な臣下であったが、クルア

(137) グァホシンゴ(ないしグァシンカンゴ、グァスシンゴ、現ウェホツィンゴ)はすでにスペイン人に服従している(註28参照)ので、これは誤記であろう。
(138) オアハカ。現在のオアハカ州はコルテスがここで述べる地方より遥かに大きく、彼は現在のコアイシュトラワカ(Coaixtlahuaca)に相当するミステカ地方をさしているのであろう(Pagden, n. 113)。
(139) 註61で触れているタマスラパと同じであろう。

人を恐れるがゆえに、あえてそれを外に表さなかったのだ、と弁解しました。このような次第ですので、われらの主が陛下にご幸運をお与え下さいますれば、失われたものをすべて、あるいはそのほとんどを、ほどなく取り戻すことができるでありましょう。陛下にはその旨ご確信いただいても差し支えないと存じます。と申しますのも、陛下の臣下となれば、私から丁重に迎えられ、遇されるが、その逆の場合には日ごとに殺されてゆくのを目のあたりにし、毎日、多くの地方や市から、陛下の臣下となることを申し出るために、人びとがやって来るのであります。

ムテスマの継承者　グァカチュラの市《まち》で捕えた者たち、とくにあの負傷した者から、大都テミスティタンの事情をことこまかに聴取いたしました。ムテスマの死後、彼の弟でイスタパラパの市の首長であるクエトラバシン〔クイトラバシン、註49参照〕と呼ばれる者が支配地を継いだということを聞きました。彼が後を継いだのは、支配地を継ぐべきムテスマの息子(140)が橋のたもとで殺され、生き残った他のふたりの息子のうちひとりは気が狂い、もうひとりは身体が麻痺してしまったからとのことであります。それゆえ、あのムテスマの弟が後を継いだのだと申します。そのうえ、われわれと戦ったのは彼であり、彼は勇敢で、きわめて慎重な者とみなされたからでもあります。また彼らは、大都をはじめ支配地やその他の市々の防備を強化しており、多数の防壁や壕やさまざまの種類の武器をつくっている、ということも知りました。とくに、彼らが馬を攻撃するため鉾のような長い槍をつくっているということを知りました。私はすでにその槍のいくつかを見たことがあります。テペアカ地方で彼らがそれを使って戦うのを見ましたし、また、クルアの兵士たちのいたグァカチュラの村落や宿営でも、それらをたくさん見かけたことがあります。そのほかいろいろのことを知りましたが、陛下をお煩わせしないため、それらについては省略させていただきます。

われわれを救援するための馬と人をのせてただちに帰ってくるよう、私はエスパニョラ島へ向け四隻の船を派遣しております。[141] また、さらに四隻の船を購入し、エスパニョラ島すなわちサント・ドミンゴ市から馬・武器・大弓ならびに火薬を持ち帰るようにしております。これらが当地でもっとも必要とされている品々であります。と申しますのは、敵の数はおびただしく、市々も要塞も大きくかつ堅固でありますゆえ、盾をもった歩兵はほとんど役に立たないのです。陛下の御ためにも、われわれの生命の安全のためにもそれらは必要ですので、私はできる限りの支持と援助を得るべく、ロドリゴ・デ・フィゲロア学士《リセンシアード》や同島に在住する陛下の官吏に書簡をしたためております。この援助と救援隊が到着しますれば、私はかの大都とその支配地に反撃を加える所存でございます。すでに陛下に申し上げましたとおり、まもなく、その地はかつて私が掌握していたと同じ状態に復し、これまでの損失も取り戻せるであろうと思います。この間、私は湖から入るためのベルガンティン船一二隻を建造しており、すでに甲板と各部分ができております。これらは、そのまま陸上を運び、湖に着けばただちにこれらを組み合わせ、わずかの時間で完成できるようになっています。また、船のための釘もつくり、瀝青・槙皮《まいはだ》・帆・櫂をはじめその他の必要なものも用意しております。陛下にお約束申し上げますが、私はこの目的を達成しますまでは、休息もとらず、私にとって可能なあらゆる手段を講ずることをやめない所存であり、そのために遭遇するかもしれないあらゆる労苦・危険および犠牲をもかえりみない所存でございます。

二、三日まえ、私は、ベラ・クルスの町におります私の代理[142]からの手紙で、ベラ・クルスの港に三〇名ばかり

(140) チマルポポカ (Chimalpopoca)。後継ぎは長子相続制ではなく、選挙によって決められていたので、彼がムテスマの当然の後継ぎというわけではなかった。またムテスマには三人だけではなく、多くの息子があった (Sahagún, lib. o. XII, cap. 24)。

(141) テペアカ占領後、コルテスはアンドレス・デ・ドゥエロとアグスティン・ベルムデスがキューバに帰還を希望したとき糧食の補給を依頼し、ソリスという者を馬の補充のためジャマイカ島に派遣した。さらにアロンソ・デ・アビラとフランシスコ・アルバレス・チコをサント・ドミンゴに派遣している (Bernal Díaz, cap. 136)。

(142) ロドリゴ・ランヘル (Rodrigo Rangel) をさす (Pagden, n. 116)。

の水夫と歩兵をのせた一隻の小さなカラベラ船が着いたことを知りました。フランシスコ・デ・ガライが彼の部下を当地に派遣して参りましたことはすでに陛下にご報告申し上げましたが、彼らはその者たちを探しに来た由であります。彼らはまったく食べ物が逼迫した状態で到着しましたので、もしそこで援助が得られなければ、飢えと渇きで死んでいたであろうとのことであります。私は、彼らがパヌコ河へ着き、そこに三〇日間碇泊したが、河にも陸にも人影は見かけなかったということも知りました。そこで前に起こったできごとがもとで〔一八一頁以下参照〕、その地から住民が姿を消したのだろうと思われます。また、そのカラベラ船の者たちは、彼らのすぐ後から人と馬を乗せたフランシスコ・デ・ガライの船が二隻くるはずであり、もう沿岸を南下していると思う、と申しました。そこで私は、彼らの船とその乗組員が方向を見失うことのないように、また彼らは当地の事情にはまったく不案内ですので、先住民から先の者たちが受けたよりさらにひどい被害を受けることがないように、と考えました。そしてカラベラ船を遣ってこの二隻の船を探し、前に起こったことを知らせるとともに、フランシスコ・デ・ガライが先に派遣した隊長の待っているベラ・クルスの港へ来るようにと伝えてやることは、陛下の御ためになることであると考えました。願わくは彼らが陸に上がってしまわないうちに見つかりますように。先住民はすでに用心して事に備えておりますが、スペイン人たちは油断しておりますため、甚大な被害をこうむるのではないかと惧れるのでございます。それはわれらの主なる神ならびに陛下のご利益に背くことでありましょう。なぜなら、あの血に飢えた犬どもをますます血に狂わせ、以後そこへ赴く人びとを襲ういっそうの勇気と大胆さを彼らに与えることになるからであります。

私は、先に、ムテスマの死後クエトラバシンと呼ばれる彼の弟が首長の地位につき、種々の武器をそろえて、大都や湖の近くの市々の防備を強化しているということを知った旨申し上げました。そしてつい先ごろ、そのクエトラバシンが彼の支配下にあるすべての土地・地方・市に使者を派遣し、配下の者に対して次のとおり伝え、かつ約束したということも知りました。すなわち、あらゆる手を尽くしてすべてのキリスト教徒にこの上なく残酷な戦争を仕かけ、彼らを殺すかあるいは当地から完全に追い出し、さらにその味方および同盟者であるすべての先住民に対しても同様にするならば、義務づけられているあらゆる租税および奉仕を一年間免除する、従って貢物も租税も一切納めなくてもよい、と。私は、彼らのもくろみは決して実現しないであろうと、われらの主に希望を託しておりますが、私にとりましては、いま味方のインディオを援護することがなにもまして必要となっております。彼らはわれわれの味方であり、同盟者でありますため、彼らにとってもわれわれにとっても仇敵であるクルアのインディオが、なしうる限りの戦争を仕かけてくるからであります。そこで彼らは、クルアのインディオと戦うのに必要な援助を求めて、毎日、多くの市や町から私のもとへやって参りますが、私は、思うようにそれら各地へ救援隊を送ることができないのでございます。われらの主はわれわれのわずかな兵力が補われるようお計らい下さるでありましょう。そしてまもなく、主がお助け下さり、私がエスパニョラ島に要請した救援隊をお送り下さるでありましょう。

土地の肥沃さ、その広大さ、寒冷な気候およびその他多くの点で、当地とスペインが類似していることを目のあたりにし、またそれをよく理解するに及び、私は当地を大洋《マル・オセアノ》のヌエバ・エスパニャ〔新スペイン〕と呼ぶのがもっともふさわしい名称であると考えました。[143] それゆえ、私は陛下の御名において、ここをそのように命名することにいたしました。陛下には、これをお認めのうえ、かく名づけるようご下命くだされたく、謹んでお願い申し上げます。

(143) トルケマーダ (lib. iv. cap. v) は、一五一八年グリハルバの航海のとき、「この地が大陸であり、大きな町々のあることが証明されたので、ヌエバ・エスパニャと呼ぶことが確認された」と書いている。しかし、グリハルバの「航海誌」(Itinerario) にはその記録はなく、この提案はそのまま忘れ去られたものとみられる (José Luis Martínez, *Hernán Cortés*, p. 282)。少なくとも文書にヌエバ・エスパニャという名称が使われているのは、コルテス第二書簡のこの箇所が最初である。

拙い文章ではありますが、私は当地で起こったあらゆること、および陛下にご報告申し上げるべきもっとも必要な事柄について真実をしたためました。私は、すべてを審理・調整し、その結果を陛下にご報告いたしますため、信頼に足る人をひとりご派遣下さいますよう、この書簡とともにお送りします別の書簡において、聖陛下にお願い申し上げております。本書簡におきましても、さらに謹んでお願い申し上げます。それは、私のしたためておりますことに全幅の信用をおいていただくのと同様、私にとりまして格別のお恵みであると考えます。

いと高き、いと優れたる君主。願わくは、われらの主なる神が、陛下の心より望まれるが如く、陛下のご寿命と、いと高貴なお身体と、そしていと高きご身分を、末永く保ち、いや増されるとともに、その王国と領土をよりいっそう拡大し給わんことを。このヌエバ・エスパニャのセグラ・デ・ラ・フロンテラの町より。

一五二〇年十月三十日

陛下の極めて卑しきしもべおよび臣下として、いと高貴なる御手と御足に口づけし奉る。

フェルナン・コルテス

この後、去る三月一日、かのヌエバ・エスパニャから、スペイン人はテミスティタンの大都を奪取し、そこでは、ヴェスパシアノ[144]がイェルサレムを破壊した際に死んだユダヤ人をもしのぐ数のインディオが死んだという知らせが届いた。当時、大都には、かの聖都にいた者の数を超える人口があった由である。宝物は、先住民が湖のなかに投げ捨て、沈めてしまったため、わずかしか見つからなかった。彼らは二〇万ペソの黄金を獲得したに過ぎない。大都におけるスペイン人の防備はひじょうに強化され、現在そこには一五〇〇の歩兵と五〇〇の騎兵がいる。そして、野営地には彼らに味方する同地のインディオが一〇万人以上いる。これらはみな、壮大にして奇異な事柄である。それは、疑いもなく別の世界であり、その外側にいるわれわれは、わずかでも垣間見たいという強い欲望にかられる。われわれのもとにあるこれらの信頼すべき消息は、一五二二年四月初めまでのものである。(145)

(144) ヴェスパシアヌス(九〜七九)はローマ皇帝(六九〜七九)。自らの血統に基づくフラウィウス朝を創始。あとを継いで皇帝に即位したティトゥスとドミティアヌスの父にあたる。六六年に、ネロの命令により、ユダヤの反乱鎮圧の総司令官になった。ネロの自殺後に皇帝になってからは子のティトゥスがその仕事をつぎ、七一年父子でユダヤ平定の凱旋式を行った。

(145) この後記は一五二二年にセビリャで初めて印刷刊行された際に追加されたもの。ゴンサレス・デ・バルシアによれば、これはクロムバーガーの作とされる(*Historiadores primitivos de las Indias Occidentales*, I. 62)。もしそうだとすれば、彼は一五二一年八月にコルテスによって書かれ、一五二二年三月スペインに到着した別の国王宛て書簡にも目を通すことができたはずである。この書簡は現存しないが、大都陥落の顚末が簡単に報告されていたに違いない(Pagden, n. 119)。

第三書簡

「大洋《マル・オセアノ》のヌエバ・エスパニャ」と呼ばれるユカタンの総司令官《カピタン》兼主席判事《フスティシア・マヨール》であるフェルナンド・コルテスより、いと高く、いと強き、不敗の君主、畏れ多き皇帝にしてスペインの王なるわれらが主君ドン・カルロスに送られた書簡。

きわめて壮大にして驚嘆すべき都テミスティタンと、その支配下にあって〔スペイン人に〕反抗したその他の地方の征服・奪回に際して起こった、驚くべきことどもについて記述している。かの総司令官《カピタン》ならびにスペイン人たちは、その都およびそれらの地方において、永遠に記憶に留められるべき偉大な、めざましい勝利をかちとったのである。また、南の海《マル・デル・スル》〔太平洋〕をはじめ、金鉱や真珠や宝石がすこぶる豊富で、香料すらあるというその他多くの広大な地方を、いかにして発見したかについても語っている。

いと高く、いと強き君主。カトリックの信仰あつく、不敗の皇帝にして国王なる主君よ。昨一五二一年三月五日、私はこのヌエバ・エスパニャからメデリン(1)出身のアロンソ・デ・メンドーサを派遣し、ここで起こったあらゆることについての二つ目の報告書を、彼に託して陛下にお送り申し上げました。それは一五二〇年十月三十日に書き終えたものですが、荒天のためと、三隻の船《ナビーオ》を失いましたために、メンドーサの出発は、彼に託した陛下宛て書簡でもさらに詳しく申し述べましたとおり、いちじるしく遅延いたしました。私は失われた三隻のうちの一隻で報告書を陛下にお送りし、あとの二隻は救援を求めるためエスパニョラ島へ派遣しようと思っていたのであります。その報告書の末尾において、私は、テミスティタンの都のインディオに力ずくでかの地を追い出されましてから、彼らの配下でわれわれに反逆していたテペアカ地方へいかにして攻め入り、残ったスペイン人および味方のインディオたちを引きつれていかに戦い、そこを陛下に帰順させるに至ったかにつき陛下にご報告申し上げました。また、これまでスペイン人が彼らに裏切られ、甚大な被害を受け、殺されたことが、いまだわれわれの記憶に新しかったものですから、私はすべての原因であるあの大都の者たちのところへ、ふたたび攻め入ることを固く決意している旨、申し上げました。また、そのために、私は一三隻のベルガンティン船の建造にとりかかっており、都の者たちがその邪まなもくろみを改めないかぎり、湖上から、彼らをできる限り痛めつけるつもりでいる旨、申し述べました。そうして、ベルガンティン船を建造し、味方のインディオとともに敵を攻める用意をするかたわら、私は人馬ならびに大砲《アルティリエリーア》と武器の補給を求めるため、エスパニョラ島に使いを出し、そこに在住する陛下の官吏宛てに救援を求める書状をしたため、同時に救援に要するあらゆる費用をまかなう金銭を送った旨、陛下にご報告申し上げました。また私は、敵に打ち勝つまでは休まず、力のかぎりを尽くして、いかなる危険・労苦・および犠牲がありましょうともこれを顧みぬ所存であり、このような決意を抱いてテペア

(1) 現エストレマドゥラ州、バダホス県の町。コルテス自身もここの出身だった。

カ地方を発つ準備を進めております旨、陛下に申し述べました。

さらに私は、ジャマイカ島の総督代理《テニエンテ・デ・ゴベルナドール》フランシスコ・デ・ガライのカラベラ船が一隻必要に迫られ、いかにしてベラ・クルスの港に着いたかに関しても陛下にご報告申し上げました。その船には三〇人ほど乗っておりましたが、彼らの話によりますと、もう二隻がパヌコ河へ向かったとのことでございます。そこではフランシスコ・デ・ガライの部下であるひとりの隊長が、かつてインディオの攻撃を受けて敗走したことがあります。もし〔それら二隻の船が〕そこで上陸すれば、その河畔の住民から危害を加えられるのではないかと恐れているとのことでした。私は、また、それらの船を探してそれまでに起こったことを彼らに知らせるべく、ただちにカラベラ船を一隻派遣することにした旨、陛下に申し述べました。その後、幸いそれらの船のうちの一隻が、隊長ほか一二〇人ほどを乗せてベラ・クルスの港に到着いたしました。隊長はそこで、先に来ていたガライの者たちがいかに散々な目にあったかを知りました。彼らは打ち負かされた隊長と話しましたが、その隊長は彼らに、もしパヌコ河へ行けば決してインディオから甚大な被害を受けずにはいられないだろう、と告げました。

彼らがその河へ赴く決意を変えずにそうして港におりますと、はげしい暴風雨が起こり、もやい綱が切れて船が動き出しました。そしてその町から海岸に沿って一二レグア〔六七㎞〕北へ上ったところにあるサン・ファンという港に入りました。水漏れがはげしかったものですから、その港ですべての乗組員ならびに彼らが連れていた七、八頭の雄馬と同数の雌馬を降ろしてから、船を浜に引き上げました。この知らせを受けましたので、私はすぐさまその船の隊長宛てに書状を送り、彼がそのような目に遭ったことをたいそう気の毒に思っていると伝え、さらに私はベラ・クルスの町にいる私の代理のもとに人を遣り、隊長と隊員を暖かく迎え入れ、必要なものはなんでも支給するように、そして彼らの気持ちを確かめ、もし彼ら全員もしくはなん人かがベラ・クルスに碇泊している船で帰ることを希望するのであればそれを認め、そのための便宜を図るように命じた、と知らせました。(2) すするとその隊長も隊員も、当地に留まり私のもとへ来ることを決心いたしました。もう一隻の船《ナビーオ》につきましては、これまでのところなにも分かっておりません。もうかなりの日数がたっておりますので、彼らが元気でいるかどうかきわめて疑わしいと思います。願わくは、よい港に到達しておりますように。

あのテペアカ地方を出立しようとしておりましたころ、テミスティタンの首長の支配下にあるセカタミ(3)およびシャラシンゴと呼ばれる二つの地方(3)が謀反を起こしていること、そこはちょうどベラ・クルスと当地との間の通り道に当たるため、そこで幾人かのスペイン人が殺されたこと、さらに先住民が反乱を起こし、きわめて邪悪なたくらみを抱いていること等を知りました。その道の安全を確保し、もし彼らがおとなしく服さない場合には少々懲らしめようと、私はひとりの隊長(4)に二〇頭の馬、二〇〇名の歩兵それにわれわれの味方のインディオをつけて派遣いたしました。私は彼に、その地方の住民にはこれまでのように、おとなしく陛下の臣下として服するよう要請し、またできる限り節度をもって彼らに接するようにと、陛下に代わってとくと言い聞かせ、命令いたしました。そして、彼らがもしおとなしく迎え入れようとしないならば、彼らに戦争を仕掛けるように、そしてそれが果たされ二地方が鎮圧されたあかつきには、部下を全員連れてタスカルテカル〔現トラスカラ〕の市《まち》へ戻るように、自分はそこで待っているから、と申し渡しました。そこで、彼は一五二〇年十二月初めに出発し、そこ

(2) ベルナル・ディアスによれば、最初「必要に迫られ」て到着したカラベラ船とは、ミゲル・ディアス・デ・アウス(Miguel Díaz de Auz)に率いられたパヌコへの救援隊の船であり、あとから「一二〇人ほど乗せて」到着した船とは、老人ラミレス(Ramírez el Viejo)指揮下のものであったと考えられる(cap. 133)。両隊ともコルテス軍に合流したため、「悲しき夜」の損失を埋め合わせる貴重な援軍となった。

(3) セカタミないしカルタンミーはベルナル・ディアスではサカタミ(Zacatami)となっており(cap. 133)、オロスコ・イ・ベラによればタスカルテカル支配地の東端にあるナワ語族の町ショコトラ(Xocotla)であるが(T. IV, p. 497)、ツァオクトラン(Tzaoctlan)、すなわち現プエブラ州サウトラ(Zautla)とする意見が多い。第二書簡註14参照。シャラシンゴは現ベラクルス州のハラシンゴ(Jalacingo)。

(4) ディアスによれば、ゴンサロ・デ・サンドバル(cap. 134)。第二書簡註102参照。

から二〇レグア離れている二つの地方へ向かいました。

テペアカを出発

いと強き主君。同年十二月中ごろにはこれも決着がつき、私はテペアカ地方にありますセグラ・ラ・フロンテラの町を出発いたしました。その町の住民が懇願いたしましたので、私は隊長をひとり(5)六〇人の部下とともに残し、歩兵はすべてタスカルテカルの市《まち》へ遣りました。この市はテペアカから九ないし一〇レグア〔五六㎞〕のところにあり、そこでベルガンティン船をつくっておりました。私はその日のうちに二〇騎を引きつれてチョルラの市に泊るべく出発いたしました。と申しますのは、島々の住民のみならず当地の住民も天然痘(6)にかかり、チョルラの首長たちが多数死にましたので、そこの住民が私に、代わりの首長を彼らとも相談のうえ任命して貰いたい、そのために私に来てほしいと要請してきたからです。到着いたしますと、われわれはたいそう手厚く迎えられました。私はいま申し上げました任務を彼らの得心のいくように済ませ、また自分はメヒコおよびテミスティタン地方へ戦争のために赴くところであると説明しましてから、彼らに対し、われわれは死ぬまであなたたちとの友情を守るが、あなたたちも陛下の臣下であるからにはそれらしくわれわれとの友情を守るようにと要請いたしました。また、私が戦争をしている間は人を送って私を助け、私が彼らの地へ派遣したスペイン人やそこを往来するスペイン人に対しては、友人としてしかるべく処遇するよう求めました。

彼らはそのようにすると約束いたしましたので、私は二、三日その市《まち》に逗留しましてから、六レグア離れたタスカルテカルの市に向かって出発いたしました。そこへ着きますと、スペイン人もその市の者たちも皆いっしょになって、私の来訪を大いに喜びました。翌日、その市とその地方のすべての首長が私のところへ話しにやって来て、次のように申し出ました。すなわち、われわれみなの大首長《プリンシパル・セニョール》であるマヒスカシンがかの天然痘のために他界した、彼はあなたの大の友人であったので、あなたがいたく悲しむであろうということはよく分かっている、しかし、あとに十二、三歳になる彼の息子が残されており、父親の支配地はその息子に属することになる、ついてはその息子を後継者とすることを認めてほしい、と懇願しましたので、陛下の御名においてそのとおり認めますと、彼らはみなたいそう満足いたしました。(7)

この市《まち》に着いてみますと、ベルガンティン船の棟梁や大工は肋材と外板づくりにいそしんでおり、仕事は相当はかどっていました。私はただちに、あるかぎりの鉄と釘、それに帆と操帆用具その他必要なものをとりよせるため、ベラ・クルスの町に人を送る手配をいたしました。また、瀝青がなかったものですから、スペイン人に近くの山へ行ってつくってくるよう命じました。こうして、私は、神のみこころによりメヒコおよびテミスティタン地方に着いたならば、そこから一〇ないし一二レグアのところにあるタスカルテカルの市へいつでもベルガンティン船をとりに遣れるよう、準備を整えさせたのです。その市にいた一五日の間、私は技師に急がせることと、武器を整えることのほか、なにもいたしませんでした。

セカタミ〔ないしカルタンミー〕およびシャラシンゴ地方へ出かけた隊長が歩兵と騎兵を引き連れて、クリスマスの二日まえに戻って参りました。そして、私はその地方の住民がいかに彼らと戦い、結局ある者は自ら進んで和平を受け入れ、またある者は力ずくで鎮められたかを知りました。彼らはそれらの地方の首長をなん人か連れて

---

(5) フランシスコ・デ・オロスコ (Francisco de Orosco)。ディアスは、二〇人の傷病兵を残し、あとは全軍タスカルテカルに進軍した、と記している (cap. 136)。

(6) 原文では viruela。天然痘・水疱瘡などのヴィールス性伝染病であろう。第二書簡註87参照。それ以後、ヨーロッパからもたらされる風疹・麻疹・インフルエンザ等の病気が猛威をふるい、それらの病気の流行が大きな原因となって、先住民人口が激減した。

(7) ベルナル・ディアスは、コルテスが「父親のように慕っていた」彼の死を悼んで黒い喪服に着替えたと述べ (cap. 136)、オロスコ・イ・ベラはバルトロメ・デ・オルメード神父がマヒスカシンを死の直前に改宗させたと述べている (T. IV. p. 428)。またトルケマーダは、マヒスカシンの息子も洗礼を受けてファン・マヒスカシンと名のり、カスティーリャの慣習に従い騎士の位を授けられたと書いている (lib. o iv, cap. 80)。

ベルガンティン船の建造（ドゥラン写本）

参りました。この首長たちは、彼らの謀叛とキリスト教徒殺害の責めを負うべきではありますが、以後陛下の良き、忠実な臣下となることを誓いましたので、私は陛下の御名において彼らを許し、それぞれの地へ帰らせました。かの遠征はこうして終わり、これらの地の住民は平定され、ベラ・クルスの町との往来の途次その地方を通るスペイン人の安全が確保されましたため、陛下の御ためになるところ大なるものがございました。

タスカルテカルでの閲兵　クリスマスの翌日タスカルテカルの市《まち》で閲兵を行いましたところ、四〇騎と歩兵五五〇名、うち射手《バリェステロ》と小銃手《エスコペテロ》が八〇名、また野砲《ティロ・デ・カンポ》が八、九門ありましたが、弾薬はわずかしか残っていませんでした。騎兵は各隊一〇騎からなる四隊、歩兵は各隊六〇名のスペイン人からなる九隊を編成いたしました。私は閲兵の際、一同に次のように申し渡しました。諸君も知ってのとおり、諸君や私が当地に定住したのは、ほかでもなく陛下にご奉仕申し上げるためである。当地の住民はすべて陛下の臣下となり、暫くのあいだ臣下として服従していた。そしてわれわれから丁重な扱いを受け、われわれも彼らから手厚くもてなされていた。しかし、大都テミスティタンの者とその支配下にあるすべての地方の者、すなわちクルアの住民たちはみな、理由もなく陛下に反抗したばかりか、われわれの部下・縁者や仲間を多数殺し、彼らの地からわれわれをひとり残らず追い出したことはすでに承知のとおりである。われわれがどれほどの危険と苦難を経験してきたかを想い起こし、失われたものを奪い返すことが、いかに神ならびに陛下の御ためにご奉仕することであるかを考えるがよい。われわれにはそのための正当な目的と理由がある。その一つはわれわれの信仰を広め、野蛮人《ヘンテ・バルバラ》と戦うことである。もう一つは陛下にお仕えすることである。また一つはわれわれの生命の安全を確保するためであり、さらにもう一つは、われわれの味方の多くの住民がわれわれを支援してくれているためである。これが、われわれの心を励ましている大義である。それゆえ、元気を出し、勇気を奮い起こすように、と述べました。また、私は陛下の御名において、規律維持と戦時に守るべきことがらをしるした規則をつくった旨を述べ、それをただちにそこで公表させました。(8) そして、神ならびに陛下の御ためにご奉仕するところ大であるので、それを守るようにと彼らに申しつけました。みなそれに従うことを約束し、われらが信仰と陛下へのご奉仕のために喜んで死ぬか、あるいは失われたものを取り返し、テミスティタンの者たちとその同盟者が行ったかの反逆行為に復讐するかのいずれかであると申しました。そこで私は、陛下の御名において、彼らに礼を述べました。こうして、その閲兵の日は、われわれは意気

(8) コルテスのこの発言ないし報告には、テミスティタンの奪取は王室の利益のために、法律に則って行われるのだということを国王に説得する意図が伺える。彼は、メシカ人は自由市民ではなく、謀叛を起こした臣下であるからにはそれなりの罰を受けるべきであると主張する。また、第二書簡註56のように、ムテスマ自身がこのくにの正統の支配者ではないと自覚していることもその論拠となっていよう。これらはほとんどコルテスの創作とも言えるが、これらの理屈は「七部法典」でもみられる「正当な」理由であり、それはそのまま王室にも受け入れられた（Pagden, n. 3）。コルテスは規律のない彼の部隊を真の軍隊に変えようとしてタスカルテカルにおいて軍律を立て、一五二〇年十二月二十二日と二十六日に公表した。目的は隊の組織と規律を確立し、略奪や私的行為を排除することで、まず戦いの目的は先住民の偶像崇拝を正しカトリックを布教することにあるとし、兵士間の罵り合いや賭博を禁じたりしている（J. L. Martínez, *Documentos*, sección I）。

揚々と宿舎に引き揚げました。

翌日は福音書記者聖ヨハネの日でしたが、私はタスカルテカル地方のすべての首長を呼び集めました。そして、彼らがやって参りますと私は、みなもすでに承知のとおり、敵地に乗り込むため明日出発する予定であるが、テミスティタンの都は現在建造中のあのベルガンティン船なくしては占領できない、と申し伝えました。そして、ここに残る船の棟梁やその他のスペイン人に必要なものを提供するとともに、これまでいつもわれわれにしてくれたように彼らを手厚く遇してほしい、そして神がわれわれに勝利をお授け下さり、私がテスイコ〔現テスココ〕の市《まち》からベルガンティン船の肋材・外板およびその他の材料を求めて遣いをやった場合に備えておいてほしい、と頼みました。彼らはそのようにすることを約束するとともに、いますぐ私の伴をする戦士を送り出したい、またベルガンティン船を運ぶときには、彼ら全員が彼らの地に住むすべての者を引きつれて行き、彼らの不倶戴天の敵であるクルアの者たちに復讐するか、さもなければ私が死ぬ場所でともに死にたい、と申しました。

翌十二月二十八日、幼児殉教者の日〔ヘロデ王の命令でエルサレム中の幼児が虐殺された記念の日〕、私は隊列を整えた部下全員を引きつれて出発いたしました。タスカルテカルから六レグア〔三三km〕のところにありますテスモルカ[9]の町に泊るつもりでした。それはグァホシンゴ〔現グァホツィンゴ〕地方にありますが、その地方の住民はタスカルテカルの住民と同様、これまでも、いまもわれわれとは常に盟友関係にあります。その夜、われわれはそこで休みました。

カトリックの信仰あつき主君。私は前の報告書におきまして、メヒコおよびテミスティタン地方の住民は、私がふたたび彼らを攻撃しようとしていることを知り、多くの武器を用意して、彼らの地一帯にたくさんの土塁やバリケードを築き、われわれの侵入を防ぐため兵力を結集している旨申し上げました。私はそのことが分かっておりましたし、戦争のことに関しましては彼らがいかに悪賢く、巧妙であるかも承知しておりましたので、彼らの不意を突くにはどこから入ればよいかにつきなんども考えを巡らせました。彼らの地に入る三つの道ないし入口についてわれわれが心得ていることは彼らにも分かっていましたので、私はこのテスモルカから入ることにいたしました。こちらの峠は他の入口に比べより険しく、難儀ですので、そこでは敵の抵抗も少ないでしょうし、彼らもそれほど警戒を厳重にしていないだろうと思われたからでございます。

メヒコに向け進軍　幼児殉教者の日の翌日〔十二月二十九日〕、われわれはミサにあずかり、神に身をゆだねてテスモルカの町を出発いたしました。私は、いずれも戦闘に長けた一〇騎および軽装備の歩兵六〇名とともに前衛につきました。できるかぎり隊列をくずさないよう峠の登り道を行進し、その町から四レグア〔二二km〕先のすでにクルア人の支配地内である峠の頂上で泊ることにしました。そこはおそろしく寒いところでしたが、そこにあったたくさんの薪でその夜は凌ぎました。翌日、日曜日の朝、行進を続け、峠を平地の方に下りはじめました。その地を偵察させるため、私は四騎と三、四名の歩兵を遣りました。そして、峠を下りる途中で、騎兵が先頭に立ち、その後に射手《バリェステロ》と小銃手《エスコペテロ》が続くように、また他の隊もそのような陣形を組むよう命じました。と申しますのは、敵の不意をついても、われわれに危害を加えるための罠や策略があり、途中でわれわれを攻撃してくるに違いないと思われたからです。四騎と歩兵四名が前進して参りますと、木や枝が切って横に渡され、道が塞がれていました。とても太くて大きな松や杉で、まだ切ったばかりのようでした。もっと先のほうに行けばそれほどではないだろうと思い、前進しようと努めましたが、行けば行くほど松の木や枝で道が閉ざされていました。峠全体に大きな木や灌木が密生しており、道が塞がれていましたので、彼らは前進するのにたいそう骨が折れました。そして、道がそのようになっているのをみてひどく恐れ、どの木の後にも敵が潜んでいるのではないかと思いはじめました。木立が繁く、馬は使えませんので、先へ進むにしたがい、ますます恐ろしくなってきたのです。

（9）現プエブラ州サン・マルティン・テスメルカン（San Martín Texmelucan）。

こうして、かなりの間歩きましてから、四騎の騎兵のうちのひとりが他の者にこう述べました。「諸君。もし諸君の同意が得られれば、これ以上先に進むのは止めよう。引き返して隊長《カピタン》に、道が妨害されていて馬が使えず、われわれがきわめて危険な状態にある旨を知らせることにしよう。諸君の同意が得られなければ、前進することとしよう。いずれにしても、諸君同様、私もこの遠征を成し遂げるため生命をささげているのだから」。他の者たちは、彼の意見もよいが、敵兵を見かけず、しかもそうした道がどこまで続いているのかを確めずに私のところへ戻るのはよくないと答えました。そこで彼らは前進しはじめましたが、その道があまりに長く続いていましたので、途中で立ち止まり、歩兵をひとり遣いに出して、彼らが見たところを私に知らせに参りました。私は騎兵とともに前衛を率いていましたので、神に身をゆだね、その悪路を前進いたしました。そして後衛に人を遣り、もうすぐ平地に出るから恐れず急いで来るようにと命じました。私は前の四騎といっしょになり、ひじょうな障害と困難にもめげず、ともに半レグア前進しますと、神のみこころにより、われわれは平地に出ました。私はそこで止まって部下を待ち、彼らが参りますと、皆にそこまで無事にお導き下さったわれらが主に感謝するようにと申しました。そこからは、湖とその畔にあるメヒコおよびテミスティタン地方一帯が見渡せました。われわれはそれを眺めたいそう喜びましたが、過去にそこでこうむった被害のことを想い出しますと胸が傷み、みな命を捨てても、勝利をかちとるまでは決して退かないと誓い合いました。

このような決意を抱きながらも、みな遊びにでも出かけるかのように、いとも陽気に行進し続けました。敵はもうわれわれに気づき、たちどころにたくさんの大きなのろしを至る所で上げはじめました。そこで私はスペイン人に対し、これまでいつも彼らがしてきたように、また彼らに期待されているように振る舞い、ひとりたりとも隊から離れず、隊列をしっかり整えて行進するよう求め、注意を促しました。インディオたちは、すでに村や小部落からわれわれにときの声を上げはじめ、兵士を集めてその辺りの橋や悪路でわれわれを攻撃しようと、その地一帯に呼びかけておりました。しかし、われわれは急ぎに急ぎましたので、彼らが集まるまえに、既に平地に下りていたのです。こうして前進いたしますうちに、前方にインディオの兵団が立ちはだかりましたので、私が一五騎に彼らの間を突破するよう命じますと、彼らはそのとおり槍で突いて入り、こちらは傷を負わずに相手の幾人かを殺しました。そこでわれわれは、当地でもっとも大きく、もっとも美しい市《まち》の一つでありますテスイコの市《まち》へ向かって行進を続けました。しかしながら、歩兵がいささか疲れており、もう時刻も遅くなっていましたので、テスイコ市に服属し、テスイコから三レグアのところにありますコアテペケ〔現コアテペク〕と呼ばれる町で泊りました。その町には人影はありませんでした。この市およびアクルアカン〔第二書簡註70参照〕と呼ばれるその地方はとても大きく、人口もその当時優に一五万を超えると思われるほどでしたので、われわれはその夜彼らが攻めてくるのではあるまいかと考えました。そこで私は、まず一〇騎を夜間四交代の最初の見張り番に立て、全員に警戒を怠らないようにと命じました。

翌日の月曜日は十二月最後の日でしたが、われわれはいつもの隊列で行進を続けました。あの市《まち》の者たちは果たして打って出てくるのか、それとも和平に応じようとしているのか、打って出てくるに違いないと話し合いつつ、みなひどく疑心暗鬼になりながら進み、コアテペケの町から四分の一レグアのところまで参りますと、金の旗のついた竿をもって、インディオの要人四人が出て参りました。金は四マルコ〔九二〇g。一マルコは二三〇g〕の重量があり、その旗からして彼らは和平を求めているものと思われました。[10] われわれは人数も少なく、敵軍の只中にあって救援を求めるすべもなかったものですから、その和平をどれほど望み、かつ必要としておりましたか、神のみの知り給うところであります。この四人のうちのひとりは私の知っているインディオでしたが、彼らと出合いますと、私は部下に止まるよう命じ、彼らのところへ参りました。彼らはわれわれにあいさつをした後、グ

（10）ベルナル・ディアスは、「七人のテスクコ〔テスイコ〕の主だった者たちが、金の旗と長い槍をたずさえてやってき、旗を垂れ、身を屈したが、それは和平のしるしである」と述べている（cap. 137）。

ァナカシン(11)と呼ばれるその市および地方の首長《セニョール》の名代としてやって来たと申し、彼の地に害を及ぼしたり、それを黙認したりしないでほしい、と彼の名において私に懇願いたしました。そして、過去にあなたが受けた被害の責めはわれわれではなくテミスティタンの者が負うべきで、またわれわれは陛下の臣下およびあなたたちの友人となることを望み、いつまでも友情を保ちたいと願っている、と申しました。また、その市へ来ていただければ、われわれの行いを通じてわれわれの真意がお分かりいただけるだろう、とも申しました。私は通訳を介して歓迎のことばを述べ、あなたたちの和解と友情の申し出を喜ばしく思う、と伝えました。また、あなたたちはテミスティタンの都で私に仕掛けた戦争の弁解をしているが、テスイコの市の支配下にあり、その市から五、六レグア〔二八〜三三㎞〕離れた町々において、あなたたちが五騎と四五名の歩兵、それに荷を負っていた三〇〇人以上のタスカルテカルのインディオを殺し、多くの銀・金・衣類およびその他の物を奪ったことはよく覚えているであろう、それゆえ、あなたたちはその咎をまぬがれず、その償いはわれわれにわれわれのものを返すことである、そうするのであれば、あれほど多数のキリスト教徒を殺したからにはみな死刑に処せられるべきところであるが、あなたたちの申し出に応じて和解することとしたい、しかしさもなければ、きわめてきびしい処置をとるであろう、と申し渡しました。彼らは、そこにあったものはすべてテミスティタンの首長と要人たちが持ち去ったが、できるかぎり探し出してあなたに返そう、と答えました。そして、その日のうちにテスイコの市まで行くか、それともその市の近郊にあるコアティンチャンおよびグァシュタ(12)と呼ばれる二つの町のうちの一つで泊るか、いずれがよいかと私に尋ねました。この二つの町はテスイコの市から一レグア半ほどのところにありますが、その間も民家がとぎれずに続いています。その後に起こったことから考えますと、彼らは後者を望んでいたようです。私は、テスイコの市に着くまでは止まらないつもりだと答えました。彼らは、結構である、それならばあなたとその他のスペイン人の宿舎を用意するため先に行きたいと申しました。こうして彼らは先に立って行きました。われわれがこの二つの町に着きますと、そこの重きをなす者が幾人かわれわれを出迎え、食物を提供しにやって参りました。

コルテス、テスイコ着　正午ごろ、われわれはテスイコの市の中心部に着きました。われわれはそこで宿泊することになっていましたが、宿舎はその市の首長グァナカシンの父親が所有する大きな屋敷でした。宿舎に入るまえに、私は、皆が集まっているところで、誰も私の許可なしにこの屋敷から出てはならない、出た者は死刑に処すと、大声で触れさせました。宿舎はとても大きく、スペイン人の数が倍であったとしても楽に泊まれたでしょう。私がそのように取り計らいましたのは、その市の住民が安心して自宅に留まれるようにするためでした。それは、普段その市にいる人口の十分の一しかいないように思われ、不穏であることのしるしに女も子供も見かけなかったからであります。

その市《まち》に入った日は大みそかでしたが、宿舎に落ち着いた後も、相変わらず人影の少ないのがいささか気がかりでした。そのうえ、われわれが見かけた者たちは、顔を隠していました。われわれは、こわくて町を出歩かないのだろうと思い、いくぶん安心いたしました。夕方、あるスペイン人が高い屋上に上りますと、そこから市《まち》全

---

(11) ないしコアナコチュツィン（Coanacochtzin）。後述されているように、コルテスがテスイコ市にはいったときには、すでにテメスティタンに脱出していた。アルバ・イシュトリルショチトルによれば、テスイコの王グァナカシンは元来常にメヒコ側にくみし、このときもコルテスの使者ふたりを殺し、コルテスがテスイコに入るのを阻止しようとしたが、のちに王位を継ぐ彼の弟イシュトリルショチトルがコルテスを助けたため、彼は側近と女たちを連れ、財産ももってテミスティタンに脱出し、テスイコの民を見捨てたという。また、コルテスがグァナカシンの代わりにカカマシン（ないしカカマツィン）のきょうだいのテココルツィン（Tecocoltzin）（改宗してフェルナンドないしエルナンドを名乗った少年）をテスイコ王とした、と述べている（Alva Ixtlilxochitl, *Historia Chichimeca*, cap. 91）。第二書簡註70参照

(12) 現メキシコ州にあるコアトリンチャン（Coatlinchán）とウェホトラ（Huexotla）をさす。

体が眺望でき、住民がみな市を離れて行くのが見えました。家財道具を提げ、彼らがアカレスと呼んでいるカヌーに乗って湖を行く者もあれば、山を登る者もありました。すぐさま私は、彼らが出て行くのを止めさせるよう命じましたがすでに遅く、たちまち夜になり、彼らも急ぎましたので、どうしようもありませんでした。こうして、私が自分の安全のために手もとに置いておきたいと思っておりましたその市《まち》の首長は、市の多くの貴人たちといっしょに、そこから湖を渡れば六レグア〔三三㎞〕のところにあるテミスティタンの都へ行ってしまいました。さらに、家財道具を全部持ち去ってしまいました。そのために、先に申し上げましたあの使いの者たちが私に会いにやって来たのであり、自分たちの身の安全をはかりながら目的を果たすために、しばらく私を足止めし、私が市へ入るが早いか彼らに危害を加えることがないようにしたのであります。その夜、彼らはわれわれを置き去りにし、自分たちの市も見捨てて行きました。[13]

　インディオとの衝突はまったくないまま、私はこの市《まち》に三日間滞在いたしました。彼らは敢えてわれわれを攻撃しようとはせず、われわれも彼らを追って遠くまで出かけることは差し控えておりました。つまるところ私は、彼らが和平を求めてくれれば迎え入れようと思い、常に彼らにそうするよう要請しようと考えていたからです。三日後に、コアティンチャンとグァシュタの首長ならびにアウテンゴ〔現テナンゴ〕の首長が私に会いにやって来ました。この三つの町はいずれもかなり大きく、前に申し上げましたとおりこの市と隣接し、それに併呑されています。彼らは、自分たちの地を離れたことを許してほしい、これまでに少なくとも自らの意思であなたと戦ったことはないのだから、と涙ながらに弁解しました。そして、以後私が陛下の御名において命ずることはなんでも従うと約束いたしました。私は通訳を介して、私がいつも諸君を手厚くもてなしてきたことは諸君も承知のとおりであり、諸君が自らの土地を去ったことおよびその他のことについては諸君の方に非がある、われわれの友人になることを約束するのであれば、自分の家に戻り、妻や子供も連れ戻すべきである、諸君が行動で示すところに応じて私も諸君を遇するであろう、と伝えました。彼らは、われわれが見受けたところ、あまり満足しない様子で帰って行きました。

メヒコおよびテミスティタンの首長、ならびにクルアのその他の首長はみな（このクルアという名を用いますと、テミスティタンの支配下にある当地のすべてのくにおよび地方のことを意味します）、あの町々の首長が陛下の臣下になりたいと申し出たことを知り、使者を出して、それはひじょうな間違いであると彼らに伝えにやらせたのです。そして、もし恐ろしさからしたことであれば、彼らの方が多勢であり、私とすべてのスペイン人およびタスカルテカルの者をただちに殺すだけの力をもっていることを知るべきである、もし土地を見捨てないためにそうしたのであれば、そこを離れてテミスティタンへ来るように、そこで彼らの住めるもっと大きくて立派な町々を与えるから、と伝えさせたのです。しかし、コアティンチャンとグァシュタの首長は、その使者たちを捕えて縛り、私のもとへ連れて参りました。使者たちは即座に、テミスティタンの首長に派遣されてやって来たことを認め、彼ら〔コアティンチャンとグァシュタの首長〕はあなたの友人であるので、自分たちとあなたの間の和解をとりもつ仲介役として来てほしいと伝えるためにやって来たのである、と話しました。グァシュタとコアティンチャンの者たちは、それは嘘だ、メヒコおよびテミスティタンの者たちは戦争のほかはなにも望んでいない、と申しました。私は彼らの言うことを信じましたし、またそれが真実でもあったのですが、大都の者と和解したいと思っていましたので、使者の縄を解かせました。謀叛を起こしておりますその他の地方と和平を結ぶかはたまた戦争をするかは、この大都しだいだったからでございます。私は、テミスティタンに送り返してやるから心配しないようにと彼らに話しました。そして、彼らに戦争を仕掛けてしかるべきところであるが私は戦争を望んでいない、かつてのように友達になりたい、と首長に伝えるように頼みました。また、彼らをいっそう安心させ、

---

(13) アルバ・イシュトリルショチトルは、王が脱出したあとテスイコの民があわてて市から逃げ出すのを見て、なにか裏があるにちがいないと思い、コルテスは部下やタスカルテカル人に略奪や焼打ちを認めた、と述べている（Alva Ixtlilxochitl, cap. 91）。

陛下にご奉仕するように仕向けるため、私は彼らに、このまえの戦争を行った主な者がすでに死んだことはよく承知している、過去はもう過ぎたことであり、私が諸君の土地や市々を破壊しないでもすむようにしてほしい、それは私にとってもとても心苦しいことだから、と伝えさせました。こうしてこの使者たちを釈放してやりますと、彼らは、私に回答を持ってくることを約して立ち去りました。コアティンチャンおよびグァシュタの首長たちと私は、彼らのこの感心な行いのお蔭で、より親しい盟友となりました。そこで、私は陛下の御名において彼らの過去のあやまちを許し、彼らも満足いたしました。

イスタパラパの破壊

われわれの兵営の防備を固め、敵からの防御と攻撃に必要なその他のものを整えながら、戦争も衝突もないまま、このテスイコの市《まち》に七、八日滞在しましてから、彼らが攻撃して来ないのをみて、私は二〇〇名のスペイン人、うち騎兵一八名、射手《バリェステロ》三〇名、小銃手《エスコペテロ》一〇名および三、四〇〇〇人の味方のインディオを伴なって市《まち》を出ました(14)。そして湖の岸に沿ってイスタパラパと呼ばれる市《まち》まで行きました。そこは、湖上を行けばテミスティタンの大都から二レグア〔一一km〕、このテスイコの市《まち》からは六レグア〔三三km〕のところにあります。その市は人口一万人くらいで、市の半分ないし三分の二は湖の上に建設されています。そこの首長はムテスマの弟で、インディオたちはムテスマの死後彼を〔都の〕首長に選んだのでが、彼はわれわれに戦争をしかけ、都から追い出した首謀者であります〔クイトラバシン、第二書簡註49および53参照〕。それゆえ、私は彼らのほうへ赴くことを決意いたしました。しかし、そこへ着く二レグア前でその市《まち》の者に気づかれ、瞬く間にインディオの戦士が陸にも、そしてカヌーで湖にも姿を現しました。そこでわれわれは、その二レグアの間ずっと陸上の者および水上の者を相手に入り乱れて戦いながら進み、やっとその市まで着きました。ところが、陛下にお送り申し上げましたテミスティタンの都の地図からもお分かりいただけると存じますが、彼らは市の三分の二レグア手前で、淡水湖と塩水湖の間にある堤防のような堤道を開いていたのであります。二つの湖は半レグア以上離れておりますが、その堤道あるいは堤防が開かれると、塩水湖の水がどっと勢いよく流れ出し、淡水湖のほうに入ってくるのです。われわれは勝利を焦るあまりその罠に気づかず、平然と進み、敵と入り乱れながらその後を追いかけ、市の中まで入って行きました。

彼らはすでに警戒していましたので、陸上ではどの家にも人影がなく、人びとはみな家財をもって湖上の家に避難し、われわれと戦いながら逃げて行った者も、そこへ退却いたしました。しかしながら、われらの主は自らのしもべを守護することを強くお望みになりましたので、われわれは彼らを追撃し、水の中に追い落とすことができたのであります。胸の高さまで水に入っている者もいれば、泳ぐ者もいました。われわれは水上にある家の多くを占拠し、彼らは男女子供を合わせて六〇〇〇人以上が死にました。われわれの味方のインディオたちは、神がわれわれに勝利をお授けになるのをみて、ただひたすら右に左に殺しまくったからであります。日が暮れましたので、私は部下を集めいくつかの家に火をつけました。家々を焼いているうちに、われらの主は私に霊感をお与え下さったかのようでございます。途中で堤道あるいは堤防の壊されるのを目にしたことを、私に思い出させて下さったからです。そしてそれがきわめて危険であることに私は気がつきました。もう夜に入り、すっかり暗くなっていましたが、私は大急ぎで部下を引き連れて市《まち》を出ました。あの水のところ〔堤道の壊されたところ〕に着きましたのは夜の九時ごろで、水嵩が増し、ものすごい勢いで流れていましたので、われわれは泳いだり、足をついたりしながらそこを渡りました。味方のインディオの幾人かは溺れ、市《まち》で分捕った品々はすべて失われま

(14) 一五二一年一月初頭から五月の末にかけ、コルテスは徐々にメヒコの首都を包囲した。テペアカの戦いに勝利し、海岸との連絡の生命線が確保されたので、次にメヒコに味方するすべての町を鎮圧するか同盟関係に組み込んだ。そしてその作戦基地としてテスイコが選ばれた。おそらくタスカルテカルに近いこと、大軍を支援するに足る規模の市であること、湖の東海岸にあって人口希薄であることなどがその理由であろう。コルテスはテスイコに落ち着いてから五か月以内に湖の周辺にある町々をスペインの支配下におき、首都攻略のお膳立てをととのえた(**Pagden, n. 9**)。

した。陛下に申し上げますが、もしその夜、われわれが水を渡らないか、あるいはもう三時間遅れておりましたならば、われわれは誰ひとりとして逃げおおせなかったでありましょう。われわれは水に囲まれており、出口はどこにもなかったからであります。夜が明けますと、一方の湖の水がもう一つの湖に移り、水はもはや流れていませんでした。そして、塩水湖一面に、戦士をのせたカヌーが満ちあふれていました。彼らはそこでわれわれを襲えるだろうと考えていたのであります。その日は、湖から攻めてくる者と時おり戦いながら、テスイコへ戻りました。彼らはすぐにカヌーに避難しますので、あまり被害を与えることはできませんでした。テスイコの市《まち》に着いてみますと、そこに残留した者たちはみな無事で、いかなる衝突もなかったとのことでした。彼らは、われわれが帰ってきたこと、そしてわれわれが勝利したことをたいそう喜びました。われわれが戻った翌日、ひとりの手負いのスペイン人が死にました。彼は、こんどの戦争でインディオに殺された最初のスペイン人でございます。

翌日、オトゥンバの市《まち》およびその近郊でテスイコから四、五ないし六レグア〔二二〜三三㎞〕離れたところにある四つの市の使者がこの市にやって参りました。彼らは、私に対して行った過去の戦争につき、もし彼らに咎があれば許してほしいと懇願いたしました。と申しますのは、われわれが打ちのめされて敗走したとき、われわれを殲滅できると思い、メヒコおよびテミスティタンの全兵力がそのオトゥンバに集結したのであります。オトゥンバ〔第二書簡註120参照〕の者たちは、命令されたためであると弁解いたしましたが、責任は免れないということをよく理解しておりました。彼らは、私からできるだけ憐れみをかけてもらおうとして、テミスティタンの首長が自分たちに使いを送り、彼らの味方になるように、そしてあなた方とは決して親しくしないように、さもなければわれわれを襲い、全滅させるであろうと伝えてよこした、しかし、われわれとしてはむしろ陛下の臣下となり、あなたの命ずることを行いたいのだ、と申しました。そこで私は、過去のことにつきいかにあなたたちが責めを負うべきであるかは、あなたたちのよく承知しているとおりである、私があなたたちを許し、あなたたちのことばを信ずるためには、まずあなたたちの言うその使者ならびにあなたたちの地にいるすべてのメヒコおよびテミスティタンの者たちを私のもとへ連れてくることである、そうでないと私はあなたたちを許さないであろう、と伝えました。また、あなたたちの家に戻って、そこに住み、陛下のよき臣下であるということが分かるよう行動で示してほしい、と言い聞かせました。われわれはそのほかにもいろいろと述べ合いましたが、彼らは私からそれ以上のことを引き出すことはできませんでした。かくして、彼らは常に私の望むとおりにすることを約束して、彼らの地へ帰って行きました。それ以後、彼らはいつも陛下へのご奉仕に忠誠かつ従順であり、いまもそのとおりでございます。

テスイコの王位継承

いと幸運にして、いと優れたる君主。私が打ち負かされ、テミスティタンの都を追い出されましたとき、ムテスマの息子一人と娘二人、カカマシンと呼ばれるテスイコの首長とその二人の兄弟、および私が捕えておりましたその他の多くの首長をいっしょに連れ出した旨、前の報告書において陛下に申し述べました。また、敵は、自分たちの同国人であり、幾人かはその首長でありながら彼らをみな殺してしまいましたが、ただカカマシンの二人の兄弟だけはまことに幸運にも逃げおおすことができました旨、あわせ申し述べました。この二人の兄弟のうちイパクスチルと呼ばれ、別名をクカスカシンと申しますほうは、陛下の御名において、またムテスマの意見も容れ、このテスイコの市《まち》とアクルアカン地方の首長に任命いたしましたが、私がタスカルテカル地方に着きました際、彼は私が捕虜として捕えておりますうちに逃げ出し、テスイコの市《まち》へ帰ってしまいました。前に申し上げましたとおり、そこではすでにグァナカシンと呼ばれる彼のきょうだいが首長に選ばれておりましたが、彼は自分のきょうだいであるクカスカシンを次のようにして殺させた由であります。すなわち、クカスカシンがテスイコ地方に着きますと、番兵が彼を捕えて首長グァナカシンに知らせ、彼がまたそれをテミスティタンの首長に知らせました。テミスティタンの首長はクカスカシンが帰ってきたのを知り、まさかわれわれから逃げ出したはずはない、われわれから派遣され、その地方の様子をわれわれに知らせるためにやって来たに違いないと思い込みました。そこで彼は、ただちにきょうだいのクカスカシンを殺すようにとグァナカシンに命じ、彼は時を移さずそれを実行したのであります。彼らより若いもうひとりのきょうだいは、私の傍にとどまりました。彼はまだ少年でしたので、それだけ強くわれわれの話に感銘を受け、キリスト教徒となりました。われわれは彼をフェルナンドと命名いたしました。[15]私がタスカルテカル地方からこのメヒコおよびテミスティタンに向けて発ちました際、彼をあるスペイン人たちといっしょにそこへ残しましたが、彼に関しその後起こりましたことは、のちほど陛下にご報告申し上げることといたします。

イスタパラパからこのテスイコの市《まち》へ参りました翌日、私は二つの重要な目的のために、陛下の警吏長《アルグァシル・マヨール》ゴンサロ・デ・サンドバルを隊長として、二〇騎ならびに射手《バリエステロ》・小銃手《エスコペテロ》・盾持《ロデレロ》ちなどから成る二〇〇名の歩兵を派遣することに決めました。一つは、私がテスカルテカルの市《まち》へ派遣する使者を、この地方のはずれまで護衛するためです。その使者と申しますのは、そこで建造中の一三隻のベルガンティン船の進み具合を調べ、ベラ・クルスの町の者や私の隊員が必要としております品を調達するために派遣したのです。いま一つは、その地方の安全を確保し、スペイン人が安心して往来できるようにするためです。そのころ、われわれも敵地を通らずにはこのアクルアカン地方から出ることができませんでしたし、ベラ・クルスやその他の地域にいるスペイン人も、敵の危険に身をさらさずにはわれわれのところへ来ることができなかったからです。そこで、私は警吏長に対し、使者を無事に護衛したあとは、このアクルアカンと隣接しているカルコ〔第二書簡ではチャルコ〕という地方へ赴くようにと命じました。その地方の住民はクルアの者と同盟を結んでおりましたが、陛下の臣下となることを望んでおり、それを敢えて実行に移さないのは、クルアの者が彼らの近くに駐屯兵を置いているためであるとの確証を得ていたからです。

サンドバルのカルコ遠征

そこで隊長は出発し、われわれの荷物を運んだタスカルテカルのすべてのインディオと、われわれの救援に馳せ参じ、戦争で略奪品を得た別のインディオたちが彼に随行いたしました。彼らはやや前方を進んでおりましたが、隊長は、スペイン人が後についているので敵もまさか自分たちを襲わないだろう、と思っていました。しかしながら、湖上や湖岸の町々にいた敵は、彼らを見るが早いか、タスカルテカルのインディオの後方に攻め入り、略奪をはたらき、さらにそのうちの幾人かを殺しました。隊長は、何名かの騎兵と歩兵を連れて駆けつけ、敵をしたたかに攻め、槍で突き、多くの者を殺しました。生き残った者は、取り乱して湖やその近くにある町々に逃げ込みました。タスカルテカルのインディオは、略奪されずにすんだ品を携え、私の派遣した使者につき添われて彼らの地へ帰りました。みなの無事を見届けましてから、かのゴンサロ・デ・サンドバルはそこから間近いカルコ地方に向かって進軍いたしました。

翌朝、彼らを迎え撃つために大勢の敵兵が集まって参りました。両方の軍が戦場で隊形を整えますと、わが軍が敵に襲いかかりました。そして、騎兵をもって彼らの二大隊を打ち負かしましたので、彼らは間もなく戦場から引き揚げましたが、わが軍は彼らの後を追い、火をつけ、そして殺しました。それが終わり、その道が自由に通行できるようになりますと、カルコの者が迎えに出て来て、互いに大いに喜びあいました。重きをなす者たちが、私と話をするため私に会いに来たいと申し出ました。そして〔カルコを〕出発し、テスイコで泊まるべくやって来ました。到着いたしますと、その重きをなす者たちはカルコの首長の息子二人をつれて私のもとへやって参り、われわれに三〇〇ペソほどの金《きん》を差し出し、こう申しました。われわれの父親は死んだが、死にぎわに、一

(15) グァナカシン（コアナコチュツィン）が殺したクカスカシンとは、クイクイツカツィン（Cuicuitzcatzin）であろう。ディアスは彼のことをクシュクシュカ（Cuxcuxca）と呼んでいる（cap. 137）。クイクイツカツィンの弟、すなわち改宗してフェルナンドを名乗った少年はテココルツィン（Tecocoltzin）である（Bernal Díaz, cap. 137, n. 114）。第二書簡註70参照

番の心残りはその前にあなたに会えないことだ、と語った。父親は何日もあなたを待っていた。また、あなたがこの地方に着けばすぐにあなたに会いに行き、あなたを父とみなすようにとわれわれに命じた。そこでわれわれは、あなたがテスイコの市《まち》に着いたことを知るなり会いに行きたいと思ったが、クルアの者たちを恐れ敢えてそうしなかった。また、あなたの派遣したあの隊長がもしわれわれの地に来なければ、今度もやって来る勇気はなかったであろう。帰りも無事に着けるよう、〔迎えに来たときと〕同じ数のスペイン人に同行して貰えないだろうか、と。そして、あなたもよく承知しているとおり、われわれは戦争のときもそうでないときも、決してあなたに盾を突いたことがない。また、クルアの者が、テミスティタンにあるあなた方の要塞兼宿舎に攻撃をかけ、あなたがナルバエスに会いにセンポアルへ行ったときに残したスペイン人を襲っていたころ、トウモロコシを取りに派遣された二人のスペイン人がわれわれの地にいた。クルアの者がテミスティタンの宿舎以外の所にいたスペイン人をみな殺しにしていたので、二人が殺されないようにと、われわれは二人をグァホシンゴ〔現グァホツィンゴ〕地方へ連れ出してやった。その地方の者はあなた方の味方であるということを知っていたからである。そのことはあなた方もよくご存知だろう、と述べました。そのようなことやその他のことを、彼らは涙ながらに私に話しました。私は、彼らの忠誠心と立派な行いに謝意を表し、いつも彼らの意に沿うようにし、彼らを丁重に扱うことを約束いたしました。以来これまで、彼らは常にわれわれに善意を示し、陛下の御名において命ぜられるあらゆることに対しきわめて従順であります。

このカルコの首長の息子たちならびに彼らとともにやって来た者たちは、私とともに一日そこに居りました。それから、彼らは自分たちの地へ帰りたいので、無事に着けるよう人をつけてほしいと懇願いたしました。そこでゴンサロ・デ・サンドバルが、騎兵と歩兵を連れて彼らといっしょに出かけました。私は、彼らをその地に送り届けたならば、タスカルテカル地方へ行き、そこに居るあるスペイン人たちと、前に申し上げましたあのカカマシンのきょうだいドン・エルナンドを連れてくるように、と彼に命じました。四、五日して、警吏長はスペイン人といっしょに戻って参り、かのドン・フェルナンドを私のもとへ連れて参りました。彼はこの市《まち》の首長のきょうだいでありますので、他にもきょうだいはいますが、支配地は彼に属するということを、私は二、三日たってから知りました。それに、この地方の首長である彼のきょうだいグァナクシン〔ないしグァナカシン〕が、この地方を捨ててテミスティタンの都へ行ってしまいましたため、この地方には首長が不在であり、さらにこれらの理由に加え、彼がキリスト教徒と大の友人でありますゆえ、私は陛下の御名において、彼を首長として迎えるよう命じました。当時、この市には住民はわずかしかいませんでしたが、彼らはそのとおりに行い、以後彼に服従いたしました。そして、その市およびアクルアカン地方へは、その地を離れたり逃げたりしていた者が戻って来はじめ、彼らはかのドン・フェルナンドに従い、仕えるようになりました。それ以後、その市は立派に再建されはじめ、人口も増えはじめました。

それ〔フェルナンドの就任〕がおこなわれましてから二日後、かのコアティンチャン〔現コアトリンチャン〕とグァフタ〔ないしグァシュタ、現ウェホトラ〕の首長が私のもとへやって来ました。そして、クルアの全軍隊があなたをはじめスペイン人を襲撃しようとしており、いたるところが敵兵で満ちあふれている、自分たちの妻や子供をあなたのいるところへ連れてくるほうがよいか、山へ連れて行くほうがよいか教えてほしい、とてもこわいのだ、と話しました。私は彼らを勇気づけ、こわがらずに家に留まり、どこへも行かないようにと申しました。そしてクルアの者たちと戦場でまみえることは私の本望である、準備を整え、いたるところに見張りと斥候を立て、敵が来るのを見かけるか察知したら、すぐ私に知らせるように、と伝えました。こうして、彼らは私の指示に納得して去って行きました。

その後、私は全員に用意を整えさせ、必要なところにはもれなく多くの見張りと斥候を立てました。そして一晩中一睡もせず、見張りだけに専念いたしました。こうして、われわれはグァフタとコアティンチャンの者たちの話したことを信じ、その夜一晩中朝まで待っていたのであります。翌日、私は敵のインディオが湖岸をうろうろし、野営地の仕事のために行き来しているタスカルテカルのインディオを、襲撃し捕えようとしていることを知りました。また彼らは、湖の近くに位置しテスイコの支配下にある二つの町と同盟を結び、そこからできるかぎりわれわれに危害を加えようとしていることも知りました。彼らは防備を固めるため、そこにバリケードや掘割やその他の防禦に必要なものをつくっていました。それが分かりましたので、私は翌日、一二騎と二〇〇名の歩兵を連れ、二門の小型野砲《ティロ・デ・カンポ》をもって、市《まち》から一レグア半ほど離れた、敵のいるところへ向かって行きました。市《まち》を出ますと、敵の斥候や、進撃しようとしているその他の者に出合いましたので、われわれは彼らに突撃し、幾人かを捕え、殺しました。残りの者は水へ飛び込みました。そして、われわれはそれらの町の一部を焼き払いました。こうして、勝ち誇り、大喜びでわれわれは宿舎へ戻りました。翌日、それらの町の要人が三人、そのできごとについて私に許しを乞いにやって来ました。彼らはこれ以上破壊しないでほしいと懇願し、以後彼らの町にはテミスティタンの者はひとりも迎え入れないことを約束いたしました。彼らはそれほど重要な人物ではありませんでしたし、ドン・フェルナンドの配下でもありましたので、私は陛下の御名において彼らを許しました。と、翌日早々、その町のインディオが頭に傷を受け、痛めつけられて私のところへやって来ました。そして、メヒコおよびテミスティタンの者がわれわれの町へ戻って来たが、これまでのように歓迎されないので、われわれを虐待し、幾人かを捕虜として連れ去った、もし防戦していなければ、みな連れ去られていたであろう、と申しました。そして、もしテミスティタンの者が戻ってくれば、早くそれを察知し、われわれの救助に駆けつけられるよう待機していてほしい、と懇願いたしました。そうして、彼らは自分たちの町へ立っていきました。

援軍のベラ・クルス到着

ベルガンティン船をつくらせるためタスカルテカルに残しました部下たちは、ベラ・クルスの港に一隻の船《ナオ》が到着し(16)、水夫のほかに三、四〇名のスペイン人と八頭の馬、それに大弓《バリエスタ》・小銃《エスコペタ》および弾薬《ポルボラ》を載せていたという知らせを受けとりました。しかし、彼らはわれわれの戦争がどうなっているのか分からず、またわれわれのところへ来ようにも道が安全ではありませんので、大いに気をもんでおりました。そこでスペイン人のうちの何人かは、そのようなよい知らせを早く私に伝えたいと望みながらも、出かける勇気がなくそこに留まっていました。またそこへ残しました私の従者は、私のところへ出かけようとする者がいることを知り、私からの命令があるまでは誰もそこを離れてはならない、それに背いた者は厳罰に処すと、大声で触れさせたのであります。しかしながら私の従僕のひとりは、その船が救援隊を乗せてやって来たということを知れば、私がなににもまして喜ぶであろうと思い、道は安全ではありませんでしたが、夜のうちに出発しテスイコ〔現テスココ〕へやって来ました。われわれは彼が生きて着いたことに驚き、その知らせを聞いて大喜びいたしました。救援隊をわれわれはとても必要としていたからです。

カトリックの信仰いとあつき主君。その日、カルコから信頼のおける使者がテスイコに到着いたしました。彼らが陛下の臣下となることを申し出たため、メヒコおよびテミスティタンの者がみな彼らを襲撃し、全滅させようとしており、そのために彼らの近隣の味方の者たちを集めて準備させていると申しました。そして、難儀している彼らを救援し、助けてほしいと懇願し、もしそうして貰えなければ、この上ない窮状に陥ると思う、と述べました。まことに陛下に申し上げますが、前の報告書でも申し述べましたとおり、われわれ自身の苦難と困窮のほかに、われわれがもっとも辛く思いましたことは、陛下の臣下であるがゆえにクルアの者たちから苦しめられ、悩まされておりますわれわれの味方のインディオたちを、われわれが助けてやれないことでした。もっとも、私も私の伴の者も、そのためにはできる限りのことをいたしました。陛下にご奉仕申し上げるうえで、陛下の臣下を支援し助けることに勝るものはないと思われたからであります。

(16) ベルナル・ディアスによれば、カナリア諸島経由でスペインから到着したファン・デ・ブルゴスの船。「多くの雑貨、小銃、弾薬、大弓、弓の糸、三頭の馬、その他の武器」を積み、三名の兵士が乗船していた、とある（cap. 136）。

このチャルコの者たちの懇請を受けましたとき、私はそのような状態にありましたので、彼らにしてやりたいと思うことができず、彼らに次のように話しました。自分はちょうどいまベルガンティン船を運ばせようと思っているところで、それらを解体してタスカルテカル地方から持ってくるよう、その地方の者みなに準備をさせているところである。そのために騎兵と歩兵を送らなければならない。しかし、あなた方も知ってのとおり、グァホシンゴ〔現ウェホツィンゴ〕、チュルルテカル〔現チョルラ〕およびグァカチュラ〔現ワケチュラ〕地方の住民は陛下の臣下であり、われわれの味方である。彼らはあなた方のすぐ近くに住んでいるので、彼らのところへ行き、私が救援に行くまでのあいだ助けに来てほしい、自分たちが安全でいられるよう守備隊を派遣してほしいと、私の名において彼らに要請するがよい。いまのところその他にあなた方を助ける道はないのだから、と。彼らは、スペイン人を提供されれば示したであろうと思われるような満足の意は示そうとしませんでしたが、私に礼を述べました。そして、彼らが信用され、その要請をより安心して行えるよう、私の書状がほしいと懇請いたしました。このチャルコの者とあの二地方の者は別々の勢力圏に属し、いさかいが絶えなかったからです。こうしてこのような手配をしておりますと、偶然、そのグァホシンゴおよびグァカチュラ地方の使者がやって来て、チャルコの者のいるまえで次のように述べました。われわれの地方の首長は、あなたがタスカルテカル地方に出発して以来あなたに会えず、またあなたの消息をつかめないでいる、しかしわれわれは自分たちの地と接しメヒコおよびテミスティタンを見下ろせる山岳地帯に見張りを出しており、もし戦争の合図であるのろしをたくさん見かけたならば、配下を引き連れあなたを助けるために馳せ参じるつもりであった、最近これまでになく多くののろしを見かけたので、あなたがどのような状態でいるのかを知り、もし必要とあらばただちに戦士を派遣するためにやって来た、と。

私は彼らに大いに感謝し、こう申しました。われらが主のご加護により、スペイン人は私も含め無事であり、これまでいつも敵から勝利を得てきた、私はあなたたちの心遣いと、あなたたちが来てくれたことをたいそう嬉しく思う、もしあなたたちがここにいるチャルコの者たちと同盟を結び、彼らの友人になってくれればなお嬉しい、と。そして、どちらも陛下の臣下なのであるから、悪辣で邪まなクルアの者たちを相手に互いに助け合うようにと頼み、とりわけチャルコの者がクルアの者に襲われそうで、救援を必要としているいまこそ互いに助け合うように、と話しました。かくして彼らはすこぶる仲のよい同盟者となりました。二日間、私といっしょにそこに逗留しましてから、どちらも喜色満面で、満足して帰って行き、その後、彼らは互いに助け合いました。

殺害されたスペイン人の遺品

それから三日後、一三隻のベルガンティン船ができ上がり、運搬のための人手も準備できているということが分かりましたので、それを持って来させるため、私は一五騎ならびに二〇〇名の歩兵とともに警吏長ゴンサロ・デ・サンドバルを派遣いたしました。彼には、タスカルテカル地方と接しこのテスイコの市《まち》の支配下にある一つの大きな町(17)を完全に破壊するようにとも命じました。そこの住民は、私がテミスティタンの都で包囲されておりましたとき、まさかそれほどの裏切りをするとは思っていませんでしたが、ベラ・クルスの町からテミスティタンの都へ向かっておりました私の部下の五騎と四五名の歩兵を殺害したからでございます。この度、テスイコに入りましたとき、われわれは市《まち》の礼拝堂《アドラトリオ》ないし寺院《メスキタ》において、世界中のどこのものにも負けないほど上手になめされ、足も蹄鉄も縫い合わされた五頭の馬の皮を見ました。それらとともにスペイン人の衣類や所持品がたくさん、勝利のしるしとして彼らの偶像に捧げられていました。また、その塔や寺院のすべてにわれわれの仲間と兄弟の血が流され、生け贄にされていました。それはまことに痛ましく、われわれの脳裏に過ぎ去った苦難のすべてが甦って参りました。

(17) セルバンテス・デ・サラサール (T. III) によればカルプラルパン (Calpulalpan)。パグデン (n. 14) によればスルテペク (Zultepec)。ディアス (cap. 14) によれば、スペイン人はその町をプエブロ・モリスコ (Pueblo Morisco) と名づけた。

反逆者であるその町とその近隣の町の者は、あのキリスト教徒たちがそこを通るとき、彼らを安心させるために手厚く迎えておきながら、これまでなされたこともないような残酷きわまりないことをしたのであります。馬は使えなかったものですから、みな徒歩で馬を引き、坂になった悪路を下っておりますと、敵が悪路の両側で待ち伏せして真中で彼らを捕え、そのうちのある者を殺し、ある者は生け捕りにしてテスイコへ連れて行き、彼らの偶像のまえで心臓を取り出して生け贄にしたのであります。実際、そのように行われたようであると申しますのは、かの警吏長がそこを通りかかりましたとき、スペイン人が捕えられ殺された町とテスイコの間にある町のとある家の白壁に、炭で次のようなことばが記されてあるのを、同行したスペイン人が見つけたのでございます。「不運のファン・ユステはここに捕えられていた」と。彼は郷士《イダルゴ》で、五人の騎兵のうちのひとりでしたが、まことにそれは見る者をして心も張り裂ける思いにさせたことでした。警吏長がこの町に着きますと、そこの住民は自分たちの大きな誤りと罪を知って逃げ出しました。スペイン人の騎兵と歩兵、それにわれわれの味方のインディオが彼らの後を追いました。そして多数の敵を殺し、捕えられた多くの女や子供は奴隷として配られました。もっとも、サンドバルは不憫に思い、むやみに殺りくや破壊を行うようなことはいたしませんでした。彼はそこを出発するに先立ち、生き残った者を集め、町へ戻らせました。こうして、その町はいまでは人も増え、これまでのことを後悔しております。

ベルガンティン船の輸送　警吏長は、クルアとの国境からいちばん近いタスカルテカル地方のある町へ向かって五、六レグア〔二八～三三㎞〕前進したところで、ベルガンティン船を運んでくるスペイン人とインディオに出合いました。彼の到着した翌日、彼らは外板や肋材をもってそこを出発いたしました。それは八〇〇〇人を超える人びとによってきわめて整然と運ばれましたが、その様はまったく驚嘆に値するものであります。一三隻の船を陸上一八レグア〔一〇〇㎞〕運ぶと聞いただけでも私には驚くべきことのように思われます。まことに陛下に申し上げますが、前列から後列まで優に二レグアはありました。彼らは八騎と一〇〇名のスペイン人を先頭に出発し、前衛と側衛には、タスカルテカルの主な首長のうちの二人、ユテカードおよびテウティピルを隊長とした一万人以上の戦士がつきました。後衛には、八騎と百なん人かのスペイン人、ならびにその地方の主な首長のひとりであるチチメカテクレを隊長として、よく武装された一万人の戦士、および彼が連れていたその他の隊長たちがつきました。出発のときには、チチメカテクレが外板をもって前衛につき、他の二人の隊長が肋材をもって後衛についていましたが、クルアの地へ入りましたとき、ベルガンティン船の棟梁が肋材を前にし、外板を後へもってくるよう命じました。一朝事あります場合、それは前衛に起こるでしょうし、そのときには外板のほうが〔戦うのに〕邪魔になるからです。ところが外板を運んでおりましたチチメカテクレは、それまで常に戦士とともに前衛についていましたので侮辱されたものと思い込み、彼を納得させ、後衛につかせるのはたいそう骨が折れました。彼はいかなる危険にも立ち向かう覚悟でいたのです。後衛につくことには彼も同意しましたが、後衛にはいかなるスペイン人も護衛につかないよう希望いたしました。彼はきわめて勇敢な男で、ひとりで名誉を勝ちとりたいと考えていたのであります。

　この隊長たちは、彼らの糧食を運ぶ二〇〇〇〇人のインディオを従えていました。彼らはこのようにして整然と行進し、途中三日かかって、四日目に太鼓を打ち鳴らしつつ、意気揚々としてこの市《まち》へ入って参り、私は彼らを迎えに出ました。(18)前に申し上げましたとおり、おびただしい人の列が続き、前列が入りはじめてから後列が入りおえるまで六時間以上もかかり、その間いちども列が乱れなかったのです。彼らが到着しますと、私は首長たちによくやってくれたと礼を述べ、それから宿を与え、できる限りのものを彼らに用意いたしました。彼らは、クルアの者たちと一戦まみえることを望んでいるのでなんなりと命じてほしい、自分たちも兵士も復讐をするか、さもなければあなたたちとともに果てることを望んでいる、と申しました。私は彼らに礼を述べ、休息をとるように、やがて仕事をふんだんに与えるから、と伝えました。

このテスカルテカルの戦士たちはみな、確かに当地では精彩を放っておりました。テスイコで彼らが三、四日休息しましてから、私は二五騎と三〇〇名の歩兵、および五〇名の射手《バリェステロ》と小銃手《エスコペテロ》、それに六門の小型野砲《ティロ・デ・カンポ》を用意させました。そして誰にもどこへ行くとも告げずに、この市《まち》を朝の九時に出発いたしました。[19]例の隊長たちも彼らのやり方に従って、実によく編成された部隊からなる三万人以上の兵士を率いて、私といっしょに出かけました。時刻もだいぶ遅くなって、この市《まち》から四レグア〔二二km〕のところで敵の戦士の一団に出合いましたので、騎兵が突撃し、彼らを蹴散らしました。タスカルテカルの戦士はきわめて敏捷でありますのでわれわれのすぐ後について来て、われわれは敵の多くを殺しました。その夜は警戒を厳重にして野天で眠りました。翌朝、行進を続けましたが、私はまだどこへ行くつもりであるのか明らかにいたしませんでした。われわれに同行しているテスイコの住民の幾人かに不信の念を抱いていましたので、私がしようとしていることをメヒコおよびテミスティタンの者に知らされてはいけないと思い、そうしたのであります。私はいまだ彼らを少しも信用してはおりませんでした。

　われわれは湖の真中に位置しておりますシャルトカ〔現シャルトカン〕と呼ばれる町に着きました。この町の周囲には水を湛えた大きな水路がたくさんあり、騎兵は入れませんので、きわめて堅固な町になっていました。敵はしきりに喚声をあげ、われわれに多くの槍を投げ、矢を射かけました。歩兵はやっとのことで彼らのなかに割って入り、彼らを追い出し、町の大部分を焼き払いました。その夜はそこから一レグア離れたところまで行って休みました。夜明けとともに行進を続けますと、途中敵と出合いました。彼らは遠くのほうから、戦争のときにいつもやるように雄叫びを上げはじめましたが、それを耳にするのはまことに恐ろしいものでした。しかしわれわれは彼らの後を追い、追跡しておりますうちにゴアティタン〔グァティトラン、現クアウティトラン〕という大きな、美しい市《まち》に着きました。そこには人影は見当たりませんでした。その夜われわれはそこに泊りました。

コルテス、タクバへ進む

翌日、われわれはさらに前進し、テナインカ〔現テナユカ〕と呼ばれる市《まち》に着きました。そこではなんらの抵抗に遭うこともなく、われわれは休まずにアカプサルコ〔現アスカポツァルコ〕という別の市《まち》まで行きました。どちらも湖の畔に位置しております。われわれはそこでも立ち止まることはしませんでした。そこから近く、またテミスティタンからもきわめて近くにあるタクバ(20)と呼ばれる市《まち》に早く着きたいと思っていたからです。その近くまで参りますと、そこも周りに水路がたくさんあり、敵兵が準備を整え待ち受けておりました。彼らを目にするやいなや、われわれと味方のインディオたちは彼らに襲いかかり、市《まち》のなかへ入って彼らを殺し、

（18）船大工のマルティン・ロペスが一三隻のベルガンティン船建造の指示を受けたのが一五二〇年九月で、翌年の二月には完成したとみられる。完成すると、サワパン（Zahuapan）川の一部をせき止め、そこで試してから解体してテスイコに運搬されたが、山道で、かつ敵の領内を通るので並大抵の事業ではなかった（J. L. Martínez, p. 291）。船の全長は一一・七六メートル、旗艦は一三・四四メートル。テスイコの水路の幅が約三・九二メートル（コルテスによると身の丈の二倍）であるので、船の横幅は最大二・二四から二・五二メートル、喫水五六ないし七〇センチ、水上の高さ一・一二メートル。漕ぎ手は左右に六人づつ、帆は一本ないし二本で、二五名が乗組めたと推定される。キャラバンはまずウェヨトリパン（Hueyotlipan）まで行き、そこで八日間サンドバルが率いる護衛隊の到着を待ち、両者が合流してから三日かかってテスイコに着いた（G. Harvey Gardiner, *Naval Power in the Conquest of Mexico*, Austin, University of Texas Press, 1956, cap. v, p. 130-133）。

（19）この軍事行動の目的につき、コルテス自身は「テミスティタンの者と話をし、彼らの意向を知るため」であると説明しているが、テスイコから北西に向かい、シャルトカ、テナインカを経てアカプサルコ、タクバに至るその経路を見ても分かるように、それまで比較的情報が得られていなかったテミスティタン北部の状況をさぐるとともに、テミスティタンに従属する湖周辺の町々を事前にたたき、首都を孤立させることが主要な目的であった。さらに、ディアスが述べるように、テスイコに集結した多数のタスカルテカル人をおとなしくさせておくことが困難であり、また彼らへの食料補給も容易でなかったので、彼らの戦意を満たし食料を調達するために、三万の大軍を率いて出発した（cap. 141）。

（20）トラコパン（Tlacopan）とも呼ばれるテパネカ族の首都。現在はタクバと呼ばれる。テスイコおよびメヒコ（テミスティタン）とともに三者連合を形成していたが、三者のうちではもっとも力が弱く、一五〇〇年ごろ、メヒコの従属国の地位に落ちている。

テナインカの神殿

市から追い出しました。もう遅かったものですからその夜はそのまま全員が楽に入れるとても大きな家に宿泊いたしました。夜が明けますと、味方のインディオたちはわれわれの居た宿舎を除いて市全体を略奪し、焼き払いはじめました。あまり夢中にやったものですから宿舎の四分の一も焼けてしまいました。こういうことをしましたのは、前にわれわれがテミスティタンから敗走しこの市を通りましたとき、ここの住民がテミスティタンの住民と組んでわれわれに残酷な戦いをしかけ、多くのスペイン人を殺したからであります。

このタクバの市《まち》に滞在しておりました六日間、敵と衝突や小競合いのない日は一日もありませんでした。タスカルテカル軍の隊長とその兵士たちはテミスティタンの者になんども挑戦し、どちらも実に見事に戦いました。そして彼らの間でいろいろと口論し、互いに脅し、罵り合いましたが、それはまことに見ものでした。その間、敵兵は大勢死にましたが、われわれの方はまったく傷を負いませんでした。彼らは守りが固く頑強に抵抗しましたが、われわれはくり返し都の堤道や橋から攻め込んだからであります。彼らはいく度となくわれわれが中へ入れるように見せかけながら、「入り給え。入って楽しみ給え」と誘いました。また、「ムテスマがもうひとりいて、お前たちの望みどおりにしてくれるとでも思っているのか」と豪語しました。このようなやりとりをしておりますうちに、私は彼らが取り外した橋のたもとまで参り、彼らはその向う側にいましたので、私は味方の兵士に静かにするよう合図いたしました。私が話したがっていることを知り、彼らも兵士に黙るよう命じました。そこで私は彼らに、気でも狂ったのか、どうして破滅を望むのか、もしそこに都の首長がいれば呼んでほしい、彼に話をしたいから、と伝えました。すると彼らは、ここにいる大勢の戦士はみな首長である、なんなりと話すように、と答えました。私がそれにはなんとも答えなかったものですから、彼らは私を罵倒しはじめました。われわれのうちの誰が言ったのか存じませんが、誰かが彼らは飢えで死にそうになっているが、そこから食べ物を探しに出られないようにしてやる、と煽り立てました。彼らは、その必要はない、必要になればお前たちやタスカルテカルの者を食べるから、と答えました。そして、彼らのうちのひとりがトウモロコシのパンの塊をいくつか取り上げてそれをわれわれに投げつけ、「ひもじければこれを受け取って食べよ。われわれはひもじくない」と申しました。そしてその場で喚声をあげ、われわれを攻撃しはじめました。

私がこのタクバの市《まち》へやって参りましたのは、主にテミスティタンの者と話をし、彼らの意図を知るためでしたが、そこにいても益はありませんので、六日後、私は陸と湖の両方から彼らを包囲するためにベルガンティン船の組み立てを急いで完成させようとテスイコへ戻ることにしました。敵兵は追跡を止めませんでしたが、騎兵がときどき彼らに襲いかかり、彼らのなん人かはわれわれの手中に落ちました。翌日、行進を始めますと、われわれが去って行くのを見て怖がってそうしていると思ったのでしょう、大勢の者が集まってわれわれを追跡し始めました。私はこれを見て、歩兵は止まらずに前進し、五騎がその後に続くよう命じ、私は二〇騎を率いました。そしてある場所で六騎に、別のところでもう六騎に、さらにまた別のところでもう五騎に、それぞれ待ち伏せするよう命じました。私は残った三騎と別のところで待ち伏せしました。敵がわれわれはみないっしょに先へ行ったと思って通りかかれば、私の「突撃《サンティアゴ》！」という叫び声と同時に飛び出して背後から彼らを襲うことにしたのです。ちょうどそのときが来ましたので、われわれは飛び出して彼らを槍で突きはじめました。一面手の平のように平らなところを二レグア近く追跡しましたが、それはまことに壮観でした。こうして彼らの多くはわれわれと味方のインディオの手にかかって死にました。そして後に残った者たちはもうそれ以上追いかけては来ませんでした。われわれは行進を続け、仲間の軍に追いつきました。その夜は、テスイコの市《まち》から二レグアのところにありますアクルマン〔現アコルマン〕と呼ばれる綺麗な町に泊りました。テスイコの市《まち》へはその翌日出発し、正午ごろ市《まち》へ入りましたが(21)、われわれは隊長として残しておいたあの警吏長《アルグァシル・マヨール》〔サンドバル〕をはじめすべての者からたいそう歓迎され、彼らはわれわれが帰ってきたので大喜びでした。と申しますのも、われわれがそこを発った日以来、彼らはわれわれの消息やわれわれになにが起こったかが分からず、とてもそれを知りたがっていたのです。われわれが着いた翌日、タスカルテカルの首長と隊長たちが私の許可を求め、敵からの略奪品をもっていとも満足気に自分たちの地へ発って行きました。

このテスイコの市《まち》に入ってから二日後〔二月二十日〕、カルコの首長の使者であるというインディオが私のところにやって来て、メヒコおよびテミスティタンの者が彼らを殺しに攻め寄せようとしていると告げ、以前になんどかお願いしたことのある救援隊の派遣を懇請するよう首長から命ぜられてきた、と申しました。私はすぐさま二〇騎と三〇〇名の歩兵をつけ、ゴンサロ・デ・サンドバルに行かせる手配をいたしました。そして急いで行き、到着したらただちに陛下の臣下であるわれわれの友人に、できる限りの支援と援助を与えるよう努めるべき旨とくと指示いたしました。

カルコ地方でのサンドバルの勝利　彼がカルコに着きますと、その地方の者をはじめグァホシンゴ〔現グァホツィンゴ〕およびグァカチュラ地方の者が大勢集まって待っていました。彼はなにをすべきかを彼らに命じてから、グァステペケ〔現オァステペク〕の町に向かって出発いたしました。そこにクルアの兵士が駐屯し、そこからカルコの者に危害を加えていたのであります。途中、ある町で大勢の敵兵が姿を見せました。が、われわれの味方は数が多く、そのうえスペイン人や騎兵がついていましたので、みないっしょになって突撃し、彼らを戦場から退却させ、さらに追撃して殺しました。その夜は、グァステペケの手前にあるその町で休み、また翌日出発いたしました。グァステペケの町の傍まで参りますと、クルアの者がスペイン人を攻めて来ました。しかし間もなく彼らを負かし、ある者は殺し、ある者は町から追い出しました。そこで騎兵は馬に餌を与えて宿舎に落ちつこうと、馬から降りました。こうして一仕事の後とて油断しておりますと、敵がけたたましいわめき声をあげ、たくさんの石や槍を投げ、矢を射ながら宿舎までやって来ました。そこでスペイン人たちは武器をとり、味方のインディオとともに大急ぎで立ち向かいました。そしてふたたび彼らを追い出し、一レグア以上追いかけて多くの敵を殺しました。その夜は疲労困憊してグァステペケに戻り、そこで二日間休息いたしました。

その間警吏長は、前方のアカピチトラ[22]と呼ばれる町に敵の兵士が大勢集まっていることを知りました。そこで彼は、和平を求めれば彼らがおとなしく応じるかどうか確かめようと、そこへ行くことを決心しました。その町は丘の上にあってきわめて要害堅固であり、騎兵は攻撃することができません。スペイン人が着きますと、その町の者たちは間髪を入れずに攻撃しはじめ、丘の上からたくさんの石を投げつけました。われわれの味方の戦士が大勢警吏長に随行しましたが、町の守りが固いのをみて、彼らは敢えて攻撃をしかけたり敵のところまで近づこうとはしませんでした。これを見た警吏長とスペイン人は、強襲して頂上の町まで登るか死ぬかのどちらかで

(21) コルテスがテスイコに帰着したのは、二月十八日ごろだった（Wagner, p. 341）。

(22) ディアスはアカピストラ（Acapistla）と記しているが、正しくはアヤチピチトラン（Ayachipichtlan）。現名イェカピシュトラ（Yecapixtla）（cap. 142, n. 126）。

あると決意し、「突撃《サンティアゴ》!」の掛け声とともに登りはじめました。そして、われらの主は彼らにひじょうな勇気をお授け下さいましたので、激しい攻撃と抵抗を受けたにもかかわらず、彼らは攻略に成功しました。もっとも、多くの負傷者が出ました。われわれの味方のインディオが彼らの後に続き、敵も敗北を認めました。わが軍が敵を殺戮する様はすさまじく、また丘の上から墜死した者もいました。そこに居合わせた者みなの証言するところによりますと、その町のすぐ傍にある小川が一時間以上も血に染まり、暑さのあまり喉が渇いていたが水を飲むこともできなかったとのことであります。戦いが終わり、結局、初めに和平を拒否したために十分懲らしめられることになったこの二つの町を平定し、かの警吏長は全兵士を率いてテスイコへ戻って来ました。これはまさにすばらしい勝利であり、そこにおいてスペイン人はまことに際立った勇気を示したということを陛下にお信じいただきたく存じます。

　メヒコおよびテミスティタンの者たちは、スペイン人とカルコの者が自分たちの兵士に甚大な被害を与えたことを知り、ある隊長たちに命じ、大軍を率いて彼らを襲わせることにしました。カルコの者はそれを知り、大急ぎで救援隊を派遣してほしいと私に懇請してよこしました。そこで私はすぐさま歩兵と騎兵をつけ、あらためてかの警吏長を派遣いたしました。彼が着きますと、すでにクルアとカルコの者が戦場で相まみえ、互いにきわめてはげしく争っていました。しかし、神のみこころによりカルコの者が勝利者となり、彼らは多くの敵兵を殺しました。また四〇人ばかりを捕虜にしましたが、その中にはメヒコの隊長が一人と身分の高い者が二人いました。カルコの者は、捕虜を私のところへ連行するため全員警吏長に引き渡しました。警吏長は彼らの一部を私のもとへ送り届け、一部は自分の手もとに留めおきました。彼はカルコの者たちの身の安全のため、全隊員とともにメヒコと国境を接している彼らの町に留まったからでございます。もう残留する必要はないと考えてからテスイコへ戻って参りましたが、そのとき彼は自分の手もとに置いていた残りの捕虜を連れて参りました。その間にも、われわれとクルアの住民との間に不意打ちや衝突がいく度となくありましたが、冗長にわたりますのでそれらの詳細は申し述べないでおきます。

救援隊ベラ・クルス到着

このテスイコの市《まち》とベラ・クルスの町の間の道は、すでに安全に往来することができるようになりましたので、ベラ・クルスの者たちは毎日われわれの消息を知り、われわれも彼らの消息が分かりました。これは以前にはできなかったことでございます。そこで彼らは使者を一人よこし、私に大弓《バリエスタ》・小銃《エスコペタ》および弾薬を送ってきましたが、これにはわれわれも大喜びいたしました。それから二日後に彼らはまた別の使者をよこし、港に三隻の船《ナビーオ》が着き多くの人と馬を乗せてきたのですぐそちらへ送る、と伝えて来ました。われわれが窮地に陥っておりましたとき、奇蹟的にも神はわれわれにこの救援隊をお送り下さったのであります。(23)

いと強き主君。私は常にこのテミスティタンの者と友好関係を結ぶため、できる限りの方策を探し求めて参りました。一つは彼らを破滅に至らしめるようなことをしたくなかったからです。もう一つは、これまでのすべての戦争の疲れを癒したかったからでもあります。しかしなによりもそうすることが陛下にご奉仕申し上げることであると承知していたからでございます。そして都の誰かを捕えたときには、都の者たちを戒め、和解に応じさせるために、かならずその者を都に送り返しました。一五二一年三月二十七日の聖水曜日、私はカルコの者たちが捕えたあのテミスティタンの要人たちを私のところへ連れて来させました。そして、彼らのうちで都へ赴き私に代わって都の首長と話し、私は彼らを破滅させることは望まず友人となることを望んでいるのであるから、これ以上私と戦争することは止め、かつてのように陛下の臣下となるよう頼んでくれる者はいないか、と尋ねまし

(23) 二月二十四日、ロドリゴ・デ・バスティダス（Rodrigo de Bastidas）所有の一五〇トンのマリア号がベラ・クルスに到着し、さらに二隻のカラベラ船がそのすぐあとに着いた。これらの船で何人の兵士が到着したかについては必ずしも判然としないが、ベルナル・ディアスは三〇〇人の兵士と三〇頭の馬と記している（cap. 144）。

た。彼らは、そのような伝言をもって行けば殺されるのではないかと恐れ、なかなか引き受けようとはしませんでしたが、捕虜のうちの二人は出かける決心をし、私に手紙を書いてほしいと申しました。彼らは手紙に書かれていることを理解することはできませんが、それがわれわれの間の習慣であることを知っており、それを携えて行けば都の者たちが信用してくれると思ったからです。私は通訳を介して手紙に書いてあることを彼らに教えてやりました。それは私が先に彼らに述べたのと同じ内容です。こうして彼らは出発し、私は五名の騎兵に、彼らが安全なところに着くまで同行するよう命じました。

聖土曜日、カルコの者たちとその同盟者や味方の者たちは、メヒコの者が彼らを攻めようとしていると伝えてよこしました。そして、攻めようとしているすべての町と辿って来る道筋を画いた大きな白布を見せ、是が非でも救援隊を派遣してほしいと私に懇願しました。私は、四、五日したら派遣するが、もしそれまでに窮地に陥れば知らせてほしい、助けに行くから、と申しました。すると復活祭の三日前に彼らはまたやって来て、敵がどんどん近づいてくるので、至急救援隊を派遣してほしいと懇請いたしました。私は、救援に赴くことにしたいと彼らに告げ、次の金曜日までに二五騎と三〇〇名の歩兵を用意するようにと部下に触れさせました。

その前の木曜日に、タサパン〔ティサパン?〕、マサカルシンゴ〔メシカルシンゴ、現メヒカルツィンゴ〕およびナウタン〔現ナウカルパン〕の各地方ならびにその近郊の町々の使者がテスイコにやって来て、陛下の臣下およびわれわれの友人になるために来たと申しました。そして、これまで自分たちはスペイン人を一人も殺したこともなく、陛下へのご奉仕に逆らったこともないと申し、綿の衣類を持って来ました。私は彼らに礼を述べ、もし彼らが忠実であるならば私も彼らによい待遇を与える旨約束いたしました。こうして、彼らは満足して帰って行きました。

コルテス出陣　次の金曜日、一五二一年四月五日に、私は用意の整った三〇騎と三〇〇名の歩兵を率いてこのテスイコの市《まち》を出発いたしました。市《まち》には、警吏長ゴンサロ・デ・サンドバルを指揮官として二〇騎と三〇〇名の歩兵を残留させました。私には二万人以上のテスイコの兵士が同行しました。われわれは秩序を保ちつつタルマナルコ〔現トラルマナルコ〕と呼ばれるカルコの町まで行って泊りましたが、そこでは温かく迎えられ、宿舎を提供されました。その町へ参りましたのは、そこはクルアとの境にあり、カルコの者たちがわれわれの味方になりましてから立派な要塞ができ、いつも守備兵がいたからです。翌日九時にカルコに到着しましたが、そこには長居せず、ただそこの首長と話し、湖の周囲をひと回りしたいという私の意図を伝えただけでした。(24) 私はこの重要な旅が終わるころには、一三隻のベルガンティン船ができ上がり進水の用意が整っていると考えたからです。カルコの者たちとの話が終わりますと、われわれはその日の夕暮に出発し、もう一つ別の町に着きました。そこでは四万人以上の味方の戦士がわれわれに加わりました。その夜、われわれはそこに泊まりました。町の住民が、クルアの者たちが平原で私を待ち受けていると申しましたので、私は、夜明けの一五分前までに全員起床し準備を完了しておくようにと命じました。翌日、ミサにあずかってから行進をはじめました。私は二〇騎とともに前衛につき、後衛には一〇騎がつきました。こうしてわれわれはとても険しい山脈の間を行進して行きました。そして午後二時に、ひじょうに高くて険しい岩山に到着しました。頂上には女や子供が大勢おり、ふもと一帯は戦士が満ちあふれていました。たちまち彼らはけたたましい喚声をあげながら、しきりに合図ののろしを上げ、投石器を使って、あるいは素手で、多くの石や槍を投げ、矢を射てきましたので、接近しますと大きな被害を受けたのです。彼らには平原でわれわれを待ち受けるだけの勇気がないということが分かりましたし、そのうえわれわれの行先は別の方向ではあったのですが、彼らに少しも苦渋を嘗めさせずにそのまま先へ進むのは意気地がないという気がしました。また、味方のインディオから臆病と思われてもいけませんので、私は一レグアほどある岩山のまわりを偵察しはじめました。確かに、きわめて要害堅固であり、そこを攻略するのは気違い沙汰のよう

(24) 二月に湖の北部地方を偵察したので、南の状況を探ろうとしたのであろう。

に思われました。また、彼らを包囲すれば、食糧不足のすえ降参するであろうということは分かっていたのですが、そこに長く留まっている暇はありませんでした。こうして迷っておりましたが、私は偵察したうちの三つの場所から岩山に登る決心をしました。そして、私がいつもいっしょに連れておりました歩兵六〇名の旗手クリストバル・コラルに、彼の隊を率いて最も険しいところから登って攻撃するよう命じ、射手《バリェステロ》と小銃手《エスコペテロ》も彼に随行させました。隊長ファン・ロドリゲス・デ・ビリャフエルテならびにフランシスコ・ベルドゥゴには、隊員と射手および小銃手を連れて別のところから登らせました。隊長ペドロ・ディルシオならびにアンドレス・デ・モンハラスにはまたその他の幾人かの射手および小銃手とともにさらに別のところから襲撃させました。そして小銃を発砲する音が聞こえたなら、なんとしても登りきり、勝利を得るか死ぬかの覚悟で行け、と伝えました。間もなく小銃が発射され、彼らは登りはじめ、岩山の斜面の下から二段目までを敵から奪いとりましたが、それ以上登ることはできませんでした。その山の険阻なことは他に比類のないもので、足と手ではとても体を支えることができません。上の方からたくさんの岩石を手で転がしてきますので、砕けて散ったその破片による被害でさえ甚大でした。敵の攻撃はまことに凄まじく、二人のスペイン人が殺され、二〇人以上が傷を負い、遂にどうしてもそこから先に進むことができませんでした。それ以上は不可能でしたし、大勢の敵兵が岩山の者たちを助けるために集まり、あたり一面敵兵で満ちていましたので、私は隊長たちに撤退を命じました。そして騎兵が下りて来ますと、われわれは平地にいた者に突撃して彼らを戦場から追い出し、槍で突き殺しながら一時間半以上も追跡しました。敵はとても大勢でしたので、騎兵はあちこちに散らばりました。彼らが引き揚げて来ましてから、そのうちの幾人かに聞いたところによりますと、そこから一レグアほど先まで行ったところで、別の岩山に大勢の者がいるのを見かけたが、そこはそれほど要害堅固ではないとのことでした。もっとも、その近くの平地には大勢いるが、こちらの山では得られないものが二つそこでは得られる、一つはこちらにはない水で、もう一つは、その山はそれほど険しくないため敵の抵抗も少なく、危険を冒さずに敵を捕えることができるということでした。

ここで勝利を得ることができず甚だ残念ではありましたが、われわれはそこを出発し、その夜はもう一つの岩山の近くで泊まりました。しかしそこにも水はなく、われわれも馬も、その日一日水を飲んでいなかったものですから、この上ない辛苦を味わいました。こうして、その夜われわれは敵がけたたましく太鼓や角笛を鳴らして喚声をあげるのを聞いて過ごしました。

夜が明けるが早いか、隊長たちと私は岩山を偵察しはじめましたが、それは先の岩山と同じくらい難攻な山であるように思われました。しかし先の山とは異なり、登るにはそれほど険しくない高台が二つあり、防御にあたる戦士がそこに大勢いました。そこで、その隊長たちと私、それにそこに居合せた郷士《イダルゴ》たちが、その岩山がどれぐらい堅固であるか、またどこから攻めればよいのかをまず見とどけるために、盾を手にとり、そちらへ徒歩で赴きました。馬は、水を飲ませるためにそこから一レグア先へ連れて行っておりました。われわれはなにも命じませんでしたが、われわれが行くのを見て兵士たちもついて参りました。岩山のふもとまでやって参りますと、高台の上にいた者たちは、私がまん中から攻めようとしていると思い、仲間を応援するためにその場を離れてしまいました。彼らが混乱しているのを見てとり、またその二つの高台を占領すれば彼らに甚大な被害を与えることができると思い、私は一人の隊長に、目立たないように、すぐさま部下を連れて山を登り、険しいほうの高台を占領するように、と命じ、彼はそのとおりにしました。私は残りの者といっしょに、その山の敵兵がもっとも多くいるところへ向かって登りはじめました。そして神のみこころにより、山の一斜面を奪いとり、彼らが攻めてくるところとほぼ同じ高さのところまで到達いたしました。そこまで到達することはおよそ不可能な、あるいは少なくとも危険極まりないことであると思われていたのです。もう、隊長のひとりが山の一番高いところに旗を立て、そこから敵に目がけて小銃を発し、大弓を射はじめていました。彼らは自分たちが受けた被害を目のあたりにし、また先の見込みのないことを考え、降伏の合図をして武器を地面に置きました。彼らにどれほどの咎がある場合でも、われわれは彼らを痛めつけたり、危害を加えたりしたくないのだということを、常に彼らに分からせることが私の方針であり、とりわけ彼らが陛下の臣下となることを望む場合にはそうです。彼らはきわめて有能で、すべてを理解し、悟りが早いものですから、私はそれ以上彼らに危害を加えないよう命じました。彼らは私のところへ話しに来ましたので、彼らを手厚く迎えました。彼らは自分たちが手厚く扱われたのをみて、そのことをもう一つの岩山の者たちに知らせました。すると彼らは、勝利したにもかかわらず、陛下の臣下となることを申し出る決心をし、これまでの許しを乞いに私のところへやって来ました。

私はこの岩山の近くの町に二日間滞在し、負傷者をそこからテスイコへ送りました。その町を発ってから、前に申し上げましたグァステペケ〔現オアステペク〕に、朝一〇時に到着いたしました。われわれはみな首長の家に泊まりましたが、家には庭園があり、それはかつて見たこともない大きさで、美しく、さわやかな庭園でした。周りが二レグア〔一一・一㎞〕あり、まん中をとてもきれいな小川が流れ、ところどころ大弓《バリェスタ》の矢が届く距離の二倍ほどの間隔をおいて、あずま屋やとてもすがすがしい花園、さまざまの実がなる無数の樹木、多くの草、それにかぐわしい花々があり、まことにこの庭園の優雅さと壮大さは驚嘆に値します。われわれはその日はそこで休みました。そこでは住民たちが、われわれに奉仕するためにできる限りのことをしてわれわれを満足させてくれました。翌日出発し、朝八時にヤウテペケ〔現モレロス州ヤウテペク〕と呼ばれるかなり大きな町に到達しました。そこでは敵の戦士が大勢われわれを待ちうけていました。われわれが着きますと、彼らは恐怖のためか、あるいはわれわれを欺くためか、和平の合図を送りたがっているように見えました。しかし、間もなく彼らはなんの前触れもなく、突然町を見捨てて逃げ出しました。私はためらうことなく三〇騎とともに彼らのあとを二レグアあまり追い、ヒルテペケ〔現ヒウテペク〕と呼ばれる別の町に追い込みました。そして槍で突き、多くの者を殺しました。われわれはこの町の密偵よりも先に着きましたので、町の者たちはすっかり油断していたのであります。彼らのいく人かは死に、数多くの女や子供が捕えられ、その他の者は遁走しました。私は、この町の首長が陛下の臣下となることを申し出るためにやって来るものと思い、そこに二日間滞在いたしました。しかし一向に姿を見せませんので、出発に際し、町に火をつけさせました。また、そこを立つ前に、先のヤウテペケと呼ばれる町の者がやって来て、私に許しを求め、陛下の臣下になりたいと申し出ました。彼らはもう十分に懲らしめられていましたので、私は喜んで彼らを迎え入れました。

コアドナバセード占領

出発した日の朝九時に、私はきわめて要害堅固なコアドナバセード(25)と呼ばれる町が見えるところまでやって来ました。町のなかには戦士が大勢いました。町はいくつもの山や、なかには人の背丈の一〇倍ほどの深さもあるという谷に囲まれて堅固きわまりなく、騎兵の入れる場所は二か所しかありません。われわれもそのときはその二か所のことは知りませんでしたし、またそこから入るためには一レグア以上も遠回りしなければなりませんでした。木の橋を渡って入ることもできるのですが、それは取りはずされていました。彼らは要害堅固で十分に守られていましたので、われわれの兵力がそのときの一〇倍だとしても、彼らは意に介さなかったでしょう。われわれが近づきますと、彼らはほしいままに多くの矢を射、槍や石を投げてきました。こうして激しく衝突し合っているうちに、タスカルテカルのインディオがひとり、敵に気づかれないようにしてとても危険な山峡を渡りました。ふとこれを見つけた敵は、スペイン人もそこから入ってくるものと思い、仰天してめくらめっぽうに逃げ出しました。そのインディオは彼らの後を追いました。私の召使の若者が三、四人と他の隊の者二人は、そのインディオが渡ったのを見てそれに倣い、向う側へ渡りました。私は町の入口を探した

(25) 現在のクエルナバカ(Cuernavaca)。ディアスはコルナバカ(Cornavaca)と記している(cap. 144)。正しくはクワウナワク(Cuauhnáhuac)。トラウィカ(Tlahuica)族の首邑だった。海抜一五〇〇メートル余でテミスティタンより七〇〇メートルも低く、したがって気候も年中温暖で住みやすい。征服後コルテスはそこに居城を築かせた。現在その建物はモレロス州の博物館になっている。

め、騎兵を率いて山岳の方へ赴きました。敵のインディオとわれわれは谷を一つ隔てているだけでしたので、敵はしきりとわれわれに槍を投げ、矢を射てきました。敵は戦闘に夢中になっていましたので、その五人のスペイン人に気づきませんでした。五人は突如背後から襲い、刃物で彼らを切りつけました。彼らは、味方の者がそのスペイン人とインディオの渡った山あいを放棄したことを知らず、後ろから攻撃されるとは夢にも思っていなかったものですから、まったく不意をつかれて驚愕し、戦意を喪失してしまいました。そこで、スペイン人たちは敵のなかに割って入り、彼らを殺しました。彼らは一杯喰わされたことに気づき、逃げ出しました。われわれの歩兵はすでに町のなかに入って町を焼きはじめ、敵はみな逃げ出しておりました。こうして彼らは遁走して山へ避難しましたが、彼らの多くは死にました。騎兵が後を追い、多くの者を殺したのです。正午ごろ、町へ入る道をみつけましてから、果樹園内の屋敷に宿をとりました。町はほとんど全焼していたからです。午後遅くに、首長と幾人かの重きをなす者たちは、彼らの町があれほど堅固であったにもかかわらず防禦できなかったことを知り、またわれわれが山の中まで殺しに来るのではないかと恐れ、陛下の臣下になりたいと申し出るためにやって来る決心をしました。私は彼らを陛下の臣下として迎え、彼らは以後常にわれわれの友人であることを誓いました。われわれが彼らの家や財産を焼き払い、破壊した後、陛下の臣下になりたいとやって来たこれらのインディオもまたその他のインディオたちも、和睦を求めるのが遅れたのは先にあなた方から被害を受けるままに任せれば自分たちの罪が償われ、後にあなた方の怒りが和らぐであろうと思ったからだ、と申しました。

その夜はその町で泊まり、翌朝は、人気もなく水もない松林を進軍いたしました。われわれはひじょうな苦労をし、水も飲まずにその松林と峠を越えました。同行したインディオの多くが、渇きのために死んだほどであります。その夜は、その町から七レグア先にある何軒かの農家で泊まりました。夜明けとともに出発し、淡水湖の上につくられたスチミルコという名のきれいな市《まち》の見えるところまで参りました。(26) 市の住民はわれわれが来ることを知らされていましたので、たくさんのバリケードや堀をつくり、市《まち》の入口の橋はすべて取り外されていました。この市はテミスティタンから三、四レグアのところにあり、市の中には、市を死守すると固く決意した凛々しい兵士が大勢いました。そこへ着くと、私は全員を集め、隊列を整えさせてから馬を降り、歩兵とともにバリケードのほうへ向かいました。バリケードの後ろにはおびただしい数の戦士がいました。われわれがバリケードを攻撃し、射手《バリエステロ》と小銃手《エスコペテロ》が彼らに損傷を与えますと、彼らはそこから逃げ出しました。スペイン人たちは水へ飛び込み、そのまま進んで本土にまで達しました。半時間ほど戦っておりますうちに、われわれは市《まち》の主要部を占領いたしました。敵は水路をカヌーで退却しましたが、夜になるまで戦いました。和平を請う者もいましたが、戦いを止めようとしない者もいました。彼らはなんども和平を求めながら、自らはそれを実行に移そうとはしませんでした。われわれは、彼らがそうするのは二つの目的があるからだということに気づきました。一つは和平の話でわれわれを引き留めている間に財産を持ち運ぼうということであり、もう一つはメヒコおよびテミスティタンの救援隊が来るまで時間を稼ぐということであります。

その日、二人のスペイン人が殺されました。彼らは盗みを働こうとして他の者たちから離れたため窮地に陥り、誰も助けに行けなかったのです。午後、敵はわれわれを市《まち》から生きて出られないようにするにはどうすればよいか思案していました。そして、われわれが入ったところと同じところから大勢で攻めることに決めました。われわれは彼らが突然やって来るのを目にし、その策略と敏捷さに驚きました。他の者より用意の整っていた六騎と私が彼らの直中に突撃しますと、彼らは馬に恐れをなして遁走しました。

コルテス危地を脱する

そこでわれわれは彼らの後を追って市を出、多くの者を殺しました。もっとも、彼らはきわめて勇敢で、多くは大胆にも剣と盾をもって騎兵を待ち受けるほどであり、われわれも窮地に陥りました。

(26) 現在のショチミルコ（Xochimilco）。「花畑」を意味する。テミスティタンに貢を納める市。同じ名の湖の左岸に位置する。

彼らと入り乱れて交戦し、混乱していたので、私の乗っていた馬は疲労のため横転しました。敵の幾人かは私が立っているのを見て、突撃してきたので、私は槍で防戦しはじめました。するとタスカルテカルの一人のインディオが、私が窮地にあるのを目にして助けに来てくれました。彼と、そのあと馳せ参じた私の召使(27)が馬を起こしました。そうこうしているうちにスペイン人たちがやって来て、敵は戦場から姿を消しました。われわれはとても疲れていましたので、そこへやって来た騎兵たちといっしょに市《まち》へ戻りました。もうほとんど夜で、休む時間ではありませんでしたが、私は、水路にかかっていた橋が取り外されているところはすべて石とアドベで埋めるようにと命じました。騎兵が自由に市へ出入りできるようにするためです。私は、それらの難所がすべて完全に修復されるまでそこを離れませんでした。その夜は、夜番の警戒を厳重にさせて過ごしました。

翌日、メヒコおよびテミスティタン地方の住民はみな、もうわれわれがスチミルコにいるということが分かっていましたので、包囲のため水上と陸上から大挙して押し寄せようと企んでおりました。彼らは、もはやわれわれは彼らの手から逃れられないだろうと思っていたのです。私は彼らがどのようにやって来るか、またどこから襲ってくるかを調べ、必要な準備をするために、ある塔に登りました。すべての用意が整いましたころ、水上を二〇〇〇艘を超えると思われるカヌーの一大船団がやって参りました。そこには一万二〇〇〇人以上の戦士が乗っていました。また陸上からもおびただしい数の者が攻め寄せ、大地を埋めつくしました。先頭に立っていた彼らの隊長たちは、われわれの剣を手にして、「メヒコ、メヒコ、テミスティタン、テミスティタン」と自分たちの地方の名を叫びました。そして、われわれにいろいろと罵りの言葉を吐き、かつてテミスティタンの都でわれわれから取り上げた剣で殺すと言って脅しました。私は各隊長のつく位置を指示してから、敵が本土のほうに大勢いたので、二〇騎とタスカルテカルのインディオ五〇〇人を率いてそちらのほうへ向かいました。われわれは三手に分かれましたが、私は敵を撃破したならば、そこから半レグアのところにある小山のふもとに集合するようにと命じました。そこにも敵が大勢いたからです。われわれは互いに分かれ、各隊がそれぞれに敵を追いました。彼らを敗走させ、その多くを槍で殺してから、われわれは小山のふもとに集まりました。これまで私に仕えてきた召使で、きわめて身軽な歩兵たちがいましたが、私は彼らに小山の一番険しいところから登るよう命じました。私は騎兵とともにより平坦な後ろ側に廻り込み、挟み撃ちにしようと思ったのです。そしてそのとおり実行いたしました。敵はスペイン人が山を登ってくるのを見ると、引き返したほうが安全だと思って後戻りしましたが、一五騎からなるわれわれとぶつかりました。われわれは彼らを襲撃し、タスカルテカルの者たちも彼らを攻撃しました。そのため、たちまちにして五〇〇人を超える敵兵が死に、生き残ったその他の者たちは山岳へ逃げ込みました。他の六騎は槍で敵を突きながら、たいそう広くて平坦な道を行きました。そしてスチミルコから半レグアのところで、敵軍の救援にやって来ました華麗に着飾った兵士の一団に出合いましたが、彼らを敗走させ、幾人かを槍で突き刺しました。朝一〇時ごろ、騎兵が全員集まってから、スチミルコへ戻りました。入口でわれわれの帰りを心待ちにしていた多数のスペイン人に出合いましたが、彼らはわれわれになにが起こったのかを知りたがっていました。彼らは、いかに自分たちが窮地に陥り、敵を追い出すために力の限りを尽くし、多くの者を殺したかについて私に語りました。そして敵から取り返したわれわれの二本の剣を私に渡し、射手はもう矢が尽き、予備も残っていないと述べました。われわれがいまだ馬から降りずにこうしておりますところへ、とても広い堤道に敵の一大部隊が大きな喚声をあげながら姿を現しました。そこでわれわれはただちに彼らに向かって突撃しました。堤道の両側はすべて水でしたので、彼らはそこに飛び込みました。こうしてわれわれはその部隊を敗走させました。われわれは兵士を集め、疲労困憊して市《まち》に戻りましたが、私はわれわれの泊まっていた

（27）メディナ・デル・カンポ出身のクリストバル・デ・オレア（Cristóbal de Olea）。ディアス（cap. 145）によれば、コルテスは頭に傷を負い、オレアは刀で三個所刺されて重傷を負った。クラビヘロはインディオたちがコルテスを生け贄にしようとさえしなければ容易に殺し得たと述べている（MacNutt p. 50）。

場所を除き、その市全体を焼き払わせました。この市には三日間滞在しましたが戦いのない日は一日もありませんでした。結局、この市全体を焼き払い、破壊しつくしてから出発いたしました。[28] 石と漆喰で造られた建物や彼らの偶像のある塔がたくさんあり、それはまことに一見に値する光景でした。しかし冗長になりますので、この市のその他の注目すべきことがらにつきましての詳細は差し控えることといたします。

出発した日、私はこの市《まち》に隣接し本土側にある広場へ行きました。住民はそこで市《いち》を開きます。私は一〇騎が前衛に、他の一〇騎が歩兵を率いて中衛に、さらに他の一〇騎が私とともに後衛につくよう命じました。するとスチミルコの者たちは、われわれが立ち去ろうとしているのを見て、それは自分たちが怖いからだと思い、大声でわめきながら背後から攻めて来ました。そこで私は一〇騎とともに彼らの方へとって返し、彼らを追跡して水の中へ追いやりますと、それ以上われわれを煩わさなくなりました。そして行進を続け、朝一〇時にスチミルコから二レグアのところにあるクヨアカン〔現コヨアカン〕の市《まち》に着きました。いずれも水上にあるテミスティタン、クルアカン、ウチルブスコ〔ウイツィロポチコ、現チュルブスコ〕、イスタパラパ、クィタグアカ〔ないしクイトラワク、現トラワク〕およびミスケケ〔現ミシュキック〕の市々に近く、そのうち一番遠い市《まち》からでも一レグア半のところにあります〔第二書簡註46・47・51参照〕。市中は人影がなく、われわれは首長の家に泊まりました。その日も次の日もそこに逗留いたしました。と申しますのは、ベルガンティン船ができ上がるとすぐにテミスティタンを包囲しなければなりませんので、私はその前にこの市《まち》の地形、入り口と出口、それにスペイン人がどこから攻撃できるか、あるいは攻撃されるおそれがあるかを調べたいと思ったのであります。

到着の翌日、私は五騎と二〇〇名の歩兵を率い、テミスティタンの都へ通じる堤道を通り、すぐ近くにある湖へ赴きました。水上には無数の戦士をのせた夥しい数のカヌーが見えました。堤道の途中にバリケードが築かれていたので、歩兵がバリケード目がけて攻撃しはじめました。それはすこぶる堅固で、しかも執拗な抵抗にあい、一〇人のスペイン人が傷を負いましたが、結局われわれが勝ち、多くの敵を殺しました。しかし射手も小銃手も、矢や弾薬を使い果たしてしまいました。そこからテミスティタンに到るまでの一レグア半あまり、堤道が水上をまっすぐに伸びているのが見えました。その堤道とイスタパラパへ通じるもう一つの堤道は、無数の人で満ちあふれていました。私はこの市《まち》には歩兵と騎兵の守備隊を駐屯させねばならないと思っていましたので、偵察すべきところを十分に検討してからわが軍に引き揚げるよう命じました。こうしてわれわれは家々や偶像の塔を焼き払いながら、戻りました。

テスイコへ　翌日、この市《まち》を発って二レグア先にあるタクバの市《まち》へ向かい、朝九時に着きました。途中、敵が、われわれの荷物を運んでいるインディオを襲おうと、湖から出てきましたので、われわれはあちこちで槍をふるいました。彼らは敗北を認め、われわれに道を明け渡しました。先にも申し上げましたとおり、私のおもな目的は、湖のまわりを一周して地勢を観察し、よりいっそうの知識を得るとともに味方のインディオを救援することにありましたので、タクバには立ち止まりませんでした。テミスティタンの都は本土のタクバ近くまで延びていましたので、そこからはすぐ近くでしたが、そこのインディオたちはわれわれが立ち去るのをみて奮い立ち、われわれの荷物の真中目がけていとも大胆に襲撃してきました。しかし、騎兵が首尾よく位置についていたうえ、そのあたり一帯は平坦でしたので、われわれの側は危険を冒すこともなく敵を制することができました。われわれはあちらこちらと走り回りました。私の従者である若者たちも時おり私についてきたのですが、そのときはそのうちの二人が私に随わず別の方へ行き、敵に捕まってしまいました。(29) 彼らは敵の風習に従い、きわめて残忍な仕方で殺されたことと思います。彼らはキリスト教徒であるとともに勇敢な男たちであり、この戦争においてとてもよく陛下にご奉仕いたしましたので、私がいかに心を痛めましたか、神のみの知り給うところでございます。

(28) スチミルコにおける戦闘は、四月十六日から十八日までつづいた（Wagner, 1944, p. 343）。

この市《まち》を出てから、われわれはその近くの町々を通って行進を続け、仲間の兵士に追いつきました。私はそこでインディオがあの若者たちをどのようにして捕えたかを知りました。殺された彼らの仇を討つため、また敵がこのうえなく傲慢な態度でわれわれの後をつけて来ましたので、私は二〇騎とともに何軒かの家の後ろに隠れて待ち伏せました。他の一〇騎が全兵員を引き連れ荷物をもって前進するのを目にしたインディオたちは、恐れも知らずただひたすら彼らの後を追い、たいそう広くて平坦な道をやって来ました。何人かが通り過ぎてから、私は使徒サンティアゴの名を叫び、猛然と彼らに向かって突撃いたしました。近くにあった堀に彼らが逃げ込むまでに、われわれが一〇〇人以上の華麗に着飾った身分の高い者たちを殺すと、彼らはもはやわれわれの後を追って来なくなりました。その日はとても疲れ、また午後、大雨が降ってずぶ濡れになりましたので、二レグア〔一一㎞〕先にあるコアティンチャンの市《まち》に泊まりました。その市には人気がありませんでした。翌日、時おり喚声をあげて近づいてくるインディオを槍で突き刺しながら行進し、ヒロテペケと呼ばれる町で泊まりました。そこも人気がありませんでした。翌日正午には、テスイコの市の支配地内にありますアクルマンと呼ばれる市へ着き、その夜はそこに泊まりました。われわれはスペイン人から歓待され、彼らは私が戻ってきたことを自分たちが助かったかのように喜びました。彼らと別れてから帰還した日まで、彼らは私の消息が分からず、その間、市ではなんども警報が発せられていたからです。それにテスイコの市の住民は、メヒコおよびテミスティタンの者たちが私の留守中に攻めてくるだろうと毎日彼らに話していたのです。こうして、神のお力添えにより、この遠征は終わりました。それは大成功で、その結果、のちほど申し述べます種々の理由により、陛下は多大のご利益をお受けになりました。

チナンタでの出来事　いと強き、無敵の主君。前の書簡で陛下にご報告申し上げましたとおり、初めてテミスティタンに到着しそこに滞在しておりました際、私は二、三の地方に、それぞれの地方の特性にあった耕作やその他のことを行うための農園を、陛下の御ためにつくるようにと命じました。そのために私は、そのうちの一つであるチナンタ[30]と呼ばれるところへ二人のスペイン人を派遣しました。その地方はクルアの先住民に服してはおりません。クルアの支配下にあるその他の地方の者たちは、私がテミスティタンの都で戦いを挑まれているうちに、そこの農園にいた者たちを殺し、そこにあったものを略奪しました。当地での価値にしますと、それはたいそうな金額に上ります。チナンタにいたスペイン人につきまして、ほとんど一年ほどその消息が分かりませんでした。その辺りはどの地方もすべて敵側に廻っておりましたので、彼らはわれわれについて知ることができず、われわれも彼らについて知ることができなかったのです。このチナンタ地方の先住民は陛下の臣下であり、クルアの仇敵でしたので、キリスト教徒たちに対し、絶対にその地から出ないように、クルアの先住民があなた方に激しい戦争を仕掛けており、あなた方のうちに生存者はいないか、あるいはほとんどいないと思うから、と忠告したのでございます。そこで、この二人のスペイン人はその地に居残りました。そのうちのひとりは若くて戦闘にたけた男で、そこの隊長になりました。その間、彼は敵と戦うためチナンタの者を率いて出陣しますと、たいてい勝利をおさめました。その後、神の御心によりわれわれがふたたび立ち直り、われわれをテミスティタンから追い出し敗走させた敵から勝利を奪い返しますと、チナンタの者たちはこれらのキリスト教徒に対しこう述べました。テペアカ地方にスペイン人のいることが分かったので、もしその真相を知りたければ、冒険ではあるが二人のインディオを派遣することとしよう、随分と敵地を通らなければならないが、テペアカまで夜間に本道を

(29) コルテスはこのとき四人の従者を連れていたが、そのうちのふたり、フランシスコ・マルティン・デ・ベンダバル（Francisco Martín de Vendaval）とペドロ・ガリェゴ（Pedro Gallego）がメシカ人に捕えられ、彼らはグァティムシン（ないしクアウテモク）のところへ連れて行かれてから、生け贄にされた（Bernal Díaz, cap. 145）。
(30) 現オアハカ州チナントラ（Chinantla）。第二書簡でテニスと呼ばれている地方であろう（第二書簡註63参照）。

外れて行けばよいであろう、と。これらのスペイン人のうち、より信頼のおける方が一通の書状をしたため、二人のインディオに託しました。その内容は次のようなものでした。

「高貴なる諸兄。私は諸兄宛ての書状を二、三通したためましたが、いまだそれらに対する回答に接していませんので、果たしてお手もとに届いているかどうか承知しません。従って、この書状についてもお返事をいただけるかどうか疑わしいと思います。諸兄、このクルアの地の先住民はみな謀反を起こして戦闘態勢にあり、いくどとなくわれわれを襲撃しましたが、われわれはそのつど勝利をおさめてきました。われらの主に誉れあれ。クルアと徒党を組んでいるトゥステペケ[31]の者たちとは毎日戦争をしています。臣下として陛下にご奉仕しているのはテネス[32]の七つの町です。私とニコラスはいつもその首邑《カベセラ》であるチナンタにおります。隊長に書簡を書き当地の様子を知らせるため、隊長がどこにおられるのか知りたくてなりません。もし隊長の居所をお教えいただき、二、三〇名のスペイン人を派遣願えれば、私は隊長との面会を希望している当地の要人二人を連れて貴地へ赴きます。ちょうどいまはカカオの収穫期でクルアの者たちが戦争を仕掛けて邪魔をしますので、彼らに〔護衛に〕来ていただいたほうがよいでしょう。諸兄の望まれるように、われらの主が諸兄の高貴なお身体をお守り下さいますように。チナントラ〔チナンタ〕より。日にちは定かではありませんが、一五二一年四月。諸兄の下僕、エルナンド・デ・バリエントス。」

二人のインディオがこの書状をもってテペアカ地方に着きますと、私が数人のスペイン人とともに残留させましたそこの隊長が、それをすぐさまテスイコへ送ってきました。それを受け取り、われわれは皆大いに喜びました。と申しますのも、われわれは常にチナンタの者たちの友情を信じてはおりましたが、もし彼らがクルアの者たちと同盟を結べば、その二人のスペイン人を殺すに違いないと思ったからです。私は二人のスペイン人にただちに返書をしたため、一部始終を知らせるとともに、彼らは八方を敵に囲まれてはいるが、神の御心によりすぐに解放され、安全に往き来できるようになるだろうから、希望をもつように書きました。

テスイコに造られた水路　湖の周囲を巡りながら、われわれは陸上と水上からテミスティタンを包囲するための多くの知識を得ましたが、その後、私はできるかぎり兵力および武器を強化し、また、ベルガンティン船とそれを湖まで運べく造っておりました水路を早く仕上げさせるため、テスイコに留まりました。その水路は、ベルガンティン船の肋材と外板が持ち込まれたあとすぐに造りはじめ、宿舎の近くから湖まで達しています。ベルガンティン船を組み立て、水路を掘りはじめた場所から湖まで、優に半レグアはあります。この工事にはアクルアカン地方とテスイコの住民が毎日八〇〇〇人以上、五〇日間携わりました。水路は身の丈の二倍を超える深さで、幅も深さと同じ位あり、板が張られ、杭が並べて打たれていました。そして、湖から流れ込む水で満たされますので、危険も苦労もなく船を湖へ運ぶことができました。まことにそれは壮大な事業であり、一見に値するものでした。

その年の四月二十八日、ベルガンティン船ができ上がり、それをこの水路に入れましてから、全員を点呼いたしましたところ騎兵八六名、射手ならびに小銃手一一八名、剣と盾をもった歩兵七〇〇余名で、鉄製重砲《ティロ・グルエソ》が三門、青銅製軽砲《ティロ・ペケーニョ》一五門、そして弾薬が一〇キンタールありました。点呼を終えたあと、私はすべてのスペイン人に、戦争の方法に関して私が定めた規則に可能なかぎり従い、それを守るように、またわれらの主はわれわれが敵から勝利を得るようお導き下さっているのであるから、喜び、勇気を出すようとくと言い聞かせました。そして、

---

(31) 現オアハカ州北端にあるトゥステペク（Tuxtepec）。第二書簡で、金をさがすためそこへスペイン人が派遣されたことが述べられている（第二書簡一一四頁）。
(32) 第二書簡でテニスと呼ばれているものと同じであろう（第二書簡註63参照）。オアハカ州北部からプエブラ州にかけての山地地方。

諸君も知ってのとおり、われわれがテスイコへ入ったときには四〇騎しかいなかったが、神はわれわれが考えていた以上にわれわれをお助け下さり、人馬と武器をのせた船が到着したことは、諸君も見たとおりである、と話しました。そして、とりわけわれわれの信仰を広め、謀叛を起こしたすべてのくにや地方を陛下の御支配下におくために戦っているのだということが、勝利かさもなくば死との決意と勇気をわれわれに与えずにはおかないだろう、と説きました。皆よくこれを聞きいれ、その意志と希望のきわめて強いことを示してくれました。点呼をとりました日、われわれは意気高く、早く包囲を行ってこの戦争を終結させたいと願いつつ過ごしました。当地が平和になるか否かは、すべてそれにかかっていたからでございます。

翌日〔四月二十九日〕、タスカルテカル、グァフシンゴ〔グァホシンゴ、現ウェホツィンゴ〕およびチュルルテカル〔現チョルラ〕の各地方に対し、ベルガンティン船ができ上がり、私も部下も全員準備が整ったので、テミスティタンの大都を包囲するため出かけようとしていることを知らせるため、使者を派遣いたしました。彼らはすでに私から予告され、用意もできておりましたので、私は彼らに、できるかぎり武装した、できるだけ多くの者を引き連れて出発し、テスイコへ来てほしいと頼みました。そして、私は一〇日間そこで待っているが、決してその期間を超えないように、計画に大きな狂いが生じるから、と申し送りました。使者が到着しますと、それらの地方の先住民はすでに準備も整い、クルアの者たちと相まみえることをしきりに望んでおりました。グァフシンゴおよびチュルルテカルの者たちはカルコへやって来ました。私はその近くから包囲を始めるべく、彼らにそう命じておいたのであります。タスカルテカルの隊長たちは、聖霊降臨祭の五、六日まえに、華麗に着飾り、十分武装した彼らの兵士全員を率いてテスイコへやって来ました。それは私の指定した期間内でした。その日、私は彼らが近くまで来ていることを知り、喜んで彼らを迎えに出ました。彼らはこれ以上ないほど陽気に、かつ整然としてやって参りました。隊長の報告によりますと、戦士の数は五万を超えておりました。われわれは彼らを手厚く迎え、宿舎を与えました。

三部隊の配置　聖霊降臨祭の翌日〔五月二十一日〕、私はすべての歩兵と騎兵に、このテスイコの市《まち》の広場に集まるよう命じました。それは彼らを整列させ、テミスティタンの周りにある三つの市《まち》に配備する三部隊とその隊長を決めるためでした。一つの部隊の隊長はペドロ・デ・アルバラードとし、彼に三〇騎と一八名の射手《バリェステロ》および小銃手《エスコペテロ》ならびに剣と盾をもった一五〇名の歩兵、それに二万五〇〇〇人以上のタスカルテカルの戦士を与えました。彼らはタクバの市《まち》に本拠をおくことといたしました。

第二の部隊は、隊長をクリストバル・デ・オリとし、彼に三三騎と一八名の射手および小銃手ならびに剣と盾をもった一六〇名の歩兵、それにわれわれの味方の戦士二万人以上を与えました。彼らはクヨアカンの市《まち》に本拠をおくことといたしました。

第三部隊は隊長を警吏長《アルグァシル・マヨール》のゴンサロ・デ・サンドバルとし、彼に二四騎と四名の小銃手および一三名の射手ならびに剣と盾をもった一五〇名の歩兵、それに三万を超えるグァフシンゴ、チュルルテカルおよびチャルコの戦士すべてを与えました。この歩兵のうち五〇名は、私に随行していたえり抜きの若者であります。彼らはイスタパラパへ進軍してその市《まち》を破壊し、そこから湖上の堤道をベルガンティン船に守られて前進し、クヨアカンの部隊と合流することといたしました。そして私がベルガンティン船で湖に入った後、警吏長が適当と判断した場所に本拠をおくことといたしました。

私は湖に入る一三隻のベルガンティン船のために三〇〇名を残しました。そのほとんどは腕利きの水夫でした。(33) 各ベルガンティン船に二五名のスペイン人が乗り、そのいずれにも船長《カピタン》・監視係《ベエドール》および六名の射手と小銃手が乗

(33) ベルナル・ディアスは、漕ぎ手になろうというスペイン人が一人もいないので、コルテスがもと水夫や釣りに行ったことのある者、さらには水夫のいる港などの出身者を強制的にベルガンティン船の漕ぎ手にしたと書いている（cap. 149）。

り組んでいました。

　前述〔隊の配備〕の命令が下されましてから、タクバならびにクヨアカンの両市で軍の指揮に当たることになった二人の隊長は、なにをすべきかについて指示を受け、五月十日テスイコを出発いたしました。[34] そしてそこから二レグア半のところにあるアクルマンと呼ばれるきれいな町に泊まりました。その日、私は隊長たちの間で宿舎に関していさかいがあったことを知りました。そこで、その夜のうちにそれを止めさせ、和解させるため、ひとりの者を派遣いたしました。その者が彼らを叱責し、仲なおりさせました。翌朝、彼らはそこを発ち、ヒロテポルケと呼ばれる別の町で泊まりました。そこはもう敵地で、人気がありませんでした。翌日も彼らは隊列を保って行進を続け、前に陛下にご報告申し上げましたグァティトラン〔現クアウティトラン〕と呼ばれる市《まち》で泊まりました。そこにも人は住んでいませんでした。その日はもう二つ別の市とその他の町々を通り抜けましたが、そこでも人は見かけませんでした。夕暮れにタクバに入りましたが、やはり人はいませんでした。彼らはとても大きくて美しい、そこの首長の邸宅に泊まりました。もう時刻は遅かったのですが、タスカルテカルの先住民はテミスティタンの都に通じる二本の堤道の入口を偵察いたしました。そして都の者たちと二、三時間勇敢に戦いました。勝負がつかぬまま夜に入り、彼らは無事タクバへ戻って来ました。

　翌朝、二人の隊長は、テミスティタンの都に淡水を補給している水道管〔第二書簡註83参照〕を、私の命令により切断することになりました。彼らのひとりは二〇騎といく人かの射手および小銃手を伴って、そこから四分の一レグアのところにある水源地へ赴き、木と石と漆喰でできている水道管を切断しました。彼は、湖と陸の両方から水道管を守ろうとする都の者たちと激しく戦い、ついに彼らを敗走させました。そして、都に淡水が補給されないようにするという目的を達成いたしました。それはまことにすばらしい戦略でした。

　その同じ日、隊長たちは、騎兵があちこち思う存分走り回れるよう、湖の周りの悪い道・橋・および水路を修繕させました。それに三、四日かかり、その間、都の者となんども衝突し、いく人かのスペイン人が傷を負いましたが、敵も多数が死にました。彼らは多くのバリケードと橋を占領いたしました。都の者とタスカルテカルの先住民の間で口論や挑発の応酬がありましたが、それはなかなかのもので、一見に値するものでした。クリストバル・デ・オリ隊長は、タクバから二レグア離れたクョアカンの市《まち》に駐屯することになっていた兵士を伴い〔タクバを〕出発いたしました。ペドロ・デ・アルバラード隊長は、彼の部下とともにタクバに留まりました。そこでは毎日、インディオとの間に小競合いや戦闘がありました。クリストバル・デ・オリたちは、出発したその日の朝一〇時にクョアカンに着き、そこの首長の家に宿泊いたしました。市には人はいませんでした。翌朝、彼らは二〇騎となん人かの射手およびタスカルテカルのインディオ六、七〇〇〇人を伴い、テミスティタンに通じている堤道の偵察に出かけました。敵は周到に準備を整えており、堤道は壊され、バリケードがたくさん築かれていました。彼らは敵と戦い、射手はいく人かを傷つけ、殺しました。これが五、六日続き、毎日多くの衝突や小競合いがありました。

ある日、真夜中に、都の夜番が営舎の近くで大声を出しましたので、スペイン人の夜番が「武器をとれ」と叫び、みな外へ出ましたが、敵の姿は見当たりませんでした。彼らを驚かせた叫び声は、営舎よりひじょうに離れたところから出たものでした。われわれの軍はあちこちに分散していましたので、〔タクバとクョアカンの〕二つの駐屯部隊の者たちは、私がベルガンティン船を率いてやって来れば救われると、私が着くのを心待ちにしていました。後述いたしますように、私が到着するまでの数日間、彼らはそのような期待を抱きながら過ごしてきたので

(34) この日付は誤りであろう。すぐ前に、コルテスは聖霊降臨祭の翌日すなわち五月二十一日にテスイコの広場で部隊編成を行った、と書いている。ベルナル・ディアス(cap. 150)はアルバラードとオリード(オリ)は五月十三日に出発したと述べているが、これもおかしい。トルケマーダ(lib. o iv, cap. 89)は五月二十二日としている。サンドバルの出発は、あとにあるように、五月三十一日である。

ございます。両部隊の本拠は互いに近接していましたので、騎兵はその間を駆け、六日のあいだ毎日互いに行き来しておりました。そしてそのつど多くの敵を槍で刺しました。また、山で大量のトウモロコシをとり、営舎へもって帰りました。それでパンをつくりますが、それが当地の主食で、島嶼〔イスパニョラ島やキューバ島〕のものよりはるかに上質であります。

コルテス、ベルガンティン船を指揮

先に、私は三〇〇名の部下および一三隻のベルガンティン船とともにテスイコに留まったと申し上げました。それは、駐屯部隊が所定のところに居を定めたことが分かれば、船にのって都を偵察し、カヌーをすこし痛めつけようと思っていたからです。私は陸上を行き、野営地で指揮をとりたいと思いましたが、隊長たちはとても信頼のおける者でしたし、それにベルガンティン船のほうが大事で、十分の規律と注意が要求されていましたのでベルガンティン船にのることに決めました。水上のほうがより多くの危険が予想されていたのです。もっとも、私の部隊の主な者たちは、駐屯部隊のほうが危険であると思い、私にそちらへ行ってほしいと要請しました。キリスト聖体の祝日の聖金曜日〔五月三十一日〕の明け方、私は警吏長ゴンサロ・デ・サンドバルに、彼の部下とともにテスイコを発ち、そこからまっすぐ六レグア〔三三km〕足らずのところにあるイスタパラパの市《まち》へ赴かせました。彼らは昼下がりにそこへ着き、市《まち》を焼き払い、市の者たちとの間で戦争が始まりました。警吏長は三万五〇〇〇ないし四万以上の味方の戦士を従えていましたので、その優勢をみてとり、その者たちはカヌーで水上に避難いたしました。警吏長は、随行した全兵士とともにその市に泊まり、その日は私の消息と私の命令が届くのを待ちながらそこに留まりました。

警吏長を送り出すが早いか、私はベルガンティン船に乗り、われわれは帆と櫂の両方を使って出発いたしました。[35] 警吏長が戦い、イスタパラパの市《まち》を焼き払っているころ、われわれはその市《まち》の近くにある大きくて守りの固い丘[36]が見えるところへ着きました。そこは周囲が水に囲まれ、きわめて難攻で、湖のまわりの町々やテミスティ

タンの者が大勢いました。彼らはすでにわれわれの合戦の最初の相手が、イスタパラパの者たちであるということを承知しており、自衛して、できればわれわれを攻撃しようとそこに集まっていたのです。彼らは船団が近づくのを見ると、湖のほとりにあるすべての市にそれを知らせ用意を整えさせようと、大声を出し、大きなのろしを上げはじめました。私は最初、イスタパラパの市《まち》の水上にある側を攻撃するつもりでいましたが、その丘、つまり岩山の方へ引き返しました。たいそう高くて険しい丘でしたが、一五〇名の兵士とともにそこに上陸し、四苦八苦しながらそれを登りはじめました。そして、彼らが防禦のため頂上につくったバリケードを力ずくで占領いたしました。われわれの襲撃のしかたが凄まじかったものですから、女・子供を除き、逃げおおせた者はひとりもいませんでした。この戦闘で二五名のスペイン人が傷つきましたが、まことにすばらしい勝利でありました。

イスタパラパの者たちが、市《まち》の近くのとても高い丘にある偶像の安置されたいくつかの塔からのろしを上げたので、テミスティタンをはじめ水上にあるその他の市《まち》の者たちも、私がすでにベルガンティン船で湖に入ってきたことに気づきました。彼らは、われわれを襲撃し、またベルガンティン船がどんなものであるかを見届けようと、急いでカヌーの大群を集めました。それは五〇〇艘を超えるであろうと思われました。彼らがまっすぐわれ

（35）コルテスは触れていないが、彼の出発前に、タスカルテカルの首長のひとりシンテンガル（ないしシコテンカトル、父も同名）がテスイコの近くの村で脱走のかどで絞首刑に処せられている。その理由についてはいくつかの説がある。ベルナル・ディアスは、彼が、スペイン人に好意的な父親は目が見えず、マヒスカシン（ないしマヒスカツィン）は死去していることもあり、彼のライバルであるもうひとりの首長チチメカテクートリ（Chichimecatecuhtli）がテミスティタン攻撃に参加しているすきに、タスカルテカルに帰り、その地位を奪おうと企てた、と書いている（cap. 150）。セルバンテス・デ・サラサールは、二人のスペイン人がタスカルテカルの貴族ピルテチトル（Piltechtl）の頭に傷を負わせ、事態を穏便に済ませるため治療をかねて密かにタスカルテカルに帰らせたと聞き、シンテンガルも夜中に脱走した、としている（lib. o V, cap. 121）。

（36）テペポルコ（Tepepolco）の丘。一五二九年、コルテスに与えられ、「侯爵の岩山」（Peñón del Marqués）と呼ばれるようになった（MacNutt）。ディアスによれば、この会戦はキリスト聖体の祝日の四日後、すなわち六月三日に起こった（cap. 150）。

ベルガンティン船による大都包囲（フロレンティーノ写本）

われの方へ向かっていることが分かりましたので、私とその大きな丘に上陸した者たちは、大急ぎで船に乗りました。私はベルガンティン船の船長たちに、決してそこを動かないよう命じました。それはカヌーの者たちに、われわれが彼らを攻撃しようとしないのは怖いからだと思わせ、彼らにわれわれを攻めるように仕向けようとしたからであります。そこで、彼らは凄まじい勢いでカヌーの大群をわれわれに向けて走らせはじめました。しかし、彼らは大弓の届く距離の二倍くらいのところまで来ると止まり、そこから動かなくなりました。私は彼らとの最初の合戦で大勝利をおさめ、彼らがベルガンティン船を恐れるように仕向けたいと切望していました。それは、彼らにとっても、われわれにとっても、最も痛手を受けやすいのが水上であり、戦争全体の鍵がベルガンティン船にあったからでございます。両方が互いににらみ合っておりますと、われらが主の御心により、彼らを襲撃するのにきわめて都合のよい陸風が吹いてきましたので、私はただちに船長に対し、カヌーの大群に突撃し彼らを追跡してテミスティタンの都のなかへ追い込むよう命じました。彼らは力の限りを尽くして逃げましたが、風がすこぶる好都合だったものですから、われわれは彼らの直中に突撃して無数のカヌーを撃破し、敵の多くを殺し、あるいは溺死させました。まことに、それは世にもめずらしい光景でした。われわれは優に三レグアあまり追跡し、彼らを都の家々に追いやりました。かくしてわれらが主は、われわれが祈願し、望んでおりました以上に大きな、よりすばらしい勝利をお授け下さったのであります。

われわれがベルガンティン船で進む様子は、タクバ駐屯部隊よりもクョアカン駐屯部隊からの方がよく見えました。そこで彼らは、一三隻のベルガンティン船がすべて順風に恵まれて水上を行き、敵のカヌーをことごとく壊滅させるのを見て、それはなによりも待ち望んでいたことであり、これほど嬉しいことはなかった、と後ほど私に語りました。先に申し上げましたとおり、彼らもタクバの者たちも、私が来るのを強く望んでいたのでありますす。しかし、奇蹟的にも、われらの主はわが方の兵を奮い立たせ、敵の勇気をそぎ、兵営を襲おうという気を起こさせないようになさったのでございます。彼らはいつも準備を整え、勝利を得るか死するかのいずれかであると心に決めてはいましたが、神のお力添えを待ち望むほかにはまったく助けを求めるすべがなく、もし敵が攻めて参りますれば、スペイン人たちは大被害を受けずにはおれなかったでありましょう。

われわれがカヌーのあとを追うのを見ると、クョアカン駐屯部隊のうちのほとんどの騎兵と歩兵がテミスティタンの都へ向かい、堤道にいたインディオと激しく戦いました。そして、敵のつくったバリケードを占領し、堤道の近くを行くベルガンティン船に守られながら、取り外されてあった数多くの橋を占拠し、徒歩や馬でそこを渡りました。われわれの味方であるタスカルテカルのインディオとスペイン人は敵のあとを追い、敵のなん人かは殺しましたが、幾人かはベルガンティン船が来ない堤道の向う側〔西側〕の水に飛び込みました。こうして勝利をおさめ、彼らは堤道を優に一レグア以上も進み、後述いたしますとおり、私がベルガンティン船を停めた地点までやって来ました。

ショロコの要塞　われわれはベルガンティン船でカヌー狩りをしながら、三レグア〔一七km〕あまり進みました。われわれから逃げのびた者たちは、都の家々に避難しました。すでに日も暮れかかっていましたので、私はベルガンティン船を引き揚げました。ベルガンティン船で堤道のところまで行き、石と漆喰の低い壁に囲まれ、偶像が安置された二つの小さな塔を占拠するため、三〇名の部下を連れて陸に上がることにしました。[37] われわれが上陸するが早いか、彼らは塔を守ろうと猛然と攻めて来ましたが、ひじょうな危険を冒し、随分骨を折ったすえ、ついにわれわれはそこを占領しました。そこで、すぐさま私は船で運んでおりました鉄製の重砲《ティロ・グルエソ》三門を陸に揚げさせました。堤道から都まで半レグアでしたが、その間は敵で満ちあふれており、堤道の両側は水で、そこには戦士をのせたカヌーが押し寄せていましたので、重砲の一つを堤道の方に向け、それに沿って撃たせましたところ、敵に甚大な被害を与えました。しかし重砲を撃つ際、砲兵の不注意のため、持参していた弾薬をわずかながら燃やしてしまいました。その夜、ただちに私は一隻のベルガンティン船を警吏長のいる、そこから二レグア向うのイスタパラパへやり、そこにあるすべての弾薬を持ってこさせました。当初、私はベルガンティン船に乗ればすぐにクヨアカンへ行き、警戒を怠らずにできるかぎりの被害を敵に与えるよう命じようと考えていましたが、その日は堤道に上がりあの二つの塔を占拠しましたので、そこに本陣を置き、塔の近くにベルガンティン船を停めておくことにしました。そして、クヨアカン駐屯部隊の半数と警吏長の歩兵五〇名を、翌日本陣へ来させることにしました。そのように手配いたしましてから、われわれはその夜は警戒を厳重にしました。都の者がすべて、堤道伝いに、また水上からそこへ集まって来て、われわれは大きな危険に曝されていたからです。真夜中におびただしい数の者が、あるいはカヌーであるいは堤道から、われわれの本陣めがけて攻めて来ました。それはわれわれを芯から恐怖におとしいれました。と申しますのも、なにぶんにも夜間であり、彼らはかならず勝つと分かっているとき以外は決してそのような時間に攻撃しないのが慣わしで、彼らが夜戦うのを見かけたことがなかったからです。しかし、用意万端整えていたわれわれは、彼らと戦端を開き、またベルガンティン船はいずれも小型野砲《ティロ・ペケーニョ・デ・カンポ》を一つ備えていましたので、戦場からそれで撃ち、射手および小銃手もそれぞれの武器で攻撃しました。そのため、彼らはそれ以上あえて前進しようとはせず、われわれに危害を加えうるところまで寄りつこうとしませんでした。そして、その夜は彼らはそれ以上われわれを攻めようとはいたしませんでした。

翌日、夜が明けると、私のいた堤道の本陣に、クヨアカンの駐屯部隊から一五名の射手と小銃手、五〇名の剣と盾をもった歩兵、それに七、八名の騎兵が到着いたしました。彼らが着いたころには、もう都の者はカヌーや堤道からわれわれを攻撃しておりました。その数は夥しく、水上も陸上も人しか見えず、彼らはけたたましい叫び声をあげていたので、世界が沈没するのではないかと思われるほどでした。われわれは堤道を前進して彼らと戦い、橋の取り外されている水路と、その入口に造られているバリケードのところまで進撃しました。われわれは野砲と騎兵で彼らにかなりの被害を与え、もう少しで都の入口近くの家々に彼らを追い込むところでした。ベルガンティン船は堤道の向う側へは行けませんので、そちら側にたくさんのカヌーが集まり、堤道のわれわれに槍を投げ、矢を射て危害を加えました。そこで私は、われわれの本陣の近くの堤道の一部を壊させ、四隻のベルガンティン船を向う側へ渡らせました。それらは向う側に渡るが早いか、すべてのカヌーを都の家々の間に追い込みました。彼らはまったく外へ出て来ようとはしませんでした。堤道のもう一方の側では、別の八隻のベルガンティン船がカヌーと戦い、それらを家々の間に追い込み、彼らもその間に入って行きました。多くの浅瀬や杭が障害になっていましたので、それまでベルガンティン船はそこへ入ろうとはしなかったのです。無事に入れる水路を見つけたので、彼らはカヌーの者たちと戦い、そのうちのいくつかのカヌーを捕えました。そして、郊外の多くの家を焼き払いました。われわれはその日一日を、このようにして戦いに費やしました。

コルテス大都を完全包囲

翌日、警吏長はイスタパラパにいる彼の部下のスペイン人と味方のインディオを

(37) イスタパラパからの堤道とコヨアカンからの堤道が出合う地点の近くにあったショロコ（Xoloco）と呼ばれる小さな要塞。コルテスとムテスマの最初の会合はこのショロコを過ぎたところで行われた（MacNutt p. 69）。

連れ、クヨアカンへ出発いたしました。そこ〔クヨアカン〕から本土までは堤道が一レグア半ほど延びております。警吏長は進軍を開始し、四分の一レグア〔一・四km〕ほど進みますと、やはり水上にある小さな市《まち》(38)に着きました。その市《まち》の中は、馬であちこち歩き回ることができました。市の住民は彼を攻撃しはじめましたが、彼は住民たちを敗走させ、多くの者を殺し、市全体を焼き払い、破壊いたしました。インディオが堤道の多くを壊し、人が通れなくなっていることが分かりましたので、そこを渡れるようにするため、二隻のベルガンティン船をやり、歩兵はそれを橋のかわりにして渡りました。渡り終えますと、彼らは野営のためクヨアカンへ向かいました。警吏長は一〇騎を率いて、われわれの本陣がある堤道を進みました。彼が到着したときわれわれはちょうど戦闘の真最中でしたので、彼と彼に同行した者たちは、われわれと戦っていた堤道の者たちを攻撃しはじめました。警吏長が戦っておりますと、敵が彼の足に投げ槍を突き刺しました。その日は彼とその他の幾人かが傷を負いましたが、われわれも大型野砲や大弓や小銃で彼らにかなりの危害を加えました。そのため、カヌーの者も堤道にいた者もわれわれにあまり近づこうとはせず、彼らは以前よりも恐怖心をつのらせ、傲慢さをなくしておりました。こうしてわれわれは六日間滞在しましたが、その間毎日、彼らとの間で戦闘がありました。そして、ベルガンティン船は都の周囲の家々をできるかぎり焼き払いました。われわれは都のはずれから都の中心にまで入り込むことのできる水路を発見しました。これはきわめて好都合で、カヌーを動けなくさせましたので、われわれの本陣から四分の一レグア以内へは、どのカヌーも姿を現そうとはしませんでした。

翌日、タクバ駐屯部隊の隊長ペドロ・デ・アルバラードは、テミスティタンの者たちが都の反対側で、本土の町々に通じる堤道とその近くにある別の小さな堤道を使って自由に都に出入りしていると、私に知らせてきました(39)。そして、彼らを窮地に追い込めばみなその堤道を通って都から逃げ出すと思う、と述べました。彼らは水上に大きな要塞をもっていましたので、本土のほうが遥かにくみしやすいと思われ、彼らが出て行ってくれることを、私自身彼ら以上に望んでいたのであります。しかしながら私は、彼らを完全に封じ込め、本土からいかなる救援も得られないようにしようと、手負いの身ではありましたが、警吏長にその二つの堤道のうちの一つが行きついたところにある小さな村へ行き、そこに野営地を置くようにと命じました。彼は二二騎と一〇〇名の歩兵、それに一八名の射手および小銃手を率いて出発し、私の隊の歩兵のうちの五〇名を私に残して行きました。彼は、翌日到着すると、私の命じた場所に野営地を設置しました。それ以後、堤道を通って本土へ出ようにも、テミスティタンの都はすべて包囲されることとなったのであります。

いと強き主君。私は堤道の本陣にスペイン人の歩兵を二〇〇名、うち射手および小銃手を二五名配置していましたが、そのほかにもベルガンティン船には二五〇名以上の部下がいました。われわれは敵を包囲しておりましたし、味方の戦士を大勢連れていましたので、堤道を通ってできるかぎり都の奥深くまで入り、ベルガンティン船には堤道の両側からわれわれの最後部を援護させることにしました。そして、クヨアカンにいる騎兵と歩兵のいく人かは、われわれといっしょに都へ入るため本陣へくるように、また一〇騎はわれわれの最後部を援護するため堤道の入口に留まるように、と命じました。さらに、なん人かはクヨアカンに留まりました。水上にありますスチミルコ〔現ショチミルコ〕、クルアカン、イスタパラパ、チロブスコ〔ないしウイツィロポチコ、現チュルブスコ〕、メシカルシンゴ、クィタグァカード〔クィタグァカないしクイトラワク、現トラワク〕およびムスキケ〔ミシュキック〕の市々の住民が謀反を起こし、都の者に加担していたからです。もっとも、彼らが後方からわれわれを襲おうとしても、一〇ないし一二騎に堤道を巡視させていましたし、同じ数の騎兵が一万人を超える味方のインディオとともに常にクヨアカンにいましたので、われわれは安全でした。

(38) メヒカルシンゴ。第二書簡にはミシカルシンゴとして出てくる（第二書簡註52参照）。
(39) テスイコ湖の北岸のテペヤカクに通ずる堤道。コルテスは大小二本あったと述べている。ディアスはその町をテペアキーリャと記し、のちに「われらの聖母グァダルペ」と名づけられたと書いている（cap. 150）。

また、私は都をできるかぎり広く占領したいと望んでいましたので、警吏長とペドロ・デ・アルバラードに対し、その日のうちにそれぞれの居場所から都の者を襲うようにと命じました。こうして、朝、私は本陣を立ち、歩いて堤道を前進しておりますと、まもなく堤道につくられた割れ目を守っている敵兵を見つけました。それは幅が槍の長さほどで、深さもそれくらいあり、バリケードが造られていました。

大都に入る　われわれも彼らも、互いにきわめて勇敢に戦いましたが、結局われわれはそこを占領し、堤道を前進し続けて、都の入口まで達しました。入口には偶像の安置された塔があり、その足もとのとても大きな橋は取り外されていました。そこは非常に広い水路になっており、そこにもすこぶる堅固なバリケードがありました。われわれが着きますと、彼らはわれわれに攻撃を仕掛けてきました。

しかし、堤道の両側にはベルガンティン船がいましたので、われわれは危険を冒すこともなくそこを奪取しましたが、それはベルガンティン船の助けなくしては不可能だったでしょう。彼らはバリケードを放棄しはじめましたので、ベルガンティン船の者は陸に跳びうつり、われわれも、一〇〇〇人以上いたタスカルテカル、グァホシンゴ〔現グァホツィンゴ〕、チャルコおよびテスクコ〔テスィコ〕の者たちも水路を渡りました。われわれがその橋の取り外されたところを石とアドベで埋めておりますうちに、スペイン人たちは都の中でいちばん広い目抜き通りにあるもう一つ別のバリケードを占領しました。その辺りには水はありませんので、いともたやすく占拠することができました。彼らは敵のあとを追ってその街路を前進し、橋のあるところまでやって参りました。その橋も取り外されていましたが、その上を通ることのできる幅の広い梁が一本残されていました。敵は梁の上を向う側へ渡り終え、われわれとの間が水で守られるとすぐに梁を取り外してしまいました。梁のあった向う側には土とアドベで造られた大きな胸壁がもう一つできていました。われわれが着いたときには、水に飛び込まずにそこを渡ることはできませんでしたが、敵がきわめて勇敢に攻めて来ますので、それはひじょうに危険なことでした。

街路の両側には無数の敵がおり、屋上から果敢に攻めてきました。しかし、多数の射手と小銃手が着き、われわれは二門の野砲で街路の前方を撃ちましたので、彼らに大きな損害を与えました。それが分かると、いく人かのスペイン人が水に飛び込み、向う側へ渡りましたが、それには二時間以上もかかりました。敵は彼らが渡ってくるのを見ると、バリケードや屋上から離れ、その街路のさらに前方へ向かって逃げ出しました。こうしてわが軍は全員そこを渡り終えました。私はただちにその橋を埋めさせ、胸壁を壊しにかからせました。その間、スペイン人と味方のインディオは追跡を続け、その街路を大弓が届く距離の二倍あまり前進して、都の重要な建物がある広場の近くのもう一つの橋までやって来ました。その橋は取り外されてはおらず、そこには胸壁も築かれてはいませんでした。彼らはその日のうちにそんなに占領されるとは思っていなかったのであります。われわれ自身、その半分も占領できるとは思っていませんでした。そこで、われわれは広場の入口に野砲を据えました。敵はそこに入りきれないほど満ちあふれていましたので、野砲は彼らに大きな被害を与えました。スペイン人たちは、水のあるところではよく危険にさらされましたが、そこに水がないことが分かりますと、広場の中まで入る決心をしました。

　都の者たちは、その決心が実行に移されるのを目にし、またおびただしい数のわれわれの味方のインディオを見て逃げ出しました。もっとも、もしインディオたちだけで、われわれがいなければ、彼らも一向に怖がらなかったでしょう。スペイン人と味方のインディオたちは彼らのあとを追い、石と漆喰の壁に囲まれた、偶像のある囲壁内に彼らを追いこみました。先の報告書簡によりご理解いただけたかと存じますが、その囲壁の周囲は人口四〇〇人の村くらいの大きさであります[40]。彼らは間もなくそこから逃げ出しましたので、スペイン人と味方のインディオたちはそこを占領し、しばらくその囲壁とそこにある塔のなかにいました。都の者たちは、騎兵がいないのを見てスペイン人に襲いかかり、彼らを塔や中庭、すなわち囲壁のうちから追い出しましたので、彼らはひじょうな窮地に立たされ、危険にさらされました。そこで大急ぎで退却し、中庭の門の下で敵に立ち向かいま

メシカ人を攻撃するスペイン人とタスカルテカル人（トラスカラ写本）

した。しかし敵があまりにもはげしく攻めて来ますので、そこを離れて広場へ逃げ込みましたが、敵はそこからも彼らを街路へ追い払ったため、彼らはそこにあった野砲を置き去りにしました。スペイン人たちは敵の勢いに逆らうことができず、ひじょうな危険にさらされながら退却しました。ちょうどそのとき、神の御心により三騎が着き、広場に入って来ましたが、もし彼らが来なければ、甚大な被害をこうむっていたでありましょう。敵は騎兵を見て、もっと大勢が来るものと思い、逃げ出しました。騎兵は彼らのうちのなん人かを殺し、先に申し上げました中庭つまり囲壁を占領いたしました。頂上まで百段以上もある、いちばん高い中心の塔[41]に、都のおもなインディオが一〇人か一二人立て籠もりました。彼らはよく防戦に努めましたが、四、五人のスペイン人が強引に登り、そこを奪取して彼らを皆殺しにしました。

その後、さらに五、六騎やって来て、先の者といっしょに待ち伏せし、三〇人以上の敵を殺しました。もう遅かったものですから、私は部下に集合し、引き揚げるよう命じました。退却のときもおびただしい数の敵兵が攻撃してきましたので、騎兵がいなければ、スペイン人は甚大な被害をこうむらずにはおれなかったでしょう。しかし、危険だと思われたあの街路や堤道の難所は、いずれも引き揚げのときまでにすでにアドベを詰め、修復しておきましたので、騎兵は容易にそこを往来できました。敵はわれわれの後方を襲って参りましたが、騎兵が彼らの方にとって返し、そのつど敵のなん人かを槍で殺しました。街路はたいそう長かったものですから、それが四、五回くり返されました。敵は自分たちが被害を受けていることに気づいていたのですが、この犬どもはたけり狂っておりましたので、われわれはそれを押しとどめることも、追跡を止めさせることもできなかったのです。彼らは街路を見下ろす多くの屋上を占拠し、そのため騎兵はひじょうな危険におちいったのですが、そうでなければ戦闘は一日中続いたでしょう。こうして、スペイン人に若干の手負いはありましたが、命にかかわるほどの傷をうけた者はひとりもなく、われわれは堤道を通って本陣へ引き揚げました。そして、この次に来る際、屋上から襲われることがないようにと、その街路にあった立派な家々のほとんどに火をつけました。その日、警吏長とペドロ・デ・アルバラードも、それぞれの陣地から、都の者とともはげしく戦いました。戦闘のときには、われわれは互いに一レグア半ないし一レグアほど離れていたでしょう。都の住民の居住区はきわめて広範囲にわたっておりますので、それでも距離を少なめに申し上げているかもしれません。彼らとともにいたわれわれの味方の者は、その数も限りなく多く、よく戦い、その日はなんの被害も受けずに引き揚げました。

(40) 第二書簡で、コルテスは、「優に人口五〇〇人の村をつくることができます」(一三〇頁)と書いている。テミスティタン中央部にある、大神殿の境内をさす。サアグンによれば、石の門にワシが彫られていたので「ワシの門」と呼ばれ、同じくトラとクマの像が石に彫られていた(lib. o xii, cap. 31)。この攻撃はオロスコ・イ・ベラ(n. 23)によれば六月九日、パグデン(n. 48)によれば、六月十日と十二日の間に行われた。

(41) テミスティタンの主神殿である、ウィツィロポチトリ神とトラロク神を祀った双子神殿。

テスイコのドン・フェルナンド

その間、前に陛下に申し上げましたテスクコの市《まち》ならびにアクルアカン地方の首長であるエルナンド(42)は、その市《まち》および地方のすべての先住民、とりわけ重きをなす者たちをわれわれの味方につけようと努力しておりました。彼らの友情はその後確かなものとなりましたが、そのころはまだそれほどではなかったのであります。毎日、ドン・エルナンドのもとに、多くの首長や彼の兄弟たちが、われわれの側についてメヒコおよびテミスティタンの者と戦いたいとの決意を抱いてやって来ました。ドン・エルナンドはまだ少年で、スペイン人に対し、ひじょうな好意を抱いており、彼よりも権利のある者が他にいるにもかかわらず、陛下の御名において彼にそのような大きな支配地が与えられたことに恩義を感じていましたので、彼は自分の配下がみな都の者と戦い、われわれと同じ危険と困難に身をさらすよう、できるかぎり説得に努めたのです。彼は、いずれも気だてのよい若者である彼の兄弟六、七人に、彼の支配地のすべての住民とともに私を助けに行くように頼みました。そしてそのうちのひとりに、年齢二十三、四歳の、たいそう勇敢で、皆から愛され、恐れられているイストリスチルと呼ばれる者がおり、その者を隊長として派遣してきました。彼は、自分たちの流儀に従ってきれいに着飾った三万人以上の戦士を伴い、堤道の本陣にやって来ました。他の二つの野営地にも二万人以上の戦士が赴きました。私は喜んで彼らを迎え、彼らの好意と行いに礼を述べました。

　このエルナンドの救援と友情がいかにありがたいものであったか、またテミスティタンの者たちは、自分たちの配下・友人・親戚・兄弟であり、さらには父であり子であると思っていた者たちが襲ってくるのを見て、どのように感じたか、皇帝陛下にもよくご推察いただけることと存じます。

　先に申し上げましたとおり、都での戦闘は二日間続きました。これらの者がわれわれを助けにやって来ますと、水上にあるスチミルコの市《まち》の先住民や、山岳族であるテミスティタンの首長の奴隷であり、スチミルコより人口の多い、ウトゥミー(43)の村々の者たちも、陛下の臣下になりたいと申し出るためにやって来て、これまで出頭するのが遅れたことを許してほしいと懇願いたしました。私は彼らを丁重に迎え、彼らの来訪を大いに喜びました。

クヨアカン駐屯部隊に危害を加えるかもしれないと思われていたのは、彼らだけだったからであります。

私のおりました堤道の本陣からベルガンティン船で行き、都のはずれにある多くの家を焼き払いました。その辺りにはカヌーがまったく姿を見せなくなりましたので、われわれの安全のためには、本陣のまわりに七隻のベルガンティン船をおいておけば十分であると思われました。そこで警吏長とペドロ・デ・アルバラードの野営地に、それぞれ三隻のベルガンティン船を遣ることにしました。その二つの野営地側では、都の者がカヌーを使って水・果物・トウモロコシおよびその他の糧食を本土から運び込んでいましたので、私は船長たちに、夜も昼も両方の野営地のベルガンティン船が交代で巡視するよう、命令いたしました。さらにまた、両野営地の者が都を攻撃に行くときには、かならず彼らを護衛するようにとも指示いたしました。

こうして、これら六隻のベルガンティン船は二つの野営地へ赴きましたが、それは必要かつ有益なことでありました。彼らはそのベルガンティン船で、毎日毎夜、驚くべき襲撃を行い、多数のカヌーと敵兵を捕えたのであります。

このように取り計らいましてから、また前に申し上げました者たちが敵意を捨てわれわれの救援に参りましたので、私は彼ら皆に向かって、二日後に都を襲撃に行くつもりだからそれまでに戦争の準備を整えてくるよう命じ、それによって彼らがわれわれの味方であるかどうかを判断したいと申し渡しました。そして彼らはそのとお

(42) このエルナンドはフェルナンド・テココルツィンのことで、隊長として派遣されたイシュトリルショチトルは彼のきょうだいである (Juan Miralles Ostos, *Hernán Cortés*, p. 312)。いずれも洗礼名をフェルナンドと呼び、コルテスがテスイコに入ったときから、スペイン人の協力者として行動していた(註11および15、第二書簡註70参照)。テスイコの援軍は六月十日ごろ着いたとみられる (Pagden, n. 52)。

(43) オトミー (Otomí) 族。ナワトル語族のメシカ人とはちがった語族に属し、メキシコ中央の山岳地帯に住んで、文明度が低いとみなされていた。

りにすることを約束いたしました。
そこで、翌日、私は皆に用意万端整えさせ、私が決めたことと彼らがなすべきことを、野営地およびベルガンティン船に書き送りました。

大都への二度目の総攻撃　その翌朝、ミサにあずかり、隊長たちに彼らがすべきことを指示しましてから、私は一五ないし二〇騎と三〇〇名のスペイン人、それに無数のわれわれの味方のインディオを連れ、本陣を出発いたしました。堤道を前進し、本陣から大弓が届く距離の三倍ほど参りますと、もう敵が大きな喚声をあげてわれわれを待ち受けていました。彼らはその前の三日間、攻撃を受けていませんので、堤道の割れ目にわれわれが埋めたあとをその間にまた壊してしまい、そこを奪取しようにも、以前にもましてむずかしく、また危険になっていました。しかし、堤道の両側からベルガンティン船がやって参り、それは敵のすぐ傍まで接近できましたので、野砲や小銃や大弓で彼らに多大の被害を与えました。ベルガンティン船の者はそれを見きわめたうえで陸へ上がり、バリケードと橋を占領しました。そしてわれわれも向う側へ渡り、敵のあとを追いはじめました。するとたちまち彼らは、別の橋とすでに造ってあったバリケードに避難して守りを固めました。前よりもさらに苦労と危険が伴いましたが、われわれはそこも占領し、都の大きな家々がある街路と広場から彼らを一掃しました。私は味方のインディオたちといっしょに、そのときまだ石やアドベで堤道の割れ目を埋めておりましたので、スペイン人にそこから先へは進まないよう命じました。それはとても骨の折れる仕事で、一万人を超えるインディオの助けを借りましたが、作業が終えると、もう夕暮れになっていました。その間も、始終、スペイン人と味方のインディオたちは都の者と戦ったり、小競合いをしたりし、彼らを待ち伏せしては襲い、彼らの多くを殺しました。私は騎兵とともにしばらく都のなかを馬で進み、水のない街路では、手の届くところにいる者はみな槍で刺しました。こうしてわれわれは彼らを寄せつけず、彼らもあえて陸に上がって来ようとはしませんでした。

この都の者たちが反抗し、死ぬまで防戦する決意を固めているのを見、私は二つのことを推論いたしました。一つは、われわれが彼らに奪われた富のうち奪い返せるものはわずかか、あるいは皆無であろうということであります。もう一つは、彼らはわざわざわれわれにその機会をつくり、自ら玉砕しようとしているということであります。とりわけ後者が私には残念であり、胸が痛みました。私は、彼らの誤りとわれわれから蒙るであろう被害について悟らせるため、彼らに畏怖の念を起こさせるにはどのような方法があるかを考えました。そして、ひたすら彼らの偶像のある塔と彼らの家を焼き払い、破壊いたしました。私は彼らにもっと思い知らせようと、その日は、かつてわれわれスペイン人が都を追い出されたときに泊まっていた、広場の大きな家々にも火をつけさせました。それらはとても大きく、六〇〇人以上の一族ならびに従者を連れた君主でも泊まれるほどでございます。その傍に、それよりやや小さくはありますがきわめて新しい、立派な家があり、そこにムテスマはこの地のあらゆる種類の鳥を飼っていました。私にとっても胸の傷むことであり、彼らにはなおさらのことでしたが、私はそれらも焼き払う決心をしました。これには敵も、その味方である湖の市々《まちまち》の者も、いたく嘆き悲しみました。彼らのいずれにとりましても、われわれがそこまで都のなかに入り込む力をもっていたとは、思いも及ばなかったことであり、彼らを大いに驚愕させたのであります。

　これらの家に火をつけたあと、もう遅かったものですから、私は本陣に戻るため部下を召集いたしました。都の者は、われわれが引き揚げるのを見ると、おびただしい数をなして攻め寄せ、猛然と後衛を襲って参りました。しかしその街路は、どこも騎兵が走れるようになっていましたので、われわれは彼らに反撃し、そのつど彼らの多くを槍で刺しました。それでも彼らは、後方から喚声をあげて来て、われわれから離れようとはしませんでした。彼らはその日は大いに動転した様子で、それを面に表わしておりました。とりわけ、われわれが都のなかまで侵入して、そこを焼き、破壊したほか、テスクコ〔テスイコ〕、チャルコ、スチミルコ[44]およびオトミーの者たちがおのおのどこから来たかを名乗りながら彼らに挑み、さらにはタスカルテカルの者が、その日の夕食と翌日の昼食にするのだと言いながら、都の者を八つ裂きにして見せましたため、彼らはひどく狼狽したのです。事実、彼らは言ったとおりのことを実行しました。こうして、われわれは本陣へ休息に戻りました。その日われわれはよく働きましたし、私の率いていた七隻のベルガンティン船が、その日水路を通って都へ入り、都の大部分を焼き払ったからでございます。他の野営地の隊長と六隻のベルガンティン船も、その日はとてもよく戦いました。彼らに起こったことにつきましても、詳しくご報告申し上げることはできますが、冗長になりますので差し控えることにいたします。ただ、彼らが勝利を獲得し、いささかも危険にさらされることなく野営地に戻りました旨、申し述べるにとどめます。

大都への三度目の総攻撃

翌日〔六月十七日〕の朝早く、ミサにあずかりましてから、私は敵に、橋の埋め立てたところを掘り返したり、バリケードをつくる暇を与えないよう、全員を引きつれ、〔前日と〕同じ隊列で都へもどりました。ところが、まだ早朝であるにもかかわらず、本陣から広場の大きな家々へ通じる街路を横切っていた三つの水路のうち二つは、前日とおなじ状態にされており、奪取するのはきわめて困難になっていました。そのため、戦闘は午前八時から午後一時まで続き、射手と小銃手がもっていた矢・弾薬および砲丸をほとんど使い果たしてしまいました。これらの橋を占拠しようとするたびに、われわれはたとえようもない危険に遭遇しましたことを、陛下にお信じいただきたく存じます。スペイン人がそこを占拠するためには、泳いで向う側へ渡らなければなりませんが、向う側では敵が、上陸させまいと刃物や槍で抵抗いたしますので、多くの者はそれができず、また敢えてしようともしなかったのです。しかし敵は、屋上からわれわれに危害を加えようにも、向う側にはもう屋上はありませんし、われわれと彼らの間は蹄鉄を投げれば届くほどの距離しかなく、こちら側から矢を射かけることができましたので、日ごとに勇気を増していたスペイン人は、そこを渡る決心をしました。それは私がそのような決意を抱いていることが分かり、また助かるにせよ、助からないにせよ、そうするほか道がないということが分かったからでもあります。

橋やバリケードを占拠するのにそれほどの危険を冒しながら、占拠した後、真に大きいそのような危険と労苦を毎回繰り返さないよう、それらを保持しておかなかったのはわれわれの怠慢ではないか、と陛下はお思いになるかも知れません。そこに居合せない人びとには確かにそのように思えるでありましょう。しかし、それがまったく不可能でありましたことは、陛下にもお分かりいただけるでしょう。と申しますのは、それを実行しますには、本陣を偶像の塔のある囲壁内の広場に移すか、夜中にも橋を見張るか、そのいずれかが要求されたのでございます。しかし、そのどちらもひじょうな危険を伴い、不可能でした。彼らは多勢、われわれは少数でしたので、都のなかに本陣を構えれば、毎晩毎時、彼らは絶えまなく急襲し、攻撃し、それもいたるところから攻めて来て、われわれには耐え難い重荷となったことでしょう。また、スペイン人は昼間の戦いに疲れ切っていましたので、そのうえさらに夜間、橋の見張りに当らせることはできませんでした。それゆえ、毎日都へ入るたびに、あらためて橋を占拠しなおさざるを得なかったのです。その日は、それらの橋を占領し、そこを埋めなおすのにたいそう時間がかかりましたので、タクバの市《まち》へ通じる別の大通りの二つの橋を占拠して、埋め立て、その街路の多くの立派な家々を焼き払っただけで、ほかになにもする時間はありませんでした。それだけで午後になり、引き揚げる時間になりました。引き揚げる際も、橋を占拠するときに劣らぬ危険が常に伴いました。都の者たちは、われわれが退くのを見ると、自分たちが一大勝利を得、われわれは逃げ去って行くものと思うのでしょう、かならず勇気を奮い起こすからであります。そこで、戻るときには、騎兵が自由に橋も往き来できるよう、橋を街路とおなじ高さまで十分に埋め立てておく必要がありました。彼らはあまりにも執拗に追ってきますので、引き揚げ

(44) スチミルコ（現ショチミルコ）の者たちがこの時点でコルテスの側に加わっている、というのはコルテスの思いちがいであろう。彼らはもっとあとになってからコルテスに服属している（Wagner, p. 351）。

るとき、われわれはときどき逃げると見せかけ、騎兵がとって返して彼らを襲いました。そしてそのつど、彼らのうちの最も勇ましい者を一二、三人捕えました。われわれはいつもそのような手をうったり、あるいは待ち伏せしたりしましたので、彼らは決まって惨敗し、それはまことに眼を見張らせる情景でした。われわれが引き揚げるときに受ける彼らの損傷はかなりのものでしたが、それでも彼らは、われわれが都を出るまでは、追跡をやめようとはしませんでした。

こうして、われわれは本陣へもどりました。他の野営地の隊長たちも、その日はとても首尾よくゆき、湖と陸の両方から大勢の者を殺した旨、私に知らせて参りました。タクバにいたペドロ・デ・アルバラード隊長は、二、三の橋を占拠したと私に書いてよこしました。彼はテミスティタンの市場[45]からタクバへ通じる堤道にいましたが、その堤道の一か所に私の与えた三隻のベルガンティン船をつけることができたので、かつてのような危険はなかったとのことです。ペドロ・デ・アルバラードのいたところは、堤道に橋と割れ目がたくさんありましたが、他所にくらべ、屋上は少なかった由でございます。

メヒコ従属者の翻意

その間、先にご報告申し上げました淡水湖のうえにありますイスタパラパ、オイチロブスコ、メシカシンゴ、クルアカン、ミスキケおよびクィタグァカの先住民たちは、和平を求めようとはしませんでしたが、われわれに被害を与えるということもありませんでした。カルコの者たちは、陛下のきわめて忠実な臣下であり、大都の者を相手にわれわれが為すべきことはたくさんあるということを理解しておりましたので、湖のまわりにある他の町々と組み、湖上の町々にできるかぎりの被害を与えました。これらの町々の住民は、われわれが毎日テミスティタンの者から勝利を得ているのを目にし、また彼ら自身われわれの味方の者から危害を受け、これからも受けるであろうことを思い、われわれに降参する決心をし、本陣へやって参りました[46]。そして、われわれの過去を許し、カルコとその付近の者に、これ以上自分たちに危害を加えないように命じてほしい、と懇請いたしました。私は彼らに、それはけっこうなことである、自分は都の者を除き誰についても怒ってはいない、と告げました。そして、和平によるか戦争によるかにかかわらず、私は都を占領するまでは包囲を解かない決意である、と述べ、あなた方はわれわれを助けるのに恰好のカヌーをたくさん持っているのであるから、あなた方の友情がまことであることをわれわれに示すためにも、今後は水上からわれわれを助けてほしい、そのためにあなた方の町々にいる戦士をできるだけ大勢集め、できるかぎりの準備を整えるように、と要請いたしました。また、スペイン人の住んでいる小屋は数が少なく、みすぼらしいうえに、ちょうど雨期に入っていることでもあるので、本陣にできるだけ多くの家を建ててほしい、そして本陣にもっとも近い都の家々から、カヌーでアドベと木材を取ってきてほしい、と頼みました。彼らは、カヌーと戦士は毎日用意すると約束しました。家屋の建造につきましてもとてもよく奉仕し、私が野営しておりました堤道にある二つの塔の両側に、数多くの家を建てましたので、一番端の家からもう一方の端の家まで、大弓の矢が届く距離の三、四倍以上もあったでありましょう。湖の最も深いところを横断しているこの堤道の幅がどれほどのものでありましたか、ご推量下さい。これらの家々を両側に建てましても、なおまん中に街路ができ、そこを歩兵や騎兵が悠々と往来できたのです。本陣には、スペイン人とこれに仕えるインディオがたえず二〇〇〇人以上いました。その他のわれわれの味方の戦士は、みな本陣から一レグア半のところにあるクヨアカンに宿営しておりました。〔前述した〕これらの町の者たちは、われわれにいちじるしく欠乏していた食糧も補給してくれました。とりわけ、魚とさくらんぼが豊富で、さ

(45) トラテロルコの市場をさす。第二書簡一二七〜一二九頁および同註78参照。
(46) テスイコ（現テスココ）湖南岸の諸都市がここで初めて降伏してきた。この中にスチミルコ（現ショチミルコ）の者たちもおり、メヒコ軍に協力すると見せかけて急に寝返ったのみならず、略奪や拉致を働いた、とサアグン（*Historia General*, cap. 33）およびトルケマーダ（*Monarquía indiana*, lib. o iv, cap. 93）が書いている。

くらんぼは一年のうちの五、六か月が季節で、その間は当地の人口の二倍分を供給できるほどであります(47)。

われわれは、都に三、四回攻め入りましたが、その後も本陣から二、三日続けざまに都に入り、常に敵に打ち勝ち、野砲・大弓および小銃を用いて、無数の敵を殺しましたので、いまにも彼らが和平を求めてくるのではあるまいかと思っておりました。それがわれわれにとっても救いでしたので、それを待ち望んでおりました。しかし、どうしてもそのような決心をさせることはできませんでした。そこで私は、彼らをいっそう窮地に追いこめば、和平を求めさせることができるのではないかと、毎日都の中まで入り込み、三、四部隊に分かれて、彼らを攻撃することにしました。そして、水上の市々《まちまち》の者には皆カヌーで来させましたので、その日〔六月二十一日〕の朝、本陣には味方のインディオの戦士が一〇万人以上集まりました。私は、四隻のベルガンティン船は、一五〇〇艘くらいからなる半数のカヌーとともに行き、三隻のベルガンティン船は他の半数のカヌーとともに別の方角へ行くよう命じ、彼らに、都の周囲を焼き払いながら廻り、できるかぎり都に被害を与えるよう指示しました。私は大通りから入りましたが、広場の大きな家々のあるところまでは、まったく障害はなく、自由に通ることができ、壊されている橋は一つもありませんでした。私は、橋が六、七つあるタクバへ通じる街路に出るまで前進しました。そしてひとりの隊長に、そこから六、七〇人を率いて、別の街路へ入るよう命じました。また、彼らを援護するため、六騎をその後方につかせました。彼らには、一〇万ないし一二万以上のわれわれの味方のインディオが従いました。もうひとりの隊長にも、同じようにさらに別の街路へ入るよう命じました。私は残りの者を連れ、タクバへの通りを前進しました(48)。橋を三つ占領して埋め立てましたが、もう遅くもありましたし、その他の橋は、次の日の方が占領しやすいと思われましたので、翌日にまわしました。私は、ペドロ・デ・アルバラードの野営地の者とわれわれの部下が互いに連絡をとり、一方の野営地から他の野営地へ赴くことができ、ベルガンティン船もそうできるよう、その街路全体を占領したいと強く望んでいたのであります。こうして、その日は水上も陸上も、大いなる勝利の日となり、都の者からいくばくかの戦利品も得ました。警吏長とペドロ・デ・アルバラードの両野営地も、大きな勝利をおさめました。

翌日〔六月二十二日〕も、前日とおなじ隊列で都に入りましたが、神はわれわれにすばらしい勝利をお授け下さり、私が部下を率いて入ったところは、どこでもまったく敵の抵抗はないようでした。敵はどっと退却しましたので、われわれは都の四分の三は占領したように思われました。ペドロ・デ・アルバラードの野営地からも敵に肉薄しましたので、その前日も、その日も、彼らが和平を求めてくるに違いないと確信しておりました。勝利をおさめたか否かにかかわらず、私は常にあらゆる方法で和平の意思を示しました。しかし、それでも、彼らには和平に応じようとする様子はまったく認められませんでした。そこで、その日は、われわれは大いに満足して本陣に戻りましたが、都の者たちが死ぬ決意を固めているのを目にし、心を痛めずにはおれませんでした。

アルバラードの悲惨な作戦　そのころ、ペドロ・デ・アルバラードはすでに多くの橋を占領しており、それらを保持するため、夜間には歩兵と騎兵の見張り番を立てておりました。その他の者は、そこから四分の三レグア離れた野営地へ引き返していました。しかし、その日課は耐えがたいものでしたので、テミスティタンの市場に通じる堤道の先端へ、野営地を移動することにしました。その市場《トラテロルコ》の広場は、サラマンカのそれよりもはるか

(47) コルテス軍と、それに従うインディオの大軍の食糧補給は大きな問題だった。ベルナル・ディアスは、「主としてタクバから供給されたトルティーリャは十分にあったが、傷病兵のための食事に窮した。ケリテス（quelites）というインディオが食べる食用の草、季節にはサクランボおよびトゥナ（tuna）などが食料として用いられた」と書いている（cap. 151）。トゥナはウチワサボテンの実。他方、首都のメシカ人については、ゴマラ（cap. 142）が、「ベルガンティン船に見つからないよう夜間に家々のあいだで魚を釣ったり、薪を探したり、草や根をとって食べた」と述べている。

(48) コルテス隊は、南の堤道からはいって、一気に大神殿の広場まで進み、そこから西に折れて、クエポパン（Cuepopan）という地区を前進して、タクバからの堤道を進むアルバラード隊と連絡をとろうとした。二八六頁地図参照。

に大きく、四方が軒廊（ポルタル）で囲まれていたのですが［第二書簡一二七頁以下参照］。そこへ到達するには、橋をもう二、三占拠しさえすればよかったのですが、その橋はとても幅が広く奪取するのは危険が伴いました。そこで、そのつど勝利を得ながらも、数日間、絶え間なく攻撃しなければなりませんでした。前段で申し上げましたのと同じ日、彼は、敵の力が弱まり、私の持ち場では私がたえず激しく攻撃しているのを目にし、また、すでに多くの橋やバリケードを占領しておりましたので、勝利の喜びにひたっていました。そこで、彼はそれらの橋を渡り、もう一つの橋を占拠することに決めました。そこは、堤道が、歩幅にして六〇歩以上も壊され、水がみなぎっており、その深さは身の丈の一倍半か二倍もありました。彼らはその日のうちに攻撃し、ベルガンティン船が大いに助けましたので、水をわたって橋を占拠することができ、逃げる敵を追跡いたしました。ペドロ・デ・アルバラードは、騎兵が渡れるようにと、難所の埋め立てを急ぎました。戦争を支えていたのは騎兵でありましたゆえ、私は、騎兵の安全が確保されるまでは一歩も先に進まないよう、毎日、書面と口頭で彼に忠告しておりました。都の者たちは、相手側には四、五〇人のスペイン人といく人かのわれわれの味方のインディオがいるだけで、騎兵が渡れないことが分かりますと、突如彼らめがけて襲って参りましたので、彼らはくびすを返し、水のなかへ飛び込まざるを得ませんでした。そして、三、四人のスペイン人が生け捕りにされ、すぐに生け贄にされました。さらに、われわれの味方のインディオがいく人か殺されました(50)。

結局、ペドロ・デ・アルバラードは彼の野営地に退却いたしました。その日、私は本陣へ戻りましてから、起こったことを知りましたが、それはまことに一大痛恨事でした。と申しますのは、それは敵を勇気づけ、彼らにわれわれは二度と攻め入ることはできないだろうと思わせたからでございます。ペドロ・デ・アルバラードがその難所を奪取しようとしましたのは、彼がインディオの兵力の大半を打ち負かし、敵がひるんだためでもありますが、とりわけ彼の野営地の者たちが、市場を占拠するようしきりに彼を促したからです。インディオの全兵力はそこに集まり、彼らの望みはそこに託されていましたので、そこを奪取すれば、ほとんど全部を占領したも同然だったのです。また、アルバラードの野営地の者たちは私がはげしく都を攻めつづけているのを見て、私が彼らよりも先に市場を占拠するのではないかと思い、彼らの方がわれわれより市場に近かったものですから、自分たちがそこを占拠しなければ名誉にかかわると考えたのでございます。それでペドロ・デ・アルバラードはうるさくせがまれたのですが、われわれの野営地におきましても、同様のことが私に起こりました。スペイン人がみな、市場にいたる三つの通りのうちの一つには敵の抵抗がないのでそこから入ろう、市場を占拠すればわれわれの苦労も少なくなるからと、私に強く迫りました。私はそれを退けるためあらゆる口実を用いました。もっとも、彼らには本当の理由は伏せておきました。それは、彼らの言うとおりにすることは私にとり不利であり、危険であったということであります。と申しますのは、市場に入るには、屋上や橋や堤道の壊されたところが無数にあり、われわれの通過する家々の一軒一軒が水に囲まれた島のようになっていたからであります。

その日の午後、本陣へ戻り、ペドロ・デ・アルバラードの敗退を知りましたので、翌朝、私は彼を叱責するとともに、どこまで占領でき、どこへ野営地を移したのかを知り、彼自身の防禦と敵にたいする攻撃のためには、なにが必要であるかを助言するため、彼の野営地へ赴くことにしました。彼の野営地に着き、彼が都の奥深くまで入りこみ、難所や橋を奪取していたことを知り、少なからず驚きました。そこで、私は当初考えておりましたように彼を責めることはやめ、その日〔六月二十四日〕は彼のなすべきことについて話したあと、本陣へ戻りました。[51]

（49）テミスティタンとトラテロルコを区切っている大きな掘割があり、それにかかった橋をさしているのだろう（Orozco y Berra, p. 511）。

（50）ベルナル・ディアスは、この戦闘は日曜日の朝に起こり、五人のスペイン兵が生け捕りにされ、グァティムシン（ないしクアウテモク）のところへ連れて行かれ、その他のほとんどが傷を負った、と書いている。またアルバラード隊に加わっていた彼自身もこの戦いで重傷を負った（cap. 151）。

それが終わりますと、私はいつもの場所を通ってなんどか都へ出撃いたしました。ベルガンティン船とカヌーが二か所から攻め、私は別の四か所から都に攻め入りました。毎日、無数の者がわれわれの救援に馳せ参じましたので、われわれは常に勝利をおさめ大勢の敵兵が殺されました。しかし、私はさらに深く都のなかに入ることを躊躇しました。一つは、敵がその頑固な意志を撤回するかどうかを見極めたいということであり、もう一つは、彼らがしっかりと団結して強固で、死を覚悟しておりましたので、われわれも大きな危険を冒さずには入れなかったからであります。

コルテス部隊のいらだち　スペイン人たちは、ここでこのように手間どり、もう二〇日以上も戦い通しだったため、前に申し上げましたとおり、攻め入って市場を奪取するようにと、私にうるさくせがみました。そこが占領されますと、敵は防禦に引き籠るところもほとんどなく、降伏しなければ湖の塩水のほかには飲むものもなく、飢えと渇きで死ぬであろうからでございます。言いわけをしますと、陛下の財務官《テソレロ》は、本陣の全員が主張していることであるからそのようにすべきだ、と述べました。私は彼およびそこにいたその他の信頼しうる者に対し、彼らの意図と希望はまことに立派であり、そうすることはだれにもまして私自身の望むところである、しかし、これだけ強く求められれば明らかにせざるを得ないが、私がそうしないわけは、彼やその他の者がそのつもりであっても、それには大きな危険が伴うため、そうしたくない者もいるからである、と答えました。しかしながら、結局、私は彼らの無理強いに応じ、まず他の野営地の者とも相談したうえで、私としてできるかぎりのことをするということになりました。

翌日〔六月二十八日〕、私は本陣のおもな者と会合し、警吏長とペドロ・デ・アルバラードに、われわれはその翌日都へ入り、市場まで到達すべく努めるつもりだと、伝えることにしました。そして、彼らがタクバにおいて為すべきことを書き送りました。彼らに書状をしたためたうえ、さらに彼らに作戦の一部始終を伝え、十分の知識を備えさせるため、私の従者二人を派遣いたしました。彼らの受けた指示は次のとおりでした。すなわち、警吏長は一〇騎と一〇〇名の歩兵ならびに一五名の射手と小銃手を率いて、ペドロ・デ・アルバラードの野営地へ赴くこと。そして彼自身の野営地に一〇騎を残し、翌日の戦闘のときには、彼らが伏兵として家のうしろに隠れるよう手筈をととのえておくこと。また、野営地を引き払うと見せかけるため、荷物をすべて運び出させ、都の者が彼らのあとを追ってくれば、伏兵が背後から敵を襲うこと。警吏長は、彼のベルガンティン船三隻とペドロ・デ・アルバラードのベルガンティン船三隻を率いて、ペドロ・デ・アルバラードが敗走したあの難所を占拠し、そこを大急ぎで埋め立ててから前進すること。そこを埋め立てて修復するまでは決してそこを離れず、一歩たりとも前進しないこと。大きな危険もなく市場まで到達できるようであれば、私もそうするから、そのために大いに力を尽くすこと。しかし、このような指示をしたからといって、敗北や災難に導くかもしれないことに一歩たりとも踏み込むことを強制するものではないので注意してほしい、というものでした。このように彼らに伝えましたのは、彼らは私の命じたことを果たすためには、たとえそれで命を落とすと分かっていることでも立ち向かうということを、私は承知していたからであります。私の二人の従者は、このような伝言を託されて、野営地へ赴きました。そこで警吏長とペドロ・デ・アルバラードに会い、本陣で取り決めたことの一部始終を彼らに伝達いたしました。また、彼らは一か所だけで戦い、私は多くの場所で戦わなければなりませんので、翌日私といっしょに攻め入る歩兵を七、八〇名よこしてほしい、とも伝えました。私が命じたとおり、その夜、歩兵が私の二人の従者とともにわれわれの本陣へやって参り、そこに泊まりました。

(51) その日は洗礼者聖ヨハネの日で、六月二十四日であろう（Pagden, n. 58）。コルテスはなにも言及していないが、ベルナル・ディアスによれば、それはコルテスが初めて首都に入った日の一周年にあたり、グァティムシンはその日にスペイン人の三か所の陣地すべてに総攻撃をかけた（cap. 151）。

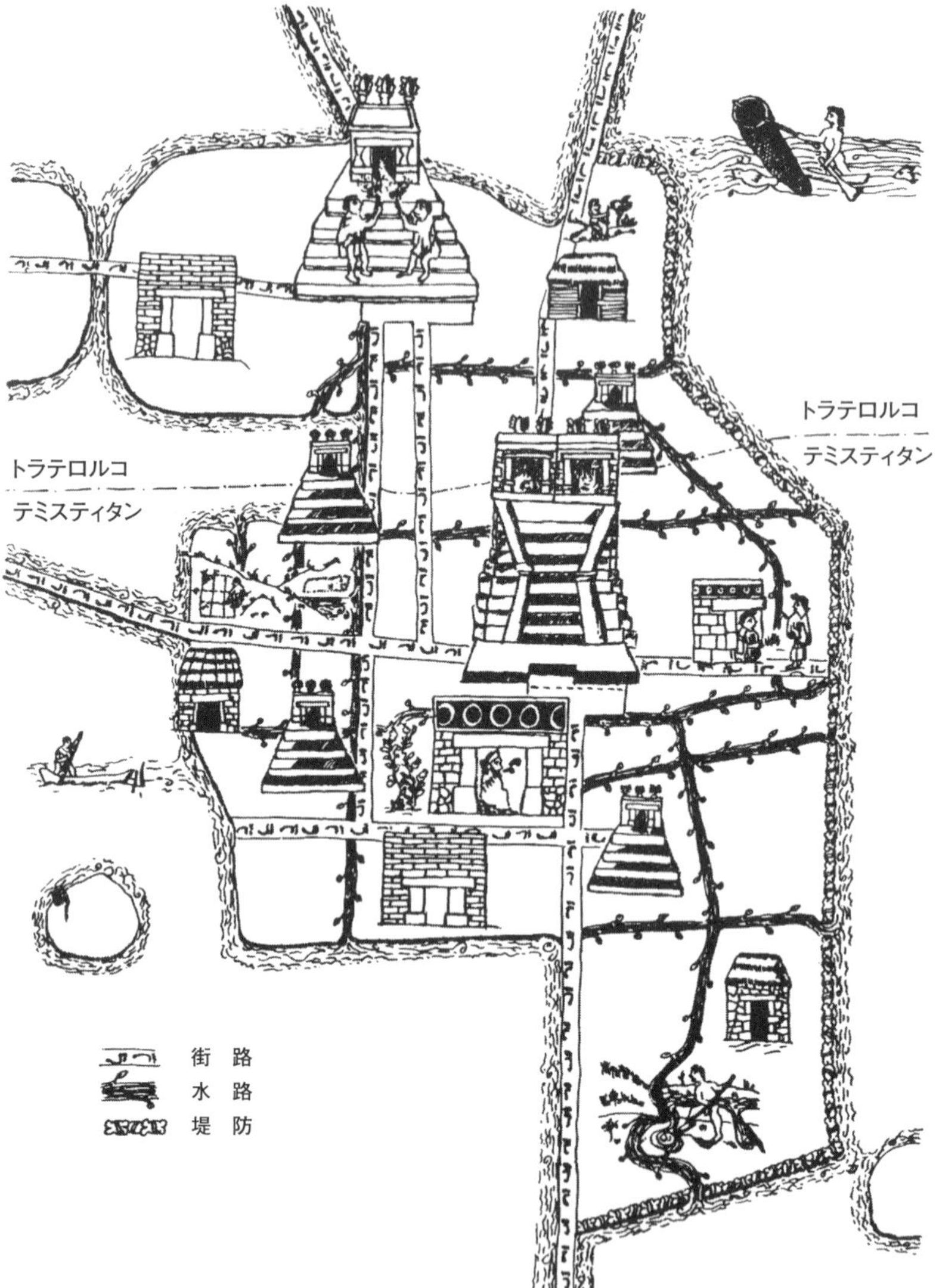

テミスティタンとトラテロルコ（Anderson, *The War of Conquest*, 1978 より）

市場の攻撃　前述のような手筈をととのえた翌日〔六月三十日〕、ミサにあずかりましてから、七隻のベルガンティン船が、三〇〇〇艘以上の味方のカヌーをともなって、本陣を出発いたしました。私は二五騎と私のもとにおりました者たち、それにタクバの野営地の者七〇名を率いて行進し、都に入り、到着してから部下を次のように分けました。すなわち、インディオがティアンギスコ[52]と呼んでおります市場のあるところ一帯がトラルテルルコ〔トラテロルコ〕と呼ばれておりますが、われわれがすでに到着しておりましたところから、その市場に到る街路は三つあり、そのうちの一つは大通りになっていましたので、私は陛下の財務官《テソレロ》兼計理官《コンタドール》[53]に対し、七〇人の部下と一万五〇〇〇ないし二万人以上のインディオを従えてその大通りから入るようにと命じ、七、八騎を後衛につかせました。そして橋とバリケードは、奪取するたびに平らにして行くようにと命じました。彼らは大ぐわを携えた一二名のほか、橋を埋め立てるためにわれわれの味方のインディオたちを連れておりました。他の二つの街路は、タクバの通りから市場へ通じており、もっと狭く、堤道や橋や水路がより多くありました。二人の隊長[54]に、そのうちの狭い方の街路から八〇名と一万人以上の味方のインディオを率いて入るようにと命じました。そして、彼らを援護するため、タクバの通りの入口に、八騎と二門の大型野砲を配しました。私は八騎と二五名以上の射手および小銃手を含む一〇〇名の歩兵、それに無数のわれわれの味方のインディオを引き連れ、もう一つの狭い街路から、できるかぎり深く入り込むべく前進いたしました。そして街路の入口で騎兵をとめ、私の命令がないかぎり、決してそこから先に進んだり、私のあとに付いてきたりしてはならないと命じ、私は馬からおりました。

（52）ナワトル語のティアンキストリ（tianquiztli）、すなわち市場を意味する。
（53）ディアスによれば、フリアン・デ・アルデレテ（Julián de Alderete）（cap. 152）。
（54）メデリン出身のアンドレス・デ・タピア（Andrés de Tapia）およびペドロときょうだいのホルヘ・デ・アルバラード（Jorge de Alvarado）（Cervantes de Salazar, lib. V, cap. 105）。

われわれは一つの橋のたもとにあるバリケードのところまで達しますと、一門の小型野砲の砲撃と射手や小銃手の働きで、そこを奪取いたしました。そして二、三か所壊されている堤道を前進いたしました。われわれは、こうして同時に三か所から攻めましたうえ、屋上やその他の場所を襲撃するわれわれの味方のインディオの数はおびただしかったものですから、われわれを妨害できるものはなにもないように思われました。スペイン人が、その二つの橋とバリケードおよび堤道を占拠しますと、味方のインディオたちは、まったくわれわれの援護なしにその街路を前進いたしました。味方のインディオのうちに敵と戦っている者がいたためで、彼らはときには撃退され、水に追い落とされましたが、われわれの助けを得て、ふたたび反撃に転じました。私は二〇名ばかりのスペイン人といっしょに、そこにできていた小さな島に留まりました。

さらに、われわれは、都の者が横通りから現れ、街路を前進しているスペイン人をうしろから襲わないかと警戒しました。そのとき、このスペイン人たちはすでにかなり前進しており市場の広場もそれほど遠くはないので、なんとしても前進したい、もう警吏長とペドロ・デ・アルバラードがすぐ近くで戦う音さえ聞こえてくるのだから、と伝えてきました。私は、退却を余儀なくされた場合、水が妨げにならないよう、先へ進むまえにかならず橋を完全に埋め立てておくように、彼らも知っているとおり危険はまさにそこに潜んでいるのだから、と答えました。彼らは、これまで奪取したところはすべてよく修復してある、実際に来て見ていただければ分かるだろう、と言ってよこしました。私は、彼らが命令に従わず、橋の埋め立てをなおざりにしているのではないかと惧れ、そこへ赴きました。その街路には幅一〇歩ないし一二歩くらいの掘割があり、身の丈の二倍以上の深さの水が流れていましたが、彼らがそこを渡ったことが分かりました。そして、そこを渡るとき、木材や葦《あし》を投げ入れ、少人数ずつ用心して渡りましたので、木材も葦《あし》も沈んではいませんでした。彼らは勝利の喜びに酔っていましたので、それでもう安全だと思っていたのです。ちょうど、私がその脆い橋のところに着きましたとき、スペイン人と味方の多くのインディオが一目散に逃げてきて、敵が彼ら目がけて犬のように襲いかかっているところでした。

私は彼らがあわてふためきやって来るのを目にし、止まれ、止まれと叫びました。しかし、私が水のごく近くまで駆けつけましたときには、水の中はどこもスペイン人とインディオで満ちあふれ、麦わら一本投げ込めないかのようでした。敵ははげしく攻撃してきて、スペイン人の間に入って彼らを殺し、彼らのあとを追って水に飛び込みました。また、水路を敵のカヌーがやってきて、スペイン人を生け捕りにしました。それはあまりにも突然のできごとであり、部下が殺されるのを目のあたりにし、私はそこに留まり、戦って死ぬ決意を固めました。私や私といっしょにそこにいた者たちができることは、せいぜい溺れかかっている哀れなスペイン人たちに、自ら上がるように手を貸してやることくらいでした。傷を負って出てくる者もあれば、溺死寸前の者もあり、武器を失った者もいました。私は彼らを先に行かせましたが、そのうちにも大勢の敵が攻めて来て、私および私といっしょにいた一二名ないし一五名の者は、まわりを取り囲まれました。

コルテス危機一髪　私は溺れた者を助けることに夢中になっていましたので、自分が受けるかもしれない危害についてはかえりみず、また気がつきませんでした。すると、もう敵のインディオは私を捕えようと襲って来て、もしいつも連れておりました歩兵五〇人部隊の隊長とその隊のひとりの若者がそこに居合せなければ、私は連れ去られていたでありましょう。神のつぎには、この若者こそ私に命を授けてくれた者であります。彼は勇士として私に命を与え、自らの命をそこで失いました。(55) その間、敗走したスペイン人たちは堤道を進んでおりました。しかし、堤道は犬どもがわざわざ狭く、水面と同じ高さにつくっていましたうえ、敗走したわれわれの味方のイ

(55) ディアスによれば、クリストバル・デ・オレア。スチミルコの戦いでもコルテスの命を救っている（註27参照）。コルテスは六、七人のメヒコの隊長に捕まり、脚に傷を負っていたが、オレアはそのうちの四人を刺殺したのち戦死した、またコルテスを助けたもうひとりのレルマ（Lerma）という兵士も重傷を負った、とディアスは述べている（cap. 152）。

ンディオも大勢そこを通り、道が妨げられて進むのにすこぶる手間どりましたため、敵は両側の水上から近づき、思いのままに捕え、殺すことができたのであります。私といっしょにいたアントニオ・デ・キニョネスと呼ばれる隊長は私に、「ここから逃げ、あなただけでも助かって下さい。われわれはあなたなしには誰ひとりとして逃げおおせないということはお分かりでしょう」と急き立てました。しかし、そこから逃げるよう私を説き伏せることができないと分かると、彼は私の腕をつかみ、無理やりに踝を返させました。私は生きのびるより死んだほうがましだと思いましたが、その隊長やそこに居合せたその他の仲間からしつこくせがまれましたので、われわれを傷つけ攻めよせる敵を相手に、剣と盾で戦いながら、退却しはじめました。そのとき、私の従者のひとりが馬でやって来て、すこし場所をあけてくれましたが、たちまち、低い屋上から投げられた槍が彼の喉を刺し、彼は転倒しました。仲間がその狭い堤道を通って逃げのびるのを待ちながら、われわれは敵を引き留めておりましたが、そのすさまじい戦闘の最中、私の従僕がひとり、私に乗るようにと馬をもってやって来ました。人が水から出たり入ったりするためにできた泥が堤道に満ち、そのうえ自分だけは助かろうと互いに押し合っておりましたので、誰ひとりとしてじっと立っていられる者はいませんでした。私は馬にまたがりましたが、戦闘のためではありませんでした。そこでは馬上で戦うことは不可能でした。もしそれができれば、堤道の手前にある小島に残した八騎がそこに姿を見せたでしょうが、彼らは引き返すほか仕方がなかったのです。退却もきわめて危険であり、私の従者二人の乗っていた二頭の馬はその堤道から水に落ち、一頭はインディオに殺され、もう一頭は歩兵に救い出されました。クリストバル・デ・グスマンと呼ばれるもうひとりの従者は、私を救うために私のところへ連れて行くようにと、その小島で渡された一頭の馬にまたがりましたが、彼も馬も、私のもとへ着くまでに敵に殺されてしまいました。(56) 彼の死は本陣全体を深い悲しみに包み、彼を知る者の心痛はいまなお新たなものがあります。

さんざん苦労しましたが、神のみこころにより生き残った者は、広いタクバの通りまで辿りつきました。そこで部下を集め、私は九騎とともに後衛につきました。敵は勝ち誇り、得意になって攻め寄せて参り、誰ひとり生かしてはおかぬといったふうでした。私はできるかぎり首尾よく退却し、財務官《テソレロ》兼計理官《コンタドール》にも、広場まで整然と退却するようにと伝えました。市場へ通じる街路へ入った二人の隊長にも同じことを伝えました。いずれも勇敢に戦い、多くのバリケードと橋を奪取しましたが、それらはうまく埋め立てておきましたので、退却の際も被害を受けずにすみました。財務官兼計理官が退却する前、彼らが戦っていたバリケード越しに、都の者たちはキリスト教徒の首を二、三個投げて参りました。もっともそのときは、それがペドロ・デ・アルバラードの野営地の者の首なのか、われわれの野営地の者の首なのか分かりませんでした。われわれが広場に集まりますと、到るところからおびただしい数の敵が攻めて参り、彼らを避けるだけで精一杯でした。彼らは、われわれがこの惨敗を喫するまでは、われわれを待ち受ける勇気さえ持ち合わせていなかった場所で、三騎と一〇名の歩兵を殺しました。そしてただちに、当地にあるゴムの香で、アニメ樹脂によく似たもの(57)をたくさん、広場の傍にある高い偶像の塔に供えました。彼らは勝利のしるしに、それを彼らの偶像に供えるのです。それを止めさせようと思っても、もうみな大急ぎで野営地へ向かっていましたので、不可能でした。この敗退で、敵は三五名ないし四〇名のスペイン人ならびに一〇〇〇人以上の味方のインディオを殺し、二〇名以上のキリスト教徒を傷つけました。私は片足に傷を負いました。そして、われわれの持っていた小型野砲や多くの大弓・小銃および武器が失われました(58)。

スペイン人捕虜の生け贄

都の者たちは、警吏長とペドロ・デ・アルバラードを怖じ気づかせようと、勝利を

(56) ディアスによれば、グスマンは生け捕りにされ、グァティムシン王のところに連れて行かれた(cap. 152)。
(57) コパル(copal)のこと。サアグンは、コパルはヌエバ・エスパニャに大量にあり、医薬としても、またすばらしい香りがするので香としても焚かれたと書いている(lib. iv, cap. 29)。

得るが早いか、捕えたスペイン人たちを、生きている者も死んだ者もみな市場のあるトラテロルコへ連れて行き、そこにあるいくつかの高い塔で、彼らを裸で生け贄にし、胸を切り開き、心臓をとり出して偶像に供えました。ペドロ・デ・アルバラードの野営地の者たちには、彼らの戦っていたところからそれがよく見えました。白い裸体が生け贄にされるのを見、彼らにはそれがキリスト教徒であるということが分かったのです[59]。彼らはいたく悲しみ、意気消沈しましたが、その日はよく戦い、あの市場のすぐ近くまで到達してから、野営地へ引き揚げました。神はわれわれの犯した数々の罪ゆえにあのような災難をお認めになりましたが、もしそうでなければ、市場はその日のうちに占領できていたでありましょう。

　われわれはいつも引き揚げる時間よりやや早めに、深い悲しみを抱いて野営地へ戻りました。それは、〔スペイン人が〕都の者に背後からカヌーで襲われ、ベルガンティン船が失われた、ということを耳にしたからでもあります。もっとも、神のみこころにより、実際はそのようなことではありませんでしたが、ベルガンティン船と味方のインディオのカヌーはひじょうな窮地に陥っていいました。そのあまり、ベルガンティン船が一隻失われたも同然となり、その船長《カピタン》と指揮官《マエストレ》が傷を負い、船長はそれから八日後に死にました[60]。その日と翌日の夜、都の者たちは笛や太鼓で盛大に祝い、世界が沈むのではないかと思われるほどでした。彼らは、以前にしてあったように、水路の埋められたところをすべて切り開きました。そして、われわれの野営地から大弓が届く距離の二倍ほどのところで火をたき、そこに夜警をおきました。われわれはみな取り乱し、傷つき、武器を失くしていましたので、休息して立ちなおる必要がありました。

　その間、都の者たちは余裕ができ、配下にある多くの地方に使者を送り、われわれは大勝利をおさめ、大勢のキリスト教徒を殺した、まもなく彼らを全滅させるであろうから、決して彼らと和平を結ぶことのないように、と伝えました。そしてその証拠として、彼らが殺した馬の首を二つとキリスト教徒の首をいくつか持ち運び、適当と思われるところで、それを見せて歩きました。そのため、反逆者たちは以前にもまして執拗に抵抗するようになりました。[61] しかしながら、都の者がますます得意になり、われわれの弱味を見てとるといけませんので、毎日、スペイン人の歩兵と騎兵が幾人か、味方のインディオを大勢引き連れて、都を攻めに行きました。もっとも、広場へ着く手前の街路にあるいくつかの橋を占拠するのが精一杯でした。

われわれの敗走のことはすでにその地域一帯に知れわたっていましたが、敗走の日から二日後、かつて都の支配下にありその後われわれの味方となったクアルナグァカル[62]と呼ばれる町の住民が野営地へやって参り、私にこう申しました。自分たちの隣人であるマリナルコ[63]の町の者が、自分たちに甚大な被害を与え、土地を荒らしている、そしてこんどは広大なクィスコ[64]地方の者たちと組んで、自分たちを攻撃し、殺そうとしている、それは自分

(58) ベルナル・ディアスは、六六人のスペイン人がいけどりとなり、八頭の馬が殺されたと述べている（cap. 152）。サアグンは、五三人のスペイン人と四頭の馬、そして多くの同盟者のインディオが捕えられ、心臓を取り出して生け贄に捧げられたあと、人の頭も馬の頭も棒に数珠つなぎにされた、と書いている（lib. xii, cap. 35）。

(59) タクバ堤道の入口近くの小さな広場にアルバラードの野営地があり、そこからトラテロルコの大ピラミッドの頂上が見通せた。

(60) ディアスによれば、メシカ人は湖の底に杭をうって二隻のベルガンティン船を座礁させることに成功し、ベルガンティン船の船長ポルティーリャは殺され、ペドロ・バルバは重傷を負って三日後に死に、乗組員全員が傷を負った、と書いている（Bernal Díaz, cap. 151）。

(61) コルテスの敗退後、ほとんどの同盟者がスペイン軍を見捨てたが、イシュトリルショチトルとその親戚、友人約四〇人はコルテスのもとに留まった。またグァスシンゴ（現ウェホツィンゴ）の酋長は約五〇人の家来とともにサンドバルの陣に残り、シンテンガル（ないしシコテンカトル）の二人の息子およびチチメカテクレは約八〇人の部下とともにアルバラードの陣に残った。従って三か所の野営地に合わせ二万四〇〇〇人いた味方が二〇〇人程度に減少した（cap. 153）。メシカ人はスペイン人が八日以内に全滅するという神のお告げがあったと触れてまわったが、八日間が過ぎると同盟者はまたスペイン人のもとに戻りはじめた（Pagden, n. 63）。

(62) 現在のクエルナバカ（註25参照）。本文二四五頁ではコアドナバセードとあり、このあと二九四頁ではコアドノアカードと表記されている。使いの者たちは七月二日火曜日に着いた（Orozco y Berra, iv: 611）。

たちがあなた方の味方となったためである、と。さらに、自分たちを全滅させたあと、あなた方をも襲おうとしている、と付け加えました。あのできごとのあと間もないことでもあり、われわれは救援するというよりも、むしろ救援される必要があったのですが、あまり熱心に頼みますので、私は彼らを助けてやることにしました。それは多くの反対にあい、野営地から人を出すのは自滅に等しい、と言われましたが、私は助けを求めにきた者といっしょに、アンドレス・デ・タピアを隊長として、八〇名の歩兵と一〇騎を派遣いたしました。隊長には、陛下の御ためならびにわれわれの安全にとって最も望ましいことを行い、また、われわれも窮地にあることを考慮し、往復に一〇日以上は費やさないようにと、強く念を押しました。こうして彼が出発し、マリナルコとコアドノアカード〔ないしコアドナバセード、現クエルナバカ〕の間にある小さな町まで参りますと、敵が彼を待ち受けていました。そこで彼は、コアドノアカードの者ならびに彼が連れていた者を率いて戦闘に入りました。わが軍はひじょうによく戦い、敵を敗走させたうえ、追撃してマリナルコまで追いやりました。そこはたいそう高い丘の上にあり、騎兵は登ることができませんでした。そこで、彼らは平地にあったその地域を破壊し、勝ち誇って、一〇日以内にわれわれの野営地へもどって来ました。このマリナルコの町の上のほうには、水のとてもきれいな泉がたくさんあり、実に爽快であります。

この隊長が救援に赴いてから帰って来るまでの間、前に申し上げましたとおり、スペイン人の歩兵と騎兵がいく人か、味方のインディオをともなって都に攻め入り、広場にある大きな家々の近くまで到達しました。しかし、広場の入口にある水路を都の者たちが開け放っており、それがとても深いうえに幅が広く、また向う側には非常に大きくて堅固なバリケードがありましたので、そこから先へ進むことはできませんでした。ついに彼らは、夜になるまで、そこで戦いました。

チチメカテクレの功績　チチメカテクレと呼ばれるタスカルテカル地方の首長につきましては先にご報告申し

上げましたが〔二三一頁参照〕、彼は、その地方でつくったベルガンティン船のための肋材をもって来た人物で、この戦争のはじめから、彼のすべての部下とともに、ペドロ・デ・アルバラードの野営地に泊まっておりました。先に敗走してからというもの、スペイン人が以前のように戦わなくなったのを見て、彼は自分の部下だけを連れ、スペイン人なしで都の者を攻撃することに決め、都の者から奪取したきわめて危険な、壊れた橋のところに、射手を四〇〇名配置しました。われわれの助けをかりずに、そのようなことをするということは、これまでになかったことであります。彼は部下を率い、大喚声をあげながら前進し、彼の地方と首長の名を叫びつつ、その日は勇猛果敢に攻撃し、双方に多くの死傷者を出しました。都の者たちは、もう彼らを捕えたも同然である、と思い込んでおりました。と申しますのは、都の者たちは、たとえ勝利は得られなくとも、退却する敵は断固として追跡しますので、いちばん危険な場所である水を渡るところで、彼らに首尾よく復讐できる、と考えていたのでございます。チチメカテクレはそれを見越し、援護のため、橋のたもとに四〇〇人の射手を残しておきました。彼らが退却しはじめますと、都の者は突如襲いかかりましたので、タスカルテカルの者たちは水へ飛び込み、射手の援護を得てそこを渡りました。敵は、彼らの抵抗のまえになすすべもなく、チチメカテクレの大胆さに驚愕いたしました。

(63) マリナルコは、メキシコ市の南西一二七キロメートル離れた盆地にあり、盆地を見下ろす山の上に「太陽の家」ないし「鷲の家」を意味するクアウカリ（Cuauhcalli）と呼ばれる神殿がある。新大陸では唯一のモノリス（一本石）造りとされる。メヒコのアウィツォトル（アウィソトル）王に十六世紀はじめに征服され、それ以後同盟関係にあった。アウィツォトル王によって神殿建設が始まったが、スペイン人の侵入によって中断された。

(64) 現在のウィツコ（Huitzuco）か。現モレロス州とゲレーロ州の間にある山岳地帯。ベルナル・ディアスは、このときコルテスのもとにきたクアルナグァカル（現クエルナバカ、註25および62参照）の使者が、マタルツィンゴ、マリナルコ、トゥラパその他の地方から攻撃をうけているので救援隊を派遣してほしいと要請した、と述べている（cap. 155）。

陛下にはこれまでの記述においてお分かりいただけますとおり、スペイン人は、マリナルコの者を討伐して帰って来ましたが、それから二日後、オトミーのインディオが一〇人、われわれの野営地へやって来ました。オトミーは、かつて都の者たちの奴隷でしたが、前に申し上げましたとおり、陛下の臣下となり、毎日われわれの戦闘を助けにきておりました。彼らは、私に次のように訴えました。われわれの隣人であるマタルシンゴ[65]地方の首長たちがわれわれに戦争をしかけ、われわれの土地を荒廃させ、一つの町を焼き払い、人をなん人か連れ去った。マタルシンゴ地方の者たちはあらゆるものを破壊しており、都の者たちが出撃してあなた方を壊滅できるよう、野営地まで襲おうとしている、と。われわれはその言葉をおおむね信用いたしました。数日来、われわれは、攻め入るたびに、このマタルシンゴ地方の者が増援にくるぞと言って、脅かされていたからであります。この地方に関しあまり多くの知識を持ち合わせてはいませんでしたが、広大で、われわれの野営地から二レグアのところにある、ということは承知しておりました。このオトミー人たちは、彼らの隣人にたいする不平を鳴らし、われわれに助けてほしいと訴えました。苦しいときに頼まれたのでありますが、私は、神のご加護を信じ、都の者たちの気勢をそぐことにしました。都の者たちは増援がくると言って、毎日われわれを脅しましたが、彼らはマタルシンゴの者から助けを借りることを期待していたようであり、また助けを借りるとすれば、彼らのほかになかったのであります。そこで、警吏長ゴンサロ・デ・サンドバルに、一八騎と射手一名のみを含む一〇〇名の歩兵をつけ、そこへ派遣することにしました。彼は、これらの者ならびにわれわれの味方であるオトミーの者を連れ、出発いたしました。

　出かけた者も、居残ったわれわれも、皆いかに危険に瀕しておりましたかは、神のみの知り給うところでした。われわれは、これまでにもまして、粘りと気力を示し、勇ましく戦って死ぬ覚悟を必要としていましたので、味方のインディオにも敵にも、われわれの弱点を隠しました。都においても、当地のいずこにおいても、なんの利益も得られないかも知れませんが、それでも、神のみこころにより、死をまぬがれ、都の者に打ち勝つことができるかもしれないと、スペイン人はなんどもくり返し話し合いました。これをもってしましても、われわれの身体と生命がどれほどの危険と窮地に陥っておりましたかがお分かりいただけるでしょう。あくる朝早く立ち、その日のうちに出発し、マタルシンゴとの境にありますオトミー人の町で眠りました。あくる朝早く立ち、オトミー人の家が何軒かあるところに着きましたが、そのほとんどは焼き払われており、人影は見えませんでした。さらに平地のほうまで参りますと、川辺に敵の戦士が大勢おり、彼らは別の町を焼き払ったばかりで、警吏長を見ると逃げ出しました。彼らが通ったあとの道には、彼らが食用に運んでおりましたトウモロコシの積み荷や子供の丸焼きが、たくさん転がっていました。彼らはスペイン人が来るのを見て、それらを置き去りにして行ったのであります。平地のさらに前方にある川を渡りますと、敵は、態勢を整え直しはじめました。そこで警吏長は、騎兵を率いて突撃し、彼らを敗走させました。彼らは、そこから三レグア近く離れている、彼らの町マタルシンゴへ向かって、一目散で逃げ、騎兵は彼らをその町に追い込むまで追跡を続けました。彼らはそこでスペイン人とわれわれの味方のインディオを待ち受けました。味方のインディオたちは、騎兵に行く手をさえぎられただけで、そのままそこに留まっていた者を殺しながらやって来ました。この追跡で、二〇〇〇人以上の敵兵が死にました。歩兵が、騎兵ならびに六万人を超える味方のインディオのいるところまで来ますと、敵は町へ向かって逃げ出し、そこで立ち向かってきました。その間、女や子供、それに彼らの財産は、そのすぐ近くの、高い丘の上にある要塞に避難させていました。しかし、急襲されましたので、彼らも、その険阻で堅固な丘の上の要塞に退却いたしました。わが軍はたちまちのうちにその町を焼き、略奪いたしました。もう遅かったですし、その日は一日中戦

（65）マトラツィンコ（Matlatzinco）。現メキシコ州中部のトルカ（Toluca）渓谷地方をメシカ人が呼んだナワトル語名。オトミー語族に属するマトラツィンカ（Matlatzinca）族が住んでいた。現在もカリストラウァカ（Calixtlahuaca）と呼ばれる神殿の遺跡がある。

い、たいそう疲れておりましたので、警吏長は、要塞を攻めるのはやめました。敵は、ほとんど一晩中、喚声をあげ、太鼓や角笛で大騒ぎしました。

あくる朝、警吏長は全兵士を率い、敵の抵抗で苦境に陥るのではないかとの恐れを抱きながら、あの要塞に向かって登りはじめました。着いてみますと、敵の影はまったく見あたりませんでした。われわれの味方のインディオが、なん人か丘の上からおりて来て、上には誰もいない、敵はみな明け方に去ってしまった、と申しました。そうこうしておりますうちに、まわりの平地一面に、大勢の人が見えました。それはオトミー人でしたが、騎兵はそれを敵だと思い、彼らのところへ駆けつけ、三、四人を槍で刺しました。オトミーの言葉はクルアのそれとは異なっておりますので、騎兵たちは、彼らが武器を捨て、スペイン人のもとへやって来るということのほか、なにも理解できず、なおも三、四人を槍で刺しました。しかし、彼らは、それは自分たちを見分けられないからだということを、よく理解いたしました。敵はもう行ってしまっておりましたので、スペイン人たちは、やはり敵対していた別の町へ赴くことに決めました。しかし、その町の住民は、このような大軍が襲ってくるのを見て、おとなしく投降してきました。警吏長は、その町の首長と話し、あなたも知っているとおり、隊長は陛下の臣下となることを申し出たすべての者を、たとえその者の罪が重くとも、心からの善意をもってお迎えになる、と説きました。そして彼に、マタルシンゴの者たちのところへ行って、私のもとへ来るよう話してほしい、と頼みました。彼は、そのようにする、さらにマリナルコの者にも敵意を捨てさせ、連れてくる、と約束いたしました。こうして、警吏長は勝利をおさめ、野営地へ戻って参りました。

和平の提案　その日、スペイン人のいく人かは、都で戦っておりました。都の者たちは、和平について話し合いたいので、われわれの通訳をよこしてほしい、と伝えて参りました。しかし彼らは、われわれがこの地から完全に出て行くという条件のもとでしか和平を求めていない様子で、彼らがそう申しましたのは、数日間、休息の時間を得、その間に必要なものを準備しようとしていたからのようです。彼らにわれわれと戦う意思を捨てさせることは、どうしてもできませんでした。われわれの兵士と敵兵は、取り外された橋を間に挟んだだけで、きわめて接近しておりましたが、こうして通訳[66]を介して話しておりますと、彼らのうちの年老いたひとりが、みなの目に見えるところで、袋からゆっくりとなにかを取り出して食べました。それは、お前たちはそこで餓死するだろうとわれわれが言い立てましたので、食糧は欠乏していないということをわれわれに分からせようとしたのでしょう。われわれの味方のインディオは、あの和平の申し出は見せかけのものであり、彼らは戦おうとしている、とスペイン人に話しました。その日は、都の要人たちが、自分たちの提案を私に伝えてほしい、と通訳に話しましたので、それ以上戦いはありませんでした。

警吏長がマタルシンゴ地方から帰って四日後、その地方とマリナルコ、それに大きくて有力であり、やはりわれわれに反抗していましたクィスコン〔ウィスコ、現ウィッコ〕地方の首長たちが、われわれの野営地へやって参りました。そして、過去の許しを乞い、立派にご奉仕したいと申し出ました。彼らはこの言葉どおり実行し、いまもなおそのとおりでございます。

警吏長がマタルシンゴへ出かけておりますうちに、都の者たちは、夜、アルバラードの野営地を襲撃することに決め、夜明けの少しまえに攻撃をかけました。しかし、見張りの騎兵と歩兵がそれに気づいて戦闘用意と叫び、そこにいた者たちは彼らに襲いかかりました。敵は、騎兵に気づくと、水に飛び込みました。その間にわれわれの仲間が到着し、彼らと三時間以上も交戦いたしました。われわれは野営地にいて、野砲の発射される音が聞こえましたので、わが軍が打ち負かされるのではないかと恐れ、私は部下に、武装して都に攻め入り、アルバラー

(66) ファン・ペレス・デ・アルテアガ (Juan Pérez de Arteaga) という名の兵士。かれはマリーナ（第二書簡註33参照）に付き添っていたので、いちばん早くナワトル語を覚えたという (Orozco y Berra, p. 526)。

ドに対する攻撃の手を緩めさせるよう命じました。インディオたちは、スペイン人の勇猛さをみて、都へ引き返しました。われわれはその日は都の中まで進撃いたしました。

そのころには、あの敗走で傷ついた者たちはもう平癒していました。そして、フロリダの本土あるいは島嶼で敗走したファン・ポンセ・デ・レオンの船《ナビーオ》(67)がベラ・クルスに着いていました。ベラ・クルスの者たちは、われわれがとても必要としていた火薬と大弓を送ってくれました。神のおかげで、もはやこのあたり一帯においてわれわれにくみしない地方はなくなりました。この都の者たちが、これほどまでに反逆的で、またかつてのどの種族にもみられないほど、かたく死を決意しているのを目にし、私は、われわれがこの危険と苦難から解放され、かつ彼らを破滅させず、世界で最も美しい彼らの都を破壊しないですませるにはどうすればよいのか、考え及びませんでした。私は彼らに、われわれは野営地を引き揚げるつもりはなく、ベルガンティン船も水上からの攻撃をやめない、また、われわれはマタルシンゴとマリナルコの者たちを粉砕したので、お前たちを救援できる者は国中どこにもいないし、お前たちにはトウモロコシ・肉・果物・水およびその他の糧食を手に入れるすべもないではないか、と述べましたが、徒労に帰しました。われわれがこのようなことを言えば言うほど、彼らは自らの弱さをとりつくろいました。それどころか、戦闘においても策略においても、これまでにもまして、いよいよ大胆になってきました。私は、事態がこのように進んでおり、包囲をはじめてから四五日もたっていることを考え、われわれの安全をはかりながら、敵をさらに苦境に陥れるための手をうつ決意を固めました。それは、都の街路を占拠し、その両側にある家を一軒のこらず壊すということ、つまりどれだけ時間がかかろうとも、すべてを破壊するまでは、一歩たりとも進まず、また水路はすべて埋めつくすということであります。私は、そのために、われわれの味方の首長と重きをなす者たちを全員呼び集め、彼らに私の決意について話しました。そして、多数の農夫を召集するように、また彼らに木ぐわ《コア》を持参させるように、と命じました。それはスペインの鍬に似ており、土を掘るのに使う棒であります。彼らは、それはすばらしい決断であり、喜んでそのようにする、と答えました。彼らにも、そうすれば都は壊滅するだろうと思われ、またそれがこの世で彼らの最も望んでいたことだったからでございます。

大都の破壊　その準備を整えておりますうちに、三、四日たちました。都の者たちは、われわれがなにかはかりごとを回らしていることを見抜きました。そして、のちほど明らかになったことですが、われわれが想像しておりましたとおり、彼らもまた防禦のためにできる限りの手筈を整えておりました。味方のインディオたちと、陸上ならびに水上の両方から攻撃しようと打ち合わせました翌日、ミサにあずかったあと、われわれは都へ向けて出発いたしました。広場の家々の近くにある橋とバリケードの袂まで行き、攻撃にかかろうとしますと、都の者たちは、それ以上進まないように、自分たちは和平を望んでいるのだから、と述べました。私は、部下に攻撃しないようにと命じ、また彼らに対しては、都の首長に和平について話し合うため自分のところへくるように伝えてほしい、と申しました。彼らは、すでに呼びに行っていると答えたまま、私を一時間以上も引き留めました。実のところ、彼らは和平を望んではおらず、身をもってそれを示しました。すなわち、われわれが立ち止まりますと、たちまち矢を射、槍や石を投げはじめました。これを見て、われわれはバリケードを攻撃し、占拠いたしました。広場に入りますと、そこは馬が走れないようにと、いたるところに大きな石が置かれていました。陸上では攻撃の主役は馬だったからです。馬が通れないように、街路の一つは石垣でふさがれ、別の街路も石で

---

(67) ファン・ポンセ・デ・レオンは、一四九三年、コロンブスとともにサント・ドミンゴ着。一五一二年に「不死の泉」を目指し、フロリダへ向け最初の探検隊を指揮したが上陸に失敗。フェルナンド王からフロリダ島およびベニ島（おそらくバハマ諸島のアンドロス島）植民の許可を得て、一五二一年、二隻の船に二〇〇人と五〇頭の馬を乗せてふたたびフロリダに航海し、現タンパ付近に上陸したがインディオの攻撃をうけて傷を負い、キューバに帰ってその年に死んだ（MacNutt p. 106）。

首都攻撃（トラスカラ写本）

満ちていました。その日の残りの時間は、広場に通じている水路をしっかりと埋め立てることに費やしましたので、インディオたちがふたたびそこを開掘することはありませんでした。その後、われわれは少しずつ家をこわし、占拠した水路は完全にふさぎ、埋め立てはじめました。その日は一五万人以上の戦士を連れておりましたので、とてもはかどりました。こうして、その日、われわれは野営地へ戻りました。ベルガンティン船も味方のインディオのカヌーも、都に甚大な被害を与えてから休みにもどりました。

翌日もわれわれはおなじ隊列で都へ入りました。そして、インディオの塔があるあの広い囲壁、つまり中庭に着きますと、私は隊長たちに対し、占拠した水路を埋め立て、難所を平らにすることにのみ専念するよう命じました。味方のインディオに対しては、一部の者は家を焼き、壊すように、他の者はいつものところへ行って戦うように、また、騎兵に対しては、皆を背後から守るように、と命じました。私は、いちばん高い塔の上に登りました。インディオは私の顔を見知っており、私が塔の上にいるのを見るとひどくくやしがるということが分かっていました。私はそこから味方のインディオたちを励まし、必要なときには彼らを援護させました。彼らは休みなく戦い、敵が退いたり、味方のインディオが退いたりしておりましたが、三、四騎の増援がありますと、たちまち勇気百倍で、敵に襲いかかりました。このような態勢で、われわれは五、六日間毎日くりかえし都に出撃いたしました。引き揚げるときには、いつも味方のインディオを先に行かせ、スペイン人のうちのいく人かに、何軒かの家のなかで待ち伏せさせました。そして、われわれ騎兵は後を行き、突然退却するかに見せかけ、敵を広場へおびき出しました。この騎兵と、待ち伏せていた歩兵とで、毎夕、なん人かを槍で刺しました。ある日、六騎ないし八騎が、広場で敵の出てくるのを待っていましたが、なかなか現れませんので、退却するふりをしました。すると、敵は、いつものように騎兵が引き返し、槍で突かれてはいけないと思い、壁の後ろや屋上に無数の兵を配置しておりました。八、九騎いた騎兵は、引き返して彼らを襲いましたが、敵は上方からその街路の入口を制していましたので、そこを通る敵のあとを追うことができず、退却せざるを得ませんでした。敵は、彼らを撤退させたことに勢いづき、猛然と攻めて参りました。それでも警戒をおこたらず、敵は危害の加えられない位置を選んでいました。騎兵は、壁に沿って配置されていた者たちから攻められて、退却を余儀なくされ、二頭の馬が傷を負いました。私はそれを契機に、のちほど陛下にご報告申し上げますとおり、待ち伏せのしかたを改めることにいたしました。その日の午後、われわれは、それまでに占拠した橋をすべて安全かつ平坦にして、野営地へ戻りました。都の者は、われわれが怖くて撤兵したのだと思い、得意然としておりました。その日の午後、私は警吏長のところへ使いをやり、彼とペドロ・デ・アルバラードの騎兵一五騎を連れ、夜明け前までにわれわれの野営地へ来るよう命じました。

市場での待ち伏せ　あくる朝〔七月二十二日〕、警吏長は、一五騎を従えて野営地へやって参りました。クヨアカンからもそこに二五騎が来ていましたので、合わせて四〇騎でした。私はそのうちの一〇騎とベルガンティン船に対し、その朝ただちに他のすべての兵士とともにこのまえの要領で出撃し、できるかぎりのものを破壊し、占領するように、と命じました。そして、帰営の時刻には、私が三〇騎を従えてそこへ赴くつもりであり、諸君も知っているとおり、都の大部分は壊されているので、できるかぎり敵を一気に激しく追跡して、要塞と水路に閉じ込め、帰営の時刻まで敵をそこに引き留めるように、私と他の三〇騎は、広場の大きな家々の近くにある別のいくつかの大きな家のなかへ、気づかれないようにして忍びこみ、敵を待ち伏せるから、と指示しました。スペイン人たちは、私の命じたとおりにいたしました。私は、午後一時に、三〇騎とともに都へ向かいました。そこへ着きますと、彼らをそれらの家に残し、私は、いつものとおり、高い塔の上へ登りました。私がそこにいる間に、いく人かのスペイン人が墓をあばき、その中に一五〇〇カステリャーノ以上の値打がある金の品々を見つけました。退却の時刻が参りますと私は、隊列をくずさないで退却を始めるよう命じました。そして広場まで退却したところで、騎兵は、攻撃しようとするができないでいるというふりをするように、とくに広場の中や周囲に大勢の人が見えたときにそうするように、と命じました。伏兵は、はやくその時がきてほしい、と待ち望んでいました。彼らは自分の役をうまくやりたいと思い、待ちくたびれていたのであります。私も彼らに加わりました。すると、スペイン人の歩兵と騎兵、それに味方のインディオたちが、広場を通って退却して来ました。彼らも、待ち伏せのことはよく心得ておりました。敵はすさまじい喚声をあげてやって来て、世界中を征服したかのようでした。九騎が、広場を出たところで、彼らに襲いかかると見せかけ、突如退却いたしました。それを二回くりかえしましたので、敵はたいそう激し、馬の尻まで追って参り、伏兵のいる街路の入口まで入り込んできました。スペイン人がわれわれの目のまえを通るのが見え、また合図の銃声が一発聞こえましたので、われわれは出撃のときが来たことをさとりました。そこで、突撃《セニョール・サンティアゴ》！と叫ぶや、いきなり敵に襲いかかりました。そして、広場を進み、多くの者を槍で刺し、倒し、あるいは行く手をさえぎりました。彼らは、後ろから来たわれわれの味方のインディオたちに捕えられました。この待ち伏せにより、いずれも身分の高い、勇猛果敢な敵の戦士が五〇〇人以上殺されました。そして、その夜、われわれの味方のインディオたちは十分な夜食を得ました。殺した敵をみな切り裂き、食べるために持ち帰ったからであります。これほどあっけなく打ち負かされたことによる彼らの驚きと衝撃は大きく、その日の午後は、彼らはいっさい声を出したり、叫んだりせず、また、ぜったいに安全であるとはいえないような街路や屋上には、姿を現そうとはしませんでした。われわれが引き揚げたころにはもうほとんど暗くなっていましたが、都の者たちは奴隷を送って、われわれがもう帰営したか、それともなにかしているかを調べさせました。彼らが街路に姿を見せますと、一〇騎ないし一二騎が、襲いかかって追跡しましたので、逃げおおせた者はひとりもいませんでした。

敵は、このわれわれの勝利に恐れをなし、それ以後の戦闘では、われわれが引き揚げる際、一騎しかいないときでも、決して広場へ入って来ようとはしませんでした。わが方のインディオないし歩兵が一人しかいないときでも、彼らはその足下に別の待ち伏せがいるのではないかと恐れ、敢えて出てこようとはしませんでした。われらの主なる神がわれわれにお授け下さったその日の勝利は、都がよりすみやかに占領されるための大きな契機となりました。都の住民はひどく気を落とし、われわれの味方のインディオは勇気を倍加させたからであります。こうして、われわれは早く戦闘を終結させ、そしてそれが果たせるまでは、都へ攻め入ることを一日たりとも止めない覚悟で、野営地へ戻りました。その日は、わが軍にはなんの危険もありませんでした。ただ、待ち伏せの場所から飛び出したとき、馬が互いにぶつかり合い、一人が落馬しました。その馬はまっすぐ敵に向かって駆けましたが、矢を射られ、深手を負いました。そして、傷の深いのに気づき、われわれのもとへ戻ってきましたが、その夜、死にました。馬はわれわれの命を支えていましたゆえ、われわれはいたく悲しみましたが、敵の手にわたって死ぬのではないかと恐れていましたので、それを思いますとわれわれの悲しみも和らぎました。もしそうなっていましたならば、敵は喜びのあまり、仲間がわれわれに殺された悲しみも忘れ去ったことでしょう。ベルガンティン船ならびに味方のインディオのカヌーも、その日は都を散々に荒らしましたが、彼らには少しも危険はありませんでした。

大都の苦しみ　われわれは都のインディオがひどく怯えているということは承知していましたが、夜、都から逃げ出し、われわれの野営地にやって来たみすぼらしい二人の者から、彼らは餓死しそうで、夜間、都の家々の間を縫って魚をとりに出かけ、都のなかの、われわれに占領されている場所で、食用にするための木や草や根を探し歩いている、ということを知りました。われわれはすでに多くの水路を埋め立て、多くの難所を修復していましたので、夜明けまえに都へ入り、できるかぎり破壊することにいたしました。ベルガンティン船は明け方まえに出発し〔七月二十三日〕、私は一二騎ないし一五騎ならびに歩兵、それに味方のインディオたちを伴い、敵の不意をついて入り込みました。そして、まず斥候を配置し、待ち伏せしておりますと、夜明けに、彼らはわれわれに出てくるようにと合図しました。そこで、われわれは無数の敵に襲いかかりました。しかし彼らは、食べ物を探しに出てきた世にもあわれな者たちで、そのほとんどは武器を身につけていない女や子供たちでした。われわれは都じゅうをできるかぎり駆け廻って、彼らを痛めつけ、捕虜と死者を合わせますと、優に八〇〇人を超えました。ベルガンティン船も、魚をとっていた多くの人とカヌーを捕え、したたか危害を加えました。都の隊長や身分の高い者は、われわれがいつもと違う時間に動き回っているのを見て、このまえの待ち伏せのときと同じように仰天し、敢えてわれわれに戦いを仕掛ける者はいませんでした。こうして、われわれは味方のインディオのために十分の獲物と食糧を得て、野営地へ戻りました。

あくる朝〔七月二十四日〕、われわれはふたたび都へ入りました。味方のインディオはわれわれが都を手際よく破壊してゆくのを目にしていましたので、毎日、大勢われわれのもとへやって参り、その数は数えきれないくらいでした。その日、われわれはタクバの通りをすべて占領し、そこの難所を修復しましたので、ペドロ・デ・アルバラードの野営地の者とわれわれは、互いに都をとおって連絡できるようになりました。また、われわれは、市場へ通じる目抜きの通りにある二つの橋を占領し、そこを埋め立てました。そして、グァティムシン[68]と呼ばれる十八歳になる都の首長の家を焼き払いました。彼は、ムテスマの死後二人目の首長です。その家はとても大きく、堅固であり、水に囲まれていましたので、インディオたちはそこを要塞にしておりました。さらに、この市場に到る通りの近くを走っている別の通りの橋も二つ占領し、橋の取り外されているところをいくつも埋め立てました。それゆえ、都の四分の三はもはやわれわれの手中にありました。インディオたちは、水上に長く突き出した家々のある、都では最も守りの堅い地区へ向かって、ひたすら退却するばかりでした。

翌日、使徒サンティアゴの日〔七月二十五日〕、われわれは前とおなじ要領で都へはいり、市場へ通じる大通りを進んで、彼らがきわめて守りが固いと考えていた幅の広い水路を占領いたしました。もっとも、それにはとても手間がかかり、また危険が伴いました。ひじょうに幅の広い水路でしたので、その日一日かかっても、騎兵が向う側へ渡れるように埋め立てることはできませんでした。インディオたちは、われわれがみな馬に乗っておらず、騎兵が来ないのを見て、あらためて襲って来ました。彼らの多くは立派に着飾っていました。われわれは防戦に努め、また大勢の射手を連れていましたので、彼らはしたたかに矢を射られ、バリケードや要塞へとって返しました。そのうえ、スペイン人の歩兵はみな槍をもっておりましたが、それはあの敗走のあと私がつくらせたもので、大いに役立ちました。その日は、その大通りの両側にある家々を焼き払い、破壊することに専念いたしましたが、その光景はまことに見るも哀れでした。とはいえ、その他のことをいたしましても、効き目はありませんので、そうするより仕方がありませんでした。都の者たちは、あまりの荒廃ぶりを目にし、自らを励まそうとして、われわれの味方のインディオたちに向かって次のように言い立てました。都を焼き、破壊しつづけるがよい。

（68）一般にはクアウテモク（Cuautémoc）として知られる。ムテスマの死後、イスタパラパの王クイトラバシン（ないしクイトラワク）がメヒコの王位についたが、天然痘で死亡し、グァティムシンがそのあとを継いだ。

どのみち再建を引き受けなければならないのはお前たちなのだから。もしわれわれが勝てば、お前たちがそれをさせられることは分かっているであろう。またわれわれが勝たなくとも、彼らスペイン人のためにそうしなければならなくなるだろう、と。そして、神のみこころにより、後者が現実となったのであります。もっとも、再建に携わらなければならない羽目に陥ったのは我々の味方のインディオではなく、都の者たち自身となったのでございます。

あくる朝早く〔七月二十六日〕、われわれはいつもの要領で都へ入り、前日埋め立てた水路へ行ってみますと、そこはそのままになっていました。そして、大弓が届く距離の二倍ほど前進し、その街路のまんなか辺りで壊されている二つの大きな水路を占領してから、彼らの偶像のある小さな塔へ着きました。そこには、殺されたキリスト教徒の首がいくつかあり、われわれはいたく悲しみました。その塔から、われわれのいた右手の街路を行きますと、サンドバルの野営地がある堤道へ出、また左手の街路を行きますと、市場へ出ました。その街路には、彼らが守っているただ一つの水路を除き、ほかに水路はありませんでした。その日は、そこから先へは進みませんでしたが、インディオと激しく戦いました。われらが主は、毎日、われわれに勝利をお授け下さいましたので、彼らはいつも酷い目に遭いました。その日は、もう遅かったものですから、野営地へもどりました。

翌朝〔七月二十七日〕九時に、ふたたび都へはいる準備をしておりますと、トラテルルコ〔トラテロルコ〕、つまり都の市場にある二つのとても高い塔から煙の出ているのが、われわれの野営地から見えました。われわれにはそれがなにかは分かりませんでしたが、インディオが普段彼らの偶像のために焚く香の煙より大きいと思われましたので、ペドロ・デ・アルバラードたちがそこへ着いたのではないか、と考えました。まさしくそのとおりで、われわれには信じがたいことでした。まことに、ペドロ・デ・アルバラードとその部下たちは、その日実に勇敢な働きをしました。いまだ占拠すべき橋やバリケードが数多く残されており、たえず都の者が大挙してそれを防禦するためにやって来るからです。彼はわれわれが敵を窮地に追いやっているのを見ると、敵のすべての兵力が集結している市場に入ろうとあらゆる手を尽くしました。しかしながら市場が見えるところまで行き、あの塔や他の多くの塔を占拠できただけでした。市場は、都にあるあの多くの塔に囲まれた区域と同じくらいの広さがありました。騎兵は苦境に陥って、退却を余儀なくされ、退却の際、三頭の馬が傷つきました。こうして、ペドロ・デ・アルバラードとその部下は、彼らの野営地へ戻りました。その日は、われわれは危険な場所をすべて平らにし、埋め立てただけで、そこから市場へ行くまでに渡らなければならない唯一の橋と水路は、占拠いたしませんでした。退却するとき、彼らは猛然と攻め寄せましたが、その分彼らも犠牲を払いました。

あくる朝〔七月二十八日〕早々、われわれは都へはいりました。市場まで達するためには、前に申し上げました、小塔の近くにある水路とバリケードを占領しさえすればよかったものですから、われわれはそこを攻撃しはじめました。一人の旗手と二、三名のスペイン人が水に飛び込みますと、都の者たちはたちまちその場を明け渡しました。そこで騎兵が通れるようにと、そこを埋め立て、修復しはじめました。そうしておりますと、ペドロ・デ・アルバラードが四騎を引き連れて、そのおなじ街路をやって参りました。これで戦争もすみやかに終結するだろうと考え、彼の隊員も私の部下も、大喜びしました。ペドロ・デ・アルバラードは、占拠したものを保持するとともに、自らを防衛するため、後方と側面に兵を配しました。橋を修復し終えますと、私はただちに騎兵をいく人か伴い、市場を見に出かけました。そして、われわれの野営地の者には、その橋から先へは進まないよう命じました。しばらく広場を行き来し、そこの軒廊を見てまわりましたが、その屋上には敵が満ちあふれていました。広場はとても大きく、そこを騎兵が通っているのを見て、彼らは出て来ようとはしませんでした。そのあと、私は、市場の傍にあるあの大きな塔の上に登りました。そこにも、そのほかの塔にも、殺されたキリスト教徒と、われわれの味方であるタスカルテカルのインディオの首が、偶像に捧げられていました。彼らと都の者たちの間には、ひじょうに古くから、常にはげしい敵対関係があったのでございます。

私は、その塔の上から、都の中のわれわれが占領したところを眺めましたが、確かに、八分の七は占領しておりました。私は、こんなに大勢の敵がこのような狭苦しい場所に閉じ込められているのだから、これ以上耐えることはできないだろう、と思いました。彼らに残された家々は小さく、かつ水の上に建てられており、なによりも彼らはひどく飢えており、街路にはかじられた木の皮や根があったからであります。そこで、私はしばらく戦闘をやめ、こんなに大勢の者が死ななくともすむような方策を講ずることにいたしました。まことに彼らの身に降りかかった災難のありさまを見るにつけ、私の心は傷みました。私は重ね重ね和平を求めましたが、彼らは、断じて降伏しない、最後のひとりが死ぬまで戦うつもりである、われわれが持っている物はすべて焼いて水底深くに捨てるので、お前たちがそれを手に入れることはないであろう、と返答しました。私は悪をもって悪に報いることのないよう、平静を装い、攻撃しないことにしました。

投石機　われわれにはもう火薬が少なくなっていましたので、一五日あまり前から、投石機《トラブコ》をつくることについて話し合っておりました。それをつくる専門の職人はいませんでしたが、なん人かの大工が、小さいものを一つつくりたいと申し出ました。私は、成功しないだろうとは思いましたが、それを許可しました。それは、われわれがインディオを都の片すみに追い詰めております間に、でき上がりました。そして、市場の広場のまん中にある舞台のようなところに据えつけるため、そこへ運びました。それは正方形で、石と漆喰でできており、高さは身の丈の二倍半、角から角までの幅は三〇歩ほどでしょう。それは、彼らが祭りや競技を催すためのもので、軒廊の上にいる者も、下にいる者も、市場にいる者みなが見えるように、彼らの代表者はその上に登るのです。それを広場へ持って行ってから据えつけるまで、三、四日かかりました。われわれの味方のインディオたちは都の者に、お前たちはこの装置で皆殺しにされるだろう、と言って脅しました。それは彼らを威嚇するものでしかなかったのですが、それ以上のことができなくともそれで敵が降伏するだろうと考え、そうなれば十分だと思いました。しかしながら、われわれの期待はいずれも裏切られました。大工は目的を達成できませんでしたし、都の者たちも、怖がりはしましたが、降伏しようとはいたしませんでした。われわれは投石機の失敗は隠し、憐みの情にかられ彼らを全滅させるに忍びないという風を装いました。(69)

投石機を据えつけ、翌日〔八月七日〕また都へもどりますと、戦闘をやめてから三、四日たっていましたので、われわれの通った街路は女・子供やその他の哀れな人間で満ちあふれていました。彼らはやせ衰え、餓死しそうで、この世で最も憐れを催させる光景でした。私は、彼らに危害を加えないよう、味方のインディオに命じました。もっとも、戦士は武器をもたず、彼らの用いる毛布にくるまったまま屋上にいるのが見えましたが、攻撃を受けそうな所へ出ようとはしませんでした。私はその日、彼らに和平を求めましたが、彼らからは逃げ口上しか返ってきませんでした。ほとんど一日このようにして時間を費やしましてから、私はこれから攻撃を開始するつもりだから、住民をみな引き揚げさせるように、さもなければ、わが方のインディオに彼らを殺すことを許可するであろう、と伝えてやりました。すると彼らは、和平を望む、と申し出ました。私は、交渉の相手となるべき首長がそこに見えないが、彼がやって来れば和平について話し合おう、そしてそのためには、お前たちの望むとおり安全を保証するつもりである、と答えました。しかし、彼らはわれわれをからかっており、みな戦う用意をしているということが分かりましたので、私は彼らをなんども戒めてから、さらに窮地に追いやるため、ペドロ・デ・アルバラードに、敵がまだ堅持している、一〇〇〇戸以上の家屋のある広い地域のほうから、部下を全員率いて入るように、と命じました。私は別のほうから、われわれの野営地の者を連れて、徒歩ではいりました。こちらの方では騎兵が使えなかったからであります。戦闘は熾烈をきわめましたが、われわれはその地域すべてを占領いたしました。敵に対して行った大虐殺はすさまじく、死者と捕虜を合わせますと、一万二〇〇〇人を超えました。味方のインディオたちは、彼らをきわめて残酷に扱い、ただの一人も生かしてはおかなかったもので

---

(69) サアグン編「メシコの戦争」第三八章(『征服者と新世界』、大航海時代叢書第Ⅱ期一二巻、所収)参照。

すから、のちほど彼らを叱責し、罰を与えました。

あくる日〔八月八日〕も、われわれは都へもどりました。私は、敵を攻撃したり、彼らに危害を加えたりしないよう命じました。彼らは、おびただしい数の人びとを目のあたりにし、またかつて自分たちの命令に従っていた配下までが、自分たちを殺しにやって来たことを知り、さらには、このうえなく窮乏し、味方の屍を踏まないかぎり身の置きどころもないことを思い、このような不幸な境遇から逃れたい一心からか、どうしてひとおもいに自分たちを皆殺しにしないのか、と言いました。それから、急に、話したいことがあるので司令官〔コルテス〕を呼んでほしい、と申し出ました。スペイン人はみな、もうこの戦争が終わってほしいと望んでいましたし、敵に及ぼした被害を不憫に思っていましたので、きっとインディオたちが和平を求めているのだろうと思い、大いに喜びました。彼らは進んで私のもとへやって来て、重きをなす人たちがあなたと話したがっているので、彼らのいるバリケードまで来てほしい、と強く迫りました。私は、彼らが降伏しないのはひとえに都の首長と三、四人の重臣の意思によるものであり、その他の者は、生死にかかわらず、ともかくいまの境遇から逃れることを願っているということをよく承知していましたので、行っても得るところは少ないことは分かっていましたが、そこへ赴くことにしました。バリケードまで行きますと、彼らは、あなたを太陽の子であると考えているが、太陽は一昼夜という短時間のうちに世界を一周するのに、どうして同じように速やかにわれわれを殺し、この苦痛を取り除いてくれないのか、われわれはもう死にたい、そして、われわれに休息を与えようと天で待っているオチロブス(70)のもとへ行きたい、と述べました。その偶像は、彼らが最も崇拝しているものであります。私は、彼らが降伏するよう仕向けるため、いろいろと返答いたしましたが、われらが主のお力添えにより勝利者となりながらも、われわれはこれまでどの敗者にも示されたことのないような和平の意思を示しましたが、すべてが無益でありました。

新たな和平の提案

これまでに申し述べましたところからご推察いただけますとおり、敵は最後のぎりぎりまで追いつめられ、死ぬ覚悟を決めておりましたので、私は、彼らの間違った考えを断念させようと、われわれが捕虜にしておりました彼らの要人のひとりと話しました。それは、二、三日まえ、都で戦闘中にテスイコの首長ドン・フェルナンドの叔父に捕えられた者で、重傷を負っていましたが、都へ帰りたいかと尋ねますと、帰りたいと答えました。あくる日、都へはいりますと、われわれは彼をスペイン人といっしょにやり、都の者たちに引き渡させました。私はこの要人に、首長およびその他の重臣と和平について話し合うようとくと申しつけ、彼はできるかぎりのことをすると約束いたしました。都の者たちは彼を要人として丁重に迎え、首長グァティムシンのまえへ連れて行きました。そこで、彼は和平について語りはじめましたが、首長は即座に彼を殺し、生け贄にするよう命じたとのことです。われわれは彼らのよい返事を待ちましたが、残念ながら彼らは、自分たちは死を願うだけだ、と叫びながら大喚声をあげてやって来ました。そして、われわれに槍や石を投げ、矢を射、はげしく攻撃しはじめました。その勢いはすさまじく、われわれから取り上げた剣でつくった刀で、馬を一頭殺しました。しかし、結局彼らの多くが死に、彼らは高い代償を支払ったのです。こうして、その日、われわれは野営地へ戻りました。

翌日〔八月十日〕もまたわれわれは都へ入りました。敵はもうとても衰弱しておりましたので、われわれの味方の大勢のインディオが、夜間も恐れずに都に留まっていました。われわれは敵が見えるところまで近づきましたが、彼らを攻撃しないで、都のなかを行進しました。いまにも彼らが降伏を申し出はしないかと思ったからでございます。私はそのように説得しようと、彼らの保持している堅固なバリケードの近くまで馬で赴き、その後ろ

(70) ウィツィロポチトリ (Huitzilopochtli)、すなわちメシカ族の主神。太陽神の性格をもち、また太陽の生命の維持のために戦うメシカの戦士の軍神でもあった。

にいた私の知っている身分の高い者たちを呼びました。そして彼らに、もはやお前たちは完全に敗北したのであり、お前たちも分かっているとおり、もし私がそう望めば、一時間のうちに誰ひとり生き残らぬようにすることができるのだ、どうしてお前たちの首長グァティムシンは私のところへ話しに来ないのか、私は彼に一切危害を加えないと約束している、彼も皆も和睦を望むのであれば、私は丁重に迎え、遇するつもりである、と言い聞かせました。また、その他いろいろの道理を述べますと、彼らは涙を流しました。彼らは、自分たちのあやまちと破滅についてはよく承知している、首長のところへ話しに行き、回答をもってすぐに帰ってくるので、そこで待っていてほしい、と涙ながらに答えました。そして彼らは立ち去り、しばらくして戻り、もう遅いので首長は来なかった、しかしあくる日の正午には、かならずあなたと話すため市場の広場へやって来る、と弁解しました。そこでわれわれは、野営地へ戻りました。私は、翌日のために、広場のまん中にあるあの正方形の高台に、彼らの習慣に従って、都の首長と重きをなす者たちのための高座を設け、また食事も用意するように、と命じました。そしてそれらはつつがなく執行されました。

翌朝〔八月十一日〕、われわれは都へ赴きました。私は、都の者がわれわれを裏切って不意をつくことがないように備えておくよう、部下に命じました。そこにいたペドロ・デ・アルバラードにも同じことを命じました。市場へ着きますと、私はグァティムシンに彼を待っていると知らせにやりました。しかし、彼は来ないことに決めたようで、都の重臣五人を派遣してきました。彼らの名は、さほど重要ではありませんので、ここでは触れないでおきます。彼らは、私のところへやって来て、こう述べました。われわれの首長が参上しなかったのは、あなたのまえに出ることをたいそう恐れており、しかも病気であるためで、われわれはあなたの許しを乞うために遣わされてきた、われわれが参上したので、なんなりとわれわれに命じてほしい、そのとおりにするから、と。首長は参りませんでしたが、われわれはこの重臣たちが来たことを大いに喜びました。それもこの事業を早く仕上げるための一つの道であると思われたからです。私はこころよく彼らを迎え、すぐに彼らに食べ物と飲み物を与えるよう命じました。彼らが飲み食いする様子は、いかにもそれを望み、かつ必要としていたという風でした。食べ終わりますと、私は彼らに対し、首長になにも怖がることはないと伝えてほしい、私の目のまえに来ても、決して侮辱を加えたり、捕えたりしないことを約束する、彼と面会しないことには、いかなる和平も合意もなし得ないのだから、と伝えました。そして彼のための軽食を彼らに持たせるよう命じました。彼らはできる限りのことをすると約束して帰って行きました。そして二時間後に戻りました。彼らは自分たちの使う立派な綿布を持参し、首長グァティムシンはどうしても来たがらず、また来ないであろう、彼はこの件について話すことを拒んだ、と申しました。私は、どうして私のまえに来ることを恐れるのか、その理由が分からない、戦争を引き起こし、それを進めてきた主な責任者があなた方であることを知りながら、私はあなた方を厚遇し、なんの侮辱を加えることもなく、無事に行き帰りできるようにしているではないか、と繰り返し説きました。そして、もう一度彼と話し、彼に来させるよう骨を折ってほしい、それは彼のためになることであり、私は彼の利益のためにそうしているのだから、と申しました。彼らは、そのとおりにする、そして翌日回答をもって戻ってくる、と答えました。こうして、彼らは立ち去り、われわれも野営地へもどりました。

あくる朝〔八月十二日〕早く、あの重臣たちがわれわれの野営地へやって参り、私に、都の市場の広場へ来てほしい、首長がそこであなたと話したいとのことである、と述べました。しかし、彼は一向にやって来ず、ついに私のまえに姿を現しませんでした。私は騙されたことが分かりましたし、もう時間も遅く、首長も使いの者もやって参りませんので、われわれから一レグア〔五・五七㎞〕ほどのところにある都の入口に待たせておいた味方のインディオを呼びにやりました。都の者たちが、和平について話し合うときには彼らを一人も中へ入れないでほしいと頼むものですから、私はそこから先は来ないようにと彼らに命じておいたのです。彼らも、ペドロ・デ・アルバラードの野営地の者たちも、ほどなく到着しました。彼らが着きますと、われわれは敵が保持しておりましたバリケードと水路を攻撃しはじめました。彼らにはそれ以上堅固な砦はもう残されていませんでした。そして、われわれも味方のインディオたちも思う存分に彼らを襲撃いたしました。

私は、野営地を出発するに際し、ゴンサロ・デ・サンドバルに対し、インディオが立て籠っている家々のある方へベルガンティン船で行き、彼らを包囲するように、しかしわれわれが攻撃したのを見届けるまでは攻撃しないように、と命じておりました。敵はこのように包囲され、追い詰められておりましたので、死骸の上を進むか、あるいはまだ残されている屋上を行くしかありませんでした。そして、われわれに射かける矢も、投げ槍も、石も持っておらず、それらを手に入れることもできませんでした。われわれの味方のインディオたちは、剣と盾で身を固めてわれわれに従い、水上と陸上から、大虐殺を行いましたので、その日は、殺された者と捕えられた者を合わせますと、四万人を超えたでありましょう。女や子供の悲鳴をあげ慟哭するさまの痛々しさに、胸がつぶれる思いをせぬ者はありませんでした。われわれは、敵のインディオと戦うことよりも、むしろ味方のインディオの殺りくや、残虐行為を止めさせるのに骨が折れました。当地の住民が行うあのようなまったく人間の本性から離れた残虐な行為は、これまでどの種族にも見られなかったことです。その日、味方のインディオは大量の略奪品を獲得いたしました。われわれは九〇〇人そこそこで、彼らは一五万人以上でしたので、略奪を止めさせることはどうしてもできませんでした。われわれとしてはできるだけのことをしましたが、いくら気をつけましても、あるいは方策を講じましても、彼らの略奪を阻止するには不十分でした。私がそのころ都の者たちとの決裂を回避しておりました理由の一つは、彼らを力ずくで捕えますと、持っていた物を水中に捨てるでしょうし、そうしないとしても、われわれの味方のインディオが見つけた物をすべて盗んでしまうだろうと思われたからです。それゆえ、私が先に陛下の御ために手に入れた品からもお分かりいただけますとおり、この都には莫大な富がありますが、そのうちのわずかしか陛下の御ために残されないのではないか、と恐れたのであります。もう遅くなっておりましたし、いく日も街路に横たわっていた死体が、この世にこれほど胸をむかむかさせるものはないというほどの悪臭を放ち、耐え難かったものですから、われわれは野営地へ引き揚げました。

その日の午後、私は翌日も都へ入るつもりでいましたので、われわれの持っていた三門の大型野砲を都へ運ぶ用意をするように、と命じました。敵は密集しており、動き回るところもないほどでしたので、私はスペイン人が攻め入れば、戦うまえに互いに押しつぶされるのではないか、と惧れました。そこで、敵をそこからわれわれの方へおびき寄せるため、野砲で少し痛めつけようと思いました。そして警吏長にも、翌日は家々に囲まれた大きな湖の中の、都のすべてのカヌーが集まっているところから、ベルガンティン船で入るようにと命じ、そのための準備をさせました。もはや避難できる家屋もほとんどなくなりましたので、都の首長は重臣たちといっしょに一艘のカヌーに乗り込みましたが、どこへ行けばよいのか分からずにいました。こうして、われわれが翌朝都へ入る手筈は整いました。

メヒコの陥落　夜が明けますと〔八月十三日〕、私は全員に準備を整えさせ、大型野砲を運ばせました。前日、ペドロ・デ・アルバラードには、市場の広場で私を待ち、私が着くまでは戦闘をはじめないように、と命じておきました。みな集まり、ベルガンティン船も敵のいる水上の家々の後ろで準備が整いますと、私は、小銃の音が聞こえたならば、まだ占領していない狭い地域のほうから入り、ベルガンティン船が待ち受けている水上のほうへ敵を追いやるように、と命じました。そして、グァティムシンに気を配り、彼を生け捕りにするようにと、とくと言いきかせました。戦争はそのときに終わるからでございます。私は屋上の一つに登り、戦闘に入るまえに、私の知っている都の重きをなす者のいく人かと話しました。私は、お前たちの首長が来ない理由はなにか、お前たちは窮地にあるが、全員が死滅するようなことは避けねばならない、彼を呼んでほしい、怖がらなくてもよいから、と説きました。どうやらそのうちの二人が、彼を呼びに行ったようです。それから間もなく、彼らといっしょに、重きをなす者のなかでも最も位の高い者がひとりやって来ました。彼はシグァコアシン[71]と呼ばれ、彼ら全員の隊長および統率者で、戦争に関することはことごとく彼の意見に従っておりました。私は彼を安心させ、怖がらせないようにするため、温かく迎え入れました。最後に彼は、首長は断じてあなたのもとへはやって来ないであろう、むしろ今いるところで死ぬことを望んでいる、自分としてはまことに残念であるがあなたの思いのままにしてほしい、と申しました。これで首長の決意が分かりましたので、私は彼に、仲間のところへ戻り、皆に支度を整えさせるように、私はお前たちを襲撃し、皆殺しにするつもりであるから、と告げました。そこで彼は立ち去って行きました。この話し合いには五時間以上もかかりました。都の者たちはみな屍の上を歩かねばならず、また水の中に入って泳ぐ者や、カヌーの集まっているあの大きな湖で溺死する者もいました。彼らの苦しみようは計り知れず、どうして彼らがそれに耐えられるのか、分別をもって理解することはできません。おびただしい数の男と女そして子供が、ひたすらわれわれの方へ向かって逃げて来ました。彼らの多くは慌てて逃げようとし、互いに押し合って水の中に落ち、多数の死骸の間で溺れ死にました。飲んだ塩水のためや、飢えや悪臭のため、多数の死者が出、五万人以上が死んだものと思われます。彼らは、自分たちの窮状をわれわれに知られたくないので、死体を水の中へ投げ込むことはしませんでした。死体をベルガンティン船に見られるといけないからです。さらに、都にいるわれわれに見られてはいけないと考え、それを彼らの区域外に持ち出すこともしませんでした。そのため、彼らの占めていた街路は死体の山で、その上を踏むほか、足の置き場がありませんでした。都の者たちがわれわれのいる方へ逃げて来ましたので、私はその無数の哀れな者たちを、味方のインディオが殺すのを阻止しようと、どの街路にもスペイン人を配置いたしました。また、味方のインディオの全隊長に対し、断じて逃げて来る者を殺させてはならない、と命じました。しかし、味方のインディオはあまりにも大勢いましたので、それを完全に阻止することはできず、その日も一万五〇〇〇人以上が殺され、生け贄にされました。その間、都の要人や戦士たちは、屋上や家の中や水上に追い詰められており、われわれの目には彼らが力を失い滅亡寸前であることは明白になっていましたので、もはや彼らがいかにそれを隠そうと努めても無駄でした。午後になっても、彼らは降伏しないので、これで降伏するかどうか試そうと、二門の大型野砲を彼らに向けさせせました。この野砲は彼らに少し被害を与えましたが、もしわれわれの味方のインディオに攻め入ることを認めていれば、それ以上の被害を与えたでありましょう。しかしこれも功を奏さなかったものですから、小銃を発射させました。そして、彼らが保持していた一隅をたちまちのうちに占拠しますと、そこを守っていた者たちは水に飛び込み、戦いに加わっていなかった者たちは投降いたしました。

一五二一年八月十三日　ベルガンティン船はすばやく前述の湖に入り、カヌーの一群のただ中に突撃しましたが、カヌーにいた戦士たちは、もはや、それ以上戦おうとはしませんでした。そして、神のみこころにより、ガルシ・オルギンと呼ばれる、あるベルガンティン船の船長が、高貴な人の乗っているとおぼしいカヌーに追いつきました。ベルガンティン船の舳先にいた二、三名の射手がカヌーの者に向かって矢を射ようとしますと、彼らは、ここに首長がいるので矢を放たないでほしい、という合図をしました。そこで、ただちにカヌーに飛び移り、かのグァティムシンとあのタクバの首長、それに彼といっしょにいたその他の重臣たちを捕えました。(72) 船長ガルシ・オルギンは、すぐさま都の首長ならびに捕虜となったその他の重臣を、私のいた湖の傍にある屋上へ連れ

(71) シワコアトル（Cihuacoatl）。もともと「蛇の女」の意で、夜中に大声で泣き、またの名をトナンツィン（Tonántzin）、即ち「われわれの母」と呼ばれたメシカの女神（Sahagún, lib. 1, cap. 6）。モクテスマ一世の時代から、王の最高の補佐官（サアグンによれば「統治者の代理」）がこの名で呼ばれるようになった。おそらくシワコアトルに仕える神官が、なにかの事情で政治的権限を与えられたものであろう（Soustelle, pp. 90-91）。なお、モクテスマ一世（一四四〇～一四六八）はメヒコの第五代君主、コルテスのいうムテスマはモクテスマ二世（一五〇二～一五二〇）で第九代君主。

(72) ベルナル・ディアスは、船団総司令官サンドバルの命によりガルシ・オルギンがグァティムシンを追い、そのりっぱな身なりや、舟に設けられた天幕・座席などを見て、王の舟だと分かった、と書いている（cap. 156）。また、サアグンは、王に同船したのは、戦士・小姓・漕ぎ手それぞれひとりずつだったと述べている（第三九章）。

グァティムシンの降伏（トラスカラ写本）

て来ました[73]。私は、厳しい態度はいささかも見せず、彼を坐らせました。彼は私の傍へやって来て、彼らのことばでこう述べました。自分は一族と自分自身を守るため、これまで為すべきあらゆることを行ってきたが、このような事態に到った。こうなったうえは、自分の身体は私の意のままにしてほしい、と。そして、私の持っていた短剣に目をやり、それで刺し殺すように、と申しました。こうして、この首長が捕えられますと、戦争はたちどころに止みました。われらの主、神のみこころにより、戦争は聖イポリトの日、一五二一年八月十三日火曜日に終わりました。

従いまして、同年五月三十日に都を包囲しましてから、これを占領いたしますまで、七五日間を要したことになります。その間、これら陛下の臣下が耐え忍んだ危険と辛苦と災難は、陛下にもお分かりいただけるでありましょう。彼らがいかにこの戦いに命をかけておりましたかは、彼らの振る舞いがよく証明するところであります。

包囲しておりました七五日の間、多かれ少なかれ、都の者たちと戦いを交えない日は一日たりともありませんでした。グァティムシンを捕え、都を占領しましたその日は、できるかぎりの戦利品を集め、このような意義深いお恵みとあれほど待ち望んでいた勝利をお授け下さったわれらが主に感謝しながら、野営地へ引き揚げました。

私は野営地に三、四日滞在し、必要と思われるさまざまのことがらにつき指示しました。その後、クヨアカンの町へ移り、そこで今日まで、当地の秩序維持、統治および平定にたずさわって参りました。

金やその他の品を集め、陛下の官吏の意見に従い、それらを溶かしましたところ、溶かされたものの価額は一三万カステリャーノ以上に上りました。そのうちの五分の一を陛下の計理官に渡しました。さらに、奴隷やその他のものにつきましても、陛下への税として、それらの五分の一を同様にいたしました。これにつきましては、陛下に所属するすべての品々に関するわれわれの署名入り報告書により、なお詳しくご承知いただけるでありましょう。残りの金《きん》は、私とスペイン人の間で、それぞれの地位・功績および能力に応じ、分配いたしました。前に申し述べました金のほかにも、金でつくられた装身具やその他の品々がありましたが、それらの最上のものも、五分の一を陛下の計理官に渡しました。

都で手に入れました戦利品のなかには、金の盾や羽飾りや、まことに驚くべきものがたくさんありますが、それらを筆で表現することは不可能であり、目で確かめないかぎりお分かりいただけません。そのような品々でありますので、私はこれを我がものにしたり、山分けしたりすべきではなく、すべてを陛下のお役に立てるべきであると考えました。そこで、スペイン人を全員集め、これらの品々はすべて陛下にお送りし、諸君や私に帰属

(73) ベルナル・ディアスによれば、オルギンがグァティムシンを捕えたと聞いたとき、サンドバルは、船団の司令官の権限により、王を自分に引き渡せと要求し、両者が対立したが、コルテスがそれを知って、王とともに二人を面前に呼び、グァティムシンと話したのち、雨が降ってきたので王とその妻たちや重臣を連れてその場を引き揚げたという。あとでコルテスは、国王からメヒコ王を捕えた功績を認められ、功名を自分のものにしてしまった（cap. 156）。

する分も、陛下のお役に立てたいので認めてほしいと頼みますと、彼らは心から喜んでそうしたいと答えました。そこで彼らと私は、それらを陛下のお役に立てますため、このヌエバ・エスパニャの顧問会議《コンセホ》が派遣いたしました代理人に託し、陛下宛てにお送り申し上げました。

テミスティタンの都は、この地域一帯において、きわめて重要かつ高名でありますので、われわれがそこを破壊し、廃墟にしたという知らせはテミスティタンから七〇レグア〔三九〇km〕離れた、メチュアカン(74)と呼ばれる、とても大きな地方の首長の耳にも達したようです。その地方の首長は、かの都の権勢と強大さを思い、その都すらわれわれに対抗できなかったのであれば、われわれに対抗できるものはない、と考えました。そこで、脅えたためか、あるいは喜んでか、彼はいく人かの使者を私のもとへ派遣してきました。彼らは首長に代わり、彼らの言語〔タラスコ語〕の通訳を介して、こう述べました。彼らの首長は、あなた方がとある偉大な君主の臣下であるということを知っている、もしあなたの許しが得られるならば、私と私の一族もその臣下となり、あなた方と親交を結ぶことを望んでいる、と。私は、われわれがみなその偉大な君主、すなわち陛下の臣下であるというのは本当である、われわれは、その臣下になることを拒むすべての者に戦争を仕掛けるつもりである、あなた方の首長ならびにあなた方のそのような申し出はまことに賢明である、と答えました。また私は、先ごろ来、南の海(75)について少し聞いておりましたので、彼らの地を通ってそこへ行けるかどうかと尋ねますと、彼らは、行けると答えました。そこで私は、その海と彼らの地方について陛下にご報告できるようスペイン人を二人つけるから、そこへ連れて行ってほしい、と頼みました。彼らは、喜んでそうしたい、しかし海へ着くまでには、自分たちと交戦中のある強大な首長の地を通らなければならない、従っていまはその海まで行くことはできない、と答えました。このメチュアカンの使者たちは、私のもとに三、四日滞在いたしました。私は、彼らが帰ってその話をするようにと、彼らの目のまえで騎馬戦をさせました。そして、彼らにいくつかの宝石を与えてから、彼らと二人のスペイン人を、そのメチュアカン地方へ送り出しました(76)。

太平洋への遠征

いと強き主君。前段で申し上げましたとおり、私は、少しまえから、南の海についての知識を得ており、そこは、二、三の地方を通って、ここから一二、三日、ないし一四日の行程である、ということを承知しておりました。その海を発見できれば、陛下に対しきわめて大きな、また意義深いご奉仕ができるものと思い、喜んでおりました。とりわけ、インディアスの航海につきなんらかの知識と経験のある者はみな、この地域で南の海を発見すれば、かならず金・真珠・宝石および香料が豊富にある、たくさんの島々を見つけ出し、その他の多くの未知のものや驚嘆すべきものを発見できるにちがいない、と考えていたからです。これまで、世界誌の学者やその面に造詣の深い人たちも、そう確言しております。私はそのような望みを抱き、陛下に対し意義

（74）現在のミチョアカン（Michoacán）。テミスティタンの西方にあり、メヒコに抵抗して独立を守ったタラスカ族の政治圏。メチュアカンは元来ナワトル語で、「魚の場所」を意味する（Pagden, n. 82）。

（75）「南の海」、すなわち太平洋はマゼランが横断するまでその大きさが知られていなかったので、実際よりもはるかに小さく想像されていた。そして、コルテスがすぐあとで述べているように、そこに貴金属・真珠、とくに香料に富む島々がある、と一般に信じられていた。だからコルテスはテミスティタン攻略後いちはやく南の海の沿岸に進出しようとしたのである。マゼランの船隊が太平洋を横断して香料諸島のティドール島に到着したのは、一五二一年十一月八日、すなわちメヒコ征服の約三か月後であったが、もちろんコルテスはそれについてはなにも知らないでいた。

（76）コルテスに派遣されメチュアカンの首都ツィンツンツァン（Tzintzuntzan）にはいった最初のスペイン人は、どうやらアントニオ・カイセド（Antonio Caicedo）ともう一、二名らしい。彼らは同地方の首長カソンシ（Cazonci）に面会している。カイセド一行のあともう四人のスペイン人が着いた（Fray Jerónimo de Alcalá, *La relación de Michoacán*, III parte, cap. 24）。セルバンテス・デ・サラサールは兵士フランシスコ・モンターニョ（Francisco Montaño）のメチュアカン遠征についてやや空想を交えた叙述を行っている（lib. VI, cap. 13）が、カイセドの遠征とモンターニョの遠征を混同している面がみられる（J. L. Martínez, pp. 351-352）。なお、コルテス、ゴマラ、ベルナル・ディアスのいずれもカイセドおよびモンターニョについて触れていない。フランシスコ・モンターニョはポポカテペトル火山を探検したうちの一人でもある。

深く、かつ永く記憶されるべきご奉仕をしたいと願いつつ、四人のスペイン人を派遣いたしました。二人はある地方を経由し、他の二人は別の地方を経由することにしました。彼らは辿るべき道筋を教えられたあと、先導する味方のインディオに伴われて出発いたしました。私は彼らに、海へ着くまでは途中止まらずに行き、海を発見したならば、それを陛下の御名において文字どおり国王の所有とするように、と命じました。一組は、多くの美しい地方を、なんの障害を受けることもなく、一三〇レグア〔七二四km〕近く行き、海へ着きました。(77) そしてそこを占領し、そのしるしとして、海岸に十字架を立てました。その後何日かして、彼らはその発見の報告書をもって戻って参り、あらゆる事柄につききわめて詳細に私に報告いたしました。また、その海岸の住民をいく人か連れて参りました。さらに、途中のいくつかの地方で見つけた、金鉱から採掘された立派な金の実物も持って参りました。それは他の金の実物とともに、陛下にお送り申し上げます。

他の二人のスペイン人は、もう少し時間がかかりました。彼らは別の地方を通り、海へ着くのに一五〇レグア〔八三五km〕近く歩いたからでございます。彼らも同じように海を占拠し、その海岸についての詳細な報告を持ち帰り、その地の住民をなん人か連れて来ました。(78) 私は、彼らも、もう一方の地方の者たちも、愛想よく迎えました。彼らは、陛下の偉大な御力について知らされ、いくつかの品を与えられてから、とても満足して、自分たちの地へ帰って行きました。

いとカトリックの信仰あつき主君。私は、先の報告書において、インディオたちがテミスティタンの都から私を敗走させ、追い出しましたとき、都の支配下にあったすべての地方が陛下に反逆し、われわれに戦争をしかけました旨、ご報告申し上げました。そして、それらの反逆した領土や地方のほとんどすべてを、われわれがいかにしてふたたび陛下に服属させるに到りましたか、陛下にもお分かりいただけたでありましょう。北の海〔大西洋。ここではメキシコ湾〕の海岸から一〇、一五および三〇レグア〔五六、八四、一六七km〕のところに、テミスティタンの都が蜂起すると同時に反逆した諸地方がありますが、そこの住民は自分たちの身を危険にさらすことなく、奸計をもって一〇〇名以上のスペイン人を殺しました。しかし、私はこの都との戦争を終えるまでは、彼らの討伐のために人を遣ることはできませんでした。そこで、あの南の海を発見したスペイン人たちを送り出しますと、私は警吏長ゴンサロ・デ・サンドバルに、三五騎と二〇〇名のスペイン人、それに味方のインディオといく人かのテミスティタンの重きをなす者および住民をつけ、タタクテルコ、トゥステペケ〔現トゥステペク〕、グァトゥスコ〔現ワトゥスコ〕、およびアウリカバ〔現オリサバ〕と呼ばれる諸地方へ派遣することにいたしました。彼は、この遠征をどのように行うべきかにつき指示を与えられてから、その準備にとりかかりました。

そのころ、テペアカ地方のセグラ・デ・ラ・フロンテラの町に残しておきました私の代理《テニエンテ》(79)が、このクヨアカンの市《まち》へやって来て、陛下の臣下であるその地方とその近隣の地方の住民が、グァハカケ〔ないしグァハカ、現オアハカ〕と呼ばれる地方の住民から被害を受け、われわれの味方であるという理由で戦争をしかけられている、と報告してきました。そして、それを改めさせる必要があることはもちろん、そのグァハカケ地方は南の海へ出る途中にあるため、そこを確保するのは非常に好都合であり、またそこを平定すれば、そのほかにも、のちほど陛下に申し上げます理由により、きわめて有利である、と弁じました。かの代理は、自分はその地方の事情によく通じており、そこはわずかの兵力で征服できるであろう、と付け加えました。私が野営地にあってテミスティタン

(77) 現在のミチョアカン州とゲレロ州の境にあるサカトゥラ（Zacatula）で海岸に出たらしい（Wagner, p. 386）。

(78) 現在のテワンテペク（Tehuantepec）地方の海岸に到達したものらしい（後述三二七、三三四以下、三八〇、五二四頁参照）。同地方はテワンテペク地峡に位置し、メキシコ湾（北の海）から太平洋（南の海）までの距離が最も短い（約二〇〇㎞）場所である。

(79) フランシスコ・デ・オロスコ（Francisco de Orozco）。二〇名ばかりの傷病兵とともにセグラ・デ・ラ・フロンテラに留まった（Bernal Díaz, cap. 136）。そしてこんどはオアハカ入植に派遣された。サンドバルはトゥステペケ平定に派遣され、そこからコアツァコアルコスに向かった（Díaz, cap. 157, 160）。

と戦っておりましたところ、彼はテペアカの者たちから、そこの住民に戦争を仕掛けてほしいとせがまれ、赴いたことがあります。もっとも、二、三〇人足らずのスペイン人しか連れていなかったものですから、思ったより早く引き返さざるを得ませんでした。この話を聞き、私は彼に一二騎と八〇名のスペイン人を与えました。そこで、警吏長〔サンドバル〕と代理は、部下を率い、このクョアカンの市《まち》から、一五二一年十月三十日に出発いたしました。テペアカ地方へ着きますと、彼らは閲兵を行い、いずれもそれぞれの征服に出かけました。それから二五日後、警吏長は、グァトゥスコ地方に着いた旨、そして、まだその他の地方には行っていないが、そこの住民もみな、陛下の臣下となることを申し出るに違いないと思われる旨、書いてよこしました。それから一五日後、また別の書状が届き、彼はさらに先へ進み、その地一帯はすでに平穏であること、その地の安全を確保するためには、ずっと以前から話し合ってきたように、そこの最も適当なところに入植するのがよいと思われることを述べ、そしてそれに関しどうすればよいか教えてほしい、と要請してきました。私は彼に書状をしたため、陛下へのご奉仕として、その遠征において彼が行ったことに対し謝意を表し、彼が植民について述べていることに自分もまったく同感であると伝えました。そして、トゥステペケ地方にスペイン人の町をつくり、そこをメデリンと名づけるよう伝え、市長《アルカルデ》、市会議員《レヒドール》およびその他の役員の任命書を彼に送りました。私は、彼ら全員に、陛下へのご奉仕と先住民の待遇にできるかぎり意をもちいるよう指示いたしました。

セグラ・デ・ラ・フロンテラの町の代理は、彼の部下とわれわれの味方になったその地域の戦士を大勢連れて、グァハカ地方へ赴きました。その地方の住民は彼に抵抗し、二、三度たいそう激しく戦いましたが、結局、なんの被害も受けないうちに、おとなしく降伏いたしました。彼はこれらすべてにつき詳細に私に書いてよこし、その地はとてもよいところで、鉱物が豊富である、と知らせてきました。そして、すばらしい金の実物を送って参りましたので、それも陛下にお送り申し上げます。彼は私の命じたことを実行するため、その地方に留まりました。

メヒコの再建

この二つの遠征隊を派遣し、それがうまく運んでいることが分かりましたし、またすでに三つの町にスペイン人を植民させましたが、このクヨアカンの市《まち》には私といっしょにまだ大勢のスペイン人がいましたので、われわれはもう一つの町を湖の周りのどの辺につくろうかと話し合いました。この地域全体の安全と平穏のためには、それがぜひとも必要になっておりました。そして、テミスティタンの都は令名高く、きわめて重要で、また忘れ難いところでしたので、完全に破壊されてはいましたが、そこに入植するのがよいと思われました。そこで私は、市民としてそこに定着する者には土地を分配し、陛下の王国における慣習に従い、陛下の御名において市長と市会議員を任命いたしました。(80) そして家々が建設される間、われわれはいまいるこのクヨアカンの市に住むことにいたしました。テミスティタンの都は再建されはじめてから四、五か月もたちますと、たいそう美しくなりました。それは日ごとに立派になり、かつて当地のすべての地方のかしらであり、主でありましたように、これからもそうなるでありましょうことを陛下にお信じいただきたく存じます。またこの都は、スペイン人が強力かつ安全であり、先住民の支配者となり、いかなる場合にも彼らから襲われることのないように造られつつあります。(81)

その間、南の海の近くにあり、二人のスペイン人がその海を発見するときに通ったテコアンタペケ〔テワンテペク〕地方の首長が、いく人かの重臣を私のもとに派遣し、陛下の臣下になりたいと、彼らを通して申し出てきま

---

(80) これは領地を与えたという意味ではなく、メキシコ市の市民となるスペイン人たちに住民の敷地を分配したことをさしているが、コルテスの分配は不公平であるという苦情が多かった。たとえば最良の敷地は彼の親戚や使用人に与えられ、その他の者は湿地帯や町の中心から離れた場所を与えられるか、なにも与えられなかったとしている。ムテスマの息子トラカウェパンツィン（Tlacahuepantzin, 洗礼名ペドロ）には先住民居住区のうちのアツァクアルコ（Atzacualco, サン・セバスティアン San Sebastián）地区が与えられた（Pagden, n. 88）。

した。彼は私に装身具や金や羽飾りの贈り物を届けてきましたので、それらをすべて陛下の計理官に引き渡しました。私は使いの者たちが首長に代わって述べたことに対して礼を言い、首長への贈り物を託しますと、彼らは大喜びで帰って行きました。

そのころ、メチュアカン地方へ出かけた二人のスペイン人が戻って参りました。そこの首長が私のもとに派遣してきました使者は、その地方を通っても南の海へ行くことはできるが、ただ、自分たちの敵の首長の地を経由しなければならない、と述べました。二人のスペイン人とともに、メチュアカンの首長のきょうだいがひとりやって来ましたが、彼といっしょにその地の重きをなす者や従者もやって来て、その数は一〇〇〇人を超えました。私は大いに友愛の情を示して彼らを迎えました。彼らはカルクシン(82)と呼ばれるその地方の首長に代わり、重さが何マルコもある銀の盾やその他多くの品を陛下への贈り物として差し出しましたので、それらを陛下の計理官に渡しました。私は彼らにわれわれの流儀を見せ、それを彼らの首長に話させようと、全騎兵を広場に集めて彼らのまえで走らせ、騎馬戦を行わせました。歩兵は隊列を組んで行進し、小銃手は小銃を発射し、また大砲を一つの塔に向けて発砲させました。大砲の威力や馬が走るのを目にし、みな仰天しました。また、テミスティタンの都がいかに破壊され焦土と化しているかを見せに行かせますと、そこが水の上にあって攻撃が容易でないのを見て、なおいっそう驚きました。四、五日たちましてから、彼らの珍重するいろいろの品を、彼らの首長と彼らのために贈ってやりますと、彼らはたいそう喜び、満足して帰って行きました。

ベラ・クルスの町から海岸に沿って五、六〇〔二七九～三三四㎞〕レグア離れたところにあるパヌコ河につきましては、先に陛下にご報告申し上げました〔第二書簡註68参照〕。そこへはフランシスコ・デ・ガライの船が二、三度行ったことがありますが、インディオとの交易のため彼が派遣した隊長たちは、不手際のため、その河の住民から散々な目にあわされました。その後、私は北の海の海岸には港が不足しており、その河の港に匹敵するようなところはほかにないこと、またそこの住民は、かつて陛下の臣下となることを申し出るため私のもとへやって来ながら、いまでは陛下の臣下であるわれわれの味方のインディオたちに戦争を仕掛けていることを思い、なん人かの兵士を従えた隊長をそこへ派遣し、その地方全体を平定することにいたしました。そして、そこが入植に適した土地であれば、その地域一帯を確保するため、その河の畔に町をつくることにいたしました。われわれは少数でありますし、三、四か所に分散していましたので、これ以上ここから人を出すことには反対する者もいましたが、われわれの味方を救うため、またテミスティタンの都を占領した後、船が何隻か到着し、人と馬が運ばれてきたことでもありますので、私はひとりの隊長に二五騎と一五〇名の歩兵をつけ、その河へ行く準備をさせました。

クリストバル・デ・タピアの来航

この隊長を派遣しておりましたころ、ベラ・クルスの町から、その港に一隻

(81) アロンソ・ガルシア・ブラボ (Alonso García Bravo) が新しいメキシコ市の設計図を描いた。彼はコルテス軍の建築主任で、ベラ・クルスの要塞やオアハカ市の設計も行ったらしい (José R. Benítez, *Alonso García Bravo, Planeador de la Ciudad de México y su primer director de obras públicas*)。テミスティタンは湿地帯にあり、健康的ではなく、交通・通信の便も悪いので、その跡地に新しい首都を建設することには反対意見が強かった。兵士たちはクヨアカン、テスイコないしタクバに建設すべきだと考え、コルテス自身も当初はテミスティタンの跡地に首都を建設することに反対していた。その後態度を変更したのは、島の戦略的有利さおよび古いメヒコの首都の威光を考慮したものであろう (George Kubler, *Mexican Architecture in the Sixteenth Century*, Yale, 1948, p. 69-71)。アルバ・イシュトリルショチトル (I: 386) によれば首都の再建には四〇万人以上が動員された。旧都よりも八万戸多く、かつより立派な家屋が一〇万戸建設されたとしており、若干誇張されている節があるが、アドベの家屋なので一戸あたりの建築に要する時間はそれ程かからないこと、インディオの全労働力が動員されたことも念頭におくべきであろう (Pagden, n. 89)。

(82) カソンシ (註76参照)。彼は弟を一〇〇〇人以上の随員を伴わせてコルテスのもとに派遣し、その後自らコルテスに会いにコヨアカンに来た (Fray Jerónimo de Alcalá, lib. 6, cap. 25-28)。

の船が到着し、その船でエスパニョラ島の鋳造工場検査官《ベエドール》クリストバル・デ・タピアが来航したと書いてよこしました[83]。あくる日、私は彼から一通の手紙を受け取りました。その中で彼は、当地へやって来たのは陛下の命によりここを治めるためであり、そのための勅令を持参している、あなたと早く会いたいが、あなたと会うまではそれはいかなる場所においても見せたくない、と知らせて参りました。しかし、連れてきた馬が船旅に疲れ果てているため、そちらへ向け出発することはできない、あなたと会うにはどうすればよいのか、私がそちらへ赴くのか、それともあなたが海岸まで来るのか、どちらか指定してほしい、と言ってきました。私は手紙を受け取るとすぐに返答し、あなたの来訪をたいへん嬉しく思っている、陛下の命により当地を治める人としてはあなたほど快く迎えられる人は他にいないであろう、あなたとわれわれは互いによく知っており、エスパニョラ島では同じ仲間であったのだから、と答えました。当地の平定はいまだ思うように完成しておらず、なにか変わったことがありますと、すぐに先住民を動揺させることになりますので、私は十字軍委員《コミサリオ・デ・クルサーダ》であるペドロ・メルガレホ・デ・ウレア神父[84]に、タピアと面会し陛下の勅令を確かめる労をとって貰いたい、と要請いたしました。彼はわれわれとあらゆる労苦をともにしてきましたので、当地の事情を熟知しているのであります。彼が同行しておりましたことは、陛下の御ために役立つところ大でありましたし、われわれも彼の教えと助言にあずかりました。彼はなにが陛下の御ためになり、当地の安寧に役立つことであるかを、誰よりもよく承知していましたので、私は彼とタピアの間で最も都合のよいように取り決めてほしい、と依頼しました。私は彼が不当なことはしないだろうと信頼しておりました。陛下の計理官の立ち会いのもとに、私はその旨彼に懇請し、計理官も同じように彼に依頼いたしました。

　神父はタピアのいるベラ・クルスの町へ向かって出発いたしました。その町でも、あるいはその他どこにおいても、検査官ができるかぎり丁重に迎えられ、もてなされますよう、私の仲間で信用できる者を二、三人、神父といっしょに遣りました。彼らが出かけた後、私は陛下の御ためならびに当地の平定と平穏のために望ましいことがらにつき指示を与え、かつ私の出発の準備を整えながら彼らの返事を待っておりました。一〇日ないし一二日ばかりしますと、ベラ・クルスの町の判事ならびに市会から、次のように書いてよこしました。すなわち、タピアは陛下の勅令および陛下の御名において総督たちにより発出された命令書を提示した、自分たち〔ベラ・クルスの判事・市会〕は勅令にはできる限りの敬意を表して従うが、その実施については、市会議員のほとんどがコルテス隊長といっしょに都の包囲に加わっているので、まず彼らに知らせることとしたい、そうすれば皆が陛下の御ためにもまた当地の利益にもかなうことを行い、その務めを果たすことになろう、と答えた、しかしタピアはこの返答をこころよからず思い、騒動を企てようとさえした、と。私はそれを聞いて心を痛め、彼らに、とりわけ陛下へのご奉仕に留意し、タピアを満足させ、いかなる騒ぎも引き起こさないように努めてほしい、と要請する返事を出しました。また、私も彼と面会するために出発するところであり、陛下がご下命になった、よりいっそう陛下の御ためになることを実行するつもりである、と伝えました。

(83) タピアは、インディアス枢機会議のフアン・ロドリゲス・デ・フォンセカ（ブルゴス司教）が発出した一五二一年四月十一日付けの命令（Documentos Cortesianos I, Edición de J. L. Martínez, p. 210）に基づき、コルテスとベラ・クルスにいるナルバエスの紛争を調停し、それが解決するまで総督としてヌエバ・エスパニャの統治を担当するために派遣された（Bernal Díaz, cap. 158）。彼がベラ・クルスに上陸したのは一五二一年十二月三日か四日である（Pagden, n. 92）。コルテスが征服を成就した数か月後に王室がヌエバ・エスパニャの総督を任命するのは奇異であるが、これもディエゴ・ベラスケスが働きかけて、フォンセカがインディアス枢機会議を動かしたものであろう（J. L. Martínez, p. 342）。

(84) セビリャ出身のフランシスコ会士で、フリアン・デ・アルドレーテ財務官らとともにベラ・クルスに上陸した。カスティーリャのいくつかの枢機会議の中に聖十字軍枢機会議があり、その事務局に属する委員（コミサリオ）であった。同会議は、異教徒に対する戦いの費用を賄うため免罪符を売ることを教皇から認められていたが、メルガレホ神父も、メキシコで兵士たちに免罪符を売り、「数か月で金持ちになってカスティーリャに戻った」とベルナル・ディアスは述べている（cap. 143）。また、彼は「表現力に優れ」（Díaz, cap. 158）、アルバラードとオリードの紛争の調停役も務めた。

私は当地を発ったあとの留守を十分警戒する必要がありましたので、パヌコ河へ派遣する予定であった隊長とその部下の出発を差し止め、まさに旅立とうとしておりましたとき、ヌエバ・エスパニャにおける当地顧問たちが、このメヒコおよびテミスティタン地方一帯はまだ平定されて間もないので、私がいなくなれば混乱が生じるかもしれず、そうなれば陛下に多大の被害が及び、当地が不穏になるかもしれないゆえ、ここを離れないでほしい、と私になんども懇請いたしました。その際、彼らはそのほかにもいろいろと、私がいまこの都を去ることは好ましくない理由を並べ立てました。そして、彼らが、顧問会議《コンセホ》の委任状をもってタピアのいるベラ・クルスの町へ赴き、陛下の勅令を確かめてから、陛下の御ためになるあらゆることを行おう、と提言しました。私にもそのようにすべきだろうと思われましたので、まず統治顧問たちが出発することになりました。そこで、私はタピアに事情を知らせ、警吏長ゴンサロ・デ・サンドバルおよびベラ・クルスの町にいるディエゴ・デ・ソトならびにディエゴ・デ・バルデネブロが、私の名においてベラ・クルスの市会および他の市会の議員とともに、なにが陛下へのご奉仕と当地のためになることであるかを考えてそれを行うよう、彼らに対し私の委任状を送達した、なぜなら、彼らはこれまでも任務を履行する人びとであったし、いまもそうであるから、と伝える手紙を持たせました。

タピアはすでに出発しており、ペドロ神父が彼に同行していましたが、統治顧問たちはタピアに出合いますと、彼に道を引き返してほしいと頼みました。(85) そこで皆いっしょにセンポアルの市《まち》へ戻り、そこでクリストバル・デ・タピアは陛下の勅令を提示いたしました。みな陛下にたいする当然の敬意を表して、それに服しました。もっとも、その実施については陛下に嘆願申し上げたいことがある、嘆願書に示された理由により、またこれまでに起こったことからも十分察せられるとおり、それが陛下の御ために望ましいことだから、と答えました。このヌエバ・エスパニャから来た統治顧問たちが、公証人の署名入りの嘆願書を携行いたしました。検査官と彼らの間でさらに申し立てや要求の応酬がありましたが、結局、検査官は統治顧問の要請に応じ乗船しました。彼が渡来し、当地の総督兼隊長として来た旨発表したため、騒動が起こったからでございます。このメヒコおよびテミスティタンの者たちは、他の地の住民と謀って蜂起し、一大反逆を行おうとしたのであります。もしそれが行われていたならば、前回よりいっそう厄介なことになっていたでありましょう。すなわち、メヒコのインディオたちは、警吏長が平定に出かけたかの地方の住民と結託し、大急ぎで私のところへ来て、大勢の人を乗せた二〇隻の船が海岸に着いたが、上陸して来ないのをみると善良な者ではないに違いない、もしあなたがそこへ行き、正体を確かめたいとのことであれば、あなたを助けるために戦闘の用意をととのえて随行するつもりである、と申し出たのであります。彼らは、私が信用するようにと、紙に船の絵を描いてもって来ました。

彼らはそれをこそこそと私に知らせましたので、私はすぐに彼らの意図を見抜き、この地方から私を追いやるための奸計であることが分かりました。そこの重臣のなん人かは、数日来、私が出発の準備をしていることを知っていましたが、私が留まったのを見て、このような別の方法を編み出したのです。私は彼らに知らぬふりを装い、後ほどこれを企んだ者たちを捕えました。このようにタピアの来訪と彼のこの土地および住民に関する経験の欠如が、ひじょうな混乱を招いたのです。もし神のおとりなしがなければ、彼の滞在は甚大な被害を及ぼした

(85) このときコルテス側を代表していたのは、メルガレホ神父のほか、メヒコのペドロ・デ・アルバラード、セグラ・デ・ラ・フロンテラのクリストバル・コラル、ベラ・クルスのベルナルディノ・バスケス・デ・タピアであった。彼らはハラパでクリストバル・デ・タピアに出合ったが、協議はセンポアル（現センポアラ）で行うことになり、十二月二十四日に会合した。協議は四日間続き、十二月二十八日、タピアは、国王がベラスケスからメキシコの実情について誤った事柄を伝えられており、命令をそのまま履行することは必ずしも国王の利益にならない、と告げられた。二日後、タピアはこれに対し逐一反論したが、コルテス側代表の態度はあくまで硬かったため、協議は翌日打ち切られた（Orozco y Berra, IV: 672-673）。彼は国王の指示があるまで一市民としてメキシコに留まることを希望したが、サンドバルに追い返された（*Sumario de la residencia tomada a D. Fernando Cortés, gobernador y Capitán general de la N. E.*, II: 56）。

ことでしょう。彼はここへ来るまえに、エスパニョラ島において、まず陛下に当地の事情をお知らせし、ご相談申し上げていれば、陛下に対しよりよいご奉仕ができたでありましょう。救援を求めるために私が同島へ派遣しました船から、彼は当地の事情を聞き知っていましたし、パンフィロ・デ・ナルバエスの艦隊が来たため起こるのではないかと思われた大騒動も、おもに陛下の執政官《ゴベルナドール》たちならびに王立評議会《コンセホ・レアル》の処置により阻止されたことを、彼はよく承知していたのであります。そのうえタピアは、当地で起こったことの一部始終をまず陛下がご承知になるまでは、当地へ赴いてはならない旨、エスパニョラ島に在住する陛下の提督〔ディエゴ・コロンブス〕や判事および官吏からなんども命じられており、刑罰をもって禁じられていたのでございます。しかし、彼は陛下にたいするご奉仕よりも自分の利益に目を奪われ、彼らに取り入って、渡航禁止を解除してもらうよう働きかけたのであります。陛下にこのことをいまご報告申し上げますのは、タピアはわれわれの書簡を託す相手として好ましくありませんので、統治顧問たちも私も、彼の出発に際し、陛下への報告書を託さなかったからでございます。また、必要な場合にはいつでもより詳細にご証明申し上げますが、タピアをお受入れにならなかったことが陛下の御ためであったことをお分かりいただけるでありましょう。

先に私は、グァハカ地方を征服するために派遣しました隊長〔オロスコ〕が、その地方を平定し、そこで私の命令を待っております旨、陛下にご報告申し上げました。彼はセグラ・デ・ラ・フロンテラの町長であり、かつ私の代理《テニエンテ》でしたが、彼を呼び戻す必要が生じましたので、私は彼の指揮下にある兵士八〇名と一〇騎はペドロ・デ・アルバラードに託すようにと書き送りました。グァハカ地方から四〇レグア〔二二二㎞〕先の、南の海の近くにあるタトゥテペケ〔ないしトゥステベケ、現トゥステペク〕地方を征服するため、私はペドロ・デ・アルバラードを派遣しようとしておりました。この地方の者たちは、陛下の臣下になることを申し出た者やテコアテペケ〔現テワンテペク〕地方の者が、南の海を発見に出かけたわれわれを支配地内に入れたからといって、彼らに危害を加え、戦争を仕掛けていたのであります。ペドロ・デ・アルバラードは本年〔一五二二年〕一月末日にこの都を立ちましたが、彼がここから連れて行った者とグァハカ地方で加えた者を合わせますと、四〇騎ならびに歩兵二〇〇名になりました。そのうちには、四〇名の射手と小銃手がおり、二門の小型野砲がありました。二〇日後、私はペドロ・デ・アルバラードから、彼がタトゥテペケ地方へ向かう途中である旨を伝える書状を受け取りました。また、彼は敵の斥候を捕えたこと、彼らに問い質したところ、タトゥテペケの首長が家来を引き連れて戦場で彼を待っていると述べたこと、彼はスペイン人のほかにも大勢の立派な戦士を連れているので、この遠征ではその地方を平定するためにできる限りのことをする覚悟であることを私に知らせてきました。

この計画の進捗を心待ちにしておりますと、同じ年の三月四日、ペドロ・デ・アルバラードから書状が届き、彼がその地方に入ったこと、そこの三、四の町が彼に抵抗を試みたが、長続きはしなかったことを伝えてきました。また、彼らはタトゥテペケの市《まち》に入り、一見丁重に迎えられたこと、首長はわらぶき屋根の彼の大きな家に宿泊するようにと言ったが、そこは馬を有効に使えない場所にあるため断り、市のもっと平坦なほうへ下りたこと、そうしたのは、そのとき彼をはじめ全員を殺そうという企みがあることを知ったためで、彼らはすべてのスペイン人がその大きな家に宿泊すれば、真夜中に火をつけ、皆を焼き殺そうとしていた、と伝えてよこしました。神はそのことを彼にお明かしになりましたので、彼は知らぬふりを装い、その地方の首長とその息子を密かに連れ出して捕え、捕虜として手もとに留めおいたのであります。アルバラードは二万五〇〇〇カステリャーノを与えられ、また首長の家来たちの話から判断し、首長は多額の財宝を所有しているに違いないと考えました。その地方は全体にこれ以上ないと思われるほど平穏になり、もとどおり市場が開かれ、商取引が行われるようになりました。その地は金鉱がとても豊富で、彼らは彼の目のまえで金の実物を採ってみせ、それを彼は私に送ってきました。その三日まえに、彼は海へ着き、陛下の御名においてそこを占領いたしました。彼らは、また、彼の見ているまえで真珠の実物を採ってみせましたが、それも彼は私に送ってきました。それは金の実物とともに陛下にお送り申し上げます。

われらが主なる神は、この任務をよくお導き下さり、きわめて重要な南の海に関し陛下にご奉仕申し上げたいとの私の望みをかなえて下さいましたので、私は、海が発見された海岸のうちの一つで、中型カラベラ船を二隻とベルガンティン船を二隻建造させるため、入念に準備をいたしました。カラベラ船は発見航海のため、ベルガンティン船は沿岸を辿るためであります。私はそのために信頼できる者をひとり、四〇名のスペイン人とともに派遣いたしました。そのうちには船大工の棟梁、船大工、木びき職人、鍛冶職人および水夫がいました。また、くぎ類や帆やその他、船に必要な材料をその町に運ばせました。私はできるかぎり速やかにそれらを完成させ、進水させる所存であります。それができますれば、インディアスが発見されて以来最大の偉業となり、陛下への最高のご奉仕となりますことを、陛下にお信じいただきたいと存じます。(86)

ビリャファニャの陰謀

テミスティタンの都の包囲に出発するまえ、テスイコの市《まち》で包囲に必要な準備をととのえておりましたころ、ある者たちが陰謀を企んでいるということに私が気づかずにいると、陰謀に参画していたうちのひとりが私のもとへやって来て、次のように述べました。あなたに同行しているいく人かのディエゴ・ベラスケスの一味が裏切りをたくらんであなたを殺そうとしており、彼らのうちですでに隊長《カピタン》、市　長《アルカルデ・マヨール》、警吏長《アルグァシル》およびその他の官吏を選任している、それはなんとしても阻止しなければならない、なぜならそれはあなた自身の不名誉となるばかりではなく、われわれ同士が争えば、スペイン人は一人として助からないことが目に見えているからである、そうなれば敵がわれわれに立ち向かってくるばかりか、味方と考えていた者たちまで、われわれを全滅させようと謀るにちがいないから、と。私はこのような大きな反逆行為が事前に発覚したことをわれらの主に感謝いたしました。事前に分かりさえすれば、防ぐことができるからであります。私はただちに首謀者を捕えさせました。彼は多くの者と組み、私を捕えるか殺すかして、ディエゴ・ベラスケスの代理としてこの地を統治することを企んでいた旨、自ら白状いたしました。また彼は、隊長や市長を任命する計画があったことも事実であり、彼自身は警吏長になる予定で、私を捕えるかまたは殺すつもりであったと明かしました。そしてこれには多くの者が参画しており、その者たちの名は、このことについて彼が話し合ったという者の名とともに、名簿に記載されていると申しました。それは彼の宿舎で見つかりましたが、細かく破られていました。彼はこれをテスイコにおいて画策したのみならず、テペアカ地方との戦争の最中にもそれについて話し合っていたのであります。彼はアントニオ・デ・ビリャファニャ(87)といい、サモラの出身でありますが、彼の自白を聞き、それが事実であることが証明されましたので、判事と私は彼に死刑を宣告し、執行いたしました。この犯罪に責任のある者はほかにもいましたが、私はそ知らぬふりを装い、彼らを友人として扱いました。と申しますのも、それはもちろん厳密には陛下にかかわることでありますが、私個人に関することでしたゆえ、彼らに厳しい処置をとることを望まなかったのであります。しかし、このように見逃してやったことも、あまりよい結果をもたらしませんでした。ディエゴ・ベラスケスの一味の者は、その後もいく度となく私にたいする陰謀を企て、ひそかに扇動や中傷を行いましたため、私は敵よりもむしろ彼らの方を警戒しなければならなくなったからであります。しかし、われらが主なる神は、常によくお導き下さいましたので、彼らを罰さなくとも、当地は完全に平和かつ静穏となり、いまもそのとおりであります。今後、さらになにかが発覚いたしますれば、法に従って罰する所存でございます。

テミスティタンの都が占領され、われわれがこのクヨアカンの市《まち》におりますとき、テスイコの首長ドン・フェ

(86) コルテスが船を建造させたのはサカトゥラ（現ミチョアカン州とゲレロ州の境）においてだった（Bernal Díaz, cap. 200）。このとき建造を命じた四隻の船は火災で焼け、さらにそのあとあらたに造らせた船で、カリフォルニア湾と太平洋の航海を行わせた（第四書簡三九四頁）。

(87) ナルバエスとともにメキシコに来航したひとり。ベルナル・ディアスによれば、コルテスが隊長たちと食事をしているときに謀殺しようとした（cap. 146）。

ルナンドが亡くなりました。彼は陛下のとてもよい臣下であり、キリスト教徒の友人でありましたので、われわれはみないたく悲しみました。その市《まち》および地方の主な首長の意見を容れ、支配地は陛下の御名において彼の弟に与えました。彼は受洗して、ドン・カルロスと名づけられました。これまでのところ、彼は兄の先例にならい、われわれの習慣やわれわれとの会話にたいそう満足しております[88]。

私はまえの報告書において、タスカルテカル地方とグァホシンゴ〔現グァホツィンゴ〕地方の近くに、円形のとても高い山があり、そこからたくさんの煙がたえず矢のように上に向かって出ております旨、陛下にご報告申し上げました〔第二書簡註39参照〕。インディオたちはわれわれに、そこはきわめて不吉なところで、そこへ登った者は死ぬと申しておりましたので、私はいく人かのスペイン人をそこへ登らせ、山の上がどうなっているかを調べさせました。そこへ登ると煙がすさまじい音を立てて出て来ましたので、彼らはその口まで辿りつくことができず、そうする勇気もありませんでした。その後、別のスペイン人に行かせますと、彼らは二度登はんを試み、やっと煙の出ている山の口のところまで辿り着きました。その口の端から端まで、大弓が届く距離の二倍あり、周りの長さは四分の三レグアほどあるとのことで、深さもとても深く、底は見えなかったとのことです。彼らはその近くで、煙に吐き出されてきた硫黄を見つけました。そこにいたとき、煙が出ると同時に大音響が聞こえ、彼らは大急ぎで降りはじめました。しかし、山の中腹までも到らぬうちに無数の石が転がり落ちてきて、ひじょうな危険にみまわれた由であります。インディオたちは、スペイン人がそこまで到達できたのはまことに見事なことであると評しておりました。

当地の住民は、他の島々の住民よりもはるかに有能であり、能力があるとみなされるに足る知能と分別を備えていると思われます旨、私は書簡をもって陛下にご報告申し上げました。従いまして私は、そのときも、彼らを島々の住民と同じようにスペイン人に奉仕させるために駆り立てることはゆゆしいことであると考えましたが、一方そうしなければ当地の征服者および入植者は自らを養うことができません。そこで、インディオを強制することなく、スペイン人が救済されるための道は、ここで陛下に納められる税収をもって、陛下が彼らの生計を助け、生活を維持するようお取り計らいになることであろうと考えました。それにつきましては、私がきわめて詳細に行いました陛下への報告書簡にもとづき、もっとも陛下の御ためになることをお命じいただきたく存じます。陛下の度重なる多額のご出費を思い、われわれは陛下の収入を減ずるのではなく、むしろあらゆる方法を用いてそれを殖やさなければなりませぬこと、またわれわれは永らく戦争に時を費やしましたため、みな窮乏し、借金を負っておりますこと、さらにはこの件に関し陛下のご下命に接しますまでに相当の時日がかかりますことを思い、そしてとりわけ陛下の官吏およびすべてのスペイン人からうるさくせがまれ、それに抗することもできませんので、私は、陛下に対し誰がどのようなご奉仕を当地において行ったかを勘案したうえで、当地の首長や住民をスペイン人に託さざるを得なくなりました(89)。そして、これとは異なるご下命に接しますか、あるいはこれのご了承が得られますまで、その首長や先住民たちは、託されたそれぞれのスペイン人に仕え、その暮らしに必要な

(88) ドン・カルロスはドン・フェルナンド・アウァシュピツァツィン（Ahuaxpitzatzin）の跡を継いだが、ほんの短期間治めて病没し、イシュトリルショチトルがその跡を継いだ（Bernal Díaz, cap. 153 および Pagden, n. 97）。

(89) もともとコルテスはエンコミエンダ制（第一書簡註47参照）に反対であったが、ちょうど王室が同制度の廃止に踏み切った頃にコルテスの考えが変わったようである。コルテスはこの制度の悪弊については常に認識していたが、テミスティタンの陥落が征服者たちにそれほど物質的利益をもたらさなかったため、兵士たちから強い圧力を受け、これに抗しきれなかったのであろう。コルテスのこの請願はスペインにおいて冷たくあしらわれ、カルロス国王は一五二三年六月二十六日、エンコミエンダを禁止するとともに、これまでに譲渡されたエンコミエンダの撤回も命じた。王室としては新世界においてカトリック王としての使命を果たし、同時に征服者たちが新世界に独立した領地をつくることを避けたかった。コルテスは再度書簡を送り、そのような王命の履行が実際にはいかに困難であるかを説明した。ヌエバ・エスパニャ（メキシコ）におけるエンコミエンダ制の始まりである（Silvio Zavala, *La Encomienda Indiana*, cap. II）。コルテスは第四書簡（四〇三頁以下）においてヌエバ・エスパニャの各地方におけるエンコミエンダ制の進捗状況について報告している。

ものを提供させることにいたしました。この措置はきわめて聡明な、かつ当地に経験のある人たちの意見に従ってとられたものであります。ただいまこのヌエバ・エスパニャを出発いたします代理人たち(90)から、陛下に対して行われるいっそう詳細な報告によりお分かりいただけると存じますが、スペイン人の生計のためにも、またインディオに対し保護とよい待遇を与えるためにも、これより優れた、つまりこれより適切な方法はこれまでもいまも他に見つかっておりません。陛下のご領地と財産のためには、最上の、そのために最もふさわしい諸地方および市々《まちまち》が選ばれました。私は陛下がもっとも陛下の御ためになることをご下命になり、お答え下さいますようお願い申し上げます。

いとカトリックの信仰あつき主君。われらの主なる神が、陛下のみこころのお望みになるがごとく、陛下のご生命といとやんごとなき御身《おんみ》ならびにいとすぐれたご身分を守護し、栄えさせ給うとともに、王国ならびに支配地をいやがうえにもふやし給わんことを。大洋のこのヌエバ・エスパニャのクヨアカンの市《まち》より。

一五二二年五月十五日。

いと強き主君。陛下のいと高貴な御足と御手に接吻し奉る陛下のいと卑しき下僕および臣下より。

エルナンド・コルテス

いと強き主君。われわれカトリックの信仰あつき陛下の官吏は、当地でのできごとと諸事の様子を陛下にご報告申し上げる義務がありますゆえ、大洋のこのヌエバ・エスパニャにおける陛下の隊長兼主席判事《フスティシア・マヨール》フェルナンド・コルテスが、ここに披見いただけますごとく、陛下へのご報告書をしたためました。この一書はきわめて詳細に記述されており、すべて真実でありますので、われわれがさらにこれを敷衍して書き記す要はなく、同隊長の報告に委ねれば足りると存じます。

無敵にして、いとカトリックの信仰あつき主君。われらの主なる神が、陛下のみこころのお望みになるがごとく、陛下のご生命といとやんごとなき御身《おんみ》ならびにいとすぐれたご身分を守護し、栄えさせ給うとともに、王国ならびに支配地をいやがうえにもふやし給わんことを。クヨアカンの市《まち》より。

一五二二年五月十五日。

いと強き主君。陛下のいと高貴な御足と御手に接吻し奉る陛下のいと卑しき下僕および臣下より。

フリアン・アルドレテ
アロンソ・デ・グラド
ベルナルディノ・バスケス・デ・タピア

(90) コルテスはアントニオ・デ・キニョネス (Antonio de Quiñones) とアロンソ・デ・アビラ (Alonso de Avila) にこの書簡と王の五分の一税および多くの財宝を託したが、フランスの海賊船に襲われ、奪われた (第四書簡註59参照)。しかしファン・デ・リベラが書簡の写しを所持し、彼はファン・バウティスタ指揮下のサンタ・マリア・デ・ラ・ラビダ号で十一月八日ごろセビリャに着いた。

第四書簡

いと高く、いと強大なる君主。カトリックの信仰あつく、不敗の皇帝にして国王なる主君よ。

第二書簡をお送りしました後、当地で私に起こりましたことがらにつきフアン・デ・リベラ(1)に託してさらなる報告書簡を陛下にお送り申し上げました。北の海岸にあるグァトゥスコ、トゥステペケおよびグァサスカならびにその他その近隣の地方が、この都の蜂起とともに反乱を起こしましたので、それらの地方を平定し、陛下に服従させるため警吏長(2)となん人かの隊員を派遣しました旨、同報告書簡において申し述べました。そしてその途次彼らに起こったことおよびそれらの地方にスペイン人の町を建設し、その町をメデリンと名づけるよう命じました旨、申し上げました。そこで、その入植地はすでに建設され、その土地および地方は平定されているということを陛下にご承知いただくべきかと存じます。

これらの地方がすべて平定されましてから、私は警吏長に援兵を遣り、その建設された町から五〇レグア〔二七九km〕、この都から一二〇〔六六八km〕レグアのところにあるグァサクァルコ地方まで海岸を上るように命じました。と申しますのは、私が前にこの都に滞在し、まだ都の首長ムテスマが生存しておりましたころ、陛下にすべてをご報告申し上げるため常にこの地のできる限りすべてのことにつき知ろうと努め、いまはこの陛下の王都に在住しておりますディエゴ・デ・オルダス(3)を派遣したことがございます。その地方の首長たちおよび先住民は彼をきわめて好意的に迎え入れ、陛下の家来および臣下になりたいと申し出ました。また、オルダスと彼の一隊がそこを探検しましたところ、大きな河がその地方を流れ、海に注いでおり、そこに大型船《ナビーオ》にとってひじょう

(1) 第三書簡註90参照。ベルナル・ディアスはリベラのことを、コルテスの秘書であるが、片目で、トランプやサイコロ遊びではごまかし、裏表のある人物だ、と厳しく評している(cap. 170)。
(2) ゴンサロ・デ・サンドバル(第三書簡二二三頁参照)。
(3) 四十歳でフアン・デ・グリハルバの探検隊に加わり初めてメキシコに渡来したあと、コルテス軍の歩兵隊長となり、ポポカテペトル火山の最初の登頂を率いた(第二書簡註40参照)。

によい港があること、しかもその地は入植にもきわめて適しているということが分かりました。この沿岸には港が不足しておりましたので、入植できるよい港を見つけたいと願っていたのでございます。[4]

私は警吏長に、その地方に入るまえに境界線で待機し、私が送ったこの都の先住民をまず使者として派遣するよう命じました。そして、彼は私の命を受けて来たのだということを伝え、陛下にお仕えし、われわれの友人になりたいと申し出た彼らの意思に変わりがないかどうかを確かめるよう指示いたしました。また私はこの都の首長およびその領土との戦闘のため永らく彼らのもとに人を派遣できなかったが、彼らは常に陛下の臣下であり、私の友人であると考えていること、従ってそのような彼らが必要とすることはなんでも喜んでする用意があるということ、そして彼らに味方し、彼らを援助するためにその地方に入植する者たちを派遣するのだということを彼らに伝えさせました。警吏長は隊員とともに出発し、私の指示どおりにしましたが、その地方の者たちはかつて断言していた意思をもはや持ち合わせていないことが分かりました。それどころか、彼らの土地に入れさせないようにと戦闘態勢を敷いておりました。しかし、警吏長は実に巧みに、ある夜、ある町を奇襲し、その地域の全員が服従している女性を捕え、その地を平定いたしました。彼女がすべての首長に呼びかけ、彼女がそうするので、彼らも陛下の御名において命じられることに従うようにと指図したのであります。こうして彼らは、より海に近いところに適当な場所が見つからなかったものですから、あの河の河口から四レグアのところまで行き、そこに町を建設して入植し、その町をエスピリツ・サント〔聖霊〕と名づけました。そして警吏長は、その他の近隣の多くの地方が平定され、陛下に臣従するまで、同地に数日間滞在いたしました。それらはビクトリアないしグリハルバと呼ばれる河の畔に位置するタバスコ、それにチマクラン、ケチュラ、キサルテペケ等ですが、その他の小さい地域の名は挙げないでおきます。これらの地域の先住民は分配されてこの町の住民の保護下におかれ、それ以来いまもなお彼らに仕えております。もっとも、チマクラン、タバスコ、キサルテペケ等いくつかの地方はふたたび反乱を起こしました。約一か月まえ、反逆を罰し、陛下に服従させるため、私はこの都の一人の隊長と隊員たちを派遣しましたが、これまでのところまだなんの知らせも得ておりません。しかし、彼らは十分の大砲、弾薬を携え、大弓手《バリエステロ》や騎兵も帯同しましたので、私は、われらの主がお望みなら、首尾よくいっているものと存じます。

いとカトリックの信仰あつき主君。私は、かのファン・デ・リベラが携行しました報告書簡において、メチュアカンと呼ばれる大きな地方から使者が来て、同地方のカスルシという名の首長[5]および先住民が陛下の臣下および家来になりたいと申し出ました旨、そしてしかるべき献上品を持参越しましたのでそれらをこのヌエバ・エスパニャから陛下のもとへ参る代表者に託してお送りしました旨、申し述べました。かの首長カスルシの地方および支配地は、私が派遣しましたいく人かのスペイン人の報告によりますと、広大で、きわめて豊かな様子が見てとれたとのことでございます。しかもこの大都からすこぶる近いものですから、その地方をくまなく調査、探検させますため、十分の武器と大砲を持たせ、七〇騎と二〇〇名の歩兵をつけて一人の隊長を派遣いたしました。そして、もし報告のとおりであれば、首都であるウイシシラ[6]に入植するよう指示いたしました。到着しますと、彼らはその地方の首長および先住民から丁重に迎えられ、その市《まち》に宿舎をあてがわれました。彼らは必要な食糧だけではなく、銀の半分の割合の銅と混ぜた三〇〇〇マルコの銀、またその割合は分かりませんが銀と混ぜた五〇〇〇ペソの金、木綿の衣裳、その他彼らの持っている物を贈られました。それらから陛下への五分の一税を差し引いた残りを遠征に参加したスペイン人の間で分配いたしました。しかし定住の地としてはあまり彼らを

(4) このオルダスの遠征は一五二〇年初めに行われた(Pagden, n. 3)。

(5) ないしカソンシ(Cazonci)(第三書簡註76および82参照)。これは彼の称号であって、名前ではない。メシカ人によるナワトル語名はカルツォンツィン(Caltzontzin)(Bernal Díaz, cap. 158)。

(6) ゴマラはチンシリア(Chincilia)と呼んでいる(cap. 148)が、メチュアカン地方の首都はツィンツンツァン(Tzintzuntzan)(Fray Jerónimo de Alcalá, *La relación de Michoacán*)でパックァロ湖岸にある(第三書簡註76参照)。

満足させず、入植には気が進まないようで、口論の末なん人かが罰せられるという事態も生じましたので、私は帰りたい者は帰るように、その他の者は隊長といっしょに南の海へ行くようにと命じました。そこに私はサカトゥラ(7)という町を建設しましたが、例のウイシシラの市《まち》から一〇〇レグア離れています。私に可能なかぎり、そしてわれらが主なる神がお認めになるかぎり、南の海を探検するため、私はそこで四隻の船《ナビーオ》を建造中でございます。その隊長と隊員たちは、サカトゥラの市《まち》へ行く途中、街道の右手、すなわち西の方へ五〇レグア離れたところに、コリマン(8)と呼ばれる地方があることを知りました。そこで隊長は、私の許可を得ないまま、全隊員とメチュアカン地方の盟友を大勢伴ってそこへ向かいました。境界線の内に入って数日進軍しますと、先住民となんどか遭遇し、彼には四〇騎と一〇〇名以上の歩兵、大弓手、盾持ちがいたにもかかわらず、敗走し、彼らの領土から追い出され、三人のスペイン人と多くの盟友が殺されました。彼らはそこからサカトゥラの市《まち》へ向かいましたが、そのことが分かりますと私は隊長を捕えて連れて来るよう命じ、彼を不服従のかどで処罰いたしました。

先の書簡で、南の海の沿岸にあるトゥトゥテペケ地方にペドロ・デ・アルバラードを派遣しました旨陛下にご報告申し上げましたが、同書簡では彼がその地方に到着し、首長とその息子の一人の身柄を拘束しましたこと、ならびに幾ばくかの金および金鉱から掘り出した金と真珠の見本を贈呈されましたことのほか、なにも申し上げることができませんでした。そのときはまだそれ以上ご報告すべきことがなかったからでございます。ペドロ・デ・アルバラードが送って参りました便りに答え、私は早急にその地方で適当な場所を探して町を建設するよう彼に命じましたことは陛下もご承知かと存じます。またその町が建設されしだい、私はセグラ・デ・ラ・フロンテラの町の市民もそちらに移るよう命じました。両方がひじょうに近接しておりますので、もはやその町の必要性もなくなったからであります。そしてそのとおり実行され、新しい町も以前と同じセグラ・デ・ラ・フロンテラと呼ぶことにしました。その地方とグアハカ、コアクラン、コアスラウァカ、タクキアコおよびその他の近隣の地方の先住民たちはこの町の入植者に分配されましたが、彼らはこころよく仕え、入植者の手助けになるよう努めました。そしてペドロ・デ・アルバラードが私の代理の判事兼司令官としてその地に留まりました。後ほど陛下にご報告申し上げますように、私がパヌコ地方を征服しておりましたとき、その町の市長《アルカルデ》および市会議員《レヒドール》がペドロ・デ・アルバラードに対し、彼らの委任状をもっていくつかの事項につき私と交渉してきてほしいと懇請いたしました。彼がそれに同意し、出発しますと、市長と市会議員が集まって、陰謀を企てたのであります。彼らは入植者を招集して別の市長を任命し、ペドロ・デ・アルバラードが残した司令官の意思に反して、その町を捨て、グァハカ地方に行ってしまいました。それはこの地域の大きな不安と騒動の原因となりました。

　司令官としてそこに残った者がそのことを知らせて参りましたので、私はなにが起こったのか調査し、責任者を処罰するため市長《アルカルデ・マヨール》のディエゴ・デ・オカンポ(9)を派遣いたしました。それを知ると彼らは逃走し、数日間行方をくらませましたが、やっと捕えることができました。市長《アルカルデ・マヨール》は反逆者の一人しか捕えることができず、彼に死刑を宣告いたしました。そこでこの男は私に上訴して参りました。私はその他の者も全員捕え、市長に引き渡すよう命じました。市長は彼らも裁き、先の一人と同じく死罪を言い渡しました。そして彼らも私に上訴して参りました。こうして裁判はひと通り終わり、第二審の私のところに上ってきましたので、本件を審理いたしました。私は彼らの誤りは重大ではありますが、永らく服役していたことにも配慮し、死刑を民事上の死に減刑する、すなわち当地から追放し、陛下のご許可がないかぎり当地に入ることを禁じ、これに違反した場合には第一審の罰を受けるという刑が妥当であると判断いたしました。(10)

（7）太平洋岸にできた最初の港。コルテスはそこに造船所をつくった。現在も同じ名前で、アカプルコの北方、現ゲレロ州とミチョアカン州の境、バルサス川の河口にある（第三書簡註86参照）。

（8）現在のコリマ（Colima）州。

（9）スペインのカセレス出身。テクアンテペケ（現テワンテペク）から自分の船で航海し、ペルーへ到着した最初の航海士。コルテスの訴訟代理人を務めた。

その間にトゥトゥテペケ地方〔プエブラ州トゥトゥテペク〕の首長が死去し、その地方と近接の他の地方が反乱を起こしました。そこで、私はペドロ・デ・アルバラードの指揮のもとに何人かの隊員と私の手中にある例の首長の息子を派遣いたしました。なん度か先住民との交戦があり、いく人かのスペイン人が殺されましたが、彼はそれらの地方にふたたび陛下への忠誠を誓わせました。彼らはいまやおとなしくスペイン人に仕えており、安全かつ穏やかにスペイン人の間に分配されております。もっとも、人手が不足しておりますのと、いまのところその必要もありませんので、その町に新たに入植することはしておりません。彼らは先に受けた懲らしめでおとなしくなっておりますので、もし命じられれば、この都にさえやって来るでしょう。

このテミスティタンの都とその支配地を奪回するが早いか、ここから四〇レグア〔二二〇㎞〕北方にあり、パヌコ地方と隣接しております二つの地方が陛下の王権に服しました。トゥトゥテペケおよびメスクリタン〔現イダルゴ州メスティトラン〕と呼ばれる地方で、土地はきわめて守りが堅く、四方を敵に囲まれていますので、人びとも武器の扱いに長けています。彼らは、パヌコの者たちになされたことを目にし、また陛下の行く手を妨げるものはなにもないことを知り、私のところに使者を派遣して、陛下の臣下および家来になりたいと申し出ました。私は陛下の御名において彼らを迎え入れ、彼らもクリストバル・デ・タピアが到着するまでは終始そのように振舞っておりました。しかし、タピアが彼らの間に騒動を起こし不安を掻き立てたものですから、彼らは服従の約束を撤回しただけではなく、陛下の臣下である近隣の多くの町を焼き、大勢を殺し、多大の害悪を及ぼしたのです。そのころ、私の部下はあちこちに分散し、十分な兵を持ち合わせていなかったのですが、これを放置すると大きな被害を蒙ることになり、また隣接する地方の者たちも報復を怖れて反乱者に同調するかもしれないと思い、さらには彼らの忠誠心をも信頼していなかったものですから、私はある隊長を三〇騎と一〇〇名の歩兵、射手、小銃手および盾持ちならびに多数の友軍とともに派遣いたしました。彼らは敵軍といく度か交戦し、われわれの友軍の何人かと二人のスペイン人が殺されました。しかし、われらが主の思し召しにより、彼ら先住民は自ら和解を申し出、その首長たちが私のところに来ました。彼らは捕えられることもなく、自らやって来ましたので、私は彼らを許しました。
その後、私がパヌコ地方に滞在しておりましたとき、その地方の先住民は私がカスティーリャに戻るという噂を流しましたため、大きな騒ぎになりました。かの二つの地方の一つであるトゥトゥテペケがふたたび反乱を起こしたのです。そこの首長が大勢の兵を率いて下って来て、われわれの盟友の町を二〇以上焼き払い、それらの町の住民を多数殺し、捕えました。そこで私はパヌコ地方からの帰路、彼らを鎮圧するためそちらへ廻りました。初めは遅れをとっていた友軍の何人かが殺されたり、でこぼこの多い山道で一〇頭ないし一二頭の馬が倒れるということもありましたが、結局その地方はすべて征服され、首長と若い彼の弟、それに国境の一つを警備していた隊長が捕えられました。首長と隊長はただちに絞首刑に処せられ、戦闘で捕えられた者たち二〇〇人ほどはすべて奴隷にされました。彼らは焼印を押され、せり売りに出されました。そして陛下に帰属する五分の一を除き、残りは戦闘に参加した者たちの間で分配されました。もっとも、その土地は貧しく、その他に戦利品はなかったものですから、死んだ馬の三分の一相当分すら支払うことができませんでした。その地方に残った他の者たちはおとなしく降伏し、いまもそれに変わりはありません。死んだ首長の若い弟がその地方の首長になりましたが、先に申し上げましたとおり、その地は貧しいものですから、いまのところ彼はなんの役にも立ちません。しかし、彼はその土地の安全を維持しておりますので、役に立つ者を扇動することもないでしょう。また、私はさらに安全を確保するため、この地の先住民をそこに送り込みました。

---

(10) ヌニェス・セデーニョとグティエレ・デ・バダホスが逮捕された。セデーニョは死刑を宣告されたが、その後刑の執行を猶予された。後に彼はコルテスを起訴している (Wagner, p. 388)。

ファン・ボノの来訪

不敗の皇帝。そのころ、先に申し述べましたエスピリツ・サント〔聖霊〕の港および町にキューバからひじょうに小さなベルガンティン船が到着いたしました。その船にかつてパンフィロ・デ・ナルバエスの船隊の一隻の船長として当地に来たことのあるファン・ボノ・デ・ケホという者が乗っていました。そして彼の携行していた文書によりますと、当地の副王にクリストバル・デ・タピアが任命されるよう画策したブルゴスの司教、ファン・デ・フォンセカは彼〔タピア〕(11)が当地にいるものと思ってファン・ボノ・デ・ケホを送ってきたようであります。タピアが不利な扱いを受ける惧れは十分にありましたので、そうならないようにと司教はボノをキューバ経由で派遣し、ディエゴ・ベラスケスと通じるよう取り計らい、彼からベルガンティン船の提供を受けたのであります。ファン・ボノは同司教によって署名された同じような趣旨の書状を一〇〇通ほど持っておりました。なかには当地にいてファン・ボノが適当と考える者に渡せるよう宛名を白紙にしたものもあったと思います。書状には、タピアが受け入れられれば陛下にご奉仕するところ大であること、自分も相当の褒美を与えること、また私の隊に加わるのは陛下のご意思に反することなど、その他騒動と不安を掻き立てるような多くのことがしたためられていました。私には同じことを書いた別の書状をよこし、もし私がタピアに服せば、陛下から格別のご褒美を賜るようとりなすであろう、その逆の場合には不倶戴天の敵となるであろう、と言ってきました。ファン・ボノの来訪と彼が持参した書状は私の隊員たちを大いに動揺させましたので、私は司教がそのようなものを書いた理由を述べ、彼の脅しに恐れをなさないように、司教およびその手先の者たちに当地のことに介入させないことこそがなによりもカトリックの信仰あつい陛下にお仕えする道であり、またそれによって陛下の恩寵が得られるのである、なぜなら司教の意図は当地の真実を陛下に隠し、陛下には内密に当地で恩典に浴しようとすることにあるのだからと述べましたが、そのようにして彼らを安心させなければ、彼らを鎮めるのはきわめて難しかったと断言できるでしょう。さらに、私はそのときは知らないふりをしていましたが、何人かの者が、自分たちはご奉仕の見返りに脅しを受けている、陛下が真実をお知りになるまで、当地でもカスティーリャで行われたコムニダード[12]と同じことを行うのがよかろう、と話し合っていることが分かりました。司教はこの件にあまりにも口ばしを入れ、彼らの報告が陛下のもとに届かないようにしておりますし、またセビリャの通商院[13]も支配していますので、そこでは彼らの使いの者は虐待され、報告書も書状も現金も取り上げられ、人、武器、糧食の救援も彼らに届かないようになっているからであります。

しかしながら、上に述べましたことを彼らに話し、陛下はなにもご存知ないのである、もしお知りになれば、諸君のご奉仕は報いられ、国王および主君にお仕えするすべての善良かつ忠実な臣下に施される恩恵を諸君も授かるであろうと述べますと、彼らは安心いたしました。そして陛下が王令をもって私にお与え下さった恩寵に彼らも大いに満足し、彼らのご奉仕の成果が示しますとおり、彼らは心から進んでお仕えしております。彼らはこれまでも、そしていまも実に熱心に陛下にお仕えし、また心より喜んでお仕えしたいと願っておりますので、陛下よりお引き立ていただくに十分値すると存じます。彼らのうちの誰でありましょうとも、もし陛下からお引き

(11) 王室に近い貴族の出で、カトリック両王の側近としてインディアスの植民政策の草分けとなった。コロンブスおよびその息子ディエゴと徹底的に対立した。短気で、えこひいきが多く、大事業に大胆に乗り出す者を鼓舞する代わりに迫害した(MacNutt, p. 166)。第三書簡註83参照。

(12) 国王カルロス一世(神聖ローマ皇帝カール五世)の絶対主義支配に対しスペインの都市が中世的自治を主張するときコムニダード(自治都市)と呼び、コムニダードの構成市民をコムネロスといった。ここでは一五二〇〜一五二一年のコムネロスの反乱をさしている。当時、スペイン都市行政は国王の支配下に編成され、国王の気ままな御用金取り立てを受けていたため、トレドがいち早くコムニダードを宣言した。その後自治都市の運動はたちまち他の都市にも広がったが、一五二一年四月、ビリャラールの決戦において、自治都市軍は王軍に撃破され、自治都市の運動は鎮圧された。

(13) インディアス通商院は、一五〇三年、リスボンのインド商務院にならって王令によりセビリャに設置された。目的は新世界との貿易を統制し、積荷を調べ、税金を徴収することにあり、今日の税関に相当する。一五〇三年以降、セビリャがスペインの通商を独占し、ほとんどの船はセビリャから出港、すべての船が例外なくセビリャに到着した。

立ていただければ、それは私自身が恩恵を授かったと同様でありますので、私からも陛下に対し伏してお願い申し上げます。と申しますのも、彼らがいなければ、私は陛下にこれまで行って参りましたようなご奉仕を行うことはできなかったからであります。とりわけ、陛下へのご奉仕のために彼らが耐えた労苦をお認めいただき、彼らに報酬をお与えになるということを書面によってお示しいただきたく、伏してお願い申し上げます。そうすることにより、彼らへの借りをお返しになるのみならず、これから先も彼らがより熱心に陛下にお仕えするための励みになるからでございます。

フアン・デ・リベラ〔註1参照〕の願いにより、地方長官《アデランタード》フランシスコ・デ・ガライに関し出されました陛下の勅令によりますと、私がパヌコ河(14)によい港があると聞き、またそこで多くのスペイン人が殺されたこともあり、その地域を平定するために自ら赴くか、あるいは人を派遣しようとしておりましたことは陛下もご承知のようでございます。フランシスコ・デ・ガライが派遣した隊長の部下のみならず、その後悪天候のためその海岸で座礁した別の船《ナオ》の乗組員も命を落とし、彼らには生存者はいませんでした。その地方の先住民がなん人か私のもとにやって来て、彼らを殺したことにつき謝罪するとともに、それは彼らが私の配下でないと分かっていたからで、また彼らから虐待されていたために行ったことであると弁解いたしました。しかし、もしあなたの部下を派遣していただければ、それを多大な恩恵として、できる限りお仕えしたい、前に一戦を交えた相手が仕返しにふたたび攻めてくることを怖れており、人を派遣していただければまことにありがたい、近隣の地方に自分たちの敵がいて危害を加えられているので、スペイン人を送っていただければひじょうに助かる、と申しました。

これらの者が参りましたとき、人手が不足しておりましたので、私は彼らの願いをかなえることはできませんでした。が、できるだけ速やかにそうすると約束いたしますと、彼らは満足して帰り、この都に隣接する一〇ないし一二の村々が陛下の臣下になりたいと申し出ました。数日後、彼らはふたたびやって来て、私が多くの地域にスペイン人を入植させているが、自分たちのところにも人を送ってほしい、なぜなら彼らは敵から甚大な被害を蒙っており、さらにあなた方の側についたため、海岸に住む同族の者たちからも被害を受けている、と懇願いたしました。私は彼らとの約束を果たし、そこに町をつくるため、また人の余裕もできましたので、隊長をひとり選び、なん人かの部下とともにその河へ行くよう命じました。ちょうど彼らが出発しようとしておりましたとき、キューバ島から一隻の船《ナビオ》が着き、同島においてディエゴ・コロン〔ないしコロンブス〕提督と地方長官のディエゴ・ベラスケスおよびフランシスコ・デ・ガライが集まり、そこから当地に来て、私の敵として私にできるかぎりの被害を及ぼそうと企んでいることが分かりました。(15) そこで彼らの悪だくみの機先を制して、ナルバエスが来たときのような騒ぎや混乱を起こさないように、彼らの全員またはそのうちの誰かが当地にやって来た際には、被害を防止できる者は私のほかにいませんので、まず私と面会させようと考え、この都の守りを十分に整えたうえで、私自身が出かけることにしました。

パヌコでの戦闘　そして、一二〇騎、三〇〇名の歩兵、いく人かの砲兵隊およびこの都ならびに近隣の先住民四万人を伴って出発いたしました。その地の境界線まで到達しますと、港から二五レグア〔一三九㎞〕手前のアイントゥスコタクラン〔現プエブラ州コスカトラン〕と呼ばれる大きな町で大勢の兵士が攻めて来て、われわれは彼らと闘いました。しかし、われわれにはおびただしい数の味方の兵士がついていましたし、場所が平坦で、馬には好

(14) ガライは一五二一年にパヌコ地方に定住する許可を得ており、彼がすでにジャマイカを出発したと聞いたので、コルテスはガライの定住を阻止するために遠征したとみられる (Pagden, n. 12)。ベルナル・ディアスは、コルテスがパヌコ遠征に要した費用を王室の官吏に請求したが、官吏はコルテスの遠征目的がガライの入植を阻止するためであったとして同要求を退けた、と書いている (cap. 158)。

(15) エスパニョラ島の提督ディエゴ・コロンブスは、国王がドイツへ行きスペイン不在中に枢機卿兼摂政（のちのローマ教皇アドリアン六世）より、パヌコのくにの植民を認める旨の王令を得た (MacNutt, p. 170)。

都合だったものですから、戦闘は長くは続きませんでした。数名のスペイン人と何頭かの馬が傷を負い、味方のインディオがいく人か命を落としましたが、最悪の事態を蒙ったのは敵側で、彼らは多数の死者を出し、敗走いたしました。

負傷者の傷の手当てをするためと先に陛下の臣下になりたいと申し出た者たちがそこへやって参りましたので、私はその町に二、三日滞在いたしました。彼らはそこから港まで私について来て、その後もできるかぎりわれわれに尽くしてくれました。私は港に着くまで進軍を続けましたが、途中敵と闘うことはありませんでした。それどころか、私が通過した地方の者たちは彼らの過ちを謝罪し、陛下の臣下になりたいと申し出るためにやって来ました。その港および河に到着しますと、海から五レグアのところにあるチラと呼ばれる町[16]に宿営いたしました。その町は人影がなく、焼き払われておりました。そこはかのフランシスコ・デ・ガライの隊長と隊員が潰走したところであります[17]。河の向う側および湖の畔にいくつかの大きな町があり、住民も大勢いましたので、私は使者をやり、過去のことであなた方に危害を加えるつもりはないので心配しないように、あなた方が謀反を起こしたのは別のスペイン人から虐待を受けたからであり、あなた方に非はないということはよく承知している、と伝えました。しかし彼らは姿を見せず、逆に使者に乱暴を働き、彼らの何人かを殺しました。また、河の向う側には淡水があり、われわれはそこで水を汲んでおりましたので、彼らはそこに陣をとり、水を汲みに行った者たちを襲いました。

私は穏やかな方法で彼らを味方につけることができるだろう、先に来た者たちが丁重に扱われているのを目にすれば、彼らも同じようにするだろうと思い、そこにそうして一五日以上滞在いたしました。しかしながら、彼らは湖によって守られていると信じて疑わず、われわれに応じようとはしませんでした。そこで、私は穏やかなやり方では埒が明かないと知り、別の方法を探しはじめました。われわれが当初から持っていたカヌーとそこで手に入れたカヌーを合わせ、ある夜、私は兵士と馬を河の向う側に渡らせました。そして、夜が明けますと、敵に気づかれることなく、すでに大勢の騎兵と歩兵が向う岸に集結し、宿営の守りを固めてから、私自身も参りました。敵はわれわれに気づくと、大挙して押し寄せ、猛然と襲いかかって来ました。当地に参りましてから、彼らが戦場においてこれほど大胆に攻撃してくるのを見たことがありません。二頭の馬が殺され、一〇頭以上が重傷を負い、歩けなくなりました。しかし、その日は、われらが主のお力添えにより、彼らが敗走し、われわれは一レグア近く追跡し、彼らを多数殺しました。私は残った三〇騎と一〇〇名の歩兵を率いてさらに前進し、その日は宿営から三レグア離れた、人気のない村で泊りました。その村の寺院でわれわれはフランシスコ・デ・ガライの部隊に所属し殺されたスペイン人の数多くの所持品を目撃しました。

翌日、私は湖沿いに進み、その対岸に人や村が見えましたので、そこへ渡る道がないか探しました。終日行進しましたが、湖の先端も対岸へ渡る道も見つかりませんでした。しかし、日暮れどきにとても美しい町を見かけましたので、湖に沿ってその町の方へ進みました。町の近くまで参りますと、もう遅く、人影もありませんでした。念のため、一〇騎をやって大通りからその町に入らせ、私は他の一〇騎とともに湖に沿って行きました。別の一〇騎が後衛部隊を連れていましたが、まだ到着していなかったからであります。町に入りますと、われわれに不意打ちをかけようと民家に隠れて待ち受けていた者たちが大勢出て参りました。彼らは果敢に攻め立てましたので、われわれの馬が一頭殺され、その他の馬もほとんどが傷つき、スペイン人も多くの者が傷を負いました。彼らは実に執拗に戦い、戦闘は長引きました。われわれは三、四度彼らのなかに割って入りましたが、そのつど彼らは体勢を立て直しました。方陣を組んで、地にひざまずき、他の先住民のように叫んだり、喚いたりせず、無言でわれわれを待ち受けました。そしてわれわれが突撃する度におびただしい数の矢を射ますので、十分

(16) 現プエブラ州。ここで言及されている湖はタンピコ(Tampico)とタミアウァ(Tamiahua)。

(17) ピネダに率いられた一五二〇年の遠征をさしている(Pagden, n. 16)。

に武装していなければ、打ちのめされ、一人として逃げおおせなかったであろうと思います。しかし、近くを流れ、われわれが終日巡ったあの湖に注ぐ河がありますが、われらが主のお陰で、その近くにいた者たちが何人か水に飛び込みはじめました。彼らの後を追って、他の者たちも同じ河に逃げ出し、散り散りになりましたが、それでも彼らは河の向こう岸から離れずにいました。そして河の両岸で、われわれは日が暮れるまで対峙しておりました。河が深く、われわれが渡れなかったためですが、彼らが向う岸に行ったことを残念とも思いませんでした。日が暮れると、われわれは河から投石器で石を射れば届くほどの距離にある町へ戻りました。そして見張りをできるだけ厳重にし、その夜はそこに留まり、他に食べ物がなかったものですから、殺された馬を口にしました。

翌日、われわれはその前の日に戦った敵の姿が見えないので、出発いたしました。途中、三つないし四つの村を通りましたが、人影もなにもなく、ただ彼らがつくる酒の酒蔵がいくつかあり、蔵には酒の入ったかなりの数の土甕がありました。その日はまったく人に遭うこともなく、野外で寝ました。そこでいくつかのトウモロコシ畑を見つけましたので、人も馬も飢えを癒したのであります。こうして二、三日進軍を続け、多くの村々を通りましたが、人に出合うことはありませんでした。そのころ、食糧はわれわれ全員のために五〇ポンドにも満たないパンがあるだけで、食糧不足に悩まされていましたので、宿営に戻りました。宿営に居残っていた隊員たちはすこぶる元気で、敵との衝突もなかったということが分かりました。また、土地の者たちは皆、あのわれわれが渡れなかった湖の向う側にいるように思われましたので、ある夜、私は射手や小銃手を含め、人と馬を湖の対岸へカヌーで赴かせ、そして他の者は陸伝いにそこへ行かせました。こうして彼らはある大きな町を襲いましたが、敵の不意を突きましたので、大勢を殺しました。彼らは水に囲まれていながら気づかないうちに襲撃されたことに怖じ気づき、ただちに和平を求めて参りました。そして約二〇日間でこの地方全体が穏やかになり、陛下の臣下になりたいと申し出てきました。

サンティスバン・デ・プエルトの建設

この地方が平定されましたので、私は各地の村や住民についての報告を持ってくるようにと同地方のあちこちに人を派遣いたしました。報告が集まりますと、私は立地条件が最上であると思われるところを探し、そこに町を建設し、その町をサンティステバン・デル・プエルト[18]と名づけました。そして、そこに入植者として定住を希望する者には彼らの生計を維持するため、陛下の御名において、村々を分配いたしました。市長と市会議員を任命しましてから、一人の隊長を私の代理として三〇騎および一〇〇名の歩兵とともにそこに残しました。また、ベラ・クルスの町から食糧とともに私のもとに送られてきた一隻の船《バルコ》と一艘の小型ボートも残しました。さらに、ベラ・クルスにいた私の従僕が肉、パン、ワイン、オリーブ油、酢およびその他の糧食を積んだ船《ナビオ》を一隻送ってきましたが、五レグア沖合の小さな島に辿り着いた三人の男を除き、すべてが失われました。後ほど彼らを捜索するための船を出し、彼らの生存していることが分かりました。彼らはその島の周辺に多く棲息するアザラシとイチジクに似ているという木の実[19]を食べて暮らしていました。もしよろしければ帳簿でご確認いただければと存じますが、この遠征には私ひとりでも金三万ペソ以上要しましたことを陛下にご報告申し上げます[20]。私に同行した者たちも同様の額を馬、食糧、武器、蹄鉄などに費やしました。そのときは金の重量で計算し、銀の場合はその二倍かかりました。しかしわれわれは皆、その事業において陛下にご奉仕申し上げるためには、さらに費用がかかっても構わないと考えました。と申しますのは、あのインディオたちが陛下の帝国の軍門に下ったのみならず、すぐその後、多くの人と糧食を乗せた一隻の船《ナビオ》が着きましたの

(18) 現在のベラクルス州パヌコ市の前身。サンティスバン・デル・プエルトがいつ建設されたかはっきりしないが、コルテスが一五二三年三月一日付けでその町においてエンコミエンダを与えているので、それ以前であろう (**wagner, p. 411**)。

(19) これはおそらくノパル (ナワトル語で **nopalli**)、すなわちウチワサボテンの実トゥナ (**tuna**) のことであろう。

で、われわれの遠征の成果は大きかったからでございます。もしその土地が平定されていなければ、上陸した乗組員はなにもすることができないばかりか、その前の船の乗組員と同じように、一人として逃げおおせなかったでありましょう。その前の船の者たちはインディオに殺され、われわれは寺院で皮を剝がれたスペイン人の首を見ましたが、その保存の仕方が特別であるため、多くは誰の首か分かったほどであります。後ほど陛下にご報告申し上げますように、地方長官フランシスコ・デ・ガライが当地に到着しました際には、同地方長官も彼に随行した者たちも、〔この地が平定されていなければ〕助からなかったでしょう。彼らは悪天候のためパヌコ河から三〇レグア〔一六七㎞〕下った海岸に打ち上げられ、なん隻かの船を失ったうえ、全員さんざん痛めつけられていましたので、もし先住民が大人しく、彼らを肩に担いでスペイン人の町まで運んでくれていなければ、戦闘を待つまでもなく、彼らは全員命を落としていたでありましょう。従いまして、あの地が平定されていたということが少なからず役に立ったのであります。

南の海岸地方へ遠征

いと優れた君主。私はパヌコ地方を平定しましてから、反乱を起こしたトゥトゥテペケ地方に赴き、その地方をいかにふたたび征服いたしましたか、またそこで行われたすべてのことについてすでにご報告申し上げました。私は南の海の海岸近くにインピルシンゴと呼ばれる地方があると聞きましたが、そこは山に守られ、地面もでこぼこが多く、トゥトゥテペケと似た立地条件で、同地の先住民もトゥトゥテペケに劣らず戦闘的であり、隣接する地方に住む陛下の臣下に多大なる危害を加えるとのことで、その地方の者たちが私にそれを訴え、助けを求めるためにやって来ました。一方の海から他方の海まで二〇〇レグア〔一一一四㎞〕あり、私の部下はまだ十分に休息をとっていませんでしたが、私はただちに二五騎と七〇名ないし八〇名の歩兵を集め、一人の隊長を任命して、彼らをその地方に行かせました。私は隊長への訓令として、彼らを友好的に陛下の臣下とするように努め、それを拒否する場合には戦うようにと命じました。彼は同地に赴き、いく度か敵と交戦しましたが、起伏の激しいところで、完全に征服するには至りませんでした。私は、同じ訓令で、そこが終わればサカトゥラの市へ行き、彼の率いる部隊とそこで集められるかぎりの兵を伴ってコリマン地方へ行くように命じました。そこは、先に申し述べましたとおり、メチュアカン地方からコリマンの市《まち》へ赴いた隊長と隊員が敗北を喫したところでありますが、同地のインディオを友好裡に味方につけるように努め、それが首尾よくいかない場合には征服するようにと命じました。

そこで彼は出発し、随行していた部下とそこで集めた兵を合わせ五〇騎と一五〇名の歩兵を引き連れ、サカトゥラの市から南の海の沿岸を六〇レグア〔三三四km〕下ったところにあるその地方へ赴きました。途中、まだ平定されていなかったいくつかの町を平定し、コリマン地方に着きますと、例の隊長が敗走した場所で、多くの敵の戦士がわれわれを先の隊長と同じ目に遭わせようと待ちかまえていました。そして互いに激突いたしました。しかしわれらが主の思し召しにより、勝利はわれわれの側にあり、わが軍は多数の人と馬が傷を負いましたが、死者は皆無でした。敵は自らが加えた危害の代償をより高く支払ったのであります。この懲らしめは大いに功を奏し、それ以上の戦闘を要することもなく、この土地全体が鎮圧されました。そしてこの地方のみならず、アリマン〔現ミチョアカン州コリマ〕、コリモンテ、セグァタン等この地方に近いその他の多くの地方も陛下の臣下になりたいと申し出ました。隊長はそこから私に書状をよこし、彼に起こったことをすべて報告して参りました。私は彼に適当なところを探してそこに町を建設し、その町をその地方と同じコリマン〔コリマ〕と名づけるようにとの指

(20) クリストバル・デ・オヘダ査察使の証言によれば、コルテスはアルデレテ財務官の後任のディエゴ・デ・ソトから、六万カステリャーノを受け取ったとされる。一方、コルテスはその金額の一部はパヌコ遠征に使われたとしている。オヘダは、コルテスがソトからその金額を受け取ったと聞いたとき、アルデレテとともにベラ・クルスにいたと述べている。つまりコルテスは一五二二年の夏にはパヌコ遠征の準備をしていたとみられるが、出発は妻カタリナ・スアレスが死去した十一月一日以前ではなかろう（Wagner, p. 410）。

示を送り、またその町の市長と市会議員も任命し、彼に伝えさせました。

　さらに私は、それらの地方の町々とその住民を訪れ、その地について分かったことの一部始終を報告するよう、彼に命じました。彼はそのとおりにし、報告書とともに同地で見つけた真珠の見本も持参いたしました。私は、そこに入植した二五騎および一二〇名の歩兵に、陛下の御名において、それらの町々を分配いたしました。また隊長は、それらの地方に関する報告において、同地方の海岸できわめて良い港を見つけたとの知らせを持ち帰りました。良い港はわずかしかありませんので、私はそれを聞き、大いに喜びました。さらに彼はシグァタン〔セグァタン〕地方の首長たちの話を伝え、彼らの断言するところによりますと、女性だけが住み、男性は一人もいない島があるとのことです。一定の時期に本土から男性が島へ行って彼女たちと交わり、妊娠した女性が女子を産めばそのもとにおくが、男子であれば手放すとのことです。この島はその地方から一〇日の道のりのところにあり、多くの首長たちが島へ行き、実際に見たそうです。また、そこは真珠と金がひじょうに豊富であると申します。私は、用意が整いしだい、真実を知ることに努め、陛下に詳細なご報告をしたためたいと存じます。(21)

　私は先にテミスティタンの都ならびにソコヌスコ(22)地方の先住民といっしょに二人のスペイン人をウクラクラン(23)およびグァテマラと呼ばれる二つの市《まち》へ派遣いたしましたが、彼らは私がパヌコ地方からの帰途、トゥサパン〔ハリスコ州トゥスパン〕といわれる市《まち》におりますときにそこへ到着いたしました。ソコヌスコは南の海の沿岸にあり、その近くでペドラリアス〔ペドロ・アリアス〕・ダビラが陛下の執政官を務めており、このテミスティタンの都から二〇〇レグア〔一一一四km〕離れています。また、ウクラクランおよびグァテマラはソコヌスコ地方から六〇レグア〔三三四km〕のところにあります。これらのスペイン人とともに上述の二つの市《まち》の先住民が一〇〇人余りやって来て、彼らの首長の命によるとして、陛下の家来および臣下になりたいと申し出ました。私は陛下の御名において彼らを迎え、もし彼らがそう望み、そのとおりにするのであれば、私からも私の伴の者からも、陛下の御名において丁重に扱われ、厚遇されるであろう、と約束いたしました。そして、彼らが価値あると考え、私が所有しているものをいくつか彼らと彼らの首長のために与え、また道中彼らの必要とするものを提供するため、二人のスペイン人を同行させました。

その後、ソコヌスコ地方にいるスペイン人から、それらの市々《まちまち》と地方およびその近くのチアパ〔現チアパス州〕と呼ばれる地方は当初示していた善意をもはや失い、それどころかわれわれの味方であるからとの理由でソコヌスコの町々に危害を加えていると聞きました。また、キリスト教徒が私に書いてよこしたところによりますと、彼らは頻繁に使者を差し向け、それは彼らのしたことではなく、別の者の仕業であると弁解しているそうであります。私は真相を知るために、八〇騎あまりと二〇〇名の歩兵とともにペドロ・デ・アルバラードを派遣いたしました。そのなかには多数の射手や小銃手もおり、また四基の大砲と大量の弾薬や火薬を携行しておりました。さらに、私は船隊を用意し、北の海の沿岸を進んでイブエラス〔ホンジュラス〕の先端ないし岬に入植地を設ける

---

(21) コルテスはコリマの海岸地方に遠征隊を派遣し、隊長に親戚のフランシスコ・コルテスを任命したが、彼に対する命令書において、その地域に伝説のアマゾンと同じく男がおらず女だけで住む島があるのでそれについて調べるようにと指示している（*Documentos cortesianos*, I, 16）。そもそも女勇者アマゾンはギリシャ神話で、小アジアに住むとされた女族だが、その伝説は中世の世界誌作者によっても伝えられ、十六世紀前半における騎士道物語の大流行により、インディアスのどこかにアマゾンの住む島カリフォルニアがあるということがスペイン人たちの間に常識化していた。ディエゴ・ベラスケスがコルテスに与えた命令書の第二六項末尾にも、「貴官に同行するインディオたちによればその近くに住むというアマゾンたちが、どの方向のどの地方に住むかを調べること」とある（*Documentos cortesianos*, I, 1）。

(22) 現チアパス州の南東部、シエラ・マードレ・デ・チアパス山脈と太平洋の間の地域。ナワトル語ではショコノチコ（Xoconochco）と呼ばれ、「苦いないし酸っぱいウチワサボテンの場所」の意。メヒコから独立していた。

(23) ウタトラン（Utatlan）。これはナワトル語で、元のキチェ語名はグマルカー（Gumarkaaj）ないしクマルカー（kumarkaaj）。現在のグァテマラ、エル・キチェ県の南西部、サンタ・クルス・デル・キチェ市の近くにあり、当時のマヤ・キチェ王国の中心都市。現在もマヤの神殿遺跡がある。

ため、私に随行していたクリストバル・デ・オリードを隊長として派遣いたしました。イブエラスは本土の海岸をダリエン[24]に向かって進み、ユカタンと呼ばれる土地の風上にあるアセンシオン湾[25]から六〇レグアのところにあります。私はその地がひじょうに豊かであると聞き、また多くの水先案内人によりますと、その湾は海峡によってもう一つの海に通じているそうであります。それこそがこの世で私の最も見つけたいと思っているものであり、それが成れば陛下にご奉仕するところきわめて大なるものがあると考えます。

　これら二人の隊長が道中に必要なすべての品を用意し出発しようとしておりますと、私がパヌコ河の畔に建設したサンティステバン・デル・プエルトから一人の使者がやって来ました。そこの市長が、地方長官フランシスコ・デ・ガライが一二〇騎と四〇〇人の歩兵を率い、多数の大砲をもってその河に着いた、と私に知らせてきたのでした[26]。ガライは、自分はこの地の総督であると名乗り、帯同している通訳を介して、その地の先住民にそのように伝えたのです。また、あなたたちが前の戦闘で蒙った被害の復讐をしてあげるから、そこにいるコルテス隊長の部下とこれからコルテス隊長が送り込むであろうスペイン人を追い払うために自分たちに加わるように、そうすればあなたたちを助けてあげようと、その他いろいろ破廉恥なことを彼らに述べ、先住民たちを少なからず動揺させました。彼が提督およびディエゴ・ベラスケスと徒党を組んでいるのではないかという私の疑念を証するかのように、数日後、キューバ島から一隻のカラベラ船がその河に到着いたしました。そしてその船にディエゴ・ベラスケスの友人や従僕が数名、ブルゴス司教の従僕が一人乗っていました。彼はユカタンにおける代理人として来たと言い、その他一行はすべてディエゴ・ベラスケスの従者および親戚ならびに提督の従僕でした。私は落馬して片腕が使えず、床に伏せっていましたが、この知らせを聞き、反乱を食い止めるため、自ら赴いて彼に会うことに決めました。そして、二日後に出発することにし、まずペドロ・デ・アルバラードに、行軍の用意が整っていた者全員を率いて先行させました[27]。私のベッドとその他のすべての手荷物はすでに出発し、私が翌日休む予定であったこの都から一〇レグアのところに着いておりましたが、真夜中近くにビリャ・デ・ラ・

ベラ・クルス〔真の十字架の町〕から一人の使者が到着し、スペインから着いた船《ナビオ》で送られてきた書状を持って来ました。

コルテス総司令官に任命される　そのなかに陛下ご署名の王令があり、それによりますと、陛下は私が陛下の御名においてその地を守ることを望んでおられ、地方長官フランシスコ・デ・ガライはその河の流域および私がすでに植民したその他の地域にも介入しないようにと命じておられます。このご措置に対し私は陛下の御足に一〇万回接吻し奉ります。(28)

この王令が届きましたので、私は出発を取りやめましたが、それは私の健康のために少なからず好都合でした。

(24) 南米北海岸の「ティエラ・フィルメ」は一五一三年に「黄金のカスティーリャ」と改名された。「黄金のカスティーリャ」はもともとパナマ地峡およびグラシアス・ア・ディオス（神のお蔭）岬までの海岸をさしていた。ディエゴ・デ・ニクエサとアロンソ・デ・オヘダがそこに初めて入植地を開き、オヘダはベラ岬からウラバー湾までの海岸をヌエバ・アンダルシアと命名のうえ与えられ、ニクエサは黄金のカスティーリャを与えられた。しかし両者の事業はいずれも失敗に終わった。オヘダは土地の住民に追い出され、エスパニョラ島において無一文で死んだ。ニクエサは彼の入植者がダリエンに落ち着いたと思い、同地で権力を振るおうとしたが、水漏れのするベルガンティン船で追い返され、そのまま行方不明となった（Edward Gaylord Bourne, *Spain in America*, p. 106-114）。

(25) 第五書簡註10参照。

(26) ベルナル・ディアスは、ガライは一一隻の船（ナビーオ）と二隻のベルガンティン船に一三六頭の馬と八四〇人の兵士を乗せ、必要なすべての装備を携えてやって来た、と書いている（cap. 162）。ゴマラは、九隻の船と二隻のベルガンティン船に一四四頭の馬と八五〇人のスペイン人および何人かのジャマイカ人を乗せてきた、と述べている（cap. 154）。第二書簡五八頁以下参照。

(27) コルテス査察の際の王室側証人セラーノ・デ・カルドナによれば、最初に派遣されたのはロドリゴ・ランヘルで、一五ないし二〇の騎兵を率いていた（*Sumario de la residencia*, I: 183）。

スペイン王カルロス１世（神聖ローマ帝国カール５世、ティツィアーノ・ヴェチェッリオ、1548 年）

私は六〇日間も眠れず、憔悴しきっていましたので、その折に出発することは私の生命にもかかわることでした。しかし、私はそれを顧みず、自分が生き永らえて、多くの騒動や反乱や不名誉な死を引き起こす原因となるよりも行軍中に命を落す方がましだと考えていたのであります。そこでただちにディエゴ・デ・オカンポ市長[29]に王令を持たせ、ペドロ・デ・アルバラードの後を追わせました。また私は、騒動が起こるといけませんので、地方長官の仲間がいるところには決して近づかないようにとアルバラードに指示した書状も持たせました。市長にはその王令を地方長官に伝え、彼が述べたことを至急私に報告するよう命じました。市長は大急ぎで出発し、グァテスカス〔ないしヴァステカ〕地方に到着いたしました。ペドロ・デ・アルバラードはそこを通ってすでにその地方の奥に入っていたのであります。ペドロ・デ・アルバラードは市長が私の代理としてやって来たことを知り、フランシスコ・デ・ガライの指揮下にあるゴンサロ・ドバーリェ〔ゴンサロ・デ・オバーリェ〕という隊長が二二騎を率いてその地方のいくつかの町で略奪を働き、そこの住民を動揺させていると聞いたことを市長に伝えました。また、ペドロ・デ・アルバラードはゴンサロ・ドバーリェ隊長がアルバラードの通る道に監視兵を配置していると知らされた由で、ドバーリェが彼を襲おうとしていると思い込み、ひどく腹を立てました。彼は部隊に警戒態勢をとらせ、ラス・ラハス[30]と呼ばれる村まで到達し、そこでゴンサロ・ドバーリェとその一行に出合いました。アルバラードはそこへ着くなり、すぐにゴンサロ・ドバーリェと話し、彼がしていることを知って驚いている、執政官および隊長の意図はこれまでもいまも自分たちに害を加えることではなく、むしろ便宜をはかり、必要なものをすべて提供することであるはずだ、と述べました。そして、いまや状況が変わったので、両部隊の間で騒動を起こしたり互いに危害を加えることがないように、この件について合意が成立するまでの間、彼の部隊の武器と馬を一時預かりたい、これはお願いであり、悪くとらないでほしい、と述べました。ゴンサロ・ドバーリェは、アルバラードが耳にしていることはなにかの誤解であると弁解しましたが、それでも求めには応じようと答えました。こうして二人の隊長と隊員たちはいっしょに食事をしたり、休息をとったりし、彼らの間に反感やいさかいは全くありませんでした。

このことを知った市長は、ただちにフランシスコ・デ・オルドゥーニャ(31)という彼に随行していた私の秘書をペドロ・デ・アルバラードとゴンサロ・ドバーリェ両隊長のもとへ遣りました。彼は、預かっていた馬と武器を各人に返すように、そして私の意図はもめごとや騒動を起こさないかぎり、彼らの必要とすることにはなんでも便宜を図り、彼らを助けることだということを分からせるようにという命令を携えました。彼はまたアルバラード

---

(28) フランシスコ・デ・ガライに対しコルテスの統治に介入しないよう命じる一五二三年四月二十四日付け王令（cédula）。メキシコ市会において九月十三日に読み上げられた（Wagner, p. 527, n. 33）。その前一五二二年十月十五日付け王令によりコルテスは総司令官に任命された。

(29) ディエゴ・デ・オカンポはシカヤハン（Xicayahan またはシカパヤン Xicapayan）と呼ばれる町でガライに会った。ガライは病身で、ハンモックに横になって到着し、ある証言によると、「捕虜のよう」であったという（*Sumario de la residencia*, II: 127）。

(30) ルカスはラス・ラハスのことをグァサルテペク（Guazaltepec）と呼んでいる（*Sumario de la residencia*, I: 278）。グァステスカス地方は今日のベラクルス州北部、タマウリパス州南部およびケレタロ、サン・ルイス・ポトシ、イダルゴ各州の一部を含むウアステカ族の文化圏で、海路マヤ族が流入し、マヤ族の血を引いている。

(31) オルドゥーニャは国王の代筆人兼公証人。彼はガライに対し王令に従うよう要請するためにきた。この要請は（一五二三年）十月四日に行われ、フランシスコ・デ・ラス・カサス、アンドレス・デ・タピアおよびディエゴ・デ・ソトが証人となった。またオルドゥーニャはコルテスに代わってアルバラードとバリェホに対しガライの件に介入しないよう命じるとともに、ガライの部下の検挙に関する一連の命令を発出した（*Colección de documentos inéditos relativos al descubrimiento, conquista y colonización de las posesiones españolas en América y Oceanía*. Joaquín F. Pacheco, Francisco de Cárdenas y Luis Torres de Mendoza）。

に対してもう一つ別の命令書を送り、彼らを助けるように、そして彼らのことに介入したり、彼らを怒らせたりしないようにと指示し、そのとおり実行されました。

サンティステバンでの出来事

いと強大なる主君。同じころ、例の地方長官〔ガライ〕の船隊がパヌコ河の河口にたむろし、私が建設したサンティステバンの町のすべての住民にとって脅威となっていました。その町は河の三レグアほど上流にあり、港に着く船はみなそこに投錨するのが常であります。そこで、その町の私の代理であるペドロ・デ・バリェホは、これらの船によって騒動が起こる危険を回避するため、艦長および指揮官に対し、町まで河を上り、この地に害を及ぼしたり動揺を与えることのないように、穏やかにその港に錨を下すよう求めました。そして、もし彼らがその地に入植ないし上陸するための、あるいはその他のいかなる目的にせよ、そのための陛下の王令を携行しているならばそれを見せてほしいと述べ、それを見たうえで陛下が王令によって命じられたことにはことごとく従うであろう、と強調いたしました。この求めに対し、艦長および指揮官はなんのかのと応答しましたが、つまるところ私の代理の要請には一切応じられないとのことでした。そこで私の代理は艦長および指揮官に対しふたたび先の要請をおこない、それが受け入れられなければ刑に処せられるであろうと述べましたが、彼らはそれにも同じ回答をくり返しました。しかしながら艦長および指揮官は、彼らの船が二か月以上も河口付近に停泊し、それが同地に在住するスペイン人のみならずその地方の先住民の間にも動揺を与えていることを知り、そのうちの一隻の指揮官であるカストロモチョという者ともう一隻の指揮官であるギプスコア出身のマルティン・デ・サン・フアンが密かに例の代理のもとに使いを遣り、彼らは和解を望んでおり、司直の命令には服したいと知らせてきました。そして代理に彼らの二隻の船まで来てもらえれば彼を歓迎し、すべての指示に従うであろうと伝え、残りの船も同様におとなしく降伏し、彼の命令に従うよう取り計らうであろうとつけ加えました。

そこで代理はたった五人の部下を連れてその船に赴くことにし、到着しますと例の指揮官に迎え入れられました。彼はそこからそのとき旗艦で起居していた同船隊の司令長官ファン・デ・グリハルバに使いの者を遣り、先に通告した命令に従うよう伝えました。しかし司令長官はこれに従うどころか、前の二隻を除くすべての船を集め、それらが旗艦のまわりに集まりますと、艦長たちにその二隻に発砲し、沈没させるよう命じました。この命令は公然と出され、皆それを聞いていましたので、私の代理は、防戦すべく、彼に服している二隻に対し大砲を用意するよう命じました。そうこうしているうちに、旗艦のまわりにいた船の艦長と司令官たちはファン・デ・グリハルバの命令に従うことを拒否しだしました。そこで、グリハルバ司令長官は話し合いのためビセンテ・ロペスという公証人を私の代理のところへ行かせました。公証人がグリハルバの伝言を伝えた後、代理はそれに応えて、彼の命令の趣旨を説明しました。そして、彼が往訪したのは事を穏便にはこぶためであり、この船隊が本来停泊すべき港の外にとどまっているがゆえに生じている動揺と騒動を避けるためである、船隊は怪しげな場所で待機して陛下の土地を襲撃しようとする海賊のようで、甚だ奇妙である、と弁じました。彼はそのほかにも説得に役立つと思われることを述べましたが、それらが功を奏し、公証人のビセンテ・ロペスはその回答をもってグリハルバ司令長官のもとへ戻り、私の代理から聞いたことをすべて報告いたしました。そして公証人は、かの代理が陛下の統治下にあるこの地方の司直であることは明らかであり、グリハルバ司令長官も承知しているとおり、これまでフランシスコ・デ・ガライ地方長官もグリハルバ自身もかの代理をはじめサンティステバンの町の住民が従わざるを得ないような王令を示してはいない、陛下の所領において船隊が海賊のように沖合にとどまるのはひじょうに醜いと述べ、司令長官に対し命令に従うよう説得いたしました。グリハルバ司令長官もその他の船の艦長および司令官もこの理屈に心を動かされ、私の代理に従うことにし、他の船が通常停泊する場所まで河を上りました。

グリハルバ逮捕される

港に着きますと、ファン・デ・グリハルバは代理の命令に背いたかどで逮捕されました。この逮捕を知った私の市長は、すぐその翌日、ファン・デ・グリハルバを釈放し、彼およびその船隊のすべての乗組員を丁重に扱い、彼らのものにはいっさい手を触れないよう命じ、そのとおり実行されました。

さらに市長は一〇ないし一二レグア〔五六～六七㎞〕離れた別の港にいるフランシスコ・デ・ガライ地方長官に書状を送り、私が自ら会いに行けないため、代わりに彼が私の委任状を持って派遣されることになった旨、そしてなにがなされるべきかについて両者の間で合意し、互いに携行している王令を見せ合って陛下の御ためになにが最もふさわしいかについて結論を下すようにとのことである、と知らせました。市長の書状を見てガライが彼のところへ行きますと、たいそう丁重に迎えられ、ガライも彼の隊員もみな必要なものを提供されました。こうして両者は会合し、互いに話しあい、王令を見せあい、そして合意に達しました。地方長官は私が陛下より賜った勅令を市長から見せられ、市長の求めもあり、それに従ったのであります。彼は、王令に従うためただちに部下とともに船隊に戻り、陛下の勅令に含まれていない土地へ行き、そこに入植したいと申し出ました。私は彼を助けたいと思っていましたし、彼もそれが分かっていましたので、彼は市長に自分の兵士を集めてもらえないかと懇請しました。と申しますのは、彼の部下の多くがそこに居残りたいと言い出し、また他の者は脱走してしまったからであります。さらに彼は船隊と乗組員のために必要な食糧や貯蔵品の補給についても懇請しました。市長はすべての要請に即座に応じました。そして両軍の大半の者がいるこの港においてお触れを出し、フランシスコ・デ・ガライ地方長官の船隊で来た者はみな彼のもとへ戻るように、これに従わない者は、騎兵は武器と馬を取り上げられ、本人は逮捕して地方長官に引き渡されるであろう、また歩兵は鞭打ち一〇〇回のあと同じく地方長官に引き渡されるであろうと通告いたしました。

フランシスコ・デ・ガライの労苦

またガライ地方長官は、自分の部下でサンティステバンの港やこれまでに立ち寄った港あるいはその近くで武器や馬を売ってしまった者がいるが、武器や馬なしでは役に立たないので、それらをもとへ戻させてもらえないかと市長に願い出ました。市長は武器と馬の行く先を調べ、それらを買った者はすべて地方長官に返すよう命令を下しました。

さらに市長は街道に警吏を配置し、脱走しようとする者はみな捕えて引き渡しましたが、多くの者がこのようにして捕えられました。また彼は警吏長と私の秘書[32]を港のあるサンティステバンの町へ派遣し、同じ捜索と告知を行って、脱走者を捕え、ガライ地方長官の船隊のための糧食や貯蔵品をできるかぎり集め、さらには売られた武器や馬をとり返し、地方長官に引き渡すよう命じました。これらすべてがきわめて迅速に行われました。地方長官は乗船するために港へ向かいましたが、市長は港で品不足が起きないよう、またできるだけ一行に必要な物を供給できるようにと部下とともに後に残りました。彼は自分自身および私によって命じられたことがすべて滞りなく行われるかどうかを確かめるためそこに六、七日間滞在いたしました。また、糧食が不足していましたので、市長は、私の滞在しているメヒコへ戻るのでなにか他に必要なものがあれば知らせるように、と地方長官に書き送りました。ガライ地方長官はすぐさま市長に使いを立て、彼の船隊のうち六隻が失われたまま見つかっておらず、残りの船は航行に適さないため、出航の準備はいまだ整っていない、そして出帆できる状況にないことを私に解ってもらうための説明書を作成中である、と伝えてきました。

また彼は部下が市長の命令に不服であり、一六ないし一七の理由を挙げ、命令に従う必要はないと抗議している、と私に知らせてよこしました。その理由の一つは、彼に随行した隊員のなん人かが餓死したということで、

(32) 秘書はオルドゥーニャ。オルドゥーニャの報告は警吏長についてなんら言及していないが、マルティン・サンスという警吏長がガライの手下を二、三人連行したといわれ、おそらく彼のことをさしているのであろう。脱走者は戻るようにというオルドゥーニャの命令は九月二十三日に発出された（CDIR, 26:80）。

その他必ずしもはっきりしない彼の人柄にかかわる理由もありました。また彼は、隊員を捕えて元にもどす努力もあまり役に立たないだろう、なぜなら夕暮れどきにいても、夜明けにはいなくなるからである、逮捕して引き渡しても翌日釈放されるといなくなる、夕暮れと夜明けの間に二〇〇人を失ったこともある、と述べました。それゆえ彼は、自分も都へ赴いて私に面会したいので、自分が着くまでは出発しないでほしい、もし置き去りにされれば自分は絶望のあまり投身自殺をはかるかもしれないと述べ、市長に熱心に懇願いたしました。

市長はその書状を見て彼を待つことに決め、彼はそれから二日後に到着しました。市長はそこから私のところへ使いの者を出し、地方長官が都まであなたに会いに行く、そしてこの地方の境にあるシコアケと呼ばれる町までゆっくりと行くのでそこで返事を待ちたい、と知らせてきました。地方長官も私に書状をよこし、私の船団の準備が思わしくはかどらず、部下も私に反感を抱いている、あなたなら人手やその他必要なものを提供し、この事態を収拾できるのではないか、またあなたのほかに助けられる者はいないだろうと考え、あなたに会いに行くこととした、と伝えて参りました。(33) さらに、私は自分の長男をその全財産とともにあなたに差し出すので、彼をあなたの小さな娘と結婚させ、あなたの娘婿にしてほしい、と言ってよこしました。

フランシスコ・デ・ガライについて　とかくするうちに、そろそろ都に向け出発しようとしておりましたとき、市長はディエゴ・ベラスケスの友人ないし従僕で、私の仕事に敵愾心を抱いている、きわめて怪しげな人物がいく人かフランシスコ・デ・ガライの船隊にいることに気づきました。(34) そしてもし彼らがその地方に残れば、騒動を起こしたり、不安を掻き立てたりしかねないと思い、彼は、この地において悶着を起こす者は追放するようにという陛下の私に宛てられた王令に従い、彼らに当地から出て行くよう命じました。それらの者はゴンサロ・デ・フィゲロア、アロンソ・デ・メンドーサ、アントニオ・デ・ラ・セルダ、ファン・デ・アビラ、ロレンソ・デ・ウリョア、タボルダ、ファン・デ・グリハルバ、ファン・デ・メディナ等でございます。

それを済ませてから、市長とガライ地方長官はシコアケの町へやって来て、そこで彼らの書状に対する私の返書を受け取りました。私は、返書において、地方長官の来訪をひじょうに嬉しく思う、この都に着けば、あなたが書き送ってきたすべてのことがらについて喜んで打ち合わせをしたい、そしてあなたの船隊はあなたの望みどおりに装備されるであろう、と知らせてやりました。また、私は彼が道中必要とするものを提供し、途中の町の首長たちにも彼の要求にはすべて応じるよう命じました。地方長官が都に着きますと、私は彼を自分のほんとうの兄弟のようにできる限り暖かく、また手厚くもてなしました。と申しますのは、彼が船を失い、隊員が脱走したことを私は心から気の毒に思ったからでありますが、そのため私にできることがあればなんでもしたいと彼に援助を申し出ました。

地方長官は先の書状で提案した息子の結婚の話を実行に移すことにいたく執心し、改めてしつこく迫りましたので、私は彼を満足させるため、求めに応じることにしました。そこで両者の明確な承諾にもとづき、両者が履行すべきことを定めた誓約書を作成し、その内容につき陛下のご許可が得られればという条件で婚姻を取りきめました。こうしてわれわれは永年の友情に加え、われわれの子供たちのためのこの契約と合意によっても結ばれることになりました。いまやわれわれは心も目的も一つになり、合意されたことはことごとくわれわれを満足させましたが、とりわけ地方長官を満足させました。

(33) おそらくこの書状は十一月八日日曜日にオトゥンバでしたためられ、金曜日に着くとコルテスに知らせたものであろう(CDIR, 26: 131-132)。

(34) ベルナル・ディアスは、この「コルテスの娘はドーニャ・カタリナ・コルテスないしピサロと呼ばれ、少女であった」と書いている(cap. 162)。コルテスの遺言には「私の娘、ドーニャ・カテリナ・ピサロ」と記述されている(*Hernán Cortés, Cartas y Documentos*, Editorial Porrúa)。彼女はレオノール・ピサロの娘で、のちにファン・デ・サルセドと結婚した。なお、コルテスの母親の名がカタリナ・ピサロで、ペルーの征服者フランシスコ・ピサロはコルテスの母方の従兄にあたる。

いと強大なる主君。私は先に当地において四散している地方長官の部下をいかに私の市長が地方長官のもとに結集させようと努めましたか、そしてそのためにどのような措置を取りましたかにつきご報告申し上げました。それらの措置はいろいろありましたが、フランシスコ・デ・ガライ地方長官に対する部下たちの不満を解消するには十分ではありませんでした。それどころか彼らは、公表された命令によれば彼に同行することを強いられるのではないかと思い、三人あるいは六人の組をつくって内陸部のあちこちに入り込みました。こうして隠れておりましたので、彼らを捕えたり、もとに戻すことができず、それがその地方のインディオたちが反乱を起こす主な理由でした。スペイン人があちこちに散らばり、女や食料を力ずくで奪って、先住民の間で騒動を起こしたり、その他の不安を掻き立てたからで、それがこの地一帯の反乱をもたらしているのであります。と申しますのも、先に陛下にご報告申し上げましたとおり、インディオたちは、地方長官が初めてこの地に着いた折に通訳を介して公言しましたのでよく理解したのですが、スペイン人の指揮官の間に意見の相違があると信じているのです。インディオは抜け目がなく、まずスペイン人がどこでどうしているかを知り、それから彼らのいる町で昼夜を分かたず彼らを襲いました。スペイン人はそれらの町で丸腰のまま不意を突かれ、多数が殺されました。インディオたちはますます大胆になり、私が陛下の御名において建設したサンティステバン・デル・プエルトまでやって来て、果敢に攻撃しましたので、町の住民は窮地に陥り、一時はもう助からないと思ったほどであります。実際、スペイン人たちが準備を整えて一か所に集結し、防備を固め、敵に抵抗しなければ、そうなっていたでありましょう。しかし彼らはなん度となくそこから攻撃に転じ、遂にはインディオを敗走させたのであります。

事態がそのように動いておりましたとき、上述の戦闘のただ中から使者として脱出してきた歩兵がおり、私は彼から何が起こっているのかについての消息を得ました。彼によりますと、パヌコ地方の先住民がこぞって反逆し、地方長官一行のうちその地方に残った多くのスペイン人ならびに私が陛下の御名において建設した町の住民がなん人か殺されたとのことであります。私はその災いの大きさに鑑み、スペイン人の生存者はいないのではないかと思いました。それを知った私の悲しみがいかほどでありましたか、我らが主なる神のみの知り給うところであります。この地でそのようなことが起こればそれがいかに高くつくか、この地全体が失われかねないということが分かっていたからでもあります。地方長官はこの知らせを聞き、その原因が自らにあると思い、また自分の息子も持ってきたすべての物もその地方に残してきたため、いたく悲しみ、悲嘆のあまり病床に伏して、それから三日後にこの世を去りました[35]。

パヌコでの反乱　最初の知らせが伝えられましてからその後に起こったことをより詳しく陛下にご報告申し上げますと、パヌコで反乱があったと知らせて参りましたあのスペイン人は、彼と三人の騎兵およびもう一人の歩兵が道中でタセトゥコ〔ないしタンフコ〕という村の住民から奇襲を受け、彼らと戦った末、その歩兵と二名の騎兵およびもう一人の騎兵の馬が殺された、しかし夜になったので、彼とその三人目の騎兵は闇に乗じて逃げおおせた、と語るのみでした。二人はその村でかの代理が一五騎と四〇人の歩兵とともに彼らを待つことになっていた家を見ましたが、家はすでに焼かれており、そこで目にしたものから推察して、全員殺されたのだと考えました。

私はさらに新しい知らせが届くかもしれないと思い、六、七日待っていますと、この都に従属し、あの地方との境にあるテネステキパ〔現ベラクルス州タントユカか〕と呼ばれる町にいる例の代理から使いの者がやって来ました。代理は、まだ鎮圧されていないいくつかの町を平定するために河の向こう側へ渡ろうと思い、あのタセトゥコの

（35）ベルナル・ディアスは、ガライは一五二三年のクリスマスの夜、コルテスとミサに行ったあと夕食を共にしたが、その後脇腹が痛くなって熱を出し、四日後に息を引きとった、コルテスが毒を盛らせたのではないかと言う者もいるが、ガライはその前から体調を崩しており、二人の医師も自然死であると証言しているため、そのような噂をする者は悪意に満ちている、と書いている（cap. 162）。ゴマラもほぼ同じことを述べている（cap. 155）。パグデンは、ガライの死亡とポンセ・デ・レオンの死亡（第五書簡註111参照）の状況が酷似しているので、コルテスがこの両者を殺した可能性は否定できないとしている（p. 504, n. 39）。

町で一五騎および四〇名の歩兵とともにそこで合流すべき援軍を待っていた旨、書状で伝えてよこしました。ある夜、夜明け前に宿舎が大勢の者に囲まれ、火をつけられた由であります。彼らは急いで馬にまたがりましたが、あのインディオたちはいつものとおり信頼できると思い込んだために不意を突かれ、インディオが先手を打ちましたので、逃げおおせた彼と他の二騎を除く全員が殺されました。彼は自分の馬が殺されたため、他の騎兵の馬の尻に跨って脱出しました。彼らが逃げおおせたのは、そこから二レグア行ったところでその町の市長とその供に出合い、彼らに助けられたからですが、それでも長く敵に抗することはできず、彼らは皆いっしょにその地方から逃げ去りました。彼らは、その町に残った者からも、散り散りになっているフランシスコ・デ・ガライ地方長官の部下たちからもなんの知らせもなく、彼らがどうしているのかさえ分からないので、生存者は一人もいないと思いました。陛下に申し上げましたとおり、地方長官が当地に来て、その地方の先住民に対し、自分は総督であり、自分に従うべきである、コルテス隊長はもはやあなたたちとはなんの関係もない、自分といっしょになってその町にいるコルテス隊長の部下のスペイン人もコルテス隊長が送り込むであろう他のスペイン人もすべて追い出そう、と話しかけて以来、先住民は謀反を起こし、スペイン人には金輪際仕えないと決めたのであります。それどころか、道に一人でいるスペイン人を見て、そのうちのなん人かを殺しました。私の代理は、これはインディオたちがみなで申し合わせてやったことであり、彼と彼の部下を襲ったということは、その町にいる者をはじめあちこちの町に散在しているその他の者もみな襲われたに違いない、彼らはインディオたちがこれまで不平を鳴らすこともなく彼らに仕えてきたので、謀反を起こすとはまったく予期していないだろう、と思いました。

その地方の先住民が反逆し、スペイン人が死んだとの知らせを受け、事情がよく分かりましたので、私はただちに、できるかぎり急いで五〇騎と一〇〇名の射手、小銃手を含む歩兵、およびスペイン人の隊長一名に、四門の大砲と十分の火薬、弾薬を持たせ、さらにこの町の先住民の隊長二名にそれぞれ一万五〇〇〇人の兵をつけ、急派いたしました。私は隊長に、できるだけ急いでその地方へ行き、途中やむを得ない場合以外は立ち止まらず、サンティステバン・デル・プエルトの町へ着けば、その町に残った者や住民の消息を探るように、どこかで包囲されているかもしれず、もしそうであれば彼らを救援するように、と命じました。そこで隊長は大急ぎでその地方に赴きました。途中二か所で敵と交戦しましたが、われらが主なる神は彼に勝利をお与えになり、そのままその町まで進軍を続けました。町に着きますと、二二騎と一〇〇人の歩兵が敵に包囲されており、彼らは六、七回攻撃を受け、持っていた何門かの大砲で必死に防戦に努めましたが、彼らの力はそれ以上持ち堪えるには十分ではありませんでした。彼らは皆すでに餓死寸前の状態でしたので、もし私の派遣した隊長が三日遅れておりますれば、全員命を落としていたでありましょう。彼らは他に方法がなかったものですから、ガライ地方長官のベルガンティン船をベラ・クルスの町へ遣り、そこからこの知らせを私に伝え、帰りの便で食糧を持ってこようとしておりました。実際、そのようにして食糧は届けられましたが、彼らはその前に私が派遣した者たちによって救助されました。

彼らは、フランシスコ・デ・ガライ地方長官がタミキル〔タンカウイツ、現サントス市〕と呼ばれる村に残した騎兵と歩兵を合わせおよそ一〇〇名のスペイン人がみな殺されたことをそこで知りました。逃げおおせたのは山林を通って逃げたジャマイカ島出身のインディオ一人のみで、彼によれば夜間に襲われたとのことであります。地方長官の部下が二一〇名、および私が町〔サンティステバン〕に残した住民で、エンコミエンダ[36]のもとにあった村を訪問中の者が四三名殺されたと見積もられています。地方長官の部下については正確な数が不明ですので、それ以上が死んだのではないかとも考えられています。

隊長が連れて行った者と代理や市長の部下およびその町にいた者を合わせますと、騎兵は八〇名に達し、彼らを三つの部隊に分けました。彼らはその地方で激しい戦闘を展開し、身分の低い者を除き、首長や貴族だけで

(36) 第一書簡註47参照。

四〇〇人ほど捕えましたが、それらの者はあのすべての戦闘の首謀者で、いずれもスペイン人を殺すか、あるいはその死に関与したと白状しましたので、彼らの全員を火あぶりの刑に処しました。(37) それが終わりますと、拘束されていたその他の者は釈放され、彼らとともにすべての先住民も村へ戻りました。そして隊長は、彼らの習慣に従って首長の地位を継承すべき者を、陛下の御名において、新しい首長に任命いたしました。そのころ、隊長および彼に随行する者から書状が届き、(神に賞賛あれ、)すでにその地方全体がきわめて穏やか、かつ安全になり、先住民たちがひじょうによく奉仕している、と伝えてきました。彼らの悪感情も消え、今年いっぱいは平穏であろうと思います。

イブエラスへの遠征隊　陛下に申し上げますが、インディオたちは実に激しやすく、なにか変ったことや騒ぎの材料が見つかると興奮し、首長に逆らったり反乱するのは彼らの習性であり、反逆の機会があればそれを逃すことはありません。

いとカトリックの信仰あつき主君。私は先にフランシスコ・デ・ガライ地方長官がパヌコ河に着いたとの知らせを受けましたとき、イブエラス〔ホンジュラス〕の岬ないし先端に船隊を派遣しようとしておりました旨、およびその理由につき陛下に申し上げました。しかしながら、同地方長官の来訪にともない、彼が自分の権限で当地を手に入れようとしていると思われましたので、私はその計画を中止いたしました。もし彼がそれを実行に移せば、それに対抗するために私の兵を総動員する必要があったからです。地方長官の一件が落着しましてから、水兵の給料、船隊の補給物資および乗組員の糧食のためにかなりの費用がかかりましたが、陛下の御ためにご奉仕するところ大であると考え、もとの計画を実行することにしました。そこで私は大型船五隻とベルガンティン船一隻を買い足し、四〇〇名の兵士、銃砲、弾薬、武器およびその他の補給物資や糧食を集めました。それに加え、私の従僕二人に金貨八〇〇〇ペソを持たせてキューバ島にやり、馬と補給品を買わせました。それはこの最初の航海のためだけではなく、船隊が帰ってくればすぐに荷積みができるようにするためで、補給品の不足が理由で船隊が出発できないということのないようにするためです。さらには、糧食の不足でこの地の先住民に迷惑をかけるのは好ましくなく、彼らから取り上げるのではなく、むしろわれわれが彼らに与えるべきであると思われるからであります。

このような手はずを整えましてから、彼らは一五二四年一月十一日、サン・フアン・デ・チャルチケカの港を出発し、キューバ島の北の端にあるハバナへ向かいました。そこで必要な物資、特に馬を調達し、また船を集め、そこから神の祝福を得て、イブエラスの地へ航海を続けるのです。そして最初の港に着きますと、乗組員全員が上陸し、馬、糧食、その他船に積んでいるものをすべて降ろし、最も適当であると思われるところに、彼らの持っている多数の優れた銃砲で守りを固め、町を建設するということでございます。その後すぐに大型船三隻をキューバ島のトリニダードの町にある港へ向かわせることになっております。と申しますのは、それが最善の航路かつ場所であり、私の従僕の一人がそこで隊長の必要とするものを用意しているからであります。他のより小さな船とベルガンティン船は私の従弟で主席水先案内人をしているディエゴ・デ・ウルタードという者を隊長にして、アセンシオン湾の沿岸を廻り、そこにあると信じられております例の海峡[38]を探させることにしました。そこを隈なく調べ、すべてを見届けましてからクリストバル・デ・オリード隊長のところへ戻り、そこから船を一隻

(37) サンドバルに随行したガルシア・デ・ピラールによれば、サンドバルに捕えられた「三五〇人ないし四〇〇人の領主および要人」は自分たちがスペイン人を殺したのは「メヒコのインディオたちにマリンチ隊長、すなわちエルナンド・コルテス隊長がそうするように命じていると言われたから」と主張した。ピラールがそれをサンドバルに報告すると、サンドバルはそのような話は聞かずに、責任者を火炙りにするよう命じた（*Sumario*, II: 206-207）。ピラールの証言はアロンソ・ペレス学士の証言（Sumario, II: 89）によっても裏づけられているので、コルテスはなんとしてもガライを排除することを決意し、すべてが失敗した場合にはインディオの反乱を計画していたものとみられる（Wagner, pp. 414-415）。

出して、彼らが見たものおよびクリストバル・デ・オリードがその地について知り得たことならびにそこで起こったことについて私に報告し、私がカトリックの信仰あつき陛下に詳細な報告書をお送りできるようにするということでございます。

テクアンテペケの遠征隊　私はまた前に申し述べましたウクラカン〔ウタトゥラン〕市およびグァテマラ市ならびにその先にあると聞いております他の地方へペドロ・デ・アルバラードとともに派遣する者たちの準備をととのえておりましたが、フランシスコ・デ・ガライ地方長官の来訪によってそれも中断された旨ご報告申し上げました。と申しますのも、馬、武器、銃砲、弾薬などの調達や兵士を助けるための現金の支給等ですでに相当の出費をしていたからでございます。しかしながら、われらが主なる神ならびに聖陛下にご奉仕するところきわめて大であると考え、また私の聞くところによりますと、その地方では多数のたいそう異なった人びとのいる、きわめて豊かで珍しい土地を多く発見できると思い、最初の計画を実行に移すことにしました。そこで前回準備したものに加え、改めてペドロ・デ・アルバラードのために必要な品の支度をし、一五二三年十二月六日、彼をこの都から送り出しました。彼は一二〇騎、予備の馬を含め一六〇頭の馬、一三〇名の射手、小銃手を含め三〇〇名の歩兵を帯同いたしました。また四門の大砲および多量の火薬と弾薬を携行し、この都および近郊の他の市々の貴族とその供の者をなん人か同行させましたが、長旅のためその数は多くはありませんでした。

私は彼らが十二月十二日にテクアンテペケ〔現オアハカ州テワンテペク〕地方に到着し、すべて順調であるとの知らせを受け取りました。願わくはわれらの主が彼らをお導き賜らんことを。彼らはわれらが主にお仕えするため、陛下の御名において勤しんでおりますので、大きな成功を収めることは間違いないと確信いたします。

また私はペドロ・デ・アルバラードに対し、陛下にご報告申し上げるため、同地で起こったことにつき常に長い、詳細な報告をよこすよう指示いたしました。

さらに、その地について私が得ております知識および地図によりますと、もし海峡によって分断されていなければ、ペドロ・デ・アルバラードとクリストバル・デ・オリードは同地で遭遇するに違いないと思います。もしかの船隊の来訪によって妨げられていなければ、このような探検隊をもっと派遣し、この地について知られていない多くのことを知り得たでありましょう。聖陛下に申し上げますが、船隊の来訪により多くの土地の発見がなされず、また多額の金と真珠が王室の財政に納められなかったため、陛下の蒙られた損害は大きいと存じます。しかしながら、今後また別の船隊が来ないかぎり、私は失われたものを取り戻す努力をいたします。そのために私は自らの労苦も財産も惜しむものではありません。私は自分の財産を使い果たしたのみならず、負債を抱えており、陛下の歳入から借り受けました私の出費は、帳簿を見ていただければお分かりのとおり、金六万ペソ余りに上り、さらに私の生計費として何人かから借りました金額が金一万二〇〇〇ペソ以上に上ります。

サポテカ族、ミステカ族征服の遠征隊　私は先にエスピリツ・サントの町に近く、その町の住民に奉仕しているいくつかの地方が反乱を起こし、何人かのスペイン人が殺されたと申し上げました。その町の者だけではこれまでに得たものを保持し、さらに反乱を起こした地方を征服するには十分ではありませんので、私はそれらの地方

---

(38) 大西洋と太平洋をつなぐ海峡の発想は一五一五年のショーナーの地球儀に由来するのかもしれない(Pagden, n. 46)。しかしマゼラン自身の言によれば、マルティン・ベハイムの作成した海図に「南の海」に抜ける海峡が描かれているのをみたことがあり、南下していけば必ずその海峡がみつかるとわかっていたという(Imago Mundi Vol. 5 (1948), pp. 32-37)。ショーナーの地球儀は南緯四五度辺りに海峡があることを示しているが、一五一四年にジョアン・デ・リスボアが海峡ではないかと考えたラプラタ川河口は南緯三五度であり、一五二〇年にマゼランが発見した海峡は南緯五三度にある。もっとも、コルテスの海峡に関する観念は現実の地図上のものというより多分に希望的観測によるものであっただろう。ヨーロッパとアジアの間に新大陸が発見されて以来、常に直接の交易ルートが探し求められたが、結局そのようなルートはないことが明らかになった。

とその近隣の地方を陛下にお仕えさせるため、ある隊長に三〇騎ならびに射手と小銃手を含む一〇〇名の歩兵を率いさせ、二門の大砲、弾薬および火薬を持たせて派遣いたしました。彼らは一五二三年十二月八日に出発いたしました。

これまでのところいまだなんの知らせもありませんが、彼らは目覚ましい成果をあげ、この遠征によってわれらが主なる神ならびに陛下は大いなるご奉仕をお受けになり、多くの新たなことが発見されるだろうと思います。そこは北の海に沿って、ペドロ・デ・アルバラードが征服した土地とクリストバル・デ・オリードが征服した土地の間にある狭い地域で、これまで平穏でありました。そこが征服され、かつ穏やかでありますと、陛下は北の海に沿って四〇〇レグア以上〔二二二八km〕にわたり途切れることなく平穏かつ陛下に服属する土地を持たれることとなり、また南の海沿いは五〇〇レグア〔二七八五km〕以上となります。この地一帯は、一つの海からもう一つの海まで、なんら不平を鳴らすことなく仕えておりますが、その例外はテグァンテペケ〔ないしテクアンテペケ、現テワンテペク〕、チナンタ〔現チナントラ〕、グァハカ〔現オアハカ〕およびグァサクァルコ〔現コアツァルコアルコス〕という四つの地方に挟まれた二つの地方であります。これら二つの地方の住民は一つはサポテカ、もう一つはミス[39]と呼ばれています。どちらも険しい山岳地で、徒歩でも越えられないほどでございます。私はこの二つの地方を征服しようと二度にわたり人を派遣しましたが、土地が険しく、インディオは勇猛であり、よく武装していますため、かないませんでした。彼らは長さが二五ないし三〇パルモ〔一パルモは約二一センチ〕もあり、先が火打ち石[40]で堅く、よくできた槍で戦うのです。これで彼らは防御し、その地へ行ったスペイン人を何人か殺しました。そして彼らは陛下の臣下である近隣のインディオを夜中に襲ったり、町に火をつけたり、多くの者を殺したりして、これまでもいまも多大の被害を与えております。その被害があまりに大きいものですから、近隣の多くの町は反逆し、彼らと手を結んだのであります。

あちこちに人を出し、人手は不足しておりましたが、そのような事態がひろがるのを防ぐため、一五〇名の歩兵を集めました。馬は使えませんので、ほとんどが射手、小銃手からなり、四門の大砲と必要な弾薬も持たせました。射手、小銃手も十分な予備を携行しました。そしてこの都の市長ロドリゴ・ランヘルを隊長に任命いたしました。彼は以前にも部下を率いて同地へ赴きましたが、雨季のためなにもすることができず、そこに二か月間滞在してもどって来ました。隊長と隊員は本年二月五日に都を出発いたしました。装備は十分で、季節もよいし、都とその周辺の先住民で戦闘に長けた者を大勢従えていますので、神が許したまえば、私はこの企ては成就されるだろうと思います。そしてそれによって陛下の王室に少なからざる利益がもたらされるものと存じます。彼らは陛下にお仕えしないだけではなく、お仕えする他の者に多大の危害を加えているからですが、さらにその地方は金鉱が豊富だからでもあります。この地方のインディオたちはこれまでなんど降伏を求められても反逆し、一度は陛下の臣下になると約束しながらスペイン人を殺し、悪行を重ねてきましたので、この遠征に出かけた者たちは、この地が平定されれば、彼らを略奪し、奴隷にすると述べております。私は生け捕りにできた者たちには陛下の焼印を押し、陛下に帰属する分を除き、残りはこの征服に携わった者の間で〔奴隷として〕分配するよう命じました。いと優れたる主君。陛下に確信をもって申し上げますが、これらの遠征は少なくとも私自身の出費として金五千ペソ以上、またペドロ・デ・アルバラードおよびクリストバル・デ・オリードの分として現金で五万ペソ以上を要し、その他に私の財産から捻出した費用につきましては正確に計算しておらず、また記録もござい

(39) オアハカ地方には、サポテカ族とミステカ族が定着したが、両民族は今なお同地方に住んでいる。サポテカ族は主として渓谷および海岸地域を占め、ミステカ族は山岳地域に定住した。サポテカ族の方が宗教精神に富み、神権政治の社会を構成していた。一方ミステカ族は、より戦闘的で、その社会は軍事的性格が強かった（Román Piña Chan, *Una Visión del Mexico Prehispánico*, UNAM, 1967）。

(40) 黒曜石。火山岩の一種。黒色でガラスに似たつやがあり、ガラスより硬く、メシカ人はイストリと呼んでいた。刃や先を鋭利にし、ナイフ、かみそり、槍の穂先などにして使った。

ません。しかしすべてが陛下へのご奉仕として行われたことであり、これらに加えさらに私の命が必要とされましても、私はそれを大きな恩寵であると考え、そのような機会が生じましたならば、躊躇なく身を挺する所存でございます。

船舶の建造

私は先の報告におきましても〔第三書簡三三六頁参照〕、またこの報告におきましても〔第四書簡三四八頁参照〕、南の海において四隻の船《ナビオ》を建造しはじめたと申し上げましたが、着工してからだいぶ時間が経っており、それがいまだに終わらないのは私の怠慢のせいではないかと陛下はお思いかも知れませんので、その理由についてご説明申し上げます。南の海は、少なくともそれらの船を建造しておりますところは、このヌエバ・エスパニャに到着するすべての貨物が荷揚げされる北の海の港から二〇〇レグアないしそれ以上あります。その上、随所に実に険しい峠や大きく深い河があり、船の建造に必要なものはすべてそこを通って運ばなければならず、別の場所から持ってくることはできませんので、運搬にひじょうな困難を伴うのであります。しかも船を建造しているその港に帆、ロープ、索具、釘、錨《いかり》、ピッチ、獣脂、槙皮《まいはだ》、瀝青、油、その他必要なすべての資材を集め、ある家屋に保管しておりましたら、ある夜火災が発生し、なにもかも焼失するということがございました。焼失をまぬがれたのは錨《いかり》だけでした。しかし、四か月前にカスティーリャから一隻の船が着き、造船に必要なものをすべて運んできましたので、現在ふたたび仕事にとりかかっております。そういうこともあろうかと思い、それらの資材を前もって注文しておいたのです。陛下に申し上げますが、これら建造中の船は、まだ進水する前の段階で、その他の臨時の出費を除き金八千ペソ以上かかりました。しかし、神に誉れあれ、その後造船は順調に進みましたので、瀝青さえ不足しなければ次の聖霊降臨祭または六月の聖フアンの日までには航海が可能になるでしょう。瀝青は前のものが焼失し、他に調達するところもなかったものですから、スペインに注文しましたので、そのころまでには届くだろうと思います。

私はこれらの船は筆舌に尽くし難いほど重要であると考えます。と申しますのは、もしわれらの主なる神が許し給えば、陛下はこれまでにわが国が見聞きした王国や支配地を合わせたものよりも大きな国の君主になられると確信するからでございます。神がお導きになり、陛下がご利益を享受されれば、私のこの事業により、陛下は全世界の王者になられるに違いないと存じます。

われらが主なる神のお陰をもってこのテミスティタンの大都を占領しましてからこの方、種々の不都合ゆえに当分の間この都には住まないほうがよいと思われましたので、私は以前に述べましたこの湖の畔にあるクヨアカンと呼ばれる町に皆といっしょに移動いたしました。私はいつもこの大都はその壮麗さと素晴らしい立地条件ゆえに再建したいと考えていましたので、あの戦闘以来あちこちに四散している先住民を集めようと努力いたしました。大都の首長の身柄はこれまで常に拘束してきましたが、私はムテスマの時代からの顔見知りで、戦闘の際に総司令官を務めていた者をあらためて同じ職責に任命し、先住民をふたたび大都に居住させる任務を負わせました。そして彼がより大きな権威をもてるよう、ムテスマの時代にもっておりましたシグァコアトル(41)という地位を彼に与えました。これは君主の代理という意味であります。同じく旧知のその他の要人も、彼らがかつて携わっていた大都の役職につけました。そしてシグァコアトルおよびその他の役職の者には彼らが生計を立てるのに必要な土地と人を与えました。もっとも、彼らが以前に持っていたほどの規模ではなく、またいつか彼らが危険

（41）シワコアトル（Ciuacoatl）。メヒコ神話に登場する地母神の名で、「蛇の女」の意。彼のナワトル語名はトラコツィン（Tlacotzin）で、受洗してファン・ベラスケスを名乗った。グァティムシンのもとで総司令官をつとめ、スペイン人の支配下における最初のメヒコ統治者となった。ベルナル・ディアスによれば、アルバラードに同行してグァテマラに遠征した帰途、テクアンテペケ（現テワンテペク）で死去し（cap. 193）、アンドレス・デ・タピア・モテルチウルツィン（Andrés de Tapia Motelchiultzin）が彼の後を継いだ（Charles Gibson, *The Aztecs Under Spanish Rule*, p. 168）。首都の再建については第三書簡註81参照。

になるといった事態が起こらないようにしました。私はいつも彼らを敬い、好意的に扱うよう努めました。彼らもよく勤め、現在この大都には約三万人が住み、市場や商業にもかつてのような秩序が戻りました。

私は彼らに自由と種々の免除を与えましたので、日一日と住民が増えております。都の住民が満足して生活しており、また大工、左官、石工、銀細工師などの職人が多く、彼らはスペイン人の間で暮らして生計を立てているからであります。商人も安心して商売をしております。その他の者はこの大都で盛んな漁業(42)で暮らしを立てたり、農業に従事したりしています。彼らの多くは畑を持っており、スペインの野菜で種子を入手できたものはすべてそこで栽培されています。もし彼らがスペインの野菜の苗か種子さえ手に入れることができますれば、そして先のご報告でお願い申し上げましたとおり、陛下がそれらをこちらに送るようお命じいただければ、当地の先住民は土地を耕したり、果樹を植えたりするのが得意ですので、生産物はまたたく間に増えるに違いなく、陛下の王室にもたらされる利益も少なくないと考えます。と申しますのも、そうすることにより当地を永久に所有することができ、また陛下がわれらの主なる神の御名において現在有しておられる土地よりも広い領地とより多くの収入を得られることになるからでございます。従いまして、その目的を達成するために私に欠けるところがないよう、私の意志と能力のすべてを傾ける所存であると陛下にお誓い申し上げます。(43)

大都の要塞　この都を占領しますと、ただちに私はベルガンティン船を安全に保管し、一朝事が起これはそこから都のどこにでも出撃でき、都への出入りを自由にできるようにするため、水上の一角に城塞をつくる工事に着手し、それもすでにでき上がりました。この城塞は非常によくできており、これまでにも造兵廠や城塞をいくつも見たことがありますが、これにかなうものは見たことがありません。私よりも数多くいろいろ見たことのある者も私と同じ意見です。この城塞は湖の側にきわめて堅固な塔が二つあり、要所要所に銃眼があります。一つの塔は城壁から銃眼のあるほうに突き出ており、他の塔も同様に反対のほうに突き出ています。そしてこの二つの塔から三つの身廊《ネーブ》のある建物が延び、そこにベルガンティン船が保管されており、湖に出入りする扉がこの二つの塔の間にあります。その建物にも銃眼がついており、建物の都側の端にもう一つ別のとても大きな塔がありますす。そしてその中の上下に都の側の攻撃および防禦のための部屋がたくさんあります。聖陛下によりよくご理解いただくため図面をお送りし、これ以上詳細には触れませんが、この城塞を維持しそこにわれわれの所有している船と銃砲を保管すれば、戦争を選ぶか平和を選ぶかはわれわれ次第であります。(44)

城塞が建造され、私がかねてより望んでおりましたこの都に人を定住させるという計画を実行に移しても安全であると思われましたので、私は部下を全員伴ってこちらに移動し、植民者の間で敷地を分配いたしました。そして征服に参加した者の労苦に報いるため、彼らにはご奉公のための土地として当地の規則に基づきすべての植民者に対し与えられる分に加え、それぞれ、陛下の御名において、さらにもう一つの敷地も供与いたしました。(45)植民者の家屋の建設は大急ぎで行われましたので、すでに多くが完成しており、その他の家屋の建設も急速に進

(42) トルケマーダは、首都は湖に囲まれ、湖にはあまり大きくはないが七つの川が注いでいるので、水は常に豊富で、白魚その他の魚がたくさん獲れた、もっとも寸法は大きい魚でも掌をひろげたほど(約二二センチ)であった、と述べている(lib. iii, cap. 28)。第二書簡註25のとおり、魚釣りには網、つり針、もり、棒などが使われた。征服後、食糧供給源としての湖の重要性は急速に減少した。

(43) コルテスの記述にもかかわらず、インディオはトウモロコシのほうを好み、スペイン人が小麦を栽培させようとするのに抵抗を示した。もっとも租税を小麦で支払うことを義務づけられた地域もあり、またスペイン人に売るためにインディオが小麦を生産するケースも少なくなかった。スペイン人が求める作物の生産に抵抗を示したことがインディオの土地収用の口実に使われることもあった(Gibson, p. 339)。

(44) 現存するメキシコ市のどの計画にもこのような建造物は存在しない(Pagden, n. 54)。

(45) 家を建て、四年連続住むという条件のもとに一区画はすべての申請者に与えられ、コルテスの言うように、征服者には二区画が与えられた(MacNutt, p. 202)。

んでおります。先住民の細工する石、石灰、木材およびレンガが豊富にあり、彼らは大きくて、立派な家を建造しますので、この都は五年以内に世界で最も堂々とした、人口の多い、そして最上の建物を有する都市になるに違いありません。

スペイン人が住む地区と先住民が住む地区は異なっており、狭い水路が両者を隔てていますが、そこを横切る道路にはすべて木造の橋が渡されていますので、両地区は繋がっております。(46) 先住民の大きな市場が二つあり、一つは彼らの住む地域に、もう一つはスペイン人の地域にあり、そこではこの地のあらゆる食料品が手に入ります。各地からここへ売りに来るからです。(47) この市が繁栄していたころに生じていた品不足はもはやありません。もっとも、金や銀や羽毛の、あるいは贅沢な装飾品はかつてほど見受けられなくなったのは事実です。金製、銀製のちょっとした物はありますが、以前ほどではありません。

ディエゴ・ベラスケスが私に恨みをもち、彼に動かされてブルゴスの司教ファン・デ・フォンセカも私に反感を抱き、さらに司教の命によりセビリャの通商院の役人、特に同司教のころにすべてを任されていた会計検査官ファン・ロペス・デ・レカルデの処置により、私はなんども代金を送ったにもかかわらず必要な銃砲や武器を支給されませんでした。しかし、必要ほど人の創意、工夫の力を鋭敏にするものはありません。私は必要に迫られていましたが、彼らはそのことが聖陛下のお耳に入ることを阻んでいましたので、解決の望みはありませんでした。しかし、あれほど辛酸をなめ、危険を冒して勝ちとったものが失われることのないように、もしそうなればわれらが主なる神ならびに陛下に多大の損害をお与えすることになり、また当地にいるわれわれ全員にとっても危険でありますので、私はなんらかの手立てを探すことに努めました。そこで当地のいくつかの地方で急いで銅を探すことにし、できるだけ早く手に入れるため高めの値段を提示いたしました。そして十分な量の銅が運ばれて参りましたので、幸い当地で見つかった鉄砲鍛冶に中型のカルバリン砲をつくらせましたところ、見事なできで、このサイズのものでこれより優れたものはないでしょう。しかし、大砲をつくるためには銅だけではなく錫も必要であり、それを入手するのにたいへん苦労いたしました。錫を含む皿や壺から取り出すのですが、非常に高くつき、それどころかどんな代価を払っても容易には手に入りません。そこで私はどこかに錫はないかとあらゆるところを調査しましたら、われわれが困ったときにただちに救いの手を差し伸べて下さるわれらが主の思し召しにより、タスコと呼ばれる地方の先住民の間に錫でできた薄い硬貨のようなものを見つけました。調査を続けますうちに、それはその地方および他の地方でもまさに貨幣として使われていることが分かりました。[48] そしてそれがこの市から二六レグア〔一四四㎞〕のところにあるタスコ地方で採掘されているということを突きとめました。採掘の場所が分かりましたので、スペイン人に道具を持たせてそこへ行かせますと、彼らは錫の見本をもって帰って参りました。私は以後必要な分量をすべて採掘するように命じましたので、彼らはそうするでしょうが、

(46) スペイン人の居住区は四つの先住民地区に囲まれていた。北西部のサンタ・マリア・クエポパン（トラケチウカン）、北東部のサン・セバスティアン・アツァクアルコ（アツァクアルパ）、南東部のサン・パブロ・ソキパン（テオパン、スチミルコ）および南西部のサン・フアン・モヨトランである。これらを併せサン・フアン・テノチティトラン（テミスティタン）地域を構成した。これらの先住民社会に加え、インディオの首邑としてサンチアゴ・トラテロルコがあり、ここはテソントラリと呼ばれる水路によって旧テミスティタンから分離されていた（Alfonso Caso, *"Los Barrios Antiguos de Tenochtitlan y Tlatelolco"*）。

(47) トラテロルコの大市場は十六世紀中に衰退し、大半はテミスティタンへ移った。一五四〇年代には新しい先住民の市場がサン・イポリトにできた。セルバンテス・デ・サラサールは、新しい市場のことを「実に巨大な広場で、その中に一つの町を建設できるほどの広さだ」と述べている。この市場を囲むようにフランシスコ会修道院、インディオの統治者の邸宅およびインディオの監獄があり、この市場を利用する者の数は二万人以上に上ると見積もられる、と書いている（Cervantes de Salazar, *Life in the Imperial and Loyal City of Mexico in New Spain*, p. 62）。

(48) フンボルトによれば、古代メキシコ人はカカオや綿布のほか、銅なども貨幣として使っていたという。また、メシカ人にとっては銅がもっとも一般的な金属で、ある程度鉄を代替していたが、タスコでは鉛や錫も採っていた。彼らの銅の硬度は極めて高いが、これは焼きを入れたのではなく、錫と混ぜることによって得られた、としている（Alexander von Humboldt, *Essai politique sur le royaume de la Nouvelle Espagne*, cap. 11）。

相当の困難が伴うでありましょう。この金属を探しておりますうちに、その方面に詳しい者によりますと、豊富な鉄の鉱脈が見つかりました。

弾薬の製造　錫が見つかりましてから、毎日大砲をつくらせており、これまでに中型のカルバリン砲を二門、それよりやや小ぶりのものを二門、サーペンタイン砲を一門、計五門を完成いたしました。そのほかに私は当地〔大都〕に入る際にファルコン砲二門を持参し、またファン・ポンセ・デ・レオン地方長官[49]から彼が所有する中型カルバリン砲を一門調達しております。船《ナビオ》が到着しましたので、ファルコン砲サイズ以上の青銅製の大砲は大小合わせ三五門、鋳鉄製はロンバード砲、小口径カルバリン砲およびその他の大砲を合わせ七〇門ほどになります。[50]われらが主に誉れあれ、われわれはもはや自衛することができるのであります。また神は弾薬に関しましてもお恵み下さり、われわれは大量の、しかも非常に良質の硝石を見つけました。当地では敵の攻撃がしばしばあり、火薬の使用量はきわめて多いのですが、硝石を焼く窯がありますので、その他の用途にも使えるでしょう。硫黄に関しましては、この地方に大量の煙を吐く山があることはすでに陛下に申し上げましたが、あるスペイン人が身体をロープに結えて火口から七〇ないし八〇尋《ヒロ》〔一尋は約一・六七メートル〕降り、そこから採り出した硫黄でこれまでまかなって参りました。[51]しかし今後はこのような危険な作業をする必要はなくなるでしょう。陛下のお蔭で邪魔をする司教もいなくなりましたので、これからはスペインに注文し、お送りいただくようにいたします。

　パヌコ河の畔に建設されたサンティステバンの町が安定し、トゥトゥテペケ地方の征服が終わり、インピルシンゴ[52]とコリマン〔コリマ〕に隊長を派遣しましてから（これらにつきましてはすべて先にご報告申し上げました）、私はこの市にもどる前にベラ・クルスの町およびメデリンの港で必要な物資を供給するためそれらの町に赴きました。そしてサン・ファン・デ・チャルチケカン[53]の港近くにはベラ・クルスの町の他にはスペイン人の入植地がないため、船舶はその港で荷降ろしをしますが、その海岸はしばしば強い北風が吹き船が難破するため安全な港ではないということが分かりましたので、私はサン・ファアンの港へ行き、その近くに適当な入植地を探しました。いろいろ手を尽くして探しましたが、その辺りはたえず土砂が漂流する丘しか見当たりませんでした。しかし、数日滞在して探しておりますと、われらが主の思し召しにより、その港から二レグア〔一一㎞〕のところに町の建設に必要なすべての条件を満たす最適地が見つかりました。まき、水、牧草が豊富にあります。もっとも、木材、石材、その他の建築資材の調達には非常に遠くまで足を伸ばす必要があります。その場所の傍に入江が見つかりましたので、私はそれが海に通じているかどうか、そこを通って船が町まで入ってこれるかどうか、カヌーを出して調べさせました。するとその入江は海に注ぐ河とつながり、河口の深さが一尋《ひろ》以上あることが分かりました。従いまして、入江にたくさんある樹幹さえ取り除けば、船舶は町の住宅地まで河を上り、そこで荷降ろしができるでありましょう。

メデリンの移転　この場所の立地条件が非常によく、また一方で船舶の安全を確保する必要もありましたので、

(49)第三書簡註67参照。
(50)コルテスに対する査察の際、コルテスがこれらの武器を注文したのは万一王室から現在の資格を剝奪された場合、抵抗を示すことを考えていたとする証言が多かったが、実際には彼は自らの部下の反乱に備えていた可能性の方が高い(Pagden, n. 59)。
(51)フランシスコ・デ・モンターニョ、ファアン・デ・ラリオスおよびペニャロサがポポカテペトル火山の火口内にはいった。セルバンテス・デ・サラサールがその様子を詳述している(lib. o vi, cap. 8-11)。フンボルトは、彼らはほんとうに火口内にはいったのだろうか、それともメキシコの何人かが推定しているように火山の横腹の裂け目から硫黄を採ったのだろうか、と自問している(Essai Politique, cap. 12)。
(52)ヨピルシンゴ(Yopilcingo)。アカプルコの近くのヨペ族の地(J. L. Martínez, *Hernán Cortés*, p. 356)。
(53)チャルチウクエカン(Chalchiuhcuecan)。現ベラクルスの地域。ハマパ河(Río Jamapa)の河口地域で、同河はバンデラス河と命名された(Bernal Díaz, cap. 160)。

私はタタルプテテルコ地方[54]の内陸部に二〇レグア〔一一一km〕入ったところにあるメデリンの町をそこに移転させるように命じ、そのとおり実行されました。住民のほとんどが転居し、そこに家も建ちましたので、入江をきれいにし、その町に税関を設置するよう命じました。小舟《バルカ》で二レグア上流まで荷物を運ばなければなりませんので、船舶《ナビオ》の荷降ろしには時間がかかりますが、停泊が安全になりました。私は、この町はヌエバ・エスパニャにおいてこの都に次ぐ最良の町になると確信しております。すでに何隻かの船舶がそこで荷降ろしをし、荷物を積んだ小舟やそれにベルガンティン船までもが町の中まで到達できるのです。港が非常に良くできておりますので、今後は船舶も安全でしょうし、私はあまり苦労せずに荷降ろしができるようになんらかの措置を講じようと思います。また、現在その町からこの都まで大急ぎで道路を建設中で、それができますと道路も良くなり、一日分の行程が短縮されますので、貨物の配達がいまよりも速くなります。[55]

海峡の探査

いと強大なる主君。これまでのご報告におきまして、私は陸と海からどこへ人を派遣いたしましたかにつき申し述べましたが、それは、われらが主のお導きにより、陛下の御ためになると考えたからでございます。私は陛下の御ためになることを行いたいという私の望みを果たすためになにをなすべきかを常に思案しておりますが、いまのところなによりもパヌコ河と地方長官フアン・ポンセ・デ・レオンが発見したフロリダの間にある未知の海岸を探査し、そこからフロリダの海岸をバカリャオス[56]まで北上することが一番であると思われました。と申しますのは、その海岸には南の海に出る海峡があると信じられているからでございます。もしそれが発見されますと、私の所有する地図によれば、陛下の命によりマガリャネス〔マゼラン〕が発見しました群島の近くに出ると思われます。われらが主なる神の思し召しによりそこで海峡が見つかりますと、香料諸島から陛下の諸王国までの航海のルートは非常に良好かつ短くなり、現在の三分の二は短縮されるでしょう。そのうえ、この航路は常に陛下の王国および領地を通りますので、往復ともまったくなんの障害も危険もありません。必要があ

ればいつでも陛下の領地内にある港に入り、なんの危険もなく船を修繕することができるのであります。(57)

私はそのような事業は陛下への多大なご奉仕になるであろうと考えました。もっとも、陸海の探検隊の派遣およびこの市をはじめ各地で必要な弾薬や銃砲の補充に要する費用ならびに毎日生じるその他あまたの物入りに多額の出費をし、借金も重ねましたため、私はいまや無一文で、そのうえ多額の負債を抱えております。と申しますのは、私がすべての費用を自己負担しており、われわれが調達すべき品物はなにもかもとても高く、法外な値段でありますので、この地は豊かではありますが、私の得られる収益は必要な出費を賄うには十分ではありません。しかしながら、先に申し述べましたとおり、私は自らの苦境はかえりみないで三隻のカラベラ船〔三本マストの帆船〕と二隻のベルガンティン船〔二本マストの帆船〕をこの事業のために派遣し、これまでのご奉公にこれを加えることを決心いたしました。もっとも、陛下に申し上げますが、そのためには借金に頼らざるを得ず、金一万ペソ以上の経費がかかると思われます。しかしもし海峡が発見されれば、この事業はもっとも重要なものになるでありましょうし、たとえそれが見つかりませずとも、きわめて広大で豊かな土地が発見されないはずはなく、そうすれば陛下にご奉仕するところ大であり、陛下の王国と領域はいやますばかりでありましょう。またもしその

(54) タタテテルコ（Tatatelco）で、ワトゥスコ（Huatusco）に近い（J. L. Martínez, p. 348）。

(55) コルテスの述べている川はカノアス川（Río Canoas）で、その町の現在の名はラ・アンティグア（La Antigua）。

(56) 鱈（タラ）の意で、今日のニュー・ファウンドランドにあたる。北大西洋の海岸地方における主要交易品である鱈が豊富なため、鱈の海と呼ばれた。

(57) 香料諸島はマルッコ（モルッカ）諸島ともいい、現在ではマルク諸島と呼ばれている。その範囲はひろいが、十六世紀はじめには、いちばん大きなハルマヘラ島の西に南北につらなる小さな島々をさし、なかでもテルナテとティドーレの二島が丁字の産地として有名だった。ポルトガル人が香料諸島に着いたという知らせはすぐスペイン王室に伝わったが、スペイン王室はマルッコ諸島がトルデシリャス条約による境界線の東側にあり、したがってスペイン領だと確信していた。このためスペイン王室としては一日も早く海峡を発見し、香料諸島をおさえてポルトガル人を追い出したいと考え、海峡発見が国家目標となった。

ような海峡は存在しないとしましても、それが分かることは陛下にとって有益でありましょう。と申しますのは、陛下が香料諸島およびその近隣のすべての地から利益を得られるその他の方法を見つけるようお命じになれるからであります。そして海峡が発見されない場合、陛下がより少ない費用でそのような方法を見つけるよう私にお命じいただければ、私自身がそのために陛下にお仕え申し上げたいと存じます。しかしながら、願わくは船隊がその海峡を発見するという所期の目的を果たすことをわれらの主がお認めになりますように。それが最善であると思われ、私はそうなると確信しております。陛下の盛運を曇らせるものはなにもなく、またそれを成し遂げるための勤勉さ、用意の周到さおよび意志において私に欠けるものはなにもないからでございます。

さらに、私は南の海において建造した船舶も派遣したいと存じます。われらの主がお望みであれば、船隊はこの一五二四年の七月末に出帆し、海峡を求めて南下するでしょう。もし海峡が存在するならば、南の海を行っても、北の海を行っても、それに遭遇しないはずはないでしょう。南の海の船隊は海峡を見つけるか、あるいはマガリャネスが発見した土地に到達するまで海岸を南下し、北の海の船隊は、前に申し上げましたとおり、バカリャオスに達するまで航海いたします。こうして両方の海岸から探せば、見落とすことはないでしょう。南の海の海岸を北上した地方について私が耳にしているところによりますと、そちらの方に船隊を派遣すれば非常に大きな収益が得られ、陛下にもよりご奉仕することになろうとのことですが、陛下はむしろこの海峡についてお知りになりたいとのことですので、それを発見すれば王室のお役に立てるところが大きいと考え、当地でしきりに噂されております利得のことは意に介さず、この別の海路を行くことにいたします。われらの主が望まれるようにお導きになり、陛下の望みがかなえられ、そしてお仕えしたいという私の望みもかなえられますように。

陛下が王室の収入および財産を監査するために派遣された官吏(58)が到着し、彼らは私が陛下の御名において任命し、その職にあった者から会計報告を受けはじめました。官吏はこれまでの会計帳簿につきすべて陛下にご報告するでしょうから、私から陛下に詳細を申し述べることは差し控え、彼らがお届けする報告に委ねることといたします。それをご覧いただければ、王室へのご奉仕に私が常に気を配り、心を用いましたことを陛下にお分かりいただけることと存じます。前述のとおり私は戦闘と当地の平定に忙殺されてはおりますが、それがゆえに陛下に帰属すべきすべてのものの保全と徴収にできるかぎり特別の注意を払うということを怠りはいたしませんでした。前述の官吏が陛下にお送りする帳簿に明らかで、陛下もご覧いただけるかと存じますが、私は当地の平定と当地における陛下の領土拡張のために陛下のご歳入のうちから金六万二千ペソあまりを支出いたしました。それ以外にすべがなかったことを陛下にお分かりいただければと存じます。私自身の資金が底をつき、他人から金三万ペソ以上を借りうけて負債を抱えましたため、初めてそこからの支出に踏み切った次第でございます。陛下へのご奉仕に必要なことを実行するためには他に方法がなく、そのような支出を余儀なくされた次第です。私はそれがこれまでにもたらし、また今後ももたらすであろう利益は決して少なくはなく、一〇〇〇パーセントを下らないと信じます。陛下の官吏は、私のその支出が陛下へのご奉仕として行われたことは認めておりますが、その任務も権限も与えられていないとのことで、それを帳簿に計上することはいたしません。つきましては、陛下が上記の支出は適切であるとご判断いただきますれば、それを帳簿に計上するとともに、私が自ら支出しました分と友人から借り受けました分を合わせ、金五万ペソあまりを私に支払うようお命じ下さりたくお願い申し上げます。もしそれが支払われなければ、私は債務を返済することができず、非常な苦境に立たされることになりましょう。私はカトリックの信仰あつき陛下がそれをお認めになるとは思えず、むしろ同金額をお支払い下さったうえ

(58) これらの王室官吏はアロンソ・デ・エストラーダ(財務官)、ロドリゴ・デ・アルボルノス(会計官)、ゴンサロ・デ・サラサール(収税吏)およびペラルミデス・チリノス(検査官)である。彼らがいつ到着したのか必ずしもはっきりしないが、コルテスが第四書簡の末尾近くに彼らの来訪につき記しているところからみると、一五二四年の初めではないかと思われる(J. L. Martínez, pp. 418-419)。コルテスは武器を積んだ船がベラ・クルスに到着したと述べている(三九〇頁参照)が、これらの官吏も同じ船で着いた可能性がある(Pagden, n. 63)。

に、私にさらに多大なる恩寵を施すようお命じいただけるものと存じます。と申しますのも、陛下はカトリックの信仰あつき、キリスト教徒の君主であられますうえに、私のご奉公がそれに値しないとは思えず、またこれまでに得られた成果がそれを証明していると考えるからでございます。

献上品の行方

これらの官吏および彼らに同行した人たちの話、さらにはスペインから届いた書状から、私はこのヌエバ・エスパニャの代表であるアントニオ・デ・キニョネスおよびアロンソ・デ・アビラに託して陛下にお送りいたしました献上品が、セビリャの通商院の不注意によりアソーレス島より先の警護が不十分だったためフランス人に奪われ、陛下のお手もとに届かなかったということを知りました[59]。それらの品々はいずれも実に豪華で、珍しいものばかりでしたので、陛下にぜひご覧いただきたく、そうすれば陛下の御ためになるのみならず、私のご奉仕がより明白になると思われましたので、まことに残念であります。もっとも、それらの品々は失われても構わないという気もいたします。陛下がそれほど必要とされるものではありませんし、また最近征服のために人を派遣しましたいくつかの地方、さらに人の手当てさえつけばすぐにも派遣したいと思っております他の地方についての話を聞きおよぶにつけ、私は先にお送りしたものよりもさらに豪華で珍しい品々をお送りできるよう努めたいと存じます。そのうえ、フランス人やその他の君主にあの品々のことが知れわたれば、なにゆえ彼らが陛下の帝位に服さなければならないかを悟るでしょう。陛下が彼地で所有しておられます多くの、偉大な王国や領地に加え、遠く離れ、趣の異なる当地に関しましては、陛下の臣下の末席に連なりますこの私が多大のご奉仕を行うことができるでありましょう。

まず最初の献上品として私の従僕ディエゴ・デ・ソトに託していくつかの詰まらないものをお送りいたします。それらは献上品としてお送りするには値しないとして前回除外されたものとそれ以後に入手したものですが、その前回外されたものも先にお送りした献上品の面影を伝えております。これらの品とともに二四五〇ポンドの銀で鋳造されたカルバリン砲も一門お送りいたします。二度鋳造されましたので、金も少し含まれていると思いますが、これは非常に高くつきました。と申しますのは、金属が一マルコ〔一マルコは半ポンドないし二三〇グラム〕当り金五ペソで、金二万四五〇〇ペソかかり、その外に鋳造、彫版、港までの運送に金三〇〇〇ペソ以上を要したからでございます。(60) しかし、それは実に豪華で、見事ですので、いと高く、優れた君主のご高覧に供する価値があると思われ、私は資金を投じ、それを完成させることにしました。もし幸運に恵まれますればもっと大きなご奉仕をしたいと願う私の意志をお酌みとりいただき、この小さなご奉仕をお受けとり下さいますよう陛下にお願い申し上げます。私は、先に陛下に申し上げましたとおり、負債を抱えておりますが、陛下にお仕えしたいという私の願いをお分かりいただくためにさらなる債務を負うつもりでおりました。私は不幸にもこれまで陛下の御前

(59) コルテスは一五二二年七月ごろ、三隻のカラベラ船でカルロス五世宛ての第三報告書簡とともに、国王の五分の一税および多くの財宝を送った（第三書簡註90参照）。三隻のうち二隻はアソーレス島の近くで海賊の手に落ちたが、もう一隻のサンタ・マリア・デ・ラ・ラビダ号はサンタ・マリア島に避難した。同船はセビリャに助けを求め、ペドロ・マンリケの指揮する二隻の軍艦に護衛された。第三書簡と地図ならびに私的な現金や財宝を携えていたコルテスの秘書ファン・デ・リベラはこのカラベラ船に乗っていて難を逃れた（Herrera, Historia general, III, lib. IV, cap. i）。略奪された二隻の船の搭載品目に関する資料は五つあり、そのうちの三つは José Luis Martínez, *Hernán Cortés*, UNAM の Documentos Cortesianos, Sección II に収められ、残りの二つは CDIR, *Colección de documentos inéditos relativos al descubrimiento, conquista y colonización de las posesiones españolas en América y Oceanía*, Joaquín F. Pacheco, Francisco de Cárdenas, Luis y Luis Torres de Mendoza, Madrid, 1864-84, t. XII, pp. 253-268 にある。

(60) コルテスはこの第四書簡および二つの地図とともに五分の一税ならびに献上品をディエゴ・デ・ソトとファン・デ・リベラに託して二隻の船隊で皇帝に届けた。献上品のうちで最も注目されたのがメチュアカンの銀を用いてインディオの細工師が作ったカルバリン砲で、そこには不死鳥が浮彫りされ、皇帝に捧げた次の句が彫られていた。「比類なき不死鳥生れし／君に仕えるに我の右に出る者なく／この世に君に並ぶ者なし。」もっとも、これは宮廷において嫉妬と反感を呼んだらしい（Gómara, cap. 169, Bernal Díaz, cap. 170）。

に近づくことを阻まれ、この願いをお伝えする機会に恵まれなかったからでございます。

また、官吏ならびに私よりお送りいたします帳簿をご覧願えればお分かりいただけると存じますが、王室の収入に属する金六万ペソを聖陛下にお送りいたします。同金額を一度にお送りしますのは、戦争やその他の用向きのため陛下が必要とされていると思われますのと、陛下がこれまでの損失を遺憾であるとお考えにならないためでございます。今後も機会があるたびにできる限りの金額をお送り申し上げます。事態がこのまま推移し、これまでにありましたような妨害さえなければ、当地における陛下の王国と領地は拡大し、他のいかなる陛下の王国や領地よりも少ない費用で、より確実な収入を得られるであろうということを聖陛下にお信じいただきたいと思います。と申しますのは、二日ばかり前、陛下の代理人であるゴンサロ・デ・サラサールがこのヌエバ・エスパニャのサン・フアンの港に着きましたが、彼によりますと、彼がキューバ島に立ち寄った際、同島の総督代理であるディエゴ・ベラスケスは私が陛下の御名においてイブエラス〔ホンジュラス〕に派遣しましたクリストバル・デ・オリード隊長と申し合わせ、同隊長がその地を占拠したままベラスケスの側について私に反旗を翻すよう取り決めたということを耳にした由であります。それはあまりにも醜く、陛下へのご奉公に反することですので、にわかには信じがたいことですが、他方、かのディエゴ・ベラスケスはいつも私のご奉公を邪魔し、害悪を及ぼそうと狡猾に動き回るということを承知しておりますので、私はそれを信ずるものです。彼は他に方法がないとなると、他人が当地に来るのを妨げようとするのです。彼はあの島を支配しておりますので、当地から向うへ行く者を捕えて、虐待し、持ちものを取り上げたあげく、釈放のための取引をしますので、捕まった者たちは彼の思いどおりにしたり、しゃべったりするのでございます。私は真実を確かめ、もしそれが本当であれば人をやってディゴ・ベラスケスを捕え、陛下に送り届ける所存です。すべての悪の根源であるこの男を取り除けば、その他の枝葉はすべて枯れるでしょう。そして私は、すでに手がけました、あるいは今後手がけたいと思っておりますご奉公をより縦横に実行できるでありましょう。

私はこれまでの陛下へのご報告においていつも、当地の先住民のなかにはわれわれの聖なるカトリックの信仰に改宗し、キリスト教徒になる用意の備わっている者がいると申し上げました。そしてそのために正しい生活を送っている模範的な神父をご派遣願いたいと申し上げました。しかし、これまでそのような神父は僅かと申しますか、ほとんど一人も来ておりません。改めて陛下に申し上げますが、そのような神父の来訪は大きな成果をあげることに間違いなく、できる限り早急にご派遣下さいますようお願い申し上げます。そうすることによりわれらが主なる神にお仕えし、カトリックの信仰あつき陛下の願いがかなえられることになるからでございます。[61]かの代表者アントニオ・デ・キニョネスとアロンソ・ダビラならびにこのヌエバ・エスパニャの市々の市会および私は、宗教儀式を執り行うために司教やその他の高位聖職者を派遣いただきたいと陛下にお願い申し上げましたが、そのときはそれが妥当であると思われたからです。しかしよく考えてみますと、陛下におかれましては当地の先住民ができるだけ早く改宗し、われらの聖なるカトリックの信仰につき教育されるような方法を講じていただくべきであると思うに至りました。そしていまここでなされるべきことは、先に申し上げましたとおり、当地

(61) コルテスはこう述べているが、このような要請を行うのは諸条件が整ったこのときが初めてである。第四書簡は一五二四年十月十五日にテミスティタンで署名されているにもかかわらず、一五二三年八月三十日にメキシコに着いた最初のフランシスコ会修道士フアン・デ・テクトおよびフアン・デ・アヨラ並びに平修道士ペドロ・デ・ガンテの三人について触れず、また一五二四年五月十三日にベラ・クルスに着いた有名ないわゆるフランシスコ会の〝十二使徒〟についても言及していないのは奇妙である。特に後者はマルティン・デ・バレンシアを筆頭にモトリニアその他著名なフランシスコ会士たちであり、ベルナル・ディアス(cap. 171)が書いているように、コルテスはスペイン人兵士やグァティムシンをはじめとするインディオの領主たちを伴って彼らのまえで跪き、彼らをきわめて丁重に迎え入れたのである。その後ドミニコ会士およびアグスティノ会士がフランシスコ会士に加わり、先住民教化の礎を築いた。コルテスは在俗司祭の世俗主義を批判するフランシスコ会士の影響をうけて、新世界の先住民を教化し、ゆくゆくは太平洋を越えて東洋にもキリスト教の世界を広めれば、フランシスコ会士の説く〝千年至福〟の実現も可能になると考えていた節がある(J. H. Elliot, *The mental world of Hernán Cortés*, pp. 54-55)。

の人びとの改宗にきわめて熱心な聖職者を多数ご派遣いただくことであり、また最もふさわしいと思われる地方に住宅と修道院を建設することであると思われます。聖職者は彼らの住宅の建設や生活のために十分の一税を受け取るべきで、その残額からスペイン人が住んでいる町の教会および祭壇用具ならびにそこで仕える司祭への支払いが行われるべきでしょう。またこの十分の一税は陛下の官吏が徴収して、その計理を行い、税収を修道院と教会に分配すべきでしょう。税収はこれらの支出を賄うには十分であり、残余は陛下に帰属することとなりましょう。従いまして、陛下におかれては教皇に対し、当地の先住民が改宗すればわれらが主なる神にお仕えすることとなり、そのためにはこれが唯一の方法であることをご説明のうえ、当地での十分の一税はその目的のために陛下に譲許されるよう願い出ていただきたく存じます。司教やその他の高位聖職者が来ますと、教会の財産を自由に処分して奢侈やその他の堕落行為に費やしたり、私有財産を息子や親族に遺すという昨今のわれわれの罪深い悪習が当地でも継続されることになりかねません。さらに悪いことには、当地の先住民の時代には、宗教儀式に携わっていた聖職者は正直さと貞節を遵守することにことのほか厳しく、もし少しでもそれが守られていないと分かると死罪に処せられたのであります。いまもし彼らが司教座参事会員《カノニゴ》やその他の高官に牛耳られている教会や神への奉仕の実態を目にし、現在スペインで行われている悪習や冒瀆がここでも行われ、しかもそれが司祭によるものであると分かれば、われわれの信仰は軽蔑され、笑いものになるでしょう。そうなりますと被害は甚大であり、彼らに対するいかなる説教も無益であろうと思います。このことはきわめて重要であり、陛下が主として意図されるところは当地の先住民の改宗にあり、またそうでなければなりませんので、陛下の御名において当地に在住しますわれわれはそれに従い、キリスト教徒として彼らに細心の考慮を払わなければなりません。私はこのことを陛下にお知らせし、私の考え方を述べさせていただきたいと存じる次第ですが、それは当地における陛下の王国と領地が拡大され、陛下の名声と絶大な権力が当地の人びとの間で広まるよう渾身の力を込めて励み、これからもそうであろうとする臣下の言葉としてお受け取りいただきたく存じます。私はそのように願い、陛下が当地においてわれらの聖なる信仰の種を蒔かれ、それにより永遠の生命の至福を享受されますよう精魂を込めて働く所存です。当地には叙階する、あるいは教会をはじめ祭壇用具、聖油、聖水、その他を祝福する司教が不在であり、さりとてどこかで代りを探すわけにもまいりませんので、教皇がフランシスコ会およびドミニコ会の二人の主要な聖職者にその権限を委譲し、教皇の代理として当地に派遣していただくよう陛下より教皇に要請されてしかるべきかと存じます。そして、その二人は陛下が教皇より得られる最大限の権能を付与される必要があるでしょう。と申しますのは、当地はローマ教会からはるか遠く、ここに現在住んでおります、あるいは今後住むでありましょうキリスト教徒は良心の救済からかけ離れたところにあり、また人間として罪に陥りやすいことを考えますと、教皇はわれわれにご寛容になり、彼らにきわめて大きな権能をお与え下さり、そしてその権能が、各修道会の総会長にせよ管区長にせよ、常に当地に住む者に引き継がれることが肝要かと存じます。(62)

当地における十分の一税の取り立ては徴税請負人による町もあれば、お触れによる町もあり、いずれにしても一五二三年から実施しております。それ以前は取るに足らない額ですので、徴収するに及ばないと思われました。そのころは戦闘の最中であり、なにがしか生産していた者も利益を得るどころかそれを維持するだけで精一杯だったからでもあります。もし陛下が別のことをお命じになれば、思し召しのとおりに行われるでありましょう。

この市《まち》の一五二三年及び二四年の十分の一税は（納められた産物を）せり売りした結果、金五五五〇ペソに達しました。メデリンおよびベラ・クルスの町の同税は金一〇〇〇ペソぐらいになるでしょう。それらの年の分は

(62) カルロス五世はこの提案を実行に移し、教皇もそれを受け入れた結果、トリビオ・デ・ベナベンテ（モトリニア）神父に堅信の秘蹟の権能が与えられたが、聖油を奉献する権能は与えられなかった。ヌエバ・エスパニャにおけるフランシスコ会最初の長はマルティン・デ・バレンシア修道士で、ドミニコ会の長はベタンソス修道士。彼はテスイコ（現テスココ）近くのテペトラストク（Tepetlaxtoc）に最初の修道院をつくった（MacNutt, p. 216）。

まだせり売りにかけられていませんが、同額を上回るかもしれません。その他の町につきましては、遠隔地で、まだ回答を得ておりませんので、収入がいかほどになるか存じ上げません。この税収は教会の建設および神父や聖具保管人への支払いのほか、祭壇用具やその他の教会の維持に必要な経費に充てられます。陛下の会計担当官と財務官が帳簿を管理し、すべての収入は財務官に渡され、すべての支出は会計担当官および私の支払い命令にもとづいて行われます。

交易関係　いとカトリックの信仰あつき主君。最近、島嶼から船が着き、聞くところによりますと、エスパニョラ島にいる陛下の判事および官吏が、このヌエバ・エスパニャの馬の数を増やさないよう、同島およびその他の島においてお触れを出し、雌馬や種馬をヌエバ・エスパニャに持ち出さないよう命じ、これに背いた者は死刑に処すという措置をとったとのことでございます。それはわれわれがいつも馬や家畜を彼らから買わざるを得ないようにし、彼らはそれを法外な値段で売りつけるためであります。当地が平定され、植民されるのを妨げようとするのは陛下へのご奉仕に反することは明らかであり、断じてすべきことではありません。われわれがこれまでに獲得したものを維持し、さらに増やすためにどれほど彼らの拒む馬を必要としているかを彼らは承知しています。さらにこれらの島嶼はヌエバ・エスパニャのお蔭で利益を受け、その価値を高められたということも分かっています。正直なところ、彼らが守ろうとしているものを彼らはほとんど必要としておりません。従いまして、雌馬や種馬を輸出したい者は処罰を受けることなくそうすることができるという王令を発出して島嶼にお送りいただきたく、陛下にお願い申し上げます。彼らに輸出を拒まないようお命じいただきたく存じます。それらの馬は彼らにとっても必要でないばかりか、その輸出を禁ずることによって陛下が著しい不利益をこうむられることとなり、またわれわれも当地で新たな征服を企てることはもとより、すでに征服したものを維持することもできなくなるからであります。

これらの島嶼から輸入される品は、彼らの禁止している雌馬および種馬を除き当地では一切陸揚げできないという命令を出して彼らに仕返しをすれば、彼らもその命令を撤回せざるを得ないでしょう。彼らの稼ぎの唯一の手段は当地との交易ですので、一方の品を受け入れて貰うために他方の品を快く認めるということになるでしょう。当地との交易がはじまる以前の島嶼間の交易の総額は金一千ペソにも満たない有様でしたが、現在ではこれまで決して見られなかったような金額に達しています。しかし、これまで私を中傷してきた者たちに新たな機会を与えないため、私は陛下にご報告申し上げるまではそのような行動に出ることを控えましたので、陛下にとり最も好ましい措置をご下命いただきたく存じます。

また、当地はすべての農業に適しておりますので、私はあらゆる種類の植物を当地に持ちこむ必要性につき陛下にご報告申し上げました。これまでのところ全くなにも送られてきておりませんので、改めて陛下にお願い申し上げます。陛下におかれましては、当地を来訪する船舶はいずれも一定量の植物を持参すべきであり、それなしには出航できないという王令をセビリャの通商院にお出しいただければ大いに役立つでありましょう。そして当地における植民と永住を促すもととなるでしょう。

当地が植民され、スペイン人と先住民の両方が生計を立て、繁栄し、そしてわれらの聖なる信仰が根を張るためにできる限りの手はずを整えることが私の務めであると思います。陛下は寛大にも当地の事柄を私にゆだねられ、またわれらが主なる神のお計らいにより私が媒介者となって当地が陛下のお耳にはいり、陛下の御支配に服することとなりましたため、私はいくつかの法令を公布いたしました。(63) 陛下にはその写しをお送り申し上げますが、これまでの当地における私の経験に照らせばこれらの法令が遵守されることがもっとも好ましい、とだけ申し述べるにとどめます。

当地に住むスペイン人はこの政令のいくつかについて必ずしも満足しておらず、それはとりわけ当地に定住することを義務づけている条項です。と申しますのは、彼らはみな、あるいはほとんどの者はかつて島嶼に入植したときに行ったと同じこと、すなわち土地を刈り入れに使い、破壊し、そして見捨てるということを当地でもしたいと考えているのであります。島嶼の荒廃を招いた理由は明らかでありますので、過去に経験のあるわれわれが、現在と将来のために必要な措置を講じないのは許しがたい誤りであろうと思われます。しかも、陛下にすでになんどもご報告申し上げましたとおり、当地はきわめて広大にして気品を備えておりますので、われらが主なる神に大いにお仕えできるでしょうし、また王室の収入もいや増すでありましょう。それゆえ、陛下におかれましてはこの政令をご吟味のうえ、もしできますれば政令の施行につき私が守るべき指針およびこれらの政令のうち陛下として履行されることを強く望まれることがらにつきご指示賜りたくお願い申し上げます。私は常にもっとも適当であると思われる事項を追加するよう意を用いる所存です。当地において日ごとに発見される土地はきわめて広大かつ多様であり、これらの発見から学ぶ新たな事実は数多くありますので、新しい事態には新しい考え方と判断が必要となります。私が陛下に申し上げましたこと、あるいは今後申し上げますことがあるいは以前に申し上げたことと矛盾すると思われることがあるかも知れませんが、陛下には新たな状況は新たな考えを導き出すものであるということをご理解願いたく存じます。

不敗の皇帝。われらの主なる神が帝王たる陛下をお護り下さり、陛下のいと強大なる王国と領地をいや増し、その他陛下がお望みのすべてとともに、陛下が神へのご奉仕のうちに末長く栄えられますように。

このヌエバ・エスパニャの大都テミスティタンより、一五二四年十月十五日。
陛下の御足と御手に接吻し奉ります、聖陛下のいと卑しき僕《しもべ》および臣下より。

エルナンド・コルテス

（63）これらの法令はCDIR（*Colección de documentos inéditos relativos al descubrimiento, conquista y colonización de las pos-esiones españolas en América y Oceanía*）に収められている。同法令はアンティール諸島で行われた土地とその住民に対する搾取が及ぼした被害についてコルテスがいかに状況をよく認識していたかを示す興味深い資料である。インディオの扱いに関する法令はすでに施行されていた法律と基本的には同じであるが、ある意味では一五四二〜四三年の「新法」を先取りするものである。その他の条項は有益な植民政策を目指すもので、新たな出発点といえよう。不在地主を防止するため、コルテスは法令施行後八年間エンコメンデーロに土地を離れることを禁じ、また同一八条はエンコメンデーロに一八か月以内の結婚を義務づけ、既婚者には同期間内にスペインから妻を呼び寄せることを義務づけた。他の条項は土地の保護と開発に関する事項で、コルテスが種子の送付を再三スペインに要請していることからも明らかなとおり、それは彼の大きな関心事項の一つであった（Pagden, n. 69）。

第五書簡

聖なる、カトリックの信仰あつき皇帝陛下。昨年一五二五年十月二十三日、私はホンジュラスの岬にある港町トルヒーリョからエスパニョラ島へ一隻の船《ナビオ》を派遣いたしましたが、その船に私の召使を乗せ、スペイン王国へ赴かせました。私が先に派遣した二人の隊長(1)ともう一人の隊長ヒル・ゴンサレス〔・デ・アビラ〕の間でイブエラス(2)と呼ばれる湾において起こったできごと、およびその後私自身がそこに到着したことにつき陛下に書簡をしたためました。(3)前述の船と使いの者を派遣しました際には、このテヌスティタン〔テミスティタン〕の大都を出立してからその地の人びとに出合うまでの行程や道中で起こったことにつき陛下にご報告申し上げることができませんでしたが、それらも陛下のお耳に入れるべき事柄でございます。少なくとも陛下には何ごとも隠し立てしないという私の慣わしに従うため、簡潔に、しかし最善を尽くしてご報告申し上げます。起こったことを正確に叙述するのは私には荷が勝ちますし、また私の申し上げることは御地において理解されないでありましょうから、道中で起こりました主な、注目すべき事柄のみ述べさせていただきます。もっとも、二次的であると考え省略しました多くの事柄も、ご報告申し上げればそれぞれに長い背景がございます。

コルテス、メキシコを発つ

陛下にご報告申し上げましたとおり、クリストバル・デ・オリードに対する対策を講じましてからこの方、私は、腕の傷もあり、永らく無為に過ごし、陛下のお役に立つ新しい仕事を手掛けて

(1) クリストバル・デ・オリードおよびフランシスコ・デ・ラス・カサス。
(2) 岬の名はホンジュラス、イブエラスあるいはイゲラスと呼ばれる。一五〇二年、コロンブスによって最初に発見され、エレラによれば「りんごのような、美味しい実のなる木がたくさんある」のでカシナス(Caxinas)岬と呼ばれた。イゲラスはイチジクの木の意である。カシナスはアボカドないしトゥナ(第四書簡註19参照)のことかもしれない(H. L. Bancroft, *History of Central America*, I: 211, n. 6)。
(3) この書簡は難船により失われたのか見つかっていない(J. L. Martínez, p. 418)。

いないように思われましたので、傷はまだ癒えてはいませんでしたが、なにかに着手すべきであると考えました。そこで一五二四年十月十二日、(4)私は身内の騎兵と歩兵、それに親戚と友人をそれぞれ何人か、そして陛下の代理人であるゴンサロ・デ・サラサールおよび検査官であるペラルミデス・チリノス(5)を伴って出発しました。また当地の先住民の要人も全員帯同し、(6)司法および行政の職に陛下の財務官、計理官およびアロンソ・デ・スアソ学士を任命しました。(7)私はこの都に必要なすべての銃砲、弾薬および兵を残し、要塞には大砲とベルガンティン船の用意を整え、さらに要塞司令官を任命して、(8)この都の防衛に万全を期すとともに、必要であれば攻撃にも転じ得るようにいたしました。

このような意図と決意をもってテヌスティタンの都を出発し、この都から一一〇レグア〔六一一km〕のところにあるカサコアルコ〔現コアツァコアルコス〕地方のエスピリツ・サント〔聖霊〕の町に着きました。そしてその町の要件を処理するかたわら、タバスコ地方およびシカランゴ地方に人をやり、(9)そこの首長に私が同地方を訪問する予定であり、その前に話をしたいので会いにきてほしい、あるいは首長にやって貰いたいことを述べるからそれを正確に伝えられる者を派遣してほしい、と知らせました。彼らはそのとおりにし、私の派遣した使者は丁重に迎えられ、そういう場合の彼らの習わしに従い、権限のある身分の高い者七、八名を私の使者とともによこしました。このくにの様々な私の知りたいことについて話しあっておりますと、彼らはユカタンと呼ばれる地からアスンシオン(10)と名づけられた湾に向かう海岸にスペイン人がいて、自分たちに甚大な被害を及ぼしていると述べました。多くの町が焼き払われ、何人かが殺されたため、大勢の住民が町を離れて山へ逃げたのみならず、商人や仲買人がより大きな被害をこうむったとのことであります。と申しますのは、そのためにこれまで栄えていた海岸地方における交易がなくなったからで、彼らは実地証人として、陛下の執政官ペドラリアス〔ペドロ・アリアス〕・デ・アビラ(11)のいるところまで、海岸線にあるほとんどすべての町の実情につき私に報告いたしました。

彼らは布にこのくに全体の地図を描いてくれましたが、(12)それによりますとそのほとんどを踏破すること、特にスペイン人がいるというところまで足を伸ばすことは可能であると思われました。私の計画を実行するために辿るべき道についてそのような嬉しい知らせを受けましたので、私は当地の先住民にわれらの信仰について理解させ、陛下にお仕えさせるために、さらにはこの長い遠征においては多くの様々な地方と人びとの間を通らなければなりませんが、そのスペイン人たちが私の派遣した隊長、すなわちディエゴないしクリストバル・デ・オリードか、ペドロ・デ・アルバラードか、あるいはフランシスコ・デ・ラス・カサスかどうかも確かめ、事態を収拾

（4）第四書簡がテミスティタンから十月十五日付けで出されながら十月十二日にテミスティタンを出発したというのは符合しない。これは書簡の日付を前もって書いておいたか、あるいは書簡をベラ・クルスの近くまで携行し、途中で日付を記入したのかもしれない（J. L. Martínez, p. 421）。

（5）第四書簡註58参照。

（6）ベルナル・ディアス（cap. 174）によれば、留守中の平穏を確保するためメヒコの首長グァティムシン（ないしクアウテモク）、テスイコ（現テスココ）の首長グァナカシン（ないしコアナコチュツィン）およびタクバの首長テテパンケッサル（ないしテトレパンケッツアル）に加え、数名のメチュアカン（現ミチョアカン）の酋長も同行させた。また、アギラルはすでに他界していたので、マリーナ（マリンチェ）が遠征に加わったと書いている。しかしJ・L・マルティネスによれば、アギラルはこの時まだ生きており、一五二九年の査察においてコルテスを非難する長い供述を行っている（*Documentos*, sección Ⅳ）。アルバ・イシュトリルショチトルによれば、「さらなる安全のため」テスイコからグァナカシンとともにフェルナンド・イシュトリルショチトルも同行させ、摂政としてアロンソ・イスキンクァニ（テスイコ）、ソンテコン（メヒコ）およびコウァテカトル（タクバ）が任命された（I: 403）。

（7）アロンソ・デ・エストラーダ財務官、ロドリゴ・デ・アルボルノス計理官およびアロンソ・デ・スアソ市長兼司法官。

（8）砲兵隊長兼要塞司令官にフランシスコ・デ・ソリスを任命した。

（9）アルバ・イシュトリルショチトルは、フェルナンド・イシュトリルショチトルおよびグァティムシンが派遣され、シカランゴから先の順路、途中の町、渡るべき河などにつき絵を描いて持ってくるように、またその土地に詳しい商人を案内役に雇えないか調べるよう命じられた、と書いている（I: 407）。シカランゴはマリーナ（マリンチェ）が母親から商人に売られた町。

させて陛下にお仕えさせるためには私自身がそこへ赴くべきであると思われました。そうすれば当然多くの未知の土地と地方を発見することになるでしょうし、また実際そのとおりになりましたが、その多くを平定できるだろうからでございます。この遠征がもたらす成果を心に抱き、私はそのときに生じた、あるいはその後生じるであろうと思われたあらゆる苦労も危険も出費も顧みないで、この都を立つ前に決めておりましたとおり、その道を行く決意を固めました(13)。

エスピリッツ・サントの町に到着します前、道中二、三か所でテヌスティタンの大都に残した私の代理やその他の者から手紙を受け取りました。私に同行した陛下の官吏も手紙を受け取りましたが、それらの手紙は、財務官と計理官の間には、私が陛下の御名において委嘱した職務を遂行するうえで必要な意見の一致が見られないということを知らせるものでした。そこで私は妥当であると思われる措置を講じました。それは彼らの誤りを厳しく叱責する手紙を書くことで、私は二人が和解し、これまでの態度を改めない限り、どちらにとっても好ましくない処置をとり、陛下にもご報告申し上げるであろうと警告いたしました。

その後、まだエスピリッツ・サントの町に逗留し遠征の準備を整えておりますと、私の代理とその他の者からまた手紙が届き、彼らの対立は依然として続いており、むしろ一層激しくなっていると伝えて参りました。あるとき、会議中に互いに剣に手をかけたため、たいへんな物議を醸し、大騒動になりました。そしてスペイン人が武器をとって二派に分かれただけではなく、都の先住民までがこの騒動は自分たちに向けられたものだと言って武器をとろうとするような始末でした。私の叱責も脅しも無益であることが分かりましたが、遠征を止め、問題解決のために自ら都に戻るわけにもいきませんので、最善の解決策は、彼らと同じ権限をもち、私に同行している代理人と検査官を遣り、どちらに非があるのかを見定めたうえ、事態を鎮めることであると考えました。さらに私は彼らにもう一つの秘密の権限を与え(14)、もし理性が役に立たなければ、二人を解任して彼ら自身がアロンソ・デ・スアソ学士とともにその職につき、責任者を罰するよう指示いたしました。このような段取りをつけましてから、代理人と検査官が出発し、私は彼らが都に着けば成果が得られ、いさかいは鎮まるであろうと確信し、一安心いたしました。

（10）筆耕人の誤りで、アセンシオン（Ascension）のことであろう。太平洋に通じる海峡を探すためにオリードが派遣された海岸である。しかし、おそらくコルテスはアセンシオン湾と一五〇キロ近く海岸を南下したところにあるチェトゥマル湾を混同しているのであろう。彼は第四書簡（三六四頁）において、アセンシオン湾はイブラエス（ホンジュラス）岬から六〇レグアのところにあると述べており、それはチェトゥマル湾辺りということになる。ゴマラはチェトゥマルとアセンシオンは一つで同じ場所だと述べ（p. 185）、またオビエドはアセンシオン湾はイゲラス湾に最も近い（湾である）と述べている（lib. o. XXI, cap. 8）。どうやら十六世紀初めには、場合によっては十八世紀に至るまで、チェトゥマル湾とアセンシオン湾は混同されていたようである（Pagden, n. 10）。

（11）ないしペドロ・アリアス・デ・アビラ（一般にはペドラリアス・ダビラ）。セゴビアの貴族出身で、スペインやアフリカにおける対モーロ（ムーア）戦争で活躍した。ダリエン地方（現パナマ）のバルボア総督の後任として就任（一五一四～一五二六）。前任のバルボアはペドロ・アリアスのでっち上げた罪のため処刑されたが、ブルゴスの司教がペドロ・アリアスを庇った。その後ニカラグアの総督（一五二八～一五三一）になり、一五三一年、スペインに戻る準備中に急死した。「だて者」とか「馬上の名手」（馬上の槍試合にたけていた）という異名を馳せた。

（12）ゴマラは、この地図はシカランゴ（Xicalango）からスペイン人のいるナコ（Naco）およびニト（Nito）を経てニカラグァに至るまでのすべての道筋を示していたと述べている（cap. 175）が、ベルナル・ディアスは、彼らのことばで「大アカラ」を意味するゲヤカラ（Gueyacala）までの道を示していたとしている。コルテスはイサンカナック（Izancanac ないしイツァムカナク Itzamkanac）において別の地図を渡されており（第五書簡四四〇頁参照）、それによるとディアスの方が正しいようである。

（13）国王の官吏たちは、コルテスの留守中にインディオが反乱を起こす可能性があるのでイブエラス（ホンジュラス）遠征は思い止まるようにと説得したが彼は聞き入れなかった。コルテスがアカランに着く前に最終目的地をどこにしていたのかは必ずしもはっきりしないが、出発前は反対論を抑えるためカサコアルコ（ないしクアクアルコ、現コアツァコアルコス）までしか行かないと述べていた（Gómara, cap. 172）。また、グァテマラへの経路はオアハカ、テクアンテペケ（現テワンテペク）を通る太平洋岸が一般的ルートであったが、コルテスは先住民も知らない未知のメキシコ湾岸側を選んだ。

遠征隊の兵力　彼らがテヌスティタンの都に向け出発しましてから、私は遠征のために残された兵士を観閲しましたところ、騎兵が九三名、馬が一五〇頭、そして歩兵が三〇名あまりでした。[15] そのころ、港にはメデリンの町から私あてに食糧を積んでやってきた大型カラベラ船が停泊していました。私は自分の持ってきた糧食と四門の大砲、それに石弓、銃および弾薬を積み込み、その船にはタバスコ河まで行き、そこで私の指示を待つよう命じました。またメデリンの町に住んでいる私の使用人に手紙を書き、その町にあるもう二隻の大型カラベラ船と大きな船《バルカ》一隻に糧食を積んで至急派遣するよう頼みました。さらにこの都にある私の家屋と財産の管理を委ねておりますロドリゴ・デ・パスにも手紙を書き、その糧食を買う資金として金五、六千ペソを至急送るよう工面してほしいと依頼しました。また財務官にも金《かね》がなくなったので、同額を貸してほしいと書きました。こうしてすべての手はずが整い、私の注文した荷物を積んだ二隻のカラベラ船がタバスコ河に着きました。しかし、それらはほとんど役に立ちませんでした。と申しますのは、私の進む道は内陸部で、食糧やその他のものをとりに海岸まで出かけるのは、途中広大な沼地もあり、困難極まりないからであります。

　海上を運ぶ糧食の手はずを整えましてから、私は海岸に沿った道を進みはじめ、エスピリツ・サントの町から三五レグア〔一九五km〕のところにあるクピルコン[16]と呼ばれる地方に到着しました。この地方に着くまでには多数の沼沢と橋の渡されている小さな川のほかに、ひじょうに大きな河を三つ横切らなければなりませんでした。一つはエスピリツ・サントの町から九レグアのところにあるツマラン[17]という町にあります。もう一つはそこからさらに九レグア先のアグァルルコ[18]にあり、いずれもカヌーで渡り、馬はカヌーに曳かれながら泳いで渡りました。三番目の河[19]は河幅があまりにも広く、馬も泳いでは渡れないものですから、他の方法を考えざるを得ず、海から半レグア入ったところに馬も人も通れる木の橋を造りました。橋の長さは九三四歩あり、それは目を見張るような実にすばらしい光景でした。

　このクピルコン地方はカカオと呼ばれる実をはじめ、その他の土地の作物も豊富で、漁業も盛んです。村を除き、一〇ないし一二の立派な町、つまり首邑があります。この地方はかなりの低地にあって、沼沢が多く、冬季にはカヌーを使わないと動きがとれません。私は乾期に通りましたが、沼沢地の入口から出口まで二〇レグアあり、その間に五〇以上の橋をつくりました。それなしに人は渡れませんでした。先住民はこれまでスペイン人とのつき合いがほとんどなかったせいかやや臆病ですが、いたって穏やかです。私が到着しますと彼らは安心し、私や私に同行している者に対してのみならず、彼らが預けられたスペイン人に対しても善意をもって奉仕いたしました。

（14）サラサールとチェリノスはコルテスの本来の指示に従わず、「秘密の権限」に基づいてエストラーダ財務官とアルボルノス計理官を更迭した。彼らは支配権を握ると、コルテスの住居を略奪し、コルテスの財産を管理していた従弟のロドリゴ・デ・パスをしばり首にした。一五二六年一月二十八日、コルテスの馬丁マルティン・デ・オランテスがコルテスの命令書をもってメキシコ市に着き、サラサールとチェリノスを解任し、総督代理としてフランシスコ・デ・ラス・カサスを任命した。若干の闘争の末、コルテス派が権力を奪還し、サラサールは木製の檻に監禁され、チェリノスはタスカルテカル（現トラスカラ）の修道院に避難した（Bancroft, *History of Mexico*, II: 193-237）。

（15）ベルナル・ディアスによれば、コルテス軍のスペイン人は「新たにカスティーリャから着いた多数の兵士を除き」、兵士二五〇名、うち一三〇名が騎兵で、残りは小銃手と射手であった（cap. 175）。アルボルノスによれば、コルテスは一二〇名の騎兵、二〇〇名の小銃手のほか、射手と歩兵とともに出発したとしている（Gayangos, p. 398）。

（16）現タバスコ州のチョンタルパ（Chontalpa）地域。ベルナル・ディアスは「コピルコという大きな町からチョンタルパ地方が始まるが、この地方は人口が多く、ココアが豊富で、とても平穏である」と書いている（cap. 175）。

（17）サン・アントンとしても知られるトナラ（Tonalá）のことで、最初のオレンジの木が植えられた（Bernal Díaz, cap. 16）。

（18）アウアルルコ（Ahualulco）。現サンタ・アナに近く、マチョナ湖（Laguna Machona）の東端。

（19）コピルコ河。一五七九年の報告によれば、ドス・ボカス河（現セコ河）河口の六レグア西方にある。従ってトゥピルコ湖の西端に注いでいたと思われる。現在は確認できないほど小さくなっているが、おそらくトゥピルコ河の支流のトルトゥゲロ河であろう（Scholes y Roys, con la colaboración de Ruz, *Los chontales de Acalan-Tixchel*, p. 85, UNAM, 1996）。

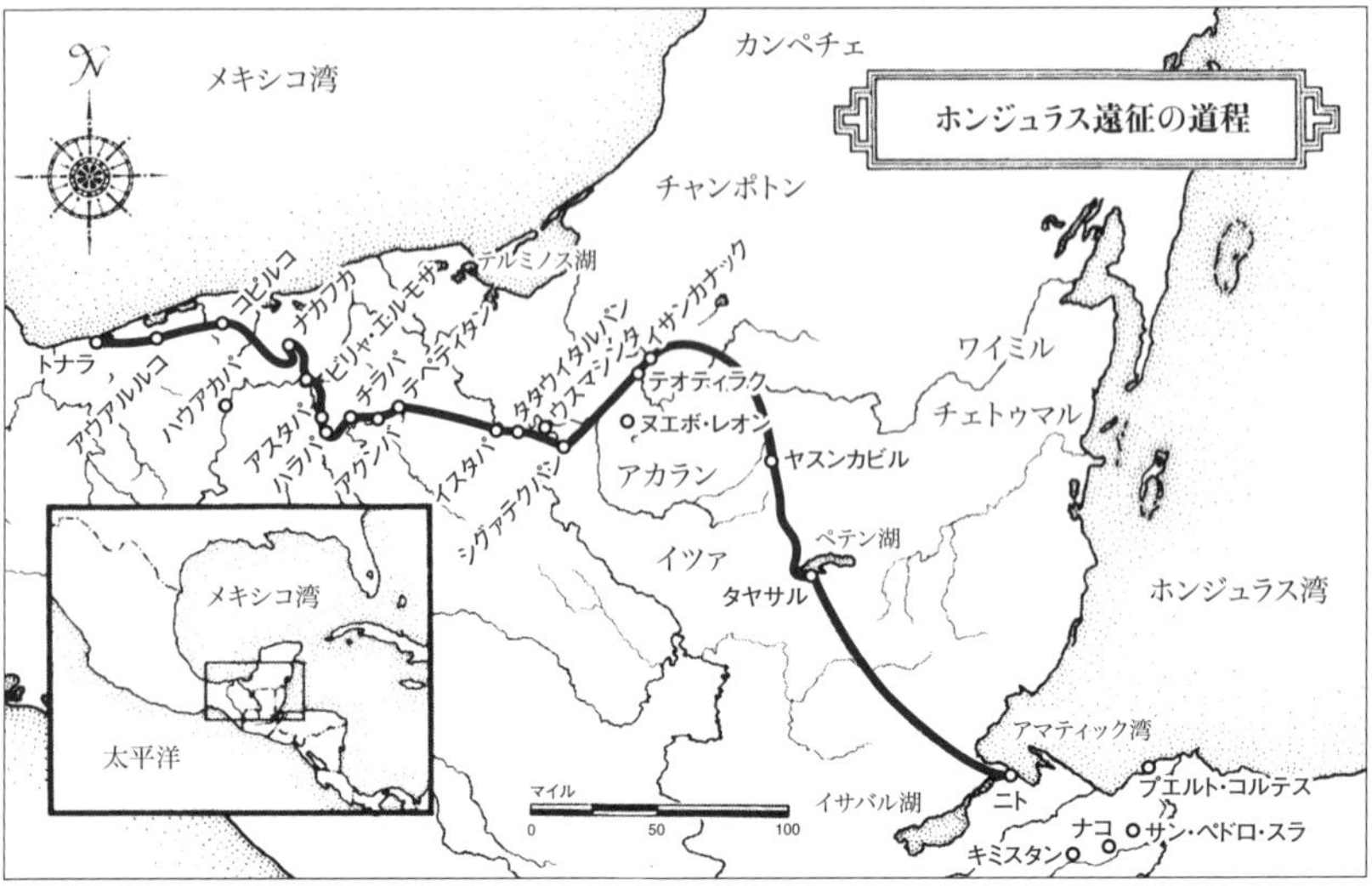

コルテスのイブエラス（ホンジュラス）遠征の道程（パグデン英訳版「報告書簡」より）

タバスコとシカランゴの者たちがくれた地図によりますと、このクピルコン地方からさらにサゴアタンという地方へ向かう必要がありました。クピルコンの者たちは水上を行き来するだけですので、その地方がどちらの方向にあるかを示すことはできましたが、陸路辿るべき道は知りませんでした。そこでスペイン人とインディオをいく人かそちらの方向にやって道を探させ、道が見つかるとわれわれが通れるようにその道を拡げるほか仕方がありませんでした。樹木の密生する森林地帯で骨は折れましたが、われらが主の思し召しにより道は見つかりました。森林のほかにも厄介な沼がたくさんありましたが、そのすべてでないしほとんどに橋を掛けました。また、われわれは激しい勢いで流れるゲサラパと呼ばれる河を渡らなければなりませんでした。それはタバスコ河に注ぐ支流の一つです[20]。私は二人のスペイン人をタバスコとクノアパの首長のもとに遣り、一五ないし二〇艘のカヌーをその河の上流に派遣してほしい、そしてそこにいるカラベラ船から糧食を運んで貰いたい、またわれわれが河を渡るのを助けてほしい、と要請させました。さらに私はその糧食を私が渡ったところから一二レグア〔六七km〕

ほど上流にあると思われる主要な町サグァタン[21]へ運ぶよう首長たちに依頼しましたが、彼らは私の要請どおりに非常によくやってくれました。

われわれはゲサラパ河を渡らなければならず、その河へ行く道を見つけましてから、アナシュシュカ[22]と呼ばれるこのクピルコン地方の最後の町を出発いたしました。そしてその夜はいくつかの潟の合間にある住民のいないところで休み、翌朝早くその河に到着しましたが、タバスコの首長に依頼してあった河を渡るためのカヌーはまだ着いていませんでした。私はわれわれの前を行く先遣隊が向う側から上流に向かって道を切り開いていることを知りました。彼らはその河がサグァタン地方のもっとも重要な町の真中を流れていることが分かっていましたので、道に迷わないよう河に沿って進んでいたのであります。彼らの一人は早くその町に着こうとカヌーで水上を行きましたが、着いてみると住民がみな大騒ぎしていました。彼は同行の通訳を介して彼らと話し、彼らを少し安心させてから、すぐに何人かのインディオにカヌーで河を下らせました。そして彼はその町の先住民との間で起こったことを私に知らせるとともに、私の通る道を切り開きながら下っており、こちら側からやはり道を切り開きつつ進んでいる者たちと合流するつもりであると知らせてよこしました。私は先住民たちがいくぶん穏やかになったこと、そしてあるかどうか疑わしいし、たとえあったとしても困難をきわめるであろうと思っていた道が確保されたことを知り大いに喜びました。私はそのカヌーと木製の筏を使い、とても水量の多いその河の対

(20) これはグリハルバ河そのもので、支流ではなかろう(Pagden, n. 21)。

(21) サグァタン(Zaguatan)ないしサゴアタン(Zagoatan)。現代の地図には記されていないが、アルファロ・サンタ・クルスの地図(一五七九)によれば、グリハルバ河の支流タコタルパ川の畔で、サン・ファン・バウティスタの南方一五ないし二〇キロメートルに位置する。

(22) ナカフカ(Nacajuca)。ベルナル・ディアスは「コピルコからナカフフイカ(Nacajujuyca)を通ってサグァタンに着いた」と述べている(cap. 175)。

岸に荷物を移しました。[23] そうこうしておりますと、タバスコへ派遣したスペイン人たちが、先にコアサコアルコからカラベラ船で送った糧食を、二〇艘のカヌーに積んで戻って参りました。彼らによれば、他の二隻のカラベラ船と小舟《バルカ》はまだタバスコ河へ着かずにコアサコアルコにいるが、もうすぐ着くだろうとのことでした。それらのカヌーでタバスコとクノアパの先住民が二〇〇人ほどやって来ました。そしてそのカヌーで私は危険を冒すことなく河を渡りましたが、一人の黒人奴隷が水に溺れ、鉄製の道具の入った積荷が二つ失われましたため、その後少々困りました。

その夜は全隊員とともに河の向う岸で眠りました。そして翌日、河の上流に向かって道を切り開いている者たちの跡を追いましたが、唯一の道標は河沿いに行くということでした。六レグア進んでからその夜は森の中で休み、そこで大雨に見舞われました。夜に入り、サゴアタンの町まで河を上っていったスペイン人がその町のインディオを七〇人ほど連れて戻って参りました。そして、彼は河のこちら側に道を切り開いたが、そこを通るには二レグア戻らねばならないと申しました。[24] 私は言われたとおりにしましたが、河に沿って道を切り開いていた者たちは私が休んだところから三レグアあまり先に進んでいましたので、彼らにはそのまま作業を続けるよう命じました。彼らはそこから一レグア半進んだところで、その町の農園に着きました。こうして道のまったくないところに二つの道が開かれたのであります。

私は先住民が切り開いた道を行きました。沼沢地であるうえ、その日の激しい雨のため往生しましたが、その町の一角に着きました。そこは町の中でも最も小さな地区ですが、実にきれいで、二〇〇軒以上の家があるでしょう。[25] 町のなかをいくつかの川が流れて町が分断されており、川は泳がないと渡れないものですから、われわれはその他の地区へ行くことはできませんでした。どこにも人影がなく、私が到着しますと、あのスペイン人といっしょに私に会いにきたインディオたちも姿を消してしまいました。私は彼らに優しく話しかけ、手持ちの詰まらないものを与えながら、道を切り開く仕事を手伝ってくれたことに謝意を表し、私が当地にやって来たのは、陛下の命により、すべてのものの創造主であられる唯一の神をあなたたちが崇拝、信仰し、陛下をこの地の君主および主君として認めるよう導くためである、と述べ、その他それについて話すべきことをすべて述べました。私は、彼らは恐れをなして逃げ出したがまた私のところへ話しにやって来るだろうと思い、三、四日待ちました。しかし、誰ひとり姿を見せませんでした。そこで穏やかな方法で彼らを陛下にご奉仕させるため、またその地方はどこにも道というものがなく、彼らは大きな河や沼を利用して水上を移動し、陸には人ひとり通った跡もありませんので、私は彼らに道を訊くため、この地方の者を探し出して連れて来るよう二組のスペイン人と私に同行している大都およびその周辺の先住民を派遣いたしました。

私の隊員は、陸を行くことはできないものですから、タバスコから河を上ってきたカヌーと町で見つけたカヌーを使って多くの川や沼を探査しましたが、二人のインディオとなん人かの女性を見つけただけでした。私は彼らからその地方の首長と住民がどこにいるのかを聞き出そうと努めましたが、彼らは皆それぞれに森か沼か川にいると言うばかりでした。また私の携行している地図によればそこから近いはずのチラパン地方(26)へ行く道を尋ねましたが、彼らはカヌーで川や沼を移動し、陸を歩いたことがないので、川と沼以外の道は知らないと述べ、彼らからはなにも聞き出すことができませんでした。ただ彼らが教えてくれたことは、そこから一〇レグアほど離

(23) 現在のビリャエルモサ(Villahermosa)辺りであろう(Pagden, n. 24)。

(24) この道はタコタルパ(Tacotalpa)河に沿ってつくられた(Pagden, n. 25)。

(25) この町はシウァタン(Ciuatan)。コルテスは三つの地区からなる一つの町と考えたが、実際はアスタパ、ハウアカパおよびハラパからなる三つの町で、「三つのシウアタン」とも呼ばれた。この三つの町はいまもタコタルパカワ河の右岸にある(Scholes y Roys, con la colaboración de Ruz, *Los chontales de Acalan-Tixchel*, p. 86, UNAM, 1996)。

(26) チラパ(Chilapa)。現在の町はグリハルバ河の下流に移っている。ショールズとロイズは、もとの場所はマクスパナ(Macuspana)河の左岸で、マクスパナの町から一五キロ東にあったとしている(p. 87)。

れたところにあると思われる山脈(27)を指さして、その近くにチラパンという主要な町があり、その傍を大きな河が流れている、そしてその河は下流でサグァタン河と合流し、タバスコ河に注いでいるということだけでした。また彼らは上流にオクンバ〔アクンバ?〕という町があるが、陸路そこへ行く道は知らないと申しました。

このくにの特徴　私はこの町に二〇日間滞在し、毎日どこかへ出る道を探しましたが、大小を問わずいかなる道も見つかりませんでした。それどころか、町を出ますと周りはどこも大きな、恐ろしい沼沢地で、それを横切るのは不可能だと思われました。われわれはすでに食糧不足に窮しておりましたので、われらが主の御心にお任せし、渡るのは不可能だと思われた沼のうえに橋をつくりました。橋の全長は三〇〇歩ほどで、長さ三五ないし四〇フィート〔一一～一二m〕の桁を渡し、それに横桁を組んだものです。こうしてわれわれは沼を横切り、チラパンの町があるといわれた方角に向けその地を目指して進みました。また、別の町オクンバに向け騎兵の一隊となん人かの射手を遣りました。彼らはその日のうちにその町を見つけ、そこにあった二艘のカヌーを使ったり、泳いだりして町に辿りつきました。しかし町の住民はみな逃げ出したため、彼らは二人の男と数人の女しか捕まえることができませんでしたが、たくさんの食糧を見つけ、道の途中にいた私に会いにやって来ました。その夜は野宿しました。お蔭さまでその地はこれまでのところよりも広々として、乾いており、沼もはるかに少なくなっていました。そして、オクンバの町で捕えたインディオたちがわれわれをチラパンまで案内してくれ、その町には翌日遅くに着きました。町はすべて焼き払われ、先住民は姿を消しておりました。

チラパンはとても優美なところに位置する、きわめて大きな町です。町には当地でできる果樹がたくさんあり、またトウモロコシの畑も多く、実はまだ熟していませんでしたが、飢えを凌ぐには大いに助かりました。食糧を集めたり、あるいは住民を探し出し、出撃して彼らを平定し、これから先の道について訊くため、その町に二日間逗留いたしました。しかし、町に入ったときに捕まえた二人のインディオのほか誰も見つかりませんでした。

私はテペティタンまたは別の名をタマカステペケという町[28]へ行く道を彼らから聞き出しました。こうして彼らはわれわれを半分手探りで、道なき道をその町まで案内し、二日間かかってそこへ到達いたしました。途中、チラパンと呼ばれるひじょうに大きな河を渡りましたが、町の名はその河の名からとったものです。河幅がとても広く、流れも急で、カヌーの用意がなく、すべて筏を使いましたのでその河を横切るのは実に骨が折れました。そこでもう一人の奴隷が溺死し、スペイン人も多くの荷物を失いました。

チラパンの町から一レグア半のところでこの河を渡り、そこからテペティタンへ着くまでに多数の大きな沼を横切りました。距離にして六ないし七レグア〔三三～三九㎞〕ですが、馬が膝より上まで泥に埋まらない沼は一つもなく、多くの場合耳のあたりまで埋まりました。特にひどい沼が一つあり、そこでは橋をつくりましたが、二、三名のスペイン人が危うく溺死するところでした。このような辛酸をなめながら二日後にその町に着きましたが、そこもまたすでに焼き払われて人影がなく、それがさらにわれわれの苦労を倍加させました。われわれはそこでこの地の果物やトウモロコシ畑を見つけました。トウモロコシはまだ熟れてはいませんが、先のチラパンのものより背が高くなっていました。また、焼き払われた家のサイロに干したトウモロコシが見つかり、量はわずかでしたが、われわれはとても飢えていましたので、たいへん助かりました。

山脈の麓にあるこのテペティタンの町に六日間滞在いたしました。インディオが見つかれば町へ戻るよう説得し、またそこから先の道について訊こうと、彼らを探しに町の外へ出かけましたが、一人の男と数人の女を捕え

(27) チアパス山脈。
(28) テペティタン (**Tepetitan**)。現在の町は河の反対(西)側に位置しているが、もとの場所については議論のあるところである。テペティタンは「山のなか、近く、ないし下」を意味し、タマカステペケは「トラマカサケ(神官の階級)の山」を意味するらしい。コルテスが言及する山はおそらくトゥリハ河の北東にある低い山、ロス・セリーリョスであろう。もしテペティタンがこの麓にあったとすると、現在のテペティタンの近くであろう(**Scholes y Roys, p. 88**)。

ただけでした。彼らから聞いたところによりますと、その町の首長と住民はサグァタンの者たちに勧められ、家を焼き払って森へ逃げたとのことです。私の地図では、次に行くべき町はイスタパン[29]ですが、その男はそこへ行く陸路はないので道は知らないが、大体の方角は分かるので自分が案内しようと申し出ました。

私はこの案内人をつけて三〇騎ともう三〇名の歩兵を派遣し、彼らにはその町まで行くように、そして到着したらすぐにそこまでの道について報告するように、自分はその手紙を見るまではここを離れないから、と申しつけました。こうして彼らは出かけましたが、二日たっても手紙が来ず、彼らの消息もつかめないものですから、私はやむを得ず出発することにし、案内人もなく彼らの跡を辿りました。沼地に彼らが残した跡を辿るというのは並大抵のことではありませんでした[30]。

陛下に申し上げますが、沼のもっとも浅いところで馬に人が乗らず手綱を引かれたままでも、腹帯までぬかるみに浸かったのです。私は二日間このようにして進みましたが、先遣隊の消息も分からず、これからどうすべきか全く途方に暮れました。引き返すことは不可能であり、前途について確かなことはなにもありませんでした。しかし、皆ここで死ぬほかないのかと野営で傷心しておりましたら、困難が極まるといつも救いの手を差し伸べて下さるわれらが主の思し召しにより、テミスティタンの先住民が二人、先遣隊のスペイン人の手紙を持って到着いたしました。その手紙で、彼らはいかにイスタパンの町に到着したかということ、そこに着くと、インディオたちはその町の傍を流れる大きな河[31]の向う岸に女と財産をすべて移動していたこと、そしてスペイン人は町の外側にある大きな沼沢地を横切れないだろうと思って、町には大勢の男たちが残っていたこと、などを知らせてきました。スペイン人たちが馬の鞍にすがりながら泳ぎだしたのを見て、彼らは町に火をつけ始めましたが、スペイン人が急いだため町全体が焼き払われるのは阻止できました。インディオはみな河に飛びこみ、持っていた数多くのカヌーを使ったり、泳いだりして河を渡りましたが、慌てて水に溺れる者も大勢いました。スペイン人は七、八人を捕まえ、そのなかにひとり首長らしい者もいましたが、私が着くまで全員を拘束いたしました。

イスタパン到着

先に申し述べましたとおり、われわれは完全に望みを失っていましたので、この手紙をみて皆どれほど喜びましたか陛下に申し上げるすべもありません。翌朝、こんどは手紙を持ってきてくれたインディオたちの案内で行進を続け、その日の夕方には町に着きました。そこでは先遣隊の者たちがみな上機嫌でした。と申しますのも、まだ熟れてはいませんがたくさんのトウモロコシのほか、島嶼の先住民たちが常食にしているとても美味しいユッカとトウガラシを見つけたからであります。町に着きますと、私は先に捕まえたこの町の先住民を私のところへ連れて来させました。そして通訳を介して、どうしてあなたたちは自分の家屋や町を焼き払い、姿をくらましたのか、私はこれまであなたたちに危害を加えたことはなく、むしろ私を迎え入れた者には贈り物を与えてきたではないか、と述べました。彼らは、サグァタンの首長がカヌーでやって来て、彼らを強く脅したうえ、町を焼き払って離れるよう強要したのだと答えました。私はサグァタン、チラパンおよびテペティタンにおいて捕えた男女のインディオ全員を首長のまえに連れてこさせ、彼らがいかにその悪党の首長に騙されていたか、また私がはたしてこのインディオたちに危害を加えたか、私といっしょにいてよい扱いを受けなかったかどうか訊いてみるよう言い聞かせました。彼らはそのインディオたちからも話を聞き、自分たちは騙されていたと言って涙を流し、これまでの自分たちの行いに後悔の念を示しました。彼らをさらに安心させるため、私は前述の町々から連れてきたあの男女のインディオ全員に彼らの家に戻ってもよいという許可を出しました。そし

---

(29) イスタパ(Iztapa)。おそらく現在のエミリアノ・サパタの町の近くで、ウスマシンタ河の左岸に位置していたであろう(Pagden, n. 31)。

(30) これらの沼地はおそらくテペティタンの東のマルコ・サバンナであろう(Pagden, n. 32)。

(31) ウスマシンタ河。

て彼らにちょっとした贈り物とそれぞれの町にあてた書状を持たせ、彼らの町を通るスペイン人にそれを見せれば安全であるから保管するようにと命じました。また、町や家屋を焼き払って姿を消したのは間違いであり、今後はそういうことはしないよう、危害を加えられることはないのだから安心して家に留まるようあなたたちの首長に伝えてほしい、と述べました。こうして彼らは安堵し、満足して立ち去りましたので、それを見ていたイスタパンの者たちを安心させるためにもたいそう役立ちました。

このように取り計らいましてから、彼らのうちで最も位の高いとおぼしいインディオに話しかけ、私は誰にも悪事を働かないということが分かったであろう、私が当地にやって来たのはあなたたちを困らせるためではなく、むしろあなたたちの身柄や財産を守り、あなたたちの魂を救済するために必要な多くのことについて教えるためである、と述べました。そして、あなたの供の者を二、三人出してもらえないか、そうすれば私に同行しているテノチトゥランの先住民も二、三人出すので、いっしょに首長のところへ行き、彼になにも怖がることはない、それどころか戻ってくれれば必ず得るところが多いだろうということを伝えることとしたい、と持ちかけました。彼は喜んでそうしたいと答えましたので、私はメヒコのインディオとともにただちに彼らを送り出しました。翌朝、使いの者たちが戻り、いっしょにその町の首長と四〇人ほどの彼の供の者がやって来ました。首長は、自分が町を焼くように命じてそこを立ち去ったのは、サグァタンの首長が町を焼き払って逃げないとみなあなたに殺されるだろうと言ったからだ、と述べました。しかし、自分を呼びに来た使いの者たちから話を聞き、自分は騙されていたのであり、あれは真実ではなかったということが分かった、自分のしたことを後悔しているので許してほしい、今後はあなたの言うとおりにするから、と懇願いたしました。また、スペイン人がその町に入ったときに捕えた女たちを返してほしいと願い出ました。二〇人ほどいたそれらの女性を集め、ただちに彼に引き渡しますと、彼は大いに満足いたしました。

人肉を食べる風習の処罰

あるスペイン人は、彼に同行しているメヒコの先住民の一人がその町に入ったときに殺したインディオの人肉を食べているのを目にしたと私に報告してよこしました。私は首長の見ているまえでその男を火あぶりにし、それは彼がそのインディオを殺して、食べたからであり、そのようなことは陛下から禁止されており、自分も陛下の御名においてそういうことはしないよう求め、命じているところである、インディオを殺して食べたから火あぶりの刑に処したものであり、自分は誰も殺したくはない、むしろ陛下のご指示により自分は彼らを庇護し、彼らの身柄と財産を守るためにやって来たのだと述べ、処罰の理由を首長に理解させました。また、すべてのものの創造主で、天にます唯一の神を信じ、崇拝すべきであるということを彼らに教えるために来たのである、神によってすべての被造物は生かされ、支配されているのであり、これまであなたたちが信じてきた偶像や儀式は捨て去るべきである、それらは人類の敵である悪魔があなたたちを欺き、永遠の奈落に陥れるために考え出した嘘と偽りであり、そこに落ちればこの上なく恐ろしい苦痛が待ち受けている、神について知らされないために救われず、神が神を信じる者に約束され、用意された天上の栄光と至福を享受できなくなる、悪魔自身も悪意と邪悪さゆえにそれを失ったのだ、と説きました。さらに私は、地上には陛下がおられ、神の摂理に基づき世界中が陛下に従い、奉仕している、あなたたちもまた皇帝陛下の支配下に入り、陛下の使節であるわれわれが当地で陛下の御名において命じるとおりにすべきであると知らせるためにやって来た、と述べました。またそのとおりにすればあなたたちは丁重かつ正当に扱われ、その身柄と財産は保護されるであろう、しかしそうでない場合にはあなたたちと敵対し、あなたたちは正義に則り罰せられるであろう、と述べました。首長は私の述べたことにつき彼にはその他いろいろ述べましたが、冗長になりますのでここでは差し控えます。首長は私の述べたことに大いに満足し、彼の供の者に食糧を持って来るよう命じ、そのとおり実行されました。

私はスペインのささやかなものを彼に与えましたが、彼はそれを珍重し、ひじょうに満足して、私がそこにいる間ずっと私に付き添っていました。そしてそこから五レグア上流にあるタタウイタルパン[32]と呼ばれる町まで道を切り開くよう命じました。また途中に深い河がありますので、そこにとても立派な橋をつくらせ、われわれはその橋を渡りましたが、彼はさらにいくつかの危険な沼を埋め立て、私に三艘のカヌーをくれました。その深い河はタバスコ河に注いでいますので、私はそのカヌーで三人のスペイン人に河を下ってタバスコ河へ行かせました。そこでカラベラ船が私の指示を待つことになっていたからです。カラベラ船にはそのまま海岸沿いに進み、ユカタンと呼ばれる岬を回り、アスンシオン湾まで行くように、そこで私と合流するか、あるいは私からその次にすべきことについての指示を受け取るだろう、と伝えるよう三人のスペイン人にことづけました。またカヌーで出発したスペイン人たちには、それらのカヌーとタバスコおよびシカランゴで見つけたカヌーにできる限りの食糧を積み、大きな潟を通ってこのイスタパンの町から四〇レグア〔二二三㎞〕のところにあるアカラン地方へ行くように、私はそこで待っているからと伝えました。

スペイン人たちが出発し、道路もできましてから、私はイスタパンの首長にもう三、四艘のカヌーを出してもらえないか、六人のスペイン人とともにあなたの下にいる要人と配下の者をやり、河を上って上流の町々の不安をとり除き、住民が姿を消したり、町を焼き払ったりしないようにしたいのだと述べました。彼はいかにも善意に満ちているという風でそれを実行してくれましたので、後ほど陛下にご報告申し上げますとおり、上流の四ないし五つの町を鎮めることができ、大きな成果をあげたのであります。

このイスタパンはひじょうに大きな町で、とても美しい河の畔にあります。スペイン人が入植するのに打ってつけの場所であり、河岸は牧草が生え、実にきれいです。耕作に適したすばらしい土地があり、郊外には耕された広大な土地もあります。

イスタパン出発　このイスタパンの町に八日間滞在し、先に申し述べましたような手はずを整えてから出立し、その日のうちにタタウイタルパンの町に着きました。そこは小さな町で、すでに焼き払われており、人気がありませんでした。私は河を上がってくるカヌーよりも先に着きました。河は流れが速く、大きな屈曲があるため遅れたのでしょう。彼らが着きますと、他の私の部下数名とともに河の向う岸へ行かせ、この町の先住民を探し出して、前の町でしたと同じように彼らを宥めることにしました。彼らは向う岸から半レグアほど行きますと、派手に飾り立てられた彼らの偶像の安置されている家があり、そのなかに二〇人ほどの男がいるのを見つけました。その男たちは私のまえへ連れてこられ、彼らが申しますには、町の者はみな怖くなって逃げたが、自分たちは逃げるのを潔しとせず、神々とともに死ぬためにそこに居残ったとのことでした。こうして彼らと話をしておりますと、われわれの味方のインディオがその偶像からもぎ取ったものを手にして通りかかりました。それを見たこの町のインディオたちが彼らの神々はもう死んでしまったと言いました。そこで私は、自らの身すら守れず、そんなに簡単に壊れる神々が福を授けてくれると信じるとは、あなたたちの信仰がいかに虚しく、馬鹿げているか見るがよい、と申しました。彼らはそのような信仰は両親から教わったものであり、より良いものに出合うまではその信仰を守るであろう、と答えました。

私は、時間が足りず、イスタパンの者たちに言った以上のことを彼らに説明することはできませんでした。が、私に同行していた二人のフランシスコ会修道士(33)もこのことについて彼らにいろいろと話しました。私は彼らのうちの誰かが町の首長と住民を呼びに行き、住民を安心させてほしいと頼みました。イスタパンから私が連れてきた首長も彼らに話しかけ、私からいかに丁重に扱われたかを語りました。すると彼らは一人を指さして彼が首長であると言い、その首長が住民を呼び戻すよう二人を派遣しましたが、彼らはそれきり戻って参りませんでした。彼らが戻ってこないので、私は首長であると言われた者にシグァテクパン(34)へ行く道を教えてほしいと頼みまし

(32) この町はおそらくウスマシンタ河の畔、現在のポピルクまたはモンテ・クリスト村の近くにあったのだろう。
(33) フアン・デ・テクトおよびフアン・デ・アヨラ(第四書簡註61参照)。

た。私の地図によりますと、その町はこの河の上流にあり、そこを通って行かなければならないからです。彼らは陸路は知らない、いつも河を使うので水路しか知らないと述べました。しかし確実に着けるかどうか自信はないが、森を通って大体の方向を探索したいと申しました。私はその町のある場所を示してほしいと言い、できるかぎり彼らの言うとおり地図に印をつけました。そこでカヌーにいるスペイン人にはイスタパンの首長とともに河を上り、シグァテクパンの町へ行くように、そしてその町とその前に着くオスマシントラン[35]と呼ばれる町の住民を安心させるようにと命じました。もし私のほうが先に着けば私が彼らを待つが、そうでない場合は私を待つようにと伝えました。彼らを送り出してから、私はかの案内人を伴って陸路出発いたしました。町を出ますと半レグア以上続くひじょうに大きな沼に出くわしましたが、味方のインディオが木の枝やアシを大量に敷いてくれましたので、横切ることができました。その後さらに深い沼沢地にぶつかり、そこは荷物や馬の鞍を渡すのに橋をつくる必要がありました。馬は泳いで渡りました。それを渡り終えますと、こんどは優に一レグアは続く半分沼沢地のようなところに出ました。そこは馬が膝の上まで沈まないところはなく、しばしば腹帯まで沈みました。しかし底がかなりしっかりしていたものですから、事故もなく渡ることができ、森に到達いたしました。その森のなかを二日間、案内人が指さす方角に道を切り開きながら進みましたが、とうとう案内人は道に迷った、これから先どちらへ行けばよいか分からない、と述べました。森は驚くほど鬱蒼としており、見えるものといえば自分の足元と頭上の空だけでした。樹木の高さと密生の度合いは甚だしく、木の上に登っても目と鼻の先しか見えませんでした。

　案内人といっしょに先を行き道を切り開いている者たちが、道に迷った、どこにいるか分からないと知らせてきましたので、私は彼らに止まるよう指示し、彼らのいるところまで歩いて行きました。そして全く道に迷っていることが分かりましたので、前に渡った沼まで引き返すよう命じました。馬がこの二日間なにも食べていなかったものですから、そこは水がありわずかながらも草が生えていますので、それを馬に食べさせることにいたしました。その夜、われわれはひじょうな飢えに苦しみながらそこで過ごしました。町に辿りつく望みの薄いことが苦しみをさらに大きくし、皆ほとんど希望を失い、生きているというより死んだも同然のようでした。私は船舶用の羅針儀を携行しておりましたので、それを取り出させました。それに頼ることがよくありましたが、このときほど窮地に陥ったことはありませんでした。私はインディオがここにその町があると言っていた場所を思い出し、われわれのいるところから北東の方向に進めばその町ないしその町の近くに着くだろうと計算しました。そこで私は道を切り開きながら先行していた者たちにその羅針儀を持たせ、その方角に進むように、それから外れないようにと命じました。彼らがそのとおりにしますと、われらが主の思し召しにより、方角は的中し、日没時にちょうど町のまん中にある偶像を安置した家々の正面に到達しました。みな大喜びで、前後の見境もなく、町の手前にある大きな沼も意に介せず駆け出しましたため、多くの馬がその沼に沈みました。そのうちの何頭かは脱出するのに翌日までかかりましたが、神のお蔭で、馬を死なせることはありませんでした。われわれ後方にいた者は沼を避けて別の方に廻りましたが、少なからず苦労いたしました。

シグァテクパン到着　そのシグァテクパンの町は寺院や偶像の家にいたるまですべてが焼き払われていました。町にはだれも見当たらず、河を上ったカヌーの消息もつかめませんでした。しかしこれまでに見たものよりはるかによく熟したトウモロコシが豊富にあり、またユッカやトウガラシ、それに馬にうってつけの牧草もありまし

(34) ないしシウアテクパン (Ciuatecpan)。ベルナル・ディアスはシグァテペカ (Ziguatepecad) と表記している (cap. 176)。現カニサン (Canizán) の近くであろう (Scholes y Roys, p. 90)。
(35) ウスマシンタ (Usumacinta) で、河の名に由来する。現在のウスマシンタの町よりもかなり下流であろう。サン・ペドロ・マルティル河とウスマシンタ河の合流地点にある現バランカン (Balancan) の近くであろう (Scholes y Roys, p. 90)。

た。河の畔がとても美しく、そこにみごとな草が生えているのです。これで元気をとり戻し、それまでの苦労をやや忘れましたが、私は河を上るよう指示したカヌーの消息の不明であることがひじょうに気懸りでした。しかし町を巡察しておりますと、地面に矢が突き刺さっているのを目にし、私はカヌーがそこに着いていたのだと知りました。彼らはみな射手だったからであります。私は彼らが姿を見せないものですから、そこでインディオと闘って死んだのだろうと思い、なおいっそう心を痛めました。小さなカヌーを何艘か見つけましたので、部下にそれで河の向う側に渡らせますと、彼らは広大な農園を目にしました。農園を横切ると湖があり、そこに町の住民がみな集まり、カヌーに乗っている者もあれば、小さな島に身を寄せている者もいました。彼らはキリスト教徒を見ると安心して近づいて来ましたが、スペイン人たちは彼らの言うことが理解できませんでした。スペイン人たちは三〇人から四〇人のインディオを私のところへ連れて来て、私が話したあと彼らが話し、町を焼いたのはサグァタンの首長に勧められたためで、町を離れて湖へ行ったのはその首長から脅されたためである、その後あなたの部隊のキリスト教徒がイスタパンの先住民とともにカヌーでやって来た、そしてあなたが皆を丁重に扱っていると彼らから聞いて安心した、キリスト教徒はそこに二日間滞在しあなたを待っていたが現れないので、さらに上流のペテネクテ(36)と呼ばれる町へ行った、と述べました。さらに、彼らといっしょにこの町の首長のきょうだいが四艘のカヌーに配下を大勢乗せて同行した、それは別の町でスペイン人が危害を加えられそうになれば助けるためで、その他十分の食糧とその他必要なものもすべて提供した、と述べました。

それを聞いて私は大いに喜び、また彼らはなにも恐れる様子がなく、善意に満ちて私のところへ来ましたので、彼らの言うことを信じました。そこで私は彼らにカヌーを一艘出し、スペイン人たちにただちにここへ戻るようにという私の手紙を携えて彼らを探しに行くよう依頼いたしました。彼らは孜々としてそのとおりにやってくれ、翌日の日没ごろ、スペイン人たちは手紙を携行したこの町の者およびかの町の者と食糧を積んだ他の四艘のカヌーとともに戻って参りました。スペイン人たちは私と別れたあと河の上流で起こったことにつき私に報告いたしました。つまりまずこの町の手前にあるオスマシントランと呼ばれる町に着くと、町はすでに焼き払われ、住民の姿もなかったが、同行したイスタパンの者たちが到着し、彼らがその町の者を探しに行き、呼びかけると、安心してやって来て、食糧やその他の必要なものをなんなりと差し出してくれたとのことであります。そして次にシグァテクパンに着き、そこも町はもぬけの殻で、住民は河の向う側に移っていたが、やはりイスタパンの者が彼らに話しかけると、彼らは皆たいそう喜び、スペイン人を丁重にもてなし、必要なものはなんでも供してくれたとのことであります。スペイン人たちは二日間そこで私を待ったそうですが私が現れず、あまりにも遅いので、もっと上流へ行ったのではないかと思い、町の者とあの首長のきょうだいに案内されてさらに先へ進み、そこから六レグアのところにあるペテネクテの町まで行ったそうです。その町は焼かれてはいませんでしたが、やはり人影がなく、住民は河の反対側に移っていたとのことです。しかしイスタパンとシグァテクパンの者たちが彼らをとりなしたため、彼らもいっしょに四艘のカヌーで私に会いにやって来て、トウモロコシ、蜂蜜、カカオおよび少量の金《きん》を持参したのであります。

彼らはさらに上流にコアサコアルコ、タルテナンゴおよびテウティタン(37)と呼ばれる三つの町があると聞き、それらの町に使者を派遣しましたので、そこの者たちが翌日にも私に話しにやって来るだろうと考えておりました。そしてそのとおり、翌日、三つの町の者が七、八艘のカヌーで河を下り、食糧や少量の金《きん》を持ってやって来ました。私は神を信じ、陛下にご奉仕しなければならないということを彼ら皆に分からせるため長広舌をふるいまし

(36) ペナクテとも呼ばれる。シグァテクパンの一六レグア上流で、このあとコルテスが言及している三つの町のやや下流にあったとみられる(Scholes y Roys, p. 90)。

(37) これらの町の名はナワトル語である。おそらくコルテスは遠征に同行したマリーナ(マリンチェ)から聞いた呼び名を記録していたのであろう。註38参照。

た。彼らはみな陛下の臣下になりたいと申し出るとともに、いつも言われたとおりにすると約束いたしました。サゴアテスパンの町の者たちはすぐに彼らの偶像をいくつか持って来て、私の目のまえでそれを壊して、焼きました。またそれまで姿を見せなかったその町の首長がやって来て、私に少量の金《きん》をくれました。私が持ち合わせていたものを彼ら皆に与えますと、彼らは非常に満足し、安心いたしました。

彼らにアカラン(38)へ行く道について尋ねますと、彼らの間で議論が始まりました。サゴアテスパンの者たちは、河の上流にある町々を通っていくのがよく、われわれが通れるようすでに六レグア〔三三km〕の道を切り開き、河には橋が渡されてある、と話しました。もう一方の者たちが着きますと、彼らはそれはひじょうに遠回りであるうえ、荒野で、人のいない地域である、アカランへ行く一番の近道はこの町で河を渡り、向う側にある商人が使う細い道を行くことで、自分たちがアカランまで案内しよう、と申し出ました。結局、彼らの間でそれが最上の道だということになりました。私は前もってシグァテクパンの町の先住民とともに一人のスペイン人をカヌーでアカラン地方に遣り、私が行くことを知らせ、怖がらなくともよい、安心するようにと伝えさせるとともに、ベルガンティン船から食糧を運ぶことになっていたスペイン人が着いたかどうかを確かめさせました。さらにこんどは道を知っているというあの案内人をつけて四人のスペイン人(39)を陸路派遣し、先にカヌーで行ったスペイン人になんらかの支障ないし困難があったのかを調べて私に報告するよう指示し、その返事を待っているからと念を押しました。

彼らが発った後、私は彼らの返事を待たずに出発せざるを得なくなりました。と申しますのは、われわれは人の住んでいないところを五、六日行かなければならないと聞きましたので、遠征用に集めた糧食がすぐにも底をつくのではないかと思われたからであります。何艘ものカヌーを用意して河を渡り始めましたが、河幅がひじょうに広く、流れも急なため、河を渡るのは至難の業でした。馬が一頭溺れ死に、スペイン人の荷物がいくつか失われました。河を渡りましてから、道を切り開くため、案内人をつけて歩兵の一隊を先行させ、私は他の隊員とともにその後につきました。三日間、鬱蒼とした密林のなかのとても細い道を進みますと、幅五〇〇歩以上もある大きな沼に着きました。その沼を横切る道がないかあちこち探しましたが、どこにも見つかりませんでした。案内人は、ここで道を探しても無駄だ、山岳のほうに向かって二〇日間道を登るほかない、と申しました。

コルテス橋梁を架設

この沼にはほとほと苦しめられ、その苦しみはとても言葉では言い尽せません。ひじょうに大きな沼で、カヌーを持ち合わせないためそれを横切るのは不可能であり、たとえカヌーがあったとしても、人と荷物はともかく、馬を渡すことはできません。その沼の入口と出口にも大きな湿地帯がいくつもあり、その周りが木の根〔マングローブか?〕で囲まれているからです。その他の方法で馬を渡すことは全く考えられません。さりとて引き返せば全員が命を落すであろうことも明らかです。道が悪いうえに、大雨が降ったため河の水かさが増し、我々がつくった橋も流されているでしょうし、皆ひどく疲れていましたので、橋をつくりなおすこともとても困難でした。そのうえ、遠征のために持参しました食糧はすべて食べ尽くしており、大勢の者、つまりスペイン人のほかに三〇〇〇人以上の先住民を帯同し、馬もいましたので、なによりも食べ物がないということを考えました。それゆえ、陛下に申し上げましたとおり、先に進むことも難しく、困窮し苦しむ者に真の救いの手を差し伸べられる神のお助けがなければ、人智をもって解決策を見出すことは不可能でありました。

そのとき私は道を調べるために先遣隊として送ったスペイン人たちが使った小さなカヌーを見つけましたので、

(38) アカラン地方はテルミノス湖の南東、カンデラリア河の上流地域に位置する。アカランはカヌーを意味するナワトル語アカリ(Acalli)からきており、メヒコの商人がその地方の名として伝えたものであろう。前註のとおり、コルテスはおそらくあらゆる情報をマリーナから得ており、マリーナはチョンタル・マヤ語を話したが地名についてはより聞き慣れているナワトル語を使ったものと思われる。チョンタル・マヤ語ではこの地方はタマクトゥン(Tamactun)と呼ばれた(Pagden, n. 42)。

(39) ベルナル・ディアス(cap. 176)によれば、彼とゴンサロ・メヒアがこれらの遠征の一つを率いた。

それで沼の深さを測らせますと、どこも四尋《ひろ》〔一尋は一・六七メートル〕ありました。また槍をつないで沼の底の状態を調べさせますと、水の下にさらに二尋の泥濘《ぬかるみ》があり、両方合わせた深さは六尋でした。そこで私は最後の手段としてそこに橋をつくることに決め、ただちにそのための木を切らせることにし、その寸法は水面の上に出る高さに従って九ないし一〇尋といたしました。木を切って持ってくる仕事は同行しているインディオの首長たちに彼らの家来の数に応じて担わせ、スペイン人は私も含め、筏とあの小さなカヌーおよびその後見つかったもう二艘のカヌーを用いて木の杭を沼底に打ち込む作業をはじめました[40]。

それは並大抵の仕事ではありませんので、誰も完成は不可能だろうと思い、皆が消耗するまえに戻ったほうがよい、飢えてからでは戻れないだろう、どのみちこの仕事は終わらず、引き返さざるを得なくなるのだから、と囁く者もいました。そのような囁きの声は次第に大きくなり、私にほとんど面と向かって異を唱える者がいるほどでした。彼らはへとへとに疲れ切っており、確かにわれわれの手がけた計画は途方もないことで、成功はおぼつかないと思われましたし、彼らは草の根しか食べておらず、意気消沈し、虚脱状態にありましたので、私は、もう諸君は橋の建設に携わらなくてもよい、私がインディオといっしょにやるから、と申し渡しました。そしてただちにインディオの首長たち全員を呼び、われわれがいかに窮地に立たされているか考えてほしい、なにがなんでもこの沼を横切るか、ここで死ぬかのどちらかしかないと述べ、この橋を完成させるよう彼らの家来を促してほしいと懇請しました。また、沼を横切れば、アカランというきわめて大きな地方に出、そこには食糧がふんだんにあり、そこで休むことができるだろう、と述べました。その土地の食糧だけではなく、船からカヌーで食糧を運んで来るよう先に私から指示してありますので、そこに着きさえすればなにも不自由はないということは彼らも承知しておりました。さらに私は、都に戻れば、陛下の御名において彼らに十分報いることを約束いたしました。彼らは橋の建設をやり遂げると私に約束し、すぐに仕事の分担にとりかかりました。そして大車輪で、しかも実に器用に取り組みましたので、四日間で工事を終え、馬も人もみな橋を渡ることができました。この橋は意図的に壊さないかぎり、一〇年はもつでしょう。壊すと申しましても焼き払うほかはなく、その他の方法でこの橋を破壊することは難しいでしょう。と申しますのは、一〇〇〇本以上の木材を用い、その一番小さいものでも人の体ほどの太さで、長さが九ないし一〇尋あるからです。その他に使われた小ぶりの木材は数え切れません。陛下に申し上げますが、私に同行いたしましたテヌスティタンの首長たちとインディオがこの橋をつくる際に見せました規律と巧みさにつきましては、それをうまく説明できる者はいないでしょう。まさにこれまで誰も目にしたことのない不思議な技であります。

人と馬がみなその沼を渡り終えますと、さらに石弓が届く距離の優に二倍はあると思われる大きな沼沢地があり、それはこれまで誰も見たことのない恐ろしいものでした。鞍を外した馬がどれも腹帯まで沈み、ほとんど姿が見えなくなるほどで、外へ出ようと踠《もが》けば踠《もが》くほど深く沈みますので、われわれは一頭の馬すら無事にわたす望みがすっかり絶たれたと思いました。それでも懸命に手を尽くし、大きなアシや木の枝を束ねて敷き、それで支えて馬が沈まないようにしますと、少しは役に立ったようです。こうして馬を助けながらあちこちと動いておりますと、水と泥の細い道が開け、そこを馬がすこしばかり泳ぎはじめました。そして神の思し召しにより、一頭も命を落とすことなく脱出できましたが、どの馬も消耗しきっており、ほとんど自分の足で立てないほどでした。われわれは皆われらの主が施されたご慈悲に深い感謝の気持ちを表しました。そうこうしておりますと、アカランへ派遣したスペイン人たちがトウモロコシや家禽を背負ったその地方のインディオ八〇人ほどを連れて到着しました[41]。それがどれほどわれわれを喜ばせましたか、特にその地方の住民はみな穏やか、かつ安全であり、町を捨てて逃げる意思はないと聞いたときのわれわれの喜びは神のみがご存知であります。

アカランのインディオとともに二人の身分の高い者がやって来て、彼らはアパスポロン[42]と呼ばれる地方の首長

(40) アルバ・イシュトリルショチトルによれば、この橋の建設には六日間かかり、多数のインディオが死んだ (I: 411)。

の代理で、私の来訪を歓迎するということを伝えに来たと述べました。また首長はかなり以前からタバスコやシカランゴの商人を通して私のことを聞いており、私に会えるのを喜んでいると申し、彼からの贈答品として少量の金を差し出しました。私はできるだけ喜びの気持ちを示し、また彼らの首長が陛下に心からお仕えしようとしていることに感謝の意を表しながらそれを受けとりました。そして彼らにいくつかの小さな贈り物を与えますと、彼らはいっしょに来たスペイン人たちとともにたいそう満足して帰っていきました。彼らはわれわれの架けた橋を見て驚嘆しましたが、それが彼らの忠誠を確保するうえで大いに役立ちました。と申しますのは、彼らの地は潟や沼沢地に囲まれていますので、それらを利用して逃げ隠れできるのですが、この橋を見て彼らはわれわれに不可能なことはないと悟ったからであります。

ちょうどそのころ、パヌコ河の畔にあるサンティステバン・デル・プエルトの町から使者が着き、その町の判事から私宛ての書状を持って来ました。彼といっしょに四、五人のインディオの使いもテヌスティタンの都ならびにメデリンおよびエスピリツ・サントの町から書状をもって参りました。そしてすべてが順調であることを知り喜びました。もっとも、ゴンサロ・デ・サラサール代理とペラウミンデス・チリノ検査官はまだ都に着いていないようで、彼らの消息はつかめませんでした。先に申し上げましたとおり、彼らは財務官と計理官の間のいさかいを収めるため私がエスピリツ・サントの町から派遣したものです。アカランへ先行したインディオとスペイン人たちが出発した翌日、私はその他の隊員とともに彼らの後を追って出発いたしました。一晩森のなかで過ごし、翌日の昼過ぎにアカラン地方の農園や田畑のあるところに着きました。ティサテペトル(43)といわれるその地方の最初の町へ着く手前に大きな沼があり、それを渡るのに一レグア以上迂回せざるを得ませんでした。手綱を曳いて馬を渡すのに骨が折れましたが、ようやく沼を渡ることができ、日没ごろに最初の町ティサテペトルに着きました。そこでは先住民が皆なにも恐れることなく、ゆったりとくつろいでいました。そして人にも馬にも豊富な食糧がありましたので、これまでの飢えを十分に癒すことができました。

われわれはここで六日間休息しました。その間に容姿端麗で、恭しくかしずかれた一人の若者が私に会いにやって来ました。彼は首長の息子であると述べ、金や家禽を持参し、彼の身柄と土地を陛下に差し出したいと申し出ました。そして父親は死んだと話しました。私は彼が真実を述べていないと気づきましたが、父親の死を心から悼んでいるという振りをし、私が身につけていたフランドル製ビーズの首飾りを与えますと、彼はそれを珍重いたしました。私は彼に別れのあいさつをしましたが、彼は自分の意思で二日間私のもとに逗留いたしました。

人身御供　その町の先住民で首長であると名乗る者が、その町のごく近くに別の町があり、彼はそこの首長でもあると話しました。そしてその町のほうが大きく、住民も多いので、宿舎もよく、食糧も豊富である、あなたにはそちらのほうが快適だろうからそちらで泊ってはどうか、と申し出ました。私がそうしたいと述べますと、彼はただちにわれわれの通る道を切り開き、宿舎を準備するよう命じました。すべてが手際よく用意され、われ

(41) ベルナル・ディアスはこの食料調達に携わった一人だったが、兵士たちが食料を奪い合い、コルテスとサンドバルにはまったく分け前が届かなかった。そこでディアスが森のなかに隠しておいた食料を取り出し、コルテスおよびサンドバルと分け合ったとしている。ディアスはその後すぐふたたびアカランへ派遣され、一〇〇人のインディオに食料を持たせて帰ってきたが、こんどはコルテス、サンドバルおよびルイス・マリンが出迎え、食料の分配は組織的に行われた、と書いている (cap. 176)。

(42) アカランの統治者系図 (Scholes y Roys, p. 76) によれば、第七代統治者パスボロナチャ (Paxbolonacha) で、首都イツァンカナクの創設者とみられるが、ボロン (bolon) は九を意味し、その名は第九代を示唆している。ゴマラはアポスパロン (Apoxpalon) と呼んでいる。

(43) ナワトル語で「白い土の山ないし村」を意味する。チョンタル語ではサチュテ (Cacchute) で、「白い杉」を意味する。コルテスもチョンタル語テキストも具体的な場所を明示していないが、ヌエボ・レオンの北東約一〇レグア、現在のヌエボ・ムンドから遠くないサン・ペドロ河とエスペランサ川の合流点の西側あたりと見られる (Angel Delgado Gómez, HERNAN CORTES. *Cartas de relación*, Madrid, 1993, p. 559)。

われはその町へ赴きました。そこはこの最初の町から五レグアのところにあり、住民はやはりなにも恐れることなくそれぞれの家で起臥しておりました。そして町の一地区が引き払われており、われわれはそこに宿泊いたしました。

この町は実に美しく、テウティエルカス(44)と呼ばれます。とても美しい寺院があり、とりわけそのうちの二つが格別です。われわれはそこに泊り、なかにあった偶像は投げ捨てましたが、彼らはそれほどいたく悲しむという風ではありませんでした。それはそのまえに彼らと話し、彼らが間違っているということ、万物の創造主である唯一の神の外に神は存在しないということ、その他このことについて述べ得るすべてのことを述べ、彼らに理解させたからです。もっとも、その後、首長ならびに彼とともに集まった者たちにはより詳しく話しました。彼らから聞いたところによりますと、これら二つの寺院ないし偶像の家の一つがもっとも重要で、それは彼らが信仰し、望みを託している女神に捧げられており、その女神にはひじょうに美しい処女のみが生け贄として供えられ、もしそうでなければ女神の怒りに触れるので、女神の意に適うような処女を探すため常に特別な注意が払われるとのことです。そして見目好い女子を子供のころからその目的のために育てるとのことです。このことにつきましても私は適切であると思われることを彼らに述べ、彼らもそれに幾分満足しているように見受けられました。

アパスポロンの首長　この町の首長は私にきわめて好意的で、私と長々と話しこみ、私が探しに行こうとしているスペイン人のことや私が辿るべき道について委曲を尽くして説明してくれました。彼が自分が告げたということは絶対に知られないようにしてほしいと懇願しながら、きわめて内密に私に漏らしたところによりますと、その地方全体の首長であるアパスポロンは生存しているにもかかわらず、死んだと言わせている、あなたに会いにきたのが彼の息子であるというのは事実であるが、彼が息子を遣ったのはあなたが彼の地や町々を見ないように最短路からはずれた道を案内させるためである、とのことでした。私がそれをあなたに教えるのはあなたに好意を抱いており、あなたから厚遇されたからであるが、これはなにがあっても内密に願いたい、と懇請し、もし私が言ったということが分かれば、アパスポロンが私を殺し、私の地はすべて焼き払われるだろう、と述べました。私は彼に深甚の謝意を表し、小さな贈り物を与えて彼の善意に応えました。そして彼が懇願していたとおり秘密は守ることを約束し、さらに時がくれば陛下の御名において手厚く酬いることを約束いたしました。

そして私は先に私に会いにきたあの首長の息子を呼びにやり、彼に、私は当地で手厚くもてなされたのでぜひそのお返しをしたく、あなたの父親に会って、敬意を払い、贈り物をあげたいと好意的に考えていた、しかしそれを承知しているにもかかわらずあなたの父親は私に会いにくることを拒んだ、私はあなたにもあなたの父親にもたいへん驚いている、と申しました。また、父親が生きていることはよく分かっているので、父親を呼びに行き、私に会いにくるよう説得してほしい、と懇請し、そうすることが彼の利益になることだと述べました。息子は、確かに父親は生きている、前に死んだと言ったのは父親からそう命じられたからだ、と申しました。そしてすぐに戻り、父親を連れてくるようできる限りのことをしたい、あなたがわれわれに害を及ぼすためではなく、むしろ贈り物をするために来たということが分かったので、いまは父親もあなたに会いたいと思っている、ただ以前にあなたに会うことを拒んだのであなたのまえに姿を見せることを恥ずかしがっているのだ、と述べました。私は彼に父親のところへ行き、ぜひ連れてきてほしいと懇請し、彼はそのとおりにいたしました。翌日二人がやって来ましたので、私は彼らを温かく迎え入れました。アパスポロンは言い訳をし、あなたの意図が分かるまで疑心暗鬼であったが、それが分かったのでぜひあなたに会いたいと思った、と述べました。また、あなたを案内

(44) ゴマラ (cap. 178) はテウティカカク (Teuticaccac)、アルバ・イシュトリルショチトル (Relación, cap. 312) はテオティラク (Teotilac) あるいはテオトリカカク (Teotlycácac) と表記している。チョンタル語では「水の集まるところ」を意味するトゥクサカ (Tuxakha)。この町もサン・ペドロ河とエスペランサ川の合流点に近いとみられる (Angel Delagado Gómez, p. 559)。

するときには私の支配する町々を避けるようにと命じたのは確かである、しかしいまやあなたの意図が分かったので、私が住んでいるこの地方の中心の町に来てほしい、そこへ行けばあなたが必要とするものをもっと十分に提供できるだろう、と話しました。それからその町までの広い道を切り開くよう命じ、彼は私のもとに留まりました。翌日われわれは出発し、彼に私の馬を一頭与えますと、彼は馬にまたがって大いに満足げで、そのままイサンカナック(45)と呼ばれる町まで行きました。その町はとても大きく、寺院がたくさんあり、シカランゴとタバスコの間のテルミノスという場所まで延びている大きな沼沢地の畔にあります。町の住民には逃げた者もいれば、家に残っている者もいました。そこでは食糧が十分にあり、首長のアパスポロンは、近くに自分の家がありながら私の宿舎に留まりました。

私がイサンカナックに滞在している間、彼は私が探しに行こうとしていたスペイン人について詳細に報告するとともに、そこまでの地図を布に描いてくれました。また彼は、私がなにも要求していないにもかかわらず、幾ばくかの金《きん》と女を差し出しました。私はこれまで当地の首長たちが自ら申し出ない限り、こちらからなにかを要求したことはありません。

われわれはあの沼沢地を横切らなくてはなりませんでしたが、そのまえに大きな沼がありました。首長のアパスポロンはその沼に橋をつくらせました。そしてその沼沢地のために彼はわれわれが必要とした数だけのカヌーを提供し、さらに私の道案内ならびにサンティステバン・デル・プエルトの町から私に手紙を持ってきたスペイン人とメヒコのインディオをシカランゴおよびタバスコの両地方に案内するためのカヌーと案内人を提供してくれました。そこで私はスペイン人の居留する町々、都に残した代理の者たち、タバスコにいる船の者たちおよび食糧をもってやって来るはずのスペイン人たちそれぞれに彼らのすべきことを指示した手紙を書き、そのスペイン人に持たせました。それを済ませますと、私はアパスポロンにいくつかの詰まらないものを贈りましたが、彼はそれが気に入ったようでした。首長が大いに満足し、その地の住民の不安も解消されましたので、私は一五二五年の四旬節の最初の日曜日にアカラン地方を出発いたしました。その日はあの沼沢地を横切るだけでしたが、結構な大仕事でした。首長は、もし別のスペイン人が当地に来た場合、先に私がここを通り彼は私の友人であるということを示す書状をほしいと申しましたので、それを書き与えました。

グァティムシンの死

この地方において陛下にご承知おき願ったほうがよいと思われることが起きました。メシカルシンゴという、洗礼後はクリストバルと呼ばれるこのテヌスティタンの都の高貴な市民が、ある夜、当地で使われる紙に描かれた絵図を持って密かに私のもとにやって来て、その絵図の意味を説明したいとして、このテヌスティタンの都の首長であったグァティムシン〔ないしクアウテモク〕について述べました。グァティムシンは私がこの都を征服しました後、厄介な人物であると考えてその身柄を拘束し、当地の安全ないし騒乱の鍵を握っていると思われるその他のすべての首長とともに私の遠征に同行させました。クリストバルによれば、そのグァティムシン〔ないしクアウテモク〕ならびにテスクコの首長であったグァナカシン〔コアナコチュツィン〕、タクバの首長であったテテパンケッサル〔テトレパンケツァル〕および当時この大都メヒコのタテルルコ〔トラテロルコ〕地区にいたタシテクレという者[46]がなん度も話し合っていたそうです。そして彼らは、いまはクリストバルと呼ばれるこのメシカルシンゴに、いかに彼らの土地と支配権が奪われ、スペイン人によって統治されているかを語り、彼らの土地と支配権を取り戻す方策を探すべきだと述べたそうです。遠征中に彼らはなん度となくそのことについて話し合い、私と私に同行している者たちを殺す手立てを考えることが最上の策だと思ったようです。そしてわれわ

---

(45) サン・ペドロ河とカリベ川の合流点に近いカンデラリア河の南岸に位置している（Scholes y Roys, Apéndice B）。アルバ・イシュトリルショチトルはイスタンカマク（Iztancamac）と表記している（I: 418）。

(46) この第三の人物については必ずしもはっきりしないが、ゴマラ（cap. 179）はトラカトレク（Tlacatlec）と表記している。

れが死ねば、当地の者たちを奮起させ、クリストバル・デ・オリードとその仲間を殺し、それが首尾よくいけば、テヌスティタンの都に使いを遣り、都に残っているすべてのスペイン人を殺すということです。大都にいるスペイン人はみな最近来たばかりで戦闘については疎いので、それは容易であると考えたようです。それが成し遂げられれば、全土の総力を結集し、スペイン人のいるすべての町と場所に攻め入り、彼らを抹殺するということです。さらにそれが終われば、すべての港に強力な守備隊を配置して、やって来た船は一隻も逃がさないようにし、当地の様子がカスティーリャに伝わらないようにするという計画です。そうすれば彼らはふたたびかつてのように当地の支配者になれると考え、すでに彼らの間で土地の分配も計画し、このメシカルシンゴもある地方の首長となる手はずになっている由であります。

私はこのような反逆行為が私ならびにスペイン人に対し画策されていることにつきクリストバル〔メシカルシンゴ〕から詳細な報告を受け、それが明らかにされたことをわれらの主に感謝いたしました。夜が明けますと、私はただちにその首長たちを全員捕え、身柄を別々に拘束いたしました。そして彼らに陰謀について尋問し、一方の首長には他の首長がこう言っていると述べ、他の首長には別の首長はこう言っていると述べますと、彼ら同士は連絡がとれませんので、みな真実を告白し、グァティムシンとテテパンケッサルが陰謀の張本人で、その他の者はそのことを知ってはいたが同調はしていなかったということが分かりました。(47) そこでその二人を絞首刑に処し、その他の者は釈放いたしました。彼らは計画を聞いただけであり、それ自体死刑に値することではありますが、罪はないと思われたからです。しかしこの件の裁判は未決とし、ふたたび罪を犯せばいつでも罰せられることといたしました。彼らは私がこの陰謀をだれから聞いたのかまったく知らず、たいそう怯えていますので、ふたたび同じ罪を犯すことはないと思います。彼らは私がなんらかの魔法によって見破ったのではないかと思い、私にはなにごとも隠せないと悟っています。彼らは私が道に迷ったときにしばしば海図と羅針儀をとり出すのを見ており、とりわけシグァテクパンへ行く道を実に正確に探りあてたものですから、私がこの秘密を見破ったのもそのせいだろうと多くのスペイン人に話しておりました。彼らのうちには、私がそれでなにもかも分かるのだと思い、自分の善意を証明するために私にその鏡と地図を覗いて見てほしい、そうすれば自分の善意が分かっていただけるだろうと、私にせがむ者もいました。私もまた彼らにそのとおりである、その羅針儀と海図で私はなんでも見たり、知ったり、発見したりできるのだと思わせました。

このアカラン地方は町の数も人口も多い、きわめて大きな地方です。それらの町の多くは私の部下のスペイン

(47) グァティムシンの死についてはいくつかの異なる説がある。ベルナル・ディアスはほぼコルテスの説を踏襲しているが、密告したのはタピアとフアン・ベラスケスという二人の領主だったとしている(cap. 177)。トルケマーダはテスイコ筋から得た情報として、テスイコの首長グァナカシン(コアナコチュツィン)は陰謀をたくらんだことはなく、ただ強い不満を抱いていただけであると述べている(Libro IV, cap. 104)。この不満が再三コルテスの耳に届いたため、コルテスは陰謀が計画されていると思い込んだらしい。アルバ・イシュトリルショチトル(I-413-416)によれば、スペイン人たちが謝肉祭(カーニバル)を祝っている折、首長らは彼らの過去の栄光について長々と語り合ったという。コルテスはしだいに疑いを強め、のちにクリストバルと命名されたメシカルシンゴを送りこみ、メシカ人がなにを話し合っているのかを探らせた。メシカルシンゴはその後彼がコルテスに対して陰謀について話したことを否定している。コルテスがメヒコの首長たちをホンジュラス遠征に同行させたのは、はじめから彼らを途中で殺すつもりであり、そうすればインディオの反乱を防げると考えたとするアルバ・イシュトリルショチトルの説はどこまで正しいか分からないがその可能性はあり得よう。処刑に正当性を与えるために陰謀説が使われたのかもしれない。処刑された首長はグァティムシン自身に加え、タクバの首長である彼の従弟テテパンケッサル(テトレパンケツアル)およびテスイコの首長グァナカシンであった。処刑された場所も議論のあるところで、アルバ・イシュトリルショチトルは、処刑は一五二五年の灰の水曜日の前日、すなわち二月二十八日にテオティラク(Teotilac)で行われたと記しているが、ゴマラ(cap. 179)は灰の水曜日の前の謝肉祭の間にイサンカナック(Izancanac)において行われたと記している。ショールズ・ロイズは、あらゆる証拠が二月二十八日火曜日にイツアムカナク(Itzamkanac)において処刑されたことを示しており、状況が緊迫したので、スペイン軍は予定を早め三月五日にイツアムカナクを離れたとしている(*Los Chontales de Acala-Tixchel*, p. 100)。ベルナル・ディアスは、「この死刑はきわめて不当であり、同行していたわれわれは誰もこころよく思わなかった」と書き、また「(コルテスは)このことを考えて夜も休めず、寝床から出て偶像のある部屋を歩き回った……」と述べている(cap. 177)。

人たちが訪れたことがあります。また、蜂蜜をはじめ食糧がきわめて豊富です。多数の商人がおり、あちこちへ出かけて交易をしています。奴隷も当地で取引される商品も豊富です。地方全体が沼沢地に囲まれており、沼沢地はテルミノスと呼ばれる湾ないし港まで延びています。そしてそこを経由してカヌーでシカランゴやタバスコと大量の交易が行われています。また、確かなことは分かりませんが、沼沢地はそこを横切ってもう一つの海にまで達していると考えられておりますので、そうしますとユカタンと呼ばれる土地は島ということになります(48)。私は事実を明らかにすることに努め、陛下に信頼に足るご報告を差し上げる所存です。私が聞いたところによりますと、この地方には先に陛下にご報告申し上げました例のアパスポロンの他に首長はおらず、彼はこの地で最も裕福な商人で、海上を船舶で交易しています。彼の成功の理由は広域の商取引をしていることにあり、ニトという町まで足を伸ばしています。この町につきましては後ほどご報告申し上げますが、そこにはヒル・ゴンサレス・デ・アビラの部隊に属する何人かのスペイン人が住んでおり、また首長のきょうだいの監督の下に首長の商取引の代理人ばかりが居住する地区もあります。この地域での主要な交易品はカカオ、木綿の衣類、染料、暑さ、寒さから身を守るために身体に塗りつける別の種類の染料、たいまつ、彼らの偶像を香で匂わせるための松脂、奴隷、祝祭のときの装身具として珍重される彩色された貝のビーズなどです。金も少しは取引しておりますが、すべて銅ないしその他の金属との合金です。

　私はアパスポロンをはじめ、私に会いに参りましたこの地方の多くの高貴な者たちに対し、途中の町々で述べたと同じこと、すなわち彼らの偶像について、また彼らが救いを得るために信ずるべきことおよび為すべきこと、さらには陛下にお仕えする義務があることなどについて話しました。彼らはそのいずれについても喜んで受け容れたようで、私の目のまえで多くの偶像を焼き払い、今後偶像は崇拝しないと述べ、陛下の御名において命じられることはなにごとも常に従うことを約束いたしました。こうして私は彼らと別れを告げ、前に申し上げましたとおり出発いたしました(49)。

アカラン地方を出発する三日前に、私は彼らの言葉でキアトレオと呼ばれるマサトラン地方[50]へ行く道の下見をさせるため、アパスポロンが提供してくれた二人の案内人とともに四人のスペイン人を派遣いたしました。その地方に着くまでまったく人の住まないところを通り、四日間は森のなかで眠らなければならないと聞いたからです。そこで前と同じような窮地に陥らないため、途中に河や沼がないかあらかじめよく調べるとともに、全員に六日分の食糧を用意するよう命じました。なにもかも潤沢にありましたので、食糧も十分に供給されました。沼沢地を過ぎて五レグアほど行きますと、案内人を連れて道の下見に行ったスペイン人たちに遭いました。彼らは、道はひじょうに良いが樹木の密生した森林がある、しかし土地は平坦で、われわれの通行を妨げるような河も沼もない、と申しました。また、彼らはその地方の農園があるところまで到達し、住民も見かけたそうですが、誰にも見られたり、感づかれたりしないで戻ってきたそうです。私はその知らせを聞いてたいそう喜び、そこから先は道を切り開いている者たちの一レグア前を六人の敏捷な歩兵と味方のインディオに先行させ、われわれが住民に気づかれずにその地方に入れるよう、もし通行人と出合ったら捕まえるように命じました。他の町であったように住民が町から逃げたり、町を焼き払ったりしないようにするためです。その日、彼らは潟の近くでマサトランから来たアカラン地方のインディオ二人に出合いました。彼らは塩と衣類の交換に従事していると話し、実際衣類を背負っておりましたので、多少は事実であると思われました。彼らが私のもとへ連れて来られると、私は彼らにその地方の者たちは私の来ることを知っているかと問い質し、彼らは知らない、住民はきわめて平穏で

(48) 第一書簡註2参照。

(49) 三月五日の日曜日に出発したらしい。

(50) マサトランはマヤのセアチェ（Cehache）地方を指すナワトル語で、ここでは訛ってキアトレオと呼ばれている。おそらくチャンポトン川とカンデラリア川からほぼ等距離にあるモク・シルビトゥク（Mocu Cilvituk）地方に位置していよう（Scholes y Roys, p. 112）。

あると答えました。私は彼らに、私といっしょに戻ってほしい、しかし心配しなくてもよい、あなたたちの品物は一切失われることはないだろう、それどころか私がもっと与えよう、そしてマサトラン地方に着けばすぐにでも帰ることを認めよう、私はアカランの首長とすべての住民から手厚くもてなされ、アカランの者はみな私の親しい友人であるから、と述べました。

彼らはこころよく聞きいれ、われわれを案内しながらマサトランへ戻りました。彼らは私が先に派遣したスペイン人たちが道を切り開きながら行った道とは別の道を行きました。スペイン人が辿った道は農園に着くのですが、彼らの行く別の道は直接町に着くのであります。その日は森のなかで眠り、翌日、偵察隊として先頭を行っていたスペイン人たちは弓矢を持った四人のマサトランのインディオに出合いました。彼らはその道に配置されていた歩哨らしく、偵察隊と鉢合わせするや矢を放ち、われわれの味方のインディオ一人を傷つけましたが、森は鬱蒼としていましたので、彼らの一人しか捕えることができませんでした。スペイン人たちは彼を味方の三人のインディオに引き渡し、他にもまだ歩哨がいるだろうと思って先に進みました。逃げた歩哨たちは森のなかのすぐ近くに隠れていたらしく、スペイン人が立ち去ると戻って参り、彼らの仲間を捕えている私の味方のインディオを攻撃いたしました。争った後、彼らは仲間を取り戻しましたので、われわれの味方のインディオは悔しがって森のなかを追跡して敵に追いつきました。彼らはふたたび戦い、われわれの味方のインディオは敵の一人の腕を刃物で切り付けて負傷させ、捕えました。他の者はわれわれの兵が近づいてくるのに気づいて逃走しました。この捕虜のインディオに私が来ることを知っていたのかと尋ねますと、否と答えましたので、どうして見張りが道に出ていたのかと質したところ、彼らはそうするのがいつもの慣わしである、なぜなら彼らは多くの隣人と戦争状態にあり、農園にいる労働者を守るため、彼らが襲われないよう首長がいつも道に見張りを立てているのだ、と申しました。

このインディオが町は近いと言いますし、逃げた彼の仲間が危急を知らせるまえに着こうと、私はできるかぎり急ぐことにしました。そして先遣隊に、最初の農園に着いたら森に隠れて私の到着を待つよう命じました。私がそこへ到着しましたときはすでに時刻も遅く、その夜のうちに町に着きたいと思い、大急ぎで進みました。しかし荷物を入れた行李が少し壊れていましたので、隊長の一人に二〇騎とともに農園に居残り、インディオの運搬人が到着すれば彼らを集め、彼らといっしょにそこで眠ってから私の跡を追うよう命じました。私は小道を選んで歩きました。かなりまっすぐな道ですが、木深い森のため、私は馬を曳いて進み、後から来る者もみな同じようにしました。日暮れ近くまでこのようにして進みますと、手を施さないと渡れないような沼に出くわしました。私は後戻りするようにと列のまえから順に最後部へ伝えさせました。そして途中にあった空地まで戻り、その夜はそこで眠りましたが、われわれも馬も飲み水はありませんでした。翌朝、大量の木の枝を使って沼を手入れし、馬は引っ張って、やっとのことで横切りました。そしてわれわれが休んだところから三レグアほど参りますと、丘の上に町が見えました。(51) われわれは気づかれていないと思い、できるだけ用心しながら近づきました。しかし町は防備が固められており、入口が見つかりませんでした。ようやく入口を見つけますと、町のなかに人影はありませんでしたが、トウモロコシ、鶏、蜂蜜、フリホール豆、その他この土地の食糧がふんだんにありました。不意を突かれ食糧を持ち出す余裕がなかったためですが、国境の町であるため食糧は豊富にあります。

この町は岩山の上にあり、一方を小さな湖に、他方をその湖に注ぐとても深い川に囲まれています。高低のない平坦な入口が一つあるだけで、町全体が深いほりに囲まれ、その後ろに胸までの高さの木の柵があります。さらにその後ろに高さが背丈の二倍くらいの分厚い板塀があり、そのあちこちに矢を射るための銃眼のようなものがあります。またその塀のところどころにさらに背丈の一倍半くらい上に伸びた見張り台と大きな塔があり、そ

(51) この町はしばしばラカンドン族に襲われていた。スペイン人はその後この町をプエブロ・セルカード（囲まれた町）と呼ぶようになった（Bernal Díaz, cap. 177, 178）。

の塔の上にたくさんの石が用意されていて、上方からも戦えるようになっています。すべての民家の屋上にも銃眼のような穴があり、また町の通りに向けて銃眼と防壁があり、すべてが彼らの武器に合わせて実に計画的につくられ、これ以上の守りはないと思われます。私は味方の先住民に町の住民を探しに行かせました。彼らは二、三人のインディオを捕まえて戻りましたので、私はわれわれが途中で捕まえたあのアカランの商人のうちの一人を彼らといっしょに遣り、首長を探して、怖がらなくてもよいので町へ戻るように、私は害を及ぼすために来たのではなく、むしろあなたが行っている戦闘においてあなたに加担し、あなたの地を平和かつ安全にするために来た、と伝えるよう命じました。二日後、彼らは首長の伯父を連れて戻って来ました。首長はまだ幼いため、伯父がその地を治めており、また首長は怖がって来なかったとのことです。そこでこの伯父と話し、彼を安心させますと、彼はそこから七レグアのところにあるティアック(52)と呼ばれるその地方の別の町まで私といっしょに来ました。この町は先に訪れた町と戦争しており、あの町と同じく周囲が壁で囲まれていて、規模はさらに大きいのですが、平坦な地にあるためあの町ほど堅固ではありません。しかし防壁も堀も頑丈な見張り台もあります。また町は三つの区域に分かれ、それぞれの区域に独自の防壁があるうえ、町全体が一つの防壁に囲まれています。

ティアック着　私は先にその町へ騎兵隊二隊と歩兵隊一隊を派遣いたしました。町から住民は姿を消していましたが、十分な食糧が残されていました。彼らは町の近くで七、八人の男を捕え、そのうちのなん人かを釈放して首長のところへ話しに行かせ、住民を安心させることにしました。彼らはそれをうまくやり遂げ、私が着くまえにすでに首長の使いの者が食糧と衣類を持ってやって来ました。私が到着してからも二度にわたり、彼らは食べ物を持って、その町の首長ならびにこの地方の他の五つないし六つの町の首長の代理として、私と話すためにやって来ました。それらの町はいずれも互いに独立しており、そのいずれもが陛下の臣下かつわれわれの友人になりたいと申し出ました。しかしながら、首長たちが自ら私に会いに来ようとはしませんでした。私は長く逗留する余裕はなかったものですから、彼らの善意に感謝する、彼らを陛下の御名において迎えると伝えさせるとともに、これから先の道案内をしてほしいと頼みました。彼らはこころよくそれに応え、スペイン人のいる町までの道に詳しく、そのスペイン人たちにも会ったという案内人を提供してくれました。そこで私はティアックの町を出発し、この地方の最後の町であるヤスンカビル(53)と呼ばれる別の町で休むことにしました。その町も住民は立ち去っており、他の町と同じように防壁で囲まれていました。ここにはわら造りではありますが、非常に美しい首長の家がありました。

われわれはこの町で道中必要なものの準備を整えました。案内人がタイサ地方(54)に着くまでに五日間ほど人の住まない土地を通らなければならないと話したからでありますが、それは事実でした。私は途中で捕えたあの二人の商人とアカラン地方から連れてきた案内人をこのマサトランないしギアチェ地方で解放し、私の持ち合わせていたものを彼らに与え、彼らの首長にも持たせると、彼らは大いに満足いたしました。

このマサトラン地方を出発しますと、私はタイサ地方へ向かいました。そして四レグアほど行き、まったく人の住まないところで眠りました。途中はどこもそうで、大きな森林や山岳に囲まれ、そこに難路が一つあり、岩石がすべて実に見事なアラバスターでしたので、私はそこをアラバスター峠(55)と名づけました。五日目に、案内人とともに先行していた偵察隊が入江のような湖に出くわしました。淡水ではありますが、その大きさと深さから

(52) ゴマラもこの町をティアックと呼んでいる(cap. 180)が、ディアスはタヤサル(Tayasal)と呼んでいる(cap. 178)。現フローレス(Flores)。
(53) 現在のグアテマラ、ペテン県のチュントゥキ(Chuntuquí)地方(Scholes y Roys, p. 463)。
(54) タイサ(Taiza)はイツァ(Itza)のことか?(J. L. Martínez, p. 437)
(55) 現在ラグナ・デル・イエソ(石膏)と呼ばれている小さな湖の近くであろう。「アラバスター」は上質の石灰のことであろう(Pagden, n. 60)。

みて私はいまもそれは海の入江だと思います。(56)その湖のなかの小さな島に町があり、案内人はそれがタイサ地方の中心の町であるが、カヌーがないとそこへ渡れない、と話しました。それを聞いて偵察隊のスペイン人たちは交代で見張りながらそこに留まり、そのうちの一人はそのことを私に知らせにやって参りました。そこで全隊員に停止を命じ、私は湖とその立地条件を見るため徒歩で前進し、湖に着きますと、偵察隊がその町のインディオを一人捕まえていました。インディオは人がいないかどうか道を巡察するために武器を携え小さなカヌーでやって来たのでした。彼は油断してはいましたが、もし彼が水に飛び込むまえに偵察隊の連れていた犬が捕まえていなければ逃げおおせていたでありましょう。

このインディオの話から、私が来ることはなにも知られていないということが分かりました。彼にその町へ行く道はないかと尋ねましたが、ないとのことでした。しかし、われわれがいるところから近く、湖の小さな入り江の向う側に農園と住宅があり、もし気づかれずにそこまで辿り着けば、カヌーが何艘か見つかるかもしれない、と申しました。私はただちに隊員について来るよう命じ、一〇人ないし一二人の射手を連れ、インディオに案内させて徒歩で進みました。われわれは大きな沼を横切りましたが、腰のあたりまで、ときにはそれより上まで水に浸かりながらやっとのことで農園に着きました。道が悪く、また身を隠せないこともしばしばありましたので、まったく気づかれずに進むわけにはいきませんでしたが、われわれが着きますとちょうど彼らがカヌーに乗って湖に逃げようとするところでした。私は急いで湖の畔を三分の二レグアほど進みましたが、どこでも作物が栽培されていました。もはやわれわれはいたるところで気づかれ、人びとは逃げ出していました。時刻もすでに遅く、それ以上なにをしても無駄でしたので、その農園で休むことにし、全員を集め、細心の注意を払ってそこで野営させました。と申しますのは、マサトランの案内人が、彼らは人数が多く、戦闘に長けており、周辺の地域はみな彼らを怖れている、と述べていたからであります。その案内人はインディオが乗ってきたあの小さなカヌーでここから二レグアほど離れた小島の町に行きたいと申しました。彼はカネックというその町の首長をよく知っているので、首長と話して私が当地に来た目的や理由を伝えたい、私に同行したのでそれは良く分かっており、また自分の目でも見ている、と願い出ました。また、首長は自分の言うことを信用し、大いに安心すると思う、自分はなんども首長の家に行ったことがあり、自分のことをよく知っているから、と申しました。

　私は彼にカヌーとそれを持ってきたインディオを引き渡し、彼の申し出に謝意を表してから、もしその役をうまく果たしてくれれば、たっぷりと褒美をあげようと約束いたしました。こうして彼は出かけ、夜中にその町の重鎮二人とともに戻って来ました。二人は、私の派遣した使者が彼らに述べたことについて私に会ってその真偽を確かめ、私がなにを望んでいるのかを知るため首長に派遣されたと話しました。私は彼らを手厚く迎え、いくつかのささやかなものを与えましてから、私が当地に来たのは、陛下のご指示によりあなたたちに会い、あなたたちの首長と住民に陛下へのご奉仕について、またそれが〔あなたたちにとっての〕利益であることにつき話すためである、と伝えました。そして首長になにも恐れずに私のところへ来るよう私が懇請しており、首長がこちらにいる間、念のためスペイン人をひとり人質として差し出す用意がある、と首長に伝えてほしいと申しました。こうして彼らは案内人と一人のスペイン人とともに帰って行きました。翌朝、首長が五、六艘のカヌーに三〇人ほどの供を従えてやって来て、人質として送り出したスペイン人もいっしょでした。首長は私に会って嬉しそうで、私も彼を丁重にもてなしました。ちょうどミサの時間でしたので、私は同行している竪笛とサックバット〔トロンボーン〕の奏者に演奏させ歌うミサを厳かに執り行うよう指示いたしました。首長は熱心にミサを聴き、祭礼を注意深く見守っていました。ミサが終わりますと、私に同行していた修道士の一人が彼に説教を行い、われわれの信仰の要理や神は一つしか存在せず、彼らの宗教は誤っているということをいろいろな根拠を示して説明しましたが、それは通訳を介して行ったので首長もよく理解できました。彼はその説教にたいそう満足の様子で、

(56) ペテン湖。この地方の住民はイツァ族。

コルテスとマリーナ（ホセ・クレメンテ・オロスコ、1926）

事実そうであると述べ、すぐにでも偶像を破壊しあなた方のいう神を信仰したい、と述べました。また彼は、神に仕え、神を崇拝するためにどうすればよいかをぜひ知りたい、もし私の町に来てもらえれば、あなたの目のまえで偶像を焼き払うであろう、またあなたが訪れたすべての町に残してきたという十字架を私の町にも据え置いて行ってほしい、と懇請しました。

この説教の後、私はふたたび首長に話しかけ、陛下の偉大さと首長を含めわれわれ世界のすべての者が陛下の臣下、家臣であり、陛下にお仕えする義務があるということを分からせました。そしてこれに従う者には陛下はいろいろと恩恵を施され、また当地において陛下にお仕えしたいと申し出て王室の支配に服したすべての者に、私も陛下の御名において恩恵を施してきたと述べ、彼に対しても同じように遇することを約束いたしました。彼はこれまで自分の主君として認めた者は誰もなく、また自分の主君になるべき人物に接したこともない、ただ五、六年前にタバスコの者たちが当地にやって来て語ったところによると、あなた方の国の隊長が彼らの地に現れ、彼らは戦闘で三度負かされた、その後彼らはある大君主の臣下になるべきであるとか、その他いまあなたが述べたようなことを言われたとのことであるが、あなたが述べている君主とその大君主は同じかどうか教えてほしい、と申しました。私は、タバスコの者たちが彼らの地へ来て戦ったという隊長は私のことである、もし本当かどうか確かめたければここにいる通訳のマリーナ[57]に訊くがよい、彼女はその地で他の二〇人の女性とともに私に与えられ、私はいつも彼女を帯同している、と答えました。彼女は私の述べたことは本当であると述べ、私はメヒコを征服したことやその他私が陛下の支配下に置いたすべての国について話しました。彼はそれを知ってたいそう喜び、彼も陛下の臣下、家臣になりたい、私が述べたような大君主の臣下になれるのは幸いである、と述べました。

そして彼は鶏と蜂蜜と少量の金《きん》、それに彼らが珍重する彩色の施された貝のビーズを持って来させ、私に進呈してくれました。(58) 私もわれわれの品を与えますと、彼はひじょうに喜び、その後私といっしょに愉快に食事をともにしました。食事を終えてから、私は海岸地方にいるスペイン人を探しにきたのだということ、彼らは私の部隊に属し、私が派遣した者たちであるが、もうなん日も消息が分からないので探しにきたのだと告げ、もし彼らについてなにか知っているならば教えてほしい、と頼みました。彼はスペイン人たちのことはよく承知している、なぜなら彼らのごく近くに私の配下がいて、私のためにカカオを栽培している、その地方はカカオの栽培にとても適しているからである、そして当地とその海岸地方の間は毎日カカオやその他の商品を取引する商人が多数行き来している、従ってそのスペイン人たちのことはいつも聞いている、と述べました。彼は私に案内人をつけ、彼らのいるところまで連れて行こう、しかし途中に高くて、岩石の多い山があり道が険しいので、海上を行くほうが楽であろう、(59) と申しました。私は、ご覧のとおり私の隊は大人数で、荷物も馬もあるので、それだけの船を調達するのは無理で、陸上を行かざるを得ないだろうと答え、どうすればあの湖を渡れるか教えてほしいと述べました。彼は湖に沿って三レグアほど行けば湖は干上がっているので、湖に沿って行けばこの町の向かい側の道に出られる、と答えました。また彼は、あなたの部下がその道を行くならば、あなたは私といっしょにカヌーで

(57) 第二書簡註33参照。
(58) 第二書簡註26参照。
(59) おそらくこれは何らかの誤解であろう。ニトへ海路赴くことも不可能ではないが、相当の迂回になる。コルテスはおそらく水上を行くことを勧められたのであろうが、彼はそれを無視し、交易ルートを通るため南東方向に向かったものと思われる(Pagden, n. 64)。

私の町と家を見にきてほしい、そして偶像が焼き払われるのを目で確かめ、私のために十字架をつくらせてほしい、と懇請いたしました。そこで私は彼を喜ばすため、隊員たちの反対を押し切って、射手を主にした二〇名ほどの隊員とともにカヌーに乗りこみました。そして首長といっしょに彼の町へ行き、その日は終日楽しく過ごしました。日没が迫りましたので別れを告げますと、彼は案内人をつけてくれましたので彼とともにカヌーに乗り、陸へ渡って眠ることにしました。そこには湖を迂回した多くの隊員がすでに到着しており、その夜はそこで眠りました。脚に棘が刺さって歩けなくなった馬を一頭その町、つまりその農園に置いてきました。首長が馬の傷を治すと約束いたしましたが、どうするつもりなのかは存じません。(60)

ペテン・イツア出発　翌日、隊員を集めましてから案内人に従って出発し、野営地から半レグアほど参りますと、平坦な牧草地に出ました。その後一レグア半ほど続く小さな森を通り、ふたたび実に美しい平原に出ました。そこへ着きますと、私は騎兵と歩兵をなん人か先行させ、もし平地で誰かを見つければ捕まえるよう指示しました。案内人が今夜には町に着くだろうと述べたからです。その平原ではたくさんの牡鹿を目にし、そのうちの一八頭を馬から槍で刺しました。しかし日差しが強いこととこのところ森のなかを歩くばかりで、永らく地上を駆けたことがないため、二頭の馬が死に、多くの馬の命が危うくなるほどでした。狩りを終えてから行進を続け、しばらく行きますとそこに先遣隊が立ち止まっていました。彼らが捕まえた四人のインディオの猟師もいっしょで、猟師は殺したばかりのライオン一頭と島嶼にもいる大トカゲの一種であるイグアナを数匹持っていました。このインディオたちに町では私のことを知っているかと尋ねましたら、知らないとのことでした。彼らは町を指差しましたが、町は一レグアあるかないかの距離でした。私は道になんの障害もないと思い、早くそこへ着こうとできるだけ急ぎました。そろそろ町に入るかと思われ、町を行く人の姿も見えましたころ、大きくて深い沼沢地にぶつかりました。そこで私は立ち止まり、インディオを呼びますと、二人のインディオが一二羽ほどの鶏を持ってカヌーでやって来ました。彼らは馬の腹帯まで水に浸かっている私のところへ近づいて来ましたが、途中で立ち止まり、それ以上やって来ようとはしませんでした。私はしばらく彼らに話しかけ、安心させようとしましたが、彼らは決して私に近づこうとはせず、それどころかカヌーで町へ引き返しはじめました。すると私の傍で馬に乗っていたスペイン人が水に飛び込み、泳いで彼らの後を追いましたので、彼らは驚いてカヌーを捨てましたが、急いで別の歩兵たちが彼らに追いつき、捕まえました。

　われわれが目にした町の住民はみなすでに町を離れていました。私がそのインディオたちにどこを通れば町へ行けるかと尋ると、沼に沿って一レグアほど行けば沼沢地が干上がっておりそこを通って町に入る道があると教えてくれました。われわれはその道を行って町に着き、その夜はそこで休みましたが、町まで優に八レグアはありました。この町はチェカン[61]と呼ばれ、首長はアモアンと言います。案内人がわれわれは人のいないところを横切らなければならないと話しましたので、六日分の食糧を用意するため、そこに四日間滞在いたしました。私は捕まえたインディオを遣って首長を安心させ、私に会いにくるよう彼に伝えさせましたので、彼を待つためでもありましたが、首長もそのインディオたちも姿を見せませんでした。その四日間が過ぎ、そこで調達できる限りの食糧を集めてから出発いたしましたが、最初の日の行程は森のなかを通ることはほとんどなく、平坦で、気持ちのよい、とても楽な道でした。六レグアほど参りますと、山の麓の河畔に大きな家が一軒あり、そのすぐ近くに二、三軒の小さな家があり、その周りに農園がありました。案内人によりますと、その家はチェカンの首長ア

（60）コルテスは伏せているがこれは彼自身の馬で、ベルナル・ディアスによれば、赤みがかった黒い色の馬が鹿狩りで走り過ぎて動けなくなったため、その村に残した（cap. 178）。首長のカネックは治療を約束し、いろいろ手を尽くしたが馬は死んでしまったため、困った首長は木製の馬を作り、彼らの神々に加えてこの馬を祀ったという（Fray Bernardo de Lizana, *Historia de Yucatán*, II. cap. 19, Universidad Autónoma de Nuevo Léon, 1633）。

（61）おそらくマカンチェ（Macan Ché）湖のあるマカンチェのことであろう（Pagden, n. 66）。

モアンのものだそうで、多くの商人がそこを通りますので、彼はそこを宿屋にしていたそうです。

私は到着した翌日は一日そこに滞在いたしました。祭日でもありましたし、道を切り開きながら進んでいる先遣隊に時間を与えるためでもあります。われわれはその河で愉快な魚とりをして大量のシャッドを捕え、一匹も逃がしませんでした。そして翌日出発し、難路を七レグアほど続き、松林のほか森林らしい森林もない実に美しい平原に出ました。平原はさらに二レグアほど参りますと、そこで七頭のシカを殺し、平原の向うの端にあるとても清らかな小川の傍で食べました。食事を済ませてから、狭い、しかし坂のきわめて急な峠を馬を曳きながら登りましたが、馬も難渋していました。下りの途中に半レグアほど平坦なところがありましたが、またすぐに登りはじめ、二レグア半あまり上り下りの激しいでこぼこ道で、蹄鉄の剝がれない馬はありませんでした。私は峠の下り坂にある小川の傍で眠り、翌日の日暮れ時までそこで馬に蹄鉄が打たれるのを待ちました。蹄鉄工が二人、釘の打ち込みを助ける者が一〇名以上いましたが、その日のうちに蹄鉄を打ち終えることはできず、私はその夜は三レグア先で休むことにしました。しかし多くのスペイン人が蹄鉄を打ったり、荷物を待つためにそこに居残りました。悪路と大雨のために荷物がまだ着いていなかったからであります。

危険な峠　翌日、案内人が近くにアスンカピン(62)と呼ばれる小さな村があり、タイカという首長が治めているが、明るいうちにそこに着けるだろうと述べましたので、その村へ向け出発しました。四、五レグア〔二二〜二八㎞〕ほど行くとその村に着きましたが、住民は見当たりませんでした。私はそこですべての荷物を待ち、食糧を受け取るため二日間宿泊しました。それからそこを出発し、こんどは五レグア先にあるタシュイテル(63)という別の村へ行って休みました。その村はチェカンの町の首長アモアンに属します。ここはカカオ農園が多く、トウモロコシも少しはありますがまだ熟してはいません。われわれはこの村の長が妻と子供を連れて逃げる寸前に見つけましたが、案内人とその長が私に述べたところによりますと、次の村落はテンシスと呼ばれ、タイカの首長カネックに属しており、そこへ着くまでにはまったく人の住まない、きわめて高くて険しい山を越えなければならないとのことでしたので、われわれはそこであまり休まないで、翌日すぐに出発いたしました。平坦な土地を六レグア〔三三km〕ほど参りましてから峠を登りはじめましたが、その峠は目にするにしても、越えるにしてもこの世で最も驚嘆すべきものであります。その峨々たる峠と山岳の様を陛下にご説明申し上げたく存じますが、私よりはるかに筆の立つ者でもそれをうまく言い表せないでありましょうし、また話に聞きましても、自分の目で見、自分の足で歩いてみない限り、理解はできないでありましょう。八レグア〔四五km〕の峠を越えますのに、つまり最後列が渡り終えますまでに一二日間かかり、六八頭の馬が崖から転落したり、膝の後の腱を切ったりして命を落し、その他の馬も傷を負い、まことに哀れな状態で、一頭として使いものになる馬はないと思われました、と申し上げるだけでその峠の凄まじさが陛下にお分かりいただけるかと存じます。こうしてその峠で傷を負い、難儀をした末、六八頭の馬が死に、生き残った馬も回復するのに三か月以上かかりました。

この峠を越える期間中、昼夜を分かたず雨が降りつづきましたが、険しい地形のため雨水の溜まるところがなく、われわれは激しい渇きに苦しみ、そのために死ぬ馬もいました。毎晩われわれは雨よけのための小屋をつくりましたが、雨量が多いものですからそこで鍋やその他の容器に水をためれば人馬両方の水をまかなうことができ、それがなければ人も馬もその深山から生きて出られなかったでありましょう。

この峠越えの途中で私の甥[64]が崖から落ち、脚の骨を三、四か所折りました。それは彼に苦痛を強いただけでは

(62) アルバ・イシュトリルショチトル (I:423) はアシュンカプイン (Axuncapuyn) と呼んでいる。

(63) アルバ・イシュトリルショチトル (I:423) はナワトル語でタシャイテトル (Taxaytetl) と呼んでいる。

(64) ベルナル・ディアス (cap. 178) は彼をパラシオス・ルビオスと呼んでいるが、この後コルテスは彼を従弟のファン・デ・アバロスと呼んでいる（四九八頁）。

なく、彼をかついで峠を越えるのは容易ではありませんので、われわれ全員の負担が増えました。われわれの苦労もやっと終わったかと思われたテンシスの村に着く一レグア手前で非常に大きな河[65]に出くわしました。雨で水嵩が増し、流れが急で、そこを渡るのは不可能でした。先遣隊のスペイン人たちは河を上って浅瀬を見つけましたが、それはこれまで聞いたことも、考えたこともないものでした。その辺はいくつかのきわめて大きな岩が流れを遮っているため、河が三分の二レグア以上に広がっています。その岩間が狭い水路のようになっており、河はそこを恐ろしい勢いと速さで流れています。河はその岩間を流れるほかないものですから、そのような水路はたくさんあります。われわれは大きな木を切って岩と岩の間に渡し、蔓を両端にくくりつけ、それにつかまりながら渡りました。それは実に危険で、少しでも滑れば河に落ち、助かる見込みはありません。そのような水路が二〇以上ありますので、渡り終えるのに二日かかりました。馬はもう少し下流の流れのやや穏やかなところを泳いで渡りました。先ほど申し上げましたとおり、一レグアしか離れていないテンシスまで着くのに多くの者が三日かかりました。山越えで健康を損ない、歩けなくなった者たちのほとんどを背負って行かなければならなかったからでございます。

一五二五年の復活祭　私はこのテンシスの村落に一五二五年……〔欠落〕……十五日[66]、復活祭の前日に到着いたしました。多くの者、すなわち馬を連れているために遅れた者たちはその三日後に着きました。私の到着します二日前に先遣隊のスペイン人らが着き、三、四軒の家で二〇人以上の住民を捕えました。私が来ることを知らず、油断していたからです。彼らに食糧はないかと尋ねますと、否と答え、この地方のどこにもないと述べましたので、われわれの不幸は倍加しました。と申しますのは、われわれはこの一〇日間ヤシやパルミットヤシの芯しか食べておらず、それもほんのわずかで、もはやそれらを切る力すら持ち合わせていなかったからでございます。しかしその村の長が、河の上流に向かって一日行けば、その河をまた同じところで渡らなければならないが、タウイタル(67)という人口の多い地方があり、そこにトウモロコシ、カカオ、鶏などの食糧がふんだんにある、そこまで案内する者をつけよう、と申し出ました。私はすぐさま一人の隊長に三〇名の歩兵と私に同行しているインディオのうちの一〇〇〇人以上を連れてそこへ赴かせました。住民は姿を消していましたが、われらが主の思し召しにより、トウモロコシが実に豊富にありましたので、遠隔地による苦労は余儀なくされたものの、そこから食糧を供給することができました。

私はアククリン(68)と呼ばれる地方へ行く道を探査するため、その農園から先住民の案内人をつけてスペイン人の射手を何人か派遣し、私のいるところから一〇レグア、そして首長の名がアカウイルギンというその地方の中心の町から六レグア離れた村へ行くよう命じました。彼らは気づかれずにそこへ着き、ある家で七人の男と一人の女を捕まえました。彼らが戻ってきて申しますには、彼らが到達したところまでの道はやや厄介ではあるが、そのまえにわれわれが経験した道に比べれば非常によいと思われるとのことでした。

私はこのスペイン人たちの連れて参りましたインディオに私が探しているキリスト教徒について聞きました。インディオの一人が自分はアクラン地方出身の商人で、取引の本拠地は私の探しているスペイン人たちが住んでいる町だと申しました。その町はニト(69)と呼ばれ、くにのあちこちから商人が集まって大量の商いが行われており、

(65) おそらくセプシラ（Sepusilha）河であろう（Pagden, n. 70）。
(66) 月が欠落しているが、この年の復活祭は四月十五日なので、コルテスは一四日に到着したのであろう。
(67) アルバ・イシュトリルショチトル（I: 424）によれば、タウイカン（Tahuican）。
(68) アルバ・イシュトリルショチトルはアスクリン（Azuculin）としている（I: 424）。
(69) ニトはドゥルセ川の河口あるいはイサバル湖の近くに位置し、カカオの産地として重きをなしていた。ナコと同じく主としてナワトル語族との交易地であった（Pagden, n. 74）。ニトは現在サン・ヒル・デ・ブエナ・ビスタと呼ばれ、ナコの名はプエルト・カバーリョの近くの渓谷の名として残っている（MacNutt, p. 284）。

アクランの商人はその町に彼ら独自の地区をもち、そこに首長アパスポロンのきょうだいもいるとのことです。またキリスト教徒が、ある夜、彼らを襲って町を占拠し、町にあった商品を盗んだが、あちこちから商人が集まっていたので、その量は莫大であったと申します。それからほぼ一年近くたって、みな別の地方へ行ってしまい、彼とアクランのいく人かの商人はアククリンの首長アカウィルギンにその地に居住するための許可を求めたそうです。そして彼らは首長の指定した場所に小さな町をつくり、そこに住み、そこで商いを行っているが、あのスペイン人たちが来てからは取引が激減したとのことです。そこは交通の衝にあたっていましたが、いまは誰もそこを通ろうとしないからです。また彼はスペイン人のいるところまで道案内をしてもよい、ただしそこへ着くまえに大きな入り海を渡り、多くの険しい山を越えなければならず、約一〇日間の行程であろう、と述べました。私はそのようなすばらしい案内人を得てたいそう喜び、彼を丁重に扱いました。また私がマサトランおよびタイカから連れてきました案内人たちは、彼らが私からいかに厚遇されたか、そして私がいかに彼らの首長であるアパスポロンの友人であるかを彼に語りました。こうして彼は安心し、私も彼を信頼しましたので、彼とその供の者を解放し、また私がこれまで帯同していた案内人も信用できましたので、彼らにもそこから帰るようにと言い、彼ら自身と彼らの首長のためにいくつかの小さな贈り物を与えました。さらに彼らの尽力に謝意を表しますと、彼らは大いに満足して帰っていきました。

そこで私はアククリンの者四人とテンシスの村の者二人をアククリンの首長のもとに派遣し、彼と話し私から逃げる必要はないということを納得させようとしました。そして彼らの後から道を切り開くため別の者を行かせ、私の出発は食糧を得るために二日遅らせました。本当はもう少し馬を休ませてやりたかったのですが、ほとんどは馬を降り、手綱を曳いて出発いたしました。翌朝気がつきますと、案内人とその供の者がいなくなっており、私がその他の案内人を帰らせたことをどれほど悔みましたか、神のみの知ろしめすところでございます。

しかしながら、私は遠征を続け、そこから五レグア先の森のなかで眠りました。われわれは多くの難所を通り、これまで無傷だった馬が膝の後ろの腱を切り、いまだに回復しておりません。翌日は六レグア進み、河を二つ渡りました。一つの河には倒れた木を渡し、その上を河に落ちないで渡れるようにし、馬は泳いで横切りましたが、二頭の馬が溺れました。もう一つの河はカヌーで渡り、馬はやはり泳いで横切りました。私は一五軒くらいのいずれも新しい家がある小さな村落で休みました。それはキリスト教徒が住みはじめたため町から出て行ったアクランの商人の家でした。私は一日中そこで後からくる者と荷物を待ちました。そして二組の騎兵と一組の歩兵をアククリンの町へ派遣いたしました。彼らは、町には人の姿はなかったが、大きな首長の家に二人の男がおり、二人は首長の命令で私が着きしだい首長に知らせるためにそこで待っていると述べた旨、私に書いてよこしました。またそこの首長は、私がテンシスから送った使者より聞いて私が来ることを承知していたとのことで、私に会えれば嬉しく、私が着いたことを知ればすぐにでもやって来るつもりだ、と述べたそうです。二人のうちの一人は首長を呼びに、また食糧をもって来るために出かけ、もう一人はそこに残ったそうです。さらに彼らは木にカカオがなっているのを見つけたが、トウモロコシは見つからない、しかし馬のための牧草はかなりあるとも書いてよこしました。

アククリンに着きますと、私は首長が来たか、あるいは使者が戻ってきたかと尋ねましたが、否と答えましたので、アククリンに居残った者にどうして来ないのかと問い質しますと、知らない、自分も待っている、あなたの到着を待っているのではないか、しかしもう着かれたことが分かったのでやって来るのではないか、と答えました。

私は二日間待ちましたが、やはりやって来ませんので、もう一度そのインディオに話しますと、彼は首長が来ない理由は分からない、首長の居所は知っているので何人かのスペイン人を指名してもらえればいっしょに彼を呼びに行きたい、と述べました。そこでただちに一〇名のスペイン人が彼とともに出発いたしました。そのインディオに五レグア〔二八㎞〕あまり森のなかを案内され、いくつかの小屋のあるところに着きましたが、小屋は空っぽで、スペイン人によればその直前まで人のいた気配がしたとのことであります。そしてその夜案内人も姿を消し、彼らは戻って来ました。

案内人が全くいなくなり、それがわれわれの苦労を倍増することになりましたので、私はスペイン人とインディオを何組かに分け、その地方全体に派遣いたしました。彼らはその地方の至るところを八日間以上にわたって隈なく歩きましたが、人の痕跡すら見つかりませんでした。女を数人見つけましたが、彼女たちは道も、その地方の首長や住民の消息も知らず、われわれの目的にはほとんど役に立ちませんでした。しかしそのうちの一人が、そこから二日の行程を行けばチアンテカという町があるので、そこへ行けばわれわれが探しているスペイン人について知っている者がいるかもしれない、その町にはあちこちで取引をしている商人が大勢いるから、と申しました。そこですぐにその女を案内人に立て、人を派遣いたしました。その町へは私のいるところから優に二日はかかり、全く人気《ひとけ》のない悪路を行かなければなりませんが、その町の先住民は私が来ることをすでに知らされており、案内人を見つけることもできませんでした。

案内人もなく、かつて見たこともない険しい山の奥深くにいるため羅針儀も使えず、これまで通ってきた道のほかに外へ出る道も見つからず、ほとんど絶望しておりますと、われらが主の思し召しにより、森のなかで十五歳くらいの男の子を見つけました。彼はわれわれの問いに答えて、タニア[70]の農園まで案内しようと申しました。それは別の地方ですが、私の地図によりますと、いずれにしてもそこを通らなければなりませんでした。彼はその農園は二日の行程であると申しましたので、彼の案内で出発いたしました。

ニトのスペイン人の消息　二日後にその農園に着きますと、先遣隊が年老いたインディオを捕えており、彼がそこからさらに二日の行程にあるタニア地方の町々までわれわれを案内してくれました。それらの町で四人のインディオを捕え、私が尋ねますと、彼らは私の探しているスペイン人の消息についてきわめて明確に語り、そのスペイン人たちを見たことがある、そこから二日の道のりで、私も覚えているニトという町にいる、と述べました。そこは商いの中心的な町ですので、その町の様子はあちこちでよく知られており、陛下にご報告申し上げましたとおり、アクラン地方においてもその町について話を聞きました。また彼らはスペイン人がいるニトの町出身の女性二人を私のもとに連れて来て、彼女たちは私により詳しく実情を説明してくれました。彼女たちによりますと、キリスト教徒がその町を占拠したとき、彼女らはそこにいたとのことで、スペイン人は夜間に襲いましたので、彼女たちは他の多くの住民とともに捕えられ、なん人かのキリスト教徒に仕えたと言って、そのスペイン人たちの名前を挙げました。

タニアの先住民の話しを聞き、この心もとない遠征も終りに近づいたと思い、私をはじめすべての隊員がどれほど喜びましたか、陛下にご説明申し上げるのは容易ではありません。アククリンからの最後の四日間にしましても、数え切れないほどの困難を経験いたしました。まったく道がない上に、険しい断崖絶壁の峠を越えなければならず、そこでは残っていた馬もなん頭か転落し、フアン・デ・アバロス[71]という私の従弟と彼の馬も崖から落ち、彼は腕を折るだけで済みましたが、もし身にまとっていた甲冑の金属板が彼を保護していなければ、岩石が彼を粉々にしていたでしょう。それでも彼を崖の下から引き上げるのに四苦八苦し、その他の数多くの苦労につきましては話せばきりがありません。とりわけ飢えに苦しめられ、メヒコから持ってきた豚はまだ残っていましたが、タニアに着いたときにはもう八日以上もパンを食べておりませんでした。われわれは肉といっしょに煮たパルメットヤシとヤシの芯で飢えをしのいでおりました。タニアの町々でも食べ物はありませんでした。町の住

(70) アルバ・イシュトリルショチトルはトゥニア (Tunia) (I: 424)、ベルナル・ディアスはタニア (Tania, コルテスは Taniha) と呼んでいる (cap. 178)。
(71) 註64参照。

民はスペイン人がすぐ傍にいましたので、襲われるのではないかと恐れ、とっくに町を離れてしまったからです。もっとも、私は後でスペイン人たちの惨めな姿を目にし、彼らがこのような状態にあると分かっていればなにも怖がることはなかったであろうにと思いました。われわれはもう彼らのすぐ近くまで来ていると知り、これまでのすべての苦労を忘れ、また過去に勝るとも劣らない現在の苦しみを耐えることに努めました。それはとりわけ飢えであり、それが最大の悩みでした。と申しますのも、その塩気のないパルメットヤシですら十分にはないため、ひじょうに太くて背の高いヤシを苦労して切り倒さなければならず、一本のヤシを切り倒すのに二人の男が丸一日かかり、それを半時間で食べてしまうのです。

スペイン人の消息を教えてくれたこのインディオたちは、そこへ着くためには悪路を二日かけて行かなければならず、またスペイン人のいるニトの町のすぐ傍に非常に大きな河[72]があり、河幅がとても広いので、泳いで渡るのは不可能であり、カヌーを使わなければならない、と申しました。

そこで私はすぐに道と河の様子を見るため、一五名の隊員をあの案内人の一人とともに徒歩で行かせました[73]。そして気づかれないようにしながらそのスペイン人たちについて調べ、彼らが何者なのか、私が派遣したクリストバル・デ・オリードの者か、それともフランシスコ・デ・ラス・カサスないしヒル・ゴンサレス・デ・アビラの者なのかを私に報告するよう命じました[74]。こうして彼らは出発し、インディオがその河まで案内いたしました。そこで商人のカヌーを一艘奪い二日間そこに隠れていました。二日経ったとき、河の向う側にあるスペイン人の町から四人のスペイン人がカヌーで魚釣りに出て来ました。そしてその四人を一人も逃がさず、また町で気づかれることもなく捕え、私のもとへ連れて帰りました。私は彼らと話し、彼らがヒル・ゴンサレス・デ・アビラの配下で、全員病を患っており、ほとんど餓死寸前の状態にあることが分かりました。

そこで私は、スペイン人たちに私の到着を知らせるとともに、河の浅瀬を渡りたいのでできる限りの舟とカヌーを貸してほしいと依頼する手紙を私の家僕二人に持たせ、先ほどのカヌーで町へ行かせました。そして私は全隊員とともに河の浅瀬に赴きましたが、そこへ着くのに三日かかりました。ディエゴ・ニエットという者がそこで私に会いに来て、彼はその町を管理していると述べ、舟とカヌーを一艘ずつ持って参りました。私はそれを使ってその夜一〇名ないし一二名の者とともに町へ渡りました。河はわれわれの横切った河口ではきわめて幅が広く、折から強い風が吹きましたためひじょうに難儀し、危うく遭難するところでした。しかしわれらが主の思し召しにより、無事向う岸に着くことができました。翌日、そこにあった別の舟一艘を用意させ、そしてさらにカヌーを探してそれらを二艘ずつ繋ぎました。このような準備を整えましてから、すべての人と馬を五、六日かけて対岸に渡しました。

コルテス、ニト到着　その町にいたスペイン人はおよそ六〇名の男性と二〇名の女性で、ヒル・ゴンサレス・デ・アビラ隊長が残していった者たちです。彼らの悲惨な姿と私が着いたのを目にしたときの喜びようは見るも哀れで、心から同情の念を禁じ得ませんでした。まことに、もし私が参りませんと、彼らは一人としてそこから逃げ出せなかったでありましょう。と申しますのは、彼らは少人数で、武器も馬も持たないうえ、いちじるしく健康を害し、傷を負い、飢えに苦しんでいましたし、島嶼から持ってきた食糧も、この町を占拠したときに先住民から取り上げた食糧も底を突いていたからであります。そのうえ、蓄えていた分がなくなりますと、よそへ探

(72) おそらくカンクエン (Cancuén) 河またはサルストゥン (Sarstún) 河であろう (J. L. Martínez, p. 441)。
(73) ゴンサロ・デ・サンドバルが指揮した (Bernal Díaz, cap. 178)。
(74) アビラは一五二四年サント・ドミンゴからニカラグアに到着、サン・ヒル・デ・ブエナ・ビスタの町を建設した。その後ナコ渓谷に定着して北から近づいてきたオリードと取り決めを結んだ。しかしオリードは機会を狙っていただけで、ブリオネス隊長を遣ってアビラの隊員のほぼ半数を捕えた。ちょうどその時ラス・カサスが到着、ブリオネスは撤退させられた。しかし最終的にはオリードがラス・カサスを捕えて、ナコ渓谷に入り、奇襲によってアビラの残りの部隊とアビラ自身を捕えた。

しに出かけることもできないため新たな食糧を入手する方法がありませんでした。その町から陸伝いには外へ出られないと申しますか、われわれが後に苦労して見つけました出口を彼らは知らなかったものですから、どこにも出かけられなかったのです。彼らは住んでいるところから半レグア以上足を伸ばしたことがありませんでした。

彼らの窮状を目の当たりにし、私は彼らを支援し、その間に彼らを静養のために島嶼に送り返す算段をすることにしました。彼らのうち植民者として当地に残れる者は八人にも満たないからであります。そこで私はなん人かの隊員をそこにあった二艘の舟と五、六艘のカヌーで海に出し、あちこちに行かせました。最初の組はこれらのキリスト教徒のいたニトの町からわれわれが来た方角に一〇レグア[75]〔五六km〕ほど行ったところにあるヤサと呼ばれる河[76]の河口へ向かいました。私はそこにいくつかの町と潤沢な食糧があると聞いていたからであります。彼らは河に達すると、上流へ六レグア〔三三km〕上り、とても大きな農園に着きました。その地の先住民は彼らが来るのに気づき、すべての食糧を農園のなかにある小屋に隠し、女、子供を連れ、財産を持って森に隠れました。スペイン人たちがその小屋に着きますと、折から大雨が降ってきましたので、近くにあった大きな家で雨宿りをしたそうです。彼らは気を許していたうえ、濡れていましたので、みな甲冑を脱ぎ、また衣類を乾かすために裸になり、たき火に当たる者も多くいました。こうして彼らに心の準備がないところへ先住民が奇襲をかけましたので、不意をつかれた彼らの多くは深手を負いました。そしてなんの収穫もないまま舟に乗って私のもとへ戻らざるを得ませんでした。彼らが傷を負って帰ってきたのを目にし、しかもそのうちのいく人かは重傷であり、またインディオたちを有利にしながら、全くわれわれの窮状を救うことにはならなかったため、私がいかに無念に思いましたかは神の知り給うところでございます。

私はただちに同じ舟とカヌーに別の隊長ならびに私に随行していたスペイン人とメヒコの先住民からなるより多数の隊員を乗せ、出発させました。全員をその舟に乗せることはできませんので、私は一部の者をその町の傍にある大きな河の向う側に行かせました。そして彼らには河岸に沿って進むように、また舟とカヌーには多くの川や入江を横切るため陸上の援軍とともに河岸近くを行くよう命じました。こうして彼らは出発し、先のスペイン人たちが傷を負ったその河の河口に到達いたしました。しかし彼らは、海でカヌーを漕いでいた四人のインディオを捕まえたほかはなにもせず、食糧を確保することもなく戻って参りました。彼らはどうして手ぶらで帰ってきたのかと尋ねられますと、大雨のために河の水かさが増して激流となったため、ただの一レグアも河を上ることができなかった、しかしいずれ水が引くだろうと思い、食糧も火もないところで、野生の木の実を食べながら八日間待ったので、一部の者は悲惨な状態に陥り、命からがらで戻ってきた、と申しました。

私はこのうえない窮地に陥り、もし遠征用に携行した豚肉のわずかな残りをパンも塩もなしに分け合って食べていなければ、全員そこで死に絶えていたでしょう。私は通訳を介して、あの捕まえたカヌーのインディオたちに、この近くで食糧を探しに行けるところを知らないかと尋ね、もしそこへ案内してくれれば、解放するうえ、十分な土産物を与えると約束しました。彼らの一人が、自分は商人で他の者は自分の奴隷である、自分は交易のためになんども船でそちらの方に行ったことがあるので知っているが、そこから大きな河まで延びている湾があり、商人は嵐のときには海上を航行できないのでその湾内を横切るのだ、と述べました。そしてその河畔にいくつかのとても大きな町があり、住民は豊かで、食糧も十分にあるので、あなた方が必要とするすべての食糧を入手できる町々へ自分が案内しよう、また自分が嘘をついていないということを示すため、自分を鎖につないで連れて行き、もし嘘だと分かれば相応の罰を科してもよい、と申しました。そこで私はすぐに舟とカヌーを用意させ、私の隊員のうちでまだ使える者をみなそれに乗せ、その案内人とともに送り出しました。その一〇日後、彼らは出かけたままの姿で戻って参り、案内人が彼らを舟もカヌーも進めない沼に引き入れたので、沼を横切ろう

(75) これはおそらく筆耕人の誤りで、正しくは二レグア(一一km)であろう(Pagden, n. 81)。
(76) ランラー(Lanlá)河。

とできる限りのことをしたがどうしようもなかった、と語りました。案内人にどうして私を愚弄したのかと質しますと、彼はそうではない、スペイン人たちが前に進みたがらなかったのだ、もう少しで例の河が注いでいる海(77)へ出るところであった、と答えました。スペイン人の多くも海の音がはっきりと聞えたと認めましたので、彼らのいたところから海はそう遠くなかったのであります。

ニトの状況　私はどうすることもできずに望みを失いかけ、そこにいるわれわれは皆飢え死にするほかないと考えたときの私の気持ちは筆舌に尽くし難いものでした。こうして途方に暮れておりますと、そのような窮地にいつも救いの手を差し伸べて下さるわれらの主なる神は、分不相応な私のような者にも、陛下にお仕えしているがゆえに、いく度となく私を助け、お救い下さいましたが、この度も私がそこにいるとは知らないで島嶼からやって来た一隻の船《ナビオ》をお送り下さいました。その船は水夫を除き三〇名の隊員を乗せ、一三頭の馬、七〇頭余りの豚、それに塩漬け肉一二袋と島嶼で食されるパン三〇荷を積んでおりました。われわれは皆このような窮地からお救い下さったわれらが主に心から感謝し、船に積まれているすべての食糧を購入しましたが、それには計四〇〇〇ペソかかりました(78)。私はほとんど壊れたも同然のあのニトのスペイン人たちのカラベラ船の修繕を急ぎ、また難破して壊れた別の船の残骸を使ってベルガンティン船をつくりはじめていました。島嶼から来たこの船が着いたころにはすでにカラベラ船の修繕は終っていましたが、ベルガンティン船の建造はこの船が着かなければ終えることができなかったでありましょう。と申しますのは、専門の船大工ではありませんが、その方面に非常に長けた者が一人その船でやって来たからです。その後あちこちを探査しておりますと、一本の小径を見つけました。ひじょうに険しい山を越え、ニトから一八レグア〔一〇〇㎞〕ほどその道を行きますと食糧の豊富なレゲラという町へ着きます。しかし、その町は余りにも遠く、途中の道もすこぶる悪いものですから、そこから食糧を運ぶのは不可能でした。

レゲラで捕えたインディオから聞いたところによりますと、ナコ[79]はフランシスコ・デ・ラス・カサス、クリストバル・デ・オリードおよびヒル・ゴンサレス・デ・アビラが滞在し、かのクリストバル・デ・オリードが死去した町であり、そのことにつきましてはすでに陛下にご報告申し上げましたが、さらに後ほど申し述べたいと存じます。またこの点につきましてはレゲラ〔ニトの誤りだろう〕の町で会ったスペイン人から聞いたこととも符合いたします。私はただちに道を切り開くよう命じ、一人の隊長とともにすべての歩兵と騎兵を送り出し、私のもとには病人と私の従僕、それに私とともに海路行きたいという者がなん人か残っただけであります。私はその隊長にナコの町へ行き、前のスペイン人の隊長たちがいたころにやや不穏であったその地方の住民をできるだけなだめるよう、また到着しだい、一〇騎ないし一二騎および同数の射手をその町から二〇レグア〔一一一㎞〕先にあるサン・アンドレス湾へ派遣するよう命じました。私は病人と私のもとに残った者全員を連れて海路船でサン・アンドレス湾へ向かい、もし私が先に着けば彼らを待ち、彼らが先に着けば私の指示があるまでそこで待機させることにしました。

彼らが出発し、ベルガンティン船の建造も終えましたので、私は同行の者とともに乗船しようと思いましたが、食糧は肉が少しはありますもののパンは全くないことが分かり、このまま多くの病人を抱えて海に出るのは賢明ではないと思いました。もし途中で天候のために遅延すれば、事態を収拾するまえにみな餓死する恐れがあるからでございます。

(77) おそらくモンタグァ河の河口であろう(Pagden, n. 82)。
(78) ベルナル・ディアス(cap. 180)によれば、この船はキューバから来たもので、すべての船荷は厚底の半長靴を作っているアントン・デ・カルモナのものであった。
(79) ホンジュラスのサン・ペドロ・スラから北西へ少し内陸部にはいったチャメルコン河の近くで、ウルア盆地の交易の中心地。

解決策を探しておりますと、スペイン人の隊長としてニトに残った者が私に申しますには、彼らがヒル・ゴンサレス〔・デ・アビラ〕とともに到着したときには二〇〇名で、ひじょうに立派なベルガンティン船と四隻の船《ナビオ》でやって来たそうです。そしてベルガンティン船とそれらの船に載せた小舟《バルカ》でその大きな河を上ると二つの大きな淡水の入江が見つかり、その周囲に食糧の豊富な町がたくさんあったとのことです。彼らは一四レグア〔七八㎞〕河を上って入江の端まで行ったが、そこで河がふたたび細くなり、流れが激しくなったため、航行は可能だったが六日間かかっても四レグアしか進めず、そのためその河につき十分調査することはできなかったとのことです。彼はそこにトウモロコシが豊富にあることは分かっているが、私がそこへ赴くには同行する隊員が少な過ぎるとのことでした。と申しますのは、彼らは八〇人で町を奇襲し、占拠しましたが、その後集結したインディオたちに襲われたため、なん人かが傷を負ったうえ、船に追い返された由です。

われわれの窮状を目の当たりにし、食糧を持たずに海に出るのは陸上で食糧を探すよりはるかに危険であるとは分かっていましたが、私は危険を顧みず、河を上ることに決心しました。彼らのために食糧を探すほか方法はありませんし、われらの主なる神は私が陛下にお仕えするためのなんらかの秘策をお授け下さるかもしれないと思われたからであります。そこですぐに同行できる隊員の数を数えますと四〇名ほどいました。全員が十分に動けるわけではありませんが、私が上陸しているあいだ船を見張ることはできました。これらの隊員とメヒコから同行しまだ残っている約五〇人のインディオを伴い、すでにでき上がっていたベルガンティン船ならびに二艘の舟と四艘のカヌーに乗り込みました。そしてその町に居残った病人の食事の世話をするため私の食事係を残しました。こうして私は急流に苦労しながら河を上り、丸一日と二晩かかって三レグアほど進み、先に申し上げました二つの入江のうちの一つに着きました。その入江は周囲が一二レグアほどありますが、すべて沼地ですので、沿岸に町はありません。私は一日かけてこの湾を横切り、河がふたたび細くなっているところに到達いたしました。そして翌朝もう一つの入江に着きましたが、それはこの世で最も美しいと思われる光景で、険しく聳え立つ山々の合間に、周囲が三〇レグア以上あると思われる大きな内海があります。私はその海岸に沿って進み、ほとんど夜に入りましてから一本の道を見つけました。その道を三分の二レグア行きますと町に達しますが、すでに住民に気づかれたのか町はもぬけの殻で、食糧もなにもありませんでした。

しかし畑にはまだ青いトウモロコシがたくさんありました。われわれはその夜と翌朝はそれを食べましたが、そこにはわれわれの求める食糧はないことが分かりましたので、先住民に出合うことも目にすることもなく、青いトウモロコシを積んで船に戻りました。[80] われわれは船で入江の反対側に渡りましたが、途中逆風に見舞われて苦労し、カヌーを一艘失いました。しかし乗組員は別の舟に助けられ、溺死したのはインディオ一人だけでした。岸に着きますと、午後も遅くもう夜近くで、翌朝まで上陸はできませんので、われわれはベルガンティン船を入江内に停泊させ、小舟とカヌーを使ってその入江に注いでいる小さな川を上りました。そうしますと一本の道が見つかりましたので、私は三〇人の隊員とインディオ全員を伴ってそこで上陸し、小舟とカヌーはベルガンティン船へ戻すよう命じました。そしてその道をたどり、下船したところから四分の一レグアほど参りますとある村に着きました。しかしどの家も草が生い茂り、もうなん日もまえから人が住んでないように見受けられました。もっとも、とても立派なカカオ園やその他の果樹畑がありました。どこか別の場所へ行く道がないか村中を探しますと、永らく人が通っていないらしく植物が伸びて塞がれている道を見つけました。そのほかに道がないものですからその道を辿り、その日は森のなかを五レグアほど歩きましたが、塞がれた道をみな手や膝を使って進みました。[81] そして遂にトウモロコシ畑を見つけ、そこにある小屋に畑の所有者と思われる女三人と男一人を見つけ

(80) コルテスはニトから内陸部へドゥルセ河を上って行ったらしい。二つの湾の小さい方が現在エル・ゴルフェテ(El Golfete)として知られる湾で、大きな方がイサバル湖であろう。コルテスはそこからポロチック河を上り、チャクハル(Chacujal)へ赴いた(**Pagden, n. 85**)。

て捕えました。彼らはまた別の農園へわれわれを案内し、そこで別の女二人を捕えました。そして彼女たちがこんどはまた別の大きな農園へわれわれを案内いたしました。そのなかにまだ建てられたばかりのような四〇軒ほどの小さな家がありました。われわれが着くまえにどうやら気づかれたようで、住民はみな森へ逃げてしまっていましたが、不意を突かれたためすべての持ち物を運び去ることはできず、かごのなかのメンドリ、ハト、ウズラ、キジなどを置き去りにして行きました。しかし乾燥したトウモロコシも塩も見つかりませんでした。

その夜はそこで過ごし、青いトウモロコシを見つけましたので、それと鳥を食べて飢えを凌ぎました。その村落に二時間以上いますと、そこに住むインディオが二人自分たちの家に客人がいるとは知らずに戻って来ました。彼らは私の見張り番に捕まり、近くに町があるか知らないかと尋ねられて、知っている、翌日そこへ案内しよう、しかし着くのはほとんど夜になるだろう、と答えました。翌朝、われわれはこれらの案内人といっしょに出発いたしました。案内された道は前日の道よりも悪く、低木の茂みで塞がれているのみならず、石弓が届くほどの距離を進むごとに川を渡らなければならず、それらの川はすべてあの入江に注いでいました。周りの山々から流れてくる膨大な量の水が、先に陛下に申し上げましたとおり、海に達するあの流れの速い河に注ぎ、入江と沼沢地をつくっているのであります。こうしてわれわれは行進を続け、四五の大きな河と無数の小川を横切り七レグアほど歩きましたが、町には着きませんでした。途中三人の女を捕えましたが、彼女たちは案内人が連れて行こうとしている町から来た者で、トウモロコシを背負っていました。彼女たちによりますと、案内人の言っていることは本当であるとのことでした。日が暮れようとする、あるいはすでに暮れたころ、人の声と太鼓の音が聞こえましたので、女たちにあれはなんだと訊きますと、その日にやっているある祭りであると答えました。そこで私は全員にできるだけ急いで、密かに森のなかに隠れるよう指示するとともに、歩哨を町の傍までやり、また他の者をインディオが来れば捕えるよう道に立たせました。その夜はこれまで見たことのない滝のような雨のなかで、信じられないような蚊の大群に襲われながら過ごしました。森も道もすさまじく、夜は真っ暗闇で大嵐のため、私は二、三度町まで行こうと試みました。町の住民の話し声が聞こえるほどで、町はすぐそこだと思われましたが、道を見つけることすらできず、夜明けを待たざるを得ませんでした。そして朝早く出発し、彼らがまだ寝ているところを襲いました。私は予め声を出したり、家に入ったりしないで、主要な家屋、特に首長の家とすべての戦士の宿泊所であると案内人が言っていた大きな兵舎を包囲するよう命じました。

幸い、われわれが最初に見つけた家屋はその兵士たちのいるという建物でした。もう明るく、なにもかも見えましたが、私の隊の一人が大勢の兵士と武器を目にして、われわれは少数であり、敵は寝ているとはいえ大人数であるため助けを求めるべきだろうと考え、大声で「サンティアゴ、サンティアゴ」と叫び始めましたので、インディオたちは目を覚ましました。彼らには武器をとる者も、とれない者もいましたが、彼らのいた建物はどこにも壁がなく、屋根は柱で支えられていましたし、われわれも周囲を完全に包囲することができませんので、彼らはどこからでも外へ出ることができました。陛下に申し上げますが、もし彼が叫んでいなければ、敵を一人残らず捕えることができ、当地でこれまでに例のない偉業となったでありましょう。そして彼らを釈放し、われわれの当地来訪の目的を述べて彼らを安心させ、われわれが彼らに危害を加えず、捕えられた後釈放されたのを見せれば、当地の平定が可能となり、大きな成果が得られたであろうと思われましたが、実際はその逆になりました。われわれは約一五人の男と二〇人の女を捕え、抵抗した一〇人ないし一二人が死にました。そのなかに首長がいたことには気づきませんでしたが、死後に捕虜たちがそれは首長であると述べました。この町でもわれわれの役に立つものを見つけることはできませんでした。青いトウモロコシはありましたが、それはわれわれの探している食糧ではありませんでした。隊員の休養のためその町に二日間滞在し、そこで捕えたインディオに乾燥したトウモロコシの備えがある町を知らないかと尋ねますと、チャクハル[82]と呼ばれるひじょうに大きくて古い町を

(81) ミナス山脈。

知っている、そこにはあらゆる種類の食糧が豊富にある、と答えました。

そこに二日間滞在しましてから、あのインディオたちに案内されて彼らが教えてくれた町へ向け出発いたしました。その日はやはりひどい道を辿り、いくつもの河をわたって優に六レグア〔三三㎞〕は歩き、とても大きな農園に着きました。案内人がそれはわれわれの目指す町の農園だと申しました。見つからないようにして農園の傍の森のなかを二レグアあまり参りますと、森で狩りをしながら、なんの警戒心もなくわれわれの方にやって来た木こりや農民を八人捕まえました。私はいつも先に偵察隊を出しておりますので、逃げおおせた者は一人もいませんでした。日が暮れかかりますと、案内人がもう町はごく近くなので、そこで停まるようにと言い、私はそのようにいたしました。日が暮れてから三時間ほど森のなかにいて、また歩き始めました。流れがとても急で、水が胸まで達する河を無事渡りましたが、もし互いに手をつないで渡っていなければひじょうに危なかったと思われます。河を渡りますと、案内人が町はすぐそこだと言いますので全員に停止を命じ、私は二つの部隊とともに町の家々が見えるところまで近づきました。住民の話声が聞こえるほどで、住民は静かであり、われわれには気づいていないと思われました。私は隊員たちのところへ戻り、しばらく休息するよう命ずるとともに、六名の隊員には町の見える道の両側に立たせ、ふたたび隊員たちのいるところへ休息に戻りました。藁のうえで横になっておりますと、偵察隊の一人が戻り、大勢の武装した者たちが道をこちらに向かってやって来る、しかし話しながら歩いており、われわれのことは気づいてないようだ、と申しました。

私は隊員にできるだけ静かに警戒態勢をとらせました。しかし町とわれわれの距離はわずかでしたので、彼らは偵察隊を見つけると雨あられと矢を浴びせ、町に使いを出しました。こうして戦いながら彼らが退却するうちに、われわれは町に入りました。暗かったものですから、たちまち彼らは町の通りに姿を消してしまいました。すでに敵に気づかれましたので、夜でもあり、どこかで待ち伏せされているだろうと思い、隊員たちには決して部隊を離れないよう指示いたしました。私は全隊員とともに寺院や礼拝堂のある大きな広場へ行きました。そして寺院とその周囲の建物がクルアのそれと同じであるのを見て、われわれの恐怖はさらに高まりました。アカランを出てからこれまでそのようなものは見たことがなかったのでございます。多くの隊員の意見は、インディオがわれわれの少数であることに気づいてわれわれの退路を断つまえに町を出て、その夜のうちに河を渡るべきである、というものでした。確かにその忠告は悪くなく、町を見るかぎり恐れるべき理由は十分にありました。しかしわれわれはその大きな広場に長い間集結していましたが、人の声はまったく聞こえませんでした。われわれが町に留まっているのを見てどうやらインディオたちは怖れをつのらせているように見受けられましたので、私は隊員たちがいうような形で町を出るべきではないと考えました。われわれが引き揚げるのを見れば、彼らはそれをわれわれの弱さのせいだと悟りますので、われわれにとってそれはより危険であると思われました。われらが主の思し召しもまさにそのようであり、広場に長い間いてから、私は隊員たちとともにあの大広間に集まり、なにか変わったことはないか幾人かに町のなかを見廻らせますと、物音一つしなかったとのことです。のみならず、どの家もなかに火がついていたので入ると大量の食糧が見つかったとのことで、彼らは上機嫌で、大いに満足して帰って参りました。こうしてその夜われわれはできる限り用心してそこに留まりました。

夜が明けるが早いか、われわれは町中を見て歩きました。町はひじょうに良く計画されており、立派な家々が隣接していました。どの家にも綿がたくさん、すでに織られたものもこれから織られるものもあり、また彼らが使う綺麗な衣服、それに大量の乾燥したトウモロコシ、カカオ、フリホール豆、トウガラシ、塩、かごに入れられた多数の雌鶏やキジおよびウズラやひじょうに美味しい食用犬、[83] その他あらゆる種類の食糧があり、もしそれ

(82) ベルナル・ディアス (cap. 180) はここをシナカンテンシントレ (Zinacantencintle) と呼んでいる。チャキ・ハルは熟れたトウモロコシの意で町の名はここから来たらしい。町の位置は不詳。

(83) 第二書簡註79参照。

らを積む船舶がありますといく日分もの食糧を蓄えることができたでしょう。しかしそうするためにはそれらを背中に担いで二〇レグア〔一一一㎞〕運ばなければならず、われわれはあまりにも弱っていましたので、そこで数日間休みましても、新たな荷物を持たずに船まで戻るのが精いっぱいという状態でした。その日、私はあの農園で捕えたインディオの一人を呼びにやりました。彼は弓矢をもって狩りをしているところを捕えたのであります が、それにふさわしい立派な服装をしていましたのでしかるべき重鎮であろうと思われました。私は同行の通訳を介して彼に、町の首長と住民を探しに行ってほしい、私はあなたたちに迷惑をかけるためではなく、むしろあなたたちの利益になることについて話すためにやって来たのでその旨伝えてほしい、と述べました。また町の首長またはしかるべき身分の者に私の来訪の目的を知るために会いに来てほしい、そうすればそれがいかにあなたたちの利益になり、逆に拒否すればいかに不利益をこうむるかということが分かるであろう、と述べました。そして彼に私の書状を持たせて送り出しました。当地においてはそれが彼らを納得させるのに役立つからです。もっとも一部の隊員は、彼を遣るのは賢明ではない、彼が行けばわれわれが少人数であることを明かすだろうと述べ、反対しました。民家の様子からその町は大きく、人口も多いと見受けられ、もしわれわれが少数であるということが知れれば、他の町の者たちとも結託してわれわれを襲うかもしれないからであります。私はそれも理のあることだとは思いましたが、なんとか食糧を確保する手立てがないものかと思案し、もし彼らがおとなしくやって来れば、少しでも食糧を得られるかもしれないと考え、起こるかもしれない危険は顧みないことにしました。実際、食糧を持ち帰らないで餓死する危険のほうがインディオに襲われる危険より大きかったのです。そこで私はそのインディオを派遣し、彼は首長と住民がどこにいるか知っているので、翌日には戻ってくると約束いたしました。

　翌日、彼が戻ってくるはずの日、二人のスペイン人が町の周りと町外れを巡察しておりますと、私の与えた書状が棒に挿して道端に置かれてあるのを見つけました。これで回答は得られないことがはっきりしました。事実、われわれはその町に一八日間滞在し、休養したり食糧を運ぶ方法を考えたりしておりましたが、あのインディオもその他のだれもやって来ませんでした。あれこれ考えておりますうちに、私は町から河を下りその河がベルガンティン船と小舟やカヌーを残してきたあの淡水の入江に注いでいる大きな河に合流するかどうかを調べるのが賢明であると思われました。それを捕虜のインディオたちに尋ねますと、彼らは合流すると答えましたが、彼らの言葉はこれまでわれわれが聞いた言葉とは異なりますため、われわれは彼らをよく理解できず、彼らもわれわれを十分理解してはおりませんでした[84]。私は身ぶりといくつかの知っている単語を使って、彼らのうちの二人が一〇人のスペイン人に同行し、河の合流点まで案内してくれないかと頼みました。彼らはそこはひじょうに近く、その日のうちに戻れるだろうと申しました。そしてわれらが主の思し召しにより、とても美しいカカオ園やその他の果樹園を通って二レグアほど参りますと大きな河に出合い、その河は私がベルガンティン船と小舟やカヌーを残したあの入江に注いでおり、河の名はアポロチック[85]であると彼らは述べました。そこから入江までカヌーで何日かかるかと尋ねますと、五日間だと答えました。案内人の一人がベルガンティン船のあるところまで近道を案内しようと申し出ましたので、私はただちに彼といっしょに二人のスペイン人を遣りました。私は彼らにベルガンティン船と小舟とカヌーを大きな河の河口まで運び、カヌーと小舟それぞれ一艘は河を上り二つの河の合流点まで持ってくるよう命じました。

筏の組み立て　彼らを送り出しましてから、私は木とカヌーを使った四艘の大きな筏をつくらせました。どの

(84) この地域の住民はチョルティ語を話した。もっともコルテスはケクチ語圏ないしポコンチ語圏に入り込んでいたようにみえる。ポロチック河の北側はケクチ語、南側はポコンチ語とされる。
(85) ポロチック河。

筏も、スペイン人がめいめいに積み込んだフリホール豆やトウガラシやカカオなどの多くの品を別にしましても、四〇ファネガ(86)の乾燥したトウモロコシと一〇人の男を運ぶことができました。筏をつくるのに八日間かかりましたが、それができ上がり、食糧を積み込みますと、ベルガンティン船へ遣ったスペイン人たちが帰って参りました。彼らは六日まえに河を上りはじめたが約束の二つの河の合流点まで舟を持ってくることはできず、舟はその五レグア下流に一〇人のスペイン人を見張りにつけて置いてきた、カヌーも漕ぐのに疲労困憊しそこまで辿り着けず一レグア手前に隠して置いてきた、と申しました。彼らが河を上ってくると、なん人かのインディオが現れて彼らを襲い、人数は少なかったがさらに兵力を結集して彼らの帰りを待っていると思う、とのことでした。私はただちに人をやってそのカヌーを筏のある場所まで持ってこさせ、それにすべての食糧をのせてから、河に浮いている樹木がきわめて危険ですのでそれを長い棒で取り除きながらわれわれを案内してくれる者を乗せました。残留組には隊長を指名し、われわれが通ってきた道を行くよう命じ、もし彼らが先に到着すれば前にわれわれが下船したところで待つように、われわれが先に着けばそこで彼らを待つからと指示いたしました。私は二名しかいない射手を伴い筏を護衛するカヌーに乗り込みました。

この船路は河の流れがはげしいうえに、インディオが途中で待ち受けているに違いありませんので危険ではありましたが、できるだけ警戒を怠らないため、私が自ら行くことにしました。私は神に身をゆだねて河を下りましたが、船足がきわめて速く三時間で舟の置かれているところに着きました。筏の荷を軽くするために一部をその舟に移そうとしましたが、流れが速く止めることができませんでした。私は舟にのり、カヌーには十分の漕ぎ手をのせて常に筏の前を行くように、そしてカヌーにのったインディオがいれば見つけ、危険な場所があれば知らせるよう命じました。私は舟で最後尾についてまず筏を行かせ、もし必要が生じた場合には下流から上流ではなく、上流から下流へ馳せ参じられるようにいたしました。日没近く、一艘の筏が水中にあった丸太にぶつかって傾き、急流がそれを元にもどしてくれましたが、荷物の半分は失われました。すでに夜に入り三時間ほど進んでおりますと、前方でインディオの大きな叫び声が聞こえましたが、筏から離れてはいけないと思い、その理由を確かめるために私が先頭に立つということはいたしませんでした。しばらくすると叫び声は止み、それ以上聞こえなくなりました。しかしまたしばらくすると聞こえ、こんどはもっと近くでしたが、ふたたび止み、私はそれが何なのか分かりませんでした。そしてインディオの叫び声が聞こえなくなってからかなり経っていましたので、私は少し油断をしていました。カヌーと三艘の筏が前を行き、私はこわれて速度の落ちた筏で最後尾について兜を外し、また熱が高かったものですから、手枕をして横になっておりました。

こうして進んでおりますと、河の曲がり角で突然流れが激しくなり、まったく抗すすべもないまま、舟と筏が座礁いたしました。われわれが耳にしました叫び声はどうやらそこから来ていたようで、この河の畔で育ったインディオたちは河を熟知し、われわれを偵察していたので、必ずわれわれはそこで岸にぶつかるだろうということが分かっていたのであります。彼らの多くがその曲がり角でわれわれを待ち伏せ、カヌーと筏が着くと矢を射、乗組員のほとんどに傷を負わせました。インディオはわれわれが後ろから来ていることが分かっていましたので、初めのうちの攻撃は後からきたわれわれに対するほど激しくはありませんでした。また急流のため前にいたカヌーが河を遡ってわれわれに知らせることもできませんでした。われわれが岸にのり上げますと、彼らは大きな雄叫びをあげ、おびただしい数の矢と石を射て、われわれ全員に傷を負わせ、私は一か所だけ無防備であった頭に傷を負いました。しかしわれらが主の思し召しにより、偶々そこは高い絶壁になっており、河も深いため彼らに捕まることはありませんでした。われわれに向かって筏や舟に飛び降りた者もいましたが、暗くて首尾よくいかず、水に落ち、助かった者はわずかだと思います。流れが速いためわれわれはすぐに彼らから離れ、間もなく彼らの声は聞こえなくなりました。もっとも、時折遠くから、あるいは河に面した絶壁からかすかな叫び声が聞こ

（86）一ファネガはカスティーリャでは五五・五リットル、アラゴンでは二二・四リットル。

えましたが、その夜はほとんど一晩中それ以上敵と出合うことなく進みました。河の両側に人家ならびに非常に美しいカカオ園と果樹園がありました。夜が明けますと、われわれはベルガンティン船が待っている入江、すなわち河口から五レグアのところに達し、その日の正午ごろ目的地に到着いたしました。従いまして、丸一日と一晩かかって二〇レグアあまり河を下ったことになります。

筏から食糧を降ろし、ベルガンティン船に積み替えようとしますと、ほとんどの荷が濡れていることが分かりました。そしてそれを乾かさないとすべてが失われ、われわれの苦労も水泡に帰すと思われましたが、他に方法がなかったものですから、乾いているものを選んでベルガンティン船に積み、濡れているものは二艘の舟ともう二艘のカヌーにのせ、大急ぎで町へ運んで乾かすことにしました。入江は沼沢地で荷物を乾かせるような場所がなかったからです。こうして彼らは出発しましたが、私は隊員を運ぶのを手伝うために舟とカヌーはすぐに戻すよう命じました。残ったベルガンティン船とカヌー一艘だけでは全隊員を運ぶには十分ではありませんでした。

舟とカヌーが出発した後、私は陸路やって来る隊員と待ち合わせた場所へ向けて出発いたしました。そこで三日間待ちますと彼らは元気な姿を見せましたが、ただ一人のスペイン人は途中である植物を食べ、急死したそうであります。彼らは私と別れたあの町で油断しているところを捕まえたというインディオを一人連れて参りました。彼は言葉も服装もその地の者とは違っておりましたが、われわれの捕虜のインディオのなかに彼の言葉を理解する者がいましたので、彼の助けを借りながら、ほとんど身振り手振りで彼に質問しますと、彼はテクルトランの出身であると答えました。その町の名を聞き、私は前にもその名を耳にしたことがあるような気がいたしました。町に着いてから私の記録を確かめますと、確かにその名前は以前に聞いており、私のいるところからペドロ・デ・アルバラードを派遣した南の海まで七八レグアしかないように思われました。また記録によりますと、ペドロ・デ・アルバラードの部隊のスペイン人がテクルトランの町にいたようであり、インディオもそれを確認いたしました。私はその距離が遠くないことを知り大いに喜びました。

すべての隊員が到着しましたが、舟がまだ戻って来ないため、濡れずに残ったわずかの食糧も消費してしまいました。そこで入江を横切って最初に上陸した町へ行こうと皆でベルガンティン船に乗り込みましたが、全員が乗るには窮屈で苦労いたしました。その町にはトウモロコシがあり、あれから二五日ほど経っておりますので、もうほとんどが十分に熟し食べられるだろうと思われましたが、実際そのとおりでした。ある朝、入江のまん中までやって来ますと、舟の戻って来るのが見えましたので、合流していっしょに出かけました。上陸してすぐにスペイン人とわれわれの味方のインディオおよび四〇人の捕虜のインディオが全員で町へ赴きますと、すばらしいトウモロコシをみつけ、そのほとんどがよく熟していました。抵抗する者もなく、またとても近かったものですから、キリスト教徒とインディオがその日三往復してベルガンティン船と小舟《バルカ》にそれを積み込みました。全隊員にトウモロコシを運ばせ、私自身はニトの町へ行き、ただちに二艘の舟《バルカ》とこのヌエバ・エスパニャへ来る途中の沿岸で失われた大型船《ナビーオ》に搭載され、そこから辿りついた一艘の小舟および四艘のカヌーを彼らに送りました。彼らは全員それらに乗り、大量のトウモロコシを持って参りました。それはこの上ない救いで、それまでの労苦に報いるものでした。それがなければ、われわれは皆どうしようもなく飢え死にしていたでありましょう。

そこで私はそれらの食糧をすべて船に積み込ませ、残りの隊員とその町にいたヒル・ゴンサレス〔・デ・アビラ〕の隊員とともに乗船し、……〔欠落〕……の……〔欠落〕……[87]日にサン・アンドレス湾の港に向けて出発いたしました。まず歩ける者全員と船にのせてあった二頭の馬をある岬で降ろし、陸路その港へ向かわせました。そこでナコから来た者たちに会うか、あるいは彼らを待ち受けるためですが、その道はすでに通ったことがありますし、また船は大幅に重量超過しておりきわめて危険であったからです。私はまた彼らが道の途中にあるいくつかの川を渡るのを助けるために一艘の舟を沿岸に沿って行かせました。私がその港に着きますと、ナコから来るはずの者たち

（87）原文に日付けが欠落している。

はすでに二日まえに到着しておりました。彼らによりますと、その他の者もみな元気で、十分のトウモロコシとトウガラシおよびその土地の果物をたくさん持っているとのことでした。もっとも肉と塩はなく、それらはこの二か月間まったく口にしていないとのことでした。私はその港に二〇日間滞在し、ナコにいる者たちがすべきことを指示したり、その港で植民するのに適した場所を探したりしておりました。この港が本土において、すなわちペルラス湾からフロリダに至るこれまでに発見された海岸で最良だからであります。

ナティビダードの建設　神の思し召しにより、私はすばらしい、目的にかなった場所を見つけることができました。隊員に小川を探しに行かせますと、彼らはほとんど道具らしい道具を携行していなかったのですが、町から一、二レグアのところで立派な金《きん》のサンプルを見つけました。それに加え、港が美しく、周辺の土地が肥沃で、人口も多いものですから、ここに町を建設すれば陛下にご奉仕できるところ大であろうと思われました。そこで私は植民者としてそこに定住したい者はいないかを訊くため人のいるナコに使いを遣りました。そうしますと土地が肥沃なものですから、五〇人近くが申し出、そのほとんどは私の隊にいた者たちでした。そこで私は陛下の御名においてそこに町を建設し、その場所の整地をはじめたのが聖母マリア生誕の日《ナティビダード・デ・ヌエストラ・セニョーラ》(88)でしたので、町にはその名をつけました。そして市長と市会議員を任命し、司祭と祭壇用具その他ミサに必要なすべてのものを手配いたしました。さらに私は腕のよい鍛冶職人、大工、船大工、理髪師、仕立屋のような職人もそこに置きました。植民者のなかには二〇名の騎兵となん人かの射手もいましたので、大砲と火薬もそこに残しました。

　その港に着きますと、私はナコから来たスペイン人より、その町と近隣の町の先住民がみな家を捨てて山林に逃げ、戻るようにと伝えたが、ヒル・ゴンサレス〔・デ・アビラ〕とクリストバル・デ・オリードの同行者から危害を受けたことに恐れをなし帰ることを拒んだ、と聞きました。そこで私はそこにいる隊長に手紙を書き、できるかぎり手を尽くして彼らのうちのいく人かを捕え、私のもとへ連れてくるように、私が話をし、彼らを安心させるから、と伝えました。それはそのとおり実行され、奇襲をかけて捕えたなん人かが連れて来られましたので、私は彼らと話し、彼らを大いに安心させ、また私に随行していましたメヒコの先住民の重鎮たちにも彼らと話させました。メヒコの重鎮たちは、私がだれであるか、私が彼らの地でなにをしたか、私の味方になった後いかに皆が厚遇を受け、彼らと彼らの財産ならびに女、子供が保護され、正当に扱われているか、そして陛下へのご奉仕に敵対する者がいかに懲らしめを受けるか、その他いろいろと彼らに話しました。それを聞いて彼らは大いに安心しましたが、それでもなお、あなた方の言っていることは本当ではないのではないかという危惧を抱いている、というのは先に来た隊長たちは同じようなことを言ったが後にそれは嘘であることが分かった、パンをつくるために提供した女たちや荷物を運ぶために差し出した男たちを連れ去ったので、あなたも同じことをするのではないかと心配している、と申しました。しかしメヒコの者たちと私の通訳がなおも彼らの説得に努め、また私に同行している者たちが丁重に扱われ、楽しそうにしているのを目の当たりにして、彼らはやや安心いたしました。

私は彼らの町々の首長および住民と話すようにと言って彼らを送り返しました。それから数日後、隊長が私に手紙をよこし、いくつかの近隣の町の住民、なかでも最も重要な彼らの宿営しているナコ、それにキミストラン、スラおよびチョロメ(89)などの町の住民がおとなしく戻ってきたと伝えてきました。そのなかの一番小さな町でも二〇〇〇戸以上の家屋があり、そのほかにこれらの町に従属する村落があります。そして彼ら〔ナコと近隣の町の先住民〕はその他の町々にも使いを遣り、私が到着したことおよび私の述べたことやメヒコの先住民から聞いたこ

(88) 九月八日。
(89) キミストランは現在のホンジュラス領キミスタン(Quimistán)、スラはサン・ペドロ・スラ(San Pedro Sula)、チョロメはチョロマ(Choloma)であろう。

とをすべて伝え彼らを安心させたので、すぐにこの地全体が平穏になるだろうし、また私が行けば住人はさらに安心するだろう、とのことでした。私はできれば喜んでそうしたいと思いましたが、次章で陛下にご報告申し上げますとおり、ある件に関し指揮をとるためにどうしても遠征を続ける必要がありました。

オンドゥラス入植地の消息

不敗の皇帝。あのニトの町に着き、ヒル・ゴンサレス〔・デ・アビラ〕の者たちが路頭に迷っているのを目の当たりにしましたが、彼らから聞いたところによりますと、私がクリストバル・デ・オリードについて調べるために派遣しましたフランシスコ・デ・ラス・カサスは、先に陛下にご報告申し上げましたとおり、そこから海岸を六〇レグアほど南下したところに位置し、水先案内人たちがラス・オンドゥラス〔ないしホンジュラス、イブエラス〕と呼んでいる港にいく人かのスペイン人を残し、彼らはそこに住みついているに違いないとのことでした。私はサン・アンドレス湾の町に着き、そこにナティビダード・デ・ヌエストラ・セニョーラ〔聖母マリアの生誕〕という町を建設いたしましたが、町の建設と植民の指揮をとるとともに、ナコにいる隊長と隊員にその地の町々を平定し、安全にするためになすべきことを指示しつつしばらく滞在いたしました。しかし同時に調達した船をオンドゥラスの港へ行かせ、彼らの消息について調べ、結果を持ち帰るよう命じました。私がすべての用件を処理し終えましたところ、船が戻って参り、その町の代表と一人の市会議員もいっしょにやって来て、彼らは窮地に陥っているので私に助けに来てほしいと懇願いたしました。と申しますのは、フランシスコ・デ・ラス・カサスが任命した隊長とやはり彼の任命した市長が港にあった船を一隻乗っ取って反乱を起こし、一一〇名の隊員のうち五〇名を味方につけたとのことです。そして居残った者たちは武器、金具、その他すべての所持品を持ち去られたため、インディオに殺されるのではないか、あるいは食糧を見つける方法がないため飢え死にするのではないかといつも脅えているとのことです。そのときペドロ・モレノ[90]というエスパニョラ島在住の学士が所有する船が到着しましたので、彼らは食糧を分けて貰えないかと彼〔モレノ〕に懇請しましたが、拒否されたそうであります。そのことにつきましては後に私がその町へ参りました際より詳細に聴取いたしました。

事態を収拾しようと私はすべての傷病者とともにふたたび乗船いたしました。すでに死亡した者もいましたが、生存者を島嶼ないしヌエバ・エスパニャに送ろうと考え、それは後ほど実行いたしました。私は召使を連れ、また陸路はいくつかの河を渡らなければなりませんが、道は良いということが分かっていましたので、二〇騎と一〇名の射手には陸路を行くよう命じました。天候が思わしくなく、到着するのに九日かかりましたが、オンドゥラスの港に投錨しますとただちに、私はいつも帯同しております二人のフランシスコ会士および一〇人近くの私の召使とともに上陸するため小舟に乗り移りました。すでに町の者がみな海岸で私を待ち受けており、私が近づきますと、みな水に飛び込み、私を小舟から外に担ぎ出して私の到着に歓喜の色を示しました。われわれはいっしょに町にある教会へ行き、われらが主に感謝し終えますと、彼らはそこで起こった一部始終につき私に話したいので坐ってほしいと述べました。彼らは私に誤解を招くような話が伝わり私が怒っているのではないかと恐れ、誤った判断をされるまえに本当のことを私に知らせたいと思ったのです。私が同意しますと、彼らに促された司祭が次のように話しはじめました。

オリード反乱の顛末　「ご承知のとおり、ここにいるわれわれは全員、あるいはそのほとんどが貴殿の任命された隊長クリストバル・デ・オリードとともに陛下の御名において当地に植民するためヌエバ・エスパニャから派遣されてきました。そして貴殿はクリストバル・デ・オリードの命令はすべて自分の命令だと思って従うよう命

(90) ペドロ・モレノはオリード、ヒル・ゴンザレス・アビラおよびラス・カサスの居所を調べるためサント・ドミンゴのアウディエンシアから王室代理人として派遣された。彼はまた「イゲラス湾およびその他の場所を発見し、入植するために出かけた船隊の間の係争を解決する」権限も与えられていた (Pagden, n. 95)。

じられました。われわれは必要としていた食糧と馬を調達するためにキューバ島へ向かいました。その島の港であるハバナに着きますと、クリストバル・デ・オリードはその島に住むディエゴ・ベラスケスおよび陛下の官吏と文通し、彼らから人が送り込まれてきました。貴殿の召使であるアロンソ・デ・コントレラスの実に几帳面な働きによりわれわれは必要な物資の調達を終えて出発し、旅を続けました。

「途中で起こったいくつかのことに触れると長くなりますのでそれは措くとして、カバーリョスの港から一四レグア離れたこの海岸に到着しますとただちに上陸し、クリストバル・デ・オリード隊長は貴殿に代わって陛下の御名においてその地を占領し、事前に決められていた市長と市会議員を任命して町を建設しました。彼はその町の占領と植民にかかわるその他のいくつかの務めを果たしましたが、それらはすべて貴殿の名において、貴殿の代理および隊長として行われました。しかしそれから数日後、彼は同行していたディエゴ・ベラスケスの召使と結託し[91]、貴殿への不服従が明らかとなる手続きをとりました。われわれのうちの幾人かはそれはいけないと思いましたが、大半の者は絞首刑が怖く、異を唱えようとはしませんでした。むしろ彼が行うすべてのことに同意し、彼に同行していた貴殿の召使や親戚ですら同様で、敢えて反対しようとはせず、またできませんでした。その後、彼は捕えた六人の使者から、ヒル・ゴンサレス・デ・アビラの者たちが彼のもとにやって来るということを耳にしましたので、彼らを待ち伏せて捕えるため彼らが河を渡るだろうと思われる地点へ赴きました。そこでなん日か待ちましたが、彼らがやって来ないので、ある隊長をそこに残して見張らせ、彼は町へもどりました。そしてヒル・ゴンサレス隊長が海岸の北のほうに建設したスペイン人の町に攻め入るため、二隻のカラベラ船を艤装し、それに銃砲と弾薬を積み込みました。こうして出発の準備をしておりますと、フランシスコ・デ・ラス・カサスが二隻の船を率いて到着しました。クリストバル・デ・オリードはそれが彼であることを知ると、船からの発砲を命じました。フランシスコ・デ・ラス・カサスは和平の旗を掲げ、貴殿から派遣された者だと叫びましたが、それでも彼は発砲を止めないよう命じました。そして突如一〇発ないし一二発の一斉射撃が行われ、そのうちの一発が船の横腹を貫通しました。そこでフランシスコ・デ・ラス・カサスはオリードの敵意に気づき、かねてから彼に対して抱いていた疑念が事実であると分かりましたので、船から小舟を降ろし人を乗り組ませてから発砲をはじめ、港にあった二隻のカラベラ船と搭載していたすべての銃砲を捕獲しました。そしてその船の乗組員らは上陸し、逃走しました。

「クリストバル・デ・オリードは自分の船が捕獲されたと知るやラス・カサスと条件交渉をはじめました。しかし約束を守る意思はなく、それはヒル・ゴンサレスたちを捕えようと待っている者たちが帰るまでの時間稼ぎであり、ラス・カサスを騙そうと考えていました。一方、フランシスコ・デ・ラス・カサスは善意をもってオリードの望むとおりにしました。こうして両者が合意に至ることなく交渉を行っておりますと、嵐が起こり、そこは港がなく岩の多い海岸だったものですから、フランシスコ・デ・ラス・カサスの船は海岸に乗り上げました。そして三〇名余りの者が溺死し、彼らの所持品もすべて失われました。ラス・カサスもその他の者もみな裸で逃げましたが、海でさんざん痛めつけられ、立つこともままならぬ有様で全員クリストバル・デ・オリードに捕えられました。そして彼らは町へ入るまえに、オリードを隊長と認めて彼に服従し、絶対に反旗を翻さないということを福音書にかけて誓わされました。

「そのときオリードの代理の隊長がヒル・ゴンサレス・デ・アビラの配下で市長の指揮下にあった五七名の者を捕え、その後彼らを解放したため、彼らはグループに分かれて立ち去ったという知らせが届きました。クリス

(91) ベルナル・ディアスによれば、オリードはホンジュラスに上陸した際、コルテスの名においてトリウンフォ・デ・ラ・クルス(十字架の勝利)の町を建設し、コルテスが指名した者たちを市長および市会議員に任命した。これはその地に豊富な金銀があればコルテスに謀叛を起し、もしなければベラスケスと組んだのはより多くの兵士を集めるための方便であったと弁明し、いつでもメキシコへ戻れるようにしていたのだとしている(cap. 165)。

トバル・デ・オリードはこれを聞いて激怒し、ただちにフランシスコ・デ・ラス・カサスおよび彼といっしょに捕えた他のなん人かを連れて、かつていたことのある内陸部のナコの町へ向かいました。そしてその他の者はその町に残し、彼の代理と市長に委ねました。フランシスコ・デ・ラス・カサスは皆のいるまえでいく度となく貴殿に事情を報告するために会いに行かせてほしいと懇請し、それが認められないならば、自分をしっかり見張るがよい、信用しなくてもよいと言いましたが、オリードはどうしても彼を行かせようとはしませんでした。

「数日後、クリストバル・デ・オリードはヒル・ゴンサレス・デ・アビラ隊長がわずかの隊員とともにチョロマの町にいることが分かると、なん人かの部下をそこへ派遣しました。そして夜中に彼を襲い、彼とその一行を捕えて連れてきました。彼は両隊長がなんども懇願したにもかかわらずいく日もそこに拘束し、解放しようとはしませんでした。また、フランシスコ・デ・ラス・カサスの隊員にしたと同じように、ヒル・ゴンサレスの全隊員にもクリストバル・デ・オリードを隊長と認めることを誓わせました。ヒル・ゴンサレスが捕えられた後、フランシスコ・デ・ラス・カサスはふたたび皆のまえで彼らを解放するよう要請し、もし聞き入れられなければ彼らに殺されるだろうから気をつけるようにと言いましたが、全く耳を貸そうとしませんでした。

クリストバル・デ・オリードの処刑

「彼の暴虐ぶりは目に余るものがあり、ある夜三人が他の大勢の者といっしょにある部屋である件について議論していたとき、フランシスコ・デ・ラス・カサスがオリードのあご髭をつかみ、他に凶器を持ち合わせていなかったので、歩きながら爪を切るのに使っていた懐中ナイフを取り出して、〝この暴君はこれ以上我慢できない〟と叫びながら切りつけました。ヒル・ゴンサレスと貴殿の召使たちも彼に加勢し、護衛の武器を取り上げてオリードに傷を負わせ、また護衛隊長と旗手および馳せ参じた隊長やその他の者も捕えて武器を取り上げましたが、死者はありませんでした。クリストバル・デ・オリードは混乱に乗じて逃げ出し、姿をくらませました。二時間後には二人の隊長は全員を鎮め、オリードの手下のうち主要な者を捕えました。そしてクリストバル・デ・オリードの居所を承知している者はただちに明らかにするように、隠し立てをすれば死刑に処すとのお触れを出しました。居場所はすぐに分かりましたので、彼を捕え、厳重な監視下におきました。彼は翌朝裁判にかけられ、両隊長がいずれも死刑を宣告しましたので、斬首の刑が執行されました。そこでみな自由になったと、たいそう喜びました。そして当地に居残り定住したい者も当地を離れたい者もそれぞれその旨申し出るようにとのお触れが出され、当地に留まりたいと申し出た者は一一〇名で、二〇騎を含め残り全員が貴殿のところへ戻るフランシスコ・デ・ラス・カサスおよびヒル・ゴンサレスに同行したいと述べました。この町にいるわれわれは前者の一一〇名です。フランシスコ・デ・ラス・カサスはわれわれが必要とするものをすべて与え、隊長を任命し、この海岸へ来て貴殿に代り陛下の御名においてここに植民するよう指導してくれました。また市長、市会議員、公証人、市会代理人および警吏も任命し、その町をトルヒーリョと名づけるよう命じました。(92) さらに彼は貴殿にお願いし、人、武器、馬、食糧、その他当地を平定するために必要なすべてものを早急に支給してもらうようにすると約束し、紳士としてそう誓いました。彼はまた当地の言葉に長けたインディオの女性一人とキリスト教徒一人を通訳として提供してくれました。こうしてわれわれは彼と別れ、彼の指示したことを行うためにやって来ました。彼は当地の事態を早く貴殿に知らせようとし、また海路の方が速いので早く知らせれば必要なものも早く手配して貰えるだろうと思いベルガンティン船を派遣しました。サン・アンドレス、またの名をカバーリョス(93)と呼ばれる港に着きますと、島嶼から来たカラベラ船に出合いました。その港〔カ

(92) トルヒーリョはコロンブスが第四回航海において初めて中米に上陸したところでプンタ・デ・カシナスと名付けられた。フランシスコ・デ・ラス・カサスは港湾条件のよい現在の場所に一五二五年五月十八日に町を建設、彼の出身地の名に因んでトルヒーリョと命名された。

(93) 現在のプエルト・コルテス。ヒル・ゴンサレス・デ・アビラがそこで嵐に見舞われ、一七頭の馬を失ったためこの名がつけられた。

バーリョス」は町を建設するには適さないと思われ、またこの港について話を聞いていましたので、この港に荷物を運ぶためカラベラ船を借り上げ、それにすべてを積み込みました。荷物とともに隊長と四〇名の隊員が乗船し、その他の者は全騎兵と陸路を行くことにし、途中なにが起こっても身軽に対処できるよう着の身着のままで出発しました。市長の一人はカラベラ船に乗りましたので、隊長はここにいるもう一人の市長に全権を委任し、道中は彼に従うよう命じました。こうしてわれわれは陸路と海路に分かれ、この港で落ち合うことにして出発しました。途中この地の先住民と小競り合いがあり、二人のスペイン人とわれわれに随行していたインディオ数名が命を落としました。

「われわれはへとへとになってこの港に着き、馬の蹄鉄は剝がれていましたが、それでも隊長に会え、カラベラ船で送った荷物や武器を受け取れると信じて喜んでいました。しかしそれが見当違いであることが分かり、気が遠くなりました。われわれは裸同然のうえ、武器も蹄鉄もなく、隊長がなにもかもカラベラ船で持ち去ってしまったためどうすればよいか分からず途方に暮れました。結局、貴殿の援助は間違いなく得られるであろうと考えそれを待つことに決め、町の建設にとりかかりました。われわれは貴殿に代り、陛下の御名においてその地を所有し、貴殿にもご覧いただけるとおり、市会の公証人立会いのもとに証書が作成されました。それから五、六日後の早朝、ここから二レグアほどのところにカラベラ船が一隻停泊しましたので、すぐに警吏がカヌーで誰の船かを確かめに行きました。そしてそれはエスパニョラ島に住むペドロ・モレノ学士の船で、その島の判事の命令によりクリストバル・デ・オリードとヒル・ゴンサレスの間の問題について調査するために来たもので、そのカラベラ船には大量の食糧と武器が積まれており、それらはすべて陛下の所有になるものである、ということが分かりました。

「われわれは皆その知らせを聞いてたいそう喜び、ようやく苦境を脱することができると思い、われらが主に感謝を捧げました。そこでただちに市長、市会議員および住民のなん人かがわれわれの窮状を説明し、物資の供給を依頼するため船に行きました。彼らが着きますと、カラベラ船の乗組員は武器をとり、誰にも乗船を認めませんでしたが、種々折衝の末やっと武器を携行しなければ四、五人の乗船が認められることになりました。われわれはまず陛下の御名において貴殿のためにここに植民しており、隊長がわれわれのすべての所持品をもってカラベラ船で立ち去ったためわれわれは食糧、武器、蹄鉄をはじめ衣類その他の物にも窮していると説明しました。われわれは神のお蔭で助け舟が到着し、しかも積荷は陛下のものとのことであるので、ぜひ譲っていただきたく、そうすれば陛下へのご奉公ともなるであろう、またわれわれは支給された物にはすべて代価を支払うつもりであると述べました。これに対してモレノ学士は、積荷はあなたたちのために持ってきたのではなく、それらの品は金貨ないし奴隷でその場で支払わないかぎり引き渡せない、と答えました。

ファン・ルアノの横槍　「その船にいた二人の商人とサン・ファン島在住のガスパル・トロチェという者が、欲しいという品を与えてはどうか、五、六千カステリャーノ以内であれば指定された期限内の支払いは彼らが引き受ける、彼らの支払い能力についてはモレノ学士も承知しているはずである、そうするのは、それによって陛下にご奉仕できるからであり、また貴殿がそれを多とされ、必ず債務を支払われるであろうと考えるからである、と述べました。しかしそう言われても学士は一切なにも与えようとしないばかりか、彼はもう出発するので、われわれもそうするがよいと言い、カラベラ船からわれわれを追い出しました。そして彼に同行しているファン・ルアノという者にわれわれの後をつけさせました。彼はクリストバル・デ・オリードの背信行為の中心的な扇動者で、密かに市長、市会議員およびわれわれの一部と話し、もしわれわれが彼の言うとおりにすれば、われわれの必要とする物をなんなりと与えるよう学士に取り次ぐと話しました。さらに与えられた品につきわれわれが代金を支払わなくてもよいようエスパニョラ島に住んでいる判事と交渉してもよい、そのためただちにエスパニョラ島へ戻り、われわれに人、馬、武器、食糧その他必要なものをすべて供給するよう判事と話す用意がある、学士はそれらとともにわれわれの隊長になるための判事の委任状を携えてすぐに戻って来るだろう、と申しました。

「そのためにわれわれは何をしなければならないのかと尋ねますと、まずなによりも貴殿によって任命された王室の役職である市長、市会議員、財務官、計理官および検査官を更迭し、ファン・ルアノをわれわれの隊長に任命し、われわれは貴殿ではなく判事に忠誠を誓いたいと学士に願い出ること、そしてそのために全員が陳情書に署名し、ファン・ルアノをわれわれの隊長として彼に従うと誓うこと、もし貴殿の使いの者がなんらかの命令をもってやって来ても、それに従わないのみならず、命令を押しつけようとすれば武器をとってそれに対抗すると約束することだ、と答えました。これに対しわれわれは別の誓いを立てているのでそれはできない、われわれは陛下ならびに陛下の御名において隊長兼執政官として任命されている貴殿に忠誠を誓っており、それに反することはできないと答えました。ファン・ルアノは彼の言うとおりにするか、死を選ぶかのどちらかしかないと繰り返し述べ、言うとおりにしなければモレノ学士は水一杯もくれないだろう、そして言うことを聞かないと分かればそのまま出帆し、われわれを見捨てることは明らかであるのでよく考えるように、と述べました。そこでわれわれは話し合った結果、窮地に追いやられている現状にかんがみれば、飢死を免れるためにも、また武器を持たないいまのあり様ではインディオに殺される恐れが十分にあるのでそれを避けるためにも彼の言うとおりにするほかないと決断し、ファン・ルアノにすべて彼の言うとおりにしたいと答えました。彼がこの答えをもってカラベラ船へ戻りますと、モレノ学士が武装した大勢の者を従えて陸に上がってきました。ファン・ルアノは彼をわれわれの隊長にしてほしいと求めるわれわれの陳情書を作成し、われわれのほとんどがそれに署名し、宣誓しました。市長、市会議員、財務官、計理官および検査官は辞任し、町の名もアセンシオンと改められ、今後は貴殿ではなく判事に忠誠を誓うべきとの証書がつくられました。

「彼はすぐにわれわれが求めていた品をくれ、その後近隣の地方に探検隊として出立するよう命じましたが、なん人かの先住民を連れて帰りますと、彼らに奴隷としての焼印を押し、連れ去りました。彼はそれによって生じる陛下への五分の一税を支払おうとしないばかりか、王室への税に係わる財務官、計理官および検査官を廃し、われわれの隊長に任命したファン・ルアノ一人に記録も帳簿も監査もなしにすべてを委ねるよう命じました。そしてファン・ルアノをわれわれの隊長として残し、もし貴殿の関係者がここへ来た場合に一定の催告を執行するための書類を彼に渡して立ち去りました。彼は誰も対抗できないような大きな権限を得てすぐに戻ってくると約束しました。彼が去ってから、われわれは彼の行ったことは陛下へのご奉公にもとる行為であり、これまでにない騒動を引き起こすだろうと考え、ファン・ルアノの身柄を拘束し、島嶼へ送り返しました。そしてこれまでの市長と市会議員が復帰し、われわれは陛下の御名においてこれまで同様貴殿に忠誠を誓うこととしました。クリストバル・デ・オリードとの間で生じたことも今回と同じく強要されたものにつき、なにとぞお許し願いたい。」

私はクリストバル・デ・オリードとの一件については陛下の御名において許すことにしたい、今回の件についても必要に迫られやむを得なかったことであり諸君に非はない、しかしこれから先についてはこのような騒動や不正をおこすことのないように、それは陛下へのご奉公に反することであり、応分の罰を受けるであろう、と答えました。また、諸君がさらに納得するよう、私は過去のことは忘れ、一切思い出すことはないだろう、むしろ諸君が陛下の忠実な臣下としての義務を果たすならば、できるかぎり諸君を助け、諸君の便宜を図るだろう、と答えました。そしてフランシスコ・デ・ラス・カサスが私の代理として、私の名において任命しました市長と市会議員を陛下の御名においてふたたびその職につけますと、彼らはひじょうに喜び、過去の罪を問われる心配がなくなり胸をなで下ろしました。あのモレノ学士がすぐにも大勢の者を伴い、エスパニョラ島に住む判事の公文書を携えて戻ってくるとのことでしたので、私はしばらく港を離れて内陸へ出かけることは差し控えました。この町のスペイン人によりますと、ここから六ないし七レグア先にいくつかの先住民の町があり、食べ物を探しに出かけた際彼らと小競り合いがあったが、もし通訳がいて彼らと意思疎通できれば仲直りできるだろう、身振り手振りで彼らの善意が見てとれたから、とのことであります。しかもそれはスペイン人が先住民に善行を施すどころか彼らを襲って女、子供を捕まえ、モレノ学士が彼らに焼印を押し、奴隷として船で連れ去ったにもかかわらずであります。私はそのことが及ぼすであろう悪影響がよく分かるものですから、それをいかに残念に思いましたか神のみの知り給うところでございます。

コルテス、エスパニョラ島判事に訴える

私は島嶼の判事あてに書状をしたため、それにペドロ・モレノ学士のこの町におけるすべての行状についてのきわめて詳細な陳述書を付し、また同学士を捕え厳重な監視のもとに当地に送り返すこと、同時に奴隷として連行された当地の先住民も彼とともに当地に戻すことを陛下に代わって求める要請書を付し、それらを島嶼へ派遣した船で送りました。モレノ学士の行為はその陳述書にも明らかなとおりすべての法に反するからでございます。この件につき島嶼の判事たちがいかなる措置をとるか不明でありますが、彼らの回答ぶりにつきましては追って陛下にご報告申し上げます。

このトルヒーリョの町に着いて二日後、私は土地の言葉を理解するひとりのスペイン人とともにクルアのインディオ三人をスペイン人植民者が述べていた町々へ派遣いたしました。そしてそのスペイン人とインディオたちにはそれらの町の首長や住民に対して述べるべきことにつき、とりわけ私自身が当地にやって来たのだということを印象づけるよう指示しました。と申しますのは、交易が盛んなため、商人を通して当地の多くの地方で私のことやメヒコでの私の行動について知られているからであります。彼らが赴いた最初の町は、一つはチャパグア、(94)もう一つはパパイエカ(95)と呼ばれ、いずれもこのトルヒーリョの町から七レグア〔三九km〕離れ、それら二つの町の間は二レグアあります。後で分かったところによりますと、パパイエカに従属する町は一八、またチャパグァに従属する町は一〇あり、二つの町はいずれもきわめて重要な町でございます。

日々の体験から明らかでありますように、われらの主は陛下にかかわる事柄につきましては格別なご配慮をなさいますが、われらが主の思し召しにより、それらの町の者はわれわれの使節に熱心に耳を傾け、自分たちに

言われたことが本当であることを確かめようと、われわれの使節とともに自分たちの使者も派遣して参りました。彼らが到着いたしますと、私はごく丁重に迎え入れ、いくつかのささやかな品を与えましてから、私に同行していた通訳を通して彼らに話しかけました。彼らの言葉はいくつかの単語と発音が少々異なるほかはクルアの言葉とほとんど変わらないからです[96]。私は使者が私に代わって彼らに述べたことを改めて是認し、さらに彼らの信頼を得るために適当であると思われるその他のことをつけ加えました。そして彼らの首長に私に会いに来るよう伝えてほしいと要請しますと、彼らは大いに満足して帰っていきました。それから五日後、チャパグァを代表して、その町に従属するテリカと呼ばれる町の首長とみられるモンタマルという要人がやって来て、またパパイエカを代表して、その町に従属するコアバタという別の町のセコアトルと呼ばれる首長がやって来ました。彼らはトウモロコシ、鶏、果物など多少の食糧を持参し、首長に代わって来たもので、あなたがなにを望んでいるのか、あなたの当地来訪の目的はなにかを聞きたい、われわれが自ら出頭しなかったのは最初に当地に来訪したキリスト教徒が先住民を捕えて船で連れ去ったので同じことが起こることを心配してのことだ、と申しました。私は彼らに、そういうことがあったことを心から遺憾に思っている、しかし今後はそのような非道なことは二度と起こらないことを保証する、のみならず連行された者たちを探し出し、あなたたちのもとに戻させよう、と述べました。エスパニョラ島の法学士たちが私にこの約束を破らせることのないよう神にお祈りいたします。彼らが捕虜を送り返してこないのではないかと強く危惧するからであります。彼らの指示なり命令によらずにモレノ学士があの

(94) 現在のホンジュラス、コロン県のトルヒーリョとタコアのほぼ中間に位置している。
(95) ベルナル・ディアスは、いくつかの町の首邑であるパパイエカの酋長が山岳地帯にあって帰順することを拒む多くの町々の一覧表をコルテスに渡した、と書いている（cap. 183）。
(96) トルヒーリョ地方は基本的にはマヤ語圏であるが、コルテスが言及しているこの地域にはかつてメキシコ中央高原からやってきたピピル族が居住していたのかもしれない（Pagden, n. 99）。

ようなことを行ったとは考え難く、彼らを連れ去ったモレノ学士を免責にするためのなんらかの方策が講じられるのではないかと恐れます。

私の同地訪問の目的はなにかとの使者たちの質問に答えて、私は八年前にクルア地方にやって来たが、当時テミスティタンの大都とこの地全体の首長であったムテスマは私が全世界を支配されている陛下の御名において当地を訪れ、探査するために陛下から派遣されたことを知らされると私を丁重に迎え入れ、陛下への忠誠を誓った、そのため当地のすべての首長たちもそれに従ったが、そのことはあなたたちも承知していると思っていた、と述べました。その他当地で起こったことでこのことに関係があると思われることを彼らに話しました。また私は当地を隈なく訪問、探査し、身体と財産の保護ならびに魂の救済に必要な秩序をあなたたちに理解させるためキリスト教徒の町を建設するよう陛下より命じられてきた、と述べました。そしてそれが私の当地来訪の目的であり、それによってあなたたちが被益するところは大きく、不都合はまったくないであろう、陛下の命に従う者は手厚く、かつ公正に扱われるが、反抗する者は罰せられるであろう、と申しました。その他この目的に沿うことをいろいろと述べましたが、それほど重要ではありませんし、ご報告があまり長くなって陛下をお煩わせしてもいけませんので、ここでは申し述べないことにいたします。

私はこれらの使者にわれわれにはあまり価値はありませんが彼らの珍重するいくつかのささやかな品を与えますと、とても嬉しそうにして発って行きました。彼らは間もなく、彼らの出立の折に私が要請しました食糧を携え、またそこは森林が広大なものですから町の建設用地を切り開くための人手を連れて戻りました。首長たちはまだ私に会いに来ませんが、私はそれは大したことではないという風を装いました。そして彼らに、近隣の町々に使いを出し、私の述べたことを伝え、この町の建設を助けるよう要請してほしい、と依頼しますと、彼らはそのとおりにいたしました。ほんの数日もしますと、一五ないし一六のそれぞれ独立した町から人がやって来て、みな善意にあふれた面持ちで、陛下の臣下となりたいと申し出、町の森林伐採を助ける人手を伴い、食糧を持って来ました。先に私が島嶼へ派遣した船で救援物資が届くまでの間、われわれはその食糧で凌ぎました。

四隻の船のその後　そのころ、私は以前より所有していた三隻の船と後にやはり購入したもう一隻の船を派遣し、生き残ったすべての傷病兵を送り出しました。一隻はこのヌエバ・エスパニャの港に向けられ、その船で私は自分の代理として残しました陛下の官吏と市会にあてた長い書状を送り、私が当地で行ったことおよびまだ当分当地に留まる必要があることにつき説明いたしました。また、彼らに託された任務に専念するよう求めるとともに、いくつかの事項の処理の仕方についての私の考え方を伝えました。私はこの船には帰路の途中にあるコスメル島に立ち寄るよう命じました。バレンスエラという男が船を乗っ取り、クリストバル・デ・オリードが最初に建設した町を略奪したうえ、そこに六〇人以上の者を置き去りにしたとのことですので、彼らを救出するためであります。町に近い入江で最後に購入しました船はキューバ島にあるトリニダードの町へ送り、肉と馬と人をのせてできる限り急いで戻るよう指示いたしました。他の一隻も同じ目的でジャマイカ島へ送りました。また私が建造させました大型カラベラ船ないしベルガンティン船はエスパニョラ島へ派遣しましたが、その船には陛下あての書簡とその島に在住する判事あての書状を携えた私の使用人が乗っていました。後に判明したところによりますと、これらの船はいずれもその目的地に着かなかったのでございます。キューバのトリニダードに向かった船はグァニグァニコ(97)に着き、積荷を取りにハバナの町まで陸路五〇レグア〔二七九㎞〕行かなければなりませんでした。この船が戻ってきた最初の船ですが、その船の者によりますと、私がヌエバ・エスパニャへ派遣しました船はコスメルで例の者たちを乗せた後、キューバ島のサン・アントンまたはコリエンテスと呼ばれる岬で座礁

(97) ベルナル・ディアスは、グァニグァニコ岬は別名サン・アントン岬と呼ばれ (cap. 8)、グァニグァニコ山脈の麓にあって、ハバナから六〇ないし七〇レグア〔三三四〜三九〇㎞〕の距離にあるとしている (cap. 183)。

し、すべての積荷を失い、その船の船長であったファン・デ・アバロスという私の従弟とそれまで私に随行していた二名のフランシスコ会士[98]ならびにその他三〇人余りの者が溺死したとのことです。その者たちの名簿が私に届けられました。陸に辿り着いた者たちは森のなかで道に迷い、どちらに向かっているのかも分からずにさまよい、ほとんど全員が飢えで死にました。八〇数名のうち生き残ったのはわずか一五名で、彼らは運よく私の船が停泊していたグァニグァニコの港に着きました。そこにはあるハバナの住民の所有する農園があって食糧が豊富でしたので、それを私の船に積み、また生き残った者たちはそこで健康を回復いたしました。この損失を私がいかに悲しみましたか、神のみがご存知であります。親戚や使用人をはじめ、船に積んでいた多くの胴鎧、銃、石弓およびその他の武器を失ったこともさることながら、後で陛下にお分かりいただけますように、私の書簡が着かなかったということがなによりも残念でなりませんでした。

メヒコからの音信　ジャマイカ島とエスパニョラ島に向けて出発した船はいずれもキューバ島のトリニダードに着き、彼らはそこで主席判事兼私の不在中のヌエバ・エスパニャの統治担当者の一人として任命しましたアロンソ・デ・スアソに面会いたしました。またその港でエスパニョラ島に在住する法学士たちが私の死んだという噂は本当であると[99]証言するためヌエバ・エスパニャに派遣しようとしていた船に出合いました。その船は私の生存していることが分かると行先を変更しました。と申しますのは、三二頭の馬といくつかの馬具、それに食糧を積んでいましたので、私のいるところの方が高く売れると考えたからです。かのアロンソ・デ・スアソ学士は、ヌエバ・エスパニャでは陛下の官吏の間でひどい確執と騒動があり、私が死んだという噂が流されている、と知らせる手紙をこの船で送ってよこしました。官吏のうちの二人は自ら総督であると公言し、その資格で宣誓いたしました。そして彼らはスアソ学士と二人の官吏、それに私の家と財産の管理を任せていたロドリゴ・デ・パスを捕えました。彼らは私の家を略奪し、私が任命した判事たちを更迭して、代りに自分たちの仲間をその職に任命したり、その他いろいろなことを行いましたが、この件につきましては陛下に別途書簡をお送りしており、繰り返すと長くなりますのでここでは省略させていただきます。

上記の知らせを受け、とりわけこれまでの私の奉仕に対する彼らの返礼がそのようなものであり、たとえ私の死が事実だとしましても私の家を略奪することで報いようとしたことを知り、私がいかに悲しみましたか陛下にはご想像いただけると存じます。彼らは私が陛下に金貨六万ペソあまりの債務を負っているからだと申し立てるかも知れませんが、私は負債があるどころか、私がすでに支払った、しかも無駄遣いではなく陛下へのご奉仕として出費した一五万ペソの支払いを受けるべきであるということを彼らもよく承知しているのでございます。

私は即座にいかなる手を打つべきかを考え、まずはその船で自ら出かけ、この乱暴な行為に手を打ち罰するべきだと思いました。当地で私の不在中に任命された者たちはみな私を愚弄しなければ面目が立たないと考えているようであります。また、ペドロ・アリアス執政官がニカラグアに派遣しました隊長も、後ほど陛下に詳しくご報告申し上げますとおり、同じように反乱を起こしました[100]。しかしながら、私はこの地をそのような状態に放置したまま離れるのは心が痛みました。と申しますのは、そうすればすべてが失われることになりますが、その地は陛下に多大なる恩恵をもたらすでありましょうし、そこはもう一つのクルアだからでございます。私は大勢の家来にかしずかれた強大な首長のいるとても広大で豊かな地方があると聞き及んでおり、とりわけウエイタパラン、別の言語ではシュクタコと呼ばれる地方につき六年まえから噂を耳にし、この遠征中も常に気に留めており

(98) 二人のフランシスコ会士はファン・デ・テクトとファン・デ・アオラ。

(99) 王室派遣の会計官ロドリゴ・デ・アルボルノスは、一五二五年十二月十五日付けの皇帝あて書簡において、コルテスの死に関し多くの相矛盾する報告が届いたので、調査のためディエゴ・デ・オルダスを派遣したと述べている。彼はシカランゴの上流にあるクカメルコというところで先住民からコルテスは死に、生け贄にされたと聞かされた。モレノはその知らせをスペインに伝えたもののその真相については懐疑的であったようだ（*De Orbe Novo*, fol. 116 v. trans., II: 417）。

ましたが、そこはトルヒーリョの町から八日ないし一〇日の行程、すなわち五〇ないし六〇レグアのところにあるということがやっと判明いたしました。その評判はすばらしく、この地方について語られることはまことに驚くことばかりでございます。もし話の三分の二が偽りであるとしましても、富においてメヒコをはるかに凌駕し、町の大きさ、人口および統治の仕方においてもメヒコに劣らないでしょう。私はほとほと困惑いたしましたが、万物の創造主のお導きに寄らなければなにごともうまく行かないと考え、神にお仕えするうえで最も正しい道をお示しいただくため、ミサをあげたり、山車《だし》の行列を出したり、その他贖罪のためのお祈りをするよう指示いたしました。

メヒコに向け乗船　数日間このようなお祈りをささげましてから、私はなにを差しおいてもこの災いを取り除くために出かけなければならないと思いました。私はエルナンド・デ・サアベドラと呼ばれる私の従弟を私の代理として三五名の騎兵および五〇名の歩兵とともにその町に残しました。彼はこの大都へ向かった船で溺死したファン・デ・アバロスのきょうだいであります。私の代理にできるだけの指示を出し[101]、また私に会いに参りました当地の首長のいく人かと話しましてから、私は召使たちとともに例の船に乗り込みました。同時に、ナコにいる者たちには陸路フランシスコ・デ・ラス・カサスがペドロ・デ・アルバラドのところへ行くときに通った南の海岸沿いの道を行くよう命じました。その道はよく分かっていて安全でありますうえ、人数も多く、襲われる心配なしにどこへでも行けるからであります。また、ナティビダード・デ・ヌエストラ・セニョーラ〔聖母マリアの生誕〕の町へも彼らがなすべきことについての指示を出しました。乗船したときには天候もよく、いよいよ最後の錨を上げるだけでしたが、ちょうどそのとき風がなぎ、出帆できなくなりました。翌朝、その町に残した者たちの間で私の留守中に騒動が起こるだろうという噂が立っているとの知らせが私の船に届きましたし、出帆に相応しい天候でもなかったものですから、私はふたたび陸に上がって事情を調査し、扇動者を処罰いたしますと、平穏になりました。まだ港を離れられるような天候にならないため、二日間陸に留まりましたが、三日目に天候が好転し、出帆いたしました。しかし二レグアほど進み、湾の長い岬を回航しておりますと、メイン・マストが折れ、その修繕のため港へ戻ることを余儀なくされました。修繕に三日間を要しましたが、順風に恵まれふたたび出帆いたしました。そして二晩と丸一日航海し、五〇レグア以上進んだと思いますと、こんどは北の方角から凄まじい逆風が襲いフォア・マストが帆桁のところで折れ、またしても港へ引き返さざるを得なくなりました。これにはほとほと苦しめられました。われわれは方角を見失っていましたので、無事に帰還しますと、みな神に深く感謝いたしました。また私も他の皆も海上でさんざんな目に遭わされ、少し休養をとる必要がありましたので、天候が回復し、船が修繕されるまでの間、私は全隊員とともに陸にあがりました。そして天候に恵まれて三度出帆しながら、そのつど戻らざるを得なかったことを思い、神は私がこの地を離れることをお望みではないのだと推察し、また和解したインディオたちの一部が反乱を起こしているというのもそのことを裏づけていると考えました。

私は改めてこの件を神に委ねることにし、山車の行列とミサを行うよう指示いたしました。そして私がこのヌ

(100) フランシスコ・エルナンデス・デ・コルドバはペドロ・アリアスからアビラの入植を阻止し、ニカラグァの太平洋岸を探検するため派遣された。彼は三つの町、すなわちニコヤ湾のブルセラス、ニカラグア湖西岸のグラナダおよび北のレオンを建設した。そしてペドロ・モレノからペドロ・アリアスと袂を分かちサント・ドミンゴのアウディエンシアに忠誠を尽くすよう説得され、自身がニカラグアの総督になろうと目論んだ。しかしまもなく問題を起こしたため、ペドロ・アリアスの復讐を恐れてコルテスに助けを求めた。しかしコルテスがメヒコに出発するやいなや、ペドロ・アリアスはパナマからやって来て、彼を捕え、処刑した(**R. S. Chamberlain, *The Conquest and Colonization of Honduras*, p. 11**)。

(101) コルテスがサアベドラ宛てに指示した書簡は ***Hernán Cortés: Cartas y Documentos*** (Editorial Porrúa, México, 1963, p. 441) に収められている。

エバ・エスパニャへ来るために使う予定であった船で私の従弟のフランシスコ・デ・ラス・カサスに私の代理委任状を送り、また市会と陛下の官吏に書状を送って彼らの過ちを咎め、さらには私に同行しているインディオの要人を遣り、噂されていることとは異なり、私は死んではいないということを分からせれば、事態は平穏になり、そこで生じているごたごたにも終止符を打つことができるだろうと思われました。そこでそのような措置をとりましたが、もし先に派遣した船の喪失が分かっておりましたならば、その時にもっといろいろな措置をとっていたでしょう。そうしなかったのは、その船ですべての事柄についてすでに十分な指示を出しており、特に南の海に関する文書も送り、その船はすでに何日も前に着いているものと思い込んでいたからでございます。

この船をヌエバ・エスパニャに派遣しました後、私は荒海のせいで患った病が癒えず、いまもなお全快しておりませんので、私自身内陸部に入ることがかなわず、また島嶼から戻ってくる船を待ったり、その他の事柄を処理する必要もありました。そこで私は代理の者に三〇騎とほぼ同数の歩兵をつけ奥地の探検に行かせました。彼らは町を出て数多くのひじょうに大きな町のあるとても美しい盆地を通って三五レグアほど進みましたが、その盆地は当地で栽培されるすべての作物が豊富で、あらゆる家畜の飼育にも、またスペインにあるいかなる植物を植えるにも適しています。彼らは先住民と戦闘を交えることなく、通訳を介して彼らと話し、またすでにわれわれの味方である先住民とも話し、彼らに平穏を保つよう説得しました。そこで主な町の首長が二〇人以上私のもとにやって来て、進んで陛下の臣下になりたいと申し出、陛下のご命令に従うことを約束いたしました。以来彼らはいまもそれを守り、私が出発するまで彼らのうちの誰かが常に私に随い、またほとんど毎日のように入れ替わり立ち替わり食糧を持って来て、言われたことをそのとおり実行いたしました。われらの主の思し召しにより、彼らがこれからもそのようでありますように、そして陛下がお望みの目的に沿いますように。始めよければ終りよしであり、私はその任に当たっているわれわれさえ誤らなければそのようになるに違いないと確信しております。

パパイエカとチャパグァの両地方は陛下にご奉仕し、われわれの友人になりたいと最初に申し出た地方であると申し上げましたが、私が乗船したときにはいずれも反乱を起こしていることが分かりました。私が戻って来ますと、彼らは少し怖がっていましたが、私は使いを遣って彼らを安心させました。チャパグァの先住民がいく人かやって来ましたが、首長たちは来ようとしませんでした。彼らの町から女と子供の姿が消え、彼らの持ち物も見当たりませんでした。なん人かの男がわれわれのところに働きに来ておりましたので、私はいく度となく彼らに町へ戻るよう求めましたが、いつも翌日にはと言いつつ実行しようとはしませんでした。しかし私はうまく三人の首長を見つけることができ、彼らの名は一人がチコウイトル、もう一人がポト、そして他の一人がメンデレトであります。私は彼らを捕え、一定の期限内に住民たちを山から下りさせて町に戻すよう命じ、もしそれが守られなければ反逆者として処罰されるだろうと述べました。そして住民が町に戻りますと、首長たちを釈放いたしました。いまでは彼らはきわめておとなしく、安全であり、とてもよく奉仕しております。

マサトルの処刑　パパイエカの先住民はわれわれのもとに現れず、ましてや首長は決して顔を見せようとせず、彼らはすべての住民とともに山に隠れ、町には人影がありませんでした。再三要求しましたがまったく応じようとしませんので、私はある隊長のもとに騎兵と歩兵をつけ、われわれの味方であるその地のインディオを大勢伴わせてその地方に派遣いたしました。そしてある夜、二人の首長のうちピサクラと呼ばれる首長を襲って捕え、どうして反抗し、言うことを聞かないのかと尋ねました。すると彼は、マサトルと呼ばれるもう一人の首長の方が自分より権力があり、彼が同意しなかったからであり、もし彼の同意が得られればすでに従っていたであろうと答えました。そしてもし自分を釈放してくれれば、マサトルを見張り、彼を捕えられるようにしよう、彼を絞首刑にすれば住民はみなおとなしく町に戻るであろう、反対する者がいなければ自分が住民を束ねることができるからである、と述べました。そこで彼を釈放いたしましたが、それが後ほど分かりましたとおり、より甚大な被害を及ぼすことになったのであります。われわれの味方のインディオがマサトルを見張り、彼のいるところへスペイン人を案内し、マサトルは捕えられました。彼は仲間のピサクラが述べたことを告げられ、一定の期限内に住民を山から町に戻すよう命じられましたが、どうしても彼を屈服させることができませんでした。そこで彼は裁判にかけられ、死刑が宣告され、執行されました。

それは他の者に対するきわめて効果的な見せしめになりました。その後は同じようにやや反抗的であった町の住民もそれぞれの家に戻り、女、子供や持ち物を家に戻し、安心して暮らせない町はなくなりました。唯一の例外はパパイエカで、その町だけはどうしても伏そうとしませんでした。ピサクラを釈放しましてから、その地方の住民を審理し、彼らに戦争を宣言し、一〇〇人ほどを捕まえて奴隷にいたしました。捕えられた者のなかにはピサクラもおり、審理の結果、彼を死刑に処すこともできましたが、私はむしろそうしないで、やはりやや反抗的であった他の町の首長二人とともに彼をこの大都に連れて戻り、ヌエバ・エスパニャの様子を自分の目で見させることにしました。そして彼らを送り返せば、ここの先住民がいかに処遇され、そしていかに奉仕しているかを向うに知らせ、彼らもそれに倣うだろうと考えたからであります。もっともピサクラともう一人首長とみが、他の二人の首長は元気ですので、彼らは機会をみて送り返したいと思います。ピサクラは病死してしまいましたられる若者を捕え、また一〇〇人余りの者を奴隷にするという罰を加えましたため、この地方一帯は平穏となり、私がそこを発つころには、すべての町に住民が住み、きわめて安全であり、住民はスペイン人の間で分配され、一見したところ意欲的に奉仕しているようでした。

ペドロ・アリアスの入植地

そのころ、ある隊長が二〇名ほどの隊員を引き連れてトルヒーリョの町に到着いたしました。一部の隊員は私がゴンサロ・デ・サンドバルとともにナコに残した者たちで、他の一部は陛下の執政官ペドロ・アリアス・ダビラがニカラグア地方へ派遣した隊長フランシスコ・エルナンデスの隊に所属してお[102]

ります。彼らから私はフランシスコ・エルナンデスのもとにいる隊長が歩兵、騎兵合わせて四〇名ほどを率いてナコの町に到着したと聞きました。その隊長は、先に陛下にご報告申し上げましたあのエスパニョラ島に在住する判事たちが派遣したペドロ・モレノ学士を探すためにサン・アンドレス湾にやって来たものです。学士はどうやらフランシスコ・エルナンデスに手紙を書き、ヒル・ゴンサレス〔・デ・アビラ〕とフランシスコ・デ・ラス・カサスが残した者たちに対して行ったと同じく、執政官に反旗を翻すよう促していたようであります。隊長が携行していた何通かの手紙によりますと、彼はフランシスコ・エルナンデスに代わって学士と話し、いかに執政官との従属関係を断ち、エスパニョラ島の判事たちに乗り換えるかについて打ち合わせるためにやって来たのであります。私はすぐに彼らを送り返し、フランシスコ・エルナンデス自身にあてた私の書状および彼に随行している者全員にあてた書状とさらに私の知っている彼の配下の隊長たち幾人かに個別にあてた書状を持たせました。そのなかで私は彼らの醜い行為を叱責し、かの学士がいかに彼らを欺いているか、そのような行動がいかに陛下へのご奉仕に逆らうものであるか、その他彼らを誤った道から立ち戻らせるために相応しいと思われることを書きしるしました。彼らがそのような行動をとった言い訳として挙げておりますのは、彼らがペドロ・アリアス・デ・ダビラのいるところから遠く離れており、必要な物資を得るのはひじょうに骨が折れ、費用も高くつくだけではなく、手に入らないこともあるということであります。しかも彼らは常にスペインの様々な物資や食糧を必要とし、それらの品は私が陛下の御名においてスペイン人を植民させました各地の港を通じてより容易に入手できるからというものであります。モレノ学士は判事たちの名においてその地全体を植民しており、すぐにでも多くの人と食糧を届けるために戻るつもりであると彼らに書いてよこしました。私は、スペイン人が植民している港に必要なすべての物資を届けるよう、そして植民者と交易し、彼らと友好的な関係を維持するよう命じるつも

(102) 註100参照。

りである、われわれは皆同じく陛下の臣下であり、われわれの務めは陛下にお仕えすることなのだから、と書きました。ただし、それは彼らが当然の義務として執政官に従うという前提に立っており、それ以外はあり得ないということをよく理解してほしいと付言いたしました。彼らはいま最も必要としている品は馬の蹄鉄と鉱山での作業用道具であると申しましたので、私は二頭の私のラバにそれらを積んで送りました。そして彼らがゴンサロ・デ・サンドバルの植民地に着きますと、サンドバルは私がそこに持っていたもう二頭のラバに蹄鉄を積んで彼らに持たせてやりました。

これらの積荷が出発しました後、トルヒーリョの町から六五レグア〔三六二㎞〕離れたウイラッチョ地方[103]の先住民がなん人か私のもとにやって来ました。彼らは先に私に使者を送り、陛下の臣下になりたいと申し出ておりましたが、彼らの地に二〇騎と四〇名の歩兵、それに彼らの味方である別の地方のインディオが大勢やって来て、彼らに屈辱的な行為を働き、危害を加え、女、子供や財産を奪ったと知らせてきました。そして彼らの悪行を阻止していただきたい、以前にあなたの友人になりたいと申し出たとき、あなたはわれわれを庇護し、われわれに危害を加える者から守ってあげると約束したのだから、と懇願いたしました。その地方に私の代理として残しました私の従弟のエルナンド・デ・サアベドラはちょうどそのころパパエカ地方を平定しておりましたが、彼はインディオたちが不満を訴えている相手のうちの二人を私のもとによこしました。二人は隊長に命じられてトルヒーリョの町を探しにきたのですが、それはインディオたちにトルヒーリョの町は近く、その地一帯は平穏なので心配しなくともよいと言われたからとのことです。彼らから聞いたところによりますと、インディオに非道な行為を働いたのはフランシスコ・エルナンデスの配下で、ガブリエル・デ・ロハスという隊長とともにその港を目指してやって来たそうです。私はただちにこの二人ならびに苦情を呈しに来たインディオとともに警吏をガブリエル・デ・ロハスのところへ派遣し、すぐにこの地方から立ち去り、捕えた女子供や奪った品々を先住民に戻すよう求める命令書を持たせました。同時にロハス宛てに書状をしたため、もしなにか必要なものがあれば私に知らせるように、喜んでできるかぎりのことをしたいと伝えました。

彼は私の命令書と書状を見てすぐにそのとおり実行し、その地方の先住民は大いに満足いたしました。もっともその後、先のインディオたちが戻って来て、私の派遣した警吏が立ち去るとふたたび略奪を行ったと申し越しました。私はこの隊長に託してふたたびフランシスコ・エルナンデスに書状を送り、彼と彼の部下が必要とするもので私が持っているものはなんでも提供する用意があると伝えました。そうすることが陛下の御ためになると考えたからでありますが、私は彼に執政官に対して忠誠を尽くすよう命じました。その後どうなりましたか承知しませんが、私の派遣しました警吏および彼に同行した者たちによりますと、彼らが一堂に会していたとき、ガブリエル・デ・ロハスのもとに彼の隊長であるフランシスコ・エルナンデスから一通の手紙が届き、彼の仲間の間で激しい内輪もめがあり、ソトという隊長とアンドレス・ガラビトという隊長の二人が反乱を起こしたので、急いで彼〔フランシスコ・エルナンデス〕のところに戻ってほしいと頼んできました。

二人の隊長が反旗を翻したのはエルナンデスが執政官への忠誠心を捨て変節したことを知ったためとのことであります。

事態はスペイン人にとっても当地の先住民にとってもきわめて有害であると申さざるを得ず、陛下におかれましてはこのような騒動がいかなる弊害をもたらすか、またそれを引き起こしたり扇動したりした者をいかに処罰すべきかにつきご考慮賜れればと存じます。

ディエゴ・アルタミラノの報告

私は事態を収拾するために自らただちにニカラグアへ赴きたい、そうすれば陛

---

(103) 現ホンジュラスのオランチョ(Olancho)県のことであろう。ベルナル・ディアスもこの件に触れ、オランチョ地方と記している(cap. 189)。

下にご奉仕できるところ大であろうと考えました。そしてその準備を進め、途中通らなければならない険しい峠道を切り開いたりしておりますと、私がヌエバ・エスパニャに派遣した船がトルヒーリョの町に到着し、その船でディエゴ・アルタミラノ(104)と呼ばれるサン・フランシスコ会の修道士である私の従弟がやって参りました。私は彼の話や彼の持参した手紙から、私の代理として残して参りました陛下の官吏の間で激しい騒動、いさかい、確執があり、どうしても私がその解決のために出かける必要があるということが分かりました。そのため私はニカラグアへ行き、南の海岸を通って帰るという計画を諦めざるを得ませんでした。もしそれができますれば、途中に広大な地方が数多くありますので、神と陛下に大いにご奉仕できたであろうと思います。それらの地方のいくつかは平穏ではありますが、私がそこに行けば陛下にお仕えする彼らの意思はより堅固になるでありましょう。とりわけこれまでペドロ・デ・アルバラードが在住しておりましたウトラタン(105)およびグァテマラではインディオが虐待を受けたために反乱を起こし、いまだまったく平穏にはなっていないのです。それどころか、そこにいるスペイン人およびその近郊に住むスペイン人の味方のインディオに著しい危害を加えているのです。そこは地勢が険しく、人口稠密で、インディオたちは好戦的、勇猛であり、またあらゆる戦術に長け、馬を殺すための穴を掘ったり、その他種々の策略を巡らしますので、現に多数の馬が彼らによって殺されております。

従いまして、ペドロ・デ・アルバラードは騎兵二〇〇、歩兵五〇〇名以上、それに五千人以上、時には一万人にも達する味方のインディオを伴ってこれまで戦争をして参りましたが、どうしても彼らを陛下に服従させることができませんでした。それどころか、彼らは援軍の助けを得て日ごとに強化されております。しかし、もし私が馳せ参じることができ、われらの主のご加護が得られますれば、優しさをもって、あるいはそれに類する他の方法で彼らを味方に引き入れることができると思います。と申しますのは、いくつかの地方が私の不在中に受けた虐待のために反乱を起こし、これに対しそのとき指揮をとっていた検査官が一〇〇騎以上と三〇〇名余りの歩兵を率い、多数の大砲を携え、大勢の味方のインディオも引き連れて彼らを攻撃しましたが、彼らに敵わず、むしろ一〇ないし一二人のスペイン人と多数のインディオが殺され、事態はなんら変らなかったのです。しかし私が参りますと、使いの者をやって私が来たことを知らせただけで、コアトランと呼ばれるその地方の重鎮が即座に私のもとへやって来ました。そして私に反乱の理由を説明いたしましたが、それは実にもっともなことです。つまりインディオを委託されたスペイン人が八人の主な首長を火炙りにし、五人が即死、その他の者は二、三日後に死んだため、彼らは公正さを求めましたが聞き入れられなかったとのことでございます。そこで私は彼らの慰撫に努めましたところ、彼らは満足し、いまでは平穏であり、私の去るまえと同じように奉仕しており、戦争の危険はまったくありません。コアサコアルコ地方で同様の状態にあった町々も、私が使いの者を派遣するまでもなく、私の到着を知っただけで平穏になったものと思います。

奴隷貿易　いとカトリックの信仰あつき主君。私はかのオンドゥラス〔ないしホンジュラス、イブエラス〕の湾の入り口にグァナホスと呼ばれる小さな島々があることにつきましては先に陛下にご報告申し上げましたが、そのうちのいくつかの島は島嶼から派遣された遠征隊がそこの先住民の多くを奴隷として連れ去ったため住民がいなくなっております。まだ住民が残っている島もありますが、キューバおよびジャマイカからさらにこれらの島に遠征隊が派遣され、島を完全に荒廃させようとしていることを知りました。そこで私はそのような悲惨な事態を防止するため、カラベラ船を送り、その島々に入ろうとする遠征隊を見つけ、陛下に代わって彼らに対しそれらの島に入らないように、また先住民に危害を加えないよう要請することにいたしました。私は本土に移り住んだ者た

(104) ディエゴ・アルタミラノはペドロ・メルガレホ修道士とともにメキシコに最初に着いたフランシスコ会士の一人である。ベルナル・ディアスは、「彼は修道士になるまえは兵士、戦士であり、ビジネスの心得もあった」と書いている（cap. 189）。
(105) ケツアルテナンゴ周辺の町々の首邑であった（Bernal Díaz, cap. 164）。

ちから彼らのことを聞いておりましたので、彼らをなだめ、陛下にご奉仕させようと考えたからであります。そのカラベラ船はウィティラと呼ばれる島で[106]ロドリゴ・デ・メルロという者が隊長をつとめる遠征隊に出合いましたので、私の派遣した隊長はその遠征隊の隊長とともに彼がその島々で捕えた先住民を私のもとに連れて戻りました。私は彼らが捕まえた先住民はただちにそれぞれの島へ戻させましたが、隊長はエスパニョラ島在住の判事たちによって与えられた権限によりキューバ島の執政官が発行した許可書を提示しましたので、隊長については特段の措置はとっておりません。従いまして、私は彼らが島々で捕えたインディオを解放したことを除き、彼らに罰を加えることはいたしませんでした。隊長とその隊員のほとんどはこの地が気に入り、私が海岸地帯に建設しました町々に植民者として定住いたしました。

島々の首長たちは私から受けた親切を知り、また本土の者たちから彼らがいかに丁重に扱われているかを聞き、私に礼を述べるためにやって来て、陛下の臣下になりたいと申し出るとともに、どのようにご奉仕すればよいか命じてほしいと懇請いたしました。私は陛下の御名においていまは彼らの土地で耕作に専念するよう命じました。正直なところ、それ以外に彼らがご奉仕する道はないからであります。そこで私は彼らの島にスペイン人が来た場合に見せるための私の命令書を島ごとに作成して彼らに渡し、彼らはそれを持って出発いたしました。これがあればスペイン人から危害を加えられることはないだろうと陛下の御名において彼らに約束いたしました。彼らはそれぞれの島にスペイン人一名を派遣し、駐在させてほしいと要請しましたが、私は出発が迫っておりましたので、代理のエルナンド・デ・サアベドラにそのための措置を講じるよう命じました。

そこで私はヌエバ・エスパニャの状況について知らせに来た船に乗り込み、また私に同行していた二〇名ほどの隊員と馬をその船と他の二隻の船に分乗させました。その他のほとんどの者は海岸地帯の町々に定住することとなり、またなん人かは私が陸路行くものだと思い道の途中で待っておりました。私は船で出発することとその目的を彼らに伝え、こちらに来るよう命じました。彼らはまだ到着しておりませんが、こちらに向かっているとの知らせを受けております。

ハバナでのコルテス　陛下の御名において建設いたしましたそれらの町々に関し種々手配を済ませましてから、当初考えていたような諸準備を整えることができずまことに遺憾ではありましたが、一五二六年四月二十五日、例の三隻の船で海路出発いたしました。そして天候に恵まれ、四日後にはチャルチクエカの港からほぼ一五〇レグアの地点まで到達いたしました。しかしそこで激しい強風に見舞われ、一歩も先に進めなくなりました。風はそのうちに衰えるだろうと思い一昼夜海上に留まりましたが、嵐は収まらず、船が難破しそうになりましたので、急遽キューバ島に向かわざるを得なくなりました。六日後にハバナの港に到着し、上陸しますと、私がその島に住んでいたころの友人もいまだに多く、町の住民から大いに歓迎されました。悪天候のため船舶が海上でかなりの損傷を受け、修理が必要となりましたので、私はそこに一〇日間足止めをくいました。さらに私の乗っていた船は水漏れが激しいものですからそこに残し、その港で修理中であった別の船を調達いたしました。

私がハバナに到着した翌日、ヌエバ・エスパニャから来た船が一隻港に入り、次の日も一隻、またその次の日も一隻入りました。これを見て私は代理人《ファクトール》と検査官《ベエドール》の死後この地全体がきわめて平穏、かつ安全になったということが分かりました。もっとも若干の騒ぎはあったようですが、その責任者は処罰されました。

実は私の帰還が遅れたため不穏な空気が漂っているのではないかと心配しておりましたが、それを知って大いに喜びました。そこで陛下あてに短い書簡をしたためましてから、私は密かに船に潜り込んでいた三〇人ばかりの当地の先住民も連れて五月十六日に出発いたしました。そして一週間かかってチャルチクエカの港に着きま

(106) 現在のホンジュラス領ウティラ島。近くにロアタン島およびグアナハ島がある。
(107) ベラ・クルスの先住民名。

したが、日暮れちかくに風向きが急変しましたため、二レグア〔一一㎞〕沖合に停泊しました。しかし私の船に積まれていた小舟と海上に放置されていたベルガンティン船を使ってその夜のうちに上陸し、そこから四レグア〔二二㎞〕先にありますメデリンの町まで住民に気づかれずに徒歩で進みました。しかしわれらが主に感謝をささげるため教会へ向かいますと、すぐに知れ渡り、住民が嬉々として私を出迎え、私も喜んで彼らとあいさつを交わしました。その夜、私はこの都と当地のすべての町に使者を派遣し、私の到着を知らせるとともに、陛下の御ためと当地のために必要と思われることを指示いたしました。旅の疲れを癒すため、私はその町に一一日間滞在しましたが、[108]その間多くの町の首長をはじめこの地の先住民たちが私に会いに来て、私の帰還を喜びました。

そこから私はこの都に向けて出発し一五日間の道程でしたが、途中多数の先住民が私に会いにやって参り、八〇レグア〔四四六㎞〕以上離れたところからやって来た者も少なくありません。彼らは私の帰りを待ち詫び、私の到着をリレー方式で知らせるために各地に急使をおいていました。そこで短時間の間に遠隔の各地から大勢の者が私に会いにやって来ました。彼らはみな私のまえで涙を流し、私の留守中に受けた虐待によりいかに苦しんだかについて生々しく、哀れっぽい声で語り、それを聞いたすべての者の胸も張り裂けんばかりでした。彼らが述べたことをすべて記述するのは困難でありますが、そのうちの主な事柄につきましてはご報告申し上げるべきかと存じます。しかしながら、それも後日口頭で申し上げることといたします。

コルテス、メヒコ着　この大都に到着いたしますと、大都の住民はもちろんのこと各地から集まったスペイン人と先住民が、あたかも私が彼らの実の父親であるかのように、大喜びで私を歓迎してくれました。そして陛下の財務官と会計官も大勢の歩兵と騎兵を整列させ、他の者と同じく歓迎の意を表しました。そこで私はまっすぐサン・フランシスコ修道院に向かい、私をあまたの大きな危険と困難から救い出し、このような平和と休息をお与え下さり、また混乱に陥っていたこの地に平穏と調和をお戻し下さったわれらが主に感謝を捧げました。私はそこに六日間滞在し、神に私の罪を告白いたしました。そしてそこを立つ二日まえにメデリンの町から使いがやって来て、港になん隻かの船が着き、その船に陛下から派遣された査察使(109)がいると言われているが、その他のことは分からない、と知らせてよこしました。私は留守中の任務を陛下の官吏に託しましたが彼らが当地を不穏にし、反乱まで生じていることを陛下がご承知になり、しかし私の帰還についてはご存知ないので、実情を調査させるために派遣されたに違いないと考えました。そこでそれを聞いて私がいかほど喜びましたか神がご存知であります。と申しますのは、私はこれらの暴君に名誉を傷つけられ、財産を奪われましたので、私が判決を下せば悪意のある者たちからはすべてが個人的復讐であると見なされるでしょうし、それは私が最も忌み嫌うところでありますので、この件で私自身が判事を務めるのはとても苦痛であるからでございます。もっとも、私はいくら感情的になりましても、彼らの犯した罪が当然に受けるべき報いを越えるほど厳しい措置をとることはできないでありましょう。その知らせを受けましてから、私は事実を確かめるため大急ぎで港へ使いを出しました。そしてメデリンの町の代理兼判事に目的のいかんにかかわらず陛下から派遣された査察使が到着すれば丁重にお迎えしてお世話し、その町にある私の家にお泊まりいただくようにと命じました。私はその査察使とすべての随員にあらゆるお世話をするよう命じましたが、後ほど分かったところによりますと、彼はすべての申し出を断ったとのことであります。

(108) ベルナル・ディアスは「コルテスは遠征でやせ細り、話しはじめるまで誰も彼だとは気がつかなかった」と書いている(cap. 190)。

(109) 一五二五年十一月四日付け国王のコルテス宛て書簡においてルイス・ポンセ・デ・レオンを査察使として派遣する旨通知している。カルロス五世は同書簡においてコルテスの働きを高く評価しているとしつつも、コルテスを批判する多くの報告にも接するので、公平を期すため査察使を派遣せざるを得ないと書いている(José Luis Martínez, *Hernán Cortés, Documentos Cortesianos*, II. 48)。ポンセ・デ・レオンは一五二六年二月二日にセビリャを出発し、七月二日にメキシコに到着した。

私の使いが出発しました翌日はサン・ファンの祭日にあたり、闘牛や馬上槍試合やその他の競技をしておりますと、もう一人の使者が到着し、同査察使の手紙と陛下の書状を持って来ました。それにより査察使の来訪の目的と私が陛下よりこの地を治めるようお命じいただいてからこれまでの私の統治ぶりについて陛下が調査をお命じになったということを知りました。陛下が私の功績と過ちにつきご承知下さるという限りない栄を賜り、また同書状において陛下が寛大にも私に恩寵を授けるとのご意思をお示し下さり、私は心より嬉しく存じました。その両方のゆえに、私はカトリックの信仰あつき陛下の御足に一〇万回接吻し奉ります。そのような格別の恩寵の一部なりとも恩返しできますよう、そしてカトリックの信仰あつき陛下がこの私の願いをお認め下さいますよう、われらが主にお祈りいたします。そうお認めいただけるだけでも私にとり少なからざる恩寵であると存じます。

ルイス・ポンセ査察使の到着

ルイス・ポンセ査察使は私にあてた手紙でこの都に向け出発するところであると伝えて参りました。この都に到達する主な道は二通りあり、そのいずれを通るかについては記されていませんので、私はただちに査察使に付き添い、道案内をさせるため、その両方の道に私の召使を遣りました。ルイス・ポンセは思いのほか道を急いだようで、私が大至急準備しましたにもかかわらず、この都から二〇レグアも行かないところで出合いました。そして私の使いの者によりますと、査察使は彼らを丁重に迎えはしましたが、彼らの世話はまったく受けようとしなかったそうであります。急ぎの旅であり、そのような助けを必要としたはずでありますので私は残念に思いましたが、他方査察使は職務を公正に遂行したいと考える清廉潔白の士であると思われ、私は嬉しく思いました。彼は私の統治について調査するために来訪しましたゆえ疑惑を招きたくなかったのでありましょう。彼は大都から二レグアのところまで来てそこで夜を過ごしましたので、私は翌朝彼を迎えるための準備を整えました。しかし彼は、翌日は昼食後までそこに留まりたいので午前中に自分を迎えに来ないでほしい、むしろミサを行う司祭を送ってほしい、と伝えてよこしました。そこでそのとおりにいたしましたが、私は査察使がわれわれの接待を避けているのではないかと危惧し、実は後にそうであることが分かったのですが、用意だけは周到に準備いたしました。彼はとても早起きし、私も急いだのですが、われわれが出合ったのは彼がすでに都に入ってからでした。われわれは一緒にサン・フランシスコ修道院へ行き、ミサにあずかりました。ミサが終えましてから、私はそこには市の役員が全員集まり、陛下の財務官および会計官もいますので、もしよければ王令をそこで提示願いたいと申しましたが、彼は翌日にしたいと述べ、それを断りました。

そして翌朝、この都の大教会に市の役員、前述の官吏および私が集まり、そこで彼は王令を提示いたしました。私も他の者もみな、われらの王ならびに君主の勅令として、それを手にとり、口づけし、頭に戴いて、聖陛下がそこでお命じになることを遵守し、それに従うことを誓いました。こうして正義の職杖はすべて査察使に手渡されました。また、市会の公証人が実見し、陛下に詳細にご報告しましたとおり、その他すべての必要な手続きが履行されました。そして都の広場において私に対する査察の儀が公に発表されましたが[110]、私の滞在しておりました一七日間に私に対する質問は全くありませんでした。そのころ、ルイス・ポンセ査察使と彼の随員がみな病に倒れ、われらが主のご意志により、彼ならびに彼とともに同じ艦隊でやって来ました三〇名以上の者が亡くなりました。そのなかには二人のドミニコ会士がいました。いまもなお患い、死の危険に瀕している者が大勢います。彼らは疫病のようなものを持ち込んだのではないかと思われ、それは当地に在住していた者にも感染し、二人が同じ病で亡くなりました。そしていまだに回復しない者が数多くいます[111]。

ルイス・ポンセが死去し、陛下から派遣された者にふさわしい名誉と威厳をそなえた埋葬が行われますと、た

(110) コルテスに対する査察の儀は七月四日メキシコ市役所の前で読み上げられた。査察は被害者が査察使に訴え出られるよう公示期間を二か月とし、査察自体は六か月間にわたった。査察使を忌避することもできた。通常、検察側証人と弁護側証人に対し事前に質問状が渡され、査察結果はインディアス枢機会議に送られ、同枢機会議が最終的に審理する（J. L. Martínez, p. 462)。

だちに、都の市会ならびに当地に集まったすべての町々の代表は私が先に陛下の勅令により任命されておりました当地の行政と司法の任に当たるよう陛下に代わって要請越しました。お送りいたしました写しでご覧いただけますとおり、彼らはその理由を述べ、もし私が引き受けなければ生じるであろう不都合を並べ立てました。これも写しでお分かりいただけますように、私は辞退したいと答えましたが、その後も彼らは私に同じ要請をくり返し、もし私が引き受けなければ生じるであろうさらに大きな不都合を挙げました[112]。確かに私が引き受けなければ不都合が生じると思いますが、これまでのところ私は彼らの要請には抵抗を示し、いまだ受諾しておりません。私は陛下にお仕えするに際し私の誠実さと忠誠心をお信じいただきたく、それがなによりも大事であり、もし陛下のご信頼が得られなければ、この世のすべての富も価値がなく、生きる意味もないでありましょう。それゆえ私はその他のことは顧みず、ルイス・ポンセが治安判事として帯同しておりましたマルコス・デ・アギラルなる人物を彼の後任とするようできるかぎり尽力いたしました。そして私に関する査察を最後まで遂行するよう彼に要請しましたが、彼は自分にはその権限はないとして受け入れませんでした。私は陛下に私の功績と過ちにつき真実を知っていただきたいと考えておりましたので、査察をなによりも望み、しかもそれは理由のないことではありませんので、彼が拒否したことはきわめて残念でした。と申しますのも、陛下は私の能力の乏しさは顧慮されずに、むしろ私がつとめて参りましたように忠実に孜孜としてご奉公申し上げる者に対してこそ寛大にお報いになられますので、私は陛下より多大の恩寵を賜るものと固く信じているからでございます。

コルテスに対する非難　従いまして、私は本件があいまいに済まされることなく、私の勤めの良いところと悪いところが明確に公表されますよう陛下に慎んで切にお願い申し上げます。これは私の名誉にかかわることであり、私はそのために得も言われぬ辛酸をなめ、わが身を危険にさらして参りましたので、嫉妬深く、悪意に満ちた、感情的な輩によって私の名誉が毀損されることを神も陛下もお認めにならないようお祈りいたします。私は聖陛下へのご奉公に対する恩恵としてそれ以外のものを求めるものではありません。また神も私が名誉なしに生きることをお認めになりませんように。

いとカトリックの信仰あつき君主。私はこの事業に携わりはじめましてから、多くの、様々な、そして強大な競争相手および敵を得たような気がいたします。しかし彼らの悪意と不正をもってしましても、私の忠誠心とご奉仕がはせた名声に勝ることはできませんでした。いつも私のご奉仕に報いて下さるカトリックの信仰あつき聖

(111) ルイス・ポンセ・デ・レオンが死去すると、ただちにコルテスが彼を殺したという噂が広がりはじめた。ベルナル・ディアスはフランシスコ会のトマス・オルティス修道士がその先頭にたっていたと言い(cap. 192)、コルテス自身もインディアス枢機会議議長に宛てた一五二七年一月十二日付け書簡において、「トマス・オルティス修道士は私を傷つける卑劣なこと、特に私がポンセ・デ・レオンを殺したというようなことをしばしば公言し……」と述べている(*Cartas y Documentos*, pp. 472-474)。ポンセを診察したクリストバル・デ・オヘダ医師は当初熱病で死亡したと述べていたが、その後イスタパラパで彼のために催された晩さん会で毒殺されたと供述内容を変え、またドミニコ会のドミンゴ・デ・ベタンソ神父に真実を述べないと破門すると脅され、こんどは「ポンセは毒殺されたように見えるが、誰が、どのようにしてというのは分からない」と述べている(*Sumario*. **Archivo Mexicano. Documentos para la Historia de México**)。アンドレス・デ・タピアはイスタパラパの晩さん会で査察使がなにかを口にしたところは見ていないと述べ、またスペインからポンセに随行した料理人のバルトロメ・デ・サラテは、査察使はサラテないしサラテの弟が作った料理以外は絶対手をつけないと決めていたと述べている(**Luis González Obregón, *Los Precursores de la Independencia Mexicana en el siglo XVI*, 1906, pp. 116-121**)。ルイス・ポンセ・デ・レオンの死とガライの死(第四書簡註35参照)の状況は酷似している。しかし、コルテスにとってガライの死は自分の権威を脅かされないようにするということのほかさして得るところはない。またポンセの死はコルテスの権力の回復に資することになるとはいえ、いずれ査察を受けざるを得ないことはコルテスも十分承知していたであろう。コルテスは一度王室への忠誠を捨てようと考えた時期もあったようだが、一五二六年頃にはそういう考えを抱く体力も自信もなかったであろう。コルテスにポンセを殺す十分な動機があったとは思えない。熱帯地方の熱病は多種多様で、スペイン人の医師にはなじみがなく、ルイス・ポンセ・デ・レオンもガライもそういった風土病に倒れた可能性もあろう。

陛下のご意志に背き、彼らは最後の望みを託して、どうやら陛下のお目を曇らせようと二つの方途を企てているようです。一つは私を不敬罪により陛下に訴えることであります。私が国王の命に従わず、また当地を国王の御名において治めず、言語に絶する非道を行っていると申し立て、その証拠として卑劣で醜悪な説明を行っていますが、それらは全くの偽りであり、誤った推測にもとづくものです。もし彼らが私の実際の行動を目で確かめ、公平に判断していれば、正反対の結論を出していたでしょう。これまで私が陛下より受領しました、あるいは私の承知する陛下のご書状ないしご命令で私が従わなかったか、あるいは遵守しなかったことはただの一つもなく、今後も私の生命の続くかぎりそれはないでしょう。そしてそのような申し立てを行った者たちの邪悪さはいまや白日のもとに曝されるでありましょう。と申しますのも、もし彼らの申し立てが正しければ、私は人の住まない地域や危険な道を通って都から六〇〇レグア離れたところまで出かけ、当地を陛下の官吏の手に委ねたりはしなかったでしょう。もっとも彼らは陛下へのご奉仕に最も熱心であるはずですが、実際の彼らの行いは私の信頼に応えるものではありませんでした。

もう一つは私が当地の先住民の多く、あるいは大半を所有して私用に供し、莫大な金、銀を獲得し、それを畜えている、また陛下の歳入から金六万ペソ以上の不必要な支出を行ったうえ、王室の歳入に繰り入れるべき収入を陛下にお送りせず巧みにごまかしているというものですが、この点につきましてはなにを指しているのか判然としません。私は彼らが流言を小耳にはさみ、それを脚色したもので、小さな試金石を用いるだけで彼らの化けの皮をはがすことは容易であると信じます。私が当地に広大な土地を所有しているという彼らの主張につきましては、それは事実であり、また私が大量の金を受け取ったということも事実であります。しかし、だからと言って私がもはや貧しくなくなり、金五〇万ペソ以上の負債を解消できたというほどのものではなく、返済のための一カステリャーノも持ち合わせておりません。と申しますのは、私は多くの収入を得ましたが、それをはるかに超える多額の出費をしております。それも自分の地所や財産を購入するためではなく、むしろ私の身を危険に曝し、多大な困難と闘いながら陛下の御ために多くの王国や領土を征服し、当地における王室の領地と財産をいやますためでございます。

コルテスの収支報告　そのことは彼らの意地悪い毒舌をもってしても隠したり、否定したりはできないでしょう。私の帳簿を見れば、金三〇万ペソ以上の私の私財が征服事業に費やされたことが分かるでありましょう。そして私の私財が尽きますと陛下の六万ペソを消費いたしましたが、それも私用に供したり、私の懐に入ったわけではなく、私の指示に基づいてこの征服活動に出費されたのでございます。その使途が正しかったかどうかは結果を見れば明らかでありましょう。

私が収入を陛下にお送りしていないとの彼らの主張につきましては、事実は逆であるということは明らかであります。私が当地に参りましてからこれまでの短期間に陛下に送られました富は、三〇年以上まえに発見され、植民されたすべての島嶼と本土から送られたものよりも多いと存じます。また陛下の祖父母であられますカトリック両王には多額の出費が伴いましたが、当地の場合そういうことはありませんでした。さらに当地では、法的に陛下に帰属すべき額をお送りしました外、私ならびに私を補佐した者たちは、個人的に王室へのご奉仕として出費した額に加え、相当額を陛下にお送りいたしました。先にアロンソ・エルナンデス・ポルトカレロ〔プエルト・カレロ〕およびフランシスコ・デ・モンテホに託して最初の報告書簡を陛下にお送りいたしました際、私はそ

(112) ベルナル・ディアスによれば、ルイス・ポンセ・デ・レオンは遺言でマルコス・デ・アギラルを総督代理にするよう命じていたが、市会は老齢でもうろくしているうえ病身であるアギラルの就任に反対し、コルテスが総督兼判事の職に復帰するよう要請した。しかしコルテスはそれを断った（cap. 193）。結局、コルテスは単なる総司令官兼インディオ管理官の職につき、その後この職も失うことになる（J. L. Martínez, p. 462）。

れまでに獲得した分のうち陛下に帰属します五分の一のみならず、そのすべてをお送りいたしました。それらはわれわれの征服の最初の戦利品ですので、そうすることが正しいと思われたからであります。首長のムテスマが生存中にこの都で手に入れましたすべての金、つまり溶かした金の五分の一を陛下にお送りいたしましたが、その金額は三万カステリャーノ以上に上ります。また宝石類もわれわれの間で分配してもよかったのですが、彼らも私も喜んですべてを陛下にお送りしようと合意し、その金額は金五万ペソ以上に達します。もっとも当地にナルバエスが参りましたために反乱が起こりわれわれは都から追い出され、その際にすべてが奪われ、失われましたが、それは私の罪によるものであり、怠慢によるものではありません。

その後この都が再征服され、陛下の支配下に収められましてから、ふたたび同じことが行われました。すなわち溶かされた金の五分の一を陛下のためにお取りし、宝石類はどれもわれわれの間で分配せず、陛下にお送りすることにいたしました。その価値は最初にわれわれが獲得したものに劣りません。そこで私はそれらのすべてを金三万三〇〇〇ペソの延べ棒とともに当時陛下の財務官でありましたフリアン・アルデレテに託してお送りしましたが、すべてがフランス人に奪われてしまいました。これも私の落度によるものではなく、このような重要な船荷を積んでいるにもかかわらずアソーレス諸島から先の護衛艦を用意しなかった者たちの責任であります。(113)

私がイブエラス湾に向けこの都を出発いたしましたときも、ディエゴ・デ・オカンポおよびフランシスコ・デ・モンテホに託して金六万ペソを陛下にお送りいたしました。それ以上お送りしなかったのは、一度にあまり多くの金をお送りするのは当地から金を持ち出すことに関し陛下が定めておられる命令を逸脱し、違反するのではないかと陛下の官吏も、私も恐れたからでございます。しかしながら、陛下の窮状を知るにおよび、あえてお送りした次第です。それといっしょに私は召使のディエゴ・デ・ソトに託し私の所有しておりますものをすべて陛下にお送りし、私の手もとには一ペソの金《きん》も残っておりません。それは銀製の野砲で、材料と鋳造その他の費用を合わせ金三万五〇〇〇ペソ以上かかりました。さらに金と宝石でできた装身具もお送りいたしました。それは私にとり決して些細なものではありませんが、その価値や価格ゆえにお送りしたのではなく、最初にお送りした品がフランス人に奪われ、陛下はそれらをご覧になっておられないということがまことに残念であったからでございます。従いまして、最初にお送りした品に比べますと詰まらないものかも知れませんが、本物をご想像いただくための見本として私の所有しているものをお送りした次第です。このように私は自分の所有するものをすべて差し出し、心から熱意と善意をもってカトリックの信仰あつき陛下にお仕えすることを望んでおりますのに、私が陛下のものを隠し取っているとどうして考えられるのか理解できません。また官吏が私に報告したところによりますと、彼らは私の留守中にもいくばくかの金《きん》をお送りした由であり、船積みの機会さえあればお送りするということはその後も止むことはありませんでした。

コルテス、王宮での伺候を嘆願

いと強大なる主君。また私は当地において私に割り当てられております地方から二億の収入を得ている旨聖陛下にご報告が寄せられていると伺いました。私がこれまでもいまも願っておりますことは、カトリックの信仰あつき陛下に私の陛下へのご奉仕の意志をお信じいただき、私がこれまで常に真実を述べ、今後もそうであるということをご得心いただきたいということの外ございません。そしてそれをなによりもよく示す方法はその多額の収入を陛下へのご奉仕に差し出すことでありましょう。そうすることによりとりわけ当地において公然と噂されております陛下の私への疑惑を払拭することができるでしょう。従いまして、私が当地において所有しておりますすべてのものをお受け取りいただきますよう、もっともできますればスペインにおいて私に二千万をご下付願い、陛下には一億八千万をお受け取りいただけますようお願い申し上げます。そして私は宮廷でご奉仕し申し上げたく、忠誠心において私に勝る者はなく、陛下へのご奉仕において私が見劣り

(113) 第四書簡註59参照。

することはないと存じます。また当地のことがらに関しましても、私は陛下の御ために当地においてどのような措置をとられることが望ましいかを実地証人としてご進言申し上げることができ、そうすれば陛下が偽りの報告によって惑わされることもないでしょう。私は当地が維持され、当地の先住民がわれわれの信仰に帰依し、陛下が末長くあまたの収入を得られ、しかもそれを善政の欠如ゆえに島嶼でも本土でも起こったような減少ではなく、増進させるためにどうすべきかをご助言申し上げ、私のご奉仕は決して余人に引けをとらないことを聖陛下にお誓い申し上げます。もし陛下の祖父母であられるカトリック両王が、当地のことがらについて両王および陛下にご報告申し上げた者たちのような個人の利益のための助言ではなく、ご奉公の熱意に基づいた助言をお受けになっておられれば、たとえ種々の困難と障害のために利益の機会が多少減少したとしましても、必ずや今日まで収入を増やし、維持することができたでありましょう。

私が聖陛下のご恩沢を得て陛下のお傍でご奉仕申し上げたいと願う理由は二つあります。最初のなによりも大事なことは陛下にたいする私の忠誠心と真心を陛下ならびに世界中に納得していただきたいということでございます。それが私にとってこの世で得られる他のいかなる利得よりも尊いものだからであります。私がこれほどの危険に身をさらし、これほど前代未聞の苦難を忍んで参りましたのは陛下および王室のしもべとしての名声を博するためであり、金銀財宝欲のためではありません。もしそれが目的であれば、私のような貧しい従者としてはすでに十分の財宝を得ており、私がそれよりも重要であると考えております別の目的のために財宝を惜しみなく費やすということはしなかったでありましょう。私のお願い申し上げるこの測りしれないほど大きな恩寵がお認めいただけなければ、それは私の罪深さゆえであると思料いたしますが、私の陛下への忠誠心と真心を満足させることはできないでありましょう。私の陛下へのお願いが度を超えるとお思いかも知れませんが、私にとりましては体面を失わずに帰国するためにはそれでも必ずしも十分ではないと思われます。私は陛下の御名において当地を治め、当地における陛下の領地と財産を増大し、これほど数多くの、見事な町や市を擁するこれほど多くの地方を陛下の支配下におき、われわれの創造主に対する侮辱や偶像を除去し、先住民の多くにわれわれの聖なるカトリックの信仰を知らしめ、かつそれを当地に植えつけましたので、これに悪意を抱く者たちが邪魔をし、彼らの熱意が別の方向に向けられないかぎり、必ずや近いうちに当地に新しい教会が建立され、われらの主なる神はそこで世界のいずこよりもよく奉仕され、礼拝されるでありましょう(114)。もし私が陛下のお傍でご奉仕し、一千万の収入を与えられることをお認めいただきますれば、私が当地に所有しておりますすべての財産を放棄いたしましても、私にとりましては決して小さな恩寵ではございません。そうすることにより陛下にお傍でお仕えし、私の忠誠心にご満足いただくことが私の願いだからでございます。

陛下のお傍でご奉仕申し上げたいもう一つの理由は、陛下が当地のことはもちろんのこと島嶼の事情につきましても私のご報告をお受けになれば、われらが主なる神ならびに陛下の御ために最もふさわしい裁断をお下しになれるであろうと確信するからでございます。と申しますのも、当地から書簡を差し上げましても、これまでがそうでありましたように、陛下の臣下としての当然の熱意から出たものとは受けとられず、私の利益のために申し立てていると看做されますので、御地において献言申し上げる方がより信用されるであろうからでございます。陛下の御足に接吻し、陛下のお傍でお仕えしたいとの私の願いは強く、それは筆舌では尽くし難いほどです。陛下の王国において親しくお仕え申し上げたいという私の願いをお認めいただけないか、あるいはそのような恩寵を賜るのは時宜にかなわないと思し召しであれば、当地において私が所有しておりますもの、ないし私の代理が

(114) メキシコに新しい教会を創設したいとのコルテスの願望はその頃フランシスコ会士の間で広く共有されていた中世的メシア思想から出ているのであろう。第四書簡（四〇〇頁）において彼はスペインの聖職者に愛想をつかしており、その心情はメンディエタ神父の賛意を得ているが、第五書簡においてコルテスはいよいよ伝道者としての使命を強く意識するようになったことが伺える。その間コルテスはファン・デ・テクトおよびファン・デ・アョラ両修道士と常に行動を共にしてきたので、彼のフランシスコ会士的なものの考え方はこの二人の影響によるところが大きかったであろう。

私の名においてお願い申し上げるものを私および私の相続人に永続的にお認めいただき、私がスペインに戻りましても施しを乞う必要がないようお願い申し上げます。もし私のこの熱い願いをお聞き届けいただけますれば、私にとりまして過分の恩寵でございます。私はカトリックの信仰あつき陛下の寛大な御心を承知し、それに信頼しておりますので、私の行って参りましたご奉仕とその意図の純正さが明らかになりますれば、陛下は私が貧しい生活を送ることをお認めにならないでありましょう。査察使の来訪はこの私の願いを実現する絶好の機会であると思われ、現にその準備にとりかかりましたが、二つのことがそれを阻みました。一つはすでにご報告申し上げたと存じますが、私の家が略奪にあい、財産を奪われましたため、旅費にあてる資金を持ちあわせなかったのであります。もう一つは私の留守中に当地の先住民の間で、いやスペイン人の間ですら、反乱や騒動が起こらないかと心配したからであります。過去の例に照らせば、将来を予見することも可能でございます。

ロアイサの遠征隊

いとカトリックの信仰あつき君主。聖陛下あてにこの報告書をしたためておりますと、南の海から使者が一通の書簡を携えて参り、南の海の海岸のテコアンテペケ〔ないしテクアンテペケ、現テワンテペク〕と呼ばれる港の近くに一隻の船が到着したと知らせて参りました。もう一通その船長の書簡ももって参りましたので、陛下にお送り申し上げますが、同書簡によりますとその船は聖陛下がロアイサ船長に命じてマルッコ諸島へ派遣された艦隊に所属するとのことでございます。[115]船長の書簡をご覧いただければ彼らの遠征中に起きたできごとにつきお分かりいただけると存じますので、私はその内容について繰り返すことは避け、私がこの件につきとった措置についてのみご報告申し上げます。私はただちに信頼できる隊員をその船の着いたところへ大急ぎで向かわせ、もし船長が帰りたいのであれば途中必要とするものを一つ残らず提供するように、そしてできるだけ意を尽くした詳細なご報告を陛下に速やかにお送りできるよう船長から彼の遠征とその途中で起こったすべてのことにつき聴取するよう指示いたしました。また船を修理する必要があれば、サカトゥラの港[116]へ移動させるのがよいと考え、水先案内人も一人派遣いたしました。私はその港に南の海の海岸を探査するためいつでも出発できる船を三隻所有しておりますので、そこで陛下の御ためおよび航海のために必要な船の修理を行うことが可能だからでございます。陛下にはすべてをご承知いただき、陛下の御ために最もふさわしいことをご下命願いますよう、この船舶についての報告に接ししだい、陛下にお送り申し上げる所存です。

私はこの都に到着するが早いか急いで南の海へ探検隊を派遣したいと考えておりましたので、先に申し上げましたとおり、私の船はいつでも遠征に出発する準備が整っております。船隊の守備を固めるため、船に搭載する武器、大砲、弾薬をスペインに注文いたしましたが、それらの到着を待たなければすでに出発できていたでありましょう。私はわれらが主のお導きにより陛下がご幸運に恵まれ、この遠征により陛下に多大なるご奉仕ができるものと期待しております。つまり海峡は発見できませずとも、香料諸島に到達する航路を発見し、陛下はそこで生じていることを毎年お知りになれるでありしょう。もし私がこの発見に関し先に陛下にお願い申し上げまし

---

(115) カルロス五世はモルッカ諸島の領有権を主張するため香料諸島のための通商院をコルーニャに設置し、一五二五年七月二十四日ガルシア・デ・ロアイサの率いる七隻の船隊を派遣した。しかしマゼラン海峡に到着するまでに船の数は四隻に減り、太平洋に入って間もなく船隊は四散、本船のサンタ・マリア・デ・ラ・ビクトリアにいたロアイサは、一五二六年十一月四日、ジロロ島のサマフォに到着した。サンティアゴ号は嵐のため本船から離脱し、メキシコに到着、同号にいたファン・デ・アレイサガはテミスティタンへ赴き、コルテスに航海の詳細を報告した。コルテスは一五二七年十月三十一日サカトゥラ河のシウアンテホで建造した船をアルバロ・サアベドラ・セロンの指揮のもとにサンティアゴ号とともに派遣した。カラベラ船二隻、ベルガンティン船一隻の同船隊は十二月十五日嵐のためマーシャル諸島沖で四散、サアベドラの本船フロリダ号のみが助かり、一五二八年三月三十日ティドレに着いた。救援を求めるため二度メキシコへ戻ろうとしたが、サアベドラは二度目の航海中に死んだ。残った者たちはジロロ島のサマフォで数年間にわたりポルトガル人への抵抗を試みたが、結局降伏し、スペインに返された(I. S. Wright, "Early Spanish Voyages from America to the Far East, 1527-1565." 第四書簡註57参照。

(116) 第四書簡註7参照。

た恩寵[117]をお認めいただけますれば、そしてその航路がマルッコ、マラッカおよび中国の間にありますれば、私はすべての香料諸島およびその他の島々に達する航路を発見する事業にとりかかる所存でございます。しかもポルトガル王が現在行っているような交易によって香料を得るのではなく、香料諸島を陛下の領地とするのであります。そしてそれらの諸島の先住民は陛下を自分たちの王および主君として認め、陛下にお仕えするのであります。[118]もし前述の恩寵がかないますれば、私は香料諸島に艦隊を派遣するか、あるいは私自身が赴いて彼らを征服し、スペイン人を植民させ、要塞をつくり、大砲その他の手段を整えて守りを固め、その地方やその他のいかなる君主の侵攻をも防ぐことをお約束いたします。そして、もし陛下が私の願いをお聞き入れ下さり、私がこの遠征に携わることをお命じいただければ、陛下に裨益するところ大なるものがあると存じます。万一私の申し上げたとおりにならない場合には、国王に真実を述べなかった者として私の処罰をお命じいただきたく存じます。大都に戻りましてから、私はタバスコともグリハルバとも呼ばれる河の畔にスペイン人を定住させ、また近隣の多くの地方を征服するため陸路および海上から遠征隊を派遣しましたが、それによりわれらが主なる神および陛下にご奉仕するところ大であると存じます。さらにこの地方を行き来する船舶も、この港にスペイン人が定着し、海岸が平定されることにより大いに裨益いたします。と申しますのは、これまでそこで多くの船舶が座礁し、いまだ平定されていない先住民たちが乗組員をみな殺しにしたからでございます。

また、すでに陛下もご存知のとおり、私はサポテカス地方へ三つの隊を派遣し、できるだけ速やかに同地方を平定するため三方から攻撃することにしました。その地方の先住民はすでに平定された他の先住民に危害を加えており、またその地方はこのヌエバ・エスパニャで鉱物資源の最も豊かな地でありますのでひじょうに有益であり、そこを征服しますと陛下に資するところきわめて大でありましょう。

また、私はパルマス河沿いに植民地を建設するための遠征隊を準備し、多数の人員も集めましたが、そこはパヌコ河の下流に位置する北の海岸にあり、フロリダの方角にあたります。[119]港もあり、とても肥沃な土地であると聞いており、その地方につきましてはすばらしい知らせが届いておりますので、われらが主なる神および陛下はその地におきましてもいずこにも劣らぬご奉仕をお受けになるでしょう。

チチメカス族に対する遠征隊

北の海岸とメチュアカン地方の間にチチメカス〔ないしチチメカ〕と呼ばれる部族がいます。(120) 彼らはきわめて野蛮で、他の地方の者ほど聡明ではありません。私はその地方と部族について調査するため、現在六〇騎と二〇〇名の歩兵、それに大勢の味方の先住民を派遣しております。私はもしこの部族が他の

---

(117) 一五二五年二月、スペインにおけるコルテスの代理を務めていたペドロ・デ・メルガレホおよびファン・デ・リベラは皇帝に対し一八か月間に二〇万ペソを支払うことに同意した。その見返りとしてコルテスはドンの称号と紋章を授与された。ちょうどその頃コルテスは太平洋岸への植民権を願い出ていたようだが、それが認められたのは一五二九年であった（Wagner, p. 427）。

(118) スペインとポルトガルは一四九四年六月七日、トルデシリャス条約を結んで、西アフリカ沖のベルデ岬諸島の西三七〇レグア（二〇六〇km）を通過する子午線（西経四六度三七分にあたる）を境界線としてその西はスペイン領、東はポルトガル領とすることを協約し、ローマ教皇の承認を得た。当時この境界線は大西洋のみを念頭においたものであったが、その後全世界に適用されることとなった。しかし三七〇レグアをどこから測るかがあいまいで、モルッカ（マルッコ）諸島の帰属をめぐりスペインとポルトガルのあいだで論争が生じた。カルロス皇帝は同諸島の領土権を主張するためロアイサの遠征隊を送り、さらに翌年（一五二六年）にはディエゴ・ガルシア並びにセバスティアン・カボットが率いる二つの遠征隊を派遣した。しかし一五二九年四月、スペイン王室はモルッカ諸島に対する権利をポルトガルに三五万ドゥカードで売却してしまった。

(119) パヌコの北に位置するラス・パルマス河地域は金や宝石がきわめて豊富だとの評判が高かったが、同地域はすでにパンフィロ・デ・ナルバエスに譲許されていたので、紛争を避けるためコルテスの遠征は中止された（MacNutt, p. 352）。

(120) チチメカス族はメヒコ帝国の北端において狩猟生活を営む遊牧民で、渓谷の農耕民族より征服が困難であった。彼らはすぐにスペイン人の馬を奪って乗り、スペイン人の武器を使うことを覚えた。また彼らは小集団で動くため、動きの遅いスペイン軍が追いつくのは容易ではなかった。チチメカス族は十七世紀にはいっても独立を保ち、十九世紀初頭においても反乱を起こすことがあった（Philip W. Powell, Soldiers, *Indians and Silver*, University of California Press, 1969）。

部族と同じように生活し、われわれの信仰に帰依し、陛下にご奉仕すべきであると認識する素質と能力を備えておりますれば、あらゆる方法を用いて彼らを鎮め、陛下の支配下におき、最も適当と思われるところで彼らとともに定着することに努めるよう指示いたしました。もし彼らがそうではなく、服従することを拒むならば、彼らに戦争をしかけ、捕えて奴隷にし、当地においては陛下にお仕えしないか、陛下を認めようとしないところはどこにも存在しないようにするということであります。ほとんど獰猛ともいえる野蛮な彼らを奴隷として金鉱において使役しますれば、陛下へのご奉仕となり、スペイン人も大いに裨益するでありましょう。さらにわれわれとともに生活することにより、彼らのうちには魂を救済される者すら出て参るでありましょう。

　彼らの地にも大きな町が多数存在する地域があり、そこでは当地と同じような生活を営んでいるとのことで、スペイン人もそのような町をいくつか目撃しております。その地は銀が豊富であると聞いておりますので、私はその地もいずれスペイン人によって植民されると確信しております。

　いと強大なる主君。私はこの都を発ってイブエラス湾へ赴きます二か月まえに、この都から一〇四〔五七九km〕レグア離れ、南の海沿いにありますコリマンの町へ隊長を一人派遣いたしました。[121]そして、海岸の状況を調査し港がないかを調べるためだけに、その町から海岸を一五〇ないし二〇〇レグア〔八三六～一一一四km〕南下するよう命じました。隊長は私の命じたとおりコリマンの町から海岸を一三〇レグア〔七二四km〕ほど南下し、ときには二〇ないし三〇レグア〔一一一～一六七km〕内陸に入って、海岸にある数多くの港についての報告書をもって参りました。これまでにわれわれが発見した土地にはあまり港がなかったものですから、これは少なからざる利点であります。彼はまた多数のひじょうに大きな町と戦闘に長けた部族に出合い、彼らとなんどか戦い、その多くを平定いたしました。しかし隊員の数が少なかったことと馬に食べさせる草が見つからなかったためそれ以上は進めなかったとのことでございます。彼は報告のなかでとても大きな河について知らせてよこし、先住民によればその河は彼が着いた地点から距離にして一〇日間の行程にあり、またその河沿いに住む住民についても種々の奇妙なことを話した由であります。私はその河について調査させるため彼により多くの隊員と武器を与えてもう一度派遣しております。彼が報告越しましたその河の幅と大きさからしますと、それは海峡かもしれないと思われます。彼が戻りしだい陛下にご報告申し上げます。

先に述べました隊長たちは皆ほとんど一斉にそれぞれの遠征に出発しようとしております。われらの主が主の思し召しのとおり彼らをお導きになりますように。私自身につきましては、たとえ陛下のご恩寵が得られませずとも、陛下へのご奉公を止めるつもりはございません。私のご奉公はいずれ陛下にお認めいただけないはずはございませんし、もしお認めいただけなくても私は自らの義務を果たし、世の人びとを満足させ、私のご奉仕と忠誠心が世の人びとに周知されているということを知るだけで満足でございます。私の子孫にたいする遺産としてそれ以上を望むものではありません。

不敗の皇帝。われらの主なる神が、聖陛下のお望みのとおり、陛下の聖寿と権勢を末永く保たれ、倍されますように。

テヌスティタン〔テミスティタン〕の都より、一五二六年九月三日。

エルナンド・コルテス

(121) 隊長はフランシスコ・コルテス。コルテスがフランシスコに与えた指示書は *Cartas y Documentos*, pp. 367-371 参照。

訳者解説

一　二つの世界の衝突

エルナン・コルテスは三十九歳にして史上類いまれな、驚くべき大事業を成しとげた。ほんのひとにぎりの冒険家を率いてあの好戦的なアステカ民族とその壮大な帝国に立ち向かいこれを征服したのである。米国の歴史家ウィリアム・H・プレスコットも、アステカ文明崩壊のいきさつは現実の歴史というよりまるで小説のようだと述べているが、まさに騎士道物語さながらであるといえよう。ベルナル・ディアス・デル・カスティリョはスペイン人の勝因を〝神に次いで馬〟と記しているが、馬や武器だけでは説明しきれないなにかがあるように思われる。つまり「征服者」たちを動かしていたものは単に富や名声だけではなく、騎士道物語のもつ魔術的な要素も大きかったのではなかろうか。彼らは現実にはあり得ない騎士道小説的な夢想の幻を追いながら、未知の世界に分け入り、想像を絶する苦難を耐え忍んで進んだ。イタリアではプラトンが再生し、スペインではアマディスが再生したと言われるゆえんである。十六世紀の前半はスペインにおいては『アマディス・デ・ガウラ』をはじめとする騎士道物語が全盛期を迎えていたが、現にこの時代のスペインでは途方もない夢想が現実となり、アメリカの「征服」だけではなく、かつてない広大な領土を擁するカール五世の神聖ローマ帝国も成立していたのである。

十六世紀初頭のヨーロッパにとってアメリカ大陸は地球上で唯一の知られざる大陸であった。スペインの歴史家ロペス・デ・ゴマラは新インディアスの発見と征服を「天地創造につぐ偉業」と称えたが、当時のヨーロッパ世界の人びとにとってはそれが偽らざる心境であっただろう。アジアとアフリカは古くから地中海沿岸においてヨーロッパとしのぎを削りながらその文明を展開しており、また十字軍の遠征もあり、身近な存在であった。それに引きかえ、大西洋と太平洋に囲まれたアメリカ大陸は旧世界の人びとを寄せつけず、アメリカ大陸の先住民も外の世界との一切の接触がないまま、完全に孤立した発展をとげつつあった。したがって、コルテスのメキシコ征服はヨーロッパと「新世界」の真の意味での最初の文化的衝突であったといえよう。

確かにコロンブスが「新世界」に到達してから二十数年間、スペイン人と西インド諸島、つまりカリブ海の大アンティール諸島先住民との接触はあったが、メキシコの先住民社会はアンティール諸島のいわば未開の先住民とは質的に異なる高度な文明をもっていた。今日でもメキシコ人と接すると、西洋的な外面の下に古い信仰や習慣が息づいていることに気づく。先住民文化はいまも生きているのである。スペイン人がメキシコに到着したとき、彼らはそこに複雑で洗練された文明を見出した。集約的農耕の基礎の上に、複雑な階層社会が発達し、いくつもの都市や国家が形成されていた。神殿や宮殿などの建築技術や装飾は、スペイン人征服者をおどろかせるほど見事なものだったし、織物、土器製作の技術も発達していた。首都には大きな広場があって、市場がそこに開設され、あらゆる地方からの物産が集積されているのをコルテスは目撃している。また、アステカ社会は宗教色のきわめて濃い神権政治の軍事国家であり、そのためスペイン人の到来はアステカの支配下で呻吟していた他の部族にとっては解放されるチャンスともいえるものであった。いくつかの部族は征服者と同盟を結び、あるいは敵対する部族の滅亡を喜ばないまでも、傍観した。スペイン人によるメキシコ征服はスペイン人が先住民に対し軍事的、技術的に優勢であったこと、それにコルテスが先住民族のあいだに存在する勢力図や敵対関係をいち早く察知し、それを巧みに利用する優れた政治家であったことによるところが大きい。しかしそれだけでは征服は達成できなかったかもしれない。先住民族の敗退の大きな要因の一つは彼らの抱いていた終末論的世界観にあったともいえよう。モクテスマ（書簡ではムテスマ）は「一の葦」の年に現れた白い人間たちが、かつてメキシコを追われまたいつかもどってくるという予言を残して東方の海に逃れ去ったというケツァルコアトル神の再来ではないかと考えた。したがって、はじめから一種の敗北感にとらわれ、心理的にすくんでしまっていたのである。アステカ人は五二年に一度まわってくる暦の周期を重視していたが、モクテスマはスペイン人の到来を、少なくとも当初のうちは、外敵による危険というより、むしろ一つの周期の終わりと次の周期の始まりと解釈していたようである。オクタビオ・パスは、メキシコ征服は種々の要因がからむ歴史的事実ではあるが、要するにアステカ人による自殺行為の面があるのではないか、と述べている。

一方、その頃のスペインをみると、一四九二年のコロンブスによる新世界「発見」からエスパニョラ島をはじめとするカリブ海の島々の探検と植民の時代、いわゆる「島嶼の時期」はカトリック両王の治世下にあたり、コルテスによるメキシコ征服はカール五世（スペイン王カルロス一世）の治世下であった。当時のスペインの人口は八〇〇万人足らずで、都市の人口も少なく、最大のセビリャで五万人、マドリードは三万人程度であった。また、八世紀から十五世紀までのスペインはキリスト教徒、回教徒およびユダヤ教徒が共存する社会であったが、一四九二年にイスラム勢力最後の拠点グラナダが陥落し、レコンキスタが終結するとともに、非キリスト教徒、特にユダヤ教徒の国外追放がはじまった。中世からルネサンスないし近世に移行する過渡期にあったが、スペインは異端尋問による異教徒弾圧にみられるような狂信的ともいえる宗教的不寛容さをもって、反ルター主義、反宗教改革運動の先頭にたっていた。そしてその使命を新世界においても果たすことにより、カール五世のキリスト教帝国を実現しようともくろんでいたのである。カルロス王は皇帝でもあったため、スペインはヨーロッパの国際政治に不可避的に関与することになった。カルロスの行動を支えた基本理念は中世キリスト教普遍帝国の再建であり、したがって、彼が対抗すべき敵手は、ヨーロッパ・キリスト教世界に脅威を与えていたイスラム勢力、カトリック正統主義に挑戦するプロテスタント勢力、そして自らの上位に立つ帝権を認めないフランス王権であった。だからカール五世はその治世を対外的には仏、トルコとの戦いに、国内的には宗教改革・反ハプスブルグ的な新教諸侯との争いに費やし、遠い新大陸の征服に対する関心は意外に薄かったのである。そのような状況もあり、コロンブスの少なくとも第一・二回航海はスペイン王室の事業として行われたが、アメリカ大陸の征服は国家の事業として企画されたものではなく、通商院とインディアス枢機会議の管理のもとに「征服者」の個人的事業として行われた。王室は彼らの事業に一銭も出資せず、彼らはみずからの資産を投げうって兵を集め、船や武器を調達して探検を実行したのである。征服者たちは遠征の際に投じた資財（武器、馬等）や働きに応じその見返りとしてレパルティミエント（スペイン人への原住民労働力の割り当て）やエンコミエンダ（征服地の住民をスペイン人に割り当て、その保護を委託するかわりに賦役や課税を許す制度）を受けとることになった。もっとも、見返りの額は征服者自身が決めたので、初期の段階においてはその額はきわめて恣意的で、しばしば権利の濫用が行われた。王室はインディオに対する非道な扱いを戒める命令をたびたび出したが征服者たちは従おうとはしなかった。王室は征服の費用は出さなかったが、征服が成功すると、略奪品の「五分の一税」を要求し、さらに最終的には征服の成果を取り上げ、官吏を送りこんで、行政組織の編成に力を注がせた。

　また、当然のことながら征服事業は事前に結果を見通せないのが常であった。コロンブス自身が新大陸を発見することになるとは夢にも思っていなかったのと同様、コルテスもメキシコに着くまではこれほどの富がある土地だとは想像していなかった。だから「征服者」たちはその場で戦略や利害に基づき臨機応変に物ごとを決定し、スペイン王室はそれらの決定を既成事実として事後的に認めざるを得ないのはごく自然であった。

　コルテスに対する評価、あるいはそもそも「征服者」に対する評価は極端に分かれている。つまり賞賛か非難のいずれかであり、その中間はほとんどない。一五五〇年に二人のすぐれた知性の持ち主である法学者・神学者のあいだで行われた「バリャドリード大論争」は有名である。フアン・ヒメネス・デ・セプルベダは、アリストテレスのいう「先天的奴隷人説」を根拠に、「粗野」で「劣等」なインディオに対する征服戦争の正当性を論証しようとし、福音を説く前にインディオを武力で制圧支配することが「正当でありかつ必要である」と主張した。これに対しバルトロメ・デ・ラス・カサスは、インディオは生まれながらにして「粗野」でもなく、「劣等」でもなく、アリストテレスのいう「先天的奴隷人」ではないことを強調しながら先住民の人権擁護を主張した。そしてその二年後、奇しくも同じ年に征服者の大義を擁護するロペス・デ・ゴマラの『インディアス概史』とそれを原住民文化の破壊として厳しく糾弾するバルトロメ・デ・ラス・カサスの『インディアスの破壊についての簡潔な報告』が出版された。ゴマラは、「スペイン人はインディオに、荷を背負わなくともいいように荷獣を使役すること、毛織物を着ること、肉を食すること、鉄やランプを使用すること、売買や貸し借りができるよう貨幣を使用すること、そして金銀よりも大事なラテン語や学問などを教えたため、インディオはむしろ征服され、キリスト教徒になることによってより良い生活が送れるようになった」として「征服」の肯定面を強調した。一方、ラス・カサスは、「インディオたちは粗衣粗食に甘んじ、ほかの人びとのように財産を所有しておらず、また、所有しようとも思っていない。したがって、彼らが贅沢になったり、野心や欲望を抱いたりすることは決してない」と述べ、牧歌的で平和なユートピアであった先住民社会が征服者によって残酷に蹂躙されたとはげしく弾劾している。

それにしてもこの時代に「国家価値」、すなわち「国益」に反してまで異教徒たる先住民の人権を擁護することのような議論が公然と行われるということは他のヨーロッパには見られないことであった。二十世紀に入ってからも「イギリス帝国主義の伝道者」の役割を演じたキップリングと好対照をなそう。スペイン内部から起こったこうした激しい非難の声は、スペインの海外進出をあとから追いかけ、植民地や貿易圏を広げようとしていたヨーロッパ諸国において、反スペイン・プロパガンダの材料として使われることになった。スペインと敵対する諸外国が、スペインからの独立、スペインによるインディアス支配体制の打破、あるいは自国の植民活動の擁護と促進という政治的かつ経済的な意図のもとに、反スペイン感情の育成のための論調を展開した。いわゆる「黒い伝説」がそれである。しかしスペイン人征服者たちは必ずしも「黒い伝説」が描くような破壊と掠奪の権化でもなく、「白い伝説」が謳うようなキリストの教えを広める聖人と騎士の集団でもなかった。メキシコの歴史家フランシスコ・デ・ラ・マサは、「エルナン・コルテスは、すべての歴史上の人物と同じく、ただ賞賛されるべきでも、罵られるべきでもなく、説明されるべきである」と述べているが、中世とルネサンスの過渡期に生きた征服者をその歴史的文脈から抜き出して、現代の倫理感で単純に評価すべきではなかろう。「黒い伝説」についての論争は今日も続いており、それはどちらかと言えばコルテスをその時代のなかで〝理解する〟のではなく、政治的、イデオロギー的、あるいは感情的といってもいいような観点から〝解釈〟してきたといえる。コルテスを〝征服者〟と見るか、それとも新しいくにの〝創設者〟と見るか。コルテスの実像を把握するためには、論争的立場からではなく、冷静に、一次史料に即して彼の人間的および政治的側面に迫るべきであろう。彼の書いたものを読めば、一般のコルテス像とは違ったイメージが現れるのでないかと思われる。メキシコにおいてはいまもなお「メキシコのアイデンティティーの根幹であるコルテスとクアウテモク、征服者と被征服者、異なる二つの世界の人間がメキシコ人のなかで和解したり、戦ったりしているのである」（マヌエル・アルカラー）。

二　エルナン・コルテスの生涯

エルナン・コルテス（エルナンはエルナンドまたはフェルナンドとも呼ばれる）は一四八五年（一説には一四八四年）、エストレマドゥーラ地方のグァディアナ川畔にある小さな町メデリンで生れた。両親は貧しい郷士（下級貴族）であった。陸軍の軽装歩兵隊長であった父親マルティン・コルテスは「敬虔で穏やか」な人で、母親カタリナは、ゴマラによれば「とても正直で、信心深く、芯の強い、倹約家」であった。また母親は武芸に秀でたピサロ家と学問に秀でたアルタミラノ家の血を引いていた。多くの英雄に似て、コルテスも幼少の頃は病弱であった。

十四歳のとき、両親はエルナンをサラマンカ大学にやった。彼は同大学でラテン語を教えていたフランシスコ・ヌニェス・デ・バレラという親戚の家に下宿し、二年間ラテン語と法律の初歩を学んだ。しかし病気のためか、あるいは勉学の意欲を失くしたためか、学士号を望んでいた両親の期待にもかかわらず故郷に舞いもどった。当時のスペインでは下級貴族の子の進路は「教会か海か王室」か、三つのうちの一つであった。コルテスは海を選んだが、海にもイタリアへ行く東の道とインディアスへ赴く西の道があり、彼は黄金をもたらす後者を選択した。ちなみにセルバンテスはイタリアへ行く東の道につきながら、常に後者の新大陸を夢見ていたといわれる。

コルテスはエスパニョラ島の総督ニコラス・デ・オバンドが編成した大船隊に乗り組むつもりであったが、直前にある人妻の寝室にしのびこもうとして塀のうえから落ちた。物音を聞きつけてやってきた夫が彼をメッタ打ちにし、身動きできないほどの身体になったため、乗船できなかった。傷が癒えてからバレンシアに行くなどしばらく遊んで暮らしたようだ。その後イタリアへ行く決心をし、その頃宮廷が置かれていたバリャドリードに滞在し、公証人のところで一年あまり仕事の見習いをした。サラマンカ大学で学んだラテン語や法律の知識、それにこの公証人のところで覚えた法律事務はやがて時間の多くを費やすことになる書簡、報告書、嘆願書、陳述書、命令、法令などの起草に大いに役立ったと思われる。そして一五〇四年、十九歳のときやっと念願がかない、両親の祝福と援助をうけ、アロンソ・キンテロの商船隊でインディアスに向け出帆することができた。途中いろいろ危険な目にあいながら、エスパニョラ島のサント・ドミンゴに着いた。スペインで聞いてきたうわさを信じ、すぐにでも黄金を探しに出かけたいと思ったが、それは長く険しい道であることを悟り、まずは地道な仕事で成果をあげることにした。ある時、兵士として先住民の反乱を鎮圧するのに手柄を立て、その報酬としてオバンド総督から何人かのインディオ（レパルティミエント）とアスアの町の書記の職を与えられ、植民者として独立することができた。新世界「発見」から一五年間、すなわち一五〇七年まで、エスパニョラ島（サント・ドミンゴ）は新世界でスペイン人が住む唯一の場所であった。そこにはすでに政府も修道院も学校も司教の座もあり、そこから探検や征服のための遠征隊が出発していた。

その後数年、コルテスは植民者として作物の収穫や羊、牛の世話をしながら平凡な日々を過ごした。彼は誰に対しても愛想よく、種々の賭けごとにも加わったが、「勝敗にこだわらない風」で、人気があった。しかし女好きの性分は相変わらずで、一度ならず刃傷沙汰を起こした。

一五〇九年、コロンブスの息子ディエゴがオバンド総督の後任としてエスパニョラ島の副王に任命された。ディエゴ・コロンブスは一五一一年、隣のキューバ島の征服をエスパニョラ島に長い古参兵ディエゴ・ベラスケスに託した。ディエゴ・ベラスケスはコルテスと親しく、この遠征に若いコルテスを帯同した。ベラスケス自身は肥満で、戦闘には向いていなかったので、なにかとコルテスに任せることが多かった。いずれにしてもキューバの先住民は武器らしい武器ももたない未開の民であったので、征服は容易で、コルテスはたちまち頭角を現し、キューバが平定されると土地とインディオの分配を受け、キューバ島南端のサンティアゴに定住することにした。

しかし、一五一四年頃、ベラスケスとのあいだで最初のいさかいが生じた。ラス・カサスによれば、キューバ総督となったベラスケスに不満を抱く者たちが着任したばかりの判事に訴えを起こそうとし、そのために一番肝のすわったコルテスを先頭に立てたが、それを知ったベラスケスが彼を捕えたという。そしてエスパニョラ島へ送還しようと彼を船内に監禁したが、彼はボートで脱走し、教会に駆け込んだ。しかし不用意に教会の外に出たところを再び捕まる。結局、コルテスはベラスケスにすべてを告白して許しを得たが、しばらく謹慎の身となった。一方、ゴマラによれば、コルテスとともにサンティアゴに植民したグラナダ出身のフアン・スアレスが妹を三〜四人同伴していたが、コルテスはその一番末の妹カタリナに惹かれ、二人の関係がかなり進んでから心変わりして彼女との結婚を拒んだ。ベラスケスは約束の履行を命じたが、コルテスが拒否したため彼を投獄した。しかし彼は隙をみて脱獄したというものである。その後、結局和解がなり、彼はカタリナ・スアレスと結婚、ベラスケスが代父役を務めた。コルテスはその後サンティアゴの市長にも任命された。彼は社会的地位といくばくかの富を得て、キューバの荘園で平和に牧歌的な生涯を送るかにみえた。

しかし運命は西のかなたにある大陸で彼を待ち受けていた。一五一七年および一五一八年と、キューバから二つの探検隊が派遣される。一つ目はフランシスコ・エルナンデス・デ・コルドバの指揮する探検隊で、ユカタン半島においてこれまでにインディアスでは見られなかった高度なマヤ文明を目撃し、カンペチェおよびチャンポトンに上陸した。その翌年、ベラスケス総督はユカタンの探検を続けるためフアン・デ・グリハルバによる探検隊を派遣する。同探検隊はコスメル島を発見し、ユカタン半島の東海岸からカンペチェ、タバスコ、サン・フアン・デ・ウルーアまで足を伸ばし、そこでモクテスマ（書簡ではムテスマ）の使者から貴重な献上品を受けるとともに、その向こうにクルアないしメシカ（書簡ではメヒコ）と呼ばれる強大で豊かな地があることを知らされる。この報にベラスケスの野心と欲念がかきたてられ、彼はさらに強力な船隊を派遣する計画を立てる。そして勇敢で、統率力があり、かつ自分に忠誠を尽くしてくれるであろう人物としてエルナン・コルテスを総司令官に任命する。遠征の経費負担についてはいくつかの説があり、ゴマラはベラスケスがコルテスとの折半を提案したとし、ベラスケス自身はアウディエンシア（エスパニョラ島サント・ドミンゴ）のフィゲロア宛て書簡で自分が全額を負担したと述べ、コルテスの代理として国王への献上品を運んだポルトカレロは三分の二以上をコルテスが負担し、残りをベラスケスが負担したと証言している。

遠征命令を受けた一五一八年十月二十三日から出発の一五一九年二月十日までの四か月ほどのあいだ、コルテスはキューバ島と近隣の島で兵士（そのうちの二〇〇人近くはグリハルバの遠征隊から戻った者たち）、船員および馬を集め、船舶を購入、修理および艤装し、武器を調達し、金銀との交換用に人目を引くような品を仕入れ、兵士たちの待機期間中の食費や前払い金の支払い、それにワイン、油、砂糖、豆、トウモロコシ、豚肉、羊肉、キャッサバのパン、ユッカ、唐辛子、メンドリ、ベーコンなどの食糧の調達のため奔走した。ベラスケスはコルテスが巨額の出費をいとわず、彼の支援も求めずに着々と船隊の準備を進めているのをみて、猜疑心をつのらせ、船隊の出発を妨げようとする。コルテスに食糧を売らないよう命じたり、出発を阻止しようといろいろ画策したが、時すでに遅く、コルテスはすでにトリニダードの町で船、兵士、船員、インディオ、糧食等すべての準備を終え、出帆の用意ができていた。

コルテスの船隊は一五一九年二月十八日、キューバの海岸からコスメル（ユカタン半島沖の島）へ向け出発した。コルテス三十四歳のときである。船舶はキューバのいくつかの港から集まり、急いでひそかに出帆、兵員を点呼する閲兵は取りあえずグアニグアニコ（キューバ島西部）で行い、正式の閲兵はコスメル到着後に行われた。

遠征隊の規模は記録者によって異なり、ベルナル・ディアスによれば、兵士五〇八名、船員一〇〇名足らず、馬一六頭、一一隻の船舶に一四門の大砲、それに三二挺の大弓と一三挺の銃であった。ゴマラによれば、スペイン人が五五〇名、そのうち五〇名が船員で、旗艦の容積トン数が一〇〇トン、他の三隻が七〇ないし八〇トンで、その他の船はベルガンティン船（二本マストの沿岸航海用探検船）であった。コルテスの第一書簡（ベラクルス市会名義）では一〇隻のカラベラ船（三本マストの小型帆船）に四〇〇人の兵士と一六頭の馬を乗せていたと記されている。

コルテス軍はどのような人たちによって構成されていたのであろうか。大ざっぱに言って三つのグループに分類することができよう。第一のグループはキューバでエンコミエンダをもっていた下級貴族たちで、ペドロ・デ・アルバラード、アロンソ・エルナンデス・ポルトカレロ、フランシスコ・デ・モンテホ、ディエゴ・デ・オルダス、クリストバル・デ・オリードなどがこのグループに属するが、コルテスより身分の高い者もおり、コルテスとしてはその扱いに苦労したようである。第二のグループはなにも失うもののない裸一貫の平民で、クリストバル・デ・オレア、アンドレス・デ・タピア、ベルナル・ディアス・デル・カスティーリョなどコルテスを支え、征服に最も貢献した兵士たちである。第三のグループは船員、職工、楽士など手に職のある者たちであった。しかし、いずれにしても素性の異なる、雑多な傭兵の集まりであり、コルテスは彼らを一つの旗の下に束ねる必要があった。

コルテスはディエゴ・ベラスケス総督の発出した命令書の写しを携行していた。ベラスケスと袂を分かったとはいえ、命令は国王の名において出されていたのである。一五一七年のエルナンデス・デ・コルドバの遠征隊がほぼ全滅し、翌年のグリハルバの遠征隊も一部の者は帰らなかったというベラスケスにとっては二度にわたる辛酸を舐めたあとであり、この三度目の遠征は極力危険を冒さないようにして、グリハルバを見つけること、インディオを慎重に扱って物々交換により黄金を持ち帰ること、そしてその土地の情報を集めることが求められていた。この命令書では、植民すなわち未知の地を征服し定住するということは少なくとも明示的には想定されておらず、したがってコルテスの本来の任務は、インディオとの交戦を避け、メキシコ湾の海岸を探検し、平和裡に手に入れた黄金をもって帰るというものであった。しかし興味深いのは、この点についてはコルテスが命令に従わないだろうことをベラスケスが予め承知していたと思われることである。ラス・カサスは、グリハルバが長い遠征から戻ると、ベラスケスは「隊員がみな植民することを求めていたにもかかわらず彼が命令書にあまりにも文字どおり従ったとして彼をはげしく叱責した」と述べている。どうやらベラスケスは表向きの目的とは裏腹に、内心はコルテスが新しい土地を征服し、植民すること、しかし飽くまでもベラスケスの管理下で、ベラスケスのためにそうすることを期待していたようである。

コルテスは、総司令官に任命され、船隊を準備し、さらにメキシコの土を踏み、征服活動を始めるやいなや突如として天賦の才が目覚め、人が変わったかのようである。サント・ドミンゴに着いたときには軽率で、話好きで、野心的な十九歳の若者が一五一九年には三十四歳になっていた。そしてベラ・クルス市会を創設し、退路を断って、一大帝国を探すため未知の大陸の奥深くに侵攻する決断をしたコルテスは類いまれな軍人・政治家に変貌していた。

一五一九年から一五二六年までの出来事と彼の行動はここに収められている五つの報告書簡に詳述されてい

る。その後さらに二一年間の人生を送ることになるが、その間コルテスは二度スペインに帰っている。一回目は一五二八年から一五三〇年で、彼の人生はまだ勝利の栄光に輝いていた。カルロス五世は、一五二九年七月六日、彼を「オアハカ渓谷の侯爵」に任じ、総司令官の職に留めることを確認した。富と名誉を獲得した四十三歳のコルテスはアギラル伯爵の娘であり、強力なベハル公爵の姪であるフアナ・デ・スニガと再婚する。

しかしながら、コルテスは侯爵としての名誉を得てメキシコに戻ったものの、実権はすべて王室の高官に奪い取られ、彼自身は完全に植民地政治の埒外で、失意のうちに一〇年を過ごすこととなる。メキシコに印刷所ができ、いわゆる「精神的征服」の基礎が築かれる困難な時期であった。しかしコルテスの気力は衰えず、この間四度にわたり「南の海」（太平洋）に出かけ、二年あまり「コルテスの海」、すなわち「カリフォルニア湾」を探査している。またこの頃は政敵、特にメキシコの北東部に新ガリシアを開いた不倶戴天の敵ヌーニョ・デ・グスマンとの確執が激化した時期でもあった。

一五四〇年の春、コルテスは幻滅と失意のうちに、多くの訴訟案件を抱えて、家族とともに再びスペインに戻る。インディアス枢機会議は彼を丁重に、しかしいとも冷やかに迎える。翌年にはカルロス五世との直接の面会を期待して、息子マルティンおよびルイスとともに国王のアルジェ遠征軍に加わった。しかし暴風雨のため艦艇の三分の一が壊滅し、コルテスと二人の息子は九死に一生を得たが、いつも肌身離さずもっていた貴重な宝石類を失った。彼はすでに過去の人であり、国王との面会も果たせなかった。コルテスはしばらく下痢と消化不良を患っていたが、一五四七年十二月二日、セビリャ近郊のカスティリェハ・デ・ラ・クエスタにおいて永眠する。六十二歳であった。

コルテスは「征服された征服者」といわれるようにメキシコの土への愛着を捨てきれず、自分の遺骨は適当であると判断される間、教区の教会に保管した後ヌエバ・エスパニャに埋葬してほしい、それは遅くとも一〇年以内が望ましい、との遺言を残した。現在彼の遺骨はメキシコ市のヘスス・ナサレノ教会に納められている。

コルテスは基本的には政治家であり、たまたま軍人でもあったといえよう。マキアヴェッリ（一四六九〜一五二七）は、「闘うには二種類があることを、知らねばならない。一つは法に拠り、いま一つは力に拠るものである。第一は人間に固有のものであり、第二は野獣のものである。だが、第一のものでは非常にしばしば足りないがために、第二のものにも訴えねばならない。そこで君主たる者には、野獣と人間とを巧みに使い分けることが、必要になる……獣を上手に使いこなす必要がある以上、なかでも、狐と獅子を範とすべきである。なぜならば、獅子は罠から身を守れず、狐は狼から身を守れないがゆえに。したがって、狐となって罠を悟る必要があり、獅子となって狼を驚かす必要がある。単に獅子の立場にのみ身を置く者は、この事情を弁えないのである」（『君主論』第一八章）と述べている。コルテスが『君主論』を読んでいたかどうか分からないが、彼は一方で中世的な世界にいながら、他方で政治は宗教・道徳から切り離して考えるべきであるというマキアヴェッリの現実主義を実践していた。

そしてコルテスの政治的理念の根底には次の四つの要素が作用しているのではないかと思われる。

一つは彼がエストレマドゥラ出身者であること、つまり当時のスペインの国境地域の経済的、社会的現実のなかで育ったことである。エストレマドゥラでは十五世紀末においても長期間にわたったイスラムとの聖戦が未だ尾を引き、国境の住民に特有の十字軍の観念が残っていた。農民も平民も騎士と同じく、一朝事が起これば仕事を捨て、いつでも武器をとる用意をしておく必要があった。

二つ目は彼が学んだサラマンカ大学は十六世紀のスペインの政治思想形成の場であったということ。たとえ短期間とはいえそこで学んだことは彼に少なからざる影響を与えたものと思われる。

三つ目はエスパニョラ島およびキューバ島での生活を通じて学んだ教訓である。コルテスは報告書簡の中で島嶼の先住民とヌエバ・エスパニャの先住民の政治的前提が基本的に異なること、島嶼のスペイン人植民者が犯した過ちをこの地で繰り返すべきでないことを力説している。またコルテスは先住民の心のうちを読む才能をもっていた。彼はヌエバ・エスパニャはスペイン人と先住民からなる新しい社会であり、先住民の権利を擁護しなければならないという認識を抱き、征服者から植民者に転向した。つまり新しい土地に同化しようとした。

最後の四つ目の要因は明らかにメキシコの現実そのものである。コルテスはメシカの大都テノチティトラン（書簡ではテミスティタン）を目にし、その高度な政治、社会組織に驚嘆している。それが彼をして、この地に先住民とスペイン人を統合した一つの社会をつくりスペイン国王が支配する帝国の一角に組み込みたいとの思いをさらに募らせることになったと思われる。コルテスはスペインの国王カルロス一世（ドイツのカール五世）を世界の皇帝と看做していた。したがって、彼はポルトガル王が香料諸島の先住民との間で行ったように外国人として交易するのではなく、先住民を皇帝の臣下として扱い、先住民にも皇帝を彼らの君主と認めさせようとした。

コルテスにとって征服は一つの手段であり、彼の目的は一つの国、彼の新しい祖国を創設することであったといってもよいであろう。と同時に中世の人であるコルテスにとって征服は先住民を教化するための手段でもあり、彼はそのために神の手足となっているという意識をもっていたようである。

征服は三段階に分けることができる。（一）コルテスの外交的手腕が発揮される「悲しき夜」までの時期、（二）彼の軍事的手腕が発揮されるテノチティトランの征服と破壊までの時期、そして（三）先住民とスペイン人の共同作業により彼が新しい社会の創設者に転ずる政府樹立の時期である。コルテスはここに収められた五つの報告書簡のほかにも数多くの書簡や法令や命令書などを遺しているが、それらの文書をひもとけば彼がこの地の植民政策につきいかに心を砕いていたか、そしていかに秀でた政治的資質を有していたかが窺える。とりわけ征服した土地にスペイン人を定着させることと征服地を拡大することに意を用い、具体的にはスペイン人を少なくとも八年以上定住させるための方策としてレパルティミエントの世襲化、婚姻の義務化、各町に二人の町長、四人の町会議員および一人の弁護士をおくこと、価格、重量および寸法に関する規範、肉、パンおよび野菜に関する規則や宿料の制定、道徳や宗教的義務の規定、エストレマドゥラの制度に倣ったとみられる植民者に対するある種の兵役義務、ブドウ栽培振興策の実施、先住民の待遇や労働条件に関する規定などがあげられる。しかしながら、コルテスに対する貴族階級の反感は根強く、征服が成就されるやスペイン王とその主宰する官僚機構がその業績を横取りし、もはや彼は無用の存在として遠ざけられていく。

三　コルテスの報告書簡

コルテスは皇帝カルロス五世をはじめインディアス枢機会議やアウディエンシア等に宛てて数多くの書簡をしたためているが、ここに収められた五つの書簡が従来「コルテスの報告書簡」と呼ばれるものである。コルテス自身もこれらの書簡を「報告」と呼んでいるが、「報告書簡」という呼び名は一五二二年にセビリャのドイツ人、ハコボ・クロンバーガーによって印刷された第二書簡の初版本で初めて用いられた。

コルテスがディエゴ・ベラスケス総督から受けた命令は、前述のとおり、あくまでもメキシコ湾の海岸を探検し、インディオとの交戦を避けつつ平和裡に手に入れた黄金をもち帰ること、そしてできれば先に派遣されたグリハルバ一行を援護するということであり、新しい土地を征服・植民するということではなかった。しかし一五一九年四月二十二日、メキシコの海岸に到着したコルテスはベラスケスとの約束を破り、この地の征服と植民に踏みきることにした。それは国王の名において出された総督の命令に背く行為であり、悪くすると反逆者として処刑されるかもしれず、コルテスにとっては国王に直接訴えて自らの行為を正当化するほかに道はなかった。したがって、報告書簡のなによりの目的は総督の命に反して行われた彼の征服活動の正当性を国王に訴えて承認を得ること、そしてそれが達成されヌエバ・エスパニャの総司令官《カピタン・ヘネラル》に任命された後は、数多くの敵を相手にいかにそれを保持するかにあった。当時のスペインでは勅令や法令がごく細目まで規定されるため、遠く離れた新大陸において字義どおり適用するのは現実的でないことがしばしばあり、王令、法令は「尊重するが遵守しない」

という悪弊が一般化していた。またコルテスも「新たな状況は新たな考えを導き出すものである……」（第四書簡末尾）と述べているが、そのような環境のもとでコルテスが総督の命に背かざるを得ないのはひとえに国王に忠実な臣下として王室の利益を考えるからであるとの立場で国王の説得に努めている。

しかしコルテスはこの「報告書簡」が国王とインディアス枢機会議のみに向けられたものではなく、後世に残されるべき文書であると考え、印刷に付されることを意識していた。したがって、この公開の書簡とは別に第二及び第三書簡にはそれぞれ一通の、また第五書簡には二通の内密の書簡が添付されていた。

第一書簡は一五一九年七月にリカ・ビリャ・デ・ラ・ベラ・クルス（真の十字架の富める町）において書かれたとされ、ゴマラもベルナル・ディアスもコルテス自身もこの第一書簡について言及しているが、紛失されたのか、破棄されたのか、それともそもそも書かれていなかったのか明らかでなく、これまで見つかっていない。したがって、通常第一書簡はリカ・ビリャ・デ・ラ・ベラ・クルスの裁判所・市会からファナ女王とその子カール五世皇帝に宛てられた一五一九年七月十日付け報告書によって代替されている。というのは、このベラ・クルス裁判所・市会名義の報告書はコルテス自ら起案したか、あるいは少なくとも大幅に関与したことが明らかだからである。スコットランドの歴史家ウィリアム・ロバートソンがヴィーンの王室図書館の古文書館で第一書簡を探しているときにこの裁判所・市会名義の報告書を発見した。この第一書簡が五つのなかでもっとも短く、第四書簡の半分、他の三つの書簡の四分の一の長さである。同書簡ではまず一五一七年以降に行われた本土発見事業のあらましについて記述されている。さらにコルテスが両陛下に奉仕することにいかに熱心であり、そのために彼がいかに私財をなげうったかにつき述べられ、また彼の布教への意欲を強調している。また、コルテスは黄金と権力に対する欲望が強かっただけではなく、ルネサンスの人として知識欲が旺盛であったことが分かる。さらに、コルテスがディエゴ・ベラスケスの命令に背いて新しい土地に定着する決意を固めた次第が巧妙に報告され、しかもそれは兵士たちに求められ、やむを得ず従ったものだと釈明している。また「……ひじょうに平坦で、実に美しい沃野や河畔があります。あまりにも美しく、スペインのいずこにもこれ以上のところはないでしょう……」と述べられているように、すでにこの新しい土地にたいするコルテスの驚きと愛着がみられる。そして「われわれの考えでは、ソロモンが金を神殿に持ち帰ったという土地と同じくらいの金がこの地にあることはほぼ疑う余地がありません」と述べ、両陛下の関心を引こうとしている。他方、ディエゴ・ベラスケスが当地で官職を与えられることのないよう嘆願し、彼を完全に征服事業の埒外に置くとともに、この地の指揮権をコルテスに委ねるよう願い出ている。そして止めを刺すかのように「金、銀、宝石、円形盾および衣類」を書簡に添えて国王に贈っているのである。

第二書簡は第三書簡とならび五つの書簡のうちもっとも長く、序章、本文およびエスパニョラ島に救援を求める終章の三つの部分に分けることができよう。一五二〇年十月三十日、セグラ・デ・ラ・フロンテラ発である。当時のメキシコの模様につき描写された最初の資料であり、五つの書簡のなかでももっとも興味深く、騎士道物語や千夜一夜物語を想い起こさせるものがある。

コルテスは退路を断つためまず一〇隻すべての船を破壊してから、高原にむかって出発する。センポアラ（センポアル）の町でトトナカ族を国王陛下の臣下とし、アステカ王国と敵対するトラスカラ（タスカルテカル）族も味方につけ、チョルラ（チュルルテカル）をへてテノチティトラン（テミスティタン）に入城する。「テノチティトランの大都」の様子をディエゴ・リベラのフレスコ画のようなタッチで描写している。そしてこの国土の重要さを国王に印象づけるため、民族・文化・社会等に関しても克明に報告している。モクテスマ（ムテスマ）との出会いのあと、巧妙に彼の身柄を拘束する。その間ベラスケス派遣のコルテス追討軍が上陸するがこれを撃破する。しかしアステカ人の反乱に遭い、〝悲しき夜〟を経て大都から撤退、スペイン人に忠誠をつくすトラスカラ人の援護を受けトラスカラで報復戦の準備にはいる。

コルテスがしばしば用いる「まったく、神がわれわれの代わりに戦って下さったように思えます」とか「われらの主がわれわれを助けようとお望みになられましたので」といった表現には中世的レコンキスタの息吹が感じられる。と同時に、前に指摘したルネサンス人としての知識欲はここでも見られ、コルテスは火山を奇怪なものに感じたらしく、その秘密を探るため部下を噴火口まで登らせている。

ルネサンスの人であるコルテスをつき動かすもう一つの動機はドン・キホーテと同じく名声であった。それは「われわれの信仰の敵と戦うことにより、キリスト教徒としての義務を果たすのみならず、これによってわれわれは天上の栄光を得、また現世においてもこれまでいかなる時代にも与えられたことのない最高の栄誉を勝ちとるのである……」、「しかしわれわれの命と名誉がかかっていましたので……」などといったコルテスのことばに現れている。

また、征服戦争を法的にいかに正当化できるかという側面にコルテスが強い関心を示していたこともこの書簡から読みとれよう。当時のスペイン人にとっては、スペイン国王は一四九四年ローマ教皇アレクサンデル六世によって新大陸の布教・領有権を与えられていたという事実がある。そしてエスパニョラ島総督ニコラス・デ・オバンドに対するイサベル女王の訓令によれば、少なくともスペインの公式の立場としては、インディオは「われわれの臣下および家臣として親切に扱われるべき」ものとされていた。そして一五一九年十一月のコルテスのテノチティトラン入城は少なくとも表面的には平和的なものであり、彼はモクテスマに「招待され」、歓迎されたのであった。彼の唯一の戦闘行為は独立した都市トラスカラを相手に行ったもので、チョルラの大虐殺についてはコルテスはスペイン人襲撃の陰謀が発覚したのでその反逆行為に対する自衛手段として行ったものだと述べている。当時のスペインの一般的な考え方では、臣下の反逆を抑えることは大義であるとされていた。

コルテスがテノチティトランの都にはいって間もなくモクテスマは、自分たちは元来この土地の者ではない、いつか太陽の昇る方角からこのくにを治めるために人間がやってくるという父祖の代からの言い伝えがあると述べ、コルテスは国王に「彼らは、最初から、陛下を自分たちの本来の王および主君であると認めていたかのようである。

でございます」と報告している。このエピソード、すなわちモクテスマが予言に従い自らの帝国をカルロス王に譲渡したことをもって、コルテスはスペイン人による領有権の主張を正当化し得る一つの根拠としているようで

この書簡は前述のドイツ人クロンバーガーによって一五二二年十一月八日にセビリャで印刷刊行されて反響を呼び、翌年には同じドイツ人のコッシがサラゴサ版を出した。その後、ラテン語版、イタリア語版、フラマン語版、ドイツ語版、フランス語版がそれぞれ出版され、ヨーロッパ中でひろく読まれた。

第三書簡はテノチティトラン陥落一〇か月後の一五二二年五月十五日付けでコヨアカン（カルアナルカン）発となっており、やはり三つの部分に分けられる。はじめに捲土重来を期してトラスカラで一三隻のベルガンティン船を建造してから、「悲しき夜」に敗走したアステカの王都にむかってふたたび軍を進め、まず湖畔の集落を制圧するにいたった模様が語られる。次にテノチティトラン包囲戦と王都陥落の様子、そして最後にコルテスは征服の版図を地方に拡大していくが、国王の査察使クリストバル・デ・タピアが到着する。

最初の二つの書簡ではこの新しい土地にたいするコルテスの賞賛の念と愛着が感じられたが、第三書簡では嫌悪の情がそれにとって代わり、もはや和解的な言葉は姿を消し、失地を回復するには先住民を脅迫と力で押さえつけるしかないという態度にかわる。それでも「この都の者たちが、これほどまでに反逆的で、またかつてのどの種族にもみられないほど、かたく死を決意しているのを見るにつけ、私は、われわれがこの危険と苦難から解放され、かつ彼らを破滅させず、世界で最も美しい彼らの都を破壊しないですませるにはどうすればよいのか分かりませんでした」と述べたり、「われわれの味方のインディオたちは……水上と陸上から、大虐殺を行いましたので、その日は、殺された者と捕えられた者を合わせますと、四万人を越えたでありましょう。女や子供の悲鳴をあげ慟哭するさまの痛々しさに、胸がつぶれる思いをせぬ者はありませんでした。われわれは、敵のインディオと戦うことよりも、むしろ味方のインディオの殺りくや、残虐行為を止めさせるのに骨が折れました。当地

の住民が行うあのようなまったく人間の本性から離れた残虐な行為は、これまでどの種族にも見られなかったことです」と記している。コルテスによれば、大都の包囲はスペイン人一〇〇〇人と味方のインディオ五万人によって行われた。

第三書簡は一五二三年三月三十日にセビリャで印刷刊行された。第二書簡と同じくラテン語をはじめいくつかの言語に翻訳され、十六世紀にヨーロッパで広く流布した。

第四書簡は一五二四年十月十五日、テノチティトラン発で、第二、第三書簡の約半分の長さである。内容は戦闘終了後の事態収拾、周辺の他民族征服、新しい国の組織、テノチティトランの跡地における新たな都の建設、キューバ総督ベラスケスによるコルテスへの復讐と征服の成果を横取りしようとする試みなどについて報告している。コルテスは領土の拡張を主に六つの方角に向かって行った。北東部のパヌコ、東部のメキシコ湾側コアツァコアルコス（グァサカルコ）、南東部のトゥトゥテペクおよびテワンテペック（テグァンテペケ）からソコヌスコおよびグァテマラ、南部の現ゲレロ州沿岸、そして西部のハリスコの南である。したがって、北東部のパヌコ遠征を除き、新たな征服の対象はすべて北緯二〇度以下のメキシコ南部に集中していた。また、メキシコ市の建設については、「先住民の細工する石、石灰、木材およびレンガが豊富にあり、彼らは大きくて、立派な家を建造しますので、この都は五年以内に世界で最も堂々とした、人口の多い、そして最上の建物を有する都市になるに違いありません」と書いている。

さらに、コルテスは版図の拡張だけではなく、もう一つの目的をもっていた。それは東洋への扉である南の海（太平洋）の沿岸を探査し、大西洋と太平洋を結ぶ海峡を発見することであった。

第二・第三書簡に比べると劇的な要素は少なく、したがって十六世紀中には、一五二五年のトレド版と一五二六年のサラゴサ版が出ただけで、一五五六年にラムジオのイタリア語訳、一七七九年のドイツ語訳が出るまで他国語に翻訳されず、前二者のような全ヨーロッパ的注目は浴びなかった。

第五書簡は、先に述べたようにウイリアム・ロバートソンが第一書簡を探していたとき、ベラクルス市会名義の書簡と同時に発見されたものである。一五二六年九月三日、テノチティトラン発である。この書簡では征服終了後コルテスが各地に派遣した部下の中で、ホンジュラス地方に向かったクリストバル・デ・オリードが反乱を起こしたため、その鎮圧のため、コルテス自身、五〇〇の兵を率い、一五二四年十月十二日メキシコ市を出発して現地におもむいた一〇〇〇キロメートル以上におよぶそのときの大遠征について報告しており、地理学的観点からも興味深い。しかし一年半あまりにわたったホンジュラス遠征は悲惨な結果に終わり、この遠征がコルテスに与えた精神的、肉体的打撃は大きく、第五書簡はそれまでのものとは違った苦々しく、痛ましいトーンに満ちている。コルテスの留守中、メキシコでは彼は死亡したとみなされ、財産も没収されたりした。結局、苦難の末コルテスはメキシコ市に帰還し、味方のスペイン人、先住民から歓迎され、無政府状態に陥りかけていたメキシコに秩序を回復するが、悪くすれば数年後にペルーでピサロに起こったと同様の事態が生じ、植民地を組織する計画が挫折していた可能性もあろう。

また、ルイス・ポンセ・デ・レオンが査察使としてメキシコに派遣され、コルテスの地位を剝奪しようとしたが、査察使が現地で死亡するという事件が起こったことも記されている。さらにモルッカ諸島に派遣されたガルシア・デ・ロアイサの艦隊のうちの一隻がテワンテペックに漂着したこと、コルテスがサカトゥラで建造していた船が海峡および香料諸島をめざして出発しようとしていること、およびヌエバ・エスパニャの各地の平定の進捗状況などについても記している。この書簡も十六世紀中には印刷されず、一八四四年にはじめて刊行され、四年後にニューヨーク版が刊行された。

「報告書簡」の原文は現存しない。スコットランドの歴史家ウィリアム・ロバートソンが一七七七年にヴィーンの王室図書館で第二〜第五書簡の写本およびベラクルス市の裁判所・市会名義の国王宛て書簡の写本を発見し、それらが現在オーストリア国立図書館蔵のヴィンドボネンシス写本 SN1600 のフォリオ版 2v-212r に収められている。

前述のとおり、スペイン王室はコロンブスの航海には直接関与したが、その後の探検や征服活動は私的事業として行われ、王室と発見・征服者のあいだに度重なる緊張関係がみられたため、一五二七年、コルテスの「報告書簡」は禁書となった。そしてその初版本がセビリャ、トレドおよびグラナダの広場において焼き捨てられた。再び陽の目をみることとなったのはやっと十八世紀半ばになってからである。

コルテスの「報告書簡」の英語版は一八四三年のジョージ・フォルソン訳(ただし第二・第三・第四書簡のみ)が最初で、一八六八年にガヤンゴス訳の第五書簡が出た。五つの書簡の全訳は一九〇八年のマクナット訳が最初で、その後一九二八年のバヤード・モリスによる抄訳、さらに一九七一年のアンソニー・パグデンによる完訳(改訂版一九八六年、エール大学刊行)がある。

メキシコ征服に直接携わった者が書いた史料としては、ほかにアンドレス・デ・タピアの手記、無名兵士の記録、兵士ベルナール・ディアス・デル・カスティリョの『ヌエバ・エスパニャ征服の真実の報告』などがあるが、はじめの二つは簡単な印象記のようなものであり、年代順に事件を詳しく叙述した記録としては、コルテスとディアスのものがあるのみである。しかも、ディアスの記録が事件後長い年月を経たあとで書かれた回想記であるのに対して、コルテスのそれは、生々しい現場からの報告である。したがってそれは、征服者の視点から書かれたもっとも重要な一次史料と言うことができるのである。

四　征服された人びとによる証言

征服された人びとが彼らの立場から戦争の過程を描いたものとしては、主としてアステカ族とマヤ族のものがある。前者のうちでもっとも古いものはテノチティトラン陥落三年後にトラテロルコの無名のインディオが書き始め一五二八年に書き終えた『メキシコ年代記ないしトラテロルコ報告書』（パリ国立図書館所蔵）である。ローマ字化されたナワトル語で書かれている。

さらにフランシスコ会士ベルナルディーノ・デ・サアグンが一五七〇年代初めに完成したとされている『ヌエバ・エスパニャ概史』第一二書（ナワトル語版）がある。フィレンツェ（フロレンス）のロレンツォ図書館に収められているため、「コディセ・フロレンティーノ」とも呼ばれる（「大航海時代叢書」第Ⅱ期第一二巻、岩波書店、所収）。

マヤ族による記録としては『チラム・バラムの書』があり、マヤ族もアステカと同じく、自分たちの神々が死んだためキリスト教を受け入れたとしており、白い異民族の来訪により彼らの身にふりかかった苦難について嘆いている。

純粋のインディオではないが先住民とスペイン人の混血であるメスティソも征服された人びとの立場からの記録を残している。

アルバ・イストリルショチトルは先住民の絵文書と長老から聞いた言い伝えをもとに『チチメカの歴史』を書いた。彼は一五七八年頃の生まれで、父方が征服者、母方がテスココおよびテノチティトランの王室の血を引いており、ナワトル語と先住民文化を完全に身につけ、かつ西洋文化にも通じていたといわれる。

また、同じくメスティソであるムニョス・カマルゴの「トラスカラ史またはトラスカラ市・地方の描写」がある。同書にはインディオの方式に倣い一五六の絵が挿入されており、前述の『コディセ・フロレンティーノ』のイラストとともに、スペイン人との出会いと戦争に関するインディオ側の見方が生き生きと描写されている。なお、ムニョス・カマルゴはトラスカラ人がスペイン人と同盟を結んだことを正当化し、逆にアステカ人を敵視している。また、チョルラの大虐殺についても、あれはチョルラ人への敵愾心に燃えたトラスカラ人の陰謀であったとするサアグンの説に真っ向から反対し、スペイン人と同盟を結ぶようチョルラ人を説得しようとしたトラスカラの使節パトラワチンを拷問にかけたチョルラ人が自らの墓穴を掘ったものだと述べており興味深い。

索　引

地名・人名については本文中の表記と原綴りを先に示し、次に16世紀の一般的表記を（　）内に、現在名を［　］内に示した。

ア行

アイリョン Ayllón　→バスケス・デ・アイリョン

アイントゥスコタクラン Ayntuscotaclan［コスカトラン Coxcatlán］　355

アウテンゴ Autengo［テナンゴ Tenango］　216

アウリカバ Aulicaba［オリサバ Orizaba］　325

アカウイルギン Acahuilguin　459, 460

アカピチトラ Acapichtla（アヤチピチトラン Ayachipichtlan）［イェカピシュトラ Yecapixtla］　237

アカプサルコ Acapuzalco［アスカポツァルコ Azcapotzalco］　98, 233

アカラン Acalan　413, 416, 426, 432-437, 441, 443, 445, 446, 448, 449, 475

アカンシンゴ Acancingo［アカツィンゴ Acatzingo］　90

アギラル，ヘロニモ・デ Aguilar, Jerónimo de　21, 22, 23, 24, 85, 411

アギラル，マルコス・デ Agilar, Marcos de　516, 519

アグァルルコ Agualulco（アウァルルコ Ahualulco）　414

アククリン Acuculin（アスクリン Azuculin）　459-461, 462

アクルアカン Haculuacán［アコルアカン Alcolhuacán］　118, 119, 170, 213, 221, 222, 225, 255, 272

アクルマン Acuruman, Aculman［アコルマン Acolman］　98, 118, 236, 252, 258

アスンカピン Asuncapin（アシュンカプイン Axuncapuyn）　456, 457

アスンシオン湾 Asunción（アセンシオン湾 Ascensión）　12, 13, 364, 410, 426

アソーレス島 Azores　396, 397, 520

アナシュシュカ Anaxuxuca（ナカフカ Nacajuca）　416, 417

アパスポロン Apaspolon（パスボロナチャ Paxbolonacha）　435, 437-440, 444, 445, 460

アバロス，フアン・デ Ávalos, Juan de　457, 463, 498, 500

アビラ，アロンソ・デ Ávila, Alonso de　11, 49, 169, 195, 341, 396

アビラ，ヒル・ゴンサレス・デ Ávila, Gil González de　409, 444, 464, 465, 469, 470, 481, 482, 484-489, 501, 505

アビラ，フアン・デ Ávila, Juan de　372

アフリカ Africa　78, 88, 413, 527

アポロチック河 Río Apolochic（ポロチック河 Río Polochic）　471, 477

アメカメカ Amecameca　96, 97
アモアン Amohan　455, 456
アラバスター峠 Puerto de Alabastro　449
アラミノス，アントン・デ Alaminos, Antón de　6, 7, 9, 11, 12
アリアス・デ・アビラ，ペドロ Arias de Ávila, Pedro（アビラ，ペドロ・アリアス〔ペドラリアス〕・デ Ávila, Pedro Arias〔Pedrarias〕de）　362, 410, 413, 499, 501, 504, 505
アリマン Alimán　→コリマン
アルタミラノ・デ・ピサロ，ディエゴ Altamirano de Pizarro, Diego　507-509
アルデレテ，フリアン・デ Alderete, Julián de　287, 361, 520
アルバラード，ペドロ・デ Alvarado, Pedro de　11, 15, 143, 149, 159, 257, 259, 266, 268, 271, 273, 278, 280-285, 287, 288, 291-293, 295, 299, 303, 306, 308, 309, 311, 314, 315, 317, 331, 333-335, 348-350, 363, 364, 366, 367, 380-383, 385, 411, 480, 508, 539
アルボルノス，ロドリゴ・デ Albornoz, Rodrigo de　395, 411, 415, 499
アルメリーア Almería　→ナウテカル
生け贄 sacrificio　21, 38-40, 79, 131-183, 229, 230, 249, 253, 282, 291-293, 313, 318, 438, 499
イサンカナック Izancanac（イツァムカナク Itzamcanac）　413, 416, 440, 441, 443, 439
イスカカン Izcacan　→イスクカン
イスクカン Izcucan〔イスカル Izúcar〕　91, 190-193
イスタクシワトル Iztaccíhuatl　93
イスタクマスティタン Ystacmastitán〔イスタカマシュティトラン Ixtacamaxtitlan〕　65, 67
イスタパラパ Iztapalapa　62, 77, 97-103, 194, 218, 222, 250, 251, 257, 260, 261, 264, 265, 267, 278, 307, 517
イスタパン Iztapan　422-424, 426-428, 430, 431
イスタメスティタン Iztamestitan（キアウィストラン Quiahuiztlan）　70, 71
イストリスチル Istlisuchil（イシュトリルショチトル Ixtlilxóchitl）　119, 215, 272, 273, 293, 339, 411
イパクスチル Ipacsuchil　→クカスカシン
イブエラス Hibueras〔オンドゥラスないしホンジュラス Honduras〕　363, 364, 378, 379, 398, 409, 413, 416, 484, 485, 509, 520, 528
インディアス Indias　8, 9, 45, 145, 149, 323, 331, 336, 353, 363, 515, 517
インピルシンゴ Impilcingo　360, 390, 391
ウイシシラ Huicicila　347, 348
ウイティラ Huitila　510, 511
ウイラッチョ Huilacho〔オランチョ Olancho〕　506, 507
ウエイタパラン Hueytapalan　499
ヴェスパシアノ Vespasiano　198, 199
ウクラクラン Uclaclán〔ウタトラン Utatlan〕　362, 363
ウチルブスコ Uchilubuzco（ウイツィロポチコ Huitzilopochco）〔チュルブスコ Churubusco〕

98, 101, 250, 267
ウチロウチコ Huchilohuchico →ウチルブスコ
ウトゥミー Utumí →オトミー
ウリョア，ロレンソ・デ Ulloa, Lorenzo de 372
ウルタード，ディエゴ・デ Hurtado, Diego de 379
ウングリーア，ゴンサロ・デ Ungría, Gonzalo de 41, 57
エスクデロ，フアン Escudero, Juan 41, 57
エスパニョラ島 Española 8, 10, 18, 19, 21, 23, 44, 93, 144, 181, 194, 195, 197, 203, 330, 334, 355, 365, 402, 409, 484, 490, 491, 493, 494, 495, 497, 498, 505, 510
エスピリツ・サント Espíritu Santo 346, 352, 381, 410, 412, 414, 436
エルナンデス，フランシスコ Hernández, Francisco 501, 504-507
エルナンデス・ポルトカレロ，アロンソ Hernández Portocarrero, Alonso 34, 41, 44, 49, 50, 53, 519
オイチロブスコ Oichilobuzco →ウチルブスコ
オカンポ，ディエゴ・デ Ocampo, Diego de 349, 366, 367, 520
オクパトゥーヨ Ocupatuyo（オクイトゥコ Ocuituco） 189
オクンバ Ocumba 420
オスマシントラン Ozumazintlan［ウスマシンタ Usumacinta］ 428, 431
オチョア・デ・カイセド，ロペ Ochoa de Caycedo, Lope 6
オチロブス Ochilobus（ウィツィロポチトリ Huitzilopochtli） 309, 311
オトゥンバ Otumba 118, 119, 175, 177, 220, 373
オトゥンパ Otumpa →オトゥンバ
オトミー Otomí 67, 173, 177, 272, 273, 275, 296-298
オリ〔オリード〕，クリストバル・デ Olid, Cristóbal de 185, 257, 259, 331, 364, 379-383, 398, 409, 411, 413, 442, 464, 465, 469, 482, 484-491, 493, 497, 489, 493
オルギン，ガルシ Holguín, Garci 319, 321
オルダス，ディエゴ・デ Ordaz, Diego de 21, 93, 117, 157, 345, 347, 499
オルドゥーニャ，フランシスコ・デ Orduña, Francisco de 367, 371

カ行

海峡 estrecho 364, 379, 381, 392-394, 413, 525, 529
カカオ cacao 90, 91, 115, 254, 389, 414, 431, 444, 453, 456, 459, 461, 471, 475, 477, 478, 480
カカマシン Cacamacin［カカマツィン Cacamatzin］ 97, 103, 119, 120, 121, 170, 215, 221, 224
カスティーリャ Castilla 9, 23, 128, 185, 207, 331, 351, 352, 384, 415, 442, 479
カストロモチョ Castromocho 368
カタルミ Catalmi →カルタンミー

カトチェ岬 Catoche　7, 10, 18
カネック Canec　450, 455, 456
ガライ，フランシスコ・デ Garay, Francisco de　21, 58-60, 62, 117, 156, 182, 183, 185, 196, 204, 328, 354-357, 360, 364-380, 517
カラベラ船 carabela　11, 13-15, 17, 20-22, 29, 57, 196, 204, 205, 239, 336, 364, 393, 397, 414, 416, 418, 426, 486-492, 497, 509, 510, 525
カルアナルカン Caluanalcan　→クヨアカン
カルクシン Calcucin（カソンシ Cazonci）　323, 328, 329, 347
カルコ Calco　→チャルコ
カルタンミー Caltanmí［サウトラ Zautla］　62, 64, 65, 183, 205, 207
カルボネロ，ペドロ Carbonero, Pedro　74, 75
カルロス，ドン Carlos Don　338, 339
カンペチェ Campeche　7, 10, 12, 18, 416
キアトレオ Quiatleo　445
キサルテペケ Quizaltepeque　346
北の海 Mar del Norte　12, 13, 24, 324, 325, 328, 345, 363, 382, 384, 394, 526, 527
キニョネス，アントニオ・デ Quiñones, Antonio de　290, 341, 396, 399
キミストラン Quimistlan［キミスタン Quimistán］　416, 483
グァカチュラ Guacachula［ワケチュラ Huaquechula］　184-187, 190, 192, 194, 228, 236
クアカルカルコ Cuacalcalco　→クアクカルコ
クアクアカルコ Cuacuacalco　→クアクカルコ
クアクカルコ Quacucalco［コアツァコアルコス Coatzacoalcos］　85, 116, 140, 143-145, 148, 156, 157, 178, 325, 382, 410, 413
グァシュタ Guaxuta［ウェホトラ Huexotla］　214-218, 225
グァシンカンゴ Guasincango　→グァスシンゴ
グァスシンゴ Guasucingo［ウェホツィンゴ Huejotzingo］　62, 79, 81, 82, 93, 94, 95, 177, 182, 186, 187, 193, 210, 224, 228, 236, 256, 268, 293, 338
グァステペケ Guastepeque［オアステペク Oaxtepec］　237, 244
グァティトラン Guatitlan［クアウティトラン Cuautitlán］　232, 258
グァティムシン Guatimucín（クアウテモク Cuautémoc）　163, 253, 283, 285, 291, 307, 313-315, 317, 319-321, 385, 399, 411, 441-443
グァトゥスコ Guatuxco［ワトゥスコ Huatusco］　325, 326, 345, 393
グァナカシン Guanacacin（コアナコチュツィン Coanacochtzin）　119, 215, 221, 222, 223, 225, 411, 441, 443
グァナクシン Guanacucin　→グァナカシン
グァハカ Guaxaca［オアハカ Oaxaca］　325, 326, 334, 335, 349, 382

グァハカケ Guaxacaque　→グァハカ
グァフシンゴ Guajucingo　→グァスシンゴ
グァフタ Guajuta　→グァシュタ
グァホシンゴ Guajocingo　→グァスシンゴ
グァリパン Gualipán［ウエヨトリパン Hueyotlipan］　176, 177
クアルナグァカル Cuarnaguacar　→コアドナバセード
クアルポポカ Qualpopoca（ケツァルポポカ Quetzalpopoca）　106-109, 111
クィスコ Cuisco［ウィツコ？ Huitzuco］　293, 295, 299
クィスコン Cuiscon　→クィスコ
クィタグァカ Cuitaguaca（クイトラワク Cuitlauac）　250, 267, 278
クィタグァカード Cuitaguacad　→クィタグァカ
偶像 ídolo　11, 29, 37, 38, 49, 56, 64, 69, 101, 130-132, 209, 229, 230, 250, 251, 261, 264, 268, 269, 275, 277, 291, 292, 308, 309, 312, 425, 427, 429, 432, 438, 443, 444, 452, 454, 523
クエトラバシン Cuetravacin（クイトラワク Cuitlahuac）　101, 103, 163, 194, 196, 218, 307
クカスカシン Cucascacin（クイクイツカツィン Cuicuitzcatzin）　119-121, 221, 222, 223
ククスカシン Cucuzcacin　→クカスカシン
クシカカルコ Cucicacalco［コアツァコアルコス？ Coatzacoalcos］　156, 157
グスマン，クリストバル・デ Guzmán, Cristóbal de　290, 291
クスラ Cuzula［ソソラ Sosola］　113, 193
クノアパ Cunoapá　416, 418
クピルコン Cupilcon［コピルコ Copilco］　414-417
クマタン Cumatán［コミタン？ Comitán］　133, 135
クヨアカン Cuyoacán［コヨアカン Coyoacan］　98, 100, 250, 257-259, 263-267, 273, 279, 303, 321, 325-327, 329, 337, 340, 341, 385
グラド，アロンソ・デ Grado, Alonso de　49, 341
グラナダ Granada　78, 79, 128
クリストバル Cristóbal（メシカルシンゴ Mexicalcingo）　441-443
グリハルバ河 Grijalva　13, 24, 85, 105, 116, 117, 135, 346, 417, 419, 526
クルア（人）Culúa　52, 87, 93, 98, 114, 116, 117, 176, 177, 179, 181, 182, 184-187, 189-191, 193, 194, 197, 208, 210, 211, 213, 217, 222, 224, 225, 227, 229-231, 237, 238, 241, 253, 254, 256, 298, 475, 494-496, 499
クルアカン Culuacan　53, 98, 250, 267, 278
警吏長〔アルグァシル・マヨール〕Alguacil Mayor　59, 151, 153, 155, 222, 224, 229, 230, 237, 238, 240, 257, 260, 264-268, 271, 273, 280, 284, 285, 288, 291, 296-299, 303, 317, 325, 326, 332, 333, 337, 345, 346, 371
ゲサラパ河 Guezalapa　416, 417
ケチュラ Quechula　346
コアサコアルコ Coazacoalco　418, 431, 509

コアストアカ Coastoaca［コアイシュトラワカ Coaixtlahuaca］　193
コアスラウァカ Coaslahuaca　348
ゴアティタン Goatitan　→グァティトラン
コアティンチャン Coatinchán［クアウティトラン Cuautitlán］　98, 214, 216-218, 225, 252
コアテペケ Coatepeque［コアテペク Coatepec］　213
コアテリカマ Coatelicamat　114
コアドナバセード Coadnabaced［クエルナバカ Cuernavaca］　245, 293-295
コアドノアカード Coadnoacad　→コアドナバセード
コアトラン Coatlan　509
コアナコチュツィン Coanacochtzin　→グァナカシン
コアバタ Coabata　495
香料諸島 la Especiería　323, 392-394, 525, 526
コスメル Cozumel　5, 10, 11, 17-19, 22, 23, 31, 36, 38, 497
コパル Copal　291
五分の一（税）el quinto　8, 9, 34, 43, 44, 123-125, 182, 321, 341, 347, 351, 397, 493, 520
コムニダード Comunidad　353
コラル，クリストバル Corral, Cristóbal　242, 333
コリマン Coliman［コリマ Colima］　348, 349, 361, 363, 390, 528
コリモンテ Colimonte　361
コルドバ Córdoba　126
コルドバ，フランシスコ・エルナンデス・デ Córdoba, Francisco Hernández de　5-12, 23
コロン〔コロンブス〕，ディエゴ Colón, Diego　5, 145, 334, 353, 355
コントレラス，アロンソ・デ Contreras, Alonso de　486

サ行

催告〔レケリミエント〕requerimiento　25, 27, 60, 69, 493
サカトゥラ Zacatula　325, 337, 348, 361, 524, 525
サグァタン Zaguatán　417, 420, 422, 423, 424, 430
査察使 juez de residencia　9, 27, 42, 144, 145, 361, 513-515, 517, 524
サポテカ Zapoteca　115, 381-383
サラサール，ゴンサロ・デ Salazar, Gonzalo de　395, 398, 410, 415, 436
サラマンカ Salamanca　127, 281
サン・アンドレス湾 San Andrés　469, 481, 484, 489, 505
サン・アントン河 San Antón［トナラ河 Tonalá］　117, 415
サンティステバン・デル・プエルト Santisteban del Puerto　359, 364, 368-371, 374, 377, 390, 436, 440

サント・ドミンゴ Santo Domingo　21, 141, 145, 147, 149, 155, 181, 195, 301, 465, 485, 501
サンドバル，ゴンサロ・デ〔警吏長〕Sandoval, Gonzalo de　153, 205, 222-224, 229, 230, 233, 236, 240, 257, 259, 260, 293, 296, 308, 316, 319, 321, 325, 326, 332, 333, 345, 379, 437, 465, 504, 506
サン・フアン San Juan　→チャルチルメカ
サン・フアン San Juan（サン・フアン・デ・ウルア San Juan de Ulúa）　29, 31, 140, 141, 149
サン・フアン・デ・ポルタ・ラティナ San Juan de Porta Latina　11, 17, 18
サン・フアン，マルティン・デ San Juan, Martín de　368
サン・マルティン San Martín　116, 117, 140
寺院〔メスキータ〕mezquita　11, 37, 84, 88, 101, 102, 118, 130, 153, 160, 164-166, 192, 229, 357, 360, 429, 438, 440, 474, 475
シエンチマレム Sienchimalem［ヒコ・ビエホ Xico Viejo］　62, 63
塩 sal　75, 77, 100, 101, 129, 445, 467, 468, 472, 475, 482
市会議員〔レヒドール〕regidor　32, 42, 149, 153, 169, 327, 331, 349, 359, 362, 482, 484, 486, 487, 489-493
シカランゴ Xicalango　85, 410, 411, 413, 416, 426, 436, 440, 444, 499
シグァコアシン Ciguacoacín　317, 385
シグァタン Ciguatán（セグァタン Ceguatán）　362
シクテンガル Sicutengal　→シンテンガル
シコアケ Cicoaque　372
市長〔アルカルデ，アルカルデ・マヨール〕Alcalde o Alcalde Mayor　16, 32, 33, 41, 142, 146, 149, 153, 157, 169, 327, 336, 349, 359, 362, 364, 366, 367, 370-374, 376, 377, 383, 411, 482, 484, 486, 487, 488-493
執政官〔ゴベルナドール〕Gobernador　8, 9, 41, 42, 149, 192, 362, 366, 410, 492, 499, 504, 505-507, 510
シナカンテンシントレ Zinacantencintle　476
ジャマイカ〔ハマイカ〕島 Jamaica　10, 18, 21, 59, 143, 157, 195, 204, 355, 365, 377, 497, 498, 509
シャラシンゴ Xalazingo［ハラシンゴ Jalacingo］　205, 207
シャルトカ Xaltoca［シャルトカン Xaltocan］　98, 101, 175, 232, 233
十分の一税 el décimo　9, 400, 401
主席判事〔フスティシア・マヨール〕justicia mayor　33, 34, 43, 125, 145, 498
シンテンガル Sintengal（シコテンカトル Xicotencatl）　71, 75, 177, 179, 261, 293
スアソ，アロンソ・デ Zuazo, Alonso de　9, 410-412, 498
ススラ Zuzula　→クスラ
スチミルコ Shuchimilco［ショチミルコ Xochimilco］　98, 99, 101, 127, 246, 248-251, 267, 272, 275, 277, 279, 289, 389
スラ Zula［サン・ペドロ・スラ San Pedro Sula］　416, 469, 483
セイスナカン Ceyxnacan［イシュアカン Ixhuacan］　63
セカタミ Cecatami　→カルタンミー
セグラ・デ・ラ・フロンテラ Segura de la Frontera　52, 53, 183-185, 198, 206, 325, 326, 333, 334, 348

セコアトル Cecoatl　495
セビリャ Sevilla　45, 55, 126, 130, 199, 331, 341, 353, 388, 396, 397, 403, 513
セルメーニョ，ディエゴ Cermeño, Diego　41, 57
センポアル Cempoal〔センポアラ Zempoala〕　49, 55-58, 61-63, 65-67, 70, 71, 76, 87, 94, 105, 141, 147, 150, 153, 156, 157, 224, 332, 333
総司令官〔カピタン・ヘネラル〕Capitán General　43, 44, 52, 142, 146, 319, 365, 367, 519
総督代理〔テニエンテ・デ・ゴベルナドール〕Teniente de Gobernador　59, 142, 146, 204, 398, 415, 519
ソコヌスコ Soconusco　362, 363
ソト，ディエゴ・デ Soto, Diego de　332, 361, 367, 396, 397, 507, 520

タ行

タイサ Taiza　416, 449, 450
タウイタル Tahuytal（タウイカン Tahuican）　416, 458, 459
タクキアコ Tachquyaco　348
タクバ Tacuba　89, 98, 119, 163, 169, 171, 233-235, 251, 257-259, 263, 266, 277, 278, 280, 281, 284, 287, 290, 293, 306, 319, 329, 411, 441, 443
タサパン Tazapan〔ティサパン Tizapan〕　98, 240
タシュイテル Taxuytel（タシャイテトル Taxaytetl）　456
タスカルテカ Tascalteca　→タスカルテカル
タスカルテカル Tascaltecal〔トラスカラ Tlaxcala〕　62, 65-67, 69, 70, 74-79, 81, 83-89, 94, 105, 118, 158, 159, 164, 170-172, 174, 176-179, 181, 182, 185, 205, 206-210, 214, 217, 219, 221-224, 226, 228-236, 245, 248, 249, 256-259, 261, 263, 268, 270, 275, 294, 295, 309, 338, 415
タスコ Tachco（Tasco）　389
タセトゥコ Tacetuco（タンフコ Tanjuco）　375
タタクテテルコ Tatactetelco　325
タトゥテペケ Tatutepeque　→トゥステペケ
タニア Taniha/Tania（トゥニア Tunia）　462, 463
タバスコ Tabasco　7, 13, 25, 28, 85, 105, 346, 410, 414-420, 426, 436, 440, 444, 452, 526
タピア，アンドレス・デ Tapia, Andrés de　141, 287, 294, 367, 385, 517
タピア，クリストバル・デ Tapia, Cristóbal de　329-334, 350, 352
タボルダ Taborda　372
タマスラ Tamazula　→タマスラパ
タマスラパ Tamazulapa〔タマスラパン Tamazulapan〕　113, 193
タミキル Tamiquil（タンカウイツ Tancahuitz）　377
タルマナルコ Talmanalco〔トラルマナルコ Tlalmanalco〕　241

チアパ Chiapa 363
チアンテカ Chianteca 462
チェカン Checan 455, 456
チコウイトル Chicohuytl 503
チチメカテクレ Chichimecatecle 231, 293-295
チナンタ Chinanta〔チナントラ Chinantla〕 252-254, 382
地方長官〔アデランタード，アデランタミエント〕Adelantado, Adelantamiento 8, 40, 354, 355, 360, 364-366, 368-378, 380, 392
チマクラン Chimaclán 346
チャクハル Chacujal（シナカンテンシントレ Zinacantencintle） 471, 473
チャパグァ Chapagua 494, 495, 503
チャルコ Chalco 62, 94-96, 98, 99, 101, 222-224, 227-229, 236-241, 256, 257, 268, 275, 278
チャルチルメカ Chalchilmeca〔チャルチウクエカン Chalchiuhcuecan〕 116
チャンポトン Champotón 7, 416, 445
中国 China 526
チュルルテカル Churultecal〔チョルラ Cholula〕 27, 62, 78, 81, 83, 85, 86-92, 94, 106, 131, 148, 159, 181, 182, 186, 206, 228, 256, 257
チョロマ Choloma 483, 488
チョロメ Cholome →チョロマ
チラ Chila 356
チラパン Chilapan 419-421, 423
チリノス，ペラルミデス Chirinos, Peralmides 395, 410
チロブスコ Chilobusco →ウチルブスコ
通商院 Casa de Contratación 353, 388, 396, 403, 525
ツマラン Tumalán〔トナラ Tonalá〕 117, 414-416
ティアック Tiac（タヤサル Tayasal） 448, 449
ティアンギスコ Tianguizco（ティアンキストリ tianquiztli） 287
ティエラ・フィルメ Tierra Firme 20, 21, 27, 36, 129, 167, 365
ティサテペトル Tizatepetl（ティサテパル Tizatepal） 436
堤道 Calzadas 99-102, 126, 133, 166-169, 171, 218, 219, 234, 249, 250, 251, 257-259, 263-268, 271-274, 278, 279, 281-283, 287-290, 293, 308
ディルシオ，ペドロ Dircio, Pedro 242
テウティエルカス Teutiercas（テオティラク Teotílac，テオトリカカク Teotlycácac） 416, 438, 439, 443
テウティタン Teutitan 431
テウティピル Teutipil 231

テクルトラン Teculutlan　480
テコアテペケ Tecoatepeque［テワンテペク Tehuantepec］　325, 327, 334, 349, 380, 382, 385, 413, 524
テコアンタペケ Tecoantapeque　→テコアテペケ
テスイコ Tesuico［テスココ Texcoco］　89, 97, 98, 101, 103, 118, 119, 126, 127, 131, 133, 158, 163, 177, 210, 213-215, 217, 218, 219-224, 226, 227, 229, 230, 232, 233, 235-241, 244, 251, 252, 254-261, 267, 268, 272, 273, 275, 279, 313, 329, 336, 337, 401, 411, 443
テスカルテカル Tescaltecal　→タスカルテカル
テスクカン Tescucan　→テスイコ
テスクコ Tezcuco　→テスイコ
テスモルカ Texmoluca［テスメルカン Tesmelucan］　210, 211
テテパンケッサル Tetepanquezal（テトレパンケツァル Tetlepanquetzal）　411, 441-443
テナインカ Tenainca［テナユカ Tenayuca］　98, 233, 234
テニス Tenis　114, 253-255
テヌスティタン Tenustitan　→テミスティタン
テネス Tenez　→テニス
テネステキパ Teneztequipa　375
テノチティトラン Tenochtitlán　→テミスティタン
テペアカ Tepeaca　53, 181-185, 194, 195, 203, 205, 206, 219, 253, 254, 325, 326, 337
テペティタン Tepetitan　416, 421, 423
テミスティタン Temixtitan（テノチティトラン Tenochtitlán）　18, 52, 53, 61-63, 93, 98, 100, 101, 108, 109, 113, 118, 123, 124, 126-128, 131, 133, 142, 143, 148, 149, 157, 158, 163, 165, 169, 178, 179, 183, 194, 198, 202, 203, 205-210, 212, 214-218, 220-222, 224-229, 232-236, 238, 239, 245, 247, 248, 250-253, 255-263, 266, 267, 271, 272, 278, 281, 283, 286, 322-325, 327-329, 332, 333, 336, 337, 339, 350, 362, 385, 389, 399, 404, 409-412, 414, 422, 435, 436, 441, 442, 496, 525, 529
テリカ Telica　495
テンシス Tenciz　456, 458, 460, 461
天然痘 Viruela　101, 141, 206, 207, 307
ドゥエロ，アンドレス・デ Duero, Andrés de　17, 150-153, 195
トウガラシ　36, 423, 429, 475, 478, 482
トゥサパン Tuzapan（ティサパン Tizapán）［トゥスパン Tuxpan］　240, 362
トゥステペケ Tuxtepeque［トゥステペク Tuxtepec］　114, 143, 178, 254, 255, 325, 326, 334, 345
トゥチテペケ Tuchitepeque　→トゥステペケ
トゥチンテクラ Tuchintecla　116, 117
トウモロコシ maíz　24, 29, 36, 115, 136, 148, 174, 175, 224, 235, 260, 273, 297, 300, 358, 387, 420, 421, 423, 429, 431, 435, 447, 456, 459, 461, 470-473, 475, 478, 481, 482, 495
ドミニコ会 orden de Santo Domingo　399, 401, 515, 517

トラテルルコ Tlatelulco［トラテロルコ Tlatelolco］ 98, 101, 127, 177, 279, 281, 283, 286, 287, 292, 293, 308, 441
トラルテルコ Tlaltelco →トラテルルコ
トルヒーリョ Trujillo 409, 489, 494, 495, 500, 504, 506, 508
奴隷 esclavos 37, 43, 65, 79, 80, 94, 96, 100, 145, 147, 182, 183, 230, 272, 296, 305, 321, 351, 383, 418, 421, 444, 467, 491, 492, 494, 504, 509, 528
トロチェ，ガスパル Troche, Gaspar 491
ドン・エルナンド Don Hernando 215, 224, 272, 273
ドン・カルロス Don Carlos 338, 339
ドン・フェルナンド Don Fernando →ドン・エルナンド

ナ行

ナウタン Nautan［ナウカルパン Naucalpan］ 240
ナウテカル Nautecal［ナウトラ Nautla］ 60, 61, 107, 109
ナコ Naco 413, 416, 459, 465, 469, 481-484, 488, 500, 504
ナルバエス，パンフィロ・デ Narváez, Pánfilo de 139, 141-156, 173, 185, 224, 331, 334, 337, 352, 355, 520, 527
ニエット，ディエゴ Nieto, Diego 465
ニカラグア Nicaragua 413, 465, 499, 501, 504, 507, 508
ニコラス Nicolás 254
ニシアカ Niciaca［コヨワカン？ Coyohuacan］ 101
ニト Nito 413, 416, 444, 453, 459, 462-466, 468-471, 481, 484
ヌエバ・エスパニャ Nueva España 52, 53, 125, 141, 197, 198, 202, 203, 291, 322, 331, 332, 339, 340, 347, 384, 392, 396, 398, 399, 401, 402, 404, 481, 485, 497, 498, 502, 504, 508, 510, 511, 526
ノチョポボン Nochopobón 7

ハ行

バスケス・デ・アイリョン，ルカス Vázquez de Ayllón, Lucas 141, 144, 145-147, 149, 150
バスケス・デ・タピア，ベルナルディノ Vázquez de Tapia, Bernardino 89, 333, 341
パス，ロドリゴ・デ Paz, Rodrigo de 414, 415, 498
蜂蜜 miel 22, 128, 431, 444, 447, 453
パヌコ河 Pánuco 61, 117, 157, 196, 204, 328, 332, 354, 360, 364, 368, 378, 390, 392, 436, 526
パパイエカ Papayeca 494, 495, 503, 504
バリェホ，ペドロ・デ Vallejo, Pedro de 367, 368
バリエントス，エルナンド・デ Barrientos, Hernando de 254
バルデネブロ，ディエゴ・デ Valdenebro, Diego de 332

バレンスエラ Valenzuela　497
ピサ Pisa　78
ビリャ・デ・ラ・ベラ・クルス Villa de la Vera Cruz　→ベラ・クルス
ビリャファニャ，アントニオ・デ Villafaña, Antonio de　336, 337
ヒルテペケ Gilutepeque［ヒウテペク Jiutepec］　244
ヒロテペケ Gilotepeque　252
フィゲロア，ロドリゴ・デ Figueroa, Rodrigo de　144, 145, 195
プエルト・デ・ノンブレ・デ・ディオス Puerto de Nombre de Dios　63
プエルト・デ・ラ・レーニャ Puerto de la Leña　64
フェルナンディナ島 Fernandina［キューバ Cuba］　5, 6, 8, 10, 14, 15, 17, 18, 20, 21, 31, 37, 40-42, 57, 63, 140, 142, 145, 150, 154
フォンセカ，フアン・デ Fonseca, Juan de　331, 352, 388
プトゥンチャン Putunchán［ポトンチャン Potonchán］　105, 116, 135
フランシスコ会 orden de San Francisco　331, 389, 399, 401, 427, 485, 498, 499, 508, 509, 517, 523
フリホール豆 frijoles　447, 475, 478
ブルゴス Burgos　9, 113, 331, 352, 364, 388, 413
フロリダ Florida　7, 9, 143, 300, 301, 392, 482, 525
プントゥンチャン Puntunchan　→プトゥンチャン
ペテネクテ Petenecte（ペネクテ Penecte，ペナクテ Penacte）　430, 431
ペドロ神父 Fr. Pedro　→メルガレホ・デ・ウレア
ペニャテ〔ペニャ〕，アロンソ Peñate, Alonso　57
ベネシア Venecia［ヴェネツィア］　78
ヘノバ Génova［ジェノヴァ］　78
ベラ・クルス Vera Cruz（リカ・ビリャ・デ・ラ・ベラ・クルス Rica Villa de la Vera Cruz）　4, 7, 9, 18, 32, 33, 42, 44, 49, 50, 53, 56-63, 85, 106, 108, 109, 125, 140, 142, 143, 146, 147, 150, 151, 153, 156, 160, 169, 178-183, 185, 195, 196, 204, 205, 207, 208, 222, 226, 229, 239, 300, 328, 329-333, 361, 365, 377, 390, 395, 399, 401, 411, 511
ベラスケス，ディエゴ Velázquez, Diego　5, 6, 8, 11, 12, 14-17, 24, 31-33, 40-43, 57, 58, 141-146, 149-151, 153, 154, 156, 331, 333, 336, 337, 352, 355, 363, 364, 372, 388, 398, 486, 487
ベラスケス・デ・レオン，フアン Velázquez de León, Juan　111, 119, 144, 148, 153, 157, 178, 185
ベルガンティン船 Bergantín　6, 9, 20, 21, 24, 25, 31, 57, 127, 141, 157, 195, 203, 206-208, 210, 222, 226, 228-231, 233, 235, 241, 249, 250, 255-257, 259-268, 273, 274, 276, 278, 280-282, 284, 285, 287, 292, 293, 300, 302, 303, 305, 306, 316-319, 336, 352, 365, 377-379, 386, 387, 392, 393, 410, 432, 468-471, 477, 478, 480, 481, 489, 497, 512, 525
ベルドゥゴ，フランシスコ Verdugo, Francisco　153, 242
ヘロニモ会 orden de San Jerónimo　8, 9, 11, 16, 44
ポト Poto　503

ボノ・デ・ケホ，フアン Bono de Quejo, Juan 352
ポポカテペトル火山 Popocatepetl 62, 92-93, 97, 117, 185, 323, 345, 391
ポンセ・デ・レオン，フアン Ponce de León, Juan 7, 9, 300, 301, 375, 390, 392

マ行

マガリャネス〔マゼラン〕Magallanes 392, 394
マサトラン Mazatlan 445, 446, 449, 450, 460
マサトル Mazatl 503, 504
マサマルコ Mazamalco 116
マタルシンゴ Matalcingo 296-300
マヒスカシン Magiscasin（マシシュカツィン Maxixcatzin） 75, 78, 177, 179, 206, 207, 261
マラッカ島 Malaca 526
マリーナ Marina（Malinche マリンチェ） 84, 85, 89, 111, 299, 411, 431, 433, 452
マリナルコ Malinalco 293-296, 298, 299, 300
マリナルテベケ Malinaltebeque →マリナルテペケ
マリナルテペケ Malinaltepeque［マリナルテペク Malinaltepec］ 113-115
マルッコ島 Maluco（モルッカ Moluca） 391, 524, 526, 527
ミシカルシンゴ Misicalcingo［メヒカルシンゴ Mexicalcingo］ 98, 101, 238, 240, 267, 276
ミス Mixes（ミステカ Mixteca） 115, 193, 381-383
ミスキケ Mizquique［ミシュキック Mixquic］ 97-99, 250, 267, 278
ミスケケ Mizqueque →ミスキケ
南の海 Mar del Sur 13, 322, 323, 325, 327, 328, 334, 336, 348, 360-362, 381, 382, 384, 392, 394, 480, 500, 502, 508, 524, 525, 528
ムテスマ Mutezuma（モクテスマ Moctezuma） 52, 55-57, 61, 63-67, 75, 80, 81, 83-85, 87-91, 94-97, 99, 101-104, 106-116, 118-125, 131-141, 148-150, 157-159, 162, 163, 170, 172, 173, 187, 190-192, 194-196, 209, 218, 221, 235, 265, 275, 307, 319, 327, 345, 385, 496, 520
メシカシンゴ Mexicacingo →ミシカルシンゴ
メシカルシンゴ Mexicalcingo →ミシカルシンゴ
メスクリタン Mezclitán［メスティトラン Matztitlan］ 350
メチュアカン Mechuacán［ミチョアカン Michoacán］ 322, 323, 325, 328, 337, 347-349, 361, 397, 411, 527
メディナ，フアン・デ Medina, Juan de 372
メデリン Medellín 203, 287, 326, 345, 390, 391, 392, 401, 414, 436, 512, 513
メヒコ México（メシカ Mexica） 53, 65, 85, 89, 95, 101, 119, 125, 177, 184, 192, 193, 206, 207, 210-212, 215, 217, 219-222, 226-228, 232, 233, 236, 238, 240, 247, 248, 252, 272, 278, 279, 289, 295, 307, 317, 319, 321, 323, 327, 329, 332, 333, 363, 371, 379, 385, 411, 424, 425, 433, 440, 441, 443, 452, 463, 466, 470, 483, 494, 498, 500, 501, 512,

527
メルガレホ・デ・ウレア〔神父〕，ペドロ Pedro Melgarejo de Urrea, Fr. Pedro 330, 332
メルロ，ロドリゴ・デ Merlo, Rodrigo de 510
メンデレト Mendereto 503
メンドーサ，アロンソ・デ Mendoza, Alonso de 203, 372
モランテ，クリストバル Morante, Cristóbal 6
モンタマル Montamal 495
モンテホ，フランシスコ・デ Montejo, Francisco de 11, 34, 41, 44, 49, 50, 53, 519, 520
モンハラス，アンドレス・デ Monjáraz, Andrés de 242

ヤ行・ラ行

ヤウテペケ Yautepeque［ヤウテペク Yautepec］ 244, 245
ヤサ河 Yasa 466
ヤスンカビル Yasuncabil 416, 449
ヤニェス・ピンソン，ビセンテ Yáñez Pinzón, Vicente 12, 13
ユカタン Yucatán 5-7, 16, 20, 21, 23, 24, 36, 52, 86, 202, 364, 410, 426, 444
ユステ，フアン Yuste, Juan 153, 230
ユテカード Yutecad（アヨテカトル Ayotecatl） 231
礼拝堂〔オラトリオ〕oratorio 101, 130, 131, 132, 192, 474
ロドリゲス・デ・ビリャフエルテ，フアン Rodríguez de Villafuerte, Juan 242

参考文献

ACOSTA, José de, *Historia natural y moral de las Indias, Sevilla*, (1590), Fondo de Cultura Económica, México, 1962（増田義郎訳「新大陸自然文化史」上・下，「大航海時代叢書」第I期第3，4巻，岩波書店，1966）

AGUILAR, Fray Francisco de, *Relación breve de la conquista de la Nueva España*, (1560) José Porrúa e Hijos, México, 1954

AGUILAR DE LA PARRA, Octavio, *La sombra de Cortés sobre los muros mexicanos*, Costa-Amic editores, México, 1984

ALAMÁN, Lucas, *Hernán Cortés y la Conquista de México*, (1844-49), Editorial Jus, México, 1985

ALCALÁ, Fray Jerónimo de, *La relación de Michoacán*, (1540-43) Fímax Publicistas Editores, Morelia, Michoacán, 1980

ALCALÁ, Manuel, *César y Cortés*, Sociedad de Estudios Cortesianos, 4, Editorial Jus, México, 1950

ALVA IXTLILXÓCHITL, Fernando de, (1608) *Obras históricas*, Edición de Edmundo O'Gorman, UNAM, México, 1975

ALVARADO TEZOZÓMOC, Hernando, *Crónica mexicana* (1598), Editorial Porrúa, México, 1975

ANALES *de Tlatelolco* de 1528 o *Relato de la conquista por un anónimo de Tlatelolco*, Trad. del náhuatl por Ángel María Garibay: en Sahagún, *Historia General*, Editorial Porrúa, México, 1956, t. IV

BATAILLON, Marcel, "Hernán Cortés, autor prohibido", *Libro Jubilar de Alfonso Reyes*, UNAM, México, 1956, pp. 77-82

BENÍTEZ, Fernando, *La ruta de Hernán Cortés*, Fondo de Cultura Económica, México, 1950

BENÍTEZ, *Alonso García Bravo: planeador de la Ciudad de México y su primer director de Obras Públicas*, México, 1933

LAS CASAS, Fray Bartolomé de, *Historia de las Indias* (1527-61), Fondo de Cultura Económica, México, 1951, 3 vols.（長南実訳『インディアス史』，『大航海時代叢書』第II期第25巻，岩波書店，1994）

———, *Brevísima relación de la destrucción de las Indias* (1527-1561), Fondo de Cultura Económica, México, 1965, 2 vols.（染田秀藤訳『インディアスの破壊についての簡潔な報告』岩波文庫，1976）

CERVANTES DE SALAZAR, Francisco, *Crónica de la Nueva España* (1557-64?) Editorial

Porrúa , México, 1985
CLAVIGERO, Francisco Javier, *Historia antigua de México*, Editorial Porrúa, México, 1945
CÓDICE *Ramírez o Relación del origen de los indios que habitan esta Nueva España según sus historias*, Editorial Porrúa, México, 1975
COLLIS, Maurice, *Cortés and Montezuma*, New Directions Classics, 1954（金森誠也訳『コルテス征略誌――アステカ王国の滅亡』講談社学術文庫，2003）
EL CONQUISTADOR ANÓNIMO, *Relación de algunas cosas de la Nueva España y de la gran ciudad de Temistitan, México, escrita por un compañero de Hernán Cortés*, Editorial Porrúa, México, 1961
CHIMALPAHIN CUAUHTLEHUANITZIN, Domingo Francisco de San Antón Muñón, *Relaciones originales de Chalco Amaquemecan*, Fondo de Cultura Económica, México, 1965
DÍAZ DEL CASTELLO, Bernal, *Historia verdadera de la conquista de la Nueva España,*（*1568*）, 1962, Editorial Porrúa, México（小林一宏訳『メキシコ征服記』1-3,『大航海時代叢書』エクストラ・シリーズ第 3-5 巻，岩波書店，1986-87）
DURÁN, Fray Diego, *Historia de las Indias de Nueva España e islas de la tierra firme*（1560-80）, Editorial Porrúa, México, 1967
DUVERGER, Christian, *La conversion des Indiens de Nouvelle-Espagne*, Ediciones du Seuil, París, 1987
――――, *La conversión de los indios de Nueva España, Con el texto de los Coloquios de los Doce de Bernardino de Sahagún*（1564）, Traducción de María Dolores de La Peña, Fondo de Cultura Económica, México, 1996
ESQUIVEL OBREGÓN, Toribio, *Hernán Cortés y el Derecho Internacionalen el siglo XVI*, Editorial Polis, México, 1939; junto con el estudio de Silvio Zavala, *Hernán Cortés ante la justificación de su conquista*, Editorial Porrúa, México, 1985
FERNÁNDEZ DE OVIEDO, Gonzalo, *Historia general y natural de las indias*（1519-48）, Ediciones Atlas, Madrid, 1959
GARCÍA ICAZBALCETA, Joaquín, *Don fray Juan de Zumárraga, primer obispo y arzobispo de México*（1881）, Editorial Purrúa, México, 1947, 4 vols.
GERBI, Antonello, *La natura delle Indie nove*, Riccardo Ricciardi Editore, Milán-Nápoles *La naruraleza de las Indias Nuevas*, Traducción al castellano de Antonio Alatorre, Fondo de Cultura Económica, México, 1978
GIBSON, Charles, *Los aztecas bajo el dominio español*（*1519-1810*）（1964）, Trad. de Julieta Campos, Siglo XXI Editores, México, 1967
GÓMEZ CANEDO, Lino, *Evangelización y conquista, Experiencia franciscana en Hispanoamérica*, Editorial Porrúa, 1977
GÓMEZ DE OROZCO, Federico, *Doña Marina, la dama de la conquista*, Ediciones Xóchitl,

México, 1942

HANKE, Lewis, *The Spanish struggle for justice in the conquest of America*, The University of Pennsylvania Press, 1949, *La lucha española por la justicia en la conquista de América*, Traducción al castellano por Luis Rodríguez Aranda, Aguilar, Madrid, 1967（染田秀藤訳『スペイン人の新大陸征服』平凡社, 1979）

———, *Cuerpo de documentos del siglo XVI, Sobre los derechos de España en las Indias y las Filipinas*, Fondo de Cultura Económica, México, 1977

HERRERA, Antonio de, *Historia general de los hechos de los castellanos en las islas y tierra firme del mar océano*（1601-15）, Academia Real de la Historia , Madrid, 1934-37

HINOJOSA, Ricardo A., *Conquistadores, pobladores, exploradores, y colonozadores de Nueva España*, Publigrafics, México, 1979

IGLESIA, Ramón, *Cronistas e historiadores de la conquista de México*, El Colegio de México, 1980

JOVER, José María, *Carlos V y los españoles*, Ediciones Rialp, Madrid, 1963

LANDA, Diego de, *Relación de las cosas de Yucatán*, Editorial Porrúa, México, 1959（林屋永吉訳「ユカタン事物記」,「大航海時代叢書」第 II 期第 13 巻, 岩波書店, 1982）

LEÓN-PORTILLA, Miguel, *El reverso de la conquista*, Editorial Joaquín Mortiz, México, 1999

———, "Quetzalcóatl y Cortés", *Historia de México*, Editorial Salvat, México 1974, t. 4, pp. 99-114

LIENZO de Tlaxcala El, Texto de Alfredo Chavero, Editorial Innovación, México, 1979

LISS, Peggy K. *Mexico under Spain, 1521-1556. Society and the Origins of Nationality*, The University of Chicago, 1975

———, *Orígenes de la nacionalidad mexicana, 1521-1556, La formación de una nueva sociedad*, Traducciín al castellano de Agustín Bárceba, Fondo de Cultura Económica, México, 1986

LÓPEZ DE GÓMARA, Francisco, *Conquista de México*, segunda parte de *Historia general de las Indias*,（1552）, Centro de Estudios de Historia de México, Condumex, México, 1977

LOS RÍOS, Fernando de, *Religión y Estado en la España del siglo XVI*, Fondo de Cultura Económica, México, 1957

MACNUTT, Francis Augustus, *Letters of Cortes: five letters of relation to the Emperor Charles V*, New York, Putnam, 1908

MADARIAGA, Salvador de, *Hernán Cortés*, Espasa-Calpe, Madrid, 1979

———, *El auge y el ocaso del imperio español en América*, Madrid, 1979

MARTÍNEZ, José Luis, *Hernán Cortés*, UNAM y Fondo de Cultura Económica, México, 1990

MENDIETA, Fray Gerónimo de, *Historia eclesiástica indiana*（fines del siglo XVI）, editorial Porrúa, México, 1971

MORALES PADRÓN, Francisco, *Teoría y leyes de la conquista*, Ediciones Cultura Hispánica, Centro Iberoamericano de Cooperación, Madrid, 1979

MOTOLINÍA, Fray Toribio de Benavente o, *Memoriales o libro de las cosas de la Nueva España y de los naturales de ella*, (1535-43), Edición de Edmundo O' Gorman, UNAM, Instituto de Investigaciones Históricas, México, 1971

———, Historia de los Indios de la Nueva España, "Sepan cuantos...", 129, Editorial Porrúa, México, 1969

OROZCO Y BERRA, Manuel, *Historia antigua y de la conquista de México*, Editorial Porrúa, México, 1960

PADDOCK, John, *Ancient Oaxaca*, Stanford, 1966

PAGDEN, Anthony R., *Letters from Mexico*, Yale University Press, 1986

PRESCOTT, William H., *The History of the Conquest of Mexico* (1866), The University of Chicago Press, 1966

———, *Historia de la Conquista de México*, Traducida al castellano por don José María González de la Vega, Colección "Sepan cuantos...", 150, Editorial Porrúa, México, 1970

RAMÍREZ, José Fernando, *Fray Toribio de Motolinía y otros estudios*, Editorial Porrúa, México, 1957

RICARD, Robert, *La conquista espiritual de México*, Fondo de Cultura Económica, México, 1986

ROLDÁN, Dolores, *Códice de Cuauhtemoc*, Editorial Orion, México, 1984

SAHAGÚN, Fray Bernardino de, *Historia General de las cosas de Nueva España* (1569-82), Fomento Cultural Banamex, México, 1982（サアグン編・小池佑二訳「メシコの戦争」,『大航海時代叢書』第 II 期第 12 巻, 1980）

SEPÚLVEDA, Juan Ginés de, *De rebus Hispanorum gestis and novum terrarum Orbem Mexicumque* (1562), Trad. española con introducción y notas de Antonio Ramírez de Verger, Alianza Editorial, Madrid, 1987

———, *Tratado sobre las justas causas de la guerra contra los indios*, Fondo de Cultura Económica, 1941, 1979

SOLÍS, Antonio de, *Historia de la Conquista de México* (1684), Colección "Sepan cuantos...", 89, Editorial Porrúa, México, 1968

SOMONTE, Mariano G., *Doña Marina, "La Malinche"* , México, 1969

SOUSTELLE, Jacques, *The Daily Life of the Aztecs on the Eve of the Spanish Conquest*, London, 1961

SPORES, Ronald, *The Mixtec Kings and Their People*, Norman, 1967

TAPIA, Andrés de, *Relación sobre la conquista de México* (después de 1547) : Joaquín García Icazbalceta, CDHM, t. II, 1866, pp. 554-594, Agustín Yáñez en *Crónicas de la conquista de México*, Biblioteca del Estudiante Universitario, 2, Ediciones de la UNAM, México, 1939, pp.

41-96

TORQUEMADA, Fray Juan de, *Monarquía indiana: De los veintiún libros rituales y monarquía indiana, con el orígen y guerras de los indios occidentales...* (1615), UNAM, Instituto de Investigaciones Históricas, México, 1975-1983, 7 vols.

VISIÓN de los vencidos. Relaciones indígenas de la conquista, Biblioteca del Estudiante Universitario, 81, Ediciones de la UNAM, México, 1959, *El reverso de la conquista. Relaciones aztecas, mayas e incas*, por Miguel León-Portilla, Editorial Joaquín Mortiz, México, 1964（『インディオの挽歌——アステカから見たメキシコ征服史』成文堂選書，1994）

VITORIA, Francisco de, *Relecciones del estado, de los indios, y del derecho de guerra*, "Sepan cuantos..." 261, Editorial Porrúa, México, 1985

WAGNER, Henry R., "The lost first letter of Cortés", *The Hispanic American Historical Review*, November 1941, vol. XXI, pp. 153-174

ZAVALA, Silvio, *Las instituciones jurídicas en la conquista de América*, Editorial Porrúa, México, 1971

———, *La encomienda indiana*, Biblioteca Porrúa, 53, México, 1973

———, La filosofía política en la conquista de América, Fondo de Cultura Económica, México, 1947

———, *Estudios Indianos*, Edición de El Colegio Nacional, México, 1984

ZEA, Leopoldo (compilador) *Sentido y proyección de la conquista*, Colección Tierra Firme, Fondo de Cultura Económica, México, 1993

年　表

人名・地名は書簡中のコルテスの表記ではなく、現在一般に用いられる表記に従う。

西　暦	事　項
1485	エルナン・コルテス，メデリン（エストレマドゥラ）で生まれる。
1499	サラマンカ大学でラテン語と法律を学ぶ。
1500 ～ 1	中途退学、メデリンへ帰る。
1502 ～ 3	バリャドリードへ赴き、公証人業務を学ぶ。
1504	アロンソ・キンテロの船団でサント・ドミンゴへ渡航、島の平定に参加、アスア村で書記業。
1509	右脚付け根の腫瘍でニクエサとオヘダによる探検への参加を断念。
1511	ディエゴ・ベラスケスとともにキューバ征服に参加、ベラスケスの秘書、サンチァゴ・デ・バラコアの市長、牛、羊、馬を飼育、金を採取。
1514	ベラスケスと口論、投獄され逃亡。
1514 ～ 15	カタリナ・スアレスと結婚、30 歳。
1517	フランシスコ・エルナンデス・デ・コルドバの探検隊サンチァゴ・デ・クーバを出航、ユカタン、カンペチェおよびチャンポトンを発見、そのあとフロリダへ向かう。
1518	ファン・デ・グリハルバの探検隊サンチァゴ・デ・クーバを出航、コスメル、チャンポトン、ボカ・デ・テルミノス（プエルト・デセアド）に寄り、グリハルバ河（タバスコ）、サン・ファン・デ・ウルーア等を発見後、サンチァゴ・デ・クーバに帰港。 ベラスケス、コルテスをメキシコ探検の隊長に指名。
1519	2 月 11 ～ 18 日、コルテスの探検隊キューバを出航。 2 月 27 日頃、コスメル着。 3 月 22 日、グリハルバ河（タバスコ）着。 3 月 25 日、セントラの戦い。 4 月 15 日、タバスコでマリンチェを受け入れる。 4 月 21 日、ベラクルス着。 4 月 22 日、現ベラクルス港の傍にビリャ・リカ・デ・ラ・ベラ・クルスを建設。 4 月 24 日頃、モクテスマの使節来訪。

	5月15～25日、ビリャ・リカ・デ・ラ・ベラ・クルス市議会設置、コルテスを総司令官兼主席判事に任命。 6月1～3日、センポアラへ出発。 6月18日、センポアラから戻る、モクテスマから宝石、金、羽毛等の贈り物が届く。 6月28日、スペイン王カルロス1世、神聖ローマ皇帝カール5世に即位。 7月1日、キューバからファン・デ・サウセドの船が着き、隊に合流。 7月10日、市議会より国王あて書簡（第1書簡）。 7月26日、エルナンデス・ポルトカレロとモンテホ、皇帝への書簡と贈り物を携えて出発。 7月末、コルテス、艦船を破壊。 8月16日、メキシコ高原へ向ってセンポアラを出発。 8月18日、ハラパ着。 9月1～10日、トラスカラ人との戦い。 9月18～23日、トラスカラの首邑に到着。 ディエゴ・デ・オルダス、ポポカテペトル火山へ登る。 アルバラードとバスケス・デ・タピア、テノチティトランに向かうが、テスココ止まり。 10月11日、トラスカラ出発。 10月12日、チョルラ着。 10月16～18日、チョルラの大虐殺。 11月1日、チョルラ発。 11月3日、アメカメカを通る。 11月8日、テノチティトラン着（翌年5月まで平和裡に同地滞在）。 11月14日、モクテスマを監禁？
1520	5月上旬、ナルバエス軍、海岸に到着。 5月10日、コルテス、センポアラへ向かう。 5月半ば、テノチティトランの大寺院における虐殺。 メシカ人とスペイン人の戦い。 5月27～28日、センポアラでナルバエスを拘束、ナルバエス軍の敗北。 6月24日、コルテス、テノチティトランに戻る。 6月27～28日、モクテスマの死、第10代メシコ首長にクイトラワク即位。 6月30日、「悲しき夜」の敗北、スペイン人テノチティトランから退却。 7月7日、オトゥンバの戦い。 7月8日、トラスカラ領内に入る。

1520	7月末、テペアカの戦い。 7～10日、応援部隊の到着、テノチティトラン再征服の準備。 10月、トラスカラでベルガンティン船13隻の建設開始。 10月30日、セグラ・デ・ラ・フロンテラで第2書簡完成。コルテス35歳の誕生日。 11月25日、クイトラワク、天然痘で死亡、クアウテモク、11代目、最後のメシコ・テノチティトランの首長に選出される。 12月、テノチティトラン襲撃準備、湖周辺の集落の粉砕。 12月27日、スペイン軍兵力総点呼（騎兵40騎、歩兵550人、銃80丁、大砲8～9門)。 軍規の制定。
1521	1～4月、スペイン人の応援部隊到着、コルテス軍倍増。 2～3月、トラスカラでベルガンティン船の建造を終える。 2月24日、王室財務官フリアン・デ・アルデレテ、ベラクルス着。 4月末、コルテス、クアウテモクと会見？ 6月28日～7月6日、ディエゴ・ベラスケス、キューバでコルテスを告訴する報告を提出。 8月13日、クアウテモク捕らえられ、テノチティトラン陥落。 12月24～30日、クリストバル・デ・タピア、ヌエバ・エスパニャの総督としてセンポアラ着、しかし彼の書類は受理されず。 11月末ないし翌年1月、新メキシコ市の建設開始。
1522	年初、カスティーリャ摂政兼新教皇アドリアノ6世、コルテスの代理人と会見、インディアス審議会議長ロドリゲス・デ・フォンセカの忌避に協力。 2月22日、パリーリャ兵士、ミチョアカンの探検を開始。 5月15日、コヨアカンで第3書簡完成。 年央、カルロス5世、ガッティナラ宰相が主催する委員会にコルテスとベラスケスの係争を審議させ、委員会はコルテス側の主張を認める。 7月17日、クリストバル・デ・オリードの探検隊ミチョアカン着。 7月頃、コルテスの代理人キニョネスおよびアビラ、コルテスより国王に献上される財宝を携えてベラクルスを出発するが、フランスの海賊に盗まれる、第3書簡だけは国王のもとに届く。 7～8月、コルテスの妻カタリナ・スアレス・マルカイーダ、コアツァコアルコス近郊に到着。 9月、ベラスケスの使者ファン・ボノ・デ・ケホ、パヌコ着、コルテスに会いにコヨアカンへ行き、カスティーリャへ戻る。

	10月15日、カルロス5世、コルテスをヌエバ・エスパニャの総督、総司令官兼主席判事に任命する王令に署名、同日付で「征服者および植民者の給与ならびに特権に関する命令」を発出。 11月1日、コルテスの妻カタリナ・スアレス、コヨアカンで死去。 12月、メキシコ市に最初のカビルド（市会）創設。
1523	1月、コルテス、ワステカ族平定のためパヌコ着。ベラクルスへ行き、チャルチクエカンの港をボカ・デル・リオへ移す。 5月、コルテスを総督（ゴベルナドール）、総司令官および主席判事に任命する王令をメキシコで受け取る。 6月26日、カルロス5世、コルテスに対しインディオの処遇と行政に関する指示を出す。 年央、新生メキシコ市に居住開始。 8月13日、3人のフランシスコ会士（フランドル人）ベラクルスに上陸。
1524	1月11日、クリストバル・デ・オリード、イブエラス（ホンジュラス）探検に出発。 年初、王室の官吏アロンソ・デ・エストラーダ（財務官）、ドロリゴ・デ・アルボルノス（会計官）、ゴンサロ・デ・サラサール（代理人）およびペラルミンデス・チリノス（検査官）がメキシコ市着。 3月8日、メキシコ市議会の発足。 3月20日、居住に関するコルテスの法令。 5月13日、12人のフランシスコ会士ベラクルス着（6月17～8メキシコ市着）。 6月初旬、コルテス、フランシスコ・デ・ラス・カサスが指揮する150人4隻をクリストバル・デ・オリード懲罰のためにイブエラスに派遣。 7月25日、アルバラード、グアテマラ市建設。 メキシコ市に最初の大教会およびフランシスコ会教会建設開始。 10月12日、コルテス隊イブエラスへ出発、総督代理としてエストラーダおよびアルボルノス、主席判事代理としてスアソ学士を残す。 10月15日、第4報告書簡を発出。 12月29日、サラサールおよびチリノスがエストラーダとアルボルノスの後任に任命された旨のコルテスの命令書を市会に提示。 2月28日、クアウテモクとテトレパンケッツアル、コルテスの命によりアカランで絞首刑にされる。
1525	3月7日、国王、コルテスをヌエバ・エスパニャの総督（Adelantado）に任命し、盾形紋章の使用を認める王勅に署名。

1525	4月20日、市会、エストラーダとアルボルノスの委任状を受理。 5月末、スアソ逮捕され、キューバに送還される。 7月頃、サラサールとチリノス、ヌエバ・エスパニャの統治権を掌握。 8月末、ロドリゴ・デ・パス、コルテスの財宝のありかを白状するよう拷問を受け、絞首刑にされる。 年末、サラサールとチリノス、コルテスの財産を没収、インディオに新たな課税を行う。
1526	1月29日、サラサールとチリノスを解任し、総督代理にフランシスコ・デ・ラス・カサスを任命する旨のコルテスの書簡を携え、マルティン・ドランテスがメキシコ市のフランシスコ修道院に到着。 2月20日、市会、メキシコ市での騒動についての報告書を国王に送る。 2月3月頃、サラサールとチリノス、投獄される。 4月25日、コルテス、ホンジュラスのトルヒーリョから海路帰還を始める。 5月1日、ハバナ（キューバ）着。 5月16日、キューバからベラクルスに向かう。 5月24日、チャルチクエカン着、メキシコ市に向かう。 6月19日頃、メキシコ市着、総督職に復帰。 6月20日、国王、コルテスに対しガルシア・デ・ロアイサおよびカボットの艦隊をモルッカ諸島で救援するための艦隊を準備するよう命じる。 6月27日、モクテスマの娘たちに土地を譲渡する。 7月2日、ポンセ・デ・レオン判事、査察使としてコルテスの総督職を取り上げるため来訪。 7月20日、ポンセ・デ・レオン死去、マルコス・デ・アギラル、総督就任。 9月3日、メキシコ市で第5書簡に署名。 9月5日、マルコス・デ・アギラル、コルテスに総司令官およびインディオ分配官の職を辞めさせる。
1527	3月1日、マルコス・デ・アギラル総督兼主席判事死去。 3～8月、ゴンサロ・デ・サンドバルおよびアロンソ・デ・エストラーダ、アギラルの職を引き継ぐ。 5月28日、コルテス、ガルシア・デ・ロアイサの艦隊を救援するためモルッカ諸島にアルバロ・デ・サアベドラ・セロン派遣を指示。 8月22日、アロンソ・デ・エストラーダ、単独でヌエバ・エスパニャを統治。 9～10月頃、エストラーダ、コルテスをメキシコ市から追放、コルテス、コヨアカンへ、その後テスココ、トラスカラへ赴く。

	10月19日、トラスカラの初代司教フリアン・ガルセス師着、エストラーダとコルテスの関係修復を図る。 10月31日、シワタネホからサアベドラ・セロンの指揮する3隻の船がモルッカ諸島へ向かう。
1528	4月5日、カルロス5世、コルテスの一時帰国と、アウディエンシアによるコルテスの査察を命じる。 4月中旬、コルテス、スペインに向けベラクルスを出発。 5月末、パロス港着、ラビダ、セビリャ、メデリン、グァダルペ修道院を経てトレドへ。 7月、カルロス5世と第1回謁見。 7月25日、マドリードから国王に嘆願書を送る。 12月9日、エストラーダ、ヌエバ・エスパニャ総督の地位を解かれ、ヌニョ・デ・グスマン議長の第1期アウディエンシアによる統治が始まる。
1529	1月、メキシコ市で反コルテス派証人への尋問が始まる。 4月、コルテス、カルロス五世とサラゴサへ。 アギラル伯爵の娘フアナ・デ・スニガと結婚。 7月、カルロス五世を見送るためバルセロナへ。 7月6日、22町村、2万3千人の家臣ならびにオアハカ渓谷侯爵の称号を下付されるとともにヌエバ・エスパニャおよび「南の海」の総司令官に任命される。 7月27日、メキシコ市およびその周辺に土地の下付を受ける。 長子相続権の許可を得る（ただし1535年1月9日まで行使せず）。 7月30日、コルテスの執事フランシスコ・デ・テラサスがメキシコから書簡を送り、第1期アウディエンシアの聴訴官たちがコルテスの友人や使用人を迫害し、彼がヌエバ・エスパニャに所有する財産を没収していると通報。 10月27日、「南の海」発見に関し女王とコルテスの間で協約を締結。
1530	3月22日、女王、コルテスがヌエバ・エスパニャに到着の際は第2期アウディエンシアが到着するまでメキシコ市の10レグァ以内に立ち入らないよう命ずる。 3月頃、コルテス、妻フアナ・デ・スニガおよび母親カタリナ・ピサロを含む400名の随員とともにヌエバ・エスパニャへ向け出発。 4～6月頃、随員2カ月半サント・ドミンゴに滞在。 7月15日、ベラクルスに到着、市会に総司令官任命書を提示。 8月頃、トラスカラ。

1530	8月～翌年1月、テスココ。 10月10日、テスココから国王に書簡を送り、随員のうち母親のカタリナ・ピサロを含む100名（その後200名）が餓死との窮状を訴える。コルテス45歳。
1531	1月9日、アロンソ・マルドナド、バスコ・デ・キロガ等を聴訴官とする。第2期アウディエンシアがメキシコ市に到着、コルテスのメキシコ市入りが可能に。 1月、コルテス、クエルナバカに居を構える。 5月2日、第2期アウディエンシア、コルテスにクエルナバカ、テワンテペクおよびトゥストラ地方の暫定的所有権を認める。 6月、コルテスの旧邸宅をアウディエンシアに売却するための価格査定。 9月30日、アウディエンシア議長セバスティアン・ラミレス・デ・フエンレアル、メキシコ市着、王室、コルテスとの「南の海」探検・征服に関する協約を確認し、彼に船舶の建造を急がせる。
1532	3月20日、コルテスに十分の一税の支払いを免除するローマ教皇教書の使用が禁止される。 6月30日、「南の梅」への第1次探検隊、ディエゴ・ウルタード・デ・メンドサの指揮する2隻の船舶がアカプルコを出発。 11月～翌年10月、コルテス、テワンテペク海岸の小屋に居を設け、探検用船舶の建造を監督。
1533	1月24日、クエルナバカのインディオ、コルテスの課した過重な税と使役に不満を訴える。 10月30日、「南の海」へ第2次探検隊、ディエゴ・ベセラおよびエルナンド・デ・グリハルバの指揮する2隻の船がサンチアゴ（コリマ）を出発。
1534	2月、グリハルバの船、レビリャヒヘド諸島を発見してテワンテペクに帰港、ベセラは水先案内人に殺され、船員は死亡ないし行方不明、船舶はヌニョ・デ・グスマンが取り上げる。 9月、コルテス、トルカに滞在、ヌニョ・デ・グスマンと係争。
1535	1月9日、コルテス、コリマで長子相続権を設定。 2月24日、ヌニョ・デ・グスマン、コルテスおよびその部下に彼の統治下にあるヌエバ・ガリシアへの立ち入りを禁ずる。 4月15日、「南の海」第3次探検隊、ヌエバ・ガリシアの領内チャメトラ（シナロア）でコルテスの3隻の船舶と彼自身が指揮した地上部隊が落ち合い、部隊のサンタ・クルスーラ・パス（バハ・カリフォルニア）への移送を開始。

	11月14～15日、初代ヌエバ・エスパニャ副王アントニオ・デ・メンドサ、メキシコ市着。 12月10日、ヌニョ・デ・グスマンの反コルテス証言、コルテス50歳。
1536	4月、コルテス、バハ・カリフォルニア遠征からアカプルコへ戻る。6月5日、クエルナバカに。エルナンド・デ・グリハルバの指揮する2隻の船を派遣し、リマで包囲されているフランシスコ・ピサロのもとに兵士、武器、糧食等を送る。 11月20～24日、スルテペック銀山の一部を買い上げる商取引。
1537	ウァトゥルコとパナマ、ペルーとの通商海路を開く。
1538	メンドサ副王とコルテス、カルロス5世とフランシスコ1世の講和を祝し宴を催す。
1539	6月8日、「南の海」へ第4次探検隊、フランシスコ・デ・ウリョアが指揮する3隻の船がアカプルコ出発、1隻は行方不明、2隻はカリフォルニア湾の両岸および半島の外側を偵察し、主要な場所および島を占有する。 タスコ鉱山を視察。 8月24日、メンドサ副王、「南の海」の港湾を出入りするすべての船舶の管理を決定、その後テワンテペクの造船所をすべての船舶及び機材とともに接収、コルテス、メンドサ副王がヌエバ・エスパニャ北部へ探検隊を派遣しようとしているのは彼の権利侵害であるとして、これを阻止するため3人の代理をスペインに派遣。 12月ないし翌年1月、コルテス、嫡男マルティンとスペインへ出発。
1540	マドリードでエルナンド・ピサロ（コルテスの従弟、フランシスコ・ピサロの弟）、ヌニョ・デ・グスマンおよびベルナル・ディアス・デル・カスティリョと偶然遭遇。 6月25日、メンドサ副王から受けた侮辱につきマドリードからカルロス5世に報告書を送る、査察の結果が判明するまでヌエバ・エスパニャに戻れないことが分かる。
1541	10月25日、アルジェの敗北、息子マルティン（嫡男）およびルイスとともに入隊、軍法会議に招かれず、エメラルド5点を失う。
1542	これまでの奉仕につき述べ恩賞を求める嘆願書を国王に送る、3つの主要嘆願書の最初のもの。
1543	3月18日、マドリードから国王あて第2の嘆願書。メンドサ副王を非難。 11月、サラマンカで息子マルティンとともにフェリペ皇子のポルトガル王女マリアとの結婚式に参列、フアン・ヒネス・デ・セプルエダと会話をかわす。

1544	バリャドリードに居を定める。 3月3日、国王に対する最後の嘆願書。 再度セプルベダと会う、「第二のデモクラテス」に協力した可能性。 エンコミエンダの永続性に関し意見を開陳。 9月22日、コルテス、自らの顕著な奉仕に鑑み査察を免除するようインディアス枢機会議に要請。
1545	6月2日、査察を審査する法廷の不備につき抗議。 9月19日、6人の法律専門家とともに査察審査の手続的瑕疵につきインディアス枢機会議に申し入れ、その無効を宣言するよう求める、60歳。
1546	4月7日、コルテスの従弟フランシスコ・ヌニェス、21年間にわたりコルテスのために働いた職務を列挙し、未支払いの報酬を要求、コルテス、負債の存在を否定、これが最後の公的書類。 9月、セビリャに移動。
1547	1月28日、コルテスの最後の医師クリストバル・メンデスの息子フリアンの結婚の代父を務める。 8月30日、借金に苦しみ、自宅に所有していた金、銀および錦織のベッドを高利貸しのハコメ・ボティに6千ドゥカードで質入れする。 10月11～12月、公証人メルチョル・デ・ポルテスの前で遺言を口述する。セビリャ近郊のカスティリェハ・デ・ラ・クエスタに移り、友人ファン・ロドリゲス宅で世話になる。 12月2日（金）、息子ルイスを相続人から外す遺言補則を行う、同日夜、ロドリゲス宅2階の一室において死去（肋膜炎？）、享年62歳、息子マルティン（嫡男）、サン・イシドロ・デル・カンポ修道院長ペドロ・デ・サルディバル師、従弟ディエゴ・アルタミラノ修道士および家の主人ロドリゲス・デ・メディナが臨終に立ち会う。 12月3日、遺言書開封。 12月4日、午後3時、葬列、カスティリェハ・デ・ラ・クエスタを出発、セビリャ近くのサンティポンセ村にあるサン・イシドロ・デル・カンポ修道院の礼拝堂にあるメディナ・シドニア公爵の納骨室に埋葬。 12月17日、セビリャのサン・フランシスコ修道院の教会においてメディナ・シドニア公爵主宰の葬儀。
1566	遺骨をヌエバ・エスパニャに移送、テスココのサン・フランシスコ教会に納骨。
1629	メキシコ市サン・フランシスコ修道院の礼拝堂に移動。
1794	ヘスス病院に隣接するヘスス・ナサレノ教会に移動。

コルテス報告書簡

2015年11月25日　初版第1刷発行
著　者　エルナン・コルテス
訳　者　伊藤昌輝
発行所　一般財団法人　法政大学出版局
〒102-0071 東京都千代田区富士見2-17-1
電話 03(5214)5540　振替 00160-6-95814
組版：HUP　印刷：日経印刷　製本：誠製本
装幀：伊勢功治

Printed in Japan
ISBN978-4-588-37404-3

エルナン・コルテス（Hernán Cortés）

1485年、スペインのメデリンで生まれる。サラマンカ大学でラテン語と法律を学んだ後、1504年、サント・ドミンゴへ渡航。キューバ征服に参加後、1519年、メキシコ探検に出発。1521年、首都テノチティトランを陥落させる。1522年、国王によりヌエバ・エスパニャの総督兼総司令官に任命されるが、実権は派遣された王室の高官が握る。1540年、スペインに帰国。1547年、失意のうちに死去（享年62歳)。1566年、遺言により遺骨をヌエバ・エスパニャに移送、現在メキシコ市のヘスス・ナサレノ教会に眠る。

伊藤昌輝（いとう・まさてる）

1941年生まれ。大阪外国語大学イスパニア語学科中退。外務省入省、マイアミ・リオデジャネイロ総領事、ホンジュラス・ベネズエラ大使を歴任。のち一橋大学大学院客員教授、清泉女子大非常勤講師を務める。現在、ラテンアメリカ協会副会長、日本ベネズエラ協会会長。『スペイン語で奏でる方丈記』（大盛堂書房、2015）の他、「閑吟集」（アルゼンチン)、「梁塵秘抄」（ベネズエラ)、「芭蕉紀行文集」（アルゼンチン）のスペイン語訳がある。